OIL, DOLLAR AND HEGEMONY

石油、美元与霸权

小布什发动阿富汗战争和伊拉克战争的历史透视

A HISTORICAL PERSPECTIVE OF G.W.BUSH'S WAR
AGAINST AFGHANISTAN AND IRAQ

江 红 ◎ 著

中国社会科学出版社

图书在版编目(CIP)数据

石油、美元与霸权:小布什发动阿富汗战争和伊拉克战争的历史透视/江红著. —北京:中国社会科学出版社,2019.4(2021.7 重印)

ISBN 978 - 7 - 5203 - 2673 - 5

Ⅰ.①石… Ⅱ.①江… Ⅲ.①阿富汗问题—研究②美伊战争(2003)—研究 Ⅳ.①D815.4

中国版本图书馆 CIP 数据核字(2018)第 124922 号

出 版 人	赵剑英	
责任编辑	张 湉	
责任校对	郝阳洋	
责任印制	李寡寡	

出 版	中国社会科学出版社	
社 址	北京鼓楼西大街甲 158 号	
邮 编	100720	
网 址	http://www.csspw.cn	
发 行 部	010 - 84083685	
门 市 部	010 - 84029450	
经 销	新华书店及其他书店	

印刷装订	北京君升印刷有限公司	
版 次	2019 年 4 月第 1 版	
印 次	2021 年 7 月第 2 次印刷	

开 本	710 × 1000 1/16	
印 张	32.5	
插 页	2	
字 数	502 千字	
定 价	96.00 元	

目　　录

前　言

人类进入 21 世纪，树欲静而风不止。2001 年 1 月小布什上台后发动的两场侵略战争，举世震惊。美国国内朝野对这两场战争的目的解释不同，对小布什在"9·11"后发动阿富汗战争，有人反对，有人支持，支持者占多数，他们认为到阿富汗追杀本·拉丹是对"9·11"袭击者的正当报复；对小布什发动伊拉克战争，有人认为是为了反恐，有人认为是为了石油，也有人说是为了解放伊拉克人民，但大多数美国人对伊拉克战争基本持否定态度。小布什则强调，战争、反恐是为了人类和平与民主，推翻萨达姆政权是为了消除它的大规模杀伤性武器，保卫美国和世界的安全。

在我的同胞中，对伊拉克战争和萨达姆被处死也观点相左。有的人认为小布什对伊拉克的战争是侵略，萨达姆是英雄；有的人认为萨达姆是"暴君""独裁者"。

究竟应该怎么看？我很想把这两场战争的来龙去脉弄个明白。2005年，我在已掌握资料的基础上初步草拟了写作提纲，经多次补充、修改后，2007 年开始动笔，由于各种原因，断断续续写了 10 年。

本书是 2002 年东方出版社出版的《为石油而战——美国石油霸权的历史透视》的姊妹篇。大部分资料来自英文文件、外国媒体的报道和美国学者的著作，还有笔者在美国的见闻。整个写作过程得到新华社图书馆的大力支持。凡是我需要的英文图书，图书馆都迅速从域外进口。亚马逊网上书店也为从美国购书提供了方便。周恩来总理生前曾指示新华社，新出现的英文人名的中文译名以新华社为准。笔者遵守这个指示，书稿内大量人名都是请新华社《参考消息》编辑部译名组的同志们译成中文的。

深知水平有限，年近八旬动笔，脱稿已年近九旬了，只是想在有生之年为祖国和人民做一点有益的事情。

书中难免有不当之处，望读者不吝批评、指教。

2017 年 11 月于北京

第一章　小布什政府的石油背景

一　总统小布什

（一）"被选错了的人"

2001年1月20日乔治·沃克·布什（George W. Bush，以下简称小布什）得意地从得克萨斯州州长的岗位跨进象征美国最高权力机构的白宫。

2000年美国总统大选接近尾声时，在小布什胞弟杰布·布什（Jeb Bush）任州长的佛罗里达州出现了惊心动魄的场面。这场较量发生在共和党总统候选人、时任得克萨斯州州长小布什和民主党总统竞选人、时任美国副总统阿尔·戈尔（Al Gore）之间。美国不是由选民直接选举总统，而是实行选举人制度，先由选民选举选举人（electors），再由选举人团（electoral college）选举总统。总统候选人必须在全国获得270张选举人票（electoral vote）方可当选。

佛罗里达州是美国的人口大州之一，有选举人票25张。这25张选举人票最后成为小布什和戈尔之间赢得2000年总统大选的关键。当时佛罗里达州的计票还未结束，而此刻布什赢得全国29个州的246张选举人票，戈尔赢得了19个州和首都华盛顿哥伦比亚特区的262张选举人票。美国选举奉行"赢者通吃"（winner take all）制度，只要小布什或戈尔中任何一人获得佛罗里达州选举人票的多数，哪怕是一票之差，就可将该州所有选举人票悉数收入囊中，从而凭借较多选举人票赢得第54届大选，获得美国总统宝座。

佛罗里达州是小布什和戈尔较量的最后一个州。在全国其他州，小布

小布什与戈尔辩论

什和戈尔交替领先，难分伯仲。但到了佛罗里达州，情况突变。2000 年 11 月 7 日总统大选日当天，佛罗里达州选举委员会宣布，小布什获得的选民票（又称普选票，popular vote）占该州 67 个县选民票的 48.8％，比戈尔多 1784 票，小布什获胜。戈尔当即承认败选，并向小布什打电话祝贺他当选。美国各州对总统选举有自己的选举法。依据佛罗里达州选举法，胜利的幅度低于已投票数的 0.5％，必须重新计票（当时小布什比戈尔多 1784 票，占该州选民票总数的 0.0299％）。当戈尔及时被告知这一规定后，立即振作起来，撤销败选声明，要求重新计票。于是一场延续了 30 多天的重新计票之争开始了。争论的焦点表面看是用"自动机器重新计票"（automatic machine recount）还是用人工重新计票（a manual recount）之争，实质是选票之争。11 月 10 日，佛罗里达州各县完成了机器重新计票，小布什仍然领先，但与戈尔的差距缩小为难以想象的 327 票！小布什拒绝承认重新计票结果。戈尔则要求在佛罗里达州传统上投票支持民主党的四个县人工重新计票，期望以此获得更多的选民票。小布什着急了，担心戈尔的选民票进一步超过自己，便向佛罗里达地区法院提出紧急申请，要求法院下令立即停止人工重新计票。他担心人工重新计票有作弊嫌疑，可能丢掉佛罗里达州的 25 张选举人票。小布什的要求被佛罗里达地区法院驳回。佛罗里达州州务卿凯瑟琳·哈里斯（Katherine Harris）只好同意重新计票，并宣布各县提交计票报告最后期限为 11 月 14 日，过期概不受理。不料佛罗里达州最高法院以 7 万张选票被机器柜台拒收为由，要求用人工计票方式重新统计全州选票，并把提交计票报告的最后期限推迟至 11 月 26 日。第二天联邦最高法院下令阻止了这个决定，理由是重新计票可能对小布什产生"不可挽回的损失"（irreparable harm）。当天，佛罗里达州选举委员会宣布，小布什获得佛罗里达州的 25 张选举人票，小布什和戈尔获得的选举人票分别为 271 张和 266 张，小布什比半数选举人票仅多一张，比戈尔选举人票仅多 5 张。双方得票如此接近，1876 年以来在美国总统选举中从未有过。11 月 28 日，州务卿凯瑟琳·哈里斯以个别县未能按时提交计票报告为由宣布计票结束，重申小布什获胜。戈尔不服。12 月 8 日，佛罗里达州最高法院以 4 票对 3 票下令全州范围进行人工计票。12 月 9 日，联邦最高法院以 5 票对 4 票支持佛罗里达州宣布小布什获胜。从此，一场关于重新计算选票的争执从地方法院打到联邦最高法院。12 月 11 日，双方律师在联邦最高法院进行了口头辩论。12 月 12 日，以联邦最高法院首席大法官威廉·伦奎斯特（William Rehnquist）为首的 9 名大法官以 7 票对 2 票，否决了佛罗里达州最高法院的人工计票要求，说这违反宪法。当天，这些大法官以佛罗里达州无法在 12 月 12 日"安全港"协议（safe harbor）的最后期限完成计票工作为由宣布，计票工作应该停止，并以 5 票赞成、4 票反对的结果，结束了"布什对诉戈尔选举案"（Bush v. Gore）的审理，判决小布什在这次大选中胜出。小布什在全国获得的选民票比戈尔少 54 万多张。他是继 1824 年、1876 年和 1888 年三次总统大选三位当选总统之后，第四位获得选民票最少的总统。伦奎斯特投了关键的一票。他是前共和党总统里根于 1986 年任命的首席大法官。会后，大法官安东宁·斯卡利亚（Antonin Gregory Scalia）说："在我看来，对合法性存疑选票的统计确实可能危及申诉人布什以及国家（的声誉），令其蒙受不可挽回的损失，它给布什声称的当选合法性投下了一层阴影。"①

　　判决一出炉立即遭到美国学者和舆论界的抨击，指出小布什的支持者都是老布什的至交，这是共和党的胜利，是党派政治。老布什总统提名的

---

　　① Wikipedia：Bush v. Gore.

前联邦上诉法院法官迈克尔·麦康纳尔（Michael W. McConnell）以诙谐的
语言著文承认，这个判决"可能获得了出于错误理由的正确结果"。哈佛
大学法学教授艾伦·德肖威茨（Alan Dershowits）著文称，"这可能被评为
美国联邦最高法院历史上一个最腐败的决定"。①

　　在戈尔和小布什较量的紧急关头，老布什如坐针毡。为保证儿子取
胜，他甚至动员前国务卿詹姆斯·贝克（James Addison Baker）和共和党
政治顾问卡尔·罗夫（Karl Rove）助他一臂之力。

　　小布什在 2014 年 11 月出版的书名为《41：我父亲的肖像》（41：A
Portrait of My Father）一书中对他父子俩在等待最高法院判决结果前后的
状态做了如下描述：

　　　　大选之夜，妈妈和爸爸率领一大家族去奥斯汀。当副总统戈尔说
　　要退出选举时，一场庆祝活动深夜就已开始。不久戈尔收回了让步。
　　我在关键性的佛罗里达州领先选票不到 1000 张（原文如此——引者
　　注），胜负难分。一场持久的重新计票过程开始了。我要求詹姆斯·
　　贝克作为我在佛罗里达州法律小组的领导人。我和（妻子）劳拉
　　（Laura）返回得克萨斯州克劳福德（Crawford）我们的农场休息，等
　　待我的命运。另一方面爸爸却被这些消息所困扰。他不断地打电话给
　　卡尔·罗夫和詹姆斯·贝克，要他们提供最新信息。他也不断地给我
　　打电话。从他说话的声调我可以说，他很担忧。我对他说："爸爸，
　　我很平静。请你不要看电视。"最终，法律纠纷走向了最高法院。大
　　选结束后的第 35 天，即 12 月 12 日，法庭做出了判决。法官以 7 票赞
　　成、2 票反对的结果断定，佛罗里达州重新计票过程违反了宪法中保
　　护平等权利的条款。法官以 5 票赞成、4 票反对的结果得出结论，佛
　　罗里达州未能在最后期限按时完成对选举人团重新进行公平计票。选
　　举人票计算维持原状。我赢了。当获得我当选总统的消息后，我的第
　　一个电话是打给我的妈妈和爸爸。他们都激动不已。……当记者们问

_____

① Wikipedia：Bush v. Gore；Wikipedia：United States presidential election，2000.

我，父亲会怎样影响竞选时，我开玩笑说我继承了父亲一半的朋友和他所有的敌人。事实是，他没有很多敌人，我能得到他的许多朋友的帮助。我也不担心爸爸的朋友支持我。①

人们对 2000 年总统大选的疑惑难以消除。2013 年 6 月 12 日出版的美国《华盛顿时报》网站刊登文章透露，民主党人、副总统拜登（Joe Biden）11 日晚回顾当年的总统大选时大发感慨，为戈尔把白宫宝座拱手让给小布什抱不平。文章说："拜登在共和党参议员候选人埃德·马基（Ed Markey）的筹款活动上说，'他（戈尔）其实赢得了（2000 年）美国总统的大选。但为了国家利益，当时做了一个在我看来糟糕的决定。''我认为很少有人像他那样在极为、极为、极为困难的时刻将国家放在首位。戈尔和我都知道，很多竞选过总统的人仍无法对失败释怀。'""他说：'戈尔，你为国家树立了一个永不褪色的榜样，放弃选举诉讼的决定让你虽败犹荣。我认为今后的宪法专家将会得出结论：这是一个不幸的决定。'"2004 年，小布什在总统大选中成功连选连任。美国著名经济学教授保罗·克鲁格曼（Paul Krugman）在 2005 年 8 月 22 日的《纽约时报》上以"不要美化我们的历史"（Don't Prettify our History）为题发表评论说，小布什是一位"被选错了的人"（a wrong man）。

物以类聚，人以群分。2001 年小布什上台后组织了以他为核心的"四人石油集团"。了解这个集团与美国石油工业的密切关系，或许有助于分析小布什政府执政 8 年期间穷兵黩武的原因和目的。

从 2001 年到 2008 年，小布什在白宫坐镇 8 年，于 2009 年 1 月 20 日偕夫人离开华盛顿，返回他成长、发迹的得克萨斯州石油重镇米德兰市。接替他入主白宫的是 2008 年美国总统大选中获胜的民主党人、联邦国会参议员、非洲裔贝拉克·奥巴马（Barak Obama）。小布什留给这位美国历史上首位黑人总统的是一个烂摊子：国内一场严重的经济危机和对外发动了两场侵略战争：阿富汗战争和伊拉克战争。

---

① George W. Bush, *41: A Portrait of My Father*, Published by Crown Publishers, CBSNews, November 8, 2014.

（二）家族史

小布什和他的父亲乔治·赫伯特·沃克·布什（George Herbert Walker Bush，以下简称老布什），都是石油资本家。在美国两百多年历史中，石油资本家支持政客竞选总统是不争的事实；但石油资本家直接参加总统选举，入主白宫，在美国历届总统中都是罕见的。

小布什总统四代都同美国石油工业有着千丝万缕的联系。

第一代，小布什的曾祖父塞缪尔·布什（Samuel P. Bush，1863—1948）在第一次世界大战前就与美国首家石油巨头洛克菲勒财团创始人约翰·洛克菲勒（Jon D. Rockefeller）家族建立了密切的合作关系。从1908年到1927年，塞缪尔担任巴克艾钢铁铸造厂总经理（president of Buckeye Steel Castings）。这是一家由约翰·洛克菲勒的弟弟弗朗克·洛克菲勒（Frank Rockefeller）控股、为美国东部摩根—哈里曼—洛克菲勒财团控制的铁路系统生产铁路设备的工厂。塞缪尔也是俄亥俄州和宾夕法尼亚州几家铁路公司的主管，和位于俄亥俄州的洛克菲勒财团美孚石油公司（Standard Oil）联手控制石油运输业。洛克菲勒坚持一切运载美孚石油的铁路公司所需的器械必须从巴克艾厂购买。塞缪尔从与洛克菲勒石油帝国的合作中发家，"懂得了石油对发展美国工业具有快捷推动力"[①]。1917—1918年第一次世界大战期间，塞缪尔任职于联邦政府战争工业局（War Industries Board），负责军火部，代表联邦政府联系并资助全国军火工业，其中包括珀西·埃弗里·洛克菲勒（Percy Avery Rockefeller）的雷明顿军火公司（Remington Arms Company）。塞缪尔·布什与洛克菲勒石油帝国和军火工业结缘，为他的儿子普雷斯科特的人生铺平了道路。

第二代，小布什的祖父普雷斯科特·布什（Prescott Bush，1895—1972）既是银行家又是政治家。他涉足社会后迅速飞黄腾达，主要得益于他的老丈人、银行家乔治·赫伯特·沃克（George Herbert Walker，

---

① Kevin Phillips, *American Dynasty-Aristocracy*, *Fortune*, *and the Politics of Deceit in the House of Bush*, Penguin Books, 2004, p. 151.

1874—1961）的提携。20 世纪 20 年代，沃克是 W. A. 哈里曼公司①总裁。1921 年，普雷斯科特与沃克的独生女多萝西·沃克（Dorothy Walker）喜结良缘，1926 年，沃克指定女婿取代他主管哈里曼公司，担任副董事长。从此，普雷斯科特摇身一变，成了沃克的法定继承人，跻身华尔街大亨之列。

沃克不仅是银行家，也是能源领域的行家里手。早在第一次世界大战结束不久的 1922 年，沃克作为哈里曼公司的总经理，参与苏联主要石油产地——阿塞拜疆的巴库油田的重建。1931 年，哈里曼公司与另一家银行布朗兄弟公司合并，成立布朗兄弟哈里曼公司，普雷斯科特是主要合伙人之一。该公司除经营石油债券和股票外，还在苏联石油工业中大展身手，巴库是它的投资重点。

第二次世界大战爆发后，普雷斯科特迅速涉足军火行业。当时他是布朗兄弟哈里曼公司的子公司——德雷瑟公司②的主管，负责向美国国防部及联邦政府其他有关部门提供生产原子弹所需能源和尖端军事装备，使这家公司获得"国家安全工业联合体"中一员的称号，③凭借布朗兄弟哈里曼公司及其子公司德雷瑟公司的实力，普雷斯科特和沃克家族在美国的经济政治地位得到空前提高和加强。

1952 年，普雷斯科特以康涅狄格州共和党人身份当选联邦国会参议院议员，一直到 1963 年。在担任联邦国会参议员期间，普雷斯科特"继续为给

---

① W. A. 哈里曼公司的创始人威廉·埃夫里尔·哈里曼（William Averell Harriman）是民主党人，政治家，企业家。1922 年他利用父亲的资本创办了专门从事银行业务的 W. A. 哈里曼公司（W. A. Harriman & Co.），1927 年他的兄弟 E. 罗兰·哈里曼（E. Rolland Harriman）入伙，公司改称哈里曼兄弟公司（Harriman Brothers & Co.）。1931 年该公司与另一家私人银行——布朗兄弟公司（Brown Brothers & Co.）合并，改名布朗兄弟哈里曼公司（Brown Brothers Harriman & Co.）。

② 德雷瑟公司（Dresser Industries）由所罗门·罗伯特·德雷瑟创办于 19 世纪下半叶，生产石油、天然气和地下水钻探设备。1900 年后美国天然气工业蓬勃发展，这家公司生产的天然气管道铺满美国各个角落。所罗门·罗伯特·德雷瑟于 1911 年去世，1928 年 W. A. 哈里曼公司将德雷瑟公司改成股份制公司。第二次世界大战后，公司广泛兼并生产井架、钻头、钻探泥浆等油气勘探设备的厂家。1950 年公司将总部迁到美国油气工业中心得克萨斯州的达拉斯市。20 世纪 90 年代，公司通过兼并多家油气设备生产厂家，发展成为世界第三大石油服务公司。1998 年被主要对手、世界头号石油服务公司——哈里伯顿公司（Brown Brothers Harriman & Co.）吞并。

③ Kevin Phillips, *American Dynasty*：*Aristocracy*，*Fortune*，*and the Politics of Deceit in the House of Bush*，Penguin Books，2004，p. 153.

他带来利益的哈里曼和洛克菲勒家族服务，他尤其支援石油工业"。① 他的高尔夫球亲密伙伴是美国第34任总统艾森豪威尔（Dwight David Eisenhower，总统任期：1953—1961）、副总统尼克松（Richard Milhous Nixon）以及白宫国家安全事务顾问戈登·格雷（Gordon Gray），曾任中央情报局局长的埃伦·杜勒斯（Allen Welsh Dulles）也是他的挚友。

第三代，小布什的父亲老布什是美国第41任总统。普雷斯科特在经济、政治、军事和情报领域建立的广泛人脉关系，成了老布什大发石油财和仕途步步高升的资本。

美国石油工业的发源地在东部的宾夕法尼亚州和俄亥俄州。19世纪下半叶，洛克菲勒石油帝国就是在那里首先发迹的。到20世纪30年代，随着东部石油资源的逐步枯竭，石油工业的重点逐步转移到新兴石油产地——南部的得克萨斯州及沿海地带，美国石油巨头纷纷将国内石油勘探、开发重点从东部转移到南部。随着1973年到1981年石油价格不断上涨，在得克萨斯州诞生了新一代石油资本家，并形成了以他们为主要成员的"美国石油俱乐部"（Petroleum Club of the United States）。② 得克萨斯石油资本家在美国的政治地位随之提高，老布什是其中的佼佼者之一。这要归功于他的父亲、切身体会到石油的重要意义的普雷斯科特。老布什从耶鲁大学毕业后，普雷斯科特劝他首先到得克萨斯石油领域去施展才华。他对儿子的前途关怀备至。为了使老布什迅速掌握有关石油工业的知识和技能，普雷斯科特邀请他在耶鲁大学的同班同学和生意场上的挚友尼尔·马伦（Neil Mallon）给儿子上了重要一课。这位被老布什称作"尼尔叔叔"和"代理父亲"的老者，是当时已经发展成世界头号石油设备制造公司——德雷瑟公司的总经理。他对老布什说，美国的能源需求日益增多，因此石油和天然气勘探将成为"21世纪的新边疆"。他说，第二次世界大战结束后，德雷瑟公司实行产品多样化，有井架、钻头等油气钻探和开采设备，而且正在世界范围内探测新的油气资源。说到此，这位"尼尔叔

---

① Morgan Strong, *Bush Family Chronicles: The Patriarchs*, Ocnus. Net, February 12, 2008.

② Kevin Phillips, *American Dynasty: Aristocracy, Fortune, and the Politics of Deceit in the House of Bush*, Penguin Books, 2004, p. 154.

叔"劝老布什:"你需要干的,就是去得克萨斯那里的油田。那里才是当今有志青年应当去的地方。"① 根据"尼尔叔叔"的建议,老布什偕夫人从俄亥俄州到得克萨斯州的石油小镇傲德萨接受德雷瑟工业公司子公司——国际井架和设备公司(International Derrick and Equipment Company)的专业训练,幻想将来在石油领域大干一场,赚大钱。结束训练后,老布什从1948 年到 1951 年在德雷瑟工业公司任职。1951 年遵从父亲和"尼尔叔叔"的建议,老布什在休斯敦创办了布什—奥弗比石油开发公司(Bush-Overby Oil Development Company);1953 年父亲资助 35 万美元,并得到布朗兄弟哈里曼公司资金支持,在休斯敦与朋友合伙创办了扎帕塔石油公司(Zapata Petroleum),任董事长;1956 年在休斯敦创办扎帕塔海上石油公司(Zapata Offshore Oil Company),任总经理。1963 年扎帕塔海上石油公司与南方宾夕法尼亚石油公司(South Penn Oil)合并,改称宾兹石油公司(Pennzoil),实力空前增强。② 值得一提的是,老布什的扎帕塔海上石油公司参与中央情报局推翻新生的社会主义古巴政府的秘密活动。1961 年 4 月 17 日美国入侵古巴,扎帕塔海上石油公司派两艘石油勘探船给予支持。

为帮助儿子,也为支持美国石油业,老布什的父亲、参议员普雷斯科特在国会坚决主张海上石油资源私有化,反对国会通过海上石油联邦化的议案。他胜利了,老布什得利了。他的扎帕塔海上石油公司主要勘探区域包括加勒比海、墨西哥湾、中美洲沿海等,海上钻探业务进展神速。通过与科威特签署合同,他首次进入波斯湾海域进行海上石油勘探活动,从此与科威特的关系非同一般。老布什的石油收入滚滚而来,迅速发迹,1966 年他已赚了几百万美元,成为百万富翁。这期间他结交了美国政界、情报界和石油界许多朋友,曾在他总统任期内任国务卿的詹姆斯·贝克是他的至交,也是宾兹石油公司的顾问。

---

① Kevin Phillips, *American Dynasty: Aristocracy, Fortune, and the Politics of Deceit in the House of Bush*, Penguin Books, 2004, p. 152.
② 南方宾夕法尼亚石油公司成立于 1889 年,原属约翰·洛克菲勒的美孚石油公司。1911 年联邦政府根据反托拉斯法肢解了美孚,这家公司便成了一家独立公司。

　　老布什羽翼丰满后决定到政界闯荡一番。1966 年他竞选联邦国会众议院议员成功，为通过有利于石油工业发展的法案而奋斗。在尼克松和福特政府期间，他担任美国常驻联合国大使、中央情报局局长、美国驻北京联络处主任等要职。1980 年竞选总统失败后，作为罗纳德·里根（Ronald Wilson Reagan，总统任期：1981—1989）的竞选搭档参加总统大选，结果以压倒多数获胜，成为副总统。里根总统任命老布什为"美国总统救济监管特别小组"负责人（United States Presidential Task Force on Regulatory Relief's）①，主要任务是协调跨部门工作，结束过渡监管。老布什继续为美国石油工业摆脱政府管制竭尽全力。不巧，他刚就任副总统的 1981 年，原油和成品油供过于求，世界石油市场由平稳转向疲软，使国内石油生产成本高于中东几倍的美国石油工业受到冲击。老布什迫不及待地赶赴沙特阿拉伯，敦促其减少石油产量，阻止油价继续下滑。沙特照办了。在老布什的坚持下，联邦政府于 1981 年取消了由尼克松政府制定并执行 10 年之久的原油价格管制政策。尝到甜头的美国石油巨头和得克萨斯石油界人士于1988 年支持老布什竞选总统成功。

　　正是这位石油资本家和情报头子老布什，在美国政府和他的家族与中东产油国之间建立起千丝万缕的关系。

　　安然公司（Enron Corporation）② 董事长兼首席执行官肯尼斯·莱（Kenneth Lay）是老布什在得克萨斯州石油界最得力的支持者。老布什入主白宫后，在国内全力推行有利于能源工业的政策；在国外则把主要精力放在中东，强调中东是保证美国能源安全的关键。在四年总统任期内"对他最大的考验是，当伊拉克 1990 年 8 月入侵科威特时，老布什态度坚定，

----

　　① Kevin Phillips, *American Dynasty*: *Aristocracy*, *Fortune*, *and the Politics of Deceit in the House of Bush*, Penguin Books, 2004, p. 154.

　　② 安然公司成立于 1985 年，它的前身是总部设在休斯敦的一家天然气管道公司。在老布什的支持下，短短 15 年就一跃成为美国最大的天然气和电力贸易公司，业务迅速扩展到全球，并涉足新兴产业领域。在 2000 年美国《财富》杂志世界 500 强中排名第 16 位。安然与美国第五大会计师事务所安得信公司互相勾结，长期隐瞒财务丑闻，虚报盈余，掩盖巨额债务。从 1998 年到 2000 年安然高管在公司股价暴跌之前抛售股票，中饱私囊获取暴利，却有计划地隐瞒真相，在股票大跌时仍不准雇员从自己的退休账户中出售股票。2001 年 12 月 2 日，安然东窗事发，宣布破产并申请破产保护，这是美国历史上最大破产案。

力排众议，组织了庞大的国际部队，成功地领导了在波斯湾的一场战争"。① 美国舆论说，老布什这样做与他长期和科威特保持着特殊的经济利益有关。肯尼斯·莱吹捧老布什是美国的"能源总统"（the Energy President）。② 这场战争导致美国重新在海湾一些国家建立军事基地。为纪念老布什在美国"能源安全"方面做出的突出贡献，美国海军新建的、比三个足球场还长的世界最大核动力航母以"乔治·赫伯特·沃克·布什"（George H. W. Bush）的名字命名。2009 年 1 月 10 日，84 岁的老布什在儿子小布什总统陪同下，前往弗吉尼亚州诺斯罗普（Northrop）造船厂参加航母命名仪式。这是对老布什的最高褒奖，在美国历史上以已故总统名字命名航母并不稀奇，但除了下台后被老年痴呆症折磨的罗纳德·里根总统外，美国没有以健在的退休总统的名字命名航母。《洛杉矶时报》当天刊登新闻说，在命名仪式上老布什兴奋异常，以颤抖的声音号召航母全体人员"组成一个坚不可摧的爱国者队伍来保护这片特殊的美国领土"。

第四代，小布什于 1946 年 7 月 6 日出生在康涅狄格州的纽黑文市，两岁随父母迁到石油业蓬勃发展的得克萨斯州著名石油城米德兰市。1968 年获耶鲁大学学士学位后，他回到得克萨斯州投身石油生意，后又去哈佛大学商学院深造，于 1975 年获工商管理硕士学位，毕业后立即返回米德兰追随父亲的足迹，与人合资创办了一家油气勘探公司，取名"阿尔布斯托能源公司"（Arbusto Energy）③，后改称布什勘探公司（Bush Exploration），任副总经理。20 世纪 80 年代初油价下跌，公司难以维持，小布什的公司与一家名叫"光谱 7"（Spectrum 7）的石油投资基金合并，改称"光谱 7"公司，小布什任董事长兼首席执行官。到 1984 年 4 月，公司虽然钻了 95 口油井，但近半数是枯井。小布什依靠石油发财的梦想彻底破灭。从这年年初开始，一场石油价格战席卷全球，石油输出国组织（Organization of Petroleum Exporting Countries，欧佩克、OPEC）失去了对

---

① John Bowman, *The History of the American Presidency*, World Publication Group, Inc., 2007, p. 189.

② Kevin Phillips, *American Dynasty: Aristocracy, Fortune, and the Politics of Deceit in the House of Bush*, Penguin Books, 2004, p. 157.

③ 西班牙文，意为灌木、小树（Shrub），www. biograhy. com-Bush。

世界石油价格的控制能力，它的标准油价一度从每桶 28 美元暴跌至 10 美元。美国石油工业遭到重创。"在世界石油价格暴跌风潮袭击下，美国国内现货油价自 2 月初开始节节下跌。3 月 4 日，美国标准原油——西得克萨斯中质油的现货价格已从上年 11 月每桶 31.7 美元跌至 11.98 美元，降到了 1973 年中东十月战争后爆发的第一次'石油危机'初期的水平。"① 不久又进一步降到 9 美元一桶。小布什的公司负债累累，濒临破产的边缘。1988 年，"光谱 7"以 220 万美元被得克萨斯哈肯能源公司（Harken Energy）收购，小布什从中获利颇丰。根据收购协议，小布什担任哈肯能源公司董事会董事的职务可以延续到 1993 年。他也是这家公司的带薪顾问和财务审查委员会（Financial Audit Committee）成员。1990年，哈肯能源公司与中东巴林国签订海上石油勘探合同，在巴林海域进行石油勘探。

小布什以酗酒著名，酩酊大醉之余思考着自己的未来。1988 年秋，他携家带口到首都华盛顿为他的父亲老布什竞选总统摇旗呐喊；1994 年，小布什击败在任民主党竞选对手安·W. 理查兹（Ann W. Richards），当选得克萨斯州州长，1998 年竞选连任，2000 年当选美国总统，2001 年 1 月 20日入主白宫。

小布什仕途飞黄腾达，主要得益于安然公司的鼎力支持。在 2000 年的大选期间，美国舆论界连篇累牍地报道小布什及其家族与安然公司之间亲密的政治和经济关系。"安然是乔治·沃克·布什的头号赞助人。在美国没有其他公司比安然更接近他。……安然支持小布什的目的在于鼓励他进一步解除政府对能源工业的管制。"② 小布什与安然公司董事长兼首席执行官肯尼斯·莱的关系可谓亲密无间，他为莱起的昵称叫"肯尼小伙子"（Kenny Boy）③。两人通过频繁的书信往来和互相接触，在政治和经济上取得了双赢的效果。在担任得克萨斯州州长的 8 年间，小布什竭

---

① 江红：《八十年代国际石油风云》，华夏出版社 1989 年版，第 182 页。

② Josh Gerstein, www. abcnews. com, December 10, 2001.

③ Dana Milbank and Glenn Kessler, "Enron's Influece Reached Deep Into Administration, Ties Touched Personnel and Policies", *The Washington Post*, January 18, 2002.

尽全力为安然公司创造方便，使这家名不见经传的能源公司迅速崛起，发展成美国最大的天然气和电力贸易公司，业务遍及海内外。2000 年，莱全力支持小布什竞选总统。美国《乔治》双月刊 2001 年 2—3 月这一期以"美国政坛最有影响力的 50 个人物"为题发表文章说："乔治·布什要写许多感谢信来感谢那些慷慨的施主。他的竞选活动的特点是，拥有一部美国有史以来运转最良好的筹资机器。而他最应该感谢的人之一，就是莱。莱的安然公司拥有资产 400 亿美元，是一家主要经营石油的公司。住在休斯敦的莱，这几年给布什的竞选经费比任何人都多，资助他各种竞选活动的资金超过了 50 万美元。过去，莱曾非正式地影响过布什州长的得克萨斯州能源政策，现在他希望使这种影响扩大到自己对布什总统在华盛顿的行为也有发言权的地步。……莱最关注的问题是，联邦政府放宽对能源工业的限制，这恰好也是布什关注的问题之一。"美国舆论甚至说，是安然公司把布什抬进了白宫。① 作为布什过渡班子的重要成员，莱向布什提交了政府组成人员名单。2001 年 12 月 2 日，安然公司申请破产保护后，莱曾公开承认："我带去了一个名单，我们确实提交了这个名单……我记得……我签署了一封信，事实上我在这封信中推荐了一些人。我们觉得这些人将成为联邦能源规章委员会（the Federal Energy Regulatory Commission）的优秀成员。"② 布什正式就任总统后，莱不仅参与讨论国家能源政策，还亲自面试委员会人选。由他推荐的帕特·伍德（Pat Wood）果然被任命为委员会主席，另一些人则成了委员。正如美国媒体所说，"安然董事会与华盛顿政府的职位可以交换"，"布什政府是安然公司的延伸"，"根据一些财务记录，有 35 位政府官员持有安然公司的股票"。③

---

① Tim Wheeler, "Enron Put Bush in White House", *People's Weekly World Newspaper*, January 19, 2002.

② Marcy Gordon, *Lay Gave List of Favored Names to White House for Energy Panel*, Associated Press, February 1, 2002.

③ Dana Milbank and Glenn Kessler, "Enron's Influece Reached Deep Into Administration, Ties Touched Personnel and Policies", *The Washington Post*, January 18, 2002.

二 副总统切尼

（一）老布什的国防部部长

理查德·布鲁斯·切尼（Richard Bruce Cheney）1941 年 1 月 30 日出生于美国中部内布拉斯加州的林肯市。祖辈于 17 世纪从英格兰移居美国。1954 年切尼随父母迁居怀俄明州小县城卡斯帕（Casper）。父亲理查德·H. 切尼（Richard H. Cheney）是联邦政府农业部的土地管理员。高中毕业后切尼获得耶鲁大学奖学金，因学习成绩不佳，第二年辍学返回卡斯帕。1963 年切尼毕业于怀俄明大学，获得政治学学士和硕士学位。1968 年获威斯康星大学哲学博士学位。1969 年，刚刚被尼克松总统任命为联邦政府"经济机会办公室"（Office of Economic Opportunity）主任的联邦国会众议员唐纳德·亨利·拉姆斯菲尔德（Donald Henry Rumsfeld）看中了血气方刚的青年切尼，提名切尼作为他的特别助理。从此切尼青云直上，如愿以偿地开始了他的政界生涯。在尼克松总统在任期间，切尼还担任过白宫事务助理和"生活费用委员会"（Cost of Living Council）助理主任等职。1974 年 8 月尼克松总统因"水门事件"① 被迫辞职提前离开白宫后，切尼参加杰拉尔德·福特（Gerald Rudolph Ford，总统任期：1974—1977）从副总统到总统的过渡班子，1975 年升任福特总统白宫办公厅主任。1976 年美国大选，佐治亚州州长、民主党人吉米·卡特（Jimmy Carter，总统任期：1977—1981）击败福特当选下届总统。树倒猢狲散。1977 年切尼离开华盛顿返回卡斯帕就职于一家电力公司，并积极从事政治活动，于 1978 年当选联邦国会众议员。从 1981 年到 1987 年，切尼担任众议院共和党政策委员会主任，1988 年当选国会众议院少数党领袖。1989 年老布什战胜民主党总统候选人迈克尔·杜卡基斯（Michael Dukakis）入主白宫，1990 年任命切尼为国防部部长。在任期间，切尼为美国争夺世界石油资源使出了浑身解数。仅举以下几个重大事件为例。

---

① 1972 年美国大选年。当年 6 月 17 日，共和党总统候选人尼克松的竞选班子派 5 人潜入位于华盛顿水门大厦的民主党全国委员会办公室窃听并偷拍有关文件。美国主流媒体谴责尼克松幕后指使。

（二）海湾战争策划者

1990 年 8 月 2 日，伊拉克总统萨达姆·侯赛因（Saddam Hussein）派军队入侵科威特。萨达姆万万没有料到，他此举为美国提供了重新出兵占领海湾阿拉伯产油国的极好机会。身为国防部部长，切尼没有从军经历，甚至没有动过枪，但对这场战争他却采取了与时任参谋长联席会议主席的科林·鲍威尔（Colin Powell）将军截然相反的立场，主张军事打击，反对谈判解决。切尼认为这关系到美国对海湾石油的控制权。《将军的战争》（The Generals' War）一书中说："切尼一向认为波斯湾是重要的，他讨厌萨达姆军队占领科威特，控制海湾石油供应。即便巴格达不能直接控制沙特石油出口，它也会在政治上影响沙特石油出口。"切尼明白并在国防部的文件中强调，美国历届总统都牢记并遵循富兰克林·罗斯福（Franklin Delano Roosevelt，总统任期：1933—1945）总统的训导："维护波斯湾石油安全对美国具有生死攸关的利益。"[1] 正在戴维营研究对策的老布什也不例外，紧急与沙特法赫德国王（Fahd bin Abdul Aziz Al Saud）通了电话，威胁说萨达姆军队正在王国边界形成大兵压境之势，要求国王允许美国派兵反击伊拉克军队。法赫德国王向老布什表示反对美国向沙特派地面部队。国王心里明白，如果接受美国军队重返沙特阿拉伯，他不好向本国和整个阿拉伯世界交代，况且他派到边界的侦察部队并没有发现伊拉克军队向沙特进逼的任何迹象，他感受不到美国所说伊拉克入侵迫在眉睫。于是老布什决定派高级代表团赶赴沙特阿拉伯。派谁最好？他原想派中央司令部司令诺曼·施瓦茨科普夫（Norman Schwarzkopf）上将率团前往，但又觉得他是一位美国高级将领，不欢迎美国军队进入沙特的法赫德难以接受他。老布什盘算再三，认为派身着便装的国防部部长切尼最合适。切尼不仅是美国政府高级官员，完全能以总统私人代表的身份行事，而且作为国防部部长，切尼也有资格谈论军事。行前切尼就此行的任务请示老布什。老布什发出的口头指示简明扼要，充满霸气。他说，必须让法赫德国王同意接受美国军队进驻

---

① Michael R. Cordon and General Bernard E. Trainor, *The Generals' War*, Little Brown and Company, 1995, pp. 32, 33.

沙特，要说服并争取他向美国发出派兵邀请，要向他证明美国决心全力保护沙特，决不后退。1990年8月5日，切尼率代表团乘专机离开安德鲁斯空军基地飞向沙特阿拉伯。代表团成员包括中央司令部司令施瓦茨科普夫上将、国防部副部长沃尔福威茨（Paul Wolfowitz）、副国家安全事务助理盖茨、美国驻沙特阿拉伯大使弗里曼、中央情报局专家以及联邦政府其他高级官员和中央司令部军官等。法赫德国王能接受美国军队吗？切尼毫无把握，代表团其他成员也感受到巨大压力。他们如此担心的理由很简单：沙特国王没有要求美国派兵来。于是切尼决定先在飞机上预演一番，让代表团成员假装与法赫德面对面对话。预演结束，切尼作结论，要求大家到沙特后必须谨慎从事。他说："我们并不知道萨达姆是否要入侵沙特阿拉伯，因此我们到沙特后不要说伊拉克入侵不可避免，也不要说我们有这方面的内部情报。"① 但是与此同时，美国国防部放话，伊拉克25万军队和1500辆坦克已经在伊拉克—沙特阿拉伯边界集结，威胁着沙特油田安全。苏联及时公布伊拉克—沙特边界卫星照片，驳斥了美国国防部的谣言。② 沙特前石油大臣艾哈迈德·扎基·亚马尼（Ahmed Zaki Yamani）在海湾战争爆发前曾对美国《时代周刊》说："伊拉克已不再拥有空中优势。没有空中优势，破坏沙特阿拉伯油田的能力就等于零。"但是美国国防部的宣传引起沙特恐慌，在切尼的威胁下，法赫德国王屈服了，20世纪70年代被赶走的美国军队不仅重返沙特，还建立了空军基地。

攻打伊拉克的"沙漠风暴行动"（Operation Desert Storm）是切尼亲自参与制定的，打着"解放科威特"的旗号。实际上这是一场维护美国对中东石油，特别是对海湾石油的垄断地位的一场战争。2003年3月小布什发动伊拉克战争后，美国国内舆论回顾这段历史时承认："1990—1991年海湾危机的更直接的原因，是为了石油和遏制伊拉克主宰海湾。"切尼在回顾自己担任国防部部长的经历时说，在海湾战争中美国打败伊拉克是他的

① Bob Woodward, *The Commanders*, Simon & Schuster Ltd., 1991, pp.265, 266.

② "The Unauthorized Biography of Dick Cheney", Broadcast C-B-C-TV, www. informationclearin, October 6, 2004.

最大成就。为表彰切尼在海湾战争中的突出贡献，1991 年 7 月 3 日，老布什向他颁发"总统自由勋章"，这是美国文官最高荣誉奖章。

（三）"石油人"

切尼不是石油资本家，走上仕途之前没有经营过石油业务，但是美国舆论界仍然称他是"石油人"。这是因为，在担任国防部部长以前，从 1995 年到 2000 年切尼是美国哈里伯顿公司（Haliburton Inc.）首席执行官。

哈里伯顿公司是美国五百强之一，是世界最大的能源服务跨国公司，业务遍及世界五大洲 120 多个国家，向全球能源行业用户提供设备和服务。它与美国军方关系异常密切。公司由厄尔·哈里伯顿（Erle P. Halliburton）创办于 1919 年，原是一家油井设备生产公司，总部在得克萨斯州的达拉斯市。1948 年公司在纽约股票交易所上市后迅速扩张，于 1962 年吞并了与军方合作的布朗—鲁特有限公司（Brown & Root, Inc.）[①]。

切尼与哈里伯顿的关系可追溯到 1989 年他出任国防部部长时。切尼在国防部任期 4 年，为国防部与哈里伯顿的合作打下了坚实的基础。请看以下事例。

1. 切尼上任伊始便立志改革军队后勤保障，提高美国在海外军事行动的后勤保障工作效率。切尼决定改变由军队后备役人员负责后勤保障的传统，全部承包给一家私营公司。他选择了哈里伯顿。1989 年国防部先后两次与哈里伯顿签订合同，由国防部拨款请这家公司对军队后勤保障进行可行性研究，着重解决在短时间内由这家公司完成军队调动的后勤保障任务。就此，切尼同哈里伯顿结下了友谊。

2. 1991 年 1 月海湾战争爆发，切尼聘请哈里伯顿子公司——布朗—鲁特随美国军队进入科威特，扑灭 320 口油井大火，并参加战后重建工作。

3. 1992 年，美国工程兵部队选择哈里伯顿承担未来 5 年的海外后勤工作，并于当年 12 月随美军进入索马里。

---

① 1919 年赫尔曼·布朗（Herman Brown）与旦·鲁特（Dan Root）创办了布朗—鲁特公司（Brown & Root），从事道路建设。1929 年旦·鲁特去世，赫尔曼·布朗和乔治·布朗（George Brown）兄弟组成布朗—鲁特有限公司（Brown & Root Inc.），总部在得克萨斯州的休斯敦市。从 1941 年开始，公司与美国海军签订合同，为其提供装备。

4.1992年，切尼拨款890万美元给哈里伯顿子公司——布朗兄弟（Brown Brothers），研究有关缩编军队编制问题。同年8月，美国工程兵选择哈里伯顿在5年内负责它的全部后勤保障工作。

1992年11月，比尔·克林顿（Bill Clinton，总统任期：1993—2001）在大选中击败老布什，1993年1月入主白宫。一朝天子一朝臣，切尼走出五角大楼，加入华盛顿保守派智库，号称共和党"影子内阁"的美国企业研究所（American Enterprise Institute），直到他2000年竞选小布什的副总统为止。他和安然公司董事长、首席执行官肯尼斯·莱都是美国企业研究所理事会成员。切尼自认政治实力雄厚，于1993年成立"政治行动委员会"（Political Action Committee），打算参加1996年总统大选，圆他的总统梦。他得到哈里伯顿在政治和经济上的鼎力支持，但是由于获得的捐款额不理想，他觉得自己竞争不过决意连选连任的在任总统克林顿，遂放弃总统梦，全身心地投入美国石油巨头争夺里海和中亚石油的浪潮中。

（四）弃政从商

哈里伯顿对切尼在担任国防部部长期间给它带来巨额利益感激涕零，对切尼在全球，特别是在产油国的影响颇感兴趣。为了报答切尼，也为了利用他在国外的广泛影响，1994年，即将退休的哈里伯顿董事长兼首席执行官托马斯·H.克鲁克香克（Thomas H. Cruikshank）在新泽西州垂钓时，向陪伴而来的切尼发出邀请，希望他出任该公司董事长兼首席执行官。切尼权衡利弊，决定弃政从商，欣然接受了邀请。

1995年8月10日，克鲁克香克在得克萨斯州达拉斯市举行新闻发布会宣布，从1995年10月1日起，切尼接替他担任该公司董事长兼首席执行官。克鲁克香克说，哈里伯顿计划重点在国外能源和建筑领域大干一番，称赞切尼"多年来一直是世界级领导人，因此由他来接管哈里伯顿公司的领导工作，我自然感到非常兴奋。……我认为没有人比迪克·切尼（Dick是昵称）更有能力领导哈里伯顿进入21世纪"。切尼在答词中说："成为哈里伯顿这个具有强盛历史和光辉前途的公司成员，对我而言是个巨大的机会。我非常急于同哈里伯顿的雇员、顾客和股民们开始合作。哈里伯顿渴望在全球范围内大展宏图，我期望能帮助哈里伯顿实现这个目标。"①

切尼没有辜负哈里伯顿对他的期望，继续为争夺海外石油奔命。他把争夺的重点放在苏联解体后的中亚和里海地区的主要产油国。

1. 开发伊朗油田

1995 年 3 月，克林顿总统签署命令，不许美国公司或个人在伊朗投资，禁止公司向伊朗提供有利于发展石油工业的任何服务。如果公司违反此命令，将最高罚款 50 万美元；如果个人违反此命令，将监禁 10 年。当年 5 月 6 日，克林顿又签发命令，对伊朗实行全面经济禁运。他正式宣布切断美国与伊朗的几乎全部贸易和投资关系，禁止美国公司及其子公司与伊朗签订任何为开发伊朗石油资源所需的融资合同。一年前克林顿曾攻击伊朗是一个"支持恐怖主义的国家"（state sponsor of terrorism）和"流氓国家"（rogue state）。他是给伊朗戴上这两顶帽子的第一位美国总统。

切尼不吃这一套。克林顿话音刚落，哈里伯顿便通过设在开曼群岛（Cayman Islands）的子公司与伊朗官方达成协议，开发伊朗一个叫作"帕尔斯"（Pars）的大气田。2000 年，切尼作为小布什总统的竞选搭档之前，哈里伯顿在伊朗首都德黑兰建立了办事处。

哈里伯顿还以同样方式在受到美国经济制裁的伊拉克和利比亚开展石油业务。切尼谴责克林顿对敌对产油国实行禁运。他说："老天爷并没有把石油和天然气赐予那些对美国友好的民主政权……哪里有石油，你就应当到那里去。"②

2. 垄断田齐兹大油田

苏联解体后，美国石油巨头谢夫隆（Chevron Corporation）看中了哈萨克斯坦里海沿岸的田齐兹油田（Tengiz Field），抢先于 1993 年与哈萨克斯坦政府达成协议，成立田齐兹—谢夫隆石油公司，由谢夫隆投资 200 亿美元联合开发田齐兹油田 40 年。在这家公司中，谢夫隆占有 55% 股份，美

①　"Business Wire", August 10, 1995；www. nytimes. com, August 11, 1995.

②　Geoffrey Gray, "Dick Cheney's Pipe Dream", http：//www. russialist. org/archives/5505 - 11. php, October 19, 2001.

国最大的石油巨头埃克森美孚（Exxon Mobil Corporation）占有 25%。哈萨克斯坦国家油气公司（Kazmunaygas）只占 20%。田齐兹是世界上最大的油田之一，估计可采储量达 60 亿—90 亿桶。1994 年，切尼担任哈萨克斯坦"石油顾问委员会"委员期间，就铺设一条石油管道代表谢夫隆与哈萨克斯坦进行谈判，并达成协议。这条管道从哈萨克斯坦西部到位于黑海的俄罗斯港口诺沃罗西斯克（Novorossick），长 900 英里。谢夫隆从田齐兹油田开发出来的石油可以通过这条管道输送到黑海。谢夫隆在里海管道财团（Caspian Pipeline Consortium，CPC）处于绝对优势地位，股权占 55%。[①]谢夫隆以切尼的名字命名它的一艘油轮以示表彰。

在切尼看来，除了控制中东石油资源外，美国还必须在里海和中亚站住脚，控制那里丰富的油气资源。1998 年，切尼对美国石油公司的经理们发表谈话说："对石油巨头来说，当前最热点的地方就是富有石油资源的里海地区。苏联的阿塞拜疆、哈萨克斯坦和土库曼斯坦都希望尽快开发本国石油资源。在俄罗斯人统治的年代这些资源衰退了。"他估计这个地区的油气资源大概有两千亿桶左右。[②] 和切尼携手与土库曼斯坦、哈萨克斯坦、阿塞拜疆和乌兹别克斯坦当局进行能源谈判的，还有老布什政府的国务卿詹姆斯·贝克、国家安全事务顾问布伦特·斯考克罗夫特（Brent Scowcroft）和白宫办公厅主任约翰·苏努努。

3. 争夺阿塞拜疆

切尼为美国争夺阿塞拜疆石油资源不遗余力。苏联解体后阿塞拜疆于 1991 年 10 月 18 日正式独立，1992 年 2 月与美国建交。美国乐不可支，但对阿塞拜疆国内民主进程和人权状况不满，也反对它与邻国亚美尼亚敌对。1992 年 6 月美国国会两院通过《支持自由法案》（Freedom Support Act），当年 10 月 24 日老布什在白宫签署这部法案并向全国发表声明说："这一历史性的立法准许用形式各异的项目支持俄罗斯、乌克兰、亚美尼亚和苏联的其他共和国正在进行的自由市场和民主改革。……美国有这个历史性机遇在

---

① *Business Week*, October 26, 2004.

② "Armitage Following Cheney Strategy for Central Asia", A Report from the Commission of America's National Interests, July, 2000.

世界至关重要的地方支持民主和自由市场，我对此感到自豪。"①

　　这是一部针对解体后独立的苏联加盟共和国和东欧等国家进行经济和政治渗透的法律。其中第907条明确禁止阿塞拜疆享受由该法律所批准的各种项目，主要是拒绝向阿塞拜疆提供经济援助，企图以此逼迫阿塞拜疆政府停止对亚美尼亚和纳戈尔诺—卡拉巴赫（Nagorno-Karabakh，纳卡）地区的封锁和军事进攻。

　　但切尼却认为这一法律不利于建立美国与苏联主要石油产地阿塞拜疆的友好关系。他在华盛顿展开游说活动，要求撤销对阿塞拜疆的"禁止援助"，主张向阿塞拜疆出售钻井设备。他声称，这么做能促进阿塞拜疆彻底从俄罗斯独立出来，加强美国的国家利益。1997年，切尼在美国—阿塞拜疆商会发表演讲说："我认为美国目前执行的禁止援助阿塞拜疆的政策是被严重误导了。依照我的经验，这类单方面制裁基本上以美国国内的政治考虑为基础，是很不明智的。"他说："里海可能是北海之后第一个世界级石油产地。阿塞拜疆是当今众多国家和商业利益争相对里海丰富的石油和天然气资源施加影响力而构成的全球性竞争的前沿国家之一。我们石油界业内人士显然乐见阿塞拜疆和里海确实关系到美国切身利益这样一个信息的传出。"

　　切尼的努力得到了回报。他当选了"美国—阿塞拜疆商会"（U. S. - Azerbaijan Chamber of Commerce，USACC）荣誉顾问（honorary advisor），还获得该商会颁发的一枚"自由支持勋章"（Freedom Support Award）。

　　2001年切尼当选副总统后，继续为阿塞拜疆游说，两国关系进一步改善。2001年5月17日，切尼在《国家能源政策》报告（详见本书第二章）中，把阿塞拜疆和哈萨克斯坦放在"高优先级领域"，强调那里已探明的油气资源异常丰富，建议小布什总统"确保里海石油产量增加，有效融入世界石油贸易"。铺设一条摆脱俄罗斯，把石油运至世界石油市场的油气管道是阿塞拜疆的当务之急。经过多年交往，切尼与阿塞拜疆总统盖达尔·阿利耶夫（Heydar Aliyev）成了至交。2002年1月，小布什宣布打算

---

　　① George Bush, "Statement on Signing the *Freedom Support Act*", www. presidency. ucsb. edu/ ws/? pid = 21658.

解除对阿塞拜疆的经济制裁后，阿利耶夫前往美国俄亥俄州的克利夫兰一家医院做前列腺手术，切尼在百忙中前往医院看望阿利耶夫。当年2月，小布什在白宫总统办公室会见了阿利耶夫，阿利耶夫请求小布什帮助他从世界银行获得一笔贷款，铺设巴库—第比利斯—杰伊汉石油管道（Baku-Tbilisi-Ceyhan oil Pipeline，BTC）。2003年11月，世界银行为这一工程提供了一笔贷款。[①] 管道从阿塞拜疆首都巴库经格鲁吉亚首都第比利斯到土耳其东南部地中海港口杰伊汉，总长1768公里，位居世界第二。2003年4月开工，2005年10月启用。哈里伯顿公司承担土耳其部分的管道工程。美国—阿塞拜疆商会负责工程监管，其领导成员和顾问除了亨利·基辛格（Henry Kissinger）、詹姆斯·贝克、切尼等前美国政要外，还有埃克森美孚、谢夫隆、英国石油公司（British Petroleum，BP）等美英石油巨头的高管。

4. 哈里伯顿最大股东

切尼掌管哈里伯顿后立即展开了大规模收购。1996年，他收购了地震学软件制造商——兰德马克制图公司（seismological software manufacturer Landmark Graphics）；1997年兼并了石油钻探设备生产商努玛尔公司（oil-drilling technology producer Numar）；1998年兼并了哈里伯顿老对手、历史悠久、小布什家族经营过的德雷瑟石油服务公司（longtime oil-field services rival Dresser）。当年，哈里伯顿子公司——布朗—鲁特公司兼并德雷瑟石油服务公司的子公司——M. W. 凯洛格公司（M. W. Kellogg），改名"凯洛格—布朗—鲁特公司"（Kellogg Brown & Root，KBR）。从此，哈里伯顿生意空前兴隆，切尼上任后仅仅3年，年收入就从1995年的57亿美元增加到1998年的145亿美元。切尼任职5年，利用自己前国防部部长的身份，为哈里伯顿公司赢得23亿美元联邦政府合同，几乎超过前5年的两倍。难怪美国企业界认为："切尼对哈里伯顿的影响超过了创始人厄尔·哈里伯顿以来的任何人。"通过这一系列兼并和收购，哈里伯顿公司一跃成为世界头号石油服务公司。切尼也因此暴富，从1995年担任哈里伯顿首席执行

---

① Pratap Chatterjee, *Halliburton's Army*: *How a Well-connected Texas Oil Company Revolutionized the Way America Makes War*, Nation Books, 2009, pp. 42, 43, 44.

官到 2000 年胜选副总统的短短 5 年间，他获得工资和股票收入 1000 万美元，另外还有 4000 万美元公司股票和优先购买股票的权利，成了公司的最大股东。[①]

切尼的上述经历证明，他不愧为美国石油垄断资本的忠实代表。

三 国防部部长拉姆斯菲尔德

（一）从议员、老板到军阀

唐纳德·亨利·拉姆斯菲尔德是德裔美国人，1932 年 7 月 9 日出生于伊利诺伊州首府芝加哥。父亲是当地房地产经纪人。1954 年他毕业于普林斯顿大学，获文学学士学位，毕业后加入美国海军，先后担任飞行员和飞行教官。拉姆斯菲尔德与小布什和切尼不同，是行伍出身，本身并不是石油资本家，但是他与石油工业的关系却非同一般。

拉姆斯菲尔德的国防部部长任期本应到 2009 年 1 月小布什结束他的第二任期离开白宫之时；但主要因为他纵容和祖护驻伊拉克美军虐待伊拉克战俘，制造了震惊全球的"阿布格莱布"（Abu Ghraib）虐囚丑闻，遭国内外猛烈抨击，作为替罪羊被小布什解雇，于 2006 年 12 月被迫辞职，由罗伯特·盖茨（Robert M. Gates）取而代之。但拉姆斯菲尔德在任 6 年是小布什集团的主要成员，是美国对外侵略政策的主要策划者之一。

从 1962 年当选联邦国会众议员到 2001 年担任小布什政府国防部部长的近 40 年间，拉姆斯菲尔德的主要经历可归纳为三个方面：军人、政客和企业家。

他的军人、政客和企业家生涯主要如下：

> 1963 年 1 月至 1969 年 5 月任联邦国会众议员。
>
> 1973 年至 1974 年任美国驻北大西洋公约组织代表。
>
> 1974 年至 1975 年任福特总统白宫办公厅主任。
>
> 1975 年至 1977 年任福特政府国防部部长，是美国历史上最年轻

---

① Robert Bryce，"Cheney's Multi—Million Dollar Revolving Door"，www. motherjones. com，August 2，2000.

的国防部部长。由于拉姆斯菲尔德在任期间的突出表现，1977 年福特
总统授予他"总统自由勋章"（Presidential Medal of Freedom）。

1976 年美国总统大选福特败选后，从 1977 年到 2000 年担任小
布什政府国防部部长的 23 年间，拉姆斯菲尔德的生涯以生意为主，
公事为辅。

1977 年至 1985 年任 G. D. 瑟尔跨国制药公司（G. D. Searle & Com-
pany）董事长。

1983 年至 1984 年任里根总统武器控制顾问委员会成员，是里根
"星球大战计划"的积极鼓吹者。

1983 年至 1984 年任里根总统特使出使中东。

1981 年至 1986 年任兰德公司（RAND Corporation）董事会主席。

1990 年至 1993 年任通用仪器公司（General Instrument，GI）董事
长、首席执行官。1998 年任美国弹道导弹威慑委员会主席（鼓吹成立
国家导弹防御系统，实际上是里根"星球大战计划"的翻版）。

2000 年任美国国家安全太空管理与组织评估委员会主席。

1997 年至 2001 年 1 月任吉利德制药公司（Gilead Sciences，Inc.）
董事长。

2001 年至 2006 年任小布什政府国防部部长。

（二）与贝克特尔公司关系特殊

2003 年 3 月伊拉克战争爆发后，美国政界和舆论界对拉姆斯菲尔德与
贝克特尔公司（Bechtel Corporation，又称 Bechtel Group）的特殊关系格外
关注。这是因为它牵涉美国与萨达姆政权之间的政治和石油关系。

成立于 1898 年的贝克特尔公司，是世界最大的私营工程建筑公司，拥
有 40000 余名员工，总部设在旧金山。贝克特尔公司在全球 140 个国家完
成了 22000 多个工程项目，其中包括著名的美国胡佛水坝和旧金山湾区轨
道交通系统以及英吉利海峡隧道、香港国际机场、海湾战争后科威特油田
重建、沙特阿拉伯朱贝勒工业城等。该公司的经营范围还包括石油管道、
炼油厂和核电站等。

美国舆论揭露，"不论对全球还是对伊拉克，共和党的外交政策制定者长期与这家公司保持着盘根错节的关系"。① 里根政府两位重量级阁员国防部部长卡斯帕·温伯格（Caspar Weinberger）和国务卿乔治·舒尔茨（George Schultz）都来自贝克特尔公司。美国一家网站说："每个人都听说副总统切尼与哈里伯顿的关系……但贝克特尔公司本身和伊拉克战争的缔造者——国防部部长拉姆斯菲尔德与贝克特尔之间的关系却没有充分披露。"②

拉姆斯菲尔德与贝克特尔公司的特殊关系，是在两伊战争期间暴露的。1983 年和 1984 年，他奉里根总统之命，以总统特使身份访问伊拉克。在这场战争中美国标榜中立，坐山观虎斗，秘密向双方提供情报和武器。1982 年伊拉克军队被逐出伊朗，1983 年伊拉克从进攻转入防御。这时美国坐不住了，脱下中立伪装，改而公开支持伊拉克。里根政府认为，伊朗是它在中东的主要敌人，伊拉克绝不能输掉这场战争，因为这不符合美国利益，于是决定向伊拉克紧急提供军事援助，恢复 1967 年第三次中东战争后断绝的两国外交关系。1983 年里根总统派拉姆斯菲尔德作为他的特使访问伊拉克，会见萨达姆。拉姆斯菲尔德巴格达之行有一个重要任务需要完成，那就是说服萨达姆同意修建一条从伊拉克到约旦亚喀巴港的输油管道（详见本书第四章），此举明确显示美国在两伊战争中支持伊拉克。

四　国务卿赖斯

非洲人后裔康朵莉扎·赖斯（Condoleezza Rice）是小布什总统第一任期任命的第二任国务卿。首任国务卿是科林·鲍威尔将军。赖斯是美国历史上担任国务卿的第一位黑人女性。

（一）钢琴家梦想消失

赖斯 1954 年 11 月 14 日出生于美国南部亚拉巴马州的伯明翰市一个黑人知识分子家庭。她是非洲裔美国人的后代，祖父是亚拉巴马州一个穷苦的棉农。她父亲小约翰·韦斯利·赖斯（John Wesley Rice Jr.）早年是伯

---

① Jim Vallette, Rumsfeld's Old Flame, *Archives*, *Tom Pain. Comon sense*, April 10, 2003.
② Ibid.

明翰市一所高中的辅导员，他勤奋好学，1967 年获丹佛大学教育硕士学位，在历史系讲授"黑人在美国的经验"课程，后升至丹佛大学副校长。小约翰也是伯明翰市基督教长老会教堂的牧师。母亲安杰利娜·雷（Angelena Ray）是同一所高中的音乐老师，能弹一手好钢琴。亚拉巴马州种族歧视盛行，直到 20 世纪 50 年代这所白人学校才允许非洲裔美国人子女入学。赖斯成长于伯明翰市。3 岁开始学法语、音乐、芭蕾和花样滑冰。父母待她如掌上明珠，一心想把独生女培养成钢琴家。赖斯的名字"Condoleezza"来自音乐术语、意大利文"con dolcezza"，即"温柔"的意思。

1967 年，13 岁的赖斯随父母迁居科罗拉多州的丹佛市，进入该市一家音乐学校专修钢琴。她的梦想是将来当一名钢琴演奏家。她埋头练琴，弹了许多世界著名古典名曲，尤其喜欢德国作曲家勃拉姆斯的作品。15 岁她考入丹佛大学主修音乐。不久她发现自己虽然钢琴弹得不错，但天赋不如人，很难出人头地，即便成了钢琴演奏家也难以在经济上彻底翻身。于是她在 17 岁那年放弃音乐，转入丹佛大学国际关系学院，主修政治，重点研究苏联。

（二）苏联问题专家

赖斯以神童闻名。1974 年她 20 岁获丹佛大学政治学学士学位，1975 年获印第安纳州圣母大学政治学硕士学位，1981 年获丹佛大学国际关系学院政治学博士学位，时年 26 岁。其间，她重点选修苏联、东欧等国家的军事、政治、经济和文化，努力学习俄语。1981 年赖斯获斯坦福大学国际安全和军备控制中心博士后奖学金，任政治学助理教授直至 1987 年。1993 年以前先后升任副教授、教授。在 20 世纪 80 年代中期苏联进入大变革时期，作为苏联问题专家的赖斯，不仅在斯坦福大学讲授苏联问题，而且开始涉足美国政府的对苏政策。

1982 年以前赖斯原本是民主党人。但是她厌恶 1977 年上台的民主党人吉米·卡特总统的外交政策。1981 年卡特下台后她成为共和党人。在共和党政界、军界的呵护下，赖斯快步走进了美国统治集团的核心圈子。

赖斯在政界和经济界的主要经历如下：

1985 年至 1986 年任斯坦福大学胡佛研究所研究员。

1989 年至 1991 年任老布什总统白宫国家安全事务特别助理。

1991 年至 1993 年任斯坦福大学胡佛研究所高级研究员。

1993 年至 1999 年 7 月任斯坦福大学教务长。

1991 年至 2001 年 1 月任谢夫隆石油公司董事会成员。

2001 年 1 月至 2004 年 1 月任小布什总统白宫国家安全事务顾问。

2005 年 1 月至 2009 年 1 月任小布什政府国务卿。

(三) 被两位资深政客看中

把赖斯带进美国统治集团内部的主要人物有两位。

第一位是布伦特·斯考克罗夫特将军。1974 年至 1977 年他任福特总统白宫国家安全事务顾问，1989 年至 1993 年担任老布什白宫国家安全事务顾问，是 1990 年海湾战争的积极策划者之一。从 2001 年到 2005 年，他是小布什白宫"总统国外情报顾问委员会"主席。

赖斯与斯考克罗夫特相识于 1985 年。那是在斯坦福大学举行的一次研究美苏军备控制的会议上，"赖斯的演讲引起了斯考克罗夫特的注意。1989 年乔治·赫伯特·沃克·布什当选总统，斯考克罗夫特重返白宫担任总统国家安全事务顾问。……他要求赖斯作为他的苏联问题专家参加美国国家安全委员会 (United States National Security Council，NSC)。……布什总统被赖斯的能力'迷住了'，他在对付米哈伊尔·戈尔巴乔夫 (Mikhail Gorbachev) 和鲍里斯·叶利钦 (Boris Yeltsin) 的时候，主要依靠赖斯提供建议"[①]。国家安全委员会是由总统主持，高级顾问和内阁成员参加，研究国家安全和外交政策的核心机密单位。赖斯参加这个组织是她人生中从专家学者转到政客的重要标志，也是她在官场上飞黄腾达的起点。

第二位是在 1982—1989 年任里根政府国务卿的乔治·普拉特·舒尔茨。1991 年，老布什在美国总统选举中竞选连任惨败，离开白宫，民主党

---

① Wikipedia：Condoleezza Rice.

人比尔·克林顿入主白宫。赖斯只好于当年重返斯坦福大学任教。正活跃在校园内的舒尔茨发现了赖斯并吸收她参加胡佛研究所。这个研究所是美国保守派智库，1919 年由美国第 31 任总统赫伯特·胡佛（Heber Hoover）创办而得名，地点设在斯坦福大学校园内。会员中有多名政府高级军政官员，舒尔茨便是其中重要成员之一。他的头衔是杰出研究员，赖斯为高级研究员。应舒尔茨的邀请，赖斯还参加了研究会的知识分子"午餐俱乐部"，定期参与讨论国家安全和外交政策。

1989 年到 1991 年，从柏林墙倒塌到苏联解体，赖斯的工作异常繁忙。作为老布什总统的得力助手，她不仅是老布什的苏联和东欧问题高级顾问，还是总统国家安全事务助理。赖斯以这个身份协助老布什和舒尔茨实现了推倒柏林墙和瓦解苏联的目标。"老布什对赖斯印象深刻，事后他向苏联领导人米哈伊尔·戈尔巴乔夫介绍赖斯时说：'我对苏联的所有知识都是她告诉我的。'"①

（四）抢田齐兹油田

说来也巧，使赖斯与石油结缘的人也是舒尔茨。作为美国石油巨头之一谢夫隆公司的董事会成员，舒尔茨于 1992 年正式向公司推荐赖斯。公司高管如获至宝，热烈欢迎她加入董事会，并任命她为公司公共政策委员会六位理事之一。到 2001 年 1 月 15 日小布什任命赖斯为白宫国家安全事务顾问为止，赖斯担任谢夫隆公司董事达 9 年之久。

舒尔茨和谢夫隆公司看中赖斯，不仅因为她是苏联问题专家，能说一口流利的俄语，更因为她参与了苏联解体前后老布什总统对付苏联和俄罗斯的决策过程。从 1917 年苏维埃加盟共和国成立到 1991 年苏联解体，苏联的石油工业基本由国家垄断。但是在 1991 年苏联解体前夕，苏联官方一反传统，授权谢夫隆公司勘探加盟共和国哈萨克斯坦的田齐兹油田，开启了美国石油公司进入里海开发石油的先例。美国人当时估计这个油田储量约 250 亿桶，超过阿拉斯加北坡普拉霍德湾石油储量的两倍。不料这一交易在苏联国内掀起反对声一片，抨击政府官员的声音不绝于耳，说官方与

---

① Wikipedia：Condoleezza Rice.

谢夫隆进行了不光彩的私下交易，指责政府不惜出卖苏联石油资源与谢夫隆达成了一笔肮脏交易。苏联与谢夫隆的交易告吹了。然而天有不测风云，这年年底超级大国苏联顷刻解体、蒸发，一夜之间谢夫隆的谈判对象从苏联变成已经成为独立国家的哈萨克斯坦。谢夫隆与新对手的谈判也不顺利。正在谢夫隆处于焦头烂额、不知所措之时，赖斯作为谢夫隆董事会成员，代表谢夫隆走马上任，与切尼一起坐到了谈判桌旁。谢夫隆初步计划投资 100 亿美元开发哈萨克斯坦石油资源。在担任老布什国家安全事务特别助理期间，赖斯与哈萨克斯坦总统努尔苏丹·纳扎尔巴耶夫（Nursul-tan Nazarbayev）有过接触，彼此熟悉。为了实现谢夫隆的计划，她奔波于谢夫隆在旧金山的总部和哈萨克斯坦首都阿拉木图之间。"她对苏联国家的专长与了解使她成为谢夫隆公司投资开发哈萨克斯坦油田的一个有价值的资产。她尽一切努力帮助谢夫隆公司获取田齐兹油田的利益，包括实施一个石油管道计划，根据这个计划，谢夫隆公司将参与投资建立一条从田齐兹油田通过俄罗斯南部到俄国黑海港口的石油输送管道。"[①] 赖斯与切尼共同努力，终于在 1993 年达成协议，成立田齐兹—谢夫隆合资公司，由谢夫隆投资 200 亿美元联合开发田齐兹油田 40 年并铺设石油管道。原来，赖斯和切尼在同一个时间段，都在哈萨克斯坦为美国石油巨头卖力。他们都在为同一个石油老板服务，而且都取得了相当不错的成就。

（五）"康朵莉扎·赖斯号"油轮

为了表彰赖斯所做的突出贡献，1995 年谢夫隆公司把自己一艘巨型油轮以赖斯的名字命名，叫"康朵莉扎·赖斯号"（Condoleezza Rice）。她的名字显著地被镶嵌在枣红色油轮前方的船体上。这是一艘载重 12.9 万吨的巨型油轮，是谢夫隆公司国际船队的成员之一。2001 年小布什任命赖斯为国家安全事务顾问后，这艘油轮的命运突变。因为批评者指出，这是小布什政府与美国石油工业关系密切的有力证据。无奈之下，白宫要求谢夫隆公司立即给"康朵莉扎·赖斯号"油轮更名。谢夫隆公司断然拒绝，派代表公开与官方进行辩解说："给这艘油轮冠以赖斯名字是完全适当的，因

---

① ［美］江峡：《赖斯传》，湖北长江出版集团、长江文艺出版社 2006 年版，第 99 页。

为它是给赖斯的特殊荣誉。用公司董事成员的名字命名油轮，是本公司长久以来的传统做法。……舒尔茨等公司董事会成员都享受这样的荣誉，在他们到联邦政府任职后都没有改变油轮名称。"2001 年 4 月初的一天，谢夫隆公司女发言人邦尼·希肯（Bonnie Schiken）宣称："我们拒绝重新命名'康朵莉扎·赖斯号'油轮的名字。"① 双方讨价还价，最后白宫占上风，谢夫隆被迫退步，同意改名。4 月下旬，谢夫隆公司发言人弗雷德·戈雷尔（Fred Gorell）发表声明说，"康朵莉扎·赖斯号"油轮已经改用一个恒星的名字命名，称"牵牛星航海者号"（Altair Voyager）。这个名字是"我们同赖斯办公室官员进行讨论后决定的"。②

---

① Carla Marinucci, "Chevron Redubs Ship Named for Bush Aide", SFGate. Com, May 5, 2001.
② Ibid.

第二章　小布什政府的能源政策

一　"能源危机"

2001 年 1 月小布什入主白宫,当年 12 月他在得克萨斯州的铁杆支持者安然公司因金融欺诈丑闻宣布破产。当时美国媒体纷纷揭露小布什与安然公司及其董事长肯尼斯·莱之间亲密无间的关系。刚迈进白宫大门的小布什兴奋中掺杂着一丝不安。

安然事件是美国历史上最大破产案,其丑闻迅速传遍世界。2008 年 12 月 5 日,英国《泰晤士报》网站以"世界十大诈骗案"为题发表卡亚·伯吉斯的文章说,在一个世纪以来震惊全球金融界十大诈骗案中,安然公司丑闻位居第二。

2000 年的美国总统大选正值世界油价攀升至 10 年来的最高点。美国国内的燃料价格居高不下,居民怨声载道。在整个总统竞选过程中,小布什坚持说美国正处在"能源危机之中",因此解决这一危机是他入主白宫的当务之急。但民主党总统候选人戈尔不这么看。他认为,"能源危机是源自石油巨头,是石油巨头干的,是为了石油巨头"。

小布什和切尼都与美国石油巨头建立了非常密切的关系。华盛顿普遍认为,他们是"石油搭档",是"美国石油行业梦之队"。[①] 小布什入主白

---

① Scott Fornek,"Gore Turns Up the Heat in Chicago VP Links GOP Ticket to 'Big Oil'", *Chicago Sun-time*, August 5, 2000; Martin Mann,"Swiss Investigation into Bush/Cheney Involvement in Oil Company Bribes to Kazakhstan", www.whatreallyhappened.com, August 14, 2000;"Bush-Cheney is U. S. Oil Industry Dream Team", Reuters, Washington, July 25, 2000.

宫前后的 2000 年和 2001 年，安然公司幕后操纵能源市场，哄抬能源价格，导致加利福尼亚州爆发历史上空前严重的能源短缺。此举为小布什的"能源危机"论提供了强有力的口实。

二 制定《国家能源政策》

（一）《国家能源政策》报告基本内容

2001 年 1 月 20 日，小布什坐镇白宫宝座第四天，就私下与副总统切尼商定，以切尼为首成立一个内阁级特别工作组，为新政府起草能源政策。切尼很快组织起一个班子，起名"国家能源政策发展工作组"（National Energy Policy Development Group），成员包括联邦政府国务卿、财政部部长、内政部部长、农业部部长、商业部部长、交通部部长、能源部部长、联邦紧急事务管理局主任、环境保护局局长、总统助理兼白宫研究室副主任、行政管理和预算局局长、总统经济政策副助理兼政府间事务局局长等。经过多次秘密会议，2001 年 5 月 16 日《国家能源政策》（*National Energy Policy*）报告提交小布什总统过目，当年 6 月交国会审议。小布什在竞选期间成立的"过渡能源顾问班子"早已对美国能源政策进行过仔细的研究，因此这个顾问班子实际上是国家能源政策发展工作组的"前身"。①

《国家能源政策》报告在概述中写道：2001 年美国面临着自 20 世纪 70 年代石油禁运以来最严重的能源危机。它对全国的影响已经显现。许多家庭的能源费用账单比一年前提高了 2—3 倍。数以百万计的美国人面对拉闸限电。为了减少不断上升的能源成本，一些雇主必须解雇工人或者削减产量。行驶在美国各地的司机们要支付价格越来越高的汽油费。……加利福尼亚人觉得这些问题在加州最严重。

《国家能源政策》报告共分八章，163 页。具体章节如下。

1. 评估——美国面临的能源挑战。

（Taking Stock—Energy Challenges Facing the United States）

2. 对国内的打击——高油价对家庭、社区和工商企业的影响。

---

① Wikipedia: Energy Task Force.

（Striking Home—The Impacts of High Energy Price on Families, Communities, and Businesses）

3. 保护美国的环境——继续维护国民健康和环境。

（Protecting America's Environment—Sustaining the Nation's Health and Environment）

4. 有效使用能源——加强能源节约和提高能源效率。

（Using Energy Wisely—Increasing Energy Conservation and Efficiency）

5. 新世纪的能源——增加国内能源供应。

（Energy for a New Century—Increasing Domestic Energy Supplies）

6. 天然能源——增加美国对再生和替代能源的利用。

（Nature's Power—Increasing America's Use of Renewable and Alternative Energy）

7. 美国能源基础——全面传输系统。

（America's Energy Infrastructure—A Comprehensive Delivery System）

8. 加强全球联盟——加强国家能源安全和国际关系。

（Strengthening Global Alliances—Enhancing National Energy Security and International Relationships）

前七章论述国内能源现状和对策，涉及石油、天然气、核能、煤炭、电力以及替代能源和可再生能源等，核心是开发国内石油。最后一章专论美国与世界能源的关系。

（二）《国家能源政策》报告基本特点

1. 对国内石油产量下降、进口增加表示担忧

美国是世界现代石油工业的发祥地。自 1859 年 8 月 27 日美国第一口现代油井在宾夕法尼亚诞生以来，经过 150 多年的勘探和开发，本土石油资源的探明程度、采出率和开采成本均较高。美国虽然仍是世界第二大天然气生产国、第三大石油生产国，但国内石油可采储量有限，近年来产量下降很快。美国大陆地区石油产量在 1970 年创下日产 940 万桶的高峰后，产量逐年减少。20 世纪 70 年代末阿拉斯加北坡油田投产，大体上遏制了美国石油产量下降的态势。1988 年，阿拉斯加石油产量创日产 200 万桶的

最高纪录，但到 2000 年日产量已骤降至 100 万桶。同年，美国全国石油平均日产量为 580 万桶，与历史最高日产量相比，跌幅接近 39%。

《华盛顿邮报》2005 年 6 月 7 日以"阿拉斯加油田产量下降反映美国趋势"（Alaska Oil Field's Falling Production Reflects U. S. Trend）为题发表文章说，阿拉斯加北坡冻土地带的石油产量急剧下降，已从 1988 年的最高峰减少了将近 75%，而且还将继续下降。虽然在墨西哥湾有石油资源新发现，但无法扭转美国石油产量下降的总趋势。2004 年全国油气日产量从 1970 年的顶峰下降到 720 万桶，跌幅达 36%。地质学家说，唯一的问题是，美国石油产量将以怎样的速度下滑。同年阿拉斯加普拉霍德湾的日产量只有 45 万桶，比最高峰减少 72%。美国是世界最大石油生产国之一，仅次于沙特阿拉伯和苏联，但它的石油储量在世界石油储量中所占比例不到 2%。目前美国石油进口已经占需求量的 58%。[①]

美国是世界最大石油消费国和世界最大石油进口国。美国石油消费量虽然受到 20 世纪 70 年代两次石油危机的冲击，但之后消费量稳步增长。到 2000 年，美国平均石油日消费量达 1950 万桶，占同年世界石油日总消费量的 25.6%。石油在美国能源结构中所占比重约为 40%（加上天然气，占 62%）。

石油需求的增加和产量的减少导致美国对国外石油的依赖程度越来越高。历史上美国曾是世界上最大的石油出口国，20 世纪 50 年代以后，美国开始成为石油净进口国。从 1973 年到 2000 年的 27 年间，美国进口石油占石油总消费量的比例从 35% 提高到 52%。同期，进口天然气的比例从 5% 增加到 15%。1991—2000 年，美国的能源消费量同比增加了 17%，但同期国内能源产量只增加了 2.3%。20 世纪末，美国国内煤炭、天然气、核能和可再生能源虽有所增加，但由于国内石油产量下降，把上述增加部分抵消了。结果是，小布什上台前的 10 年，美国几乎完全依赖进口来解决能源缺口，能源进口占美国全部进口的 11%，在能源进口中，石油占 89%。2000 年美国能源贸易赤字大约 1200 亿美元，其中大部分用

---

① Justin Blum, "Alaska Oil Field's Falling Production Reflects U. S. Trend", *Washington Post*, June 7, 2005.

于进口石油，石油日进口量从 1985 年的 430 万桶猛增到 2000 年的 1000 万桶。

《国家能源政策》报告估计，2020 年美国石油消费量将增加 33%，天然气消费量将增加 50% 以上，电力需求将增加 45%。如果美国的石油产量维持在 20 世纪 90 年代的水平，美国将面临更加严重的能源危机。如果不改变美国现有的能源政策，到 2020 年美国的石油日产量将减少到 510 万桶，而石油日需求量将增加到 2580 万桶，进口石油在石油消费总量中所占比重将上升到 68%。同时，国内天然气产量也将供不应求。因此，美国必将从包括加拿大在内的全球产油国增加进口石油和天然气。

2. 争夺海外石油是重点

第八章是《国家能源政策》报告的最后一章，也是整个报告的重点。为实现美国"能源安全"，报告说，美国各种能源都能自给自足，唯独缺石油。政府必须把能源安全放在美国对外贸易和外交政策的首位。美国的能源和经济安全不是孤立的，它同国内和国际能源供应紧密相连。因此，美国需要加强与同盟国的贸易关系，还要同产油国进行深入对话，并加紧开发西半球、中东、非洲、里海和其他石油储量丰富的地区。

为保证美国继续从国外获得石油资源，报告提出的政策如下。

（1）加强同加拿大、沙特阿拉伯、委内瑞拉和墨西哥等产油国的贸易关系

加拿大、沙特阿拉伯、委内瑞拉和墨西哥是美国四大石油来源国。2000 年，美国从这四国进口的石油占当年美国石油总进口量的 55%（加拿大 15%、沙特阿拉伯 14%、委内瑞拉 14%、墨西哥 12%）。

（2）加强同海湾产油国的关系

报告说，中东的石油储量占世界总储量的 67%，其中大部分在海湾地区。到 2020 年海湾地区的石油供应量将占世界石油总供应量的 54%—67%。因此，世界经济的发展将继续依靠欧佩克，尤其是它的海湾成员。其中，头号石油出口国沙特阿拉伯是保证向世界稳定供应石油的关键。报告强调，海湾地区是美国根本利益所在，是美国对外政策应优先关注的焦点。报告向政府提出的 140 条建议中，第一条要求小布什总统将能源安全

放在对外贸易和外交政策的首位。第二条要求总统"支持沙特阿拉伯、科威特、阿尔及利亚、卡塔尔、阿拉伯联合酋长国和其他供应者的倡议，向外国投资者开放它们的能源领域"。

（3）加紧开发里海和俄罗斯的石油资源

报告说，阿塞拜疆和哈萨克斯坦等里海沿岸国已探明石油储量约200亿桶，略高于北海，但略低于美国。目前，勘探仍在继续进行，预计探明储量将大幅度增加。当前的矛盾主要是怎样绕过俄罗斯把里海石油运出来……考虑到里海地区石油和天然气良好的储量前景，随着管道建设规模扩大，里海石油和天然气出口量将大幅度增加。但美国和俄罗斯之间在这个问题上的矛盾并未解决。报告还对俄罗斯的石油和天然气资源表现出浓厚的兴趣。

（4）关注亚洲特别是中国的石油动向

报告估计，今后20年世界石油消费量将年均增长2.1%，而发展中国家石油需求量将增加41%—52%。报告认为，中国和印度是两个最大的石油需求增长国，将越来越依赖进口石油。这将导致许多发展中国家纷纷到重要石油产地获取石油的危险，从而对美国和其他发达国家形成越来越大的压力。报告认为，中国在全球能源安全问题方面扮演着"关键性角色"。中国自20世纪90年代中期从石油净出口国变成了石油净进口国。到2020年，中国的石油日进口量可能从目前的100万桶左右增加到500万—800万桶，其中70%将来自中东。①

（三）对海湾尤其是伊拉克石油有特殊兴趣

能源报告第八章有一段专门叙述美国对"制裁"政策的态度。这段的小标题是"评估和改革制裁"（Reviewing and Reforming Sanctions）。报告说，美国和联合国安理会实施的制裁能有效实现美国和全球能源安全，制裁是美国一项重要的外交工具，特别是在对付那些支持恐怖主义和那些寻求拥有大规模杀伤性武器的国家。必须定期评估这种制裁，以便保证制裁的有效性，最大限度地减少美国公民及其利益需要付出的代价。

---

① 江红：《小布什政府能源政策初探》，《国际石油经济》2001年第7期。

上述这段文字没有指出哪些国家在支持恐怖主义、哪些国家在寻求拥有大规模杀伤性武器。然而，事后的事态发展和暴露的内幕材料证实，在小布什、切尼等人的心目中，那个国家就是伊拉克。

切尼能源班子秘密绘制了海湾三个主要产油国的石油地图，但并没有包含在《国家能源政策》报告中。第一张石油地图是伊拉克的，紧随其后是沙特阿拉伯和阿拉伯联合酋长国的。具体情况如下：

伊拉克油田和勘探区块

地图标明了伊拉克"特大"（supergiant）油田和其他油田、输油管道、炼油厂和油轮中转站的位置，甚至标明哪些油田实行产量分成制。伊拉克西南部石油储量丰富，是尚未开垦的处女地。地图把这个区域分割成大小不同的九个区块，每个区块都用阿拉伯数字加以标明。

在名为"争取伊拉克油田合同的外国公司"（Foreign Suitors for Iraqi Oilfield Contracts）的表格中列举了已经和打算"与伊拉克签订油田开发合同"的 30 个国家与伊拉克的石油关系。其中包括国别、外国公司名称、外国公司与伊拉克石油和天然气工程的关系和注释/现状（Comments/Status）。

注释/现状一栏主要表述外国公司在伊拉克开发石油资源的历史和现状，包括它们向伊拉克申请石油合同的日期（年、月）、合同签字日期、合同性质（如产量分成）、合同年限、资金投入、地质资料调查进程、油田调查结束时间、合同双方协商情况等等。被点名的外国公司包括中国石油天然气集团公司在内共有60多家。表格记录着这些外国公司在伊拉克已经或期望开发的油田地址或区块名称。

沙特阿拉伯石油地图和阿拉伯联合酋长国石油地图，它们的石油基本情况和表格内容与伊拉克相同。①

三　追查内幕

（一）民间团体开始行动

《国家能源政策》是切尼与石油巨头等经过40余次秘密会议后制定的。除了已经公布的能源报告之外还有大量密件没有披露。这引起公众和国会部分议员的怀疑，要求切尼交代会议参与者和幕后交易。美国两个有影响的团体——政府监督机构（a government watchdog group）"司法观察"（Judicial Watch）和民间环保组织（environmental advocacy group）"塞拉俱乐部"（Sierra Club）站在这场斗争的最前沿。它们以1966年由约翰逊（Lyndon B. Johnson）总统签署的《信息自由法》（Freedom of Information Act，FOIA）为武器，要求切尼公开能源小组的内部信息。它们认定，切尼邀请能源工业界高管和游说人员参与起草国家能源政策，违反1972年理查德·尼克松（Richard Nixon，总统任期：1969—1974）总统签署的《联邦顾问委员会法》（Federal Advisory Committee Act，FACA）。美国联邦政府有约1000个咨询委员会。该法律的任务在于规范咨询委员会的行为，杜绝在政府制定政策过程中猖獗的"衣帽间讨论"（Locker - Room Discussion）②的违法行为，保证联邦政府所有咨询委员会提出的建议具有客观性和透明性，并规定公众对委员会的听证和决策过程拥有知情权。

---

① William L. Watts, "Iraq Map in Energy Task—Force Papers", CBS. www. marketwatch. com, July 18, 2003.

② Wikipedia：Federal Advisory Committee Act.

"司法观察"和"塞拉俱乐部"两个团体依据这些法规要求白宫交出切尼工作组参与者名单和幕后文件，但遭拒绝。2001年4月19日"司法观察"向华盛顿哥伦比亚特区地区法院（即联邦地区法院）提出诉讼，随后"塞拉俱乐部"也加入"司法观察"队伍，从而拉开了它们与小布什政府对簿公堂的序幕。在"司法观察""塞拉俱乐部"和舆论的强大压力下，小布什政府先后公布了近四万页相关文件，但没有透露关键内容。

小布什和切尼在大选中都得到石油公司全力支持，因此切尼邀请石油巨头高管讨论国家能源政策并不稀奇。"司法观察"和"塞拉俱乐部"发现，切尼能源政策向美国能源工业倾斜的特点着实太明显，说石油巨头们是切尼领导的能源政策团队"事实上的成员"；它们还认为具有广泛影响的环保组织基本被切尼工作组排挤在外更是咄咄怪事。为了弄清真相，它们决定乘胜追击，不把切尼工作组邀请的石油巨头成员名单和相关秘密文件弄到手，誓不罢休。

（二）联邦法院介入

2002年3月5日，联邦地区法院法官保罗·弗里德曼（Paul J. Friedman）下令小布什政府出示与《国家能源政策》相关的秘密文件，交出参与讨论能源政策的名单。切尼上诉，要求联邦最高法院执行美国宪法有关立法、行政、司法"三权分立"原则，维护他保守机密的权利。同一天，联邦最高法院就此案召开三次秘密会议。

2003年7月8日，设在哥伦比亚特区的联邦上诉法院三名法官组成的合议庭审理了切尼的上诉并做出如下决定：在地区法院尚未对此案做出结论之前，上诉法院无法裁决，但切尼"必须找到符合要求的信息"，交出参与制定国家能源政策的油气行业高管的名单。最高法院对这一决定未置可否，敦促上诉法院"再研究一下"。

2003年7月17日，商务部向"司法观察"交出了伊拉克、沙特阿拉伯、阿拉伯联合酋长国的石油生产地图和两张图表。7月18日，"司法观察"公布了这些文件。最引人注目的莫过于伊拉克石油生产地图和介绍伊拉克石油和天然气项目及其与外国石油公司签订石油协议的图表。

2003年7月18日，美国哥伦比亚广播公司以"能源特别工作组文件中的伊拉克地图"（Iraq Map in Energy Task-force Papers）为题发表威廉·沃茨（William L. Watts）的消息透露："商务部星期五（18日）说，一幅突出显示伊拉克石油生产的地图和在伊拉克做生意的公司的文件，是迪克·切尼副总统能源特别工作组对全球能源生产地区进行的广泛评估的一部分。"

当天，美联社援引"司法观察"领导人汤姆·菲顿（Tom Fitton）的话强调："反战人士将把这些文件作为证据，证明在伊拉克战争开始之前的一段时间，布什政府的注意力在石油。"

伊拉克石油地图的曝光在美国政界和舆论界引起轩然大波，普遍认为切尼能源班子秘密讨论、详细绘制伊拉克石油生产地图证明，小布什政府对伊拉克石油抱有特殊的兴趣。一时间围绕切尼工作组参与者和秘密文件的辩论在华盛顿甚嚣尘上。国会"政府问责办公室"（Government Account-ability Office）被迫就能源政策的制定过程是否合法对小布什政府提出质疑。国会两院还召集石油巨头高级管理人员举行听证会，要求他们对自己与切尼工作组的关系做出说明。

伊拉克石油生产地图的暴露如晴天霹雳，把小布什政府推入空前难堪的境地。思来想去，小布什政府要求联邦上诉法院重审其7月8日的决定，以避免败诉，挽回面子。

2003年9月，联邦上诉法院拒绝了小布什政府的重审要求。情急之下，小布什政府决定诉请联邦最高法院裁决。

2003年12月15日，最高法院宣布，同意听取上诉法院对切尼的判决。2004年审理此案，同年6月宣判。显然，最高法院试图在总统大选年2004年11月投票前结束切尼案，以便保证布什—切尼联袂竞选班子连选连任成功。

（三）大法官保切尼

在最高法院决定2004年对切尼案做出判决后的第三周，即2004年1月5日，被司法纠纷缠身的切尼急中生智，在阴暗的角落自导自演了一场自保神秘剧。他求助的对象是联邦最高法院终身大法官、意大利裔美国人安东宁·斯卡利亚。1986年斯卡利亚由里根总统提名、参议院批准进入美

国最高法院，成了9名终身大法官之一，是切尼的挚友和狩猎伙伴。切尼
迫切希望斯卡利亚在大选之年助他一臂之力，帮他从这场官司的被动局面
中解脱出来，并保护他掌握的绝密文件。这一天，切尼以副总统身份秘密
邀请斯卡利亚乘坐空军一架小型喷气机，从华盛顿飞抵路易斯安那州南部
帕特森镇机场，前往斯卡利亚的老朋友、石油大亨华莱士·卡莱恩（Wal-
lace Carline）的私人乡间狩猎场打鸭子。切尼、斯卡利亚和女儿佩莉先后
走下飞机，切尼禁止记者拍照。从另一架空军喷气机中走出来的工作人员
和保镖紧随其后。在切尼车队飞快开往卡莱恩的猎场途中，空中有两架武
装直升机护卫，地上有全副武装的特工队伍和地方警力警戒。猎场上空被
划定为禁飞区。路易斯安那州自称该州南部是"美国运动员的天堂"①，可
是此时正值隆冬，气候寒冷，并非运动员光顾之时，也非狩猎季节。切尼
和斯卡利亚行动如此诡秘，自然引起当地官员和舆论界对他俩此行的好奇
和怀疑。两天后狩猎结束，为躲避公众视野，切尼和斯卡利亚分头离开猎
场。斯卡利亚接受切尼邀请秘密狩猎，立即遭到美国舆论界和法律专家的
非议，说这与斯卡利亚应邀参加圣诞节或白宫庆祝活动的性质截然不同，
指责他违背了作为一名法官应遵守的道德准则，断定他不可能在此案中公
平执法。

果然联邦最高法院玩起了金蝉脱壳计。2004年6月24日它以7票对2
票驳回了联邦上诉法院对切尼的判决，通过了既保护切尼又维护斯卡利亚
面子的判决书，宣布："总统和他的最亲密的顾问通常有权保护他们与那些
包打听的圈外人之间的会面和通信。很少发生如下情况：授权一位法官去强
迫白宫向那些试图通过一起个人诉讼案件就能获得情报的人们得逞。"②

这一判决宣告持续4年之久的切尼司法纠纷案（four-year legal battle）
结案。判决书一方面拒绝就切尼是否应当交出能源小组机密文件表示明确
态度，另一方面指责联邦上诉法院2003年7月的决定过于草率，要求上诉
法院以对总统高度尊重的态度重审此案，必须在2004年11月（美国总统

---

① David G. Savage and Richard A. Serrano, "Scalia Was Cheney Hunt Trip Guest: Ethics",
Latimes. Com, February 5, 2004.

② David G. Savage, "Court Lets Cheney Avoid Disclosure", *Los Angeles Times*, June 25, 2004.

大选结束很久之后）公布审理结果。很明显，这是最高法院为保证小布什连选连任所采取的重要措施之一。被告切尼的愿望虽然没有完全得以实现，但他对最高法院的决议是满意的，舆论界认为这是"白宫的胜利"。[①]

2004 年 11 月美国总统选举结束，小布什如愿以偿，连选连任，2005年 1 月 20 日第二次入住白宫，开始了总统第二任期。当年 5 月 11 日，联邦上诉法院 8 名法官一致判决，否决了"司法观察"和"塞拉俱乐部"对切尼的诉讼，声称副总统切尼有权就他的能源小组档案保守秘密。从此，这场民告官的案件经过长达 4 年的审理，以切尼获全胜告终，切尼沾沾自喜。美国自称是个依法治国的国家，但从这个案件的发展过程不难看出，法律面前人人平等的原则在美国行不通。只要有权有势有钱有关系，尤其像切尼这样处于高位的人，不但敢于无视法律，也能使"三权分立"中的两权——行政权和司法权勾结起来，维护自己的利益和权威。判决当天《华盛顿邮报》以"上诉法院在诉讼中站在切尼一边"为题发表文章说：这个问题原本是小布什政府的一个软肋，但在切尼老友、联邦最高法院大法官安东宁·斯卡利亚和小布什挚友、安然公司董事长肯尼斯·莱的干预下，变成了在华盛顿上演的一场政治剧。

直到切尼 2009 年 1 月 20 日离开副总统岗位，小布什政府始终拒绝交出能源工作组的秘密文件。

（四）石油巨头出谋划策

2005 年 11 月 16 日《华盛顿邮报》以"文件表明石油首脑会见切尼能源班子"（Document Says Oil Chiefs Met with Cheney Task Force）为题发表文章，透露了一些参与切尼能源班子的名单。文章说，从白宫获得的文件证明，"石油巨头公司高管 2001 年会见了切尼副总统的能源班子。这是环保主义者长期怀疑、石油巨头高管们直到上周在国会中仍然拒不承认的事实"。文章说："一周前才获得的这份文件透露，埃克森美孚石油公司、大陆—菲利普斯石油公司（Conoco-Phillips）、壳牌石油公司（Shall Oil Co.）和英国石油—美国公司（BP America Inc.）在白宫与切尼的能源班子成员

---

① David G. Savage, "Court Lets Cheney Avoid Disclosure", *Los Angeles Times*, June 25, 2004.

举行了会谈。这个班子制定的能源政策的一部分已经形成法律，另一部分正在讨论中⋯⋯"谢夫隆—德士古石油公司和几家其他石油公司"向能源班子提交了详细的建议书"。切尼还在白宫单独与英国石油公司总经理约翰·布朗（John Browne）举行了会谈。[①] 2003 年 1 月《华尔街日报》也曾揭露："来自哈里伯顿、埃克森美孚石油公司、谢夫隆—德士古石油公司、大陆—菲利普斯石油公司和其他石油公司的代表一起会见了切尼的工作班子成员，制订了恢复伊拉克战后石油工业的计划。"

2007 年 7 月 18 日《华盛顿邮报》根据前白宫官员向这家报纸提供的资料撰写文章，进一步透露了参与制定美国能源政策的人员名单。文章说："布什政府准备的秘密名单说明，切尼和他的助手已经与有关利益集团召开了至少 40 次会议，这些利益集团大多数来自能源生产工业⋯⋯大约三百个集体和个人会见了能源班子的成员，其中一些人是切尼亲自会见的。这个名单在 2001 年夏汇编完毕。由于白宫发动的尖锐的司法激战，6 年来这个名单一直被严守秘密⋯⋯虽然几年来有些名单泄露了，由于联邦最高法院 2004 年裁定政府内部讨论内容必须对外保守秘密，大多数参与者的名单被隐瞒起来。"文章说："2001 年 2 月 14 日第一个访问者是对布什就职典礼提供巨额捐款、时任埃克森美孚石油公司副总经理詹姆斯·劳斯（James J. Rouse）。一周后，小布什的长期支持者、安然公司前头头肯尼斯·莱参加了能源小组的头两次会议。3 月 5 日，包括杜克电力公司（Duke Energy）和联合能源公司（Constellation Energy Group）在内的国内最大的电力企业，都会见了能源小组的工作人员。BP 等 20 多家石油和钻探公司的代表 3 月 22 日同能源小组人员讨论了能源政策。美国国家矿业协会（the National Mining Association）、美国州际天然气协会（the Interstate Natural Gas Association of America）和美国石油学会（the American Petroleum Institute）等 30 余家贸易协会的代表会见了切尼的助手。"切尼还亲自与美国坎布里奇能源研究协会（Cambridge Energy Research Associates，CERA）主席、著名石油问题专家丹尼尔·耶金（Daniel Yergin）就美国能源政策

---

① Dana Milbank and Justin Blum, "Document Says Oil Chiefs Met With Cheney Task Force", *The Washington Post*; info@ HalliburtonWatch. org, November 16, 2005.

举行了会谈。

《国家能源政策》出笼的过程说明，切尼本身虽然不是石油资本家，但他上台后竭尽全力为美国"能源安全"和石油集团利益卖力，超过任何一届美国副总统。连美国舆论界也为此感到愕然。华盛顿流传着这样的评论：小布什和切尼与美国石油工业的联系实在太亲密了，他俩是一对"石油巨头搭档"（Big-Oil Ticket），凡是对石油巨头有利的事情也对切尼经营过的哈里伯顿公司有利。

四　阿拉斯加石油

布什执政八年，《国家能源政策》报告的国内部分有两项政策在政界引起广泛辩论。一个是关于进一步开发阿拉斯加石油资源；另一个是关于进一步开发美国海上石油资源。

（一）阿拉斯加石油的前途

小布什政府第一任期的四年，美国政界就能源政策争论的焦点是关于是否开发阿拉斯加北极国家野生动物保护区（The Arctic National Wildlife Refuge，ANWR）的石油和天然气资源。

阿拉斯加位于北美大陆西北端，东与加拿大接壤，北邻北冰洋，西邻白令海，南邻太平洋。据考证，它的名称来自阿留申语或爱斯基摩语，意为"大陆"（mainland）。1724 年沙俄彼得大帝授命在俄罗斯海军服役的丹麦航海家维图斯·白令（Vitus Bering）前往西伯利亚调查亚洲与美洲是否相连。白令发现这两个大陆被海峡隔开，这就是"白令海峡"一名的由来。1724 年白令率领俄罗斯探险队乘俄罗斯"圣·彼得号"舰艇进一步探险，发现了阿拉斯加大陆。1784 年首批俄罗斯移民移居这块盛产水产和矿产、被誉为"聚宝盆"和"金饭碗"的陌生土地。1867 年 4 月 9 日，债务缠身的沙俄政府以 720 万美元的廉价把阿拉斯加卖给了美国，平均每 20 公顷价值仅为 1 美元。1959 年，阿拉斯加成为美国第 49 州，它的面积约 172 万平方公里，相当于两个得克萨斯州，是美国 50 个州中面积最大的州。

1853 年沙俄企业"俄罗斯—美洲公司"的员工在阿拉斯加北部开采金矿时发现了渗漏地面的石油。1902 年阿拉斯加石油生产拉开帷幕。阿拉斯加的石油开发史已超过 100 年。

1968 年在阿拉斯加北坡中部的普拉德霍湾发现了全美最大的高产油田。它接近北极国家野生动物保护区，占地 213.543 英亩（864.18 平方公里），相当于美国罗得岛州的面积。1977 年，从这个油田到南部瓦尔迪兹港长 800 英里（1286 公里）的输油管道——泛阿拉斯加管道完工，日输送能力 200 多万桶。它不仅是美国国内管线最长、输送能力最大的输油管道，也是世界最长的管道之一，更是世界第一条伸入北极圈的输油管道。从此阿拉斯加在得克萨斯州之后成为美国第二大产油州。管道投产后的 10 年，产量年年增加，1988 年达到日产 210 万桶的顶峰，随后产量逐年下降，目前日产量占美国石油总产量的 20%，其中普拉德霍湾油田占 8%，已输送到美国下 48 州（除阿拉斯加和夏威夷以外）的美国本土的原油总量达 150 亿桶。[①]

20 世纪 70 年代，美国民主、共和两党开始了关于是否开发北极国家野生动物保护区的争论。首先提倡保护阿拉斯加野生动物保护区的人是 1974 年被迫提前离任的美国第 37 任总统、共和党人理查德·尼克松。1973 年他签署法令，反对开发保护区资源。主要理由之一是那里丰富的野生动植物是当地原住居民赖以生存的基本条件。1981 年 1 月，美国第 39 任总统、民主党人吉米·卡特离开白宫后，美国石油需求快速增加，但国内石油产量下降，进口量随之上升，于是，主张开发和反对开发北极国家野生动物保护区内的石油资源的呼声此起彼伏，甚嚣尘上。多年来辩论双方营垒分明：共和党总统和共和党控制的国会主张开发；民主党总统和民主党控制的国会反对开发。双方分歧的焦点是，民主党强调环保和保护阿拉斯加珍贵的野生动植物；共和党强调增加国内石油产量，减少对外国石油的依赖。第一位明确主张开发这一部分油田的共和党总统是 1981 年击败卡特入主白宫的美国第 40 任总统罗纳德·里根。第一位坚决反对开发的民主党总统是 1993 年击败老布什入主白宫的第 42 任总统比尔·克林顿。共和党人小布什上台后发出了主张开发的最强音。

---

① Wikipedia：Alaska.

美国是世界上最早用先进技术手段开采石油的国家，是最早认识石油对本国政治、经济、军事具有战略意义的国家，是最积极参与开发国外廉价石油的国家，也是最重视保护国内石油资源以应对战争的国家。不论主张环保的民主党还是主张增加国内石油产量以减少石油进口的共和党，从表面上看理由都是充分的、合理的，因而都有一定的说服力，在国内各有自己强大的支持队伍。

（二）保证海军能源储备

美国很重视为海军储备足以应对战争所需要的能源。早在第一次世界大战爆发前，美国就开始为海军储备国内石油和油页岩资源。1910 年后美国海军战舰的动力设备迅速用石油替代煤炭。为了充分保证海军的石油供应，美国第 27 任总统威廉·霍华德·塔夫脱（William Howard Taft，总统任期：1909—1913）于 1910 年 7 月 2 日签署政令，把位于加利福尼亚和怀俄明大片有石油储量前景的联邦政府土地划归海军作紧急储备。在随后的 15 年间，海军储备石油范围逐步扩大，不但有石油，还包括油页岩资源，因此这项储备工作的全名叫"海军石油和油页岩储备"（the Naval Petroleum and Oil Shale Reserves，NPOSR）。在美国下 48 州，石油和油页岩各有 3 个区块："海军石油储备（the Naval Petroleum Reserves）1 号、2 号、3 号"和"海军油页岩储备（the Naval Oil Shale Reserves）1 号、2 号、3 号"。先后被纳入"海军石油储备"的有加利福尼亚、俄亥俄和怀俄明 3 个州。纳入"海军油页岩储备"的有科罗拉多（1 号和 3 号）和犹他（2 号）2 个州。这些区块原由联邦政府内政部管辖，从 1920 年起，改由美国海军部管辖，石油和油页岩只供战时用。在第二次世界大战正紧张进行的 1942 年 10 月 15 日，美国第 32 任总统富兰克林·罗斯福发表政令，进一步扩大了海军石油和油页岩储备区的范围。①

被称作美国最后的边疆——阿拉斯加州是石油储备规模最大的地方。第一次世界大战使美国第 29 任总统沃伦·加梅利尔·哈定（Warren Gamaliel Harding，总统任期：1921—1923）充分认识到石油在战争中，尤其是

① "The Petroleum and Oil Shale Reserves—90 Years of Ensuring the National Security"，http：//www. fossil. energy. gov/l.

在海战中发挥的重要作用。1923 年他签署政令，将属联邦政府所有的阿拉斯加北坡划归海军，称"海军石油储备 4 号"。这个地区位于北极国家野生动物保护区西部，面积 2350 万英亩（9500 万平方公里），是"美国最广阔的未被扰乱过的公用土地"。[①] 第二次世界大战和 1973 年第一次石油危机期间临时开采过一两个石油区块用于紧急需求外，这一储备区的油气资源原则上探而不采。1976 年国会通过《海军石油储备生产法》（the Naval Petroleum Reserve Production Act），决定把海军对阿拉斯加石油储备的管理权转到内政部土地管理局（the Bureau of Land Management），"海军石油储备 4 号"从此改称"国家石油储备—阿拉斯加"（the National Petroleum Reserve—Alaska，NPR—A）。

《国家能源政策》报告认为，阿拉斯加具有石油和天然气开发潜力的地区有三：一是"国家石油储备—阿拉斯加"（即阿拉斯加北坡）；二是北极外大陆架；三是北极国家野生动物保护区。

报告援引美国地质调查局（The U. S. Geological Survey）的平均估计称，"国家石油储备—阿拉斯加"的石油储量 210 亿桶；天然气储量 8.5 万亿立方英尺。北极外大陆架蕴藏 225 亿桶石油和 92 万亿立方英尺天然气。国家野生动物保护区的油气资源也很丰富。

1927 年美国海军总部成立"海军石油和油页岩储备办公室"（the Office of the Naval Petroleum and Oil Shale Reserves），负责管理石油和油页岩储备区时间长达 50 年，直到 1977 年。美国联邦政府原本没有能源部，油气开发由内政部管，向油气公司出租联邦土地由内政部负责招标。但海军享受特殊待遇。1973 年第一次石油危机爆发后，联邦政府认为必须把能源分散管理改为集中管理。1977 年，卡特总统签署《能源部组织法》（Department of Energy Organization Act of 1977），将原有的联邦能源局（Federal Energy Administration）、能源研究和发展管理局（Energy Research and Development Administration）、联邦电力委员会（Federal Power Commission）和其他与能源有关的单位联合起来，组成能源部。曾在尼克松政府先后担任

---

① Wikipedia：National Petroleum Reserve—Alaska, Institute for Energy Research (IER).

美国原子能委员会（Atomic Energy Commission，AEC）主席、中央情报局局长和国防部部长的詹姆斯·施莱辛格（James Schlesinger）被任命为能源部首任部长。当年海军对石油和油页岩储备区管理权从海军转移到能源部，在部内设专门机构，由海军派上校军官主管20年，并向各储备区派海军工程监管人员。① 从20世纪90年代以来个别储备区的命运因经济和政治原因而改变。1996年因储量减少，能源部把加利福尼亚的海军石油储备1号卖给了西方石油公司（Occidental Petroleum）；2000年至2001年犹他州2号油页岩储备区因开采成本高，影响与土著居民关系，归还原住民印第安部落。

1989年6月，应能源部能源情报署（the Energy Information Administration，EIA）负责人玛丽·戈尔比（Marry Golby）女士的邀请，我曾在华盛顿访问过能源部。一步入能源部前厅，十多名全副武装的黑白肤色卫士个个精神抖擞，用异样眼光扫视我。接到门卫电话通报我已到达后，戈尔比女士急忙从楼上走下来热情迎接。她先把我带进接待室，一名黑人男子微笑着说："你的背包里有照相机，需要登记。"登记后他给了收据，然后递给我一个写有"需要陪同"（escort requested）字样的胸牌，请我别在胸前。虽然陌生人在这里必须有人监护，但我仍然很想参观能源部。我第二次访问能源部在前往其图书馆途中，问陪同我的能源信息管理局国际统计部门（International Statistics Branch）负责人路易斯·德穆伊（Louis De Mouy）先生："美国政府很多部门包括联邦调查局都可接受访客参观，能源部也可以参观吗？"他答："不可以。"再问："为什么？"他脱口而出："核安全。"（Nuclear Security）我恍然大悟，原来美国能源部与我国中央政府石油部全然不同。它是美国政府的一个核心机密单位。除了管理国内石油生产、收集国内外能源信息外，它的主要任务是主管核能源和核武器！

（三）"1002区域"的命运

《国家能源政策》透露，1980年联邦国会通过《阿拉斯加国家土地利益保护法》（Alaska National Interest Lands Conservation Act），把阿拉斯加北

---

① "The Petroleum and Oil Shale Reserves—90 Years of Ensuring the National Security"，http：//www. fossil. energy. gov.

极国家野生动物保护区的面积从 900 英亩扩大至 1900 英亩。当年 12 月 2
日，即将离任的卡特总统签署的这个法令，禁止在保护区勘探、开发石油
和天然气。但法令同时在保护区北极沿岸平原划出 150 万英亩（6100 平方
公里）土地，以便内政部对其潜在油气生产能力进行研究、评估。法令给
这个地区取名"1002 区域"（1002 Area），并把"1002 区域"内的油气开
发面积限制在保护区 2000 英亩范围内。这个面积只等于阿拉斯加北极国家
野生动物保护区总面积的 0.01%。[①]

开发"1002 区域"石油资源必须经联邦国会通过、总统批准。1987
年美国地质工作者经过 5 年多地质勘探，又在普拉德霍湾东部地区发现了
新油田，位置正好处在北极国家野生动物保护区内，油田面积约占保护区
总面积的 8%。当年内政部向国会提出报告说，经过勘察证明"1002 区
域"的地质构造是普拉德霍湾油田的延伸，石油储量丰富，要求国会同意
开发。1995 年国会两院同意并列入预算。但围绕是否开发"1002 区域"
石油的争论持续 20 多年看不到尽头。

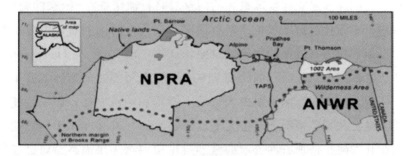

阿拉斯加地图

《国家能源政策》报告把"1002 区域"看成是当前美国最重要的国家
石油储备基地，认为"1002 区域"可采石油储量在 57 亿—160 亿桶，平
均储量为 104 亿桶，略少于普拉德霍湾油田 23 年来石油产量的总和。"它
是美国前景最好的单一石油储藏地。"报告预计，包括"1002 区域"在内

---

① "Policy Area ANWR, Institute for Energy Research (IER)", http：//www.doi.gov/anwr/,
July 21, 2003.

的北极国家野生动物保护区的石油日产量将在 100 万—130 万桶，占美国石油产量的 20%，按美国目前从伊拉克进口石油量计算，等于从这个国家 46 年的石油进口量。报告把"1002 区域"的油气资源作为阿拉斯加油气开发的重点之一。报告说，40 年来现代技术的发展已经显著地降低了石油公司在冻土地带工作的困难，改善了当地居民和野生动物的迁徙条件。北极国家野生动物保护区的面积与南卡罗来纳州的面积相同，而有待开发的"1002 区域"的面积，"估计不及华盛顿特区杜勒斯国际机场的 1/5"。言外之意，开采这个小小石油区块无损于维护"国家石油储备—阿拉斯加"的根本方针。

1973 年第一次石油危机爆发后的 1974 年 11 月 18 日，西方经济合作与发展组织（Organisation for Economic Cooperation and Development，OECD）成员在时任美国国务卿基辛格的倡议下成立国际能源署（The International Energy Agency，IEA），要求成员以相当于上一年的净进口量，至少保持可供 90 天的"战略石油储备"（The Strategic Petroleum Reserve，SPR）以对付短缺。美国逐步建立起全球最大的国家战略石油储备。《国家能源政策》报告强调，小布什政府不仅把战略石油储备作为应对国外石油供应中断的工具，也把它作为备战用的国防燃料储备（National Defence Fuel Reserve）。小布什执政八年，对战略石油储备基本上坚持只增不减的方针。有了充足的战略储备，加上为军队保留的大量地下石油和油页岩储备区块，使美国能在战争爆发和紧急情况下有备无患，身处优势。20 多年来美国民主、共和两党在开发阿拉斯加石油资源的激烈辩论中要么无果而终，要么互相妥协，但双方都对隐藏在争论背后的军事意图讳莫如深，回避谈论阿拉斯加石油资源的军事意义。他们都默认，保存这些地下丰富资源对美国的"国家安全"具有不可忽视的作用。而这正是双方能在这一争论中达成妥协的基础。把国家能源安全放在首位是美国两党坚守的共同原则，是它们的共同利益所在。

五　近海石油开发

（一）近海石油开发一波三折

小布什第二任期的四年，美国政界争论的焦点是关于开发近海石油资源的问题。

据美国内政部矿产管理局（the Minerals Management Service，MMS）估计，联邦外大陆架石油储量平均估计（不是已探明储量——笔者注）为859亿桶，其中墨西哥湾占449亿桶，位居第一。在开发近海石油方面，美国处于世界领先地位。早在1896年一位企业家在加利福尼亚州圣巴巴拉县（Santa Barbara）的太平洋近海竖立起世界第一口海上油井。① 20世纪40年代，在墨西哥湾沿海寻找油气资源的工作广泛展开，1938年美国苏必利尔石油公司（Superior Oil Company）在路易斯安那州的墨西哥湾沿海建立了第一口近海石油钻井平台（oil platform）②，拉开了近海石油勘探的序幕。第二次世界大战结束后，墨西哥湾石油勘探工作进展迅速。1946年，在路易斯安那州首府新奥尔良附近的密西西比河入海口——墨西哥湾泥泞之处出现了一个个高耸入云的井架。

面对近海石油工业的蓬勃发展，1953年美国政府出台严格的管理措施。当年，艾森豪威尔总统签署的联邦国会《外大陆架土地法》（Outer Continental Shelf Lands Act）规定，州政府享有自海岸线起3海里以内海域的水下土地，3海里以外的水下土地归联邦政府所有，这里的油气资源开发由联邦政府内政部招标，颁发许可证。《外大陆架土地法》的通过被看作美国海洋石油工业的开始，它结束了20世纪40年代联邦政府与州政府之间对近海所有权之争。

20世纪五六十年代美国近海石油开发技术快速发展，以墨西哥湾沿海为中心的近海石油钻探和开发日新月异。不料，1969年1月28日，在加利福尼亚州南部的圣巴巴拉县海域发生了当时被称为美国最严重的海洋石油泄漏事故。当天，总部在洛杉矶的加利福尼亚联合石油公司（Union Oil Company of California，Unocal，优尼科）在离海岸5.8英里（9公里）处作业的一座"钻井平台 A – 21"钻到水下3479英尺（1060米）深处突然爆

---

① Wikipedia：Oil Reserves in the United States；"Drill-seeking"，www.theeconomist.com，July 6，2002.

② Wikipedia：Superior Oil Company；Wikipedia：Oil platform. 超级石油公司是美国最大的独立石油公司，1984年被美孚吞并，现属美国头号石油巨头埃克森美孚。

裂和井喷，原油、气体和泥浆直冲云霄，8万—10万桶原油泄漏海面，造成严重环境灾难，污染了800平方英里的海洋，弄脏了长达35英里的海岸线。这一事故导致加利福尼亚甚至全国民众的环保呼声空前高涨，他们强烈要求联邦政府下令停止海洋石油开发。

2月6日，竞选连任成功的尼克松总统下令禁止在圣巴巴拉近海勘探和生产石油；3月21日，他亲临圣巴巴拉事故现场视察漏油和清理工作情况。从1969年到1972年，尼克松总统签署了一系列经国会参众两院通过的环保法，下令除墨西哥湾，禁止在85%的美国近海进行石油钻探。近海石油开发从此坠入低谷。美国舆论界认为，这一漏油事件在美国兴起了一场现代环保运动。

20世纪70年代爆发的两次"石油危机"给美国以沉重打击。为解决能源短缺，70年代中期，一场关于是否开发近海油气资源的争论在美国政界展开。一派强调，开发近海油气资源有助于缓解美国对中东石油的依赖；另一派认为，开发近海油气资源不利于环保。1979年在伊朗发生了两起对美国不利的事件：一是伊朗伊斯兰革命推翻美国支持的巴列维政权；二是美国驻伊朗使馆60多名外交官和平民被扣的"人质事件"。卡特总统一怒之下对伊朗实行石油禁运以示惩罚，结果油价暴涨，引发第二次"石油危机"。1981年，里根取代卡特入主白宫后发誓要除掉非洲产油大国利比亚总统卡扎菲，禁止进口利比亚石油，美国石油巨头纷纷撤出利比亚，油价直线上扬。1986年一场油价战席卷全球，油价一泻千里，美国标准原油——西得克萨斯中质油每桶的现货价格从1985年年末的31.7美元跌至1996年年初的11.9美元。世界产油大国之一的美国，国内石油开采成本高，油价暴跌使美国石油业遭到重创。

1989年5月9日和10日应美国第二大石油巨头美孚石油公司的邀请，我曾先后参观过该公司在墨西哥湾沿岸的博蒙特现代化炼油厂（Beaumont Refinery）和维斯特牧场（West Ranch）大油田。从得克萨斯州首府奥斯汀飞抵休斯敦，前来机场迎接的飞马总部负责公共关系的唐纳德·特克（Donald Turk）驱车直接把我送到博蒙特炼油厂。途中经过休斯敦市，没想到这座美国著名石油城元气大伤，景象令人吃惊。休斯敦市内许多石油企业和与石油挂钩的单位关门歇业或人走楼空，门前悬挂或摆放着用英文大写字母写的"出售"字样的广告牌。维斯特牧场油田在美国 100 个大油田中居第 44 位，是美孚在得克萨斯州最大、最现代化的油田之一，石油工人 120 名，状况也很凄凉。油田负责人、首席生产监督戴维·亨德里克斯（David Hendricks）驱车，由两名来自美孚总部的高管陪同，我在牧场参观两个小时，只见牛群、马群与油井同在，只有一口钻井在工作。美孚在牧场的租借区拥有的 300 口生产井，已经关闭了 223 口，井口周围杂草丛生。亨德里克斯对我说："它们都是低产井，油价暴跌后不获利，只好封掉。"难怪我与美孚朋友在油田餐馆共进午餐时发现，前来就餐的石油工人为数寥寥。他说："很多工人都开车回家了。"

由于海上石油开发成本高于陆上，油价暴跌后美国国内反对开发近海油气资源的声音更加强烈。

（二）近海石油开发禁令

从 20 世纪 80 年代开始，美国政府对近海石油开发制定了比较严格的法律约束。涉及的范围涵盖联邦政府所属四个地区，即墨西哥湾地区、大西洋地区、太平洋地区和阿拉斯加地区。

诞生于 1981 年的国会暂禁令是美国第一个监管近海石油开发的法律。当年，里根政府内政部部长詹姆斯·瓦特（James G. Watt）提出一项海洋石油开发计划，要求向石油公司开放全部大陆架。国会参众两院不但投票反对这一计划，还通过暂禁令，暂停向石油公司颁发加利福尼亚北部近海石油资源开发许可证，并纳入 1982 年度内政部拨款法之内。法律还禁止在墨西哥湾以外的近海大陆架开采石油。国会暂禁令经里根总统签字，形成法律。遭受海洋石油污染的加利福尼亚州民主、共和两党人士兴高采烈，支持这一法令。从 1982 年至 2008 年国会对执行暂禁令的情况每年审查一次、延期一次。① 法律有效期长达 27 年之久。

《国家能源政策》报告说，联邦国会禁止出租的外大陆架总面积大约 6.1 亿英亩，这里蕴藏着丰富的石油和天然气资源。据美国《环境新闻通

---

① "Chronology of Moratoria on Offshore Drilling"，http：www. taylor. house. gov.

讯社》（The Environment News Service，ENS）2008 年 9 月 30 日发自华盛顿的消息，美国外大陆架可采石油储量至少有 190 亿桶，这个储量相当于美国从沙特阿拉伯 35 年的石油进口量。

1989 年 3 月 24 日，刚刚入主白宫不到两个月的老布什遇到了麻烦。美国头号石油巨头埃克森石油公司的"埃克森瓦尔迪兹号"（Exxon Valdez）油轮出了大事故。当天午夜，油轮装载阿拉斯加北坡普拉霍德湾油田原油驶往加利福尼亚州洛杉矶长滩途中偏离航道，在阿拉斯加威廉王子湾（Prince William Sound）触礁搁浅，泄漏原油达 24 万—26 万桶。这起事故的危害程度远远超过圣巴巴拉漏油事故，成为美国历史上最严重的海洋石油污染事件。当时我在美国南部得克萨斯州首府奥斯汀从电视和报纸上关注着事件发展的全过程。舆论界广泛报道说，这起事故是因为船长约瑟夫·黑兹尔伍德（Joseph Hazelwood）酒醉造成的。令我吃惊的是，在漏油事件曝光后，美国政界和舆论界谴责埃克森呼声之高，不亚于 1974 年年初我刚抵达纽约时，它们借"水门事件"铺天盖地对尼克松总统的猛烈攻击。埃克森漏油事件显然增加了民主党反对开发阿拉斯加保护区石油资源的筹码，呼吁环保的声音响彻美国大地。

正是在这一背景下，石油资本家出身的老布什于 1990 年发布总统行政命令，除了阿拉斯加和墨西哥湾部分海域外，10 年之内禁止开发太平洋和大西洋沿海的加利福尼亚州、佛罗里达州和新英格兰地区的近海油气资源。他是美国历史上第一位就近海石油开发发表禁令的总统。1992 年国会通过、老布什签署的《国家能源政策法》（National Energy Policy Act）指示内政部推迟外大陆架石油开发的招标工作，从而基本上禁止开发外大陆架石油资源。1998 年克林顿发布总统令，把美国周围领海划出一片"新海洋保护区"，禁止在这个保护区内进行钻探，并将这个禁令的有效期从 2000 年延长至 2012 年。① 克林顿总统禁令的总面积包括大西洋、太平洋和佛罗里达州东部墨西哥湾水域，占全美近海水域的 85%。

由此可见，从 20 世纪 70 年代以来，也就是说，从尼克松总统以来的

① Frank T. Manheim，"U. S. Offshore Oil Industry：New Perspectives on an Old Onflict"，Geotimes，spgia. gmu. edu/faculty，December 2004.

历届总统，不论他们来自共和党还是民主党，对开发海上油气资源的立场基本一致：以保护为主，有备无患。然而小布什玩起了权宜之计，口头上主张保护，行动上把它作为对付民主党的工具，为石油巨头和共和党的暂时利益服务。

（三）小布什解禁

小布什在两届总统任期内，对开发海上石油资源的历史遗留问题基本保持沉默。但2008年夏天，在即将结束第二个总统任期前，他一反常态，主动挑起了一场有关开发海上石油的激烈争论，其规模之大，历史罕见。究其原因，与2008年美国四年一度的总统选举有关。当年夏天，民主、共和两党全国代表大会先后选出本党总统候选人。民主党总统候选人贝拉克·侯赛因·奥巴马（Barack Hussein Obama）和共和党总统候选人约翰·麦凯恩（John McCain）之间的白宫争夺战如火如荼。在奥巴马获胜的可能性日益明显的关键时刻，国际油价暴涨至每桶140美元以上的历史最高点，美国国内加油站的汽油价格达到每升4美元以上。美国号称车轮上的国家，几乎家家有汽车。高油价苦了平民百姓，肥了石油巨头。加上小布什拒绝提取战略石油库存平抑油价，百姓更加忍无可忍。在麦凯恩选情江河日下，白宫宝座可能被奥巴马夺走的紧急关头，处境尴尬的小布什认为，帮助麦凯恩击败奥巴马的出路只有一条：从解禁海上石油资源入手。他的如意算盘是：高举海上石油资源开发这面旗，就可以把国内高油价的责任推到民主党身上。

为满足石油巨头的要求，小布什于2002年部分解除了老布什和克林顿总统近海石油开采禁令，允许石油公司开发佛罗里达州东部墨西哥湾近海的油气资源。2008年7月14日，小布什签署一项备忘录，解除1990年老布什发布的总统近海石油开采行政禁令，主张开放近海大陆架油气资源。在签署废除老布什总统行政禁令的仪式上他要求国会解除行使了27年之久的国会暂禁令。事后他对新闻界说："今天，我在权限之内采取一切步骤，允许海上勘探。……现在皮球已经踢到国会。……现在正是国会采取行动的时候。"他指责民主党控制的国会在汽油价格节节攀升时"无所作为"，要求国会通过一项"负责任的海上勘探"法律，并给沿岸各州对国会的决定以发言权。他说："美国人民正在关注加油站不断攀升的价格，他们正等着瞧国会究竟如何动作。"① 9 月 2 日小布什在听取大西洋飓风"古斯塔夫"（Hurricane Gustav）灾情报告后再次敦促国会解除海上石油开发禁令。

小布什敢于否决老布什的行政禁令除了受石油巨头的压力外，还与即将鸣锣开张的 2008 年 11 月美国四年一次的总统大选和国会选举有关。他发誓要在 2009 年 1 月下台前，力挺共和党总统候选人获胜，还要从民主党手中夺回国会控制权。

7 月 14 日，也就是小布什解除老布什总统行政禁令当天，国会中的民主党人猛烈批驳小布什的指责。众议院女议长、民主党人南希·佩洛西（Nancy Pelosi）对他的指责最为尖锐。她说："待在白宫的石油人（指小布什）再次响应石油巨头的要求。……他的计划是个骗局，因为它既不能降低油价，也不能加强能源独立。它只能把几百万英亩交给那些已经拥有近 6800 万英亩公用陆地和近海地区的石油公司。"② 她认为小布什根本没有资格批评国会。在国会民主党圈内人士的一次内部谈话中，佩洛西说，允许石油公司开发海上石油资源，等于给共和党增加政治资本。她指出，美国国内出现能源问题的根子有三：一是小布什缺乏综合性能源政策；二是小布什过分依赖石油工业；三是经济运转出了偏差。2008 年 7 月 10 日，即小布什取消老布什总统行政禁令前夕，佩洛西在每周一次的例行记者招待会上说，小布什要求"在海上保护区进行石油勘探是个骗局，是共和党人和现政府一方耍弄的一个彻头彻尾的骗局。……其目的是诱骗你们转移对油价的注意力，正是他们执行的政策导致每加仑汽油价格达到 4 美元"。佩洛西说："总统先生，我们要说的是，从战略石油储备中提取我们的石油。我们要说的是，从战略库存中提取 10% 石油投放市场，以便增加产

① Jeremy Pelofsky and Tom Doggett，"Bush Lifts Offshore Drilling Ban in Symbolic Move"，Reuters，July 14，2008；David Jackson， "Bush Lifts Executive Ban on Offshore Drilling"，*USA Today*，Washington，July 14，2008.

② Rick Pedraza，"Pelosi Calls Bush Oil Plan 'A Hoax'"，www. newsmax. com/Inside.，July 15，2008；Chris Good：Pelosi on Drilling， "Oilman in White House Panders to Industry"，www. thehills-blog. com，July 14，2008.

量，降低油价。"① 佩洛西批评小布什在平抑油价方面舍本逐末。她认为投放战略石油储备收效最快，十几天就能发挥作用，而近海石油投产至少需要 10 年。她说："总统现在手里就有 7 亿桶石油储备，他可以投放很小一部分，比如说 10% 投放市场，就会在 10 天或很短时间内对汽油价格产生影响，而决不会等待 10 年。"

早在 2008 年 7 月 8 日，佩洛西就曾致信小布什，要求暂时停止增加战略石油库存。信中说，历史上有动用战略石油库存的先例。1990 年老布什发动海湾战争，导致油价暴涨，曾提取战略石油库存平抑国内油价，2000 年美国国内燃料油短缺，克林顿总统也动用过战略石油库存。2005 年席卷墨西哥湾沿岸路易斯安那和密西西比两州的卡特里娜飓风（Hurricane Katrina）严重破坏了墨西哥湾的石油生产和输油管道，导致国内石油短缺。小布什政府曾提取过 1100 万桶战略石油库存……到 2008 年 7 月 15 日止，美国存放在路易斯安那和得克萨斯深邃岩洞的战略石油库存量已达 7 亿零 6.2 万桶，库存水平高达 97%。她在信中指出，自从小布什上台以来原油价格上涨了将近四倍，美国汽油价格每升高达 4.11 美元。② 小布什断然拒绝提取战略石油库存。他说，1975 年开始建立的战略石油库存是为了对付石油短缺，不是为了抑制油价，他认为现在石油并不短缺。7 月 9 日，白宫新闻发言人斯科特·施坦策尔（Scott Stanzel）发表声明，抨击佩洛西在上述信件中要求动用战略石油库存的建议。他说，战略石油储备的目的是在严重的石油供应中断时向全国供应石油；虽然目前油价高企，7 月 9 日每桶超过 137 美元，但没有供应短缺。他说："过去曾用战略石油储备操作价格，但都失效了。"③

参议员多数党领袖、内华达州民主党人哈里·里德（Harry Reid）当天发表评论说，石油公司已经租赁数百万英亩土地，但它们没有使用这些土地。他认为政府应该重点关注金融投机者，正是他们在推高油价。他抨

① Jared Allen, "Pelosi: Drilling in Protected Areas 'A Hoax'", thehill. com, July 10, 2008.

② Carl Hulse, For Pelosi, "A Fight Against Offshore Drilling", www. nytimes. com, July 17, 2008; Patrick O'Connor, "Pelosi Calls on Bush to Tap Strategic Reserves", CBS News, July 8, 2008.

③ "White House Rejects Call to Tap Oil Stockpile: House Speaker Pelosi Wants to Use Strategic Reserves to Try to Lower Prices", www. msnbc. com news services, July 9, 2008.

击小布什"正试图使这个问题成为一个政治噱头"。①

2008年9月30日是美国财政年度截止日,也是联邦国会审查1981年暂禁令的最后日子。美国有线电视新闻网的民意调查结果显示,饱受油价暴涨之苦的美国人民中73%赞成开发海上石油资源。9月16日和27日,参众两院先后以多数票通过议案,赞成终止已经执行了27年的国会暂禁令。9月30日晚,小布什签署了议案。

签字后他发表谈话说:"这个法令撤销了国会对出租外大陆架重要部分的石油和天然气资源暂禁令……这将允许我们减少对国外石油的依赖。"② 这不是小布什的肺腑之言,更不是美国石油政策从高度依赖进口转向进口和自产并重的战略性变化的标志,而是民主、共和两党在大选年上演的一场政治闹剧。

民主党议员虽然投了赞成票,但只是权宜之计。他们表示,等到2009年1月20日奥巴马进入白宫,民主党人控制的国会两院将恢复暂禁令。③ 长期拒绝解禁美国海上石油开发的民主党人在大选年支持开发海上石油,为奥巴马争取了选票,自然心安理得。小布什虽然签了字,但心情并不十分愉快。他把开发海上石油以降低油价的难题踢给民主党的企图,并没能挽救麦凯恩败选的命运。

据2009年1月17日的《华尔街日报》报道,小布什政府在下台前夕挑战即将上任的奥巴马政府,建议就开放海上油气资源开发进行辩论。小布什政府内政部矿物管理局局长兰德尔·卢西(Randall Luthi)在接受该报的独家采访时透露:"矿物管理局正式决定,从(2009年)1月16日起的60天内就是否允许租让全部或部分12个深海石油和天然气区块进行公开辩论。这12个区块包括阿拉斯加沿海的四个区块、太平洋沿海的两个区块、墨西哥湾的三个区块和大西洋沿岸的三个区块。"《华尔街日报》说:这是离任之前"布什政府采取的最后行动之一……在当选总统奥巴马准备上任之际,布

---

① David Jackson, "Bush Lifts Executive Ban on Offshore Drilling", *USA Today*, July 14, 2008.

② "Congress Allows Offshore Oil Drilling Ban to Expire", *Environment News Service*, Washington, September 30, 2008.

③ Corey Boles and Josh Mitchell, "Bush Poised to Sign Temporary-Budget Bill", *The Wall Street Journal*, September 29, 2008.

什的这一行动把海上石油钻探的辩论又提到议事日程"。报道说:"即将于下周与乔治·布什一起离任的卢西先生呼吁奥巴马政府不要恢复海上钻探禁令。"①

六 "七姐妹"的变化

(一) "七姐妹"的由来

自从 19 世纪 50 年代在美国宾夕法尼亚发现并用先进手段开采石油以来,石油对美国政治的影响空前紧密。尤其自第二次世界大战以来,不论共和党还是民主党,任何人想竞选总统,入主白宫,没有石油巨头的支持,等于白日做梦。这是美国有别于世界其他国家的重要特点之一。根本原因在于,由约翰·洛克菲勒在 19 世纪末创办的石油帝国一直拥有左右美国政局的强大实力。

这个石油帝国不仅控制了美国石油工业的上下游业务,也是"七姐妹"中实力最强、垄断世界石油工业上下游业务的中坚。美国舆论界说:"七姐妹的力量如此之大,甚至使世界各国政府都屈服于它们的意志和愿望,'石油巨头'一词就这样被创造出来。"②

关于"七姐妹"的诞生过程和作用,我在《为石油而战——美国石油霸权的历史透视》一书中曾介绍过。这里补充说明它的诞生背景和对美国政府的作用。

20 世纪 50 年代初,伊朗政府总理穆罕默德·摩萨台(Mohammad Mosaddegh)从英国手里收回了石油所有权,在海湾地区第一个实现了石油国有化。为了报复伊朗,英国动用经济制裁手段,禁止伊朗石油出口,导致世界石油市场供应紧张。为了使伊朗石油重新走上世界石油市场,美国国务院建议由英美等国七家石油巨头组成一个财团,取名"伊朗财团"(Consortium for Iran),这就是后来闻名全球的"七姐妹"(Seven Sisters)。③

① Stephen Power, "Bush Seeks Offshore Drilling in Former Off-limits Areas", *The Wall Street Journal*, January 17, 2009.

② Ron C. Collins, " 'Seven Sisters' Have Become 'Five Little Brothers' ", *The Transformation of the Oil Industry*, May 28, 2008.

③ 江红:《为石油而战——美国石油霸权的历史透视》,东方出版社 2002 年版,第 268、269、270 页;Wikipedia:Seven Sisters (Oil Companies)。

这个事实充分证明，"七姐妹"是在美国政府的直接干预下组成的。时任意大利石油公司——阿吉普（AGIP）负责人恩里科·马太伊（Enrique Mattei）要求加入"七姐妹"，遭到拒绝。这就是他多年来坚持批判"七姐妹"的根本原因。

"七姐妹"成员分别是美国五家，英国一家，英国—荷兰一家，它们是：

1. 新泽西美孚石油公司（Standard Oil of New Jersey，1973 年改称"Exxon"——埃克森，1999 年兼并美孚，改称埃克森美孚）。

2. 纽约美孚石油公司（Standard Oil of New York，1966 年改称"Mobil"——莫比尔，另译飞马、美孚）。

3. 加利福尼亚美孚石油公司（Standard Oil of California，1984 年改称"Chevron"——谢夫隆）。

4. 德士古公司（Texas Company，不属洛克菲勒美孚石油集团，原名"Texas Fuel Company"——得克萨斯燃料公司，1959 年改称得克萨斯公司，简称"Texaco"——德士古）。

5. 海湾石油公司（Gulf Oil Corporation，属美国东部梅隆财团，1984 年被谢夫隆兼并）。

6. 荷兰皇家—壳牌有限公司（Royal Dutch Shell plc；简称"Shell"——壳牌，是英国—荷兰跨国石油和天然气公司）。

7. 英国石油公司（原名"Anglo-Persian Oil"——英国—波斯石油公司，1954 年改用 British Petroleum，简称 BP）。

"七姐妹"是世界上第一个石油"卡特尔"，从 1930 年到 1970 年，"七姐妹"独占中东石油长达 40 年。它控制世界石油贸易量（出口）的 90%，垄断世界所有重要输油管道，油价它说了算，石油销售市场由它控制。石油巨头从中东产油国掠夺廉价石油，是美国国内经济得以崛起和腾飞的重要原因之一，"七姐妹"也赚得盆满钵满。

（二）石油巨头兼并高峰

美国石油公司兼并风始于 20 世纪 70 年代。80 年代初世界石油价格暴跌后，美国石油巨头兼并风愈演愈烈，从 20 世纪 90 年代末开始，"七姐妹"掀起了空前规模的兼并浪潮。起带头作用的是美国石油巨头埃克森。

1998 年，一场亚洲经济危机爆发，油价每桶跌至 20 世纪 80 年代初期平均每桶 10 美元的低水平。当年 12 月 1 日，"七姐妹"中的埃克森和美孚宣布兼并计划。两家公司董事长在联合声明中说："在动荡的世界经济中、在石油工业的竞争越来越激烈的形势下，我们两家兼并将能增强我们成为有效的全球竞争者的能力。"①

众所周知，埃克森和美孚都是约翰·洛克菲勒创办的美国石油帝国——美孚石油公司（Standard Oil Company）的主要成员。1911 年，由于这个石油帝国违反了《谢尔曼反托拉斯法》，联邦最高法院勒令其解散，将老洛克菲勒的石油帝国化整为零，分解成 34 个石油公司，美孚石油公司的大部分资产分配给了其中的 7 个公司。埃克森和美孚获大头。这两家石油巨头在美国石油界中占据第一和第二把交椅。

1999 年 3 月 11 日，埃克森和美孚两巨头董事长向联邦国会众议院商业委员会（House Commerce Committee）说明合并原因及前途。针对个别议员担心两家巨头合并后形成垄断，埃克森董事长李·雷蒙德（Lee R. Raymond）反驳："大，并不意味着坏。大，可以使你能在全世界做你需要做的事。"在世界的地位已经降到第五大石油公司的美孚的董事长卢西奥·诺特（Lucio A. Noto）接着辩护："不论是第一还是第二，我们从事的是一个伟大的事业。我们从未想合并，因为我们都想成为最大的公司。我们合并是因为我们想成为最有效率的公司。"在美国，石油巨头向来是共和党的靠山，支持这两家合并的主要力量自然来自共和党。但民主党议员表现得格外积极。来自马萨诸塞州、自称民主党自由派的众议员爱德华·马基（Edward J. Markey）慷慨陈词，为这两个石油巨头的合并进行辩解："20 年前像埃克森和美孚这样的公司代表着石油巨头，而今埃克森和美孚是巨大池塘中的两条小鱼。……我不反对埃克森与美孚合并。"②

埃克森美孚是洛克菲勒石油帝国的延伸。1999 年 5 月 27 日，埃克森和美孚两家公司在位于美国产油州得克萨斯的欧文市（Irving）的埃克森总部

---

① "The Company File Oil Merger Faces Monopoly Probe", BBC, December 2, 1998.

② Martha M. Hamilton, "Big Oil's Little Merger Problem: Size——Exxon, Mobil Chairmen Defend Pland Combination as One of Efficiency", *The Washington Post*, March 12, 1999.

分别举行股东大会，埃克森以 99.2%、美孚以 98.26% 的绝对多数票通过决议，同意埃克森兼并美孚。由于埃克森和美孚是老洛克菲勒后代的家族企业，因此公司股份主要由家族后代控制。老洛克菲勒的玄孙彼得·奥尼尔（Peter O'Neill）是"洛克菲勒家族委员会"（Rockefeller Family Committee）主席，负责掌管埃克森和美孚。[1]

经过近一年的审查，美国政府和国会不顾《谢尔曼反托拉斯法》，于 1999 年 11 月 30 日批准这宗价值达 81 亿美元的兼并计划，将公司改称"埃克森美孚公司"（Exxon Mobil Corporation），埃克森占新公司 70% 股份，总部设在欧文市。它是约翰·洛克菲勒创建的美孚石油公司的"直系后代"。[2] 在当时这是美国历史上最大兼并案，它使埃克森美孚一跃而成为世界头号超级石油巨头，是美国石油巨头中的老大，在美国五百强中独占鳌头。这两家石油巨头的成功兼并在美国引起轩然大波，有人担心洛克菲勒石油帝国卷土重来。

（三）谢夫隆击败中海油

美国第二大石油巨头谢夫隆公司紧随其后，在 2001 年兼并了德士古，改名谢夫隆德士古（Chevron Texaco）。2005 年 5 月 9 日，这家公司宣布，从公司名中删除"德士古"，恢复"谢夫隆"，将德士古作为商标保留下来，从属谢夫隆公司名下。

2005 年谢夫隆在收购美国加利福尼亚联合石油公司（优尼科）较量中击败中国海洋石油总公司（China National Offshore Oil Corporation，Cnooc，中海油），是小布什政府从中作梗的结果。优尼科诞生于 1890 年 10 月，在美国最大的独立石油公司中名列第九。从 20 世纪 90 年代初开始，由于经营不善，收入一路下滑，出现巨额亏损，债务缠身；1998 年油价跌至每桶不到 15 美元，加上公司与阿富汗塔利班等被美国政府视作敌对政权进行合作（详情见第三章），在国内声名狼藉，被迫于 2005 年 3 月挂牌出售；中海油于 6 月 23 日以 185 亿美元现金方式参与竞购。竞争对手是谢夫隆，报

---

① "Rockefeller Family Puts Pressure on ExxonMobil to Pursue Renewables", *Clean Edge News*, May 1, 2008, https://cleanedge.com/about.

② Wikipedia：Exxon Mobil.

价 166 亿美元现金加股票。在中海油宣布高价收购优尼科后第二天，即 6 月 24 日，联邦国会众议员、民主党人维廉·杰斐逊（William J. Jefferson）便向全体众议员散发一封信，呼吁小布什和政府高官审查中海油的报价。在两届总统竞选中，小布什是从谢夫隆等石油巨头获得捐款最多的竞选人。美国石油巨头在国会中拥有强大的游说集团，许多议员，特别是共和党议员在竞选时得到谢夫隆的捐赠，他们自然要为谢夫隆撑腰。杰斐逊的信散发后，2005 年国会连续召开一系列会议并通过议案，反对中海油收购优尼科，理由是：如果中海油收购成功，它将威胁美国国家安全和经济利益。

8 月 2 日中海油放弃竞购，8 月 10 日谢夫隆收购了优尼科。其实，这桩竞购案早在当年 4 月初谢夫隆与优尼科就收购达成秘密协议时已经定了基调。在中海油报价前两周，即 2005 年 6 月 10 日，谢夫隆发表新闻稿宣布，美国联邦贸易委员会（Federal Trade Commission）通知谢夫隆和优尼科：委员会接受谢夫隆收购优尼科。①

中海油报价再高，也无济于事。教训是：收购美国石油企业主要不在于出价高，而取决于美国政府的战略利益，尤其在小布什视中国为潜在竞争对手的情况下更是如此。至此，美国石油巨头的兼并风暂告一段落。美国舆论界评论这宗中国最大海外收购案与小布什的关系时说："谢夫隆是在乔治·布什竞选中第二个给予空前捐款的公司。"

埃克森—美孚、谢夫隆—德士古、谢夫隆—优尼科兼并是几十年来世界石油工业变迁的必然结果。1960 年由第三世界石油出口国组成的欧佩克诞生后，尤其 20 世纪 70 年代初爆发的第一次石油危机，沉重打击了长期垄断世界石油资源、生产、炼油和销售的"七姐妹"。随后，在阿拉伯产油国蓬勃发展起来的民族独立和石油国有化运动，给"七姐妹"当头一棒。仅从美国石油巨头控制的石油产量的变化即可见一斑：1973 年第一次石油危机以前，"七姐妹"成员控制全球 85% 左右的石油资源。之后，由于产油国纷纷夺回石油所有权，"七姐妹"手中的石油资源急剧减少。1972

① "Chevron Press Release-Federal Trade Commission Accepts Chevrons Acquisition of Unocal", www. spiderbook. com/company.

年，以埃克森和美孚领头的美国石油公司的石油产量占世界石油总产量的49%。其中，埃克森占11%，美孚占5%，阿莫科（American Oil Company，Amoco，原称印第安纳美孚）占2%，其他美国石油公司占31%。但到1997年，这个比例发生了巨大的变化，美国石油公司的石油产量在世界石油总产量中的比重下降到11%，其中：埃克森2%，美孚1%，阿莫科1%，其他美国石油公司7%。与此相反，1999年包括沙特阿拉伯、墨西哥和委内瑞拉在内的第三世界产油国的石油产量就占世界石油产量的52%。[①]但下游石油活动（Down-stream Oil Operation，即输送、炼制、销售）仍是"七姐妹"的一统天下。

（四）新"七姐妹"出笼

自1979年以来，"七姐妹"中的五个美国石油巨头经过三次洗牌重组，到2005年只剩下两家，即埃克森美孚和谢夫隆，"七姐妹"因此成了"四姐妹"，被称作超级巨头集团（"supermajors"group）。成员中的另外两家是英荷壳牌和BP。进入21世纪，世界出现了一个新词——新"七姐妹"，这是指七家第三世界产油国而言的。

1. 沙特阿拉伯石油公司（原称阿拉伯美国石油公司——Arabian American Oil Company；1988年11月改称沙特阿拉伯石油公司——Saudi Arabian Oil Company，二者均简称Saudi Aramco）。

2. 中国石油天然气集团公司（China National Petroleum Corporation，CNPC）。

3. 俄罗斯天然气工业股份公司（Russia's Gas Producing Company，Gazprom）。

4. 伊朗国家石油公司（The National Iranian Oil Company，NIOC）。

5. 巴西国家石油公司（Petróleo Brasileiro S. A，Petrobras）。

6. 委内瑞拉石油公司（Petróleos de Venezuela, S. A., Petroleums of Venezuela，PDVSA）。

---

① Martha M. Hamilton, "Big Oil's Little Merger Problem：Size—Exxon, Mobil Chairmen Defend Pland Combination as One of Efficiency", *The Washington Post*, March 12, 1999.

7. 马来西亚国家石油公司（Petroliam Nasional Berhad，Petronas）。①

新"七姐妹"一词首先出现在 2007 年 3 月 11 日的英国《金融时报》的一篇文章中。它认为新"七姐妹"是经济合作与发展组织以外最具影响力的国营石油和天然气公司。但是，美国舆论却更加看重和留恋老"七姐妹"。维基百科说，"石油巨头"（Big Oil）或"超级巨头"（Supermajor）的说法，是用来形容当前最大和最富有的非国有石油公司的。既然"七姐妹"中的埃克森吞并了美孚，谢夫隆吞并了海湾石油公司和德士古，那么人们所说的"七姐妹"更多的是指老"七姐妹"，而非《金融时报》所说的新"七姐妹"。② 这就是说，虽然以美国石油巨头为首的七姐妹经过重新洗牌重组变成了"四姐妹"，但这并不意味着它的昔日实力不在。埃克森和谢夫隆经过兼并"七姐妹"中的三家伙伴和同行，在"七姐妹"中的实力急剧膨胀，已经成了世界石油领域中的航空母舰。因此，说老"七姐妹"的实质没有变，不为过，相反它更加强大了。美国石油巨头组织——美国石油学会前会长查尔斯·J. 迪博纳（Charles J. Dibona）赞叹道：埃克森与美孚组成一家，将使这个联合企业拥有更大的实力，能就钻探权力或建设成本高达 10 亿美元或更多成本的海上平台，与外国政府进行谈判。③

埃克森与美孚组建成功之时正值小布什准备参加竞选总统之时。在 2000 年总统大选中，这家石油巨头向共和党公开捐款 100 万美元以上，是美国石油工业中捐款最多的石油公司。出身石油世家的小布什当选总统后，与埃克森美孚的关系格外密切。这种关系往往发生在暗处，见不得天日。

七　小布什与石油巨头

小布什政府在任 8 年，竭尽全力为埃克森美孚和谢夫隆等美国石油巨头服务。主要表现在以下几个方面。

① Wikipedia：Seven Sisters（oil companies）.

② Wikis：Seven Sisters（oil companies）.

③ Robert D. Hershey Jr.，"Experts Hail A Giant Deal，But Motorists Are Doubtful"，*The New York Times*，December 2，1998.

（一）退出《京都议定书》

埃克森美孚在《京都议定书》上与小布什之间的不光彩合作，在美国无人不晓。

众所周知，《京都议定书》（Kyoto Protocol，又译《京都协议书》和《京都条约》）是 1992 年《联合国气候变化框架公约》（United Nations Framework Convention on Climate Change，UNFCCC）的补充条款，因此也叫《联合国气候变化框架公约的京都议定书》（Kyoto Protocol to United Nations Framework Convention on Climate Change）。它是 1997 年 12 月 11 日公约缔约方在日本京都就发达国家减少温室气体排放而达成的协议，2005 年 2 月 16 日正式生效。《京都议定书》是人类历史上第一个为改变气候变化而达成的具有法律效力的国际性文件，其目标是"将大气中的温室气体含量稳定在一个适当的水平，进而防止剧烈的气候变化对人类造成伤害"。《京都议定书》规定，从 2008 年到 2012 年，世界 39 个工业化国家将温室气体总排放量在 1990 年基础上减少 5.2%，其中欧盟国家减排指标 8%，美国 7%，日本 6%。[①]

《京都议定书》要求美国减排 7% 是合理的，因为美国是当时全球温室气体最大排放源。美国号称是"车轮上的国家"，当时行驶在路上的汽车总量约 2.5 亿辆，汽油消费量占交通燃油消费量的 62%，坐第一把交椅；在整个石油产品消费中所占比例为 46%。美国人口仅占全球人口的 3%—4%，而排放的二氧化碳却占全球排放量的 25%—30%。但是，以埃克森美孚为首的美国石油巨头从 1997 年起耗资 4700 多万美元游说联邦国会，反对批准《京都议定书》。仅 1999 年，埃克森美孚的游说预算就高达 1170 万美元，仅次于药品和香烟巨头，位居美国第五位。

小布什在竞选期间许下诺言，保证入主白宫后采取措施，减少温室气体排放。但上台后，就把这个诺言置之脑后。这是因为埃克森美孚更加露骨地反对《京都议定书》。在小布什举行就职典礼前两天，这家石油巨头在报纸上发表广告，就"新政府的能源政策"提出建议："《京都议定书》

---

① Wikipedia：Kyoto Protocol.

的制定程序不切实际，它对经济有害，必须反思它的制定过程。"入主白宫后两个月，即 2001 年 3 月，小布什以"减少温室气体排放将会影响美国经济发展"和"发展中国家也应该承担减排和限排温室气体的义务"为借口，拒绝批准《京都议定书》。这是他就职总统后做出的第一个重要决策。他说，《京都议定书》"不现实，它是一件紧箍咒样的紧身衣"。白宫在声明中表示："如果美国参加《京都议定书》，美国将有几百万人失业。"① 3 月 28 日白宫发言人阿里·弗莱舍（Ari Fleischer）代表小布什正式宣布：美国退出《京都议定书》。这一宣布在世界引起一片哗然。英国《金融时报》2001 年 10 月援引时任埃克森美孚副总经理勒内·达汉（Rene Dahan）的话说，小布什最终对《京都议定书》选择的政策"不会与你们从我们这里获得的信息有什么区别"。言外之意，小布什的决定准确地反映了埃克森美孚的愿望。

2005 年 6 月 8 日，英国《卫报》发表一篇文章，标题为"揭秘：石油巨头是如何影响布什的——白宫就《京都议定书》向埃克森征求建议"。文章援引美国国务院的文件说，小布什退出《京都议定书》主要是受到世界最大的石油公司埃克森美孚的压力。从 2001 年到 2004 年，小布什政府对埃克森美孚高级管理人员"积极参与"政府气候变化政策给予的合作曾多次表示感谢。

小布什政府还询问埃克森美孚：政府今后采取什么样的气候变化政策才能让埃克森美孚接受？文章说，这一事实证明，埃克森美孚与美国政府之间的关系有多么密切，它在帮助制定美国政策中所起的作用有多么大。

（二）油价暴涨

小布什在台上 8 年正是国际油价激烈波动的 8 年，石油价格一路飙升，创造了历史最高纪录。2000 年，在他与民主党总统候选人戈尔争夺总统宝座的较量中，油价成为双方辩论的中心。日本《读卖新闻》就当年美国大选发表文章说："由于原油价格暴涨，能源问题一下子成了美国总统选举的争论焦点。美国政府在民主党候选人戈尔提议下决定动用战略石油储

_____
① Deborah White, "US Refuses to Sign Pact to Stem Global Warming", www.about.com.

备，而共和党候选人小布什则表示反对，提出了独自的能源政策。两位候选人的能源政策反映了两人的政治背景。'戈尔长期致力于解决环保问题……布什是石油行业出身。'"①

2007—2008 年美国爆发次贷危机金融风暴，随后出现战后最严重的经济危机，但世界油价不但未跌，反而创历史最高纪录。是什么原因导致如此反常的现象？只要观察小布什政府执行的政策即可找到答案。

1. 发动两场战争。小布什上台后对外奉行侵略政策，先后军事侵略阿富汗和伊拉克，并威胁对伊朗动武，导致心理恐慌，油价非理性上扬。石油价格基本上由供求关系决定，但由于它不可再生、储量分布不均，尤其在经济和军事方面不可替代的重要作用，在特定历史条件下，人为因素往往超过供求因素。也就是说，除了经济因素，在一定条件下战争和政治因素也会决定石油价格的走向。战后世界石油市场变迁的历史充分证明了这一规律。小布什的对外侵略政策也进一步证明了这一规律。2001 年 1 月，小布什进入白宫时，国际原油价格每桶大约 28 美元。2002 年年中，世界石油市场的基本态势是供求平衡，以欧佩克为主的世界石油剩余生产能力为 600 万桶/日。2003 年 3 月小布什发动伊拉克战争，伊拉克石油产量大幅度下降，世界石油剩余生产能力减少至不及 200 万桶/日，油价每桶升至 40 美元；2008 年一度接近 150 美元，比小布什上台时上涨了将近 5 倍，创历史新高。

2. 猛增政府战略石油库存。小布什上台伊始便决定增加政府战略石油库存。自 1975 年开始建立战略石油库存以来，美国是世界上拥有政府控制的战略石油库存最多的国家。2001 年 11 月 13 日，小布什以防止国外石油供应中断为由，指示能源部将政府战略石油库存从当时的 5.45 亿桶增加到 7 亿桶。在国内汽油价格猛涨导致民怨沸腾、国会民主党议员强烈要求停止增加战略库存、提取库存抑制油价的情况下，小布什我行我素，坚持己见，于 2005 年 8 月 17 日，实现了他的 7 亿桶目标，相当于美国当时 59 天的石油进口量，加上商业石油库存，全国石油库存量按当时的日进口量计

---

① 天野真志：《原油价格有可能左右美国总统选举》，日本《读卖新闻》2000 年 10 月 4 日，转引自《参考消息》2000 年 10 月 7 日第 2 版。

算，可供 112 天之需。与此同时，政府战略石油库存能力增加了 2700 万桶。面对油价疯涨，小布什于 2006 年 4 月 25 日不得不下令暂停增加库存，但他在 2007 年 1 月 23 日的国情咨文中却要求在未来 20 年将政府战略石油库存能力增加一倍，更促进了油价上涨。2008 年 5 月 19 日，他被迫签署了国会通过的停止日增加 7 万桶库存的法案，但为时已晚，国内汽油价格继续上扬之势已难以逆转。小布什下台前的 2008 年 12 月 27 日，政府战略石油库存量已增加至 72680 万桶，创历史新高，达存储能力极限。[①] 当时，除了政府战略石油库存外，美国的商业石油库存也相当可观。美国各石油巨头租用的 30 艘超级油轮，都已装满原油停泊在墨西哥湾沿岸，成为美国的海上浮动油库。加上小型油轮，仅在海上漂浮的"油库"就为美国储备了 8000 多万桶原油，相当于当时全世界一天的石油需求量。

3. 金融衍生品投机石油猖獗。联邦国会一些议员辩论异乎寻常的高油价时指出，油价暴涨，是由于对冲基金（Hedge Fund）、"养老基金"和华尔街的大银行进行石油投机的结果。以斯图帕克（Stupak）为首的三名民主党众议员 2008 年 1 月在众议院揭露，石油市场的投机活动占全部石油交易的 71%。也就是说，只有 29% 的石油交易是"有形石油"，而 8 年前，"有形石油"的交易量占整个石油交易量的 61%。斯图帕克认为，只要制定一项遏制投机行为的法律，油价在 30 天内就能下降一半。[②] 代表华尔街大公司利益的养老基金、捐赠基金和全国各地的富人已经在短短几年内从石油市场的次要参与者成为主导力量。当年《华盛顿邮报》发表文章披露："代表'养老基金''捐赠基金'和美国富豪的华尔街大金融公司在几年内就从石油市场的次要参与者一跃而成为石油市场的统治力量。这些大金融机构持有的石油期货合同超过航空公司、货运公司和以石油为动力的其他公司的石油总需求量。"文章说："华尔街收入指数如此迅速增长是否是导致石油价格飙升的原因，已经成为华盛顿激烈争论的焦点。"总部设在

---

① Wikipedia：Strategic Petroleum Reserve.

② David Cho，"Speculators' Activity in Oil Market Grows"，*The Washington Post*，July 28，2008；Lara Moscrip，"Oil Experts：Curb Speculation to Cut Prices-Hedge Fund Manager，Adviser Tell Congress Crude Could Drop by Half in 30 Days If New Regulations Are Implemented"，www.cnnmoney.com，June 23，2008.

纽约的"国际互换和衍生工具协会"（the International Swaps and Derivatives Association）是全球最大的金融交易组织，是代表华尔街的游说集团，其成员是进行衍生产品私下交易和场外交易的公司。在其他工业团体和公众的强大压力下，竭力为该组织的非法行为保密的小布什政府商品交易委员会被迫透露，2000 年，"国际互换和衍生工具协会"中最大的金融投机公司购买了 14 万个石油期货合同；到 2008 年，这个数字猛增到 180 万个，增幅接近 13 倍。公众要求小布什政府进行调查，公开内幕，但是"一年半前，美国政府商品期货交易委员会（the Commodity Futures Trading Commission，CFTC）决定对这些信息进行保密，拒绝成千上万来自行业团体和个人要该委员会公开数据的请求"。[①]

（三）袒护石油巨头获暴利

小布什执政的 8 年，是美国经济走向严重衰退的 8 年，但以埃克森美孚为首的五家石油巨头在这 8 年中获取的暴利总额则高达 6560 亿美元。2006 年 1 月 2 日美联社就油价疯涨和埃克森美孚等石油巨头牟取暴利问题独家采访了小布什。专访消息说："布什总统维护了埃克森美孚获得巨额利润这一事实。他说，这些利润仅仅是商业供需运作的结果。消费者遭受不断上升的能源成本的重击，但他们不应该期待油价下跌。"消息说："本周初，埃克森美孚公布 2005 年第四季度利润收入 100.71 亿美元；全年利润收入 360.13 亿美元，双双创历史最高纪录，在美国所有公司中独占鳌头。当一些政治家对此现象怒不可遏、予以反对时，布什却做出截然不同的反应……在谈到石油价格时，前得克萨斯石油人布什说：'在美国社会存在着市场交易。我认为油价基本上由市场决定，这是客观规律。'"[②]2006 年 10 月小布什政府任命埃克森美孚前总经理和国家石油委员会（National Petroleum Council）主席李·雷蒙德负责为联邦政府制定美国未来石油发展规划。这一任命是为了表示小布什政府"对埃克森美孚和石油工业

---

① David Cho, "Transparency Sought as Speculators' Activity in Oil Market Grows", *The Washington Post*, July 28, 2008.

② Terence Hunt, "Bush Says Don't Expect Oil Price Breaks", AP White House Correspondent, January 2, 2006; Shawnee Hoover, "Bush Administration's Appointment of ExxonMobil's Lee Raymond Draws Public Protest", September 25, 2006.

的忠诚"。雷蒙德是反对监管、限制全球气候变暖的旗手之一，因此遭到国内环保组织的坚决抵制，6万多封抗议信雪片般飞抵美国能源部，抗议并要求撤销小布什政府对雷蒙德的任命。① 2007年7月18日，雷蒙德向能源部提出报告，详细陈述了截至2030年世界石油和天然气的前景预测和美国的能源战略。

2008年次贷危机席卷美国那年，石油巨头利润总收入仍高达1000亿美元。② 其中，埃克森美孚赚得最多，为452亿美元，创历史纪录。埃克森美孚等石油巨头连续几年靠高油价大发横财引起公愤。有些民间组织在网上发表公开信，号召公众签名，共同谴责埃克森美孚贪得无厌、损人利己、大发不义之财的行为。洛克菲勒家族、国会和联邦政府慌了手脚，纷纷表态、开会，试图寻找对策，抑制民愤。

埃克森美孚公司所有人洛克菲勒家族决定采取果断措施。2008年4月30日约翰·洛克菲勒的玄孙、"洛克菲勒家族委员会"主席彼得·奥尼尔召开股东大会，号召股东们通过决议，撤换埃克森美孚董事长。他说这一倡议得到80%的21岁以上洛克菲勒家族后代的支持。他批评埃克森美孚把更多精力放在从油价飞涨中获取短期收益，认为它应当把更多的资金投向为未来开发清洁能源的技术上。他说，埃克森美孚"正在进行一场最后的战争，但它对自己正面临着一场新的战争熟视无睹"。约翰·洛克菲勒的曾孙女、经济学家内瓦·洛克菲勒·古德温（Neva Rockefeller Goodwin）博士指责公司领导班子鼠目寸光，只顾眼前利益，没有她曾祖父约翰·洛克菲勒那样的长远抱负。她说："在能源环境发生迅速变化的今天，我们呼吁埃克森美孚重新立足在它强大的历史渊源，从而在未来的石油行业中站稳脚跟。埃克森美孚必须把自己与我曾祖父的长远眼光和企业家的想象力联系起来。"③ 洛克菲勒家族公开曝光自家公司丑闻，点名批评埃克森美

① "Bush Administration Appoints Lee Raymond of Exxonmobil to Lead a Study on America's Energy Future", www. exposeexxon. com.

② Posted By Guest, "Big Oil Made Over $600 Billion During Bush Years, But Invested Bupkis in Clean Energy", Part 1, May 27, 2009.

③ "Think Past Oil, Rockefeller Kin Tell Exxon, 15 Descendants Push for Renewable Energy, Cuts in Warming Emissions", www. msnbc. com news services, April 30, 2008.

孚高层管理人员，在家族历史上实属罕见。显而易见，其目的主要是平息公众对埃克森美孚操纵油价，大发不义之财的愤怒，试图重塑洛克菲勒家族在公众中的形象。

2008年5月21日国会参议院司法委员会召开听证会，召集埃克森美孚等石油巨头解释油价暴涨原因。6月10日参议院再次召开会议，讨论对石油巨头征收暴利税的问题，主张征收20%暴利税。在共和党议员的支持下，石油巨头断然拒绝征收暴利税，强调油价上涨是因为供求不平衡。①

每逢油价上涨，小布什总统总是不忘攻击中国和欧佩克。他说，中国石油消费量增加、欧佩克拒绝增产导致油价攀升，它们是高油价的罪魁祸首。小布什这一指责很不公道，以中国和美国石油消耗量进行比较就一目了然。众所周知，美国是世界上最大的石油消费国。以2006年为例，美国日石油消费量占全球石油消费量的1/4，是中国的3倍；进口量世界第一，是中国的4倍。总人口只有3亿—4亿的美国，2006年人均年消费石油24.8桶；而总人口高达13.69亿的中国，人均年消费石油只有1.9桶，②仅占美国的1/13。小布什指责中国对高油价负责，只能说明他内心深处对中国崛起的不安和敌视。

把油价上涨的责任推到欧佩克身上是小布什的一贯伎俩。他不止一次地指责欧佩克的产量政策导致了美国经济衰退，要求欧佩克成员，特别是沙特阿拉伯增加产量，抑制油价上涨。2008年3月10日，欧佩克在维也纳发表声明，驳斥了小布什的指责，说高油价是由于投机和小布什政府对经济的管理失误造成的；目前石油市场供求平衡，因此欧佩克拒绝增产。

2008年年初，油价每桶突破107美元。1月14日，焦头烂额的小布什风风火火前往沙特会见沙特国王阿卜杜拉（Abdullah bin Abdul-aziz Al

---

① Steve Hargreaves, "Don't Blame us for Prices-oil Execs—A Senate Judiciary Committee Seeks Answers from Big Oil Executives for Rising Oil Prices on Day That Crude Crossed $130 a Barrel", www. cnnmoney. com, May 21, 2008; H. Josef Hebert, "Senate Republicans Block Windfall Taxes on Big Oil", June 10, 2008, The Associated Press Wednesday, June 11, 2008.

② Wikipedia：Petroleum.

Saud），要求这个欧佩克中的最大产油国增加石油产量，抑制油价。不料热脸贴了冷屁股。随后他派副总统切尼于 3 月 21 日前往沙特说服阿卜杜拉，也遭到冷遇。油价不久攀升至每桶 125 美元。5 月 16 日，小布什再次造访沙特，要求沙特国王增产。但"与他 1 月访问沙特一样，得到的是阿卜杜拉国王的冷淡回应"。① 英国《卫报》网站援引当天白宫的声明说："沙特阿拉伯今天回绝了乔治·布什要求它增加石油产量、降低创纪录的高油价。"该报说："这是今年以来，沙特第二次把正在拜会沙特国王阿卜杜拉的美国总统布什的增产呼吁当作耳旁风。"② 美国舆论对小布什的上述行为嗤之以鼻，说："布什故意搅乱世界政治是油价上涨的关键因素。从委内瑞拉到俄罗斯直到主要石油湖（key oil lakes）伊拉克和伊朗，小布什在这些产油国制造政治动荡方面比任何一位美国总统都聪明过人。"③

---

① "Bush in Saudi Arabia to Beg King to Help End Oil Crisis as Prices Hit ＄125 a Barrel", Mail Online, May 16, 2008.

② "Saudis Reject Bush's Apeal to Ease Oil Prices", guardian. co. uk, May 16, 2008.

③ Robert Scheer, "Blame Rising Oil Prices on Bush", www. truthdig. com, June 11, 2008.

第三章 小布什政府为何
要打阿富汗

一 列强争夺

（一）英俄角逐阿富汗

阿富汗在信德语中的意思是"骑士的国土"。它是古老的内陆国家，东南与巴基斯坦相邻，西南与伊朗接壤，北部与土库曼斯坦、乌兹别克斯坦和塔吉克斯坦毗邻，东北部与中国有近百公里的共同边界。公元前2世纪初汉武帝派使节张骞出使西域开辟的陆地丝绸之路，就经过位于阿富汗东部、具有三千多年历史的古城——首都喀布尔（Kabul）。

阿富汗的国土面积相当于美国的得克萨斯州，地理上处于重要的战略地位。它连接南亚、中亚和中东，是东西方列强必争之地。在漫长的历史长河中，阿富汗遭受过波斯、英国、沙俄、印度等多个国家或民族的侵略。19世纪以来，阿富汗是欧洲两大霸主英国帝国主义和沙皇俄国相互争夺的重点。19世纪上半叶，沙皇俄国与英国在阿富汗展开了"大博弈"，沙皇俄国拼命向中亚扩展，企图经阿富汗打开通往波斯湾、印度洋和阿拉伯海通道；大英帝国则为了抵制俄罗斯对印度的影响，竭力控制阿富汗，企图将它的势力范围从北非到印度连成一片。从1838—1919年，阿富汗曾三次遭大英帝国武装侵略，1879年成为英国的保护国和殖民地。英俄两国在随后的争斗中精疲力竭，终于在1885年9月10日，在沙俄圣彼得堡签署协议，瓜分了阿富汗，把阿富汗阿姆河南部的彭迪（Panjdeh）沙漠绿洲至库什克河（Koshk River）的大片领土划归俄国。1907年8月31日，两个交战国在圣彼得堡签署《英俄协约》（Anglo-Russian Convention），延续了一个多世纪的英俄大博弈从此告一段落。协约规定，沙俄承认大英帝国在阿富汗的特权，但两国商人在阿富汗享有均等权利。协约在第一次世界大战后被废除。1919 年 5 月，阿富汗人民经过顽强抵抗，击败了英国侵略军，于当年 8 月 19 日宣告独立。1917 年列宁领导的十月革命成功，1921年 2 月 28 日，苏联与阿富汗签订《俄罗斯苏维埃联邦社会主义共和国和阿富汗友好条约》（*The Soviet-Afghan Friendship Treaty*），阿富汗收回了被沙皇俄国吞并的阿富汗北部领土。马克思和恩格斯高度关注 19 世纪沙皇俄国和大英帝国在阿富汗展开的争夺，热情赞扬阿富汗人民英勇抗击侵略者的革命精神，说他们"是勇敢、刚毅和爱好自由的人民"。[①]

（二）美阿关系一波三折

第二次世界大战结束前的 150 多年间，远在大洋彼岸的美国没有把阿富汗放在对外关系的重要地位。这期间，美国正忙于南北战争（1861 年 4月到 1865 年 4 月）、领土扩张和对外侵略，包括 1900 年与英国、法国、德国、俄国、日本、意大利和奥地利组成"八国联军"，远涉重洋入侵中国。20 世纪爆发的两次世界大战也够美国忙碌的，因此无暇顾及阿富汗。

从 19 世纪开始，美阿两国关系从民间到官方缓慢发展。第一个进入阿富汗的美国人是冒险家乔塞亚·哈伦（Josiah Harlan）。19 世纪 30 年代初，哈伦离开宾夕法尼亚州的费城来到阿富汗，幻想登上阿富汗国王的宝座。他参与阿富汗的政治和军事事务，得到当局的信任，被授予王子的头衔，交换条件是给阿富汗军事援助。1934 年，美国虽然与阿富汗建立外交关系，然而从 1935 年到 1948 年美国只派一名"全权公使"，没有建立使馆，没有正式大使。1942 年陆军少将戈登·恩德斯（Gordon Enders）作为美国首任武官被派往喀布尔"并不存在的美国使馆"[②] 工作。他是被派往阿富汗的第一位美国正式外交使节。1948 年，美国首次决定派遣驻阿富汗大使。1949 年首任美国驻阿富汗大使小路易斯·G. 德赖弗斯（Louis G. Dreyfus Jr.）走马上任。阿富汗首任驻美国大使提前一年，于 1948 年到华盛顿就任。从此两国外交关系走上正轨。

---

① 恩格斯：《阿富汗》，《马克思恩格斯全集》第 14 卷，人民出版社 1964 年版，第 78 页。

② Wikipedia：Afghanistan-United States Relations.

1959 年 12 月，时任美国总统艾森豪威尔访问喀布尔，标志着美国与阿富汗之间的友好关系达到高潮。他是访问阿富汗的第一位美国总统。在 1950—1979 年冷战时期，美国为了削弱苏联在阿富汗的势力和影响，向阿富汗提供 5 亿多美元的贷款、赠款和农产品，帮助发展农业和基础设施。美国"和平队"也活跃在阿富汗的各个领域。20 世纪 60 年代初，阿富汗末代国王穆罕默德·扎希尔（Mohammed Zahir Shan）应邀访美，在白宫与约翰·肯尼迪（John F. Kennedy）总统举行了会谈[1]。两国关系顺利发展。

1978 年 4 月 27 日阿富汗发生军事政变，1979 年 2 月 14 日，美国驻阿富汗大使阿道夫·达布斯（Adolph Dubs）在喀布尔被 4 名伪装阿富汗武装警察劫持后中弹身亡。美阿两国关系恶化，外交关系中断，2002 年美国拒绝向阿富汗派驻大使。

（三）美苏争夺阿富汗

美苏在阿富汗的明争暗斗发生在 20 世纪 80 年代前后。1979 年 12 月，时任苏联最高苏维埃主席团主席的勃列日涅夫下令派军队入侵阿富汗，美苏两国较量达到高潮。美国前总统卡特的国家安全事务顾问兹必格涅夫·布热津斯基（Zbigniew Brzezenski）承认，早在苏联入侵阿富汗之前，美国就在秘密支持阿富汗反苏势力。布热津斯基在他的回忆录《实力与原则》（*Power And Principle：Memoirs of the National Security Adviser*，1977—1981）中说："到了（1979 年）9 月初，（阿富汗）形势发展到非常严重的地步，（卡特）总统要我考虑，一旦苏联在阿富汗明目张胆地进行武装干预时，美国采取什么样的应急方案。"布热津斯基说，在白宫和国务院就应对政策紧急协商的过程中"形势却发展得更快，12 月 25 日深夜，苏联武装力量入侵阿富汗，占领喀布尔，他们扶持了一个新总统来替代在这次苏联发动的政变中被打死的原总统"。书中披露，为了对付苏联侵略，卡特政府出台了三项措施：（1）对苏联进行制裁；（2）制定一条阿富汗的安全与美国的安全相联系的原则，美国为形成该地区安全结构做出努力；（3）在上述原则和国防预算两个方面加速美国战略力量的更新。在苏联入侵阿富汗

---

① Wikipedia：Afghanistan-United States Relations.

的 10 年期间，美国总共向阿富汗游击队提供的军事援助和经济援助约达 30 亿美元。①

在这里，布热津斯基没有具体说明阿富汗的安全与美国的国家安全有什么关联，但 1991 年苏联解体前后的一系列事态发展证明，阿富汗在美国争夺和控制中亚以及里海石油和天然气资源方面所处的地位，对美国来说实在太重要、太诱人了。

1989 年 2 月 15 日苏联军队全部撤离阿富汗。在苏联军队占领阿富汗的 9 年中，美国对苏联入侵阿富汗抗议声不断，并通过巴基斯坦暗地支持阿富汗抵抗力量反击苏联占领军。在 20 世纪 80 年代，里根政府向阿富汗抗苏力量提供了好几百枚 FIM-92 毒刺导弹（FIM-92 Stinger Missiles）。② 美国向阿富汗抵抗力量提供的军事和经济援助对象包括 "圣战者"。③ 1997 年布热津斯基接受美国有线电视新闻网记者采访时毫不掩饰地说："苏联入侵阿富汗后我们就开始向 '圣战者' 提供武器。由于在阿富汗的苏联军队越来越腐败，有时我们还从苏联军队购买武器支援 '圣战者'。"④ 在当年出版的《大棋局：美国的首要地位及其地缘战略》（*The Grand Chessboard: American Primacy and Its Geostrategic Imperatives*）一书中，布热津斯基写道，美国援助阿富汗抵抗力量，是为了让苏联军队陷入困境的一个策略。在涉及美国的欧亚地缘战略时，他写道，欧亚地理位置很重要，美国作为世界唯一超级大国，必须制定一个 "一致和全面的欧亚战略"。欧亚拥有 75% 的世界人口、60% 的世界国民生产总值和 75% 的世界能源，欧亚的总体潜在实力甚至超过美洲。谁控制了欧亚，谁就会对世界上经济发展最快的 3 个地区中的两个——西欧和东亚——产生决定性的影响，而且会自然而然地控制中东和非洲。

---

① ［美］兹必格涅夫·布热津斯基：《实力与原则：布热津斯基回忆录》，邱应觉、梅仁毅、章含之、江云译，世界知识出版社 1985 年版，第 484、486 页；Wikipedia：Afghanistan-United States Relations。

② Wikipedia：Taliban.

③ "mujahedeens"，阿拉伯文，在西方的字典里这个词的意思是 "伊斯兰恐怖分子" 和 "伊斯兰恐怖主义"（Islamic terrorists and Islamic terrorism）。

④ Wikipedia：Zbigniew Brzezinski.

可见，美国与苏联争夺阿富汗，是为了实现布热津斯基提出的"一致和全面的欧亚战略"的重要步骤。

1998 年 1 月 15—25 日，法国《新观察家》（Le Nouvel Observateur）以"中央情报局干涉阿富汗"（The CIA's Intervention in Afghanistan）为题，发表了对布热津斯基的访谈：

> 问："美国中央情报局前局长罗伯特·盖茨在他的回忆录《从阴影中》（From the Shadows）中说，美国情报人员在苏联入侵阿富汗的前半年就支持'圣战者'组织。在这期间，您是卡特总统的国家安全顾问。因此您在这一事务中发挥了一定的作用。是这样吗？"

> 答："是的。根据正式的历史文件，中央情报局支持'圣战者'组织始于 20 世纪 80 年代，也就是说，是在 1979 年 12 月 24 日苏联军队入侵阿富汗之后。但至今还严格保密的事实与此完全相反。实际上，早在 1979 年 7 月 3 日卡特总统就签署第一条指令，秘密援助喀布尔亲苏政权的抵抗者。同一天我给总统写了个便笺，向他说明：我认为这种秘密援助，是为了诱使苏联对阿富汗进行军事干预。"

> 问："苏联说，他们入侵阿富汗是为了反对美国在阿富汗的秘密干预行为，因此苏联认为，他们入侵阿富汗是正当的。但人们并不相信苏联。……今天您有什么遗憾吗？"

> 答："有什么可遗憾的？这一秘密行动是一个绝妙的主意。它已经发挥了把苏联拖进阿富汗陷阱的作用，你要我对此表示遗憾吗？在苏联正式越过阿富汗边界那一天，我就致信卡特总统说：我们已经有机会使苏维埃社会主义共和国联盟陷入一场它自己的越南战争中。事实果真如此。在将近 10 年的时间里，莫斯科不得不进行一场（苏联）政府无法支持的战争。这场战争使苏联人意志消沉，最终导致苏联帝国的崩溃。"①

---

① Interview with Zbigniew Brzezinski, President Jimmy Carter's National Security Adviser: The CIA's Intervention in Afghanistan.

在布热津斯基看来，苏联入侵阿富汗标志着这个由列宁缔造的世界第一个社会主义国家开始走向消亡。

苏联入侵阿富汗的结局以及随之而来的苏联解体有力地证明，苏联在中亚小国阿富汗与美国的较量中，彻底失败了。

苏联撤军后，美国与阿富汗的关系回暖，但阿富汗内战进入新阶段，国内两大武装派别塔利班①和北方联盟之间的内战再起。1991 年 12 月苏联解体，北方联盟失去支持，1996 年 9 月 27 日塔利班武装攻克首都喀布尔，夺取了政权，改国名为"阿富汗伊斯兰酋长国"。2001 年 10 月 7 日，小布什政府发动阿富汗战争推翻了这个阿富汗塔利班新政权——"阿富汗伊斯兰酋长国"仅存 4 年就寿终正寝了。

二 美国垂涎土库曼斯坦天然气

（一）新科威特

土库曼斯坦是位于中亚西南部的内陆国家，领土面积略大于美国的加利福尼亚州，仅次于哈萨克斯坦，是中亚第二大国，东南与阿富汗接壤，西南与伊朗为邻，东北与乌兹别克斯坦相邻，西北与哈萨克斯坦有共同边界，西部连接里海。大部分国土面积被卡拉库姆沙漠（Karakum Desert）覆盖。首都阿什哈巴德（Ashgabat）是波斯语，意为"爱情的城市"②，是古丝绸之路的必经之地。历史上这个国家曾遭受波斯、阿拉伯、沙俄、蒙古、土耳其等帝国的入侵和统治。公元前 4 世纪，亚历山大大帝为征服南亚曾占领土库曼斯坦。从 17 世纪到 19 世纪，欧洲和整个西方世界从地图上找不到这个沙漠国家。波斯和阿富汗是当时争夺土库曼斯坦的两股敌对势力。之后就是大英帝国和沙俄在阿富汗的大博弈。1894 年沙俄吞并了土库曼斯坦。1917 年列宁领导的十月革命成功，1917 年年底，土库曼斯坦主要领土并入土耳其斯坦苏维埃社会主义共和国，属俄罗斯联邦。1924 年 10 月，成立土库曼苏维埃社会主义共和国，成为当时 6 个苏联加盟共和国之一。1991 年 10 月 27 日，在苏联正式解体前约两个月宣布独立，成立土库曼

---

① 阿拉伯文，意思是"学生"。

② Wikipedia：Ashgabat.

斯坦共和国。同年 12 月 21 日加入独立国家联合体。1995 年 12 月 12 日，联合国承认土库曼斯坦为永久中立国。2005 年 8 月 26 日退出独立国家联合体。

苏联解体后，以美国石油巨头为首的西方石油界盛传，油气资源丰富的土库曼斯坦是"新科威特"。

天然气是土库曼斯坦的支柱产业，占国民生产总值的 60%。美国认为，这个国家的天然气储量仅次于俄罗斯、美国和加拿大，位居世界第四。2008 年 10 月 16 日出版的《华尔街日报》以"土库曼斯坦气田是世界最大气田之一"为题发表文章说，经过英国石油咨询公司——加夫尼—克莱恩公司（Gaffney Cline & Associates）对土库曼斯坦东南部、与阿富汗接壤的一个大气田——道拉塔巴德天然气田（Dauletabad Gas Field；1991 年苏联解体前称 Sovietbad Gas Field）进行长期调查结果证实，该气田是世界第五大气田。它的天然气储藏量在 4 万亿—14 万亿立方米，其最高估计储量等于欧洲联盟天然气消费量的 3 倍；年产量可达 700 亿立方米，相当于土库曼斯坦当前的天然气年产量。文章说，这个结果首次证明，里海沿岸国土库曼斯坦是世界上碳氢化合物最丰富的国家之一。因此，长期以来以美国为首的世界石油巨头一直把土库曼斯坦放在雷达屏幕上进行跟踪、观察。[①]

土库曼斯坦的石油资源也比较丰富，大油田基本上集中在西部的里海沿岸地带。石油开采始于 1909 年。距里海沿岸不远的内陆有世界上最古老的油田。1974 年产量达 1570 多万吨，创历史高峰；但因设备老化，1991 年石油产量下降至 540 万吨。苏联时期进行的地质勘探证实，开采土库曼斯坦近海石油资源前景看好。美国石油巨头希望开采土库曼斯坦里海石油资源，只因里海归属权，特别是与阿塞拜疆的领海纠纷没有彻底解决，土库曼斯坦里海石油资源开发处于停滞状态。

独立前，土库曼斯坦天然气产量的近 90% 经过苏联时期兴建的输气管道供应乌克兰、阿塞拜疆、格鲁吉亚和亚美尼亚等加盟共和国。独立后，天然气年产量猛增，达到约 600 亿立方米，其中约 2/3 的产量由俄罗斯天

---

① Guy Chazan, "Turkmenistan Gas Field Is World's Largest", *The Wall Street Journal*, October 16, 2008.

然气工业股份公司收购，继续通过苏联时期的输气管道出口到苏联加盟共和国，不能直接进入欧洲市场。输气管道好比咽喉，只要俄罗斯卡脖子，土库曼斯坦的天然气就难以出口，导致两国纷争不断。

（二）尼亚佐夫的理想

1997 年 8 月，土库曼斯坦前总统尼亚佐夫（Saparmurad Niyazov）下令禁止向俄罗斯提供天然气。他认识到，只有增加天然气出口，才能增强土库曼斯坦国力；只有建立新管道，才能摆脱俄罗斯束缚，这是唯一的出路。于是，尼亚佐夫决定，绕开俄罗斯，依靠别国打开直接通向海外市场的新通道。

起先，尼亚佐夫总统不顾美国克林顿政府的压力，把伊朗作为新输气管道经过的首选国家。土库曼斯坦与伊朗都信奉伊斯兰教，两国友好关系历史悠久。《华盛顿邮报》指出："几个世纪以来，土库曼斯坦的贸易通道都经过伊朗北部，那里至少居住着一百万土库曼族人，是他们的家乡。现在，拖拉机牵引的车辆满载波斯湾国家的货物，从伊朗运往土库曼斯坦；还向北运往古丝绸之路城市如乌兹别克斯坦的布哈拉（Bukhara）和撒马尔罕（Samarkand），以及哈萨克斯坦的阿拉木图（Almaty）。"[1]

1997 年 12 月 30 日，尼亚佐夫与伊朗总统穆罕默德·哈塔米（Moham-med Khatami）在首都阿什哈巴德为一条从土库曼斯坦到伊朗的天然气管道举行竣工仪式。这是里海第一条绕过俄罗斯的天然气管道。它是根据两国在 1995 年达成的协议修建的。双方希望这条管道将来能延伸至土耳其，将土库曼斯坦的天然气直接送到欧洲市场。不料，美国出面干涉。美联社当天发自土库曼斯坦首都的一则消息透露，美国坚决反对兴建这条天然气管道，因为"美国指责伊朗支持国际恐怖主义，它不希望德黑兰对里海资源拥有更大的影响力"。[2] 在这条管道的建设过程中，即 1997 年夏天，尼亚佐夫总统邀请壳牌石油公司研究各种管道方案，包括修建一条将本国天然

---

[1]　David B. Ottaway and Dan Morgan，"Pipe Dreams：The Struggle for Caspian Oil—In Drawing Route，Bad Blood Flows"，*The Washington Post*，October 5，1998.

[2]　Alexander Vershinin，*Tukmenistan and Iran Inaugurate important Gas Pipeline*，Associated Press，December 30，1997.

气经伊朗输往土耳其的管道。壳牌公司积极与伊朗谈判，准备耗资 25 亿美元修建一条从土库曼斯坦经伊朗北部到土耳其的天然气管道。《华盛顿邮报》当年 10 月 12 日发表文章说："这个项目将把苏联共和国土库曼斯坦的天然气输送到土耳其和西欧。为出口里海地区丰富的天然资源所做的努力中，这是一个突破……壳牌公司的这项协议将是对克林顿政府孤立伊朗的企图的又一挑战。"

面对这一不利形势，美国决定反击，说服尼亚佐夫总统同意修建一条从土库曼斯坦经阿富汗和巴基斯坦到阿拉伯海再到印度洋的天然气管道。

其实，早在土库曼斯坦独立后不久，美国在壳牌公司之前，就与尼亚佐夫总统建立了关系。曾任里根政府国务卿和美国驻北大西洋公约组织盟军最高司令的亚历山大·黑格（Alexander Meigs Haig, Jr.）1992 年曾访问土库曼斯坦并与尼亚佐夫总统举行了会谈。当时黑格的身份是一家国际咨询公司——环球联合公司（Worldwide Associates）董事长兼总经理。在会谈中他毫不掩饰地规劝尼亚佐夫总统放弃对俄罗斯管道的依赖，修一条经伊朗到土耳其的输气管道。他旗开得胜，由他发起成立的国际管道财团立即得到伊朗和土耳其两国能源部部长的批准。黑格获得尼亚佐夫总统的信任，成了"尼亚佐夫的非官方顾问和知己"。但是，黑格的计划与克林顿政府孤立伊朗的政策相抵触。1995 年，美国国家安全委员会官员受命通知黑格："政府反对你的计划"，黑格的管道计划流产了①。

三　"跨阿富汗天然气管道"之争

（一）美国的管道梦

自 1991 年 12 月苏联解体后，美国加快了争夺里海和中亚石油和油气资源的步伐。美国石油界估计，里海的石油蕴藏量为两万亿桶，是仅次于中东的世界第二大石油储藏地。1991 年老布什政府在海湾战争中击败伊拉克后，美国《新闻周刊》以"草原之盾行动"为题发表文章透露，老布什政府曾计划对盛产石油的哈萨克斯坦发动一场类似对伊拉克的"沙漠风暴

① David B. Ottaway and Dan Morgan, "Pipe Dreams: The Struggle for Caspian Oil—In Drawing Route, Bad Blood Flows", *The Washington Post*, October 5, 1998.

行动"（Operation Desert Storm）那样的军事打击。[①]

多年来，美国政府和石油界一直担心，依靠不稳定的中东油气资源会给美国带来麻烦，认为里海和中亚油气资源是理想的替代选择。在政府的积极鼓励和支持下，美国石油巨头率先加入里海和中亚油气资源的争夺。现在美国已经控制这个地区大约 75% 的石油产量。怎样把这些资源输送到美国和世界石油市场，是一件困扰美国石油巨头的最大难题。苏联解体前，哈萨克斯坦、土库曼斯坦等中亚地区加盟共和国的石油和天然气全部经苏联控制的油气管道输送、出口。经过俄罗斯或伊朗输送这个地区的油气资源，最经济、最快捷，但美国当局为了孤立和打压这两个国家，坚决反对油气管道经过它们的领土。

美国政府和石油巨头经过多年研究，就中亚石油和天然气资源提出以下三条可供选择的通道。

1. 西线：从阿塞拜疆经过格鲁吉亚和土耳其到地中海。

2. 东线：从哈萨克斯坦经中国到太平洋。

3. 南线：从土库曼斯坦经阿富汗、巴基斯坦到阿拉伯海再到印度洋。

从战略上考虑，美国选择了第三条。这是一条既能摆脱俄罗斯，又能绕过伊朗，断绝它们控制南亚油气市场的绝佳方案。美国把这条管道称作"新丝绸之路"。[②]

这第三条方案就是"跨阿富汗天然气管道"（Trans-Afghanistan Gas Pipeline，TAP）。

围绕这项工程的争斗，始于 20 世纪 90 年代初苏联解体后。1993 年，以美国为首的石油巨头纷纷进入中亚两个生产石油和天然气的国家——哈萨克斯坦和土库曼斯坦。如前所述，苏联解体前这两个加盟共和国的石油和天然气出口管道都由苏联统一控制。苏联解体后，它们希望打开一条摆脱俄罗斯的里海石油出口新通道，自主掌握能源出口权。率先进入这些国

---

① "It's All About Oil", From the 1998 Congressional Record, February 12, 1998; Nafeez Mosaddeq, "The Grand Design by the War on Truth: 9/11", *Disinformation and the Anatomy of Terrorism*, 2005.

② John J. Maresca, "A New Silk Road: Proposed Petroleum Pipeline in Afghanistan", *Highbeam Reserch*, December 1, 2001.

跨阿富汗天然气管道示意

家石油和天然气生产领域的是西方油气公司，主要是美国石油巨头急于孤立俄罗斯和伊朗，于是一场兴修新管道的风潮迅速在中亚掀起。其中主要一条，就是"跨阿富汗天然气管道"。

美国发现，阿富汗北边邻国土库曼斯坦盛产天然气，把它的天然气经阿富汗输送到阿拉伯海符合美国利益。此外，这条管道还可为中亚其他国家的油气开辟一条出口通道，何乐而不为！于是美国就把修建一条"跨阿富汗天然气管道"作为争夺中亚油气资源的突破口之一。

英国《卫报》曾以"美国的管道梦"为题一针见血地指出："阿富汗本身虽然有石油和天然气，但还不足以成为一个重大的战略问题，其北面的一些邻国的石油储备可能对未来的全球石油供应具有关键性影响。1998年，当时在一家大公司任首席执行官的现任美国副总统迪克·切尼曾说：'我不能想象有一天会有一个地区在战略上突然变得像里海那样重要。'但是，里海的石油和天然气如果运不出来就毫无价值。在政治上和经济上都行得通的唯一路线是通过阿富汗。"①

　　围绕"跨阿富汗天然气管道"之争不单单是个经济问题，这是关乎美国扩大地缘战略的关键性组成部分。那就是：用军事和经济手段完全控制包括中东和苏联加盟共和国在内的欧亚大陆。美国学者拉里·钦（Larry Chin）指明了这一点，并引用布热津斯基在其著作《大棋局：美国的首要地位及其地缘战略》中的话说："欧亚是世界权力的中心。"这位学者说，20世纪90年代美国在巴尔干、高加索和里海进行军事干预甚至分裂一些国家的领土，其主要目的是夺取这个地区的石油财富和建设运输管道网。为此而竭尽全力的人物有：兹必格涅夫·布热津斯基，他是美国阿莫科石油公司顾问和20世纪70年代苏联—阿富汗战争的"设计师"；亨利·基辛格，他是创建于1890年10月7日的美国最大的独立石油公司之一的优尼科的顾问；亚历山大·黑格，他充当土库曼斯坦的说客；还有迪克·切尼，他是哈里伯顿公司总经理和美国—阿塞拜疆商会成员。② 可见，美国的著名老政客们早已亲自出马，纷纷跑到中亚为美国石油集团争夺油气资源和扩大美国的势力范围而不遗余力。

　　（二）布利达斯与优尼科之争

　　修建跨阿富汗天然气管道之争的高潮发生在1995年。当年，在克林顿政府的支持下，优尼科与土库曼斯坦政府签订了购买天然气协议，试图垄断土库曼斯坦天然气的采购权；同时，优尼科还与土方签署了一项石油管道协议，计划把中亚和里海石油经过这条管道输送至阿拉伯海沿岸国巴基斯坦。为了实现这两个目标，优尼科决定从土库曼斯坦经阿富汗和巴基斯坦修建两条并行的管道：一条输气管道和一条输油管道。修建一条从土库曼斯坦经阿富汗到巴基斯坦的天然气管道并不是美国人首创，而是阿根廷的布利达斯石油公司（Bridas Oil Company，又称Bridas Corporation）。这家创办于1948年的私人企业是阿根廷第二大能源公司，主要业务在拉美地区，从1987年开始进入中亚能源领域。在土库曼斯坦刚宣布独立的1991

① George Monbiot, "America's Pipe Dream, A Pro-western Regime in Kabul Should Give the US an Afghan Route for Caspian Oil", *The Guardian*, October 23, 2001.

② Larry Chin, "Unocal and the Afghanistan Pipeline", www.fourwinds10.com, March 6, 2002.

年，这家公司捷足先登，成为踏上土库曼斯坦的第一家外国石油公司，并于 1992 年与土方达成了第一个开采天然气协议。第二年，双方又签署了开发土库曼斯坦石油协议。经过地质调查和勘探，这家公司于 1993 年在土库曼斯坦距离阿富汗边界 150 英里处发现大气田。布利达斯董事长兼首席执行官卡洛斯·布尔盖罗尼（Carlos Bulgheroni）萌发了经阿富汗和巴基斯坦出口天然气的念头，并报告尼亚佐夫总统。尼亚佐夫称赞布尔盖罗尼提出了好主意，同意建一条从土库曼斯坦经阿富汗到巴基斯坦，长 790 英里，耗资 19 亿美元的天然气管道。1994 年，尼亚佐夫委派布尔盖罗尼作为他的特使，前往巴基斯坦游说，并授权他代表土库曼斯坦政府与巴基斯坦政府讨论管道协议。当年 11 月，阿富汗塔利班武装占领省会城市坎大哈（Kandahar）。布尔盖罗尼当机立断，与阿富汗塔利班政权就修建管道问题举行会谈，并成立"布利达斯工作小组"，为土库曼斯坦天然气寻找一条出口通道进行可行性研究。研究结果决定，建一条土库曼斯坦—阿富汗—巴基斯坦的天然气输送管道，简称"跨阿富汗天然气管道"。

美国优尼科的插足，彻底改变了布利达斯的命运。布利达斯石油公司原本是个生产钻头的公司，后来逐步发展壮大，成了阿根廷主要能源公司，但在以美国为首的世界石油巨头面前仍然是个弱者。它成立的国际财团资金缺口很大，基本上是个空架子。布尔盖罗尼期望优尼科参加它的国际财团，共同修建"跨阿富汗天然气管道"。1995 年 4 月，布利达斯邀请土库曼斯坦官员到美国得克萨斯州就进一步合作与优尼科举行会谈，借机把土库曼斯坦官员介绍给优尼科高管。但布尔盖罗尼失算了，他万万没有料到，这次会见竟拉开了布利达斯和优尼科争夺土库曼斯坦天然气资源和"跨阿富汗天然气管道"建设权的序幕。这年 7 月，优尼科总经理约翰·伊姆勒（John Imle）决定摆脱布尔盖罗尼单干，就"跨阿富汗天然气管道"问题分别与土库曼斯坦总统尼亚佐夫和巴基斯坦总理班娜姬·布托（Benazir Bhutto）举行会谈。伊姆勒的管道方案与布利达斯的方案如出一辙，尼亚佐夫总统和布托总理被伊姆勒鼓吹的利好消息所折服。

1995 年，在美国政府的支持下，优尼科誓与布利达斯一决雌雄，暗地里与土库曼斯坦政府签订了购买后者天然气的协议；同时还签订了一项与"跨阿富汗天然气管道"并行的石油管道协议。这两项协议为土库曼斯坦的天然气和中亚、里海石油找到了新的出海口，符合美国的战略意图。

1995年3月15日，土库曼斯坦和巴基斯坦两国政府就修建输气管道签订谅解备忘录。布利达斯担心优尼科抢了自己的生意，加快了与这两个国家的合作步伐。美国政府见势不妙，出面支持优尼科联合沙特阿拉伯德尔塔石油公司（Delta Oil Company, Ltd.）排挤布利达斯，于当年10月21日分别与尼亚佐夫签订了管道协议。

1995年10月，尼亚佐夫赴纽约参加联合国大会，优尼科总经理伊姆勒和布利达斯董事长布尔盖罗尼紧随其后，也乘机赶到纽约。双方都竭力说服尼亚佐夫选择本公司。伊姆勒信心十足，胜算在握。克林顿政府向土库曼斯坦政府施压，要求它抛弃布利达斯，选择优尼科。尼亚佐夫权衡利弊，选择了优尼科，认为它的实力远远超过布利达斯。他觉得与优尼科合作或许能借美国这个超级大国出面解决阿富汗内乱，有利于管道的顺利建设。10月21日，尼亚佐夫在一个仪式上正式宣布，同意与优尼科和沙特阿拉伯德尔塔石油公司合作。布利达斯被排除，布尔盖罗尼扫兴而归。美国前国务卿、当时担任优尼科顾问的亨利·基辛格是出席仪式的贵宾之一。他对优尼科在这桩交易中获胜感到满意，说，在目前阿富汗政局继续动乱的形势下达成这笔交易，"看起来像是希望战胜了经验"。① 同时为优尼科争夺土库曼斯坦天然气资源担任顾问的还有美国前驻巴基斯坦大使罗伯特·奥克利（Robert Oakley）和美国高加索问题专家约翰·马雷斯卡（John Maresca）。

1995年12月，布利达斯在土库曼斯坦的天然气生产和管道建设权基本被剥夺。布利达斯高级管理人员指责优尼科破坏了他们在土库曼斯坦的生意，决定对簿公堂，讨回公道。1996年2月，布利达斯向得克萨斯州里士满（Richmond）市地方法院提起公诉，指责优尼科窃取了它的"跨阿富汗天然气管道"计划，强迫土库曼斯坦政府禁止布利达斯开发其天然气，

① David B. Ottaway and Dan Morgan, "Gas Pipeline Bounces Between Agendas", www. washingtonpost.com, October 5, 1998.

要求优尼科赔偿 150 亿美元,以补偿它在土库曼斯坦遭受的严重损失。这一诉讼遭到优尼科断然拒绝。在提交法院的一份报告中,优尼科倒打一耙,说布利达斯与阿富汗的管道交易"依据的是阿富汗法律,没有合法意义,是非法获得的"。①

在土库曼斯坦遭到重创的布利达斯不甘心失败,于 1996 年 2 月开始与塔利班当局商谈"跨阿富汗天然气管道"建设计划中的阿富汗一段,并于 1996 年 11 月双方签署协议,塔利班政权同意由布利达斯负责修建阿富汗境内的天然气管道,协议有效期 30 年。美国政府再次公开出面干涉,派遣负责南亚事务的副国务卿罗宾·拉斐尔(Robin Raphael)和中央情报局特工到阿富汗第二大城市坎大哈活动,不久塔利班当局单方面撕毁了与布利达斯达成的墨迹未干的协议。这意味着,布利达斯石油公司被美国国务院支持的优尼科彻底打垮了。布利达斯与优尼科的官司打了几年,直到 1998 年,得克萨斯州地方法院以双方纠纷应受土库曼斯坦和阿富汗法律约束、不受得克萨斯法律约束为由做出最后裁决,拒绝布利达斯要优尼科赔偿 150 亿美元的诉求。这家阿根廷石油公司败诉了。但它不服气,向国际商会(International Chamber of Commerce)起诉优尼科,也无果而终。

1997 年,陷入经济困境的布利达斯与美国阿莫科石油公司组建"泛美能源公司"(Pan American Energy Corp),阿莫科控股 60%,布利达斯控股 40%。1998 年,英国石油公司兼并阿莫科,成立英国石油—阿莫科(BP-Amoco)公司,从此,布利达斯的名字在阿富汗销声匿迹。

(三) 国际财团出笼

布利达斯败诉后,美国官方人士纷纷出动,为优尼科在阿富汗顺利修建管道摇旗呐喊,开辟道路。1996 年 4 月和 8 月,罗宾·拉斐尔先后两次到巴基斯坦、阿富汗以及中亚各国首都和莫斯科为这条管道游说,成果颇丰。尼亚佐夫总统同意由优尼科出面为天然气管道工程组织国际财团。1996 年 8 月,成立了以优尼科为首、得到美国国务院支持的国际财团,取

---

① Hugh Pope and Peter Fritsch, "Pipeline Dreams, How Gas in Turkmennistan Sparked a Fight in Texas", *The Wall Street Journal*, January 20, 1998.

名"中亚天然气管道有限公司财团"（the Central Asia Gas Pipeline, Ltd consortium, CentGas, 中译"中亚天然气"）。1997 年 10 月 27 日，财团成员在土库曼斯坦首都阿什哈巴德举行签字仪式，正式成为法人组织。由于克林顿政府不承认阿富汗塔利班政权，指定时任美国驻巴基斯坦大使罗伯特·奥克利加入了这个财团，负责与塔利班政权交涉。

国际财团由 8 个国家的石油公司组成。股权分配比例如下：

1. 优尼科（美国）46.5%。

2. 德尔塔（沙特阿拉伯）15%。

3. 天然气工业股份公司（Gazprom）（俄罗斯）10%。

4. 土库曼斯坦政府、土库曼斯坦国家石油公司（Turkmen rusgas）7%。

5. 伊藤忠石油勘探有限责任公司（Itochu Oil Exploration Co., Ltd）（日本）6.5%。

6. 印度尼西亚石油公司（Indonesia Petroleum）6.5%。

7. 现代工程建设有限责任公司（Hyundai Engineering & Construction Co., Ltd）（韩国）5%。

8. 红十字集团（Crescent Croup）（巴基斯坦）3.5%。

"中亚天然气"财团计划修建的管道全长 1300 公里（800 英里），直径 48 英寸。这条输气管道从土库曼斯坦东南部道拉塔巴德天然气田穿过阿富汗边界，再延伸到阿富汗的赫拉特（Heart）和坎大哈，然后连接巴基斯坦的奎达（Quetta）和木尔坦（Multan）。管道终点延长至印度—巴基斯坦边界印度一方的边界城市法齐尔卡（Fazilka），因此这条管道的名称就变成"跨阿富汗—印度天然气管道"（Trans-Afghanistan-Indian Gas Pipeline, TAPI）。但世人仍然通称"跨阿富汗天然气管道"。

（四）尼亚佐夫妥协

克林顿政府对尼亚佐夫总统在土库曼斯坦独立后立即与伊朗建立友好关系，同意建设经伊朗出口土库曼斯坦天然气的输气管道十分恼火。1993年尼亚佐夫总统首访美国时，克林顿甚至拒绝接见他。但是，在尼亚佐夫抛弃布利达斯，转而愿意同优尼科合作后，克林顿政府的态度发生了重大变化，主动邀请尼亚佐夫访问华盛顿。1998 年 4 月 23 日，在尼亚佐夫结

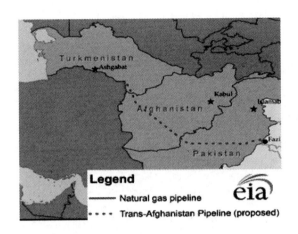

美国能源部能源情报署绘制的直达印度的
"跨阿富汗天然气管道"示意

束为期三天的华盛顿之行的当天，白宫新闻处以"土库曼斯坦总统尼亚佐
夫正式工作访问背景"为题发表公告，摘要如下：

> 会谈：这是尼亚佐夫第一次访问华盛顿。他除了会见克林顿总统
> 外，还会见了副总统戈尔（Gore）、国务卿奥尔布赖特（Albright）、能
> 源部部长佩纳（Pena）、农业部部长格利克曼（Glickman）、国防部副
> 部长哈姆雷（Hamre）和中央情报局局长特尼特（George Tenet）。克
> 林顿总统设午宴款待了尼亚佐夫，出席宴会的有副总统戈尔、国务卿
> 奥尔布赖特、能源部部长佩纳、国家安全事务顾问伯杰（Berger）、土
> 库曼外交部部长鲍里斯·希赫穆拉多夫（Botirs Shikhmuradov）、石油
> 和天然气部部长巴特尔·萨里亚耶夫（Botir Sarjayev）和其他高级官
> 员。副总统戈尔亲自参加了美国贸易发展署与土库曼斯坦官员就建设
> 一条跨里海管道可行性研究的协议签字仪式。尼亚佐夫总统还会见了
> 国会议员、世界银行行长沃尔芬森（Wolfensohn）、国际货币基金组织
> 总裁康德苏（Camdesus）以及美国商界和学术界领导人。
>
> 访问的重要性：克林顿总统要求尼亚佐夫总统采取实质性措施进
> 行民主和经济改革，包括更加重视人权和释放政治犯。克林顿总统强

调，民主、人权和市场改革必须以土库曼斯坦的主权和独立为基础。两位总统都表示，支持建设一条东西方运输走廊，包括一条把里海能源输送到国际市场的跨里海管道。克林顿总统还明确表示，美国继续关注伊朗的行为。

　　签字：签字的文件如下：跨里海管道可行性研究（美国贸易发展署）；双边能源对话（能源部）；科学和技术合作（农业部）；安全关系联合声明（国防部）；金融体系合作（爱克西姆公司，EXIM）；联合技术开发研究（埃克森）；产量分成协议（美孚和永久石油公司，Eternal Energy）和油田服务合作协议（哈里伯顿）。

这个公告暴露了美国政府的下列意图：

1. 美国争夺修建"跨阿富汗天然气管道"的终极目的，不单是为了给土库曼斯坦的天然气找一条出海口，更是为了建一条经过阿富汗的"跨里海管道"，为里海沿岸国家的油气资源开辟一条新的出口通道，从而彻底孤立俄罗斯和伊朗。

2. "跨里海管道"的安全工作由美国国防部负责。

3. "跨里海管道"的可行性研究工作由美国贸易发展署负责。

4. "跨里海管道"的谈判由美国能源部负责。

5. "跨里海管道"的资金由美国政府官方出口信贷机构——美国进出口银行（The Export-Import Bank of the United States，EXIM BANK U. S. A）负责。

6. "跨里海管道"的钻探、开发和产量分配制度由美国埃克森、美孚等石油巨头和以切尼为首的哈里伯顿公司负责。

7. 美国政府要求尼亚佐夫对国内政治、经济、人权等进行彻底改革。

可见，美国从尼亚佐夫总统那里获得了它想要的一切，涉足的领域包括土库曼斯坦的政治、能源、国防、金融、农业和外交等。美国给尼亚佐夫的回报是 75 万美元赠款，但这笔赠款是有条件的，必须用来由美国石油公司在土库曼斯坦境内的管道选址进行可行性研究。白宫新闻处发布公告的当天，《纽约时报》以"向土库曼斯坦独裁者致敬"为题发表社论说，在尼亚佐夫离开华盛顿之前，"克林顿总统与他共进午餐，戈尔副总统会见了他。尼亚佐夫对华盛顿为期 3 天的访问充满了这样的凯旋盛况。他得到这些外交好处是因为他有华盛顿想得到的两样东西。一是政治中立（联合国在 1995 年 12 月 12 日承认土库曼斯坦为永久中立国——笔者注）。土库曼斯坦愿主动提供防波堤以防范来自其邻国伊朗的影响。更重要的是，土库曼斯坦拥有世界第四大天然气储量，华盛顿希望美国公司通过友好国家把这些天然气输送到西方。昨天，尼亚佐夫总统与能源部部长费德里克·佩纳（Federico Penna）签署协议，共同开发土库曼斯坦的石油和天然气工业。尼亚佐夫先生同意由美国出资对铺设一条里海海底油气管道进行可行性研究。他还与飞马和埃克森签署几笔交易，并受到了美国能源公司的宴请"。①

克林顿政府很高兴，因为它希望通过此次与尼亚佐夫总统的会谈，使美国与土库曼斯坦之间兴建一条"新丝绸之路"的设想变成现实的可能性增加了。

值得注意的是，上述公告中出现的"跨里海管道"一词显然与"跨阿富汗天然气管道"一词截然不同。铺设多条"跨里海管道"是美国获取里海和中亚油气资源的战略目标，而美国忙于铺设"跨阿富汗天然气管道"不单是为了解决土库曼斯坦天然气出口问题，更是为里海沿岸国家的能源出口开辟另一条避开俄罗斯和伊朗的新通道。可见，"跨阿富汗天然气管道"是美国"跨里海管道"计划的重要组成部分。难怪克林顿等历任总统，尤其是小布什如此重视阿富汗。

笔者在《为石油而战——美国石油霸权的历史透视》中对里海的现状做过如下描述："长期相对平静的里海，从 20 世纪 90 年代初苏联解体之后就变成地球上最沸腾的湖。以美国为首的西方石油巨头纷纷前往那里争夺石油资源，第一个进入里海地区的，是美国石油巨头谢夫隆（原加利福尼亚美孚）。美国政府已把里海及其沿岸的中亚地区作为它特别关注的'战略利益地区'。这是一场世纪之交开始的石油大角逐。"

---

① "Hail to the Turkmen Dictator", *The New York Times*, April 23, 1998.

里海及其沿岸基本上是未开垦的石油处女地,油气资源十分丰富。1994 年 6 月 29 日《亚洲华尔街日报》发表文章指出:"里海地区的石油蕴藏量达 500 亿桶,仅次于波斯湾,它将成为今后 40 年西方稳定的石油来源。"苏联解体后,里海沿岸盛产油气资源的阿塞拜疆、哈萨克斯坦和土库曼斯坦宣布独立,以美国为首的石油巨头捷足先登,趁机与三国签订油气开发合同,一场被西方称为世纪之交的"大角逐"从此拉开了序幕。较量的双方是美国与俄罗斯。1998 年,时任哈里伯顿公司董事长和首席执行官的切尼对美国石油公司的经理们发表谈话时宣称:"对石油巨头来说,当前最热点的地方就是富有石油资源的里海地区。"另据《纽约时报》2006 年 5 月 14 日报道,5 月初,时任副总统的切尼首访立陶宛时猛烈抨击俄罗斯的石油政策,指责俄罗斯将石油和天然气作为手中"恐吓和敲诈的工具"。随后访问哈萨克斯坦时,切尼对里海和中亚盛产油气资源的国家指手画脚,鼓动它们在考虑铺设通往西方的油气管道时,彻底绕过俄罗斯和伊朗。

里海是内湖,没有出海口。这里的石油"大角逐"涉及两大问题。第一是由谁开采。在这个问题上以美国为首的西方国家已初步获胜。第二是油气管道经过何处和对油气输出量的控制权问题。美国竭力排斥俄罗斯和伊朗,企图铺设一条从阿塞拜疆经格鲁吉亚到其北约盟国土耳其的输油管线,将里海石油安全输往西方。此举遭到俄罗斯和伊朗的反对。俄罗斯是里海石油传统开发者,从阿塞拜疆的巴库经车臣通往黑海的输油管道已运营几十年,它认为里海石油经过这条管道出口顺理成章。俄罗斯的难处在于车臣政局不稳,时有战乱,威胁输油管道的安全运行。伊朗要求管道经过它的领土,强调这条"南线"比美国和土耳其支持的"西线"更安全、更有效、更省钱。总之,各方都力求获得里海地区油气出口的监控权。"跨阿富汗天然气管道"之争正是这一石油"大角逐"中的重要一环。

四 克林顿政府与塔利班

（一）优尼科讨好塔利班

现在的问题是,美国如何敲开由塔利班政府控制的阿富汗大门。

塔利班是阿拉伯语"学生"的意思（也被翻译成神学士），是阿富汗一个信奉宗教激进主义、由普什图族人构成的激进组织。普什图是阿富汗最大也是最重要的族群，占阿富汗全国人口的42%。

阿富汗塔利班组织正式成立于1994年，但是它的雏形诞生于20世纪80年代反抗苏联武装侵略的斗争中，在美国、沙特、巴基斯坦等国的支持下逐步发展、壮大、崛起。它的主要领导人当年都是三四十岁的年轻人，他们身上大都留有抗苏战斗中的伤疤。

1989年苏联军队撤出阿富汗后，美国试图说服塔利班政府在修建"跨阿富汗天然气管道"上给予合作。但美国对塔利班政权的政策动向持有疑虑，基本上采取观望态度。虽然美国的盟友沙特阿拉伯、阿拉伯联合酋长国和巴基斯坦在外交上正式承认了塔利班政府，但美国没有与其建立外交关系。出面与塔利班保持密切联系的，是由美国政府支持且早已在阿富汗活动的美国石油公司优尼科。

1996年，尽管阿富汗塔利班与北方联盟之间的内战仍在继续，甚至在距离阿富汗北部边界87英里计划铺设管道处战火仍在熊熊燃烧，优尼科也决定立即开工修建"跨阿富汗天然气管道"。当年春季，优尼科高管迫不及待地邀请阿富汗北方联盟领导人阿布杜尔·拉希德·杜斯塔姆（Abdul Rashid Dostum）飞抵美国得克萨斯州的达拉斯，商讨天然气管道经过他所控制的阿富汗北部领土事宜。当年夏季，美国国务院官员还多次前往阿富汗，访问位于坎大哈的塔利班总部，为管道建设向塔利班施加压力。

1997年春夏之交，塔利班武装力量在对北方联盟的战争中取得节节胜利。美国国防部和石油巨头们的办公室里，人们对阿富汗内战的新进展欢呼雀跃。当年5月23日《华尔街日报》发表社论指出，克林顿政府的主要兴趣在于"把阿富汗变成中亚丰富天然气和其他自然资源的重要出口通道"。当年5月26日的《纽约时报》发表约翰·F.伯恩斯的文章说："克林顿政府认为，这一胜利将使塔利班成为美国反击伊朗的一支重要力量，也可能有助于建几条新贸易通道，削弱俄罗斯和伊朗在这一地区的影响。"这里提到的新贸易通道显然包括"跨阿富汗天然气管道"。

多位美国著名政治家担任优尼科的政治顾问，其中包括美国前国务卿亨利·基辛格、美国驻巴基斯坦前大使罗伯特·奥克利和高加索问题专家约翰·马雷斯卡。优尼科使出了各种招数讨好塔利班政权。为了加强与阿富汗管道监管委员会高管的联系，优尼科在阿富汗首都喀布尔和塔利班政权中心坎大哈之间建立了移动电话联络网，承诺为塔利班政权重建坎大哈提供支持。优尼科还向美国内布拉斯加大学阿富汗研究中心捐款 90 万美元，用来在美国培训阿富汗管道建设技术和管理人员。国务院也通过其"美国国际开发总署"向塔利班政府提供了巨额教育基金。

1997 年 2 月，塔利班高级代表团访问美国，寻求克林顿政府在外交上给予承认。两个月后，优尼科在塔利班权力中心坎大哈建立了天然气工程指挥部。当年 12 月中旬，以塔利班外交部部长为首的政府代表团应优尼科副董事长马丁·米勒（Martin Miller）的邀请，访问了优尼科总部所在地——得克萨斯州的舒格兰（Sugarland）。美国舆论界对此保持沉默，但 1997 年 12 月 14 日的英国《星期日邮报》率先披露了有关消息说，身着阿富汗传统服装的塔利班"高级代表团在四天访问期间受到了贵宾般待遇。塔利班的部长们和他们的顾问们住进了五星级宾馆，乘坐的是优尼科公司私人司机驾驶的小轿车，代表团访问了休斯敦动物园和航天中心，并到折扣超市购买了袜子、牙刷、梳子和香皂。……代表团还应邀参加了副董事长马丁·米勒在他富丽堂皇的官邸为他们安排的午宴，并参观了主人家的游泳池、高尔夫球场和六个盥洗室，大开眼界。……优尼科对塔利班的主要吸引力在于，它得到美国政府的支持"。① 在塔利班代表团访问期间，优尼科向代表团介绍了修建"跨阿富汗天然气管道"的具体计划，并达成初步协议：塔利班代表团同意，保证在阿富汗的优尼科工人和管道的安全；但不能保证他（它）们遭到敌对势力的攻击。优尼科则同意，保证在管道建成后，每年向塔利班缴纳 500 万—600 万美元的过境费。优尼科向代表团赠送了传真机、发电机和 T 恤衫。1997 年 12 月 15 日，塔利班代表团回国前，还应邀访问了华盛顿，与美国负责南亚事务的副国务卿卡尔·因德弗思（Karl Inderforth）举行了会谈。参加会谈的代表团成员除了

① Caroline Lees，"Oil Baron's Court Taliban in Texas"，*The Sunday Telegraph*，December 14，1997.

塔利班的外交部、能源部、文化部部长外，还有塔利班常驻联合国代表穆贾希德（Mujahid）。以上情况说明，1997年年末，克林顿政府与塔利班的关系有了重大改善。1998年1月，塔利班与优尼科为首的"中亚天然气"财团签署正式协议，由优尼科负责兴建阿富汗境内的天然气管道。美国与塔利班的关系进入了新阶段。

（二）优尼科的困境

阿富汗内战使优尼科的天然气管道工程迟迟无法按期开工。

急不可耐的优尼科要求美国政府出面干预阿富汗局势，推翻阿富汗塔利班政权。1998年2月18日，优尼科国际部副总经理约翰·J.马雷斯卡在国会众议院国际关系委员会亚洲太平洋小组委员会就"跨阿富汗天然气管道"的历史和现状发表长篇讲话。他首先介绍了从1995年以来优尼科为把土库曼斯坦天然气出口到国际市场所做的努力及其意义。他强调说：为了改善阿富汗局势，"美国的外交政策具有重要意义。阿富汗地区的冲突得不到和平解决，跨国界的石油和天然气管道很难建成。我们迫切呼吁政府和国会坚决支持联合国在阿富汗的和平进程。美国政府应当发挥它的影响，帮助解决阿富汗全境的冲突"。他说："我们的态度很明确，那就是，在阿富汗没有成立一个被承认的、得到其他国家政府、领导人和我们的公司信任的政府，建设一条我们倡导的、贯通阿富汗的天然气管道是不可能的。"① 很显然，为了顺利推行它的"跨阿富汗天然气管道"计划，优尼科已经心急如焚，敦促美国政府推翻阿富汗塔利班政权。

原来在幕后活动的美国政府，现在开始公开行动了。英国《经济学家》1998年4月23日发表文章透露，1998年4月17日，美国常驻联合国代表比尔·理查森（Bill Richardson）以克林顿总统特使的身份飞抵阿富汗首都喀布尔，与塔利班政府进行"艰苦的谈判"。文章说："理查森是20多年来第一位光顾阿富汗的美国老资格官员。……1979年，苏联入侵阿富汗之后，美国人除了武装阿富汗游击队外，对苏联侵略保持距离。基辛格

---

① "It's All About Oil", From the 1998 Congressional Record, February 12, 1998.

先生在他的《外交》（*Diplomacy*）一书中说，美国与阿富汗游击队毫无共同点，'但是美国与游击队有着共同的敌人，在一个追求国家利益的世界里，共同敌人促使美国与游击队结成了同盟。'……现在，美国的国家利益再次呈现出来。这正是理查森先生访问阿富汗的原因。"文章说："理查森暗示塔利班：只要在朝着和平解决上取得真正进展（当时阿富汗塔利班政府正与反塔利班的'北方联盟'交战——笔者注），美国就可能承认喀布尔政府。阿富汗北部是苏联加盟共和国土库曼斯坦、乌兹别克斯坦和塔吉克斯坦，现在人们看到，这些国家拥有丰富的石油和天然气。阿富汗南部是巴基斯坦，它拥有通向阿拉伯海的出海口。多年来西方石油公司一直试图铺设一条经阿富汗到海上并运往西方的管道。可现在，大部分石油和天然气必须经过俄罗斯出口，让它赚得钵满盆满。一个和平的阿富汗能把铺设一条替代通道变成现实。理查森不辞辛苦，从喀布尔飞往阿富汗北部的谢贝尔冈（Sheberghan），与"北方联盟"举行会谈，劝对方与塔利班握手言和。一家阿富汗报纸对理查森的活动发出警告："理查森先生寻求解决的和平方案如果不与阿富汗严格的宗教、民族和当前的政治现实相适应，他必将失败。"[1]

可见，理查森的阿富汗之行的主要目的，是规劝阿富汗敌对的两派政治势力停止内战，为在阿富汗修建一条"跨阿富汗天然气管道"铺平道路。

但是如意算盘不容易打，在 1998 年 6 月举行的一次优尼科股东大会上，一些股东指责塔利班糟糕的人权记录，坚决反对优尼科修建阿富汗管道。优尼科高管不以为然，向股东们解释：为了建这条管道，从 1995 年以来公司已向阿富汗投资 1000 万—1500 万美元，还打算在 1998 年向阿富汗提供 100 万美元用于慈善事业。1998 年 7 月 27 日的《纽约时报》以"俄罗斯人重返阿富汗援助叛乱者"为题发表文章透露，俄罗斯已经秘密渗透阿富汗，加入阿富汗内战，反对塔利班。文章认为，和 10 年前苏联入侵阿富汗不同，这次俄罗斯重返阿富汗，主要是为了实现它的战略目标——保

---

[1]　"America Hints It May Recognise the Taliban After a Peace Deal", *The Economist*, April 23, 1998.

持俄罗斯对中亚及其丰富的石油储备的影响力。当年 6 月，俄罗斯天然气工业股份公司没有给以充分的理由，撤出了"中亚天然气"财团。这是俄罗斯的明智之举，因为动乱不断的阿富汗不可能向俄罗斯提供一个实现其战略目标的机会。

1998 年 8 月 7 日，美国驻东非肯尼亚首都内罗毕和坦桑尼亚首都达累斯萨拉姆的使馆几乎在同一时间被炸，造成重大伤亡，在 259 名被炸身亡者中，有 12 名美国人。华盛顿时间 8 月 7 日凌晨 5 时 30 分，使馆被炸的消息传到华盛顿，总统国家安全事务顾问塞缪尔·理查德·伯杰（Samuel Richard Berger）立即把克林顿从睡梦中叫醒，通报使馆被炸情况。克林顿政府认定，这是藏匿在阿富汗的乌萨马·本·拉丹（Osama bin Laden，以下简称本·拉丹）所为。从此，本·拉丹被列在美国联邦调查局"10 个头号通缉犯名单之中"。① 克林顿政府指责阿富汗塔利班当局藏匿本·拉丹，向他提供武器并允许他在阿富汗设立恐怖分子训练营。1998 年 8 月 20 日，克林顿总统下令对阿富汗展开"无限延伸行动"（Operation Infinite Reach），向阿富汗发射巡航导弹，造成大批阿富汗平民伤亡。这是克林顿政府断绝与塔利班外交接触的重要标志。管道谈判从此被迫停止。

克林顿总统在第二任期执政期间支持塔利班，在美国政界是公开的秘密。美国众议院共和党议员达纳·罗拉巴克尔（Dana Rohrabacher）多次在国会批评克林顿，指责他不顾阿富汗生产占世界 60% 的鸦片和藏匿本·拉丹，至少在过去 3 年成了塔利班的"培育者"。他说：在克林顿任职期间，"美国之音"（Voice of America）在阿富汗被看作"塔利班之音"（Voice of the Taliban）。罗拉巴克尔抱怨，他曾多次批评国会在对待克林顿政府后期执行的阿富汗政策的不作为态度，但都遭到冷遇和嘲笑②。

克林顿政府与阿富汗塔利班翻脸后，优尼科强烈要求克林顿政府推翻塔利班政权。1998 年 12 月 8 日，优尼科宣布退出"中亚天然气"财团，

---

① Wikipedia：FBI Ten Most Wanted Fugitives.

② Joseph Farah，"Was Clinton pro-Taliban?" www. worldnetdaily. com, October 31, 2001.

关闭了它在阿富汗和巴基斯坦的办事处。在致国务院的声明中优尼科说明了它退出的理由："在阿富汗没有一个被国际上承认的政府之前，天然气管道建设工程不可能继续下去。"① 在美国驻东非两国使馆被炸仅仅 4 个月后，优尼科仓皇退出"中亚天然气"财团，也有它难以启齿的理由：不论在国内外和公司内部，对优尼科继续与塔利班勾搭，引起股东反感和舆论谴责，有损自身的名誉，因此夹起尾巴做人是上策。但之后的形势发展证明，虽然优尼科退出了"中亚天然气"财团，但美国与塔利班围绕"跨阿富汗天然气管道"的斗争，却没有停止。

五　小布什政府与塔利班

（一）布什家族与拉丹家族

小布什入主白宫后一改克林顿政府后期的强硬政策，对阿富汗塔利班采取了怀柔和拉拢的策略，对本·拉丹的态度也比克林顿后期更为友好。

布什家族与本·拉丹家族（The bin Laden Family，以下简称拉丹家族）的关系非同一般。

在进入这个主题之前，需要首先了解本·拉丹。1957 年 3 月 10 日，本·拉丹出生于沙特阿拉伯首都利雅得一个富豪之家。他的父亲穆哈默德·本·拉丹（Sheikh Mohammed bin Laden），原籍也门，第一次世界大战前移居沙特阿拉伯。20 世纪 30 年代，他在建筑行业大显身手，干得有声有色，引起沙特阿拉伯王国创始人伊本·沙特（Abdul Aziz Ibn Saud）国王的重视。1950 年穆哈默德创办的建筑工程企业——沙特本·拉丹集团（Saudi Binladin Group，SBG）在老国王的支持下获得大量政府工程合同，迅速发展成沙特著名的建筑业大亨。1979 年本·拉丹毕业于沙特阿拉伯吉达市阿卜杜拉·阿齐兹国王大学土木工程系。当年 12 月苏联入侵阿富汗后，他毅然离开沙特阿拉伯到阿富汗参加抗击苏联的侵略战争。1988 年，他在阿富汗创办了"基地"组织（Al Qaeda Organization），支持并训练阿富汗抵抗力量。当时，美国和本·拉丹领导的抵抗力量的共同目的是把苏

① Larry Chin, "Unocal and the Afghanistan Pipeline", *Online Journal*, March 6, 2002; globalresearch. ca：www. whatreallyhappened. com.

联军队赶出阿富汗。本·拉丹得到美国的大力支持，成了美国中央情报局的盟友。1989年苏联军队撤出阿富汗后，本·拉丹返回祖国，子承父业，在家族企业——沙特本·拉丹集团从事建筑工作。1990年8月2日，伊拉克入侵科威特后，他反对沙特国王法赫德允许美国在沙特长期驻军，于1991年4月离开沙特，先去阿富汗，后去苏丹。1994年4月9日，沙特政府指责本·拉丹支持极端行为，没收了他的护照，剥夺了他的国籍，冻结了他的资产。从此，本·拉丹成了沙特的"持不同政见者"，流浪海外。1995年8月，本·拉丹给法赫德·阿卜杜拉·阿齐兹（Fahd bin Abdulaziz Al Saud）国王发出公开信，要求组织游击队抵抗驻扎在沙特的美国军队。1996年5月被苏丹驱逐的本·拉丹重返阿富汗，当年春天，克林顿总统签署秘密指令，要求美国有关部门动用一切手段，彻底摧毁以本·拉丹为首的"基地"组织。本·拉丹以牙还牙，于8月23日对美国发表"战争宣言"，号召"基地"组织成员动员起来，把美国军队赶出阿拉伯半岛，推翻沙特政权，解放所有阿拉伯领土。①

1976年，老布什就任中央情报局局长。第二年，本·拉丹的长兄萨利姆·本·拉丹（Salem bin Laden）在小布什创办的第一家石油企业——"阿尔布斯托"（Arbusto）油气勘探公司投资5万美元。从此，萨利姆摇身一变，成了老布什中央情报局难得的"有用的人"。②

具有讽刺意味的是，布什父子俩都是拉丹家族的朋友。老布什在副总统任期内，曾介绍拉丹家族与时任中央情报局局长的威廉·凯西（William Joseph Casey）相识，要求拉丹家族与中央情报局合作，帮助美国战胜阿富汗塔利班。老布什通过1987年创办的凯雷集团（Carlyle Group）与拉丹家族建立了密切关系。他曾是凯雷集团董事会成员和高级顾问。这个集团是美国政府最大的军火工程承包商之一，它的投资重点是能源、军火和贸易。老布什政府的国务卿詹姆斯·贝克、前国防部部长弗兰克·卡卢奇（Frank Carlucci）、前白宫预算局局长迪克·达曼（Dick Darman）和英国前

---

① Jean-Charles Brisard and Guillaume Dasquie, *Forbidden Truth*, Thunder's Mouth Press/Nation Books, New York, 2002, pp. 149 – 153; Wikipedia: Mohammed bin Awad bin Laden.

② Michael C. Ruppert, Osama bin Laden's Bush Family Business Connection, www. wilderness. org.

首相约翰·梅杰（John Major）等，都是凯雷集团的成员。本·拉丹的同父异母兄弟沙菲克·本·拉丹（Shafig bin Laden）是凯雷集团的股东之一。老布什曾多次代表凯雷集团会见拉丹家族。

"9·11"事件发生当天，凯雷集团与沙菲克·本·拉丹正在美国首都华盛顿的丽兹卡尔顿酒店（Ritz Carlton hotel）参加凯雷集团股东年会。美国《幸福杂志》2002 年 3 月 18 日发表文章挖苦道："'9·11'事件使老布什与国家的'利益冲突'进一步暴露。也就是说，在老布什的儿子正坐在椭圆形办公室筹划着对阿富汗发动战争的准备工作、要求增加自里根政府以来最大规模的国防预算的时候，老布什却通过各种投资渠道，为全国第十四大国防设备承包商凯雷公司工作着。"①

在国内舆论的强大压力下，直到 2001 年 10 月 26 日，也就是在"9·11"事件发生后一个半月，布什家族与拉丹家族才同意彼此断绝联系，拉丹家族被迫撤出了凯雷集团。在阿富汗战争和反恐战争中，凯雷集团通过向小布什政府提供武器装备而大发战争横财。

20 世纪 90 年代以来，在海湾和东非发生多起袭击美国驻外军事设施和使馆事件。美国舆论界认为，由于与拉丹家族关系密切，布什家族两位总统都对本·拉丹的调查和搜捕采取了消极态度。小布什上台后，美国联邦调查局特工、反恐专家约翰·帕特里克·奥尼尔（John Patrick O'Neill）主张坚决彻底调查本·拉丹和基地组织。奥尼尔透露，小布什在总统大选中获胜后，联邦调查局加紧了对本·拉丹的调查。沙特对美国施加压力大于美国对沙特的压力，由于美国依赖沙特石油，国务院需要有一个"安全、稳定"的沙特阿拉伯，调查工作遇到阻力。小布什进入白宫后，迫不及待地与阿富汗塔利班恢复管道谈判，调查工作更难进行。奥尼尔一气之下，辞去了联邦调查局的工作，于 2001 年 8 月 23 日去纽约世界贸易中心担任安全总管，在上任两周后发生的"9·11"事件中丧生火海。他生前曾多次对法国记者抱怨说，他追查本·拉丹及基地组织的主要阻力来自"美国石油企业利益集团"；他之所以辞去联邦调查局职务，主要是因为

① Melanie Warner, "What Do George Bush, Arthur Levitt, Jim Baker, Dick Darman, And John Major?" *Fortune Magazine*, March 18, 2002.

"国务院及其背后组织——布什团队的石油游说集团对他试图证明本·拉丹的罪恶所做的努力处处作梗"。①

小布什政府上台后对外政策的首要目标是，排除一切阻力，争取早日降服阿富汗塔利班，以便重启美国与塔利班当局的天然气管道谈判，打通跨阿富汗天然气通道，其次是追杀本·拉丹。

（二）非官方大使莱利

为实现小布什政府的计划而忙碌的众多人物中，一位阿富汗裔美国妇女莱利·赫尔姆斯（Laili Helms）是鲜为人知的特殊人物。她出生于阿富汗名门贵族家庭，是阿富汗末代国王查希尔·沙阿（Zahir Shah）的亲戚，祖父和曾祖父曾任阿富汗王国政府的大臣。她与著名的美国中央情报局前局长理查德·赫尔姆斯（Richard Helms）的侄子成婚，成了赫尔姆斯的侄媳妇。当时她的丈夫在华尔街的大通—曼哈顿银行任职。

小布什上台前后，莱利·赫尔姆斯的名字在美国政界几乎无人不晓。她曾坦言："大家都以为我是间谍，可是迪克叔叔（理查德·赫尔姆斯的昵称——笔者注）却说我是个疯子。"② 20 世纪 80 年代，莱利支持阿富汗伊斯兰游击队抗击苏联侵略。她 22 岁担任"阿富汗的美国朋友"组织执行主任（Executive Director of American Friends of Afghanistan）。这个组织是美国和阿富汗当局互相联系的纽带，受到白宫和国务院的支持和呵护。1986 年 3 月 20 日到 4 月 5 日，莱利出面组织阿富汗游击队领导人赛义德·阿哈迈德·盖拉尼（Sayed Ahmad Gailani）访问美国。3 月 21 日，时任美国副总统的老布什同盖拉尼就双方关心的问题进行了深入的会谈。1996 年阿富汗塔利班掌权后，莱利名声大振，被誉为阿富汗塔利班政权的"非官方大使"。她可以代表阿富汗塔利班政权，自由进入美国统治集团的政治核心领域，与美国当局就重大问题互通信息、交流意见。20 世纪 90 年代，在优尼科力争实现其"跨阿富汗天然气管道"计划中，莱利与后来担任阿

① Jean-Charles Brisard and Guillaume Dasquie, *Forbidden Truth*, Prologue, pp. xxix, xxx; Thunder's Mouth Press/Nation Books, New York, 2002; "Who Killed John O'Neill?", Portland Independent Media Center, April 28, 2002.

② Ibid., pp. 3, 4, 5.

富汗总统的哈米德·卡尔扎伊（Hamid Karzai）共同合作，立过汗马功劳。

小布什执政后，莱利更加活跃。她的主要使命是在美国和塔利班政府之间建立新关系。在莱利的精心安排下，小布什的总统宝座还没坐稳，塔利班当局高级官员就摩肩接踵前往华盛顿，访问国务院、中央情报局和国家安全委员会。2001 年 2 月 5 日，塔利班呼吁美国给予其外交承认，莱利不失时机与美国当局联系，几周后小布什政府高级官员便在华盛顿会见了塔利班领导人穆罕默德·奥马尔（Mohammed Omar）的密使。当年 3 月 18 日到 23 日，奥马尔的特使和私人顾问赛义德·拉赫马杜拉·哈希米（Sayed Rahmattulah Hashimi）也访问美国，向小布什献上了奥马尔赠送的珍贵礼物，其中包括一条阿富汗名贵地毯。在美国期间，双方讨论了引渡本·拉丹和美国石油公司经阿富汗获取中亚石油天然气资源等事宜。哈希米还会见了美国中央情报总监（Director of Central Intelligence，DCI）以及国务院情报和研究局的代表。[①] 在欢迎以哈希米为首的塔利班代表团后，国务院官员还就促进"跨阿富汗天然气管道"工程进行谈判。可见，小布什政府对这一工程的成功实施，已经到了心急如焚的程度。

莱利在新泽西州特纳弗莱（Tenafly）的家，是美国政客们经常聚会讨论阿美关系的地方，被称作"厨房—餐桌大使馆"。她自称自己的任务是协助解决塔利班领导人与国务院官员和国会议员之间的电话会谈。她时而通过电脑与阿富汗外交部门联系，时而驾车到美国国会，向议员们汇报阿富汗的情况。她的手机昼夜处于待机状态。2001 年 6 月 6 日，美国著名智库——约翰·霍普金斯大学高级国际问题研究学院（Johns Hopkins School of Advanced International Studies，SAIS）举行中亚问题报告会，重点研讨阿富汗问题。参加会议的有土库曼斯坦、哈萨克斯坦、巴基斯坦和土耳其的政府官员，还有世界银行和乌兹别克斯坦商会的代表以及美国国务院官员和石油界代表。当会议主席特意向与会者介绍莱利时，立即引起轰动，因为大家知道，她既是美国赫赫有名的中央情报局局长的亲属，也是塔利班

---

① Camelia Fard & James Ridgeway，"The Accidental Operative Richard Helms's Afghani Niece Leads Corps of Taliban Reps"，*The Village Voice*，June 12，2001；Wayne Madsen："Afghanistan，the Taliban，and the Bush Oil Team"，Democrats.com，January 2002.

当局的非官方大使。一位国务院高级官员在会上介绍了阿富汗形势。虽然会议内容不准向外透露，但从会后泄露的蛛丝马迹中可以看出：这次会议明确表明，开发里海和中亚能源市场，是小布什政府的当务之急。① 如果没有"跨阿富汗天然气管道"，小布什政府要实现这一战略目标，是非常困难的。

（三）小布什政府的战争威胁

尽管美国与塔利班领导人多次谈判，双方立场仍然南辕北辙，于是2001年7月21日，联合国出面在德国柏林旅馆举行为期四天的秘密会议，试图找到解决方案。

会议由联合国负责阿富汗事务首席代表、西班牙外交官弗朗西斯科·本德雷利尔（Francesco Vendrell）主持。这是他作为联合国秘书长科菲·安南（Kofi Annan）的私人代表身份主持的三次相关会议中的最后一次。前两次会议，阿富汗塔利班代表应邀参加。第三次会议因美国与塔利班关系处于紧张状态，塔利班拒绝参加，但会议内容由巴基斯坦代表负责向塔利班传达。参加第三次会议的有美国和俄罗斯以及巴基斯坦、伊朗、土库曼斯坦等6个阿富汗邻国的官员，因此也叫"6 + 2"会议。美国与会者包括驻巴基斯坦前大使和优尼科石油公司说客罗伯特·奥克利、负责南亚事务的助理国务卿卡尔·恩德弗思（Karl Inderfurth）、国务院南亚问题专家李·科尔德伦（Lee Coldren）和曾多次代表美国政府与塔利班进行谈判的另一名美国驻巴基斯坦前大使汤姆·西蒙斯（Tom Simons）。会议主题为"阿富汗问题自由大讨论"。会上，科尔德伦通报了小布什政府对塔利班的战争威胁。会后科尔德伦透露："会上讨论了这样的事实：美国对塔利班已经很厌恶，以至于考虑对它采取军事行动的可能性。"出席会议的巴基斯坦前外交部部长尼亚兹·那科（Niaz Naik）也透露，会上西蒙斯向塔利班发出威胁：如果阿富汗拒绝满足美国的要求，它将面临美国从乌兹别克斯坦和塔吉克斯坦的美国军事基地对它发动无限期军事打击；塔利班必须从"地毯式轰炸——美国入侵或铺满地毯的黄金——输气管道"两者中间做

---

① Camelia Fard & James Ridgeway, "The Accidental Operative Richard Helms's Afghani Niece Leads Corps of Taliban Reps", *The Village Voice*, June 12, 2001.

出选择。那科解释西蒙斯的上述声明说，摆在阿富汗塔利班面前只有两条路可走，要么接受从管道中得到丰厚的"铺满地毯的黄金"，要么接受美国军事打击而使阿富汗遭受"地毯式轰炸"。那科说，美国还在会上向巴基斯坦施压，扬言如果巴基斯坦无力说服阿富汗塔利班接受美国的要求，美国将对阿富汗采取公开军事行动。至于动武时间，那科说，一些美国高级官员在会上告诉他，美国已经计划"在阿富汗降雪之前，即最迟在 10 月中旬之前"采取军事行动，推翻塔利班政府。① 另据法国记者报道，第三次柏林秘密会议还向塔利班提出了如下条件：只有塔利班政府为"跨阿富汗天然气管道"建设提供方便，它才能得到美国和国际组织的承认。

　　第三次柏林秘密会议是美国向塔利班发出的战争威胁。小布什政府在 2001 年 10 月中旬发动一场推翻塔利班政府的战争计划已经在准备之中。

　　2001 年 8 月 2 日，美国国务院亚洲事务局局长克里斯蒂娜·罗卡（Christina Rocca）在巴基斯坦首都伊斯兰堡与塔利班驻巴基斯坦大使举行秘密会谈，为挽救阿富汗管道交易做了最后的努力。会谈中，罗卡重复西蒙斯在第三次柏林会议对塔利班政府的战争威胁。维基百科说："2001 年 8 月，国务院官员克里斯蒂娜·罗卡为美国能源巨头优尼科的'跨阿富汗天然气管道'与塔利班举行最后一次谈判。罗卡说：'接受我们给你们铺满地毯的黄金吧，不然的话，我们将用地毯式轰炸将你们埋葬。'"② 几乎在同时，美国驻巴基斯坦大使也在伊斯兰堡与阿富汗情报部部长进行最后的艰苦谈判，试图挽救管道交易，但都以失败告终。最后一轮谈判失败预示着，小布什政府与阿富汗塔利班政府的关系彻底破裂，无法挽回了。

　　用武力推翻塔利班政权，扶持一个亲美政权取而代之，从而为"跨阿富汗天然气管道"建设扫除障碍是优尼科的公开要求，也是小布什政府难以公开言表的心愿。让塔利班政府交出本·拉丹则是小布什政府入侵阿富汗的主要借口。美国舆论说："布什总统计划在'9·11'之前两天签署一

---

① Profile：Lee Coldren, www. historycommons. org；Jean-Charles Brisard：US-Taliban Oil Pipeline Negotiations, www. democraticunderground. com.

② Profile：Christina Rocca, www. historycommons. org.

项针对基地组织的全球战争的详细计划，但在纽约和华盛顿遭恐怖袭击前他没有这个机会实现这个计划。……军事入侵阿富汗的计划在'9·11'之前两天交给了总统顾问赖斯，准备呈送小布什。2001年夏天，美国政府通知外国政府说，我们在阿富汗开战将不迟于10月。"① 在"9·11"事件发生前两天，一份军事打击阿富汗的最后计划摆放在小布什的办公桌上，等他签署。两天后"9·11"事件爆发，为小布什政府攻打阿富汗提供了机会。美国舆论说："我们的政府实在太幸运了。这个事件正好发生在我们的政府计划入侵另一个国家之时。政府解释说，这场战争是为了推翻阿富汗政府。'9·11'恐怖袭击发生的时间恰到好处，它激发了美国人的愤怒，因此他们支持政府入侵阿富汗。"②

由此可见，这是一场蓄谋已久的战争，在"9·11"事件发生之前就已准备就绪，只不过"9·11"事件给小布什政府提供了借口。即使没有"9·11"事件，这场战争也是不可避免的。

（四）"9·11"提供借口

在美国的要求遭到阿富汗塔利班政府坚决拒绝之后一个多月，一场轰动全球的"9·11"事件在美国爆发。当年9月11日，四架民用飞机从美国领土起飞后遭到劫持，其中两架相继撞毁了耸立在纽约市曼哈顿岛上的两座110米高的世界贸易中心，近3000人丧生火海。第三架袭击了位于华盛顿特区郊外、阿灵顿的五角大楼——美国国防部，大楼一角遭到严重破坏，死亡百余人。第四架从新泽西州飞往旧金山的飞机飞至宾夕法尼亚州的尚克斯维尔（Shanksville）上空坠毁。

美国舆论透露，参与"9·11"事件的19名劫机者中大多数是沙特阿拉伯人。

小布什咬定，这是以本·拉丹为首的基地组织所为。

自20世纪90年代中期以来，美国驻海外机构和设施不断遭到袭击。1996年6月25日，位于沙特阿拉伯东部城市宰赫兰郊区的一栋8层美国

① Franklin D. Roosevelt, "The Afghanistan War Was Planned Months Before the 9/11 Attacks", www.whatreallyhapened. com.

② MSNBC-Afghanistan war plans were on Bush's desk on 9/9/2001.

军人宿舍——胡拜尔塔（The Khobar Towers）遭炸弹袭击，19名美军士兵和1名沙特人当场丧命，近372人被炸伤（另说伤500人），其中近百人生命垂危。1998年8月7日，美国驻东非两个国家大使馆被炸，伤亡惨重。2000年10月12日，停泊在也门亚丁港的美国驱逐舰"科尔"号（The Cole）遭到炸弹袭击，17名美军官兵死亡。"9·11"事件与上述事件的不同之处在于，从飞机起飞到轰炸，都发生在美国领土和领空。在美国1776年7月4日建国以来的240年历史中，除了1941年12月7日日本联合舰队袭击美国太平洋舰队基地珍珠港造成近3000人死亡外，美国本土遭遇如此重大的军事打击，伤亡如此之大，实属空前。

面对这一严重事件，小布什的表现出奇的冷静。事件发生时，他正在美国南部佛罗里达州的萨拉索塔（Sarasota）市，准备宣讲他关于教育改革，尤其是改善学童阅读能力的提案。9月11日上午，在即将离开下榻的佛罗里达旅馆时，小布什从电视中得悉第一架飞机于8点46分撞击纽约世界贸易中心北座的消息。他沉默无语。在白宫总管安德鲁·卡德（Andrew Card）的陪同下，他离开旅馆，乘车到达萨拉索塔市埃马·E.布克小学（Emma E. Booker Elementary School）二年级教室。他坐在一张凳子上，身后挂着一块小黑板，上面写着："读书能使国家强大。"布什在课堂主持阅读研讨会，亲自朗读一本美国童话书《宠物山羊》（*The Pet Goat*）。当第二架飞机9点3分撞击纽约世界贸易中心南座后，卡德打断了小布什的朗读，在他的右耳边低语道："第二架飞机又袭击了世贸中心的另一座大楼，美国正在遭到攻击。"布什仍不动声色，继续朗读，时间长达8分钟之久。[①]

当天上午9点29分，小布什在布克小学图书馆面对约200名学生、许多老师和记者发表简短的电视讲话。他说："今天我们经历了一场国家悲剧。两架飞机撞击了世贸中心，这明显是恐怖分子对我国的袭击。"

9点34分，小布什离开布克小学抵达佛罗里达州的萨拉索塔国际机场，改乘总统专机空军一号，没有直飞首都华盛顿，而是先后飞抵路易斯

---

① "Bush Told of First Attack on 9/11 Before He Left Florida Hotel", Prison Planet com, May 4, 2007；[美] 鲍勃·伍德沃德：《布什的战争》，孙康琦、余家驹、王义桅、唐小松译，上海译文出版社2003年版，第17页。

安那州和内布拉斯加州空军基地躲避攻击。得悉华盛顿已经平静后，他于当天下午6点54分回到白宫。当晚，小布什在白宫椭圆形办公室向全国发表电视讲话。据CNN当天公布的"布什讲话全文"，小布什首次解释了发生"9·11"事件的根源。他说：

> 今天，我们的同胞、我们的生活方式、我们特有的自由受到了恐怖分子一连串致命的蓄意攻击。
> 美国之所以成为攻击的目标，是因为我们的自由和机遇之灯塔是世界上最明亮的。没有人能阻止这种自由之光。

小布什承诺将对恐怖分子做出强力反击。

"9·11"事件发生一周后，小布什断定，本·拉丹是这一恐怖行动的"主要嫌疑犯"。国防部部长拉姆斯菲尔德和副部长保罗·沃尔福威茨认为，伊拉克总统萨达姆·侯赛因也脱不了干系。

（五）第一次"战争内阁"会议

"9·11"事件爆发后小布什立即成立"战争内阁"，自称"战争内阁总统"，领导反恐战争"战争内阁"由14人组成，多数是国家安全委员会成员，包括总统小布什、副总统切尼、国防部部长拉姆斯菲尔德、白宫国家安全事务顾问赖斯、国务卿鲍威尔、中央情报局局长乔治·特尼特、参谋长联席会议主席休奇·谢尔顿（Hugh Shelton）、司法部部长约翰·阿什克拉夫特（John Ashcroft）、财政部部长保罗·奥尼尔（Paul O'Neill）、总统法律顾问卡伦·休斯（Karen Hughes）、白宫新闻发言人阿里·弗莱舍、联邦调查局局长罗伯特·米勒（Robert Mueller）、国防部副部长沃尔福威茨和白宫总管安德鲁·卡德。

2001年9月15日，星期六，也就是"9·11"事件后第四天，小布什在总统度假地——戴维营召开首届"战争内阁"会议。会上有人提议由副总统切尼主持"战争内阁"，小布什拒绝，坚持自己当主席，如果他缺席，就由赖斯主持。

会议议题原本是讨论武力推翻阿富汗塔利班政府、打击基地组织的秘密计划，但一开始争论的焦点变成先打阿富汗还是先打伊拉克。与会者分成两派，围绕这个问题展开了激烈辩论。挑头的是长期主张推翻萨达姆政权的著名鹰派人物——国防部副部长沃尔福威茨。他主张先打伊拉克，说打伊拉克比打阿富汗更容易。温和派国务卿鲍威尔不赞成沃尔福威茨的主张，说只有打击阿富汗的塔利班政权和基地组织，才能获得国际社会的支持，而如果现在就转移目标攻打伊拉克，美国必将失去国际社会的支持。副总统切尼接着发言："如果我们去追剿萨达姆·侯赛因，我们就会失去作为好人的应有地位。"中央情报局局长特尼特和白宫总管卡德也不主张先打伊拉克。很明显，鲍威尔的主张在会上占了上风。小布什最后只好决定先不打伊拉克。事后他回忆说："如果我们试图做太多的事情，缺乏重点，将冒巨大风险。"第一次"战争内阁"会议结束后两天，即 2001 年 9 月 17 日，小布什签署了武装攻打阿富汗的"绝密计划"。他同时指示国防部着手制定对伊拉克的作战方案。国防部的顾问机构——由理查德·玻尔（Richard Perle）担任主席的国防政策局（Defense Policy Board）随即召开会议，负责制定作战方案。①

2001 年 9 月 20 日，小布什在联邦国会两院联席会议上就"9·11"事件，对国会议员和全国发表讲话。他说：

> 9 月 11 日，与自由为敌的敌人对我们的国家采取了战争行动。美国人经历过战争，但在过去 136 年中，除了 1941 年一个星期天以外（指 1941 年 12 月 7 日日本偷袭珍珠港事件——笔者注），这些战争都发生在外国土地上。美国人也了解战争造成的伤亡，但从未发生在平静的早晨的大都市中心。美国人经历过突然袭击，但从未经历过对数千平民进行的突然袭击。所有这一切都在同一天强加在我们头上。夜幕降临时的大都市已经变成一个不同的世界，一个自由本身遭到袭击的世界。

---

① James P. Pfiffner, "President George W. Bush and His War Cabinet", https：//www. cambridge. org/core/journals/foreign-policy-bulletin/article/article/president-george-w-bush-and-his-war-cabinet/F88E 4150ABF199A33B9C48675A364F9.

今晚，美国人民心中有许多疑问。他们在问：是谁袭击了我们的国家？……我们搜集到的证据证明，是由一些恐怖主义组织组成的松散集团——"基地组织"所为。它们是轰炸美国驻坦桑尼亚和肯尼亚大使馆的凶手，也是袭击美军"科尔"号舰艇的凶手。……基地组织的目标不是为了金钱，而是为了改变这个世界，以便把它们的激进的信仰强加给全世界人民。……这个组织及其头目乌萨马·本·拉丹与不同国家的其他组织都有联系……这些恐怖分子在60多个国家中活动……基地组织的领导人在阿富汗的影响力很大，他们帮助阿富汗塔利班政权控制了这个国家的大部分地区。

小布什向阿富汗塔利班发出了最后通牒。他说：

今晚，美利坚合众国向塔利班提出以下要求：

将隐藏在你们那里的基地组织所有领导人交给美国当局；释放包括美国公民在内的所有被你们监禁的一切外国人；保护在阿富汗的外国记者、外交官和援建工人；立即并永远关闭在阿富汗的各种恐怖分子训练营，向有关当局交出每一个恐怖分子及其支持系统中的每一个人；允许美国进入恐怖分子的全部训练营地，以确保这些营地不再进行训练。这些要求没有谈判或讨论的余地。塔利班必须采取行动，必须立刻行动起来，或者交出恐怖分子，或者遭到与他们同样的下场。

我们的反恐之战以基地组织为起点，但并不以此为终点。这场战争将继续进行，直到我们发现、阻止和摧毁全球所有恐怖组织为止。……击败恐怖主义威胁美国生活方式的唯一途径，就是阻止它、消灭它、粉碎它，不论它生长在什么地方。

这场战争将不会像10年前反对伊拉克的战争，那场战争的明确目的就是解放科威特国土、速战速决；这场战争也不会像两年前在科索沃上空进行的空战，那场战争没有动用地面部队，没有在战斗中伤亡一个美国人。……美国人不应该期待这场反恐战争仅仅是一个战役，而是一场长期的战斗，它不同于我们见过的任何一场战争。……摧毁那些威胁我们生活方式的恐怖主义的唯一途径是，阻止它，铲除它，在它生长的地方消灭它。

今晚，在距离遭损坏的五角大楼几英里的地方，我向我们的军队发出一个信息：做好准备。我已经号召武装力量严阵以待，这是有理由的。美国采取行动的时刻正在到来，我们将为你们感到骄傲。

这不仅仅是美国之战。处于危险关头的不仅仅是美国的自由。这是世界之战，是文明之战。这是一切信仰进步、多元政治、宽容和自由的人民之战。我们要求每个国家同我们站在一起。

我们将追究那些向恐怖主义分子提供援助或安全避难所的国家的责任。每个地区的每个国家都要做出选择。要么和我们站在一起，要么站在恐怖分子一边。从今天开始，那些继续庇护或支持恐怖分子的任何国家，美国将把它们视为敌对国家。①

这是一个战争动员令。

小布什借口"9·11"事件是隐藏在阿富汗的基地组织在本·拉丹的指示下干的，因此决定对阿富汗发动一场战争进行报复。2001年10月7日，他高举"反恐"旗号，公开下达作战命令，表示不推翻阿富汗塔利班政权、活捉本·拉丹、摧毁基地组织，誓不罢休。这场战争取名"持久自由行动"（Operation Enduring Freedom）。接到作战令后，美国空军立即出动B-52远程重型轰炸机，携带导弹从印度洋上的迪戈加西亚美军军事基地起飞，对阿富汗进行地毯式狂轰滥炸。2001年10月19日，美国特种部队迅速开进阿富汗，在阿富汗北方联盟的配合下对塔利班展开大规模地面进攻。大量阿富汗无辜平民遭殃。战争爆发仅三个月，就有五千余名阿富汗平民被美国空军炸死。当年年底，美军以迅雷不及掩耳之势推翻了塔利班政权，俨然以阿富汗解放者的姿态，假借反恐，赖着不肯走了。

美国入侵阿富汗的主要帮手是英国。为了密切配合美国推翻塔利班政府的军事行动，英国在阿富汗先后发动了军事行动代号为"真理行动"

①　CNN/U.S：Transcript of President Bush's Address.

（Operation Veritas）、"水雉行动"（Operation Jacana）和"芬格尔行动"
（Operation Fingal）等军事行动；2001 年年底塔利班政府被推翻，英国将其
军事行动代号一律改称"赫里克行动"（Operation Herrick）。

"9·11"事件是阿富汗战争的导火索，但参与"9·11"事件的劫
机者都来自中东阿拉伯国家，着实令世人吃惊。19 名劫机者中 15 人是
沙特阿拉伯人，其余 3 人分别来自埃及、黎巴嫩和阿拉伯联合酋长国。
他们当中有 7 人是飞行员，其他人也都接受过飞行训练。他们劫持的 4
架飞机袭击的目标显然是经过长期深思熟虑后确定的，既不是美国的平民
百姓聚居区也不是名胜古迹，而是军事、政治和经济等美国统治阶级的最
高权力中心：军事中心——弗吉尼亚州阿灵顿的五角大楼（国防部）、政
治中心——华盛顿的国会山（机毁人亡，袭击未遂——笔者注）以及经济
中心——纽约市的世界贸易中心双塔。

因此可以说，"9·11"事件的外在表现为"恐怖"袭击，其内在本质
是政治报复。

为什么这些阿拉伯人如此憎恨美国？"9·11"事件发生后，美国舆论
界曾就"美国为何遭人恨"这一主题展开了辩论。虽然声音微弱，探究不
深，甚至有悖真理，但它反映了美国人想对遭遇"9·11"袭击的根本原因
探个究竟。同意小布什的观点有之，认为"9·11"的起因，是劫机者憎恨
美国的民主和自由。同时也不乏反对的观点，认为美国在全球，尤其在中东
推行的霸权主义、强权政治引起公愤，要求美国深入进行自我反省。

下面介绍阿富汗战争爆发后不久，4 篇关于"美国为何遭人恨"这一
主题，在美国媒体上发表的具有代表性的文章。

1. 2001 年 9 月 27 日美国《基督教科学箴言报》以"他们为啥恨我
们？"为题发表彼得·福特的文章说：

上周四晚上（即 2001 年 9 月 20 日——笔者注）布什总统在国会
发表的演说中问道："他们为啥恨我们？"过去两周，这个问题一直刺
痛着美国人的心。为什么这 19 个人选择去摧毁美国的军事和经济力量
的象征？多数阿拉伯人和穆斯林知道答案。……他们都明白，这场袭

击的目标并不是平民，它的首要的、最初的目标是袭击美国。美国在中东及其周边地区执行的政策引起了广泛的反美主义，因此这个地区的许多人认为，"9·11"大屠杀是对美国的报复。……从雅加达到开罗，穆斯林和阿拉伯人反对布什的下述观点：恶棍们攻击美国是因为"他们憎恨我们的自由"。

2. 2001年9月13日，也就是"9·11"事件发生后第三天，一位叫杰夫·坎迪特（Jeff Kandt）的美国人在互联网上发表文章说：

> 许多美国人并不了解美国已经在很久以前就超过英国和其他殖民国家，成为最遭人痛恨的国家。……许多人认为，美国政府在全世界，尤其在中东推行的外交政策是不道德的。美国支持、训练和武装独裁者和非法政权以及种族主义和野蛮政权，大大忽视了这些行为给当地带来的痛苦和折磨。

3. 美国基督教杂志《好新闻》（*Good News*）2002年下半年出版一本小册子，标题是"中东——圣经的预言"（Middle East—The Bible Prophecy）。文章说：

> "9·11"事件后美国人经常提问："为什么人们如此憎恨我们？"……对这个问题的简单回答是：美国支持以色列。人们对中东形势日益高涨的失望情绪导致了对美国更加强烈的愤怒。中东地区许多人认为，如果美国对以色列施加压力，以色列会向巴勒斯坦做出让步。……另一个原因是，美国和英国军队在伊斯兰国家驻军。但是，这种解释忽视了这样的事实：不仅在中东，在世界各地针对美国的憎恨和怨恨情绪也高涨起来了。

4. 2002年2月6日《纽约时报》发表英国作家萨曼·拉什迪（Salman Rushdie）的文章说，美国在阿富汗发动反恐战争后，尽管在军事上取得了胜利，但"美国却发现自己面对一个更为强大的思想上的敌人。这个敌人可能会变得比伊斯兰好战分子更难对付。它就是反美主义。眼下，这股反美风潮在世界各地变得越来越强劲"。文章认为，面对这一形势，小布什政府改变策略，在高举"反恐"旗号下，企图实现两个目的：既可反对真正的恐怖主义，更能理直气壮地以反恐为名，侵略一个主权国家，趁机建立军事基地、打击发展中国家人民抗击美国霸权主义的正义斗争。这是值得高度警惕的。

10月7日，美军对阿富汗开战后几小时后，盖洛普咨询公司联合美国有线电视新闻网和《今日美国报》（*USA TODAY*）就这场战争对美国公众进行了民意调查。10月8日公布的结果是：90%支持，5%反对，5%不表态。被"9·11"事件吓晕了的美国公众坚信小布什的誓言：他发动阿富汗战争是为了反对恐怖主义，是为了捉拿制造"9·11"事件的头号通缉犯本·拉丹，是为美国人民报仇雪恨。因此，当时绝大多数美国公众支持小布什对阿富汗发动战争，也不足为奇。2014年2月6日至9日盖洛普民意调查结果显示，认为这场战争是正确的百分比从2001年战争开始的90%下降至48%，认为这场战争是错误的百分比上升至49%。这说明美国公众对这场战争的态度随着时间的推移发生了比较大的变化，反对者占了微弱多数。他们对这场战争的认识过程虽然很缓慢，但毫无疑问，反战会逐步转为主流。

（六）揭开遮羞布

小布什政府主要以反恐为名发动阿富汗战争的真实目的，是为了实现美国21世纪的重大战略目标：霸占中亚战略要地，掠夺中亚油气资源，遏制俄罗斯、伊朗和中国。阿富汗虽是小国，但地理位置极其重要。美国控制了阿富汗，既可以削弱阿富汗西边的俄罗斯和伊朗，也能威慑阿富汗东边的中国，更能满足美国控制阿富汗与中亚和里海油气资源通往世界市场这一理想通道的野心。"反恐"这面旗只是为了掩盖阿富汗战争的侵略性质而已。

小布什发动阿富汗战争不久，外国舆论就明确指明了这一点。下面按时间顺序转载2001年10月至2002年1月的几篇有见地的文章和评论：

1. 德国《经济周刊》网络版 2001 年 10 月 4 日以"石油：新的地图"为题刊登文章说：

> 同激进的伊斯兰恐怖分子进行斗争也与确保石油供应有关。因为，今天对阿拉伯半岛石油供应担心的理由比以往任何时候都充分。……对美国的能源经济来说，阿富汗并不是一个盲点。1977 年，在喀布尔，优尼科副总裁马丁·米勒同塔利班就从中亚的土库曼斯坦经过阿富汗到达巴基斯坦沿海铺设一条输气管道问题举行了谈判。

> 美国对来自阿拉伯半岛石油供应的担心是有道理的，而且这种担心更强了。美国自己生产的石油只能满足需求量的一半左右，美国的西欧盟友就更少了。任何人都不相信伊拉克或者伊朗能够保证石油供应。拥有全世界最多石油资源的沙特阿拉伯面临巨大的社会和政治危机。自从 90 年代初（苏联解体，在新成立的中亚国家发现了更多的石油和天然气资源——笔者注）以来，中亚便成了能源政策专家和能源企业家们关注的焦点。……克林顿曾经寄希望于把俄罗斯竞争者和伊朗排除在外，绝不能让土库曼斯坦、哈萨克斯坦和阿塞拜疆的石油经伊朗领土输往印度洋，也尽可能不通过俄罗斯流向西欧。

文章透露，美国政府希望由美国贝克特尔集团和通用电气公司（General Electric Company）与英荷壳牌石油公司合作，铺设一条从里海穿过阿塞拜疆和格鲁吉亚到达北约成员土耳其的石油和天然气管道。"鉴于这个项目在技术上的难度和政治方面的棘手问题（管道要穿过土耳其的库尔德地区——笔者注），没有美国的支持几乎是无法实现的。"于是打通从中亚经阿富汗、巴基斯坦到印度洋的石油和天然气输出通道就成了美国的首选。"因为阿拉伯半岛是危险的，所以中亚就变得非常重要了。"

文章认为，小布什政府发动阿富汗战争要达到两个目标：一是同恐怖分子进行斗争，抓捕本·拉丹；二是长期确保西方世界的石油供应。"现在，华盛顿正在绘制新的石油和危机地区的地图，在地图上甚至出现了一直被认为是不可能实现的输油管道项目，这条管道的走向是从里海经阿富汗到达印度洋。"①

2. 英国《卫报》2002 年 1 月 16 日刊登西蒙·蒂斯德尔的文章《伸向其他帝国的势力触及不到的地方》。文章说：

> 美国通过强行推进、诱骗和贿赂进入了中亚，而且显然不打算很快离开。……防止喀布尔的政治倒退和塔利班卷土重来只是阿富汗周边地区新建的美军基地的部分任务，更重要、更长远的任务是向以前美国的力量没有触及的地区显示其影响力和兴趣。……文章认为，美国从它在阿富汗和中亚的行为中获得的潜在利益是巨大的；在世界上仅有的几个尚未受到华盛顿控制的地区之一加强军事霸权；侵蚀俄罗斯和中国的利益来扩大美国的战略影响；掌握储量惊人丰富的非石油输出国组织的中亚石油和天然气资源。

3. 英国《卫报》网站 2002 年 1 月 20 日发表文章，将美俄在中亚的争夺比作 19 世纪英俄两国在该地区进行的"大争夺战"。文章说：

> 从（美国——笔者注）国务院获悉，里海周边地区蕴藏的石油据推定有 2000 亿桶，仅次于波斯湾，居世界第二位。土库曼斯坦的天然气资源居世界第四位。……阿富汗战争开始后，仅仅 3 个多月，布什政府就以反恐为借口，迅速接近了中亚，特别是不断增强在中亚的军事存在。美军长期驻扎的动向与美国以中亚石油和天然气资源为目标的中亚战略密切相关。

4. 俄罗斯《生意人报》2002 年 1 月 23 日以"美国在中亚代替俄罗斯"为题发表鲍·沃尔洪斯基的文章说：

> 在冷战结束时发表的《大角逐》（*The Great Game*）一书中，彼得·

---

① 《德刊认为美英对阿军事打击根本目的是为确保中亚石油出口》，《参考资料》2001 年 10 月 12 日。

霍普柯克（英国学者——笔者注）按年代顺序描述了从 19 世纪到 20 世纪，英国和俄罗斯为影响和控制中亚并从中获利而进行的争夺战。争夺的焦点是印度次大陆，然而前往那里的通道却经过阿富汗。如今的战利品是石油。而为了获得和运输石油，阿富汗又一次成为争夺的领土。两者之间的区别在于，这一次与俄罗斯玩这场游戏的将是美国。

5. 日本《中央公论》月刊 2002 年 1 月号刊登记者谷口长世的文章认为，美国正在把对阿富汗的反恐战争变成在里海和中亚地区建立美国主导的稳定结构的契机。文章说：

> 从欧美能源政策权威人士处获悉，在美国中央情报局的关照下，优尼科计划兴建经过阿富汗输送土库曼斯坦的天然气管道，并向塔利班投入了 2000 万美元，但是最终却打了水漂。这位权威人士指出，在这次清剿塔利班的行动结束后，如果阿富汗在包括国际维和部队的国际共同体的撑腰下，能够实现稳定，这个管道计划很有可能复活。……如果阿富汗在美国主导下实现稳定，将可以对伊朗形成钳制，并向从中亚到巴基斯坦、印度和中国的战略地区打入一个楔子。

6. 日本共产党机关报《赤旗报》2002 年 1 月 26 日以 "美国力图以反恐为借口常驻中亚" 为题发表记者北条伸矢的报道说：

> 去年底阿富汗临时政府建立后，美国的 "反恐战争" 出现了新局面。但是，部署在苏联中亚各国的美军依然非常活跃。美军官员和有影响的政治家接连访问中亚各国。这与围绕资源的地区战略密切相关。美军事实上希望能够在中亚长期驻军。

7. 德国《德意志报》2002 年 1 月 29 日以 "星条旗在中亚上空飘扬——华盛顿的地缘战略利益" 为题发表文章说：

作为阿富汗战争的副产品，美国借反恐怖之机打破了俄罗斯作为中亚保护国的垄断地位。……美国首次占据了大英帝国曾经在印度、中亚和中东接合部位（指阿富汗——笔者注）占据过的地位。

（七）巩固侵略成果

推翻阿富汗塔利班政权后，小布什踌躇满志。他和他的团队迅速采取以下措施，以巩固侵略战果。

1. 建立军事基地。美国占领阿富汗后，迅速在阿富汗的坎大哈和巴格拉姆（Baghram）兴建了军事基地，同时还在吉尔吉斯斯坦首都比什凯克附近的马纳斯（Manas）和乌兹别克斯坦的哈纳巴德（Hanabad）分别兴建了两个空军基地，担负着向美国驻阿富汗部队空运军事武器和后勤物资的任务。与此同时，它还开辟了巴基斯坦—阿富汗边境陆路运输通道，将75%的给养和军事武器运入阿富汗。美国历史学家亚历克·拉斯扎德（Alec Rasizade）评论说："阿富汗战争后美国迅速在中亚一些国家建立军事基地，使美国军队获得了整个中亚甚至中东的空中优势；美国在中亚扩大和深化它的军事存在，还使它与俄罗斯、中国和伊朗在这场'新的大博弈'中的敌对状态更加激化。"①

2. 支持哈米德·卡尔扎伊出任阿富汗最高行政长官。卡尔扎伊1957年12月24日出生于阿富汗坎大哈普什图族贵族家庭，在苏联入侵阿富汗期间，他是阿富汗游击队成员、抗苏积极分子，也曾在阿富汗末代王国政府中担任过要职。他与布什家族和优尼科公司保持着良好的关系。2001年12月5日，在德国波恩市举行的国际会议上，他被推举为阿富汗临时政府主席。2002年6月中旬，阿富汗大国民议会选举卡尔扎伊为国家元首。6月19日，卡尔扎伊宣誓就职，成为阿富汗总统。

卡尔扎伊上台伊始，美国舆论就铺天盖地揭露他与优尼科的关系，说他在20世纪90年代曾任该公司的顾问，为优尼科争夺"跨阿富汗天然气管道"的铺设权出过力。但优尼科公共关系部经理巴里·莱恩（Barry

---

① Alec Rasizade, "The New 'Great Game' in Central Asia after Afghanistan", www alternatives Journal. net, 2002.

Lane）公开发表声明说："经过仔细调查公司有关档案，卡尔扎伊从未任过顾问，也没当过雇员。"[1] 美国企业包括石油公司都有自己的核心机密，优尼科也不例外。巴里·莱恩此举显然是为了掩人耳目。优尼科非常欣赏卡尔扎伊。路透社 2002 年 2 月 18 日报道说：在任命卡尔扎伊为阿富汗临时政府领导人方面，优尼科公司发挥了关键性作用；小布什政府支持卡尔扎伊主政，是因为卡尔扎伊为优尼科效过力，能为实现美国梦寐以求的"跨阿富汗天然气管道"工程铺平道路。卡尔扎伊与美国中央情报局上层接触密切，与中央情报局局长威廉·凯西以及老布什和巴基斯坦情报机构关系都很好。20 世纪 90 年代，在中央情报局的安排下，卡尔扎伊移居美国。"卡尔扎伊为中央情报局、布什家族及其石油界朋友——优尼科公司的'中亚天然气'谈判的利益服务。……卡尔扎伊与阿富汗裔美国人扎尔梅·哈利勒扎德（Zalmay Khalilzad）合作，为布什的石油团队实现其南亚'大石油计划'（Grand Oil Plane，GOP）积极效力。阿富汗天然气管道是小布什政府在国外的头号工程。……卡尔扎伊在'跨阿富汗天然气管道'谈判中发挥了关键性作用。他与优尼科和布什家族的关系决定了中央情报局支持他领导阿富汗。"[2]

3. 重用阿富汗裔美国人扎尔梅·哈利勒扎德，任命他为美国驻阿富汗大使。1951 年 3 月 22 日，哈利勒扎德出生于阿富汗北部的马扎里·沙里夫（Mazari Sharif），普什图族。20 世纪 70 年代，他获美国芝加哥大学博士学位。毕业后，在美国前总统里根和老布什政府的国务院和国防部任职，参与制定美国重大对外政策。他也是兰德公司及战略和国际问题研究中心（Center for Strategic and International Studies，CSIS）等美国主要智库的部门领导人或顾问。他研究的重点是美国全球战略、美苏关系、美中关系、中东问题、两伊战争和包括他的祖国阿富汗在内的南亚。哈利勒扎德也是能源问题专家。20 世纪 90 年代，美国剑桥能源研究协会（Cambridge Energy Research Association）邀请哈利勒扎德担任顾问，就优尼科兴建

① Wikipedia：Hamid Karzai.

② Grattan Healy，"Karzai Was Adviser to Unocal"，www.indymedia.ie，March 1，2002；Wayne Madsen，"Afghanistan，the Taliban and the Bush Oil Team"，www.democrats.com，January 2002.

"跨阿富汗天然气管道"出谋划策。他还是优尼科与阿富汗塔利班当局之间的"特殊联络人"①。优尼科公共关系部经理巴里·莱恩承认:"美国驻阿富汗大使扎尔梅·哈利勒扎德在 20 世纪 90 年代中期是优尼科的顾问。"2001 年 5 月,小布什任命哈利勒扎德为国家安全事务特别助理,并在国家安全委员会中担任西南亚、近东和北非事务局的首席局长。他与小布什保持着良好关系,可以与小布什直接通电话。

小布什把哈利勒扎德看作帮他霸占阿富汗难得的人才和帮手。2001 年 12 月 31 日,美国推翻塔利班政权 9 天之后,他就任命哈利勒扎德为总统特使进驻阿富汗。2003 年 11 月哈利勒扎德改任为美国驻阿富汗大使,直到 2005 年 6 月。在大使任内,哈利勒扎德监督阿富汗宪法草案的起草工作,组织阿富汗第一次总统选举,促成阿富汗大国民议会召开第一届会议。哈利勒扎德俨然成了阿富汗的太上皇。请看以下英美舆论对他驻阿富汗期间的评价。

英国《石油经济学家》2003 年 2 月 1 日发表文章指出:小布什"任命哈利勒扎德是为了石油,是为美国找石油,为优尼科找石油"②。

《纽约时报》2004 年 4 月 17 日的文章标题是"在阿富汗,美国特使拥有至高无上的权力"。

英国广播公司 2005 年 4 月 6 日说:哈利勒扎德时常被称作"阿富汗的总督或真正的总统"。人们指责他"频繁地使卡尔扎伊相形见绌……阿富汗政府的所有重要决策他都插手"。

可见,阿富汗领导班子中这两位核心人物都与优尼科有着密切关系,都曾担任过优尼科的顾问,都为实现"跨阿富汗天然气管道"计划出谋划策过。阿富汗战争结束后,小布什对阿富汗中央政权做这样的人事安排有很多理由,但为实现美国的"跨阿富汗天然气管道"的梦想铺平道路是不可否认的。

---

① Wikipedia:Zalmay Khalilzad.

② Afghanistan:Progress,Politics and Technology,*Petroleum Economist—The international energy journal*,February 2003. Volume 70/N2,p. 10,http://www. petroleum-economist. com/search? q = Petroleum + Economist%2c + February + 10%2c2003. &range = 1&sort = relevance.

（八）管道工程步履维艰

在哈利勒扎德的催促下，卡尔扎伊上台后的首要任务是为"跨阿富汗天然气管道"谈判成功而忙碌，并取得初步成果。

2002年2月8日，卡尔扎伊作为阿富汗临时总统首访巴基斯坦首都伊斯兰堡，与佩尔韦兹·穆沙拉夫（Pervez Musharraf）总统就恢复"跨阿富汗天然气管道"问题举行会谈。在会后举行的记者招待会上卡尔扎伊说，双方都同意修建这条管道，因为这个工程"意义重大"，它将给两国乃至整个南亚地区带来巨大利益。

2002年5月29—30日，卡尔扎伊与土库曼斯坦和巴基斯坦两国总统在伊斯兰堡举行三国首脑会议，宣布三国同意合作修建"跨阿富汗天然气管道"。会议成立了由三国能源部部长组成的"指导委员会"，监督工程的实施。

2002年7月9—10日，"指导委员会"在土库曼斯坦首都阿什哈巴德召开第一次会议，邀请亚洲开发银行（Asian Development Bank，ABD）作为"跨阿富汗天然气管道"工程的合作伙伴。该银行决定提供资金，并聘请英国彭斯平有限公司（Penspen Ltd.）对管道工程进行可行性研究。

2002年9月16日，"指导委员会"在阿富汗首都喀布尔举行第二次会议，研究并接受亚洲开发银行提出的职权范围和框架协议草案。

2002年10月17—18日，"指导委员会"在土库曼斯坦首都召开第三次会议，初步批准亚洲开发银行提交的框架协议草案，准备提交三国首脑批准。

2002年12月27日，小布什政府军事占领阿富汗后，土库曼斯坦、阿富汗和巴基斯坦三国元首在土库曼斯坦首都举行仪式，签署了"指导委员会"提交的管道框架协议草案。

2003年年初，亚洲开发银行出资137万美元，聘请英国彭斯平有限公司立即进行管道工程的可行性研究，并要求当年8月底提交研究报告。亚洲开发银行预计，管道经费将达32亿美元。该银行预计，这条管道建设计划面临三大阻力：一是资金困难；二是阿富汗政局不稳；三是印巴关系紧张。因此它建议：组织一个新财团来负责管道建设和管理，财团成员包括国际石油公司和天然气公司以及相关国家的能源公司，并由国际石油公司和天然气公司在财团中"发挥主导作用"。①

2003 年 2 月 22 日，"指导委员会"在巴基斯坦首都召开第四次会议，邀请印度参加"跨阿富汗天然气管道"工程。

2003 年 4 月 8—9 日，"指导委员会"在马来西亚首都马尼拉召开第五次会议，研究"跨阿富汗天然气管道"向巴基斯坦和印度供应天然气的市场前景。

2005 年亚洲开发银行向有关各方提交了由英国彭斯平有限公司对"跨阿富汗天然气管道"工程的可行性研究报告。当年土库曼斯坦政府宣布，修建"跨阿富汗天然气管道"的可行性研究已经结束，2006 年正式开工兴建。这项管道工程终于出现生机。美国政府积极支持这项工程。《福布斯》杂志以"美国公司注视跨阿富汗管道"为题发表文章透露，时任美国驻土库曼斯坦大使特蕾西·安·雅各布森（Tracey Ann Jacobsen）就修建阿富汗管道工程与尼亚佐夫总统会谈后宣布了一条重要消息："这项延误多年的'跨阿富汗天然气管道'工程有望于 2006 年开工。……美国公司很可能参与这一工程。……我们始终严肃认真地关注着这个工程，美国公司参与这一工程的可能性非常大。"文章说："自从美国领导的攻击力量推翻了塔利班政权以来，阿富汗管道工程复活了，并且得到美国的有力支持。这项工程将使苏联中亚各国不必依赖俄罗斯管道就能出口它们丰富的能源资源。"签字国都把这条管道称作"丝绸之路在当代的延伸"。②

新的"跨阿富汗天然气管道"工程与 1997 年由优尼科牵头、美国国务院支持的国际财团"中亚天然气管道有限公司"出台的计划如出一辙，只是管道更长了：从土库曼斯坦经阿富汗城市赫拉特和坎大哈、巴基斯坦城市奎达和木尔坦到巴印边界印度一方边界城市法齐尔卡，管道长 1680 公里。工程造价 35 亿美元，主要出资单位是亚洲开发银行。预计投入运营时

---

① Asian Development Bank, "Turkmenistan-Afghanistan-Pakistan Natural Gas Pipeline Project", June 2003.

② "U. S. Companies Eye Trans-Afghan Pipeline", *Forbes*, January 15, 2005.

间为 2019 年。①

2008 年 4 月 24 日，巴基斯坦、印度、阿富汗和土库曼斯坦就购买土库曼斯坦天然气签署框架协议。由于阿富汗南部战乱不止，阿富汗境内的管道开工日期一再延期。因阿富汗内管道计划经过的地区被塔利班控制，直到 2009 年 1 月小布什离开白宫，这条跨国管道的建设计划仍停留在纸面上。

2010 年 12 月 11 日，土—阿—巴—印四国首脑齐聚土库曼斯坦首府阿什哈巴德，正式签署政府间协议。2012 年 4 月，印度和阿富汗因天然气管道经过阿富汗境内的过境费产生分歧，导致协议泡汤。由于阿富汗和巴基斯坦国内动乱不止、资金短缺、利益纷争等因素，"跨阿富汗天然气管道"工程至今看不到曙光。

面临的主要困难如下。

1. 资金问题。管道延长后需要投资 100 亿美元，四国无力承担。财大气粗的美国石油巨头埃克森美孚、谢夫隆和法国石油巨头道达尔（Total）等有意涉足"跨阿富汗天然气管道"工程，但为了防止投资风险获取最大利益，它们要求参股土库曼斯坦天然气田。土库曼斯坦坚持油气资源国有化，不允许任何外国公司在其天然气田持股。于是这些西方巨头对这一工程的兴趣大大减弱。

2. 安全问题。没有一个清晰的机制防止参与国利用这一管道作为政治杠杆解决与邻国，特别是巴基斯坦和印度之间发生的争端。如果它们的关系出现新一轮紧张事态，巴基斯坦有可能切断通往印度的输气管道。

3. 塔利班问题。从土库曼斯坦—阿富汗—巴基斯坦到印度的天然气管道有 700 公里经过塔利班控制的阿富汗赫尔曼德（Helmand）和坎大哈两省。塔利班势力日渐扩大，进一步减弱了西方石油巨头对这一工程的兴趣。阿富汗总统阿什拉夫·加尼（Ashraf Ghani）发出了悲观论调：在最近 5 年管道不可能建成。他的话使人们更加怀疑这条管道的未来。②

---

① Wikipedia, Trans-Afghanistan Pipeline.

② Abdujalil Abdurasulov, "Is Turkmenistan's Gas Line a Pipe Dream?", BBC News, July 16, 2015.

2009 年 1 月 15 日，小布什在白宫发表告别演说，对他发动阿富汗战争、美国军事占领阿富汗沾沾自喜。他说："在我们的帮助下，阿富汗已经由恐怖主义的天堂转变成了一个尚未成熟的民主国家……"① 但是美国学者吉尔·维拉格兰（Gil Villagrán）不这么看。2009 年 3 月 29 日，也就是在小布什离开白宫两个多月后，他以"阿富汗是美国的第二个越南"为题在互联网上发表文章断定，美国难逃深陷第二个越南的命运。文章说，自从美国军队入侵阿富汗以来，"我们已经深陷类似当年在越南的泥潭……难道我们注定要在阿富汗这个被历史学家称作'帝国的坟墓'的国家遭遇美国在越南那样的厄运吗"？② 可见，小布什留给继任总统贝拉克·奥巴马的是在阿富汗深陷泥潭、难以自拔的美国侵略军。这个侵略军的命运将永远是小布什和奥巴马团队成员心中的痛。

（九）卡尔扎伊批美国侵略

在小布什离开白宫一年之后，2010 年 3 月 28 日新总统奥巴马突访阿富汗，对阿富汗日益恶化的安全形势表示不满，当面批评卡尔扎伊领导不力。4 月 1 日，《纽约时报》就奥巴马阿富汗之行发表文章说，卡尔扎伊一直在摆脱他与支持者美国的距离。在会见奥巴马的第二天，卡尔扎伊批评说，以美国为首的驻阿富汗联军已经被看作"阿富汗的侵略者而不是拯救者"。③

2014 年 3 月 15 日，卡尔扎伊于第二届总统任期即将届满前在议会发表最后一次演讲。他抨击美国军事占领阿富汗 12 年并没有给这个国家带来和平。美联社当天发自喀布尔的消息透露："阿富汗总统哈米德·卡尔扎伊说阿富汗战争是'强加'给他的国家的，这应该是指美国 2001 年对阿富汗的入侵。"卡尔扎伊在演讲中说："我想对那些或许出于习惯，或许因为他们想要干涉的所有外国势力说：你们不应该干涉。"他告诉美国，美国军队可以在这年年底撤离阿富汗，因为阿富汗军队已经保卫着全国 93%的领土，它已准备接管全国的保卫工作。消息还透露，卡尔扎伊在讲话中

① "Transcript of President's Farewell Address", www.CBSNews.com, January 15, 2009.

② Gil Villagrán, "Afghanistan is America's Second Vietnam", http://www.indybay.org/newsitems/2009/03/29/.

③ Alissa J. Rubin, "Afghan President Rebukes West and U. N. ", *The New York Times*, Kabul, April 1, 2010.

重申他的一贯立场：除非首先在阿富汗实现和平，否则他拒绝签署阿美《双边安全协议》（Bilateral Security Agreement，AMI）。该协议的主要内容包括美国未来在阿富汗的驻军规模及其享有的司法豁免权等。① 这些问题都涉及阿富汗国家主权。

2014 年 9 月 23 日，卡尔扎伊在总统府向政府工作人员发表告别演说，再次批评美国给阿富汗带来灾难。他说："我们没有和平，因为美国人不希望和平。"他说："阿富汗战争有利于外国人，居住在阿富汗和巴基斯坦的阿富汗人都是这场战争的牺牲品和受害者。"

美国驻阿富汗大使詹姆斯·坎宁安（James Cunningham）对卡尔扎伊的演说做出了"激烈的反应"，公开指责卡尔扎伊"无礼和忘恩负义"。②

六 本·拉丹被击毙

（一）奥巴马摆功

美国追杀本·拉丹的行动始于克林顿政府。小布什执政 8 年，花费巨资企图捉拿本·拉丹，但直到他离开白宫那一天也没有发现本·拉丹的影子。出乎小布什的意料，在他离开白宫约两年半后的 2011 年 5 月 1 日，白宫新主人奥巴马下令一举拿下了本·拉丹。美国五角大楼 5 月 2 日透露，在本·拉丹被击毙后 24 小时，美国将他的尸体装进一个沉重的袋子里，动用"卡尔·文森"号（USS Carl Vinson）航母将其沉入北阿拉伯海。美国潜艇监视本·拉丹尸体沉入海底。

华盛顿时间 5 月 1 日晚 11 点 35 分，奥巴马得意扬扬地在白宫向全国发表电视讲话宣布：

> 今天，在我的指示下，美国对巴基斯坦阿伯塔巴德（Abbotta-bad）的一处目标展开有针对性的行动。一小队有着非凡勇气和能力

① Kathy Gannon and Rahim Faiez, "Karzai Says Afghanistan Doesn't Need US Troops", Associated Press, September 23, 2014.

② "Karzai Says US Has Not Wanted Peace in Afghanistan During Farewellspeech", www. foxnews. com, September 24, 2014.

美国国家安全小组在白宫形势研究室监视海豹突击队
在巴基斯坦捉拿本·拉丹行动的进展情况

的美国人①执行了这一行动。美国人没有遭到伤害。他们小心地避免
伤及平民。经过一阵交火，美国人击毙了乌萨马·本·拉丹，并且掌握
着本·拉丹的尸体……本·拉丹之死，标志着在我们国家的努力下，
打击基地组织取得了迄今为止最重要的成就。②

奥巴马的讲话强调了三点：

1. 击毙本·拉丹的命令是他下达的；

2. 击毙本·拉丹的任务经过精心策划，轻而易举，没有伤及美国人一
根毫毛；

3. 击毙本·拉丹是美国发动反恐战争以来最重要的成就。

本·拉丹被击毙的当晚，奥巴马打电话向小布什报喜。正在美国得克
萨斯州达拉斯与夫人和朋友在餐厅吃蛋奶酥的小布什拿起电话听奥巴马通
报："乌萨马·本·拉丹已经死了。"美国舆论界一直密切关注小布什下台
后的一言一行，它们几乎异口同声地报道小布什对奥巴马的回复只有一句
话："是个好消息。"与奥巴马的通话结束后，小布什当天发表声明称，

---

① 即美国海军海豹突击队第六小队。英文简称 SEALs，是 Sea、Air、Land，即海、空、陆三
个英文单词中首字母的缩写。它是美国海军的特种部队，通用名 Navy SEALs 即海军海豹。Wikipe-
dia：United States Navy SEALs.

② "Full Text of Obama's Speech on bin Laden's Death"，www.CBSNews.com，May 2，2011.

本·拉丹之死是美国人民的重大胜利。[①]

（二）小布什争功

2012 年是美国总统选举年，奥巴马连选连任的决心已定，他决定就本·拉丹之死趁热打铁，争取政治上得分，获取更多选票。5 月 5 日他到纽约市曼哈顿岛，在"9·11"事件中被摧毁的世贸大厦原址举行击毙本·拉丹庆祝大会。事先他邀请小布什参加。小布什心中必是五味杂陈，拒绝了邀请。击毙或活捉本·拉丹本是小布什发动阿富汗战争的主要借口之一，可现在他却高兴不起来。他认为自己虽然在总统任期内没有活捉或击毙本·拉丹，但功不可没，奥巴马只是踩着他的肩膀立了头功。可恨的是奥巴马在电话中只字不提这一点。

其实，小布什对追杀本·拉丹挺卖力气。

据美国"历史上的共享"（history commons）网站发表的"9·11完整年表"透露，"9·11"事件发生后的第 4 天，即 9 月 15 日，小布什认定本·拉丹是"头号嫌疑犯"。他说："如果本·拉丹认为他可以躲起来或从美国和我们的盟友中逃跑，他就大错特错了。"9 月 17 日，他说："我想要的是公正。……通缉：活要见人，死要见尸。"当天，美国司法部法官、中情局、国防部和其他单位专家组成专门委员会，审查以本·拉丹为首的十来名"高价值"（high-value）人士名单，小布什下令只要逮住这些人，格杀勿论，同时宣布悬赏 2500 万美元缉拿本·拉丹。

2003 年年底，即小布什发动伊拉克战争后第 9 个月，包括总统萨达姆·侯赛因在内的绝大部分伊拉克政府高官均被逮捕入狱。此时的小布什对本·拉丹仍逍遥法外耿耿于怀，从伊拉克调动部分美国 121 特遣部队前往阿富汗，配合当地美军继续追剿本·拉丹。

从 2001 年 10 月小布什发动阿富汗战争至 2006 年 9 月的 5 年间，躲藏在阿富汗—巴基斯坦边界崇山峻岭中的本·拉丹，多次成功躲过了美军的追杀。2006 年 9 月 11 日，即"9·11"事件 5 周年之际，小布什向全国发表电视讲话表示，抓不到本·拉丹誓不罢休。据《纽约时报》9 月 12 日发

表的"布什讲话全文",小布什说:"乌萨马·本·拉丹和其他恐怖分子仍在躲藏。我们给他们的信息是明确的:不管需要多长时间,美国一定会找到你们并将你们绳之以法。"

当年 9 月 14 日,新华社驻华盛顿记者李学军以"美国与本·拉丹'猫鼠大战' 布什誓言:活要见人死要见尸"为题发表消息,解释了美军长期抓不到本·拉丹的原因:

> 对于本·拉丹,布什曾发誓"活要见人,死要见尸",美国也出动了大批部队,动用了高科技监听和卫星影像技术,甚至出动无人驾驶飞机,还悬赏 2500 万美元,但迄今未果。5 年来,本·拉丹的藏身之处始终是个谜团。

> 美国的《华盛顿邮报》日前刊登长篇报道,详述了 5 年来美国对本·拉丹的种种搜捕行动。报道说,美国秘密部署的旨在逮捕和杀死本·拉丹的突击队最近两年连一条有价值的线索都没有收到。美国的高科技窃听根本无法获悉有关本·拉丹及其同伙的任何谈话记录,卫星监测也没有发现本·拉丹的藏身之处。

> 最近 3 个月来,布什总统亲自下令,指示情报部门大量增派旨在捕杀本·拉丹的情报人员和设施,美国情报人员还和特种军事行动司令部、国家安全局等部门进行了大量合作。但让美方失望的是,搜捕本·拉丹行动迄今未果,美国历史上规模最大的搜捕行动却交了白卷。

> 美国情报部门认为,本·拉丹可能已经离开阿富汗,前往位于巴基斯坦西北部、距阿富汗边界不到 50 公里的奇特拉尔地区。巴基斯坦情报官员透露说,本·拉丹的保卫圈至少有 3 层,彼此相对独立,用暗号联络。另外,本·拉丹常用"人工信使"传递口头指令,从来不用通信或电子邮件,这也使美国情报部门难以通过技术手段掌握他的行踪。

"9·11完整年表"透露，2006年，美军发动以"炮弹行动"（Operation Cannonball）为代号的军事行动进驻巴基斯坦，发现了本·拉丹信使的家庭住址。虽跟踪良久，但雾里看花，摸不着头脑。情报部门获得的有关本·拉丹行踪的虚假信息，让参与追剿的美军疲惫不堪。2007年下半年仍然不见本·拉丹影子。当年7月13日，联邦国会参议院几乎全票通过议案，把对本·拉丹的悬赏金额提高一倍，达5000万美元。2008年美国大选日益临近，美国情报部门仍然不知本·拉丹藏匿何处。但从蛛丝马迹的情报中，中情局开始怀疑阿伯塔巴德可能是本·拉丹的藏身之地，但不敢肯定。这次大选，奥巴马获胜。2009年1月，小布什离开白宫回老家。在8年执政期间没能实现抓获本·拉丹的誓言，确是小布什心中抹不去的痛。

奥巴马报喜时根本不提小布什政府追杀本·拉丹的功劳，让小布什怒不可遏。

在本·拉丹被击毙后的第10天，即5月11日，小布什终于憋不住了。他在美国著名赌城拉斯维加斯（Las Vegas）举行的对冲基金会经纪人会议（conference of hedge fund managers）上，向1800名听众发表讲话，首次就本·拉丹之死公开发表评论，发泄内心的不平。他说，奥巴马在电话中向他详细介绍了海豹突击队突袭本·拉丹在巴基斯坦住所的"秘密使命"和奥巴马决定实施由他本人制订的击毙本·拉丹计划。布什承认，他当时只对奥巴马说了一句："是个好消息（A good call）。"小布什说，他对本·拉丹之死"并不欣喜若狂"："这家伙死了，这是好事。他的死是反恐战争的重大胜利。他是恐怖主义的头子。我曾在阿富汗接见过海豹突击队第六小队的队员们。他们特棒，懂技术，有才能，很勇敢。我对他们说，我希望你们拥有你们所需要的一切。一名队员对我说：'我们需要您允许我们去巴基斯坦踢那头蠢驴。'"[1] 小布什这番诙谐的话，除了自我吹嘘之外，也是发泄对奥巴马的不满和嫉妒。美国舆论注意到，正是小布什为奥巴马打下反恐战争的基础，追捕本·拉丹的情报和工具也是小布什提供的，可是，奥巴马在电话中竟然只字不提这些重要事实，小布什自然愤愤不平。

---

[1] Devin Dwyer, "George W. Bush Gives First Public Reaction to Osama bin Laden Death", ABC, May 13, 2011.

他无法咽下这口气！他认为自己功不可没。回想起他追捕本·拉丹8年的艰苦经历，花钱无数，人死不少，就是抓不到本·拉丹；再回想起曾为此受到美国舆论界和政界嘲笑的岁月，心里更不是滋味，因此他要公开向奥巴马表明，你奥巴马只不过是踩着我的肩膀，在追捕、击毙本·拉丹上赢得了头功。

自20世纪90年代以来，美国政府把昔日朋友本·拉丹视为自己的头号敌人，而本·拉丹则把美国看作他的头号敌人。他坚决反对美国在自己祖国驻军，耀武扬威，反对美国支持以色列。在阿拉伯世界许多人眼里，这位沙特建筑师是个反美英雄，可悲的是，本·拉丹缺乏战略和策略意识，在反美的道路上走向了极端，终于惨死在美国的枪口下。

美国有线电视新闻网在"9·11"事件发生后第五天，即9月16日，以"本·拉丹说他不是袭击的幕后主使"为题发表的一条消息很耐人寻味。主要内容如下：

美国认为上周恐怖袭击纽约和华盛顿的头号嫌疑犯、伊斯兰激进领导人乌萨马·本·拉丹周日否认他在这次被认为已经杀死了数千人的袭击中有任何作用。

"9·11"事件爆发后，本·拉丹通过总部在卡塔尔的半岛电视台阿拉伯语卫星频道发表声明，否认自己与这一事件有关。声明说："美国政府每次遭到它的敌人攻击时一直指责我背后主使。我向世界保证，我没有谋划最近的袭击。这次袭击看来是有人出于个人原因谋划的。"

声明说："我一直生活在阿富汗伊斯兰酋长国并遵循其领导人的规定。现任领导人不允许我进行这样的行动。"

当天问他（指小布什——笔者注）是否相信本·拉丹的声明，布什总统说："毫无疑问他是头号嫌疑犯，这毋庸置疑。"

消息还说：

　　在世界贸易中心的标志性双塔被摧毁和五角大楼被严重破坏后，执政的阿富汗塔利班官员们马上说，他们怀疑本·拉丹参与实施这一行动的可能性。塔利班——1996 年在阿富汗夺得政权的原教旨主义伊斯兰民兵组织——否认本·拉丹与恐怖主义有联系，并说他们切断了本·拉丹与外部世界的全部通信手段。①

　　本·拉丹死了，但美国至今拿不出确凿证据，证明本·拉丹是策划"9·11"事件的头号嫌疑犯。这难道不可以用中国一句成语"欲加之罪，何患无辞"为这起国际大冤案定性吗？

　　（三）醉翁之意不在酒

　　小布什政府反本·拉丹的目的仅仅是反恐吗？是否还有更深层次的原因呢？对此美国波士顿大学历史学与国际关系学院教授安德鲁·巴切维奇（Andrew J. Bacevich）给予了比较全面的解释。他在 2011 年 5 月 2 日的《基督教科学箴言报》上以"本·拉丹已去，但是美国在中东的战争将持续下去"为题发表文章指出，小布什政府发动反恐战争的目的，不在本·拉丹而在石油，是为了实现包括阿富汗在内的"大中东"计划。②

　　文章说：无论本·拉丹的死使美国人在感情上获得了多大的满足，它都不大可能产生任何决定性的结果。它并不标志着一个历史的转折点。这场通常被称作"反恐战争"，并且被公认始于 2001 年 9 月 11 日的冲突不会以本·拉丹的死而结束——很大程度上这是因为这场战争的重点事实上并不是恐怖主义，战争的第一枪远在"9·11"事件发生前就已经打响。

---

　　①　"Bin Laden Says He Wasn't Behind Attacks"，CNN，September 17，2001，www.cnn.com/2001/US/09.

　　②　"大中东"（The Greater Middle East）也称"新中东"（The New Middle East）和"大中东计划"（The Greater Middle East Project）。2002 年 6 月 24 日小布什首先宣布"大中东计划"，也就是他的政府的新中东计划。计划所包括的成员除了 22 个阿拉伯国家和巴勒斯坦外还有以色列、土耳其、伊朗、阿富汗和巴基斯坦，它们大都属于伊斯兰国家。计划的范围有时还包括南高加索和中亚的苏联加盟共和国的亚美尼亚、阿塞拜疆、格鲁吉亚、哈萨克斯坦、吉尔吉斯斯坦、塔吉克斯坦、土库曼斯坦和乌兹别克斯坦。"大中东计划"的目的是按照美国的意图改造伊斯兰国家，要求它们进行政治、经济、社会和文化改革。

我们陷入了一场决定大中东地区，尤其是盛产石油的波斯湾地区的命运的竞争。这场战争早在第一次世界大战期间就已开始。当时，英法两国肢解了奥斯曼帝国，并用一个服务于伦敦和巴黎需求的"新中东"取而代之。在第二次世界大战期间，富兰克林·罗斯福承诺美国将确保沙特王室的安全和财富，这使得美国成为致力于建立"新中东"的力量之一。沙特王室拥有极为丰富的石油资源，但在开采方面需要帮助。

到20世纪60年代，随着欧洲力量的削弱，美国成了中东地区稳定的主要西方担保国。也是在60年代，由于美国国内石油储量再也无法满足美国对廉价能源的需求……因此，获得巨大的中东石油财富成为绝对的当务之急。

我们是从1980年开始参与今天的这场战争的——坦率地说，我们不得不把它称作"确保美国生活方式的战争"。随着伊朗国王的倒台和苏联对阿富汗的入侵，美国中东政策的全面军事化开始了。吉米·卡特所倡导的"卡特主义"宣称，美国承诺利用一切必要手段——无论是外交辞令还是威胁使用武力——来防止任何敌对力量控制海湾地区。随后，美国的军事干涉主义倾向不断升级，对此，罗纳德·里根、乔治·H. 布什和比尔·克林顿先后发挥了一定作用。我们不仅阻止其他国家主宰海湾地区，还寻求由我们自己来主宰这一地区。

美国军事驻扎和军事活动的升级引发了敌对反应。一些人希望将西方势力永远赶出穆斯林土地并给大中东地区留下自身的印迹。在这些人中，"基地"组织冲在了最前线。在20世纪90年代，从世界贸易中心遭受的首次爆炸（指1993年2月26日世界贸易中心发生大爆炸，死6人，伤1000多人——笔者注）算起，早期的冲突开始出现。一直到"9·11"事件发生后，美国人才发现，本·拉丹及其追随者为达到目的会无所不用其极。

起决定作用的是，乔治·W. 布什总统选择参与本·拉丹的这场游戏。为了回应"9·11"事件，他进一步加强了美国为建立大中东地区秩序所付出的努力，并且坚信美国拥有必要的军事力量来实现这一目标。"准战争状态"消失了，取而代之的是全面战争。没有一座要塞置身事外。间歇性的敌对行为消失了，取而代之的是无休止的战事。

美国人几乎没有从阿富汗和伊拉克汲取教训，这一结果让人大失所望。这两场战争的开销也十分惊人。然而，美国人没有从痛苦和失望中汲取明显的教训。……尽管奥巴马总统确实可以将本·拉丹的死称作一场重大胜利，但只要最初引发战争的核心问题尚未得到解决，本·拉丹的死就不具有决定意义。

只要美国的生活方式——美国自由本身是被扭曲的——依然依赖对大量外国石油的获取，那么美国就将继续致力于主宰大中东地区的命运。因此，那些反对西方建立一个服务于西方目的的新中东的伊斯兰极端主义者也将继续战斗下去。本·拉丹的死将不会产生任何决定性影响。①

巴切维奇教授的上述文章虽然对美国的中东政策缺乏更深刻的剖析，但他提出的几个重要论点是正确的，归纳如下。

1. 美国控制中东的政策从第一次世界大战期间开始。从那时以来的美国历届政府都奉行"大中东"或"新中东"政策。

2. 美国"大中东"政策的终极目的，是摄取中东特别是海湾地区丰富的石油资源。

3. 小布什政府发动的阿富汗战争和伊拉克战争，都是美国大中东政策的组成部分，这两场战争对美国推行这一政策具有决定性意义。

4. 小布什政府发动的"反恐战争"，只不过是一件漂亮的外衣，它的重点不在本·拉丹而在石油。本·拉丹之死对美国继续执行"大中东"政策没有决定性意义。

---

① Andrew Bacevich, "Osama bin Laden Is Gone, But US War in the Middle East is Here to Stay, Christian Science Monitor", Yahoo News, May 2, 2011;《美"反恐战争"重点不在拉丹在石油》,《参考消息》2011 年 5 月 6 日第 10 版。

七　阿富汗战争引发的思考

小布什政府是以"9·11"事件为借口发动阿富汗战争的。毫无疑问，"9·11"事件是个悲剧，它夺去了许许多多无辜平民宝贵的生命，给美国人民的心灵带来永久的创伤。溯本求源，让我们试着探究一下产生这一事件的根本原因是什么。

为什么参与"9·11"事件的 19 名劫机者都来自中东而不是世界其他地区？要找到正确答案，必须涉及被美国杀害的本·拉丹其人其事。前面介绍说过，本·拉丹出身沙特名门，高等学历，大学毕业后本可在沙特享受富贵，但他亲身经历了 20 世纪以来，特别是第二次世界大战结束以后一系列历史事件：美国在中东一贯推行帝国主义霸权政治，长期支持以色列反对巴勒斯坦，廉价掠夺中东特别是沙特石油并在沙特长期驻军；伊拉克经受美国坚持实行的漫长的全面经济制裁和石油禁运等，所有这些都引起中东人民的强烈不满和愤怒，也使本·拉丹对美国的中东政策恨之入骨，不把美国赶出中东不罢休。"9·11"事件是美国在中东推行霸权政治的必然结果。

可以说，本·拉丹是个民族主义者，是阿拉伯青年中的激进分子。他的反美思想和行为在一定程度上反映了中东人民的愿望，得到了他们的同情和支持。小布什政府借"9·11"事件悬赏 2500 万美元，把本·拉丹作为美国头号敌人并出动海豹突击队加以通缉，不足为奇。

"9·11"事件发生后，德国《经济周刊》网络版 2001 年 10 月 4 日发表文章说：

　　本·拉丹本人和其许多同伙都来自沙特阿拉伯。沙特的石油财富日益减少，人口迅速增加，国民富裕程度大大降低，这导致了不满情绪。但是，不只是沙特的穷人具有革命激情。正如施泰因巴赫（德国近东问题专家——笔者注）所看到的，许多通过石油生意或者在西方投资而富裕起来的沙特人，一方面同西方做生意，另一方面在经济上支持主张为伊斯兰而斗争的人，其中部分人自然也就成了搞暴力活动的人。①

（一）"9·11" 事件引起纷争

1. 神秘的 "28 页"

鉴于 "9·11" 事件 19 名劫机者中有 15 名是沙特阿拉伯公民，美国政界不少人怀疑 "9·11" 事件为沙特政府在背后指使。

2002 年 11 月 27 日，经小布什批准，美国国会参众两院牵头成立 "美国恐怖袭击全国委员会"（The National Commission on Terrorist Attacks Upon the United States）探究 "9·11" 事件的起因。委员会 10 个成员分别来自联邦调查局、司法部、中情局和国会参众两院等，成员中民主、共和两党各占一半。小布什任命新泽西州州长、共和党人托马斯·基恩（Thomas Kean）为委员会主席。时任参议院情报委员会主席、民主党人鲍勃·格雷厄姆（Bob Graham）担任副主席。

2003 年 7 月 24 日，国会以 "9·11" 联合调查组的名义公布了调查报告。其中写到："至今仍属保密的部分是对沙特的调查，即沙特官员和富商是否向慈善机构或其他实体提供资金，后来这些资金被用来发动袭击，帮助在美国的一些劫机者。"② 这个报告似乎是一个试探气球，看各方尤其是沙特有何反应。2004 年 7 月 22 日 "美国恐怖袭击全国委员会"公布了 "9·11 委员会报告"，唯独不见 "28 页"（the 28 pages）。这是有关沙特与 "9·11" 事件调查的一个章节，被称作美国 "敏感的国家机密文件"。2003 年小布什以保守国家机密和维护两国关系为由下令封存 "28 页"，这 "28 页" 一直被保存在联邦国会地下室。

"28 页" 的主要作者是联邦调查局、司法部、中情局和国会参众两院成员。

对 "28 页" 的保密制度非常严格，就连美国国会议员也必须在经过批

---

① 《德刊认为美英对阿军事打击根本目的是为确保中亚石油出口》，《参考资料》2001 年 10 月 12 日。

② Josh Meyer, "Saudis to Seek Release of Classified Parts of 9/11", *Los Angeles Times*, July 29, 2003.

准和严格监视下才能阅读"28页"。少数阅读过"28页"的人都对沙特官方涉及"9·11"事件之深感到十分震惊。

联邦国会和白宫围绕是否应该公布"28页"进行了长达14年的争斗。格雷厄姆是这场斗争的急先锋。他坚持认为沙特政府是"9·11"事件的幕后推手，小布什是沙特政府的坚定维护者。

2. 小布什拒绝公布"28页"

调查报告公布后，沙特政府坚决否认与"9·11"事件有任何关系。时任沙特驻美大使班达尔（Bandar bin Sultan Al Saud）发表声明强调："被抹黑的'28页'是被一些人用来诽谤我们的国家和人民。沙特没有什么可隐瞒的。我们可以在公开场合处理问题，但我们不能回应空白页。"

格雷厄姆认为班达尔的上述讲话说明，"他已经加入了要求揭秘'28页'的行列"。

2003年7月28日格雷厄姆引用班达尔的话致信小布什，要求公布"28页"。信中说，这样做不仅有利于沙特政府解决审查中遇到的问题，也有助于美国人民对反恐战争中"谁是我们的真正朋友和同盟做出判断"。[①]

2003年7月29日，沙特外交大臣费萨尔亲王（Saud al-Faisal）携带布什好友、时任沙特王储阿卜杜拉给小布什的亲笔信从利雅得飞抵华盛顿，30日参加"白宫紧急安排的会谈"。王储在信中要求小布什下令公布"28页"。

会谈后费萨尔对媒体说，他与布什会谈40分钟，与赖斯会谈约30分钟，布什对"不公布报告中的'机密部分'提出了有力的理由"。这个问题不仅关系到沙特，还有"其他因素"布什担心暴露。

小布什断然拒绝了沙特政府公布"28页"以还沙特清白的要求，说公布这部分文件会损害美国情报工作。沙特外交大臣费萨尔说，他对小布什这一解释感到失望，但理解了。稍早前小布什在接见以色列总理阿里埃勒·沙龙（Ariel Sharon）时说："揭秘900页文件中的'28页'会暴露材料的来源

---

① Lauren Johnston, "Bush Won't Reveal Saudi 9/11 Information", CBS/AP, July 30, 2003; "Graham Calls on Bush to Permit Declassifying More of 9/11 Report—Do Deletions Protect Saudis?" www.cnn.com, July 28, 2003.

和使用手段，这会使我们赢得反恐战变得更加艰巨。如果敌人知道我们的材料来源和手段，那将帮助敌人。"①

　　小布什有难言之隐。在美国历史中没有任何一位总统像布什父子那样与沙特王室走得如此亲近。班达尔亲王于 1983—2005 年担任沙特驻美大使，长达 22 年，其中大部分时间与坐镇白宫的布什父子打交道，成了布什家族的至交。美国舆论说班达尔与布什家族的亲密程度胜似"家庭成员"。布什家族与本·拉丹家族的经济关系更不一般。布什父子从政前以石油起家就得到拉丹家族的资助。这两个家族的主要联系渠道是凯雷投资集团。在前面"布什家族与拉丹家族"一节中说过，老布什和他主政时的国务卿、国防部部长、白宫预算局局长等主要官员都是凯雷投资集团顾问班子的骨干。这家被称作"前总统俱乐部"的跨国投资集团实际上就是"投资银行的精品银行"。拉丹家族是股东之一。"9·11"事件爆发那天，沙菲克·本·拉丹以"贵宾身份"代表拉丹家族应邀参加凯雷投资集团股东大会。与会者还有老布什和贝克。据《华尔街日报》透露，老布什是凯雷投资集团的代言人，他代表该集团发表演说。凯雷投资集团在沙特的合作伙伴是"沙特本·拉丹集团"。1998 年 11 月和 2000 年 1 月，老布什曾两次会见拉丹家族成员。1998 年和 1999 年，贝克甚至两次亲自前往沙特拜访拉丹家族，第二次乘坐的是他的私人飞机。2000 年，美国前总统吉米·卡特为"亚特兰大卡特中心"（Carter Center in Atlanta）进行筹款之旅。卡特接见了拉丹家族在美国的 10 名成员。当年 9 月，卡特夫妇在纽约宴请"本·拉丹集团"董事长贝克尔·本·拉丹（Bakr bin Laden）。后者当场向卡特中心捐款 20 万美元。② 20 世纪 80 年代末，美国最大银行——花旗银行（Citicorp）因经营不善，资不抵债，陷入困境。在以老布什为首的凯雷投资集团高级顾问们的建议下，1991 年 2 月，沙特王室的瓦利德王子（Prince al-Waleed bin Ta-lal）出资 5 亿美元收购了花旗银行，成为这家银行的最大股东。美国媒体

---

　　① Lauren Johnston, "Bush Won't Reveal Saudi 9/11 Information", CBS/AP, July 30, 2003.

　　② Wikipedia：The Carlyle Group; Wall Street Journal Staff Reporters Daniel Golden and James Ban-dler in Boston, and Marcus Walker in Hamburg, Germany, "bin Laden Family Is Tied To U. S. Group", *The Wall Street Journal*, Page A3, September 27, 2001.

认为"瓦利德王子此举是迄今为止凯雷投资集团弄到手的最大收获"。促成这笔交易的关键人物是位于华盛顿的霍根—哈森律师事务所（Washington law firm of Hogan & Hartson）律师阿方索·克里斯琴（Alphonso Christian），他是瓦利德王子的老朋友，也是该王子在美国的代理人。① 2001年11月28日，英国广播公司援引《纽约时报》著名记者格雷格·帕拉斯特（Greg Palast）的话说，美国希望保持与亲美的沙特王室的关系以便"控制全球最大的石油龙头"，因此，"只要美国是安全的，美国甚至不惜代价，会对任何恐怖主义视而不见。近年来，中情局特工人员不揭露沙特支持的嫌疑人还有其他原因"。帕拉斯特说："布什家族担心揭露'9·11'真相将给它带来政治压力。小布什是凯雷投资集团旗下一个子公司的领薪董事。这个私人子公司鲜为人知，但它在成立短短几年就发展成为美国最大的国防承包商。他的父亲老布什也是凯雷投资集团领报酬的顾问。令人尴尬的是，'9·11'之后，拉丹家族出售了在凯雷的股份。"②

小布什拒绝揭秘"28页"的决心已定。在会见费萨尔前两小时，他就在白宫玫瑰园向媒体放风：他对断然拒绝公布"28页""毫不犹豫，因为'9·11'袭击调查正在进行中，我们不愿向这个调查做出让步"。③

费萨尔与小布什会谈后向媒体发表声明说：

这个调查报告暗示沙特阿拉伯已被起诉。任何有正义感的人都会对此感到愤怒。这28个空白页有大量证据证明一个国家有罪。六十多年来这个国家一直是美国的真正朋友和伙伴。……

沙特阿拉伯王国一直被错误地、病态地指控为2001年9月11日悲惨恐怖袭击的共谋。这种指控是基于错误的猜测和拙劣的伪装。布什总统和负责任的政府官员发表的公开声明，尤其是那些获得事实真相并称赞沙特阿拉伯是反恐战争中的积极和强有力的同盟者的人，都

① Kenneth N. Gilpin, "Little-Known Carlyle Scores Big", www.nytimes.com, March 26, 1991.
② Transcript of BBC Expose on Bush, "bin Laden and the Carlyle Group", Transcribed by Mario, November 28, 2001.
③ Mike Allen, "Bush Won't Release Classified 9/11 Report"; "Saudi Foreign Minister Calls Accusations an 'Outrage'", *The Washington Post*, July 30, 2003.

反驳了这一指控。……

我们没有什么可隐瞒的。我们不追求也不需要保护。我们相信公布被漏掉的 28 页能使我们以清晰而可靠的方式应对任何指控，消除对王国在反对恐怖主义中的作用及其对反恐的承诺的任何怀疑。……

我把阿卜杜拉王储阁下的这些观点都转达给布什总统。总统表示他理解王储的立场，并再次感谢我们在反恐战争中的作用。总统表明，当前公布失去的 28 页会危及和破坏正在进行的调查；任何相信这位总统隐瞒在 "9·11" 事件中有罪的人，他不是闭目塞听，就是别有用心。①

3. 格雷厄姆的呼声

格雷厄姆是政坛老手。在联邦国会参议院 18 年期间，10 年任参议院情报委员会主席。1936 年 11 月 9 日他出生于佛罗里达州，是政治家和作家，民主党人。1979 年到 1987 年，任佛罗里达州州长，1987 年到 2005 年当选联邦国会参议员。2003 年 10 月 6 日因病退出角逐 2004 年民主党总统候选人提名。2005 年从参议院退休。美国媒体说："他广受华盛顿特区内外两党各派的尊敬。"②

格雷厄姆 2004 年撰写了《情报很重要》（*Intelligence Matters*），但这本书 "遭到情报界当局删减，关于沙特在 '9·11' 中的角色部分都被删除"。③

2011 年 7 月 30 日，格雷厄姆接受美国大全新闻网电视台（Newsmax. TV）独家采访谈 "28 页"。他说："非常有力的证据证明，2000 年 1 月 19 个劫机者首批中的两人进入美国以后，沙特向他们提供了重要支持。……目前还不清楚沙特阿拉伯的动机是什么。"

格雷厄姆担任过州长的佛罗里达州是劫持者落脚地之一。这位情报专家对沙特官员参与 "9·11" 事件深信不疑。

---

① Statement by HRH Prince Saud Al-Faisal, the Saudi Foreign Minister, Source Royal Embassy of Saudi Arabia, Information Office, July 29, 2003.

② Matthew Belvedere and Ashley Martella, Bob Graham Explores Saudi 9/11 Role in New Book, July 30, 2011. Newsmax. com.

③ Ibid.

2014年7月格雷厄姆接受加拿大《全球研究》（*Global Research*）采访时说，"我曾亲自与国会调查委员会另两位副主席和一位杰出的众议员、后来任中情局局长的波特·戈斯（Porter Goss）交谈过。我问他们：'你们认为没有任何外部支持，这19个人的前景会怎样？他们有能力制订计划、进行练习和实施'9·11'这一复杂的阴谋吗？这3个人几乎异口同声地回答：'难以置信'。的确难以置信，但这本来就是事情的真相。"他说："事实上，很明显，'9·11'是国家资助的恐怖行为。"①

格雷厄姆对小布什和切尼等都不给予积极合作尤其感到愤怒。格雷厄姆回忆说，他曾致信白宫，抗议联邦调查局拒绝对一沙特嫌疑人的调查。他揭露说，小布什政府以各种可能的方式阻挠调查，"国会'9·11'联合调查组和'美国恐怖袭击全国委员会'都经历过政府'看守人'威胁证人、阻碍调查的遭遇"。格雷厄姆还说，他多年来游说奥巴马公布"28页"，但遭到拒绝，奥巴马政府采取了拖延态度。②

2015年3月21日，格雷厄姆以"关于9·11，我们被骗了"（We Were Lied To About 9/11）为题发表文章说："最近'28页'成为人们关注的中心。它已经戏剧性地、实实在在地被封锁了约13年之久。这是一个特别过分的行为。这'28页'绝不是事实的全部，沙特阿拉伯的行为被美国官员掩盖了。"格雷厄姆批评小布什封存"28页"是为了保护沙特。他说："不让美国人民和世界了解'9·11'前后沙特的所作所为，大大削弱了美国国家安全。……最近人们一直在关注'28页'。这'28页'是戏剧性的、实实在在地被扣了13年。这是特别令人震惊的行为。然而这'28页'绝不是美国官员掩盖的沙特阿拉伯行为的全部。……毫无疑问，布什政府为沙特掩盖。"③

2016年4月28日格雷厄姆接受媒体采访时说："'28页'所以重要是因为它是国会'9·11'调查委员会对这一阴谋做出的结论，即它是怎样

---

① "Secret 911 Documents 'Implausible' That the 9/11 Hijackers Acted Without Government Backing", *Global Research*, July 17, 2014.

② Ibid.

③ Bob Graham, March 21, "There's No Question That the Bush Administration Covered Up for the Saudis", www.democraticunderground.com, May 21, 2015.

获得经济援助的、是谁给支付的？虽然我不能讨论这一章的细节，但它剑指沙特阿拉伯。我们知道的公开情况是，住在圣地亚哥的沙特政府特工至少支持两名劫机者。他们匿名向劫机者提供金融支持、供给住所、上飞行课，其中 1 名劫机者被保护了一年多。"①

2016 年 6 月 19 日，格雷厄姆在哥伦比亚电视台"60 分钟"节目中说："我认为令人费解的是，19 个人中的多数不会说英文，以前也未到过美国，许多人没有受过高等教育，如果没有美国国内的支持，他们怎么可能执行如此复杂的任务。主持人问：'你认为 28 页至关重要吗？'格雷厄姆回答：'我认为 28 页是关键部分。'"②

4. 奥巴马决意公布"28 页"

2009 年奥巴马取代小布什进入白宫后承诺公开这"28 页"，以便给受难者家属一个交代。"9·11"事件受害者家属强烈要求奥巴马公布"28 页"，要他敦促沙特政府道歉、赔偿，否则就起诉。时任美国副总统的约瑟夫·拜登（Joseph Biden）、国务卿希拉里·克林顿（Hillary Clinton）也纷纷要求奥巴马下令公布"28 页"。

2016 年年初美国总统选战开张后，奥巴马表示他要公开"28 页"。与此同时，国会参众两院准备出台"反支持恐怖主义者"法案（Justice Against Sponsors of Terrorism Act），允许"9·11"受害者家属起诉沙特政府。这一行动激怒了沙特政府。当年 3 月，沙特外交大臣阿德尔·朱拜尔（Adel al-Jubeir）威胁奥巴马和美国国会议员：如果他们决定公布"28 页"和通过"反支持恐怖主义者"法案，沙特有可能在美国法庭冻结前抛售它在美国的 7500 亿美元美国国库券和其他资产。沙特这一招震惊了美国政界。当年 4 月 20 日，奥巴马紧急前往沙特，试图弥合两国分歧，但遭到沙特冷遇。

"28 页"把"9·11"事件的主要责任归咎于沙特阿拉伯政府。但沙

---

① Ourldes Garcia-Navarro, Host, 28 Pages In Sept. 11, "Report Should Be Declassified, Ex-Sen. Graham Says, Heard on Morning Edition", April 28, 2006. www. npr. org/2016/04/28.

② Steve Kroft, Former Sen, "Bob Graham and Others Urge the Obama Administration to Declassify Redacted Pages of a Report That Holds 9/11 Secrets", CBS 60Minites, June 19, 2016.

特政府坚决否认与"9·11"事件有关。2016年5月17日和9月9日，国会参众两院先后通过"反支持恐怖主义者"法案，奥巴马以该法案损害国家利益为由予以否决，但9月28日他的否决被国会参众两院多数票推翻。美沙两国关系陡然紧张起来。长达71年的美沙战略伙伴关系出现了裂痕，但没有破裂，这是因为双方互有需要，美国更离不开沙特。稳定的石油供应、巩固的美元霸主地位以及美国在沙特的军事基地等所有这些都使美国得罪不起它这个中东最重要的盟友。这是美国民主、共和两党的共识。另外，小布什家族和沙特家族之间的长期友谊也不能遭到破坏。

5. 被篡改的"28页"

迫于强大的舆论压力和总统竞选的需要，2016年7月奥巴马下令揭秘"28页"，7月15日在国会地下室保存了14年的"28页"终于得见天日。但调查报告中标题为"与沙特有关的问题"一章被黑墨覆盖。可见这个"28页"是改头换面、面目全非的"28页"，是为讨好沙特政府而重新修改的假"28页"。凡是阅读过被改写的"28页"的人们都对其内容感到惊讶。联邦国会众议员沃尔特·琼斯（Walter Jones）说："这'28页'与美国国家安全毫不相干，它谈论的是在我们生存的国际关系中我们可以信任谁和不可以信任谁。"①

被篡改的"28页"从调查报告的第415页（标题为第四部分"PART FOUR"）开篇到443页结束，共28页。其中有85处用虚线屏蔽。

"第四部分"有9处用黑体强调调查的内容和对象：

（1）发现、讨论和叙述关于某些敏感的国家安全问题。

（2）沙特阿拉伯政府与恐怖分子和恐怖组织的联系。

（3）在美国的沙特政府官员与9月11日劫机者之间的联系。

（4）奥马尔·巴尤米（Omar Bayoumi）和乌萨马·巴斯南（Osama Basinan）。

（5）阿布·祖贝达（Abu Zubaida）一些电话号码与在美国的一家公司和在华盛顿的沙特外交官相连接。

---

① "Bush Family Secrets, 28 Pages on 9/11", October 2, 2016, www.billszone.com/fanz.

（6）在美国的沙特政府其他官员也可能与"9·11"劫机者有接触。

（7）在美国的沙特政府官员与其他可能的恐怖活动的关系。

（8）沙特在反恐调查方面缺乏合作。

（9）美国情报机构对恐怖主义与沙特政府官员之间关系的调查现状。

篡改过的"28页"强调其中的资料都来自联邦调查局和中央情报局。"然而，联邦调查局和中央情报局对沙特政府和恐怖分子之间关系的了解仍然有限。"①

《今日美国报》2016年7月15日发表的题为"揭秘的9·11页面显示与前沙特大使有关"的文章说，长期担任沙特阿拉伯驻美国大使的班达尔亲王与"9·11"的合伙人有多种联系。

新发布的揭秘文件的细节很诱人，但都未经证实；关于沙特与"9·11"一些劫机者的关系都成了小道消息。

"28页"显示，常住美国的沙特人和住在圣地亚哥的两名劫机者可能有沙特王室的资金渠道。（有人）以高度激进的伊斯兰情绪大力支持加利福尼亚州的清真寺。

实际上最新公布的"28页"不是"9·11"调查委员会重新写的。相反，其中部分材料都经过评审小组审查过。

"9·11"调查委员会的报告最后得出结论：沙特高级官员没有故意支持恐怖分子密谋袭击美国。委员会没有发现沙特政府作为一个机构或沙特高级官员单独资助过基地组织。

报告的确批评沙特政府允许向世界各地的学校和清真寺提供资金，为激进的伊斯兰教煽风点火，传播极端意识形态。报告还指出，一些沙特富豪向与恐怖组织有联系的慈善机构捐款。

报告确认沙特人乌萨马·巴斯南是住在加利福尼亚州圣地亚哥市两名劫机者的资金捐款人。他从班达尔处收到了资金。他的妻子也从班达尔妻子那里获得资金。

---

① "The Declassified 28 Pages"，https：//28pages.org/.

巴斯南至少一次直接从班达尔王子的账户中收到一张支票。据联邦调查局调查，1998 年 5 月 14 日巴斯南从班达尔的支票中兑现了一万五千美元。巴斯南的妻子也至少收到班达尔直接给予的一张支票。

巴斯南与另一沙特人向两名劫机者"提供了大量援助"。①

修改过的"28 页"公布当天，沙特驻美大使阿卜杜拉（Abdullah Al-Saud）发表声明，欢迎美国公布"28 页"。声明说，美国国会、中央情报局和联邦调查局等一些政府部门对"28 页"有关"9·11"事件的内容进行调查后认为："不论是沙特政府还是沙特高级官员或任何个人都没有以沙特政府的名义对这次袭击提供任何支持和鼓励。……我们希望这些页面的公布对沙特的行为、意图或与美国的长期友谊方面能一劳永逸地澄清任何悬而未决的怀疑或疑问。"② 这位大使所说"悬而未决的疑问或怀疑"显然暗指美国对沙特参与"9·11"事件的怀疑依然存在。

美国官方承认这"28 页"并非原文，而是被篡改过的"28 页"。时任中央情报局局长约翰·布伦南（John Brennan）在篡改过的"28 页"公布前 1 个月公开承认，即将揭秘的"28 页"有关"9·11"事件部分"将明确沙特的责任"。③"美国恐怖袭击全国委员会"一位不愿透露姓名的委员说："委员会专家小组成员暗中强烈抗议最终的报告对沙特材料的处理方式。他们说，报告低估或忽视沙特官员，尤其是较低级别政府官员属于基地组织支持网络的一部分的证据。劫机者到美国后就由这个网络负责帮助他们。"

海军部前部长、共和党人约翰·莱曼是委员会中公开反对篡改"28 页"的第一人。他在接受采访时表示，委员会可能因在最后的报告中没有清楚说明沙特政府官员与"9·11"事件的关系而犯错误。他说："我们的

---

① Erin Kelly and Ray Locker, Declassified 9/11 Pages Show Ties to Former Saudi Ambassador, USA Today, July 15, 2016.

② Tyler Durden, Saudi Government Implicated: Feds Release the Mysterious "28 Pages" Missing From 9/11 Report, July 15, 2016.

③ （CIA chief）John Brennan, "Secret US Report on 9/11 'Will Absolve Saudi'", BBC, June 12, 2016.

报告不应当永远被解读是在为沙特阿拉伯免罪。"①

14年后，格雷厄姆对篡改"28页"的行为依然愤愤不平，说："我仍然对这个报告中被删掉的资料量而深感不安。"②

美国专栏女作家弗罗马·哈罗普（Froma Harrop）就国会公布修改后的"28页"发表文章说："以前被保密的2001年'9·11'袭击调查报告中的'28页'已不再是个谜。国会在14年后公布这'28页'本应结束对一位沙特官员在这场恐怖事件中所起作用的怀疑。但它没有消除怀疑。人们永远不会停止发问：近3000人怎样在几小时内就在美国土地上被杀害。揭秘的'28页'可能澄清一些怀疑，但其他怀疑犹存。这些怀疑不会消失。"③

"9·11"是美国人民特别是近3000名无辜牺牲者家属内心永远抹不去的痛，是美国政界争论不休却无法解决的政治难题，也是埋在美国与沙特阿拉伯表面看似友好关系中的一颗定时炸弹。

（二）美国胃口大

美国对阿富汗的地下宝藏觊觎已久，试图独占。阿富汗是个鸦片生产大国，世人皆知；但这个国家的地下资源相当丰富，却鲜为人知。阿富汗除有少量石油资源，也有天然气。据阿富汗地质调查局1984年6月出版的《矿业杂志》（*Mining Journal*）报道，20世纪70年代到80年代初，苏联地质学家对阿富汗进行广泛调查后得出结论，这个国家有金、银、铜、铁、铀、钴、锂、锌、钽、矿石、萤石、铝矾土、翡翠、绿宝石、重晶石，等等。美国认为这一调查结果说明，阿富汗地下资源的实际价值远远超过美国国防部和美国国际开发署（United States Agency for International Development，USAID）内部估计的1万亿美元。

20世纪60年代，苏联在阿富汗发现了天然气，并铺设第一条天然气管道输往乌兹别克斯坦。美国政府和商人在1970—1988年苏联入侵阿富汗

---

① Philip Shenon, "Saudi Officials Were 'Supporting' 9/11 Hijackers, Commission Member Says—From Guardian", May 12, 2016.

② Steve Kroft, "Former Sen. Bob Graham and Others Urge the Obama Administration to Declassify Redacted Pages of A Report That Holds 9/11 Secrets", 60 *Minutes*, June 19, 2016.

③ Froma Harrop, "The National Memo Questions Remain on Saudi Role in Sept. 11", http://www. nationalmemo. com/questions-remain-saudi-role-sept-11/, July 19, 2016.

之前就掌握这一情报，对这些地下资源垂涎欲滴。从 1988 年苏联自阿富汗撤走到 1991 年苏联解体，苏联丢下的丰富地质资料落到美国手里。20 世纪八九十年代，苏联军队撤离阿富汗后，美国国防部官员和联邦政府内政部"美国地质调查局"（US Geological Survey，USGS）曾对阿富汗北部地区的石油资源进行过广泛的调查研究。2004 年，由美国贸易发展署（The U. S. Trade and Development Agency，USTDA）出资，地质调查局开始重新对阿富汗进行为期两年的地质调查，范围大约 86000 平方公里。2006 年调查结束后提出评估报告说，阿富汗的石油和天然气资源比以往的估计分别提高 18 倍和 3 倍以上。未被开垦的油气资源集中在阿富汗北部，主要储存在两个盆地：西边的阿姆—达利亚盆地（Amu Darya Basin）和东边的阿富汗—塔吉克盆地（Afghan—Tajik Basin）。大部分未开发的石油资源在阿富汗—塔吉克盆地，而未开发的天然气主要储藏在阿姆—达利亚盆地。美国内政部部长盖尔·诺顿（Gale Norton）2006 年 3 月 13 日就美国地质调查局的这一成果发表感言："正如布什总统最近访问阿富汗时所表明的态度那样，美国高度重视与阿富汗人民的关系。我们很高兴能帮助阿富汗政府评估阿富汗的石油资源。我们正在通过共同努力，为帮助阿富汗人更好地了解并管理他们国家的自然资源奠定基础。"2008 年，美国能源部能源情报署承认，阿富汗的天然气"非常丰富"。

由此可见，阿富汗战争的战略目标是多元的。美国要建一条"跨阿富汗天然气管道"，建立军事基地，遏制俄罗斯、伊朗和中国等，所有这些都是公开的秘密。但鲜为人知的是，美国试图霸占并掠夺阿富汗的地下资源。加拿大学者米歇尔·乔苏多夫斯基（Michel Chossudovsky）在 2010 年 6 月 16 日的《全球研究》上发表文章，对美国入侵阿富汗的深层次目的做了犀利的分析。文章说，美国国防部、内政部地质调查局和美国国际开发署的研究报告估计，阿富汗地下资源的价值高达一万亿美元。40 年来，在阿富汗发现的几十个地下宝藏令人振奋。文章说，世上许多人认为，阿富汗战争是"正义战争"，是为了反恐，却很少有人看透美国的经济目的。其实，这场战争是为追逐利益的"经济征服和经济掠夺的战争"，是"资源战争"。

美国对世界油气和其他资源的贪婪和争夺已经发展到极致。用发动战争的手段夺取它国石油和其他地下资源，是老布什政府首创，小布什政府继承并发展的。

小布什政府以反恐为名发动阿富汗战争收获颇丰。梦寐以求的"跨阿富汗天然气管道"的建设搁置下来，只是暂时受挫。美国可能继续为实现这个战略目标而不择手段。主要收获在于美国借这场战争闯入美国从未涉足的中亚战略要地阿富汗，不但组成了对俄罗斯、中国和伊朗的围堵态势，还在阿富汗建立了多个军事基地，扩大了美国在海外的军事网络，开辟了美国向中亚各国进军的通道。

（三）"反对恐怖主义"是双刃剑

反恐是 21 世纪小布什政府为掩盖美国霸权主义行径的一块遮羞布，是在新形势下美国维持和扩大其世界霸权的重要工具和手段。当今世界的主要矛盾并没有根本改变，仍然是帝国主义和被压迫民族之间的矛盾。被压迫民族争取彻底解放和完全独立的正义斗争，将长期成为世界最耀眼的亮点。小布什政府的"反恐"政策是一把双刃剑，既可对付客观上实际存在的"恐怖主义"，更可以"反恐"为借口先发制人、滥用军事手段侵略一个主权国家，镇压和扑灭被压迫民族的正义行动。美国的这种阴谋带有欺骗性，值得高度警惕。2010 年左右，把中国当作潜在敌人的美国统治阶级内部竟发出了中国"红色恐怖"（Red Terror）的鼓噪声，这声音虽然没有在美国政界占据主流，但也值得加倍警觉和防范。

八 下个目标伊拉克

在阿富汗战争之后，下一步小布什想干什么？2001 年 11 月 6 日，小布什在华盛顿通过卫星向正在波兰首都华沙召开的反恐怖主义会议上发表电视演讲。他扬言："阿富汗战争仅仅是我们在这个世界上进行反恐斗争的开始。"他说："还有其他恐怖分子，他们威胁美国和其他朋友。另有一些国家愿意赞助这些恐怖分子。在把这些威胁彻底消灭之前，我们的国家不会得到安宁。"小布什没有坦言，在"第二个阶段"他计划军事打击的国家到底是谁。不料，在华沙电视讲话后不久他公开威胁伊拉克总统萨达姆·侯赛因，要求他打开国门，允许联合国核查人员返回伊拉克调查大规模杀伤性武器，否则后果自负。2001 年 11 月 24 日的英国《经济学家》转发美国右翼外交分析家托马斯·唐纳利（Thomas Donnelly）在美国《旗帜》（*Standard*）周刊就小布什讲话发表的评论。唐纳利说，在阿富汗战争正在进行时，小布什对萨达姆·侯赛因发出这样的威胁证明，"第二个阶段"的打击对象是伊拉克。文章说："'第二个阶段'是对伊拉克的委婉说法，随着在阿富汗的军事行动的进展，人们已经达成共识：现在正是把萨达姆·侯赛因赶下台的时候了。"①

究竟从何处进攻伊拉克对美国更为有利，是摆在小布什政府案头的首要议题。从阿富汗空袭伊拉克是小布什考虑的最佳方案之一。2002 年 12 月 14 日，《今日美国报》以"阿富汗政府与美国不同步"为题发表文章，透露了阿富汗政府拒绝在伊拉克问题上与美国合作的内幕。文章说：

> 阿富汗政府之所以存在，归功于美国领导的军事行动。可是这个政府宣称，没有联合国的批准，它不支持美国攻打伊拉克。
>
> 对伊拉克的立场只是阿富汗政府正在制定的外交政策的一部分。这项政策导致美国支持的阿富汗政府在几个关键问题上的立场与美国相左。
>
> 阿富汗正与布什政府所说的头号恶棍伊朗建立密切关系。它与伊拉克的关系不够温和。阿富汗政府已经阐明，它主张恢复对伊拉克的武器核查而不是发动战争。另外，尽管在击败塔利班的战争中巴基斯坦是美国的同盟，但阿富汗新领导人与巴基斯坦的关系不和睦。……
>
> 尽管如此，为了阿富汗的重建，它必须与巴基斯坦进行经济合作。最关键的项目之一，就是把那些与阿富汗北部边界接壤的苏联加盟共和国的天然气，通过计划中的管道经阿富汗和巴基斯坦输送到印度。……
>
> 阿富汗外交部部长阿卜杜拉·阿卜杜拉（Abdulla Abdulla）说：

① "Where Should Mr. Bush Put His Chips Now?", *The Economist*, November 24, 2001, p. 37.

"我们需要与我们所有的邻国有亲密而友好的关系，无论过去它们是否是朋友。"

关于伊拉克，阿富汗政府面临的最大问题是，它的人民同情在萨达姆·侯赛因的领导和联合国制裁下遭受苦难的伊拉克人民。阿卜杜拉说："我们对萨达姆·侯赛因没有任何同情。"

阿富汗政府正呼吁伊拉克允许联合国专家进行正常的核查。虽然阿富汗在巴格达只保留着少数外交联络人员，在联合国没有批准的这个时间点上，阿富汗不支持美国攻打伊拉克……

美国已经在阿富汗南部建立了空军基地。可想而知，这些基地对攻打伊拉克的战争有用处。阿富汗外交部部长说，美国至今尚未提出这个要求，他拒绝透露阿富汗是否允许。阿卜杜拉说："这个问题还没有被提上议事日程，因此我不想进行猜测。我不敢确定我们的人民对此怎么想。"

文章最后说：

前往距离外交部几百米外的大卖场就能为这个问题找到答案。在那里很难找到对布什计划攻打一个穆斯林同胞国家的支持。有几个人预计，将会有反对美国的抗议活动。52 岁的阿卜杜拉·库尧姆（Abdul Quyum）说："不管萨达姆是好是坏，这不是他个人的问题，这是关系到停止流血事件的问题。"①

小布什发动阿富汗战争的目标原本有二：一是反恐，逮捕或击毙"9·11"事件的"罪魁祸首"本·拉丹，这是公开目标。直到小布什下台这个目标也未能实现。二是打通"跨阿富汗天然气管道"，这是难以启齿的秘密目标。阿富汗沦陷初期管道工程虽有起色，但困难重重，小布什下台前并无重大进展，没想到，他还有一个幻想：把阿富汗作为入侵伊拉克

---

① Steven Komarow, "Afghan Government Not in Lockstep with U. S. —New Regime Won't Back Attack on Iraq Without U. N. Aproval", *USA Today*, December 14, 2002.

的跳板！

当时的阿富汗已是美国囊中物，美国扶持的临时政府已经成立，美国空军基地相继完工，攻打伊拉克的桥头堡已固若金汤。利用这些有利条件开辟"第二个阶段"新战场，是小布什梦寐以求的。上述文章没有透露小布什政府是否与阿富汗临时政府讨论过从阿富汗的美国空军基地轰炸伊拉克。这不奇怪，因为美国国防部对战事新闻严格管控。不过，从字里行间不难判断，双方至少私下接触过这一敏感议题。再说，从阿富汗空军基地飞越伊朗上空去轰炸伊拉克，难度太大。

第四章　小布什政府为何要打伊拉克

一　伊拉克概况

（一）文明的摇篮

伊拉克共和国位于阿拉伯半岛东北部、小亚细亚半岛和伊朗高原之间。它地处西亚，被扎格罗斯山脉（Zagros mountain range）西北部大部分山区、叙利亚东部沙漠和阿拉伯北部沙漠（Arabian Desert）所包围。与伊拉克毗邻的国家有6个：西邻约旦，西北与叙利亚接壤，北连土耳其，东临伊朗，南接科威特和沙特阿拉伯；东南濒临波斯湾。首都巴格达位于全国中部偏东，为中东交通枢纽。只是在波斯湾北部有一个仅58公里（35海里）长的狭窄海岸线。可见伊拉克基本上是个内陆国家。两条著名的主要河流——底格里斯河（Tigris）和幼发拉底河（Euphrates）纵贯伊拉克中心地带，从西北流向东南。两河之间是肥沃的土地，给这个主要被干草和沙漠覆盖的国家提供了发展农业和文化的条件。历史上，伊拉克所处的这个肥沃新月地带被称作"美索不达米亚"（Mesopotamia，希腊语，意为"两河之间的土地"）。在欧洲人的心目中，"美索不达米亚"就是伊拉克。美索不达米亚是伊拉克的代名词。

伊拉克面积441839万平方公里，人口约2310万。其中阿拉伯人约占73.5%，库尔德人约占21.6%，其余为土耳其人、亚美尼亚人、亚述人、犹太人和伊朗人等。官方语言为阿拉伯语，北部库尔德地区的官方语言是库尔德语，东部地区有些部落讲波斯语。通用英语。居民中95%信奉伊斯兰教，内部分成两派：什叶派约占65%，逊尼派约占35%。少数人信奉基督教和犹太教。

伊拉克历史悠久。两河流域是世界文明发祥地之一。公元前4700年，在两河流域诞生了城邦国家，先后建立了大小不同的王国。公元前3500年，在美索不达米亚东南部出现了世界上第一个文明社会。公元前第20世纪，在两河流域建立了巴比伦王国（Babylonian Empire），被誉为世界"四大文明古国"之一。公元762年，巴格达成为伊拉克首都，是世界闻名的大都会。《一千零一夜》（又称《天方夜谭》）中的一些美妙、动人、脍炙人口的故事就发生在以巴格达为中心的两河流域，这里"被确定为文明的摇篮和文字、车轮的发祥地"。①

（二）英国霸占

在漫长的历史长河中，伊拉克屡遭外患。公元前7世纪成为阿拉伯帝国的统治中心，公元前6世纪被波斯帝国占领，公元前4世纪沦为土库曼帝国的组成部分。公元后伊拉克还先后遭受波斯、阿拉伯、蒙古等帝国的侵占。从公元16世纪到第一次世界大战结束前，伊拉克长期沦为奥斯曼帝国的藩属国。②

在世界近代史中第一个霸占伊拉克的，是号称日不落帝国的大英帝国。1904年，英国海军将战机用能源从煤炭转换到石油后，大英帝国便闯入伊拉克并开始控制两河流域。它垄断了这个地区大部分货物运输业，提供的商品比例高达65%，同时还开辟并保护了它通向印度的贸易通道。英国将印度看作英王王冠上的一块宝石。

以英国为首的西方列强争夺伊拉克的斗争集中在伊拉克北部摩苏尔（Mosul）地区的石油领域展开。摩苏尔位于底格里斯河上游西岸、伊拉克北部的尼尼微省，在阿拉伯语中意为"连接点"，是中国通往西方的古"丝绸之路"必经之地。那里气候宜人，环境优美，被誉为"人间天堂"。早在1900年，一名英国人首先在奥斯曼帝国统治下的摩苏尔地区发现了石

---

① Wikipedia：Iraq.

② "Iraq History Timeline & Facts：1904—2003：History of Iraq"，Submitted by Steven，September 9，2006，www. libcom. org.

油。1914 年第一次世界大战爆发前，"欧洲石油公司都自称这些石油资源属于本国，贪婪地向摩苏尔当局索取石油租让权，彼此都企图封杀对方。它们来自英国、荷兰和德国。几个月后，第一次世界大战爆发，战争的结果，买方德国和卖方土耳其都被淘汰了。战后，这一互相欺诈的把戏很快又重演了"。①

1916 年 5 月 16 日，英国与法国秘密签署《赛克斯—皮科协定》（Sykes-Picot Agreement），划定了各自的势力范围。根据协定，英法两国把奥斯曼帝国所属阿拉伯半岛以外的阿拉伯国家分成两半。按现在的地理划分，它们的势力范围大致分配如下：约旦、伊拉克南部和包括通向地中海的两个港口城市海法（Haifa）和阿克（Acre）在内的巴勒斯坦一部分划归英国；土耳其东南部、伊拉克北部、叙利亚和黎巴嫩划归法国。② 作为交换条件，英国同意法国接管德国在土耳其石油公司的股权。1917 年，英国占领了伊拉克。

不久，英法两国就摩苏尔地区的占领权发生了纠纷。双方都想霸占那里丰富的石油资源。摩苏尔地区是法国势力范围。英国决定把它从法国手中夺过来。1917 年英国军队占领了伊拉克首都巴格达。1918 年 10 月，奥斯曼帝国军队战败投降，伊拉克摆脱了这个帝国对它长达 380 多年的统治。1918 年 10 月 30 日，奥斯曼帝国同协约国签订《摩德洛斯停战协议》（Armistice of Mudros）后第四天（另一说第三天），协议墨迹未干，英国就迫不及待地出兵占领了摩苏尔。"英国击败了法国，实现了它军事占领美索不达米亚北部石油区域的既定目标。"③ 第一次世界大战结束后，根据 1920 年 1 月 10 日成立的国际联盟（League of Nations）的决定，当年 11 月 11 日沦为英国"委任统治区"的地区改称"伊拉克国"（State of Iraq）。

1921 年 8 月，伊拉克在英国保护下建立了费萨尔傀儡王朝，成立由英国控制下的"伊拉克王国"。当年英国在伊拉克南部与科威特的边界画了

---

① "Oil From Mosul", www. time. com.

② Wikipedia：Sykes-Picot Agreement.

③ James A. Paul, "Great Power Conflict over Iraqi Oil: The World War I Era", *Global Policy Forum*, October 2002.

一条边界线，把原属伊拉克的领土分割出去，基本上切断了伊拉克通往波斯湾的出海口。1932 年伊拉克宣布独立。1958 年 7 月 14 日，以阿卜杜勒·卡里姆·卡塞姆（Abdul Karim Qassim，1914—1963）为首的"自由军官组织"（Free Officer's Movement）发动军事政变，推翻了费萨尔王朝，改国名为伊拉克共和国。[①]

二 美国觊觎伊拉克

（一）美国闯入伊拉克

要理解小布什发动伊拉克战争的根源，有必要简略回顾一下第一次世界大战结束以来，美国与伊拉克的关系。

历史上，美国与伊拉克的交往远远落后于其他国家。美国学者、中东问题专家西尼·内特尔顿·费希尔（Sydney Nettleton Fisher）说："美国的商人和传教士从 19 世纪初期以来就已在中东积极活动。但是，美国政府对他们的工作几乎没有表示出直接的关切，对中东并不染指，直到巴黎和会（Paris Peace Conference）时威尔逊总统（Lyndon Baines Johnson）才试图对这个地区的问题采用一种美国式的解决办法。由于美国人一般对中东是不关心的，因而只有（伊拉克的）摩苏尔石油分配问题在第一次世界大战之末引起美国人在那个区域中多少搞了一些帝国主义的动作。"[②]

1903 年，德意志帝国开始修筑巴格达铁路，全长 1600 公里，从土耳其经叙利亚到伊拉克首都巴格达，一直延长到波斯湾沿岸的巴士拉市。德国试图通过修建这条铁路，打开一条从柏林通往波斯湾的出海口，因此这条铁路又称"柏林—巴格达铁路"（Berlin-Baghdad Raiway）。在铁路建设过程中，德国人发现伊拉克拥有丰富的石油资源，也与英国在这个领域进行过较量，但德国的当务之急是修筑巴格达铁路，把染指伊拉克石油资源放在第二位。捷足先登伊拉克石油领域的，不是德国，而是它的竞争对手英国。为了协调英国与德国在伊拉克石油领域的利益冲突，英国于 1911 年创办了"非洲和东方特许有限公司"（African and Eastern Concession Ltd.），1912 年，这家

---

① Wikipedia：Iraq.
② ［美］西·内·费希尔：《中东史》下册，姚梓良译，商务印书馆 1980 年版，第 941 页。

公司改称土耳其石油公司（Turkish Petroleum Company，TPC）。

土耳其石油公司总部设在伦敦。公司其他股东有荷兰、德国和土耳其。英国是最大股东。公司宗旨是抵制法国、美国、意大利等石油公司进入伊拉克石油领域。1914 年 6 月 28 日，摇摇欲坠的奥斯曼帝国政府非正式地向土耳其石油公司发出许可证，允许它在伊拉克的摩苏尔和巴格达两省勘探石油，主要勘探和开发区域在伊拉克北部的基尔库克（Kirkuk）地区。

1917 年，即第一次世界大战结束前一年，美国威尔逊政府从坐山观虎斗转而决定参战，站在英法等协约国一边，反对以德国为首的同盟国。它提出的先决条件之一是，战后必须保证美国在世界范围内的经济和政治利益，保证它进入新的原材料产地，尤其是石油。于是，伊拉克石油便成为以英美为首的列强争夺的焦点。土耳其石油公司从诞生到消亡的 60 年间，列强们像蚂蟥吸血一样，叮住伊拉克石油不放，把它当成一块蛋糕，争吃最大的一块。

1919 年 1 月在巴黎凡尔赛宫召开的巴黎和会是战胜国美英法三国重新瓜分世界的分赃会议。和会通过的一系列条约"重绘了欧洲和世界地图"。[1] 英国、法国和意大利早在 1915 年便开始为分割奥斯曼帝国展开了激烈的争夺。第一次世界大战结束后，上述三国先后进行了 15 个月的公开和秘密谈判，于 1920 年 8 月 10 日在法国塞夫勒市（Sevres）秘密签订瓜分奥斯曼帝国的"三方协议"（Tripartite Agreement），确认英国在奥斯曼帝国的石油和商业领域的特许经营权，并把战败国——德国在奥斯曼帝国的企业转交给由它们组成的"第三方公司"（Tripartite Corporation）。[2] 1920 年 4 月，在意大利秘密举行的圣雷莫会议（San Remo Conference）正式承认 1916 年 5 月 16 日英、法瓜分奥斯曼帝国的秘密协定《赛克斯—皮科协定》。

1920 年 4 月 25 日，英国和法国达成协议，瓜分了土耳其石油公司的股份：英国（包括荷兰）占 75%，其余 25% 归法国。美国被排除在外。

---

① Wikipedia：Paris Peace Conference，1919.

② Wikipedia：Treaty of Sèvres.

美国把土耳其石油公司看作"在英国注册的一个公司",它得悉英国的不友好行为,难掩心中怒火。时任美国国务卿班布里奇·科尔比(Bainbridge Colby)向英国政府发出警告:"请不要忽视,在美索不达米亚发现石油资源的报道已经引起美国公众舆论的极大兴趣,它们认为这个问题蕴藏着潜在的国际冲突。"[1] 1918 年第一次世界大战结束,1922 年奥斯曼帝国被推翻。当年,美国要求英国在伊拉克执行"门户开放"政策,允许美国石油公司与伊拉克的费萨尔国王自由协商签订石油合同。英国不予理睬。1925 年 3 月,土耳其石油公司与伊拉克政府签订石油租让协议,有效期 75 年,承诺伊拉克政府将从每吨已开采石油中得到一定额度的租矿费。协议条件非常苛刻,规定租矿费必须与公司的利润挂钩,也就是说,必须首先保证公司的利润。更为苛刻的是,租矿费只有在协议签订 20 年之后才加以实施。盛怒之下,伊拉克政府坚决要求参股 20%,但被土耳其石油公司断然拒绝。在这场争斗中伊拉克成了"最大的输家"。[2] 石油合同墨迹未干,土耳其石油公司便在伊拉克北部展开了大规模勘探工作,并于 1927 年 10 月 15 日在基尔库克以北的巴巴古尔古尔(Baba Gurgur)发现了石油,油井取名"巴巴一号"(Baba No.1)。从自喷井喷出的石油蔚为壮观。一个丰富的、具有开采价值的大油田在库尔德族聚居的摩苏尔地区被发现了。"一些地质学家经过勘测后提出的报告说明,摩苏尔地区是世界上已知但未被开发的石油储量最丰富的地区。"[3] 这是在伊拉克发现的第一个大油田,伊拉克人民为之欢欣鼓舞。随之而来的是美国与其他西方石油公司围绕伊拉克石油开采权而展开的更加激烈的拼杀。

美国政府、石油巨头和舆论界对土耳其石油公司与伊拉克政府签订的石油租让协议极为不满,抨击英法这笔交易是"老牌帝国主义行为"。美国国务院起草的备忘录声言,随着奥斯曼帝国的垮台,土耳其石油公司与其他国家签订的租让合同从法律上讲是无效的,因此美国不予承认。在美

---

① "Iraq Petroleum Company", www. answers. com.

② Wikipedia: Iraq Petroleum Company.

③ Henry E. Mattox, *A Chronology of United States-Iraqi Relations*, *1920—2006*, McFarland & Company, Inc., Publishers, 2008, p. 14.

国的强大压力下，英国被迫妥协，表示愿意分给美国"公平的"份额。于是美国国务院指示美国石油巨头在未来的谈判中坚持成立国际财团，并批准美国头号石油巨头——新泽西美孚石油公司（现称埃克森美孚）总经理沃尔特·蒂格尔（Walter Diggle）为首的代表团在伦敦与英国进行了旷日持久的谈判，终于在 1928 年先后达成了著名的《红线协议》（the "Red Line Agreement"）和《阿克纳卡里协定》（Achnacarry Agreement，又称 "As Is"，《维持现状》）。这两个协议使美国获得土耳其石油公司中近 1/4 的股份和在中东其他地区开发石油的权力。美国从此组成了世界上第一个石油卡特尔——"七姐妹"，走上了垄断全球石油生产、定价、炼油和贸易之路。[①]

1929 年，土耳其石油公司改称伊拉克石油公司（Iraq Petroleum Company，IPC）。

自 1927 年 10 月 15 日伊拉克北部的基尔库克地区发现石油以来，油田产量猛增，必须及时寻找出海口。伊拉克石油公司内部就输油管道应选择哪条路径产生了分歧。各方都主张石油管道的终点应该是地中海，但路径有分歧。法国主张选择北线，即从伊拉克北部油田经叙利亚到黎巴嫩的海口城市特里波利（Tripoli）通往地中海，管道长 856 公里。英国和伊拉克坚持选择南线，即从伊拉克北部油田经黎巴嫩的特里波利到巴勒斯坦的海法通往地中海，管道长 1000 公里。最终采取了折中方案：两条管道都上马。1934 年，两条管线同时从伊拉克北部的基尔库克铺设到伊拉克西部城市赫迪萨（Al Hadithah），然后分道扬镳，铺向特里波利和海法。两条管道的年输油能力都是 200 万吨。从 1938 年开始，两条管道的石油出口量增加到"可观的规模"。[②]

这两条管道的选择都包含着深刻的政治含义。当时叙利亚和黎巴嫩都是法国殖民地，管道经过黎巴嫩和叙利亚，对法国有利。巴勒斯坦则是英

---

① James A. Paul, "Great Power Conflict over Iraqi Oil: The World War I Era", *Globle Policy Forum*, October 2002; Anthony Sampson, *The Seven Sisters*, *The 100-year Battle for the World's Oil Supply*, A Bantam Nonfiction Book/published in association with Viking Penguin, 1991, New York, pp. 92 – 93.

② Wikipedia: Iraq petroluem company; www. answers. com: Iraq Petroleum.

国委任统治地，管道经过巴勒斯坦对英国有利。

1930 年，伊拉克与英国签订有效期长达 30 年的《英国—伊拉克条约》（The Anglo-Iraqi Treaty），允许英国保留在伊拉克建立的军事基地，负责训练伊拉克军队。1938 年，伊拉克石油公司得到了伊拉克南部油田的特许经营权。

（二）美国与伊拉克关系升温

在伊拉克人的心目中，英国是他们的头号敌人。1939 年第二次世界大战爆发，1941 年 4 月 28 日，伊拉克拉希德·阿里（Rashid Ali）政府与德国在巴格达签署秘密协议，企图将石油资源拱手让给纳粹德国，换取德国支持它击败并赶走英国。一场反英运动在伊拉克兴起。英国担心伊拉克运用石油武器，对英国和其他反纳粹德国的西方国家实行石油禁运。时任首相温斯顿·丘吉尔（Winston Churchill）决定快速反击。他命令英国军队立即进军伊拉克，占领巴格达，"改变伊拉克政权"保卫英国在伊拉克北部的油田和军事基地。[①] 1941 年 4 月底，英国紧急调遣驻扎在印度的英国军队攻入伊拉克南部城市巴士拉（Basra），镇压伊拉克起义军。5 月 2 日，伊拉克军队向英国军队发起攻击，一场实力悬殊的残酷战争爆发，史称这场战争为"英国—伊拉克战争"（Anglo-Iraqi War）。短短一个月内，英国军队迅速击退了伊拉克军队的进攻，击毙伊拉克官兵 3000 余人，粉碎了亲纳粹德国的伊拉克政权。丘吉尔欣喜若狂，给前线部队发出贺电说："当务之急是在巴格达建立一个友好的政府。"[②] 不久，一个亲英的伊拉克政府诞生了。

英国把纳粹德国的势力赶出伊拉克，美国自然乐不可支，但它对丘吉尔主张在伊拉克建立亲英政权很是不满。把大英帝国彻底从伊拉克和中东赶走，取而代之，是美国参加第二次世界大战的战略目标之一。正如美国舆论所说："美国希望完全控制中东石油。第二次世界大战后期，英帝国失去了在亚洲的主要殖民地，国内外的力量都遭到重大削弱。于是美国的

---

① Garrett Johnson，History of Iraq：1939—1947，www. bitsofnews. com，September 16，2006.

② "1904—2003：History of Iraq"，Submitted by Steven. www. libcom. org，September 9，2006；Wikipedia：Anglo-Iraqi War.

机会来了，第二次世界大战快要结束时，由大银行、石油巨头和其他利益集团控制的罗斯福和杜鲁门这两届美国政府决心重组战后世界格局，以便保证美国的统治地位。这一战略的关键因素，一是保证美国在核武器和常规武器领域中的军事优势；二是利用 1944 年成立的国际货币基金组织和世界银行以及美元被确定为世界货币的地位，保证美国控制的企业全球化；三是控制全球资源，尤其是石油资源。"[①]

（三）美国与《巴格达条约》

为了抵制苏联在中东尤其在海湾地区的影响，20 世纪 50 年代冷战时期，美国拉拢伊拉克和土耳其签订了《巴格达条约》（Baghdad Pact），条约组织的总部设在巴格达。1955 年 1 月，苏联谴责伊拉克参加美国导演的《巴格达条约》，伊拉克随之与苏联断交。

《巴格达条约》的主要任务是对付苏联在中东日益增长的影响。由于协定是在巴格达签订的，因此协定通称《巴格达条约》，又称《巴格达条约组织》。英国、巴基斯坦和伊朗于当年 3 月、9 月和 10 月先后加入《巴格达条约》。美国国务院承认，"《巴格达条约》的主要目的与北大西洋公约组织和东南亚条约组织相同，是防止共产党入侵中东，促进中东和平"。[②] 说穿了，一是镇压第二次世界大战后在中东和南亚蓬勃兴起的民族解放运动；二是对付社会主义苏联和中国。[③] 还应当补充一条，《巴格达条约》的目的也是掠夺伊拉克乃至中东丰富的石油资源。这一点，美国政府、石油巨头和舆论界都讳莫如深。

美国虽然不是《巴格达条约》成员，但它不仅是《巴格达条约》的首创者，也是实际操控者。美国学者亨利·E. 马托斯（Henry E. Mattox）揭露："成立《巴格达条约》的想法首先是由美国国务卿约翰·福斯特·杜勒斯（John Foster Dulles）于 1953 年提出的。尽管这个条约明显反映了美国在地区防务安排方面的利益，但因担心遭到阿拉伯民族主义分子的反

---

① "1904—2003：History of Iraq"，Submitted by Steven，www. libcom. org，September 9，2006.

② U. S. Department of State，Office of the Historian，Milestones：1953—1960 The Baghdad Pact（1955）and the Central Treaty Organization（CENTO）.

③ "1904—2003：History of Iraq"，Submitted by Steven，www. libcom. org，September 9，2006.

对，华盛顿没有正式参加该组织。……《巴格达条约》是在美国施加压力并承诺给予它军事和经济援助的情况下达成协议的。"1955 年 11 月 21 日，美国新任驻伊拉克大使沃尔德马·高尔曼（Waldemar J. Gallman）和约翰·卡萨迪（John Cassady）陆军上将作为观察员参加了《巴格达条约》的签署仪式。1956 年至 1958 年 4 月，美国参加了《巴格达条约》的经济委员会，并在《巴格达条约》总部成立了"高级军事联络处"（a senior military liaison）。1954 年 12 月 19 日美国首批军火运抵伊拉克的巴士拉，随着《巴格达条约》的出笼，美国军火源源不断地运抵伊拉克。①

让美国大失所望的是，由于第二次世界大战后包括伊拉克人民在内的中东人民的快速觉醒，它与伊拉克依靠《巴格达条约》维系的同盟关系如过眼云烟，很快就寿终正寝。1958 年 7 月 14 日，以阿卜杜勒·卡里姆·卡塞姆为首的伊拉克"自由军官组织"发动政变，推翻了亲西方的费萨尔王朝，建立伊拉克共和国，卡塞姆任总理兼国防部部长，同年 8 月与中华人民共和国建交。

1959 年 3 月 24 日，卡塞姆宣布退出《巴格达条约》，与苏联交好。于是《巴格达条约》改称《中央条约组织》（Central Treaty Organization，CENTO），总部迁至土耳其首都安卡拉（Ankara）。由于成员国之间在一些重大问题上意见分歧尖锐，该组织于 1979 年 9 月解散。美国试图通过这两个组织拉拢、霸占伊拉克的如意算盘打错了。

（四）美国暗杀卡塞姆

以卡塞姆为首的伊拉克"自由军官组织"推翻费萨尔王朝这一天被称作"7·14 革命"（14 July Revolution），是伊拉克的国庆日。但卡塞姆等人的这一壮举并没有给伊拉克人民带来和平、自由与幸福。

卡塞姆 1914 年出生于巴格达一个贫困家庭，父亲是木匠。1934 年进入巴格达军事学院，4 年后毕业，1938 年被送入伊拉克阿尔坎参谋学院（al-Arkan Iraqi Staff College）深造，1941 年 12 月毕业后被派往英国桑赫斯特皇家军事学院（Royal Military Academy Sandhurst）留学，第二次世界大

---

① Henry E. Mattox, *A Chronology of United States-Iraqi Relations*, *1920—2006*, McFarland & Company, Inc., Publishers, 2008, pp. 7, 38; Wikipedia: Central Treaty Organization.

战结束前夕回国。

卡塞姆对英国长期霸占伊拉克和费萨尔王朝的残酷统治深恶痛绝。青年时代他参加反英起义和巴勒斯坦反对以色列的战争等，是个热血沸腾的爱国青年。

伊拉克共和国建立后，卡塞姆担任总理兼国防部部长和武装部队总司令。执政后他在内政和外交方面采取了一系列革命措施。对内，他取消了对伊拉克共产党的禁令，释放了被无辜关押的伊拉克共产党人，并吸收伊拉克共产党人参加政府。他还发誓将伊拉克石油资源逐步从英美手中夺回来。对外，他立即与中华人民共和国建交，与苏联建立了友好关系，退出了反苏的《巴格达条约》，废除了费萨尔王朝与美英两国签订的有损伊拉克民族利益和国家主权的协议。最后一批英国军队于 1959 年 5 月 30 日被迫撤离伊拉克。

不幸的是，推翻卡塞姆的阴谋已经开始在美英两国紧锣密鼓地策划着，新生的共和国危在旦夕。

美国第 43 任总统、共和党人德怀特·戴维·艾森豪威尔（Dwight David Eisenhower）、副总统理查德·尼克松和中央情报局局长艾伦·杜勒斯（Allen Dulles）等密切关注着伊拉克政局的发展。

美国中东研究所 2008 年发表题为"1958—1959 干涉伊拉克"（Intervention in Iraq，1958—1959）的政策简报，暴露了美英两国推翻卡塞姆政权的内幕。简报披露：

> 1958 年 7 月 14 日的伊拉克政变在美国政府内部引发了一场美国对阿拉伯中东进行军事和隐蔽干预的效应的争论。伊拉克这次政变直接导致英美干涉黎巴嫩和约旦，还引发舆论呼吁干涉伊拉克。英国和美国政府内部有一群人主张除掉卡塞姆准将（Brigadier）的民族主义政府……这些活跃分子确信，需要对伊拉克的局势采取步调一致的行动。
>
> 1959 年 2 月 7 日，美国"国家特别情报评估"（Special National Intelligence Estimate，SNIE）对卡塞姆执政后的政治倾向给出如下结论：卡塞姆是个"疯子"，"他无法阻止伊拉克朝着共产党接管权力的

方向发展"。防止这一后果的唯一办法，就是"由非共产党人控制保安部队"。时任美国驻伊拉克大使约翰·D. 杰尼根（John D. Jernegan）在报告中称，伊拉克局势"非常危险……不久伊拉克将主要被共产党控制"；"看来伊拉克快要成为中东第一个共产党统治国家。如果不是副总统理查德·尼克松领头，那就是在他的鼓励下共和党内的活跃分子开始越来越多地谈论有必要对伊拉克形成的威胁采取行动。"

1959 年 3 月 5 日，中央情报局局长杜勒斯对国家安全委员会说：看来事态似乎朝着由共产党最终控制的方向发展。在共和国两周年纪念日之际，伊拉克革命已经停顿下来。卡塞姆向英国抱怨说，美国人正在组织一个穆斯林联盟来推翻他。[1]

1959 年 4 月 14 日，在和平游击队第二次代表大会上卡塞姆发表演讲，阐述了他的执政理念。他说："毫无疑问，我为人民而感到骄傲。我来自人民，我是人民的儿子。我要为人民工作。我要为人民的自由、为捍卫、保护和维护人民的自由、抵抗所有罪恶而牺牲我的生命。"[2]

1959 年下半年，美国就有意干掉卡塞姆。美国第 26 任总统西奥多·罗斯福（Theodore Roosevelt）的儿子、美国将军和反共分子阿奇·罗斯福（Archie Roosevelt, Jr.）与一名中情局高级官员共同制定了策动一场军事政变，推翻卡塞姆的"单独计划"。[3]

伊拉克复兴社会党[4]领导层也主张推翻卡塞姆。当时，伊拉克复兴党党员不到 1000 人，大部分成员是知识分子和学生，重点关注意识形态，并不掌握武装。此时，中情局特工已经渗入伊拉克复兴党，并给予资金援助。

---

[1]　Roby Barrett, "Intervention in Iraq, 1958—1959", The Middle East Institute Policy Brief, No. 11, April 2008.

[2]　Wikiquote：Abd al-Karim Qasim.

[3]　Wikipedia：Arab Socialist Ba'ath Party-Iraq Region.

[4]　阿拉伯复兴社会党（Arab Socialist Ba'ath Party, Ba'ath，复兴党）是 1953 年由阿拉伯复兴党和阿拉伯社会党合并而成的泛阿拉伯的民族主义政党，在许多阿拉伯国家设有地区领导机构。原伊拉克阿拉伯复兴社会党是阿拉伯复兴社会党的地区领导机构。1969 年后阿拉伯复兴社会党分裂为伊拉克阿拉伯复兴社会党和叙利亚阿拉伯复兴社会党两个主要分支，从此，各自独立。伊拉克阿拉伯复兴社会党在 2003 年 6 月美军入侵伊拉克后被取缔。

伊拉克共和国成立前两年，即 1957 年，20 岁的萨达姆·侯赛因参加激进的复兴社会党。他在党内资历很浅，但勇气过人。该党领导层挑选萨达姆去暗杀卡塞姆。

1959 年年初，提克里特（Tikrīt）的一名新政府官员遭到谋杀。当局指控是萨达姆·侯赛因所为，遂将其逮捕，关进伊拉克司法系统特有的监押所。不久，由于查无实据和国内普遍的政治压力，卡塞姆政权释放了萨达姆。被释放后，萨达姆按照复兴党的指示，前往巴格达领受新任务。刚到首都，（复兴党）一位领导人便问他是否有勇气把卡塞姆总理干掉。他毫不犹豫地答应了。他认为，这一委托是党给他的"荣誉"。接受任务后，萨达姆马上开始学习使用自动武器，十几年前叔叔舅舅们送给他壮胆的左轮手枪是派不上什么用场的。[①]

说来也巧，中情局也相中了萨达姆，认为他是暗杀卡塞姆的最佳人选。这是复兴党领导与中情局共同的选择抑或双方不谋而合，现在无法考证。但有一点是肯定的：暗杀卡塞姆的阴谋由中情局策划，暗杀卡塞姆的过程由中情局掌控。萨达姆只不过是中情局的一个工具。

几十年来，特别是 2003 年 3 月小布什对伊拉克发动战争前后，美国舆论界和政界对萨达姆的这段历史进行了广泛的宣传，结论是他自青少年时期就是一个杀人不眨眼、十恶不赦的暴徒，而对策划这一暗杀阴谋的是美国中情局这个事实却讳莫如深。

2003 年 4 月，美国合众国际社（United Press International，UPI）派该社"情报记者"理查德·赛尔（Richard Sale）就 1959 年萨达姆参与暗杀卡塞姆一事对美国国务院、中情局和英国学者等相关人士进行了广泛调查。当年 4 月 10 日以"独家新闻：萨达姆是中情局早年阴谋的关键人物"为题，透露了一些鲜为人知且比较可信的内幕。主要内容如下：

> 据美国一些前情报外交官和情报官员说，在巴格达的美国军队可能正在上上下下寻找伊拉克独裁者萨达姆·侯赛因，可是在过去，美

---

① 殷罡、秦海波主编：《萨达姆·侯赛因——注定要震惊世界的人》，警官教育出版社 1990年版，第 9 页。

国情报部门把萨达姆看作一个反共堡垒。四十多年来，这些人一直把萨达姆当作一个工具使用。

合众国际社记者采访了近十位美国前外交官、英国学者和美国情报部门的前官员，并把采访记录拼凑成以下报告。中央情报局拒绝就此报告发表评论。

许多人认为，萨达姆第一次与中央情报局接触是在1980年9月两伊战争开始之时。其实，1959年他就与美国官员第一次接触了。当时他是中央情报局授权负责暗杀伊拉克总理阿卜杜勒·卡里姆·卡塞姆的6人小队的成员……

1958年7月，卡塞姆推翻了伊拉克君主政权。要求不透露姓名的一名美国前外交官形容说："那是一个可怕的杀戮的狂欢。"

据不愿透露姓名的美国现任和前任官员们说，在冷战时期，美国把伊拉克看作对付苏联的重要缓冲区和战略性资产。比如20世纪50年代中期，伊拉克迅速参加了反对苏联的《巴格达条约》。这个条约是保护这个地区的，成员包括土耳其、英国、伊朗和巴基斯坦。

据一位美国国务院前高级官员说，1959年卡塞姆突然决定退出《巴格达条约》以前，很少有人注意到这个血腥和阴险的政权。他的这个行动把大家吓坏了。

据这位官员说，华盛顿感到十分沮丧的是，看到卡塞姆从苏联购买武器并把国内的共产党人安排到拥有实权的部级岗位上。国内局势动荡使得中情局局长艾伦·杜勒斯公开表示："伊拉克是世界上最危险的地方。"

20世纪80年代中期中情局资深特工迈尔斯·科普兰（Miles Copeland）曾对合众国际社记者说，中情局与卡塞姆执政时期的复兴党曾享有"亲密关系"，如同中情局曾与埃及领导人纳赛尔（Nassir Abdulaziz Al-Nasser）的情报机构的密切联系。20世纪70年代在国家安全委员会就职的罗杰·莫里斯（Roger Morris）最近发表公开声明，证实了这一说法。他说，中情局选择独裁和反共的复兴党"作为它的工具"。

据国务院另一位高级官员说，萨达姆仅仅二十岁出头就成了美国除掉卡塞姆的阴谋的一个角色。根据这位官员提供的信息，萨达姆被安排在巴格达拉希德大街与卡塞姆在伊拉克国防部办公室对面的一座公寓楼里，观察卡塞姆的行动……

（英国）中东问题专家、《邪恶巴比伦》（*Unholy Babylon*）的作者阿德尔·达尔维什（Adel Darwish）说，这次行动是在中情局完全知情的情况下进行的。中情局与萨达姆联系的人是为中情局和埃及情报部门工作的一位伊拉克牙医。美国官员分别承认了达尔维什的上述解释。

达尔维什说，萨达姆的经费出纳员是埃及驻伊拉克大使馆武官助理阿卜杜勒·马吉德·法里德上尉（Capt. Abdel Maquid Farid），他从自己的账户里为萨达姆付房租。3名美国前高官已经证实，这个说法是准确的。

暗杀行动安排在1959年10月7日，但这次行动糟糕透了。描述各有不同。22岁的萨达姆没了勇气，他很快就开始射击。卡塞姆的司机被击毙，卡塞姆仅仅伤及了肩膀和手臂。达尔维什对合纵国际社记者说，一个刺客的子弹与他的枪不配套，另一个刺客有一颗手榴弹，但它陷在他的外套衬里。

一位美国前高级情报官员说："这是一场闹剧。"几名美国政府官员说，卡塞姆藏在车内地板上，躲过一劫，萨达姆的小腿被一个潜在的刺客击伤。在中央情报局和埃及情报人员的帮助下萨达姆逃到提克里特。

中情局一些前官员说，之后萨达姆进入叙利亚，被埃及情报人员送到贝鲁特。……中情局前官员说，在贝鲁特，中情局为萨达姆支付房费，还让他参加一个简短的培训课程。他们说，随后中情局帮助他到达开罗。①

---

① Richard Sale（UPI）Intelligence Correspondent：Exclusive：Saddam key in early CIA plot, April 10, 2003.

卡塞姆脱险后，萨达姆被缺席判处死刑并通缉。萨达姆多次躲过追杀，游过底格里斯河，艰难逃离伊拉克，经叙利亚到达埃及。1963 年卡塞姆被击毙，萨达姆从埃及返回伊拉克。

据路透社 1959 年 10 月 7 日发自特拉维夫的报道，卡塞姆 7 日遭暗杀未遂后，当晚在巴格达向全国人民发表录音讲话，谴责帝国主义阴谋推翻伊拉克共和国。他说："我和你们在一起，你们和我在一起，真主和我们在一起，反对卖国贼、帝国主义和贪婪分子。"他说："我要求你们不要分裂，这样你们就可以成为一支统一的力量，因为帝国主义正在暗中行动，仍然在进行消灭这个共和国的活动。"

中华人民共和国国务院总理周恩来 10 月 8 日给卡塞姆发了慰问电。路透社当天发自巴格达的报道证实，巴格达电台当天广播了卡塞姆将军收到周恩来总理慰问电的消息。慰问电全文如下：

> 伊拉克共和国阿卜杜勒·卡里姆·卡塞姆总理阁下：惊悉阁下 10 月 7 日下午遇刺受伤，我谨代表中国政府和人民并以我个人的名义向阁下致以诚挚的慰问，并且祝阁下早日康复。中国人民坚决谴责帝国主义者的颠覆和暗杀阴谋，并且深信，伊拉克人民团结的力量一定能够粉碎帝国主义的一切阴谋。

萨达姆参与暗杀卡塞姆是在这样的背景下发生的。20 世纪五六十年代，是第二次世界大战后中东发生巨变的年代。1952 年以纳赛尔为首的"自由军官组织"发动军事政变，推翻了埃及法鲁克王朝；1958 年，以卡塞姆为首的"自由军官组织"发动政变，推翻了伊拉克费萨尔王朝；1969 年，以卡扎菲为首的一批青年军官发动政变，推翻了利比亚伊德里斯王朝。1956 年 7 月 26 日，纳赛尔宣布：他要把埃及境内被英法控制的苏伊士运河收归国有。当年 10 月，英法伙同以色列入侵埃及。第二次中东战争（又称苏伊士运河战争）爆发。1957 年纳赛尔成功收回了对苏伊士运河的主权。所有这些重大事件，尤其是纳赛尔收复运河的行动，大大地激发了中东人民的革命热情。纳赛尔被誉为阿拉伯世界的英雄，受到众多阿拉伯青年的尊敬和崇拜。萨达姆是其中之一。1958 年 2 月 1 日，埃及与叙利亚合并，成立阿拉伯联合共和国（United Arab Republic，UAR）。纳赛尔积极主张伊拉克参加。伊拉克当时也被列入这个共和国的成员之一。但卡塞姆坚持奉行"伊拉克优先政策"，拒绝参加阿拉伯联合共和国。他的这一立场引起伊拉克一些复兴党党员和军官的强烈不满，围绕是否参加阿拉伯联合共和国的问题，发生了尖锐的分歧。因此可以说，卡塞姆上台后采取的措施不但遭到美国反对，也在某种程度上与"泛阿拉伯主义"（pan-Arabism，又称阿拉伯民族主义）观念相悖。泛阿拉伯主义主张：有共同语言、文化、宗教和历史的阿拉伯世界组成一个独立的、统一的国家。

　　遭到第一次暗杀的卡塞姆虽惊魂未定，但勇气不减。1960 年 9 月他做出决定，只允许英美在伊拉克石油公司持股 20%，把公司 55% 的利润上缴伊拉克政府。以美国石油巨头埃克森为首的西方石油巨头压低油价进行反击。1960 年 9 月 10 日，卡塞姆政府邀请第三世界主要产油国伊朗、科威特、沙特阿拉伯和委内瑞拉到巴格达参加欧佩克成立筹备会议。为了保护各国代表的安全，巴格达市部署了坦克和武装部队。政府举行宴会欢迎各国代表团，卡塞姆乘装甲车前往祝贺。代表们经过几天讨论后，于 9 月 14 日宣布成立欧佩克，保卫第三世界产油国利益。[①]

　　第一次暗杀卡塞姆失败，美国并未善罢甘休。1960 年 2 月，中央情报局得悉卡塞姆有入侵科威特的愿望，曾阴谋通过赠送卡塞姆一个毒手帕置他于死地。1961 年 6 月 19 日，卡塞姆举行记者招待会宣布，科威特是伊拉克的一部分。1961 年 6 月 25 日，卡塞姆向伊拉克—科威特边境调兵遣将，重申科威特"是伊拉克不可分割的一部分"。美英两国都向伊拉克周围派遣武装力量进行威胁。[②] 1961 年 12 月卡塞姆公布《第 80 号公共法》（Public Law 80），收回伊拉克石油公司在伊拉克占有的 99% 土地，分配给农民，没收伊拉克石油公司 95% 的租让权，并计划于 1964 年创建伊拉克

---

① 参见江红《为石油而战——美国石油霸权的历史透视》，东方出版社 2002 年版，第 260—262 页。

② Wikipedia：Abd al-Karim Qasim（died）；Wikipedia：John F. Kennedy.

国家石油公司。这标志着卡塞姆在实现石油资源国有化方面迈出了坚实的一步。正在开罗大学读书的萨达姆对卡塞姆的这一行动表示祝贺。《第80号公共法》对中东其他产油国具有深远影响。虽然没有将伊拉克石油公司收归国有，但收回了现有生产井之外地域的石油开采权，其中包括伊拉克南部鲁迈拉（Rumaila）大油田。1972年4月，苏联提供技术、着手开发这个大油田。

美英政府高官和石油巨头呼吁1961年上台的美国第35任总统、民主党人约翰·肯尼迪对卡塞姆政权施加压力。[①] 美英两政府认为只有除掉卡塞姆，才能夺回它们在伊拉克的利益。肯尼迪政府国家安全委员会高级顾问罗伯特·科默（Robert Komer）担心伊拉克国家石油公司开始石油生产后，卡塞姆必将设法收复科威特，其结果必将导致伊拉克垄断中东石油生产。他同时还担心伊拉克倒向苏联。他到处宣传说，推翻卡塞姆的"民族主义政变"已经"迫在眉睫"，伊拉克有潜力回到更中性的立场上。[②]

中情局局长杜勒斯指责卡塞姆的石油国有化是"共产党"行为，说他不认为这一局面是"无可挽回的"。1963年2月8日，在中情局秘密支持下，卡塞姆的战友、后来成为政敌的阿卜杜勒·萨拉姆·阿里夫（Abdul Salam Arif）上校发动军事政变，逮捕了卡塞姆，秘密审讯两小时，于次日中午以叛国罪把他枪决了。政变得到伊拉克复兴党的积极配合。[③]

事后透露的情报证明，美国和英国是策动这场军事政变的幕后黑手。

美国历史学家马尔·费布（Marr Phebe）在《美国近代史》（*The Modern History of Iraq*）一书第164页写道：

> 1963年2月8日的政变推翻卡塞姆的动机，是害怕受到共产主义的影响和石油部门被国家控制。
>
> 据称这次政变是在英国政府和美国中央情报局的支持下进行的。

---

① Wikipedia：Abd al-Karim Qasim（died）.
② Wikipedia：John F. Kennedy.
③ Wikipedia：Abd al-Karim Qasim（died）.

美国国家安全委员会工作人员罗伯特·科默于 1963 年 2 月 8 日政变当晚发给约翰·肯尼迪总统的有关伊拉克政变情况的备忘录最直接地证明了美国是政变的同谋。备忘录的最后一段文字写道："只要找到与我们对话的人，我们就会尽快发出非正式的友好声音。当我们确信这些家伙牢牢掌握政权，我们必须立刻承认他们。"这样的计谋在中央情报局的多次报告中都做了精彩的表述。……卡塞姆被短暂审讯后就被枪毙了。之后，为证明卡塞姆已经死亡，电视台连续播放他被处决的镜头。

1963 年 2 月 8 日至 10 日，在交火中，在立即进行的挨家挨户搜捕共产党人的过程中，有 1500 人至 5000 人被杀害。2004 年 7 月，一个新闻团体与巴格达"底格里斯河电台"（Radio Dijlah in Baghdad）在巴格达发现了卡塞姆的尸体。①

美国学者埃里克·斯塔（Eric Star）2003 年 2 月 2 日在美国《明星论坛报》（Star Tribune）以《伊拉克历史——西方文明的摇篮》为题发表文章披露，中央情报局把针对这次政变的指挥部设在科威特。文章说，中央情报局与伊拉克政变集团在推翻卡塞姆方面有着共同利益，它在 1963 年推翻卡塞姆的军事政变中发挥了"重大作用"。中央情报局通过设在科威特的电子指挥中心与伊拉克反卡塞姆的军官们保持着密切的联系，指挥他们的具体行动。1965 年，中情局在印度尼西亚军事政变中向政变集团提供暗杀人员黑名单，而两年前，在 1963 年的伊拉克政变中，中情局就使用了这种卑劣手段，向伊拉克政变集团提供了政变后必须暗杀的伊拉克无辜人员的黑名单。一名接受美国中央情报局训练并积极参与军事政变的伊拉克人承认："是美国支持的政变集团推翻了以阿卜杜勒·卡里姆·卡塞姆为首的伊拉克政权。""依据美国提供的名单，这个集团有组织有计划地展开了大屠杀。无数知识精英被杀害……其中包括几百名医生、教员、技术人员、律师和其他专业人员以及军事和政界人士。有人甚至说，美国的秘密军事人员也参与了这场大屠杀。"①

美国《全球政策论坛》（*Globle Policy Forum*，GPF）曾以"中央情报局为伊拉克大屠杀提供名单依据"为题，援引美国著名历史学家汉纳·巴塔图（Hanna Batatu）专著《旧社会阶级与伊拉克革命运动》对这次政变的描述如下：

> 一些可靠的消息人士认为，在这次政变和其后的几周中，有一万多人被打死，10 万多人被捕。两位美国历史学家马里恩·法鲁克-斯拉格莱特（Marion Farouk-Sluglett）和彼得·斯拉格莱特（Peter Sluglett）说："这是战后迄今为止中东经历的最可怕的暴行。"政变发生后，现有监狱人满为患，体育俱乐部、电影院、宫殿和私人住宅都变成监狱，甚至一条街道也成了关押之地。"这次政变对伊拉克共产党人的伤害很严重。他们面临的是无休止的恐怖。""搜捕工作是根据事先准备好的名单进行的。……7 个月后（1963 年 9 月 27 日——笔者注）约旦国王侯赛因在巴黎克利翁酒店（Hotel Crillon）接受《金字塔报》（*Al-Ahram*）总编辑穆罕默德·哈桑宁·海卡尔（Muhammad Hasanein Haikal）采访时证实，名单是中情局提供的。他的断言值得引用：侯赛因国王说：'请允许我告诉你，我确切地知道，2 月 8 日在伊拉克发生的事得到了美国情报部门的支持。那些正在巴格达掌权的人并不了解这一情况，但我知道真相。复兴党和美国情报部门之间召开了许多次会议，他们在科威特召开的数不清的会议更加重要。你了解这个情况吗？……2 月 8 日，一个秘密电台给伊拉克发报，向那些发动政变的人们提供共产党人的名单和地址以便他们去逮捕和处决。'"②

美国知道"卡塞姆本人不是共产党人"，但卡塞姆脱离了"美国轨

---

① Cliff Pearson，"Blood，Oil，and Sand：The Hidden History of America's War on Iraq"，www. greens. org；Wikipedia：Iraq-United States relations.

② Hanna Batatu，"CIA Lists Provide Basis for Iraqi Bloodbath"，*Global Policy Forum*（GPF）；Hanna Batatu，*The Old Social Classes and the Revolutionary Movements of Iraq*，London Saqi Books，2004，pp. 985 – 987.

道"，退出了反苏的《巴格达条约》而转入"苏联轨道"；他把石油工业部分国有化，主持了欧佩克诞生的会议，还威胁吞并科威特。华盛顿以怀疑的眼光看待这些事态发展，决定让它们"胎死腹中"。① 卡塞姆之死实现了美国的愿望。

伊拉克副总理阿里夫上校在卡塞姆遇害后就任伊拉克总统。阿里夫是暗杀卡塞姆的带头人，美国国务卿迪安·腊斯克（Dean Rusk）对他上台异常兴奋，当天给总统肯尼迪发出的备忘录声称："看来伊拉克新统治者是反共的，他的政府将改变卡塞姆的政策。"2 月 11 日，美国与英国同时承认伊拉克新政权。2 月 22 日，腊斯克再次向肯尼迪递交备忘录，确定了美国"对伊拉克的立场"："暗中友好、提倡对话、有限军售合作、强调美国私人企业利益、派遣新大使"等。②

卡塞姆被处死，原因是多方面的。美英对卡塞姆脱离《巴格达条约》、与苏联和中国友好心怀不满。他们对卡塞姆的石油国有化计划尤其恼怒，非把他除掉不可！其主要借口则是"共产党威胁"。这是美国干涉别国内政、策动政变的惯用伎俩。卡塞姆年轻气盛，执政经验不足，没有从伊朗的石油国有化的惨痛事件中汲取教训，轻视了美英石油巨头的强大力量。在处理内政外交，尤其在处理与阿拉伯邻国和复兴党错综复杂的关系方面，卡塞姆也给国内外政敌留下了把柄，结果只能重蹈伊朗摩萨台的老路，他的人生终点甚至比 10 年前被中央情报局推翻的摩萨台更惨！

（五）中情局重演"阿贾克斯"

第二次世界大战后，美国把掠夺中东，尤其是海湾地区的石油资源作为重要目标。这是战后历届美国政府的战略方针。但是美国面临的局面是，中东民族运动蓬勃兴起和苏联快速渗透伊拉克。1944 年 9 月 9 日，为摆脱英国的统治，伊拉克王国在海湾地区率先与苏联建立外交关系。美国见势不妙，不惜采取包括军事、颠覆等一切手段，对付那些与苏联友好的

---

① "1963：Abd al-Karim Qasim, Iraqi Prime Minister", www.executedtoday.com, February 9, 2008.

② Henry E. Mattox, *A Chronology of United States-Iraqi Relations*, *1920—2006*, McFarland & Company, Inc., Publishers, 2008, p. 4.

中东产油国。一些产油国开始觉悟到，要发展本国经济，争取民族独立，必须依靠本国石油，于是决定赶走西方石油巨头，没收英美等西方石油巨头控制的石油资源，实行石油资源国有化。产油国和以美英为首的石油巨头之间围绕石油资源所有权开始了生死较量。这是一场流血的较量。最惨烈的教训首先发生在伊朗。1951 年，伊朗摩萨台政府首先实行石油国有化。当年 4 月 29 日，摩萨台向国民议会提交一份将英—伊石油公司（Anglo-Iranian Oil Company，AIOC）国有化法案，获得一致通过，第二天巴列维国王批准执行。英美两国恼羞成怒。1953 年 8 月 19 日，美国中情局在英国秘密情报局（Secret Interlligence Service，SIS）的密切配合下，以反对共产党威胁的名义策动军事政变，推翻了摩萨台政府，摩萨台锒铛入狱，伊朗石油国有化计划胎死腹中。1954 年美英石油巨头组成伊朗石油财团——"伊朗石油参与者有限公司"（Iranian Oil Participants Ltd'，IOP）。当年财团与伊朗当局达成了有效期长达 40 年的石油协议，规定美英两国石油巨头享有平等权利：各占股份 40%。自 1901 年以来一直由英国独家霸占的伊朗石油，从此由英美两国平分秋色[①]。

伊朗这次反动军事政变爆发 60 周年，即 2013 年 8 月，美国中央情报局扭扭捏捏地供认，是它一手策动了 1953 年 8 月 19 日推翻伊朗摩萨台政权的政变。2013 年 8 月 18 日，美国《外交政策》双月刊网站就此发表了如下报道：

> 60 年前的这个星期一，即 1953 年 8 月 19 日，伊朗近代史发生了一次关键性转折，当时美国和英国支持的政变推翻了伊朗时任首相穆罕默德·摩萨台。这个事件发酵了许多年。它导致了反美主义的兴起和随之而来的 1979 年伊朗国王被驱逐，它甚至影响了一批伊朗人，他们在当年晚些时候占领了驻德黑兰的美国大使馆。
>
> 然而，美国情报界几乎过了 60 年才公开承认它是这起颠覆事件的幕后推手。今天在国家安全档案馆网站公布的，是《伊朗之战》的一

---

① 参见江红《为石油而战——美国石油霸权的历史透视》，东方出版社 2002 年版，第 197—210 页。

段简短节选。这是中情局内部的一位历史学家 20 世纪 70 年代中期写就的一份内部报告。……报告的第三节"秘密行动"描写政变本身的内容大部分被删除了。但是，就我们所知，新版本的确第一次正式承认中情局参加政变的事实。报告说：这次推翻摩萨台及其内阁的军事政变是在中情局的指挥下，作为美国的一个外交政策行动发起的。……伊朗受到苏联入侵的风险迫使美国策划并执行了"阿贾克斯"行动（TPA-JAX）。"阿贾克斯"是中情局制订的推翻摩萨台政权计划的代号。①

（六）美国与伊拉克关系恶化

自 1963 年 2 月卡塞姆被暗杀至 1979 年萨达姆·侯赛因就任总统，伊拉克政权更迭频繁，与美国的关系也时近时远。

1979 年萨达姆就任总统前，中东局势多变。1967 年 6 月 5 日，以色列向埃及、叙利亚和约旦发动突然袭击，"六·五战争"（又称第三次中东战争）爆发。在这场战争中，美国第 36 任总统、民主党人林顿·约翰逊（Lyndon B. Johnson）政府支持以色列，因此伊拉克与美国断绝外交关系。从那以后至 1984 年 11 月 26 日两国恢复外交关系的 17 年间，美国与伊拉克关系基本上处于低潮。在随后的两次中东战争中，即 1973 年的"十月战争"（第四次中东战争）和 1982 年的"黎巴嫩战争"（也称第五次中东战争），伊拉克都坚决支持巴勒斯坦，反对美国支持以色列。这是美国无法接受的。

此外，伊拉克政局的两个明显的发展趋势更令美国难以容忍。

首先，伊拉克与苏联的关系越来越密切。1964 年和 1969 年，苏联先后和伊拉克签订两个军事协定，向伊拉克提供大量武器装备，派遣军事顾问，训练伊拉克军队。1967 年，伊拉克与苏联签署协议，苏联答应向伊拉克国家石油公司提供技术和财政援助，伊拉克用石油偿还。1972 年 4 月 9 日，双方签署了《苏维埃社会主义共和国联盟和伊拉克共和国友好合作条约》（Treaty of Friendship and Cooperation between the Union of Soviet Socialist

① 《中情局承认策动 1953 年伊朗政变》，《参考消息》2013 年 8 月 20 日第 2 版；Malcolm Byrne，"CIA Admits It Was Behind Iran's Coup"，*FP*（*Foreign Policy*），August 18，2013.

Republist and the Republic of Iraq)，两国友好关系发展到顶峰。因伊拉克倒
向苏联，美国政府把它归入阿拉伯国家中的激进国家之一，待之以"无赖
国家地位"（Pariah Status）加以孤立和打击；与此同时，为了孤立伊拉克，
抵制苏联影响，美国加强了与海湾其他阿拉伯国家的友好关系，特别是头
号产油大国沙特阿拉伯和巴列维王朝的伊朗，把它们作为美国在海湾地区
的"两个栋梁"。①

其次，伊拉克坚持实行石油国有化。自卡塞姆被处死以来，伊拉克从
英美石油巨头手中收回本国石油资源的斗争方兴未艾，从 1968 年起逐步进
入高潮。

1968 年 7 月 17 日，艾哈迈迪·哈桑·贝克尔（Ahmed Hassan al-Bakr）
将军发动军事政变，推翻了伊拉克第三任总统、阿卜杜勒·萨拉姆·阿里
夫的胞弟阿卜杜·拉赫曼·阿里夫（Abdul Rahman Arif）。

贝克尔就任伊拉克总统后，指定他的表兄弟（或堂兄弟）、在政变
中发挥关键作用的萨达姆·侯赛因为副总统兼复兴党革命指导委员会副
主席。

贝克尔将军 1968 年发动的"7·17"军事政变彻底改变了复兴党在伊
拉克政治生活中的地位，开辟了复兴党一党长期执政的历史。从 1979 年 7
月 16 日萨达姆就任总统到 2003 年 12 月 13 日在小布什发动的伊拉克战争
中被美军活捉，他的总统任职时间为 24 年。复兴党在伊拉克连续执政时间
共 35 年。

在西方人眼里，虽然萨达姆是贝克尔的副手，但他是一位幕后强有力
的复兴党政治家。他们二人中贝克尔年长、有声望，但是到 1969 年，萨达
姆·侯赛因明显成为复兴党幕后的推动力量。②

1970 年，贝克尔政府要求在伊拉克石油公司中拥有 20% 股权。但美英
石油巨头坚决反对伊拉克参股，只同意增加石油产量、提高油价、预付矿
区使用费等。伊拉克政府不满，于 1970 年 11 月提出了更高的要求，包括
控制公司石油产量和增加政府收入等。再次遭到拒绝后，伊拉克政府于

---

① Jeb Sharp，"History of Iraq：Part Ⅲ US-Iraq Relations"，www.theword.org，February 13, 2003.

② Wikipedia：Saddam Hussein.

1972年5月向美英等西方石油巨头发出最后通牒，又遭拒绝，当年6月1日，伊拉克政府发布《69号法令》（Law 69），将伊拉克石油公司收归国有，改称"伊拉克国家石油公司"（Iraq National Oil Company，INOC）。[1]从此，掠夺伊拉克石油长达61年之久，先由英国控制、后被美国垄断的伊拉克石油公司寿终正寝了。

萨达姆不仅是石油国有化最坚定的提倡者和执行者，也是欧佩克中的鹰派之一，主张产油国利用石油武器打击西方石油巨头的盘剥和欺压。1973年10月6日，"十月战争"爆发，13年前诞生于巴格达的欧佩克成员为反对西方支持以色列，维护本国利益，于战争爆发当月首次运用自己的权力提高了油价。时任伊拉克副总统、复兴党副主席的萨达姆·侯赛因积极配合，于战争爆发第二天，即1973年10月7日没收了美国埃克森和美孚两家石油巨头的"巴士拉石油公司"（Basra Petrolleum Company），把以美国为首的西方石油巨头全部赶出了伊拉克。美国当局恼羞成怒，指责萨达姆"不可靠"，是"恐怖分子头目"。[2]从此，美国更加支持亲美的伊朗巴列维政权，极力孤立、对抗伊拉克。

（七）智库兰德公司的报告

1979年，萨达姆·侯赛因结束了长达11年的副总统职务，作为贝克尔的理想接班人，顺利继任伊拉克总统，并任伊拉克阿拉伯复兴社会党总书记、复兴社会党革命指挥委员会主席、武装部队总司令。

萨达姆即将就任伊拉克总统前，由美国政府资助、以军事为主的综合性战略研究机构——著名智库兰德公司（RAND Corporation）与卡特政府军事部门签订合同，对苏联—伊拉克关系进行研究。1980年7月，兰德公司提出由弗朗西斯·福山（Francis Fakuyama）署名的94页机密报告。兰德公司强调，这份报告是专为美国空军提供的。

苏联与伊拉克关系和石油问题是报告的重点内容。基本观点如下。

伊拉克的地理位置是苏联扩大其影响力的理想之地。这是因为以下

---

[1] Wikipedia：Iraq Petroleum Company.

[2] Cliff Pearson，"Blood，Oil，and Sand：The Hidden History of America's War on Iraq"，www. greens. org.

几点。

第一，伊拉克正在成为中东地区主要强国。20 世纪 50 年代，埃及和伊拉克被认为是中东地区的两个权力中心。之后十多年来，伊拉克国内政局动荡导致国际地位下降，与埃及相比它的威望大为逊色。然而，因石油储量丰富又有一个"强硬而无情"的领导萨达姆·侯赛因，伊拉克重新在中东扮演着重要的角色。这样的领导可能带领伊拉克朝着既定的方向越走越远。第二，伊拉克的地理位置很重要。它接近苏联的高加索地区；它与美国的两个同盟国——沙特阿拉伯和土耳其接壤；它与位于波斯湾心脏地带的科威特和伊朗相邻。伊拉克还接近阿拉伯—以色列的冲突前沿，在波斯湾和阿拉伯—以色列的权力平衡的斗争中，它都起着关键作用。第三，从 1968 年开始，统治伊拉克的复兴党信奉反西方的极端意识形态。这样的意识形态与苏联的外交目标一致。第四，伊拉克的形势特别有利于苏联获得好处。苏联有能力并愿意向巴格达提供大规模尖端武器。1972 年 4 月，巴格达与莫斯科签署了友好合作条约，巴格达允许伊拉克共产党人进入内阁，大大增加了苏联先进武器的进口。

自从 1968 年复兴党上台以来，巴格达—莫斯科关系可以分为三个阶段。第一阶段（1968—1971）和第三阶段（1975—1980）期间，伊拉克在许多领域与苏联有分歧和冲突。只是在中间阶段（1972—1974），伊拉克与苏联在广泛领域进行合作，对苏联的依赖程度提高了。这是因为：第一，伊拉克实行石油公司国有化；第二，1974 年 3 月库尔德战争重演；第三，1973 年阿拉伯—以色列战争爆发；第四，伊朗巴列维政权推行大规模战备计划。这期间，伊拉克与苏联的关系非常密切。军火交易迅速发展，不到 5 年时间，伊拉克武装部队的武器几乎增加了一倍多。与此同时，在以往存在分歧的一些问题上，两国也开展了密切的合作。

1972 年 2 月，萨达姆·侯赛因访问莫斯科。他在谈到石油国有化时声称："我国人民正面临着英国、美国和垄断公司中的帝国主义势力从事的阴谋活动，这些公司正在进行反对我国人民的大规模阴谋破坏活动。"1972 年 4 月 9 日，伊拉克与苏联签订《友好与合作条约》（Treaty of Friendship and Cooperation）。在签约仪式上，双方同时庆祝了伊拉克南部鲁迈拉大油田投产。条约的签订时间和内容证明，为防止伊拉克进行秘密或公开军事报复，该条约是对伊拉克提供的政治保证。苏联部长会议主席柯西金（Alexei Kosygin）在签字仪式上发表讲话强调："苏联完全站在阿拉伯国家一边。这些国家正在开展一场斗争，以确保它们的自然资源尤其是石油资源属于它们的真正主人——这些国家的人民。"伊拉克石油公司被国有化的时间是 1972 年 6 月 1 日，也就是条约签订后不到两个月。这暗示，双方都把政治保证考虑在内。

没收外国公司在伊拉克的全部私有财产不仅符合复兴党的意识形态，从长远看也能最大限度地增加伊拉克的财政收入，因此得到复兴党内两派——理想主义派（idealist）和实用主义派（pragmatist）的完全支持。没收西方资产的行动明显经过深思熟虑。伊拉克石油国有化的时间与政治事件几乎没有联系，其目的是提高管理本国石油工业的自主能力和研究石油国有化给经济带来的副作用。伊拉克复兴党认真地研究了往届政府在石油国有化中的教训。1961 年卡塞姆批准的《第 80 号公共法》，把伊拉克石油公司租赁但尚未开发的 99.5% 的伊拉克土地全部收归国有。在随后的几年，伊拉克石油公司几乎停止了一切新的勘探和投资，以报复伊拉克。伊拉克复兴党渴望在石油国有化过程中免遭类似行为的伤害。为获得钻探工具、技术知识、石油管道、油轮和原油销售设施，伊拉克另辟蹊径，进行了预料中的国有化进程。在这方面，苏联起了极其重要的作用。除了苏联，法国也在较小程度上起了关键性作用。

1975 年年初，苏联在伊拉克的影响力达到顶点。

伊拉克从未允许苏联在伊拉克建立直接的军事存在，因为伊拉克人从不允许外国在他们的国家建立军事基地。这是苏联地位虚弱的原因之一。伊拉克人一直坚持说在他们的国家没有任何种类的外国基地。1975 年 2 月，美国专栏作家埃文斯和诺瓦克（Evans and Novak）访问了伊拉克乌姆盖斯尔（Umm Qasr）新港后得出结论："有人硬说这个新港是苏联基地，但它肯定不是。"

对伊拉克施加影响特别有效的手段不只是武器转让。多年来苏联人确信，至少在未来几年伊拉克对美国将保持不结盟和独立的态度。然而苏联人没有在广泛的领域充分得到伊拉克的主动合作，原因是多方面的，有些与武器转让本身的性质有关，其他则与伊拉克的具体情况有关。首先，苏联掌管武器转让和原油管道配件，是为了对客户进行政治控制而采取的相当拙劣的手段。客户宁愿忍受没有政治压力的武器禁运或延缓交货。其次，为对付原油管道的垄断行为，客户囤积或开辟多元化供应渠道。最后，在使伊拉克摆脱对苏联武器的依赖方面，法国在短期内扮演了主要角色。要不是为了自己的既得利益而热情关注与巴格达建立关系，法国就不会出现这样的情况，反过来，要不是巴格达有石油收入，有能力用现金来购买先进武器，法国在伊拉克的既得利益就不可能存在。

伊拉克之所以有能力独立于苏联，很大程度上依赖于石油收入。伊拉克当前日产原油 300 多万桶，是欧佩克中第二大产油国，现已探明石油储量接近 400 亿桶，实际储量或许比这个数字要多好几倍。伊拉克手头有硬通货用来从欧洲购买武器，同时继续与苏联进行贸易往来。

1975 年，伊拉克与苏联的关系再次疏远。除了上述一些对苏联的依赖性问题已经消除外，最重要的原因，首先，伊拉克于 1975 年 3 月与伊朗巴列维政府签订了《阿尔及尔协议》（Algiers Agreement），大大缓和了两国的紧张关系；其次，1973—1974 年在世界石油市场爆发的一场革命（石油禁运——笔者注），导致伊拉克与西方的贸易猛增，从而增加了伊拉克的硬通货储备。苏联对伊拉克这两个发展动向很是不悦，于 1975 年中期对伊拉克实行武器禁运，试图控制伊拉克。

1979 年 12 月 27 日苏联入侵阿富汗，严重破坏了苏联—伊拉克关系。几天后萨达姆对全国发表讲话称："外国入侵阿富汗是个严重事件。人民很难认为它是合法的，也很难为它找到理由。它是非正义的、严重的，是令所有爱好和平和独立的人民感到不安的行为。"

在反对帝国主义和西方影响中东事务方面，苏联与伊拉克目标完全一致，但双方在泛阿拉伯民族主义、在国内发展和对外经济关系方面存在分歧。在萨达姆·侯赛因领导的复兴党上台后，在如此狭窄教义的基础上建立起来的苏联—伊拉克关系也就更加受到限制。萨达姆发表措辞强硬的政策，表示伊拉克不卷入军事对抗……以掩饰伊拉克是个狂热的、不负责任的国家的公众形象。

报告的结束语称，虽然苏联以提供武器的手段拉拢伊拉克和中东其他国家未能成功，但它将利用这个地区的共产党扩大其影响力。①

兰德公司报告的核心目的显然在于提醒里根政府要特别警惕伊拉克共产党动向，充分利用伊拉克与苏联之间的矛盾，把它从苏联怀抱拉回到美国怀抱。

（八）里根政府讨好萨达姆

1979 年萨达姆升任总统时，正值邻国伊朗政局发生巨变。伊朗伊斯兰什叶派宗教领袖鲁霍拉·霍梅尼（Ruhollah Khomeini）发动伊斯兰革命，推翻了巴列维王朝，使美国的中东政策遭到重创。它标志着美国在中东的一只臂膀折断了、消逝了。当年 1 月 16 日，巴列维含泪离开德黑兰流亡国外；同年 2 月霍梅尼结束 15 年的流亡生活，从伊拉克中部城市纳杰夫（Najaf）返回德黑兰。他宣布废除帝制，建立伊斯兰共和国，视美国为伊朗头号敌人。美国在中东的主要支柱——伊朗，一夜之间从盟国变成了敌国。当年 11 月 4 日，伊朗学生扣押美国驻德黑兰大使馆 52 名美国外交人员，把两国关系推向低谷。约翰逊政府司法部部长威廉·拉姆齐·克拉克（William Ramsey Clark）曾说："从 1953 年以来的 25 年中，在波斯湾和中东地区，伊朗国王充当着美国的代理人。"此时，亲美的巴列维下台了，反美的霍梅尼上台了，美国等西方国家控制中东的希望眼看就要落空。于是，美国转而试图把伊拉克总统萨达姆·侯赛因作为自己的盟友，把他"再次变成华盛顿手中'一张切实可行的王牌'"。②

1980 年 9 月，萨达姆对伊朗发动武装袭击，两伊战争爆发。里根政府偷着乐，觉得美国在海湾地区重整旗鼓的机会终于来临。战争初期美国向交战双方提供武器和情报，希望两败俱伤，坐收渔翁之利。里根政府对伊拉克军队曾动用国际法严格禁止的化学武器反击伊朗睁一只眼闭一只眼。

---

① Francis Fakuyama, "RAND Corporation：The Soviet Union and Iraq Since 1968", prepared for the united states air force, July 1980, http：//www. rand. org/content/dam/rand/pubs/notes/2007/N1524. pdf.

② Cliff Pearson, "Blood, Oil, and Sand：The Hidden History of America's War on Iraq", www. greens. org.

当战争后期的发展不利于伊拉克时，美国的立场立即一边倒，全力支持伊拉克。美国向伊拉克提供武器和情报，默认伊拉克使用化学武器，并直接参与军事行动，以此讨好伊拉克，恢复与伊拉克的外交关系。里根政府力图借伊拉克的武装力量打败伊朗，防止霍梅尼向海湾阿拉伯国家推行他的反美治国理念。

1983 年两伊战争正酣时，里根总统虽已掌握伊拉克对伊朗使用化学武器的秘密情报，仍决定派遣拉姆斯菲尔德前往巴格达，直接会见萨达姆，争取尽早实现两国关系正常化。此举证明，里根善于根据中东形势变化制定有利于美国利益的战略决策，并及时采取行动。

从 1983 年到 1984 年，拉姆斯菲尔德担任两项主要公职：一是里根总统武器控制顾问委员会成员和政府安全事务顾问；二是里根"星球大战"的积极推行者和吹鼓手。同时他还担任 G. D. 瑟尔跨国制药公司董事长。

1983 年 12 月 19 日，拉姆斯菲尔德作为里根总统的私人代表和中东特使秘密飞抵巴格达。当天与伊拉克外交部部长塔里基·阿齐兹（Tariq Az-iz）举行预备会议。1983 年 12 月 20 日一大早，他拜会了萨达姆，递交了里根总统的亲笔信和见面礼——一副金色牛仔马刺。[1] 信件表达了里根对恢复两国外交关系的愿望。"拉姆斯菲尔德授权告诉萨达姆，美国政府'会把伊拉克的任何重大挫折视为西方的一个战略性失败。'""会谈中拉姆斯菲尔德告诉萨达姆，美国政府'对世界形势和中东局势的理解与伊拉克是一致的。'""谈到两伊战争时，拉姆斯菲尔德对萨达姆说：'美国认为，如果两伊冲突带来更大的不稳定因素，或者冲突的结果是伊拉克的地位被削弱而伊朗的利益和野心得以满足，那么这与中东地区的利益，或者与西方的利益是不符合的。'"[2] 为了增强萨达姆对他的信任，拉姆斯菲尔德特别强调自己与里根总统之间有着"密切关系"。[3]

---

[1] David Ross, "Saddam Hussein, Donald Rumsfeld, and the Golden Spurs, An Interview with Jeremy Scahill", *Z Magazine*, November 2002.

[2] ［美］施瓦·巴拉吉：《萨达姆传》，郭骏、罗淑珍译，国际文化出版公司 2007 年版，第 120 页。

[3] Edited by Joyee Battle, *Shaking Hands with Saddam Hussein: The U. S. Tilts toward Iraq 1980—1984*, Naional Security Archive Electronic Briefing Book No. 82, February 25, 2003.

拉姆斯菲尔德与萨达姆的会谈在友好的氛围中进行，双方热情握手的镜头在美国和全球传播开来。

拉姆斯菲尔德在他的回忆录《已知与未知》（*Known and Unkown：A Memoir*）中对这次历史性握手是这样描写的："萨达姆微笑着，在距离我面前几英尺的地方停止了脚步。我伸出手，他与我握手。摄像机开拍了。"

拉姆斯菲尔德伊拉克之行的主要任务除了恢复两国外交关系外，还要说服萨达姆在一项修建石油管道的协议上签字。美国与伊拉克恢复两国外交关系已水到渠成，基本上没有障碍，但另一项艰巨任务尚待完成。拉姆斯菲尔德直截了当地向萨达姆提出修建一条从伊拉克至约旦港口城市亚喀巴（Aqaba）的石油管道（简称亚喀巴管道），这是萨达姆始料未及的。萨达姆说这是个好计划，但同时表示担心此管道可能遭以色列袭击，认为管道经过土耳其或沙特阿拉伯更安全，因此拒绝在协议上签字。拉姆斯菲尔德将萨达姆的担忧电告时任里根政府国务卿的舒尔茨，说待他访问以色列时多做工作，以消除萨达姆的顾虑。

关于修建这条新管道的故事要从叙利亚在两伊战争中的态度说起。伊拉克石油出口主要靠三条输油管道。除了经土耳其到地中海港口杰伊汉（Ceyhan）的管道外，其他两条管道都瘫痪了。在长达 8 年的两伊战争中，叙利亚支持伊朗反对伊拉克。1982 年 4 月，叙利亚总统哈菲兹·阿萨德（Hafez al-Assad）下令关闭了从伊拉克北部石油重地基尔库克到叙利亚地中海港口城市巴尼亚斯（Banias）的石油管道。这条修建于 20 世纪 50 年代的管道是伊拉克石油出口的生命线之一。另一条管道是从伊拉克南部波斯湾沿岸港口城市巴士拉到波斯湾，这条管道和有关设施在两伊战争爆发后不久就被伊朗破坏了。

修建新管道的首倡者是国务卿舒尔茨。他紧紧抓住了伊拉克管道的商机，这不仅有利于巩固美国在伊拉克的阵地，也有助于美国控制伊拉克的石油出口。1983 年 12 月 2 日，拉姆斯菲尔德出访伊拉克之前，国务院曾邀请贝克特尔公司高管前往华盛顿商讨在伊拉克修建亚喀巴管道事宜，并指示拉姆斯菲尔德向萨达姆提出这一方案。贝克特尔公司总部位于旧金山，舒尔茨进入里根内阁之前是该公司首席执行官。修建这条管道的协议文本是他亲自起草的，并主张由贝克特尔公司承建。里根政府国防部部长卡斯珀·温伯格（Caspar Weinberger）积极支持修建这条管道，他在入阁前是贝克特尔公司的总顾问。作为国务卿，舒尔茨想借自己的官方身份要求老朋友拉姆斯菲尔德去实现他个人和贝克特尔公司在伊拉克修建管道的夙愿。

1984年3月24日，拉姆斯菲尔德以舒尔茨特使的身份第二次访问巴格达，会见伊拉克外长塔里基·阿齐兹。临行前，舒尔茨召见拉姆斯菲尔德，要求他尽力促成亚喀巴石油管道谈判成功。拉姆斯菲尔德抵达巴格达的当天，联合国一个调查团已经证实，伊拉克军队在同伊朗的战争中使用过芥子气。但这并没有影响拉姆斯菲尔德在伊拉克的行程，更没有减弱他推行亚喀巴管道的积极性。他与阿齐兹继续就修建管道问题举行秘密谈判，尽全力讨价还价。2002年8月18日的《纽约时报》披露，在密谈中，拉姆斯菲尔德默许了萨达姆使用化学武器及对伊拉克什叶派和库尔德人的镇压，并承诺向伊拉克提供军事技术援助和进出口银行信贷、切断对伊朗的武器出口、修建亚喀巴管道，并传递以色列不破坏新管道的承诺。但萨达姆不相信这一承诺。亚喀巴管道计划胎死腹中，令美国恼火。

尽管管道计划泡汤，但拉姆斯菲尔德两次巴格达之行成果丰硕。作为里根总统的中东特使，他顺利地完成了两个任务：一是1984年11月26日两国恢复了已断绝长达17年的外交关系；二是从1983年年底开始，美国向伊拉克提供武器和情报，支援伊拉克打伊朗。在拉姆斯菲尔德充当总统特使的两年期间，大量美国军火通过海陆空源源不断运往伊拉克。里根总统秘密允许约旦、沙特阿拉伯、科威特和埃及向伊拉克运送美国武器。美国军火商大发横财。里根还要求意大利总理向伊拉克提供武器。中央情报局关于伊朗的情报也及时传到巴格达，其中包括利用化学武器攻击伊朗的目标。一些美国公司"公开或秘密地向伊拉克派去生物专家，提供有毒化学物质、生物制剂。这些物质是制造化学武器的原料……与拉姆斯菲尔德有关的跨国制药公司和科技公司在这个领域开始活跃起来"。[1]

---

[1] PNAC（The Project for the New American Century）member of the week：Donald H. Rumsfeld，January 17，2004；Wikipedia：Iraq and Weapons of Mass Destruction.

　　2003 年 12 月 19 日《华盛顿邮报》根据最新解密的文件进一步透露，"1984 年 3 月拉姆斯菲尔德访问巴格达时还携带着与大规模杀伤性武器有关的信息，即美国公开批评伊拉克使用化学武器的举动不会影响华盛顿试图与伊拉克建立更友好的关系所做的努力。……这些解密文件透露了美国为拉拢伊拉克、为把它当作盟友所做努力的新的幕后细节"。

　　除了向伊拉克提供武器装备和情报外，1987—1988 年美国还出动军舰，摧毁了伊朗在波斯湾的石油平台，打通了伊拉克在波斯湾的石油航运通道。① 从此，两伊战争的形势迅速向有利于伊拉克一方转化。

　　2003 年 2 月，也就是在拉姆斯菲尔德访问巴格达后的第 20 个年头，美国国家安全档案馆公布了这段历史的解密文件。美国中东问题专家乔伊斯·巴特尔（Joyce Battle）于当年 2 月 25 日以"与萨达姆握手：1980—1984 美国向伊拉克倾斜"为题，公布了这些档案的摘要。2 月 27 日《华盛顿邮报》与巴特尔就这些档案进行了在线对话。对话的题目是：《伊拉克：美国支持萨达姆·侯赛因的解密文件》。主要内容如下：

　　　　国务院和白宫在美国对两伊战争的政策问题上发生了分歧。经过双方高层官员研究后，1983 年 1 月 6 日，里根总统发布第 114 号国家安全决策令，特别关注美国对两伊战争的政策，把它放在里根政府优先重视的地位。决策令呼吁加强美国与波斯湾地区国家的军事合作，保卫石油设施和美国在波斯湾的军事力量……由于担心两伊战争可能影响石油从波斯湾向国际经济体系的流通，决策令要求做好准备，迅速采取行动防止波斯湾通道出现混乱。

　　　　不久，G. D. 瑟尔跨国制药公司负责人拉姆斯菲尔德作为总统特使被派往中东。1983 年 12 月，他访问中东国家首都，其中包括巴格达。在这里他要在"里根特使和萨达姆总统之间建立直接接触"，强调他本人与里根之间有着"密切关系"。拉姆斯菲尔德会见了萨达姆，双方讨论了共同关心的地区问题，双方对伊朗和叙利亚都抱有敌意；

---

① The World Revolution："U. S.：Rumsfeld Backed Saddam Hussein Even after Chemical Attacks"，December 24，2003.

双方还讨论了美国为伊拉克另找一条石油出口通道的设想。伊拉克在波斯湾的石油设施被伊朗关闭了，而伊朗的同盟国叙利亚则切断了经过其领土的一条伊拉克石油运输管道。

拉姆斯菲尔德还与伊拉克外交部部长塔里基·阿齐兹举行了会谈。两人都认为"美国和伊拉克在许多问题上有着共同的利益"。拉姆斯菲尔德保证：里根政府愿为两伊战争"做更多的事情"……不久，美国有关部门明确通知拉姆斯菲尔德：伊拉克领导人对他的访问"极为满意"。

美国舆论认为，从上述已解密的档案中可以判断，拉姆斯菲尔德的伊拉克之行可能也是为了维护舒尔茨本人在贝克特尔公司的"私利"。[①]

2003年4月14日《纽约时报》以《终极内幕交易者》为题发表鲍勃·赫伯特（Bob Herbert）的文章，披露了拉姆斯菲尔德巴格达之行与石油管道关系的内幕。文章说：

回顾20年前，罗纳德·里根是总统，乔治·舒尔茨是国务卿。当时黎巴嫩处于动乱之中。伊拉克和伊朗之间的恶战处于胶着状态，这场战争急剧减少了伊拉克石油出口。作为里根总统的中东特使，拉姆斯菲尔德停留的地点之一是巴格达。在那里他会见了萨达姆·侯赛因，这是很不寻常的。拉姆斯菲尔德先生是1967年以来访问伊拉克的美国最高级官员。当年伊拉克和其他阿拉伯国家指责美国帮助以色列在"六日战争"（"六·五战争"，因战争进行了6天，因此以色列称"六日战争"——笔者注）中获胜而与它断绝了外交关系。拉姆斯菲尔德访问巴格达的首要目的是改善美国与伊拉克的关系，但是还秘密讨论了另一件事情：旧金山实力强大的贝克特尔集团想建设一条从伊拉克到接近红海的约旦亚喀巴港的石油管道。国务卿舒尔茨希望修建这条石油管道。在参加里根政府之前，他是贝克特尔的首席执

① Edited by Joyee Battle, *Shaking Hands with Saddam Hussein: The U. S. Tilts toward Iraq 1980—1984*, Naional Security Archive Electronic Briefing Book No. 82, February 25, 2003.

行官。管道工程造价 10 亿美元。美国政府希望萨达姆签署这个工程协议。……20 年后，这仍然是个棘手的问题。……贝克特尔继续为修建这条管道而奋斗；中东和平使节唐纳德·拉姆斯菲尔德为促成其成功正与伊拉克高级官员交涉。……国务院的一份备忘录……描写了拉姆斯菲尔德先生在与伊拉克外交部部长塔里基·阿齐兹进行私下会谈时怎样提出了输油管道的问题。拉姆斯菲尔德的备忘录说："我提出了通向约旦的管道问题。阿齐兹说他很熟悉这个建议，说这显然是美国公司的建议。他担心这条管道将进入亚喀巴湾，接近以色列。"显然伊拉克担忧以色列可能摧毁这条管道……

众所周知，1983 年秋天伊拉克用化学武器反对伊朗。这并没有阻止美国继续与萨达姆改善关系的努力，也没能抑制铺设亚喀巴管道的热情。这个项目是一个公司提出来的，这个公司不仅向里根政府输送了国务卿，还输送了国防部部长、担任贝克特尔法律总顾问的卡斯珀·温伯格。

舒尔茨先生声明，他与管道没有任何关系，可正是他的国务院与贝克特尔公司联手推行这项管道工程，况且谁都知道，舒尔茨先生一直经营着贝克特尔。萨达姆最后推翻了这个管道建议。

在萨达姆否决亚喀巴管道建议后两年，伊拉克与沙特阿拉伯达成协议，修建一条从伊拉克南部城市巴士拉经沙特到红海的石油管道。"这标志着美国与伊拉克的石油外交结束了。"①

美国企图逼迫伊拉克铺设亚喀巴管道的计划被萨达姆断然否决。萨达姆的态度让美国很不痛快。

几十年来，尤其是 1991 年和 2003 年布什父子先后发动对伊拉克的战争之后，美国舆论不断发出对拉姆斯菲尔德巴格达之行的批评之声，指责拉姆斯菲尔德对萨达姆失察，把一个恶棍当成朋友。

2013 年 8 月 26 日，美国《外交政策》杂志发表《独家报道：中央情

---

① "Rumsfeld's Old Flame", TomPain. Com, Archives, January 17, 2004.

报局档案证实萨达姆用毒气袭击伊朗时美国为其提供帮助》一文。文章指出，根据最新解密的中央情报局档案透露，里根政府为确保伊拉克在两伊战争中击败伊朗，充当了萨达姆使用化学武器的"同谋者"。文章说：

> 1988 年，在伊拉克与伊朗战争的末期，美国通过卫星图像获悉，伊朗将利用伊拉克防御的漏洞获得重要的战略优势。美国情报官员把伊朗军队所在位置告诉了伊拉克。这些美国官员很清楚，萨达姆的军队将动用化学武器包括沙林等致命的神经毒剂来袭击敌人。
>
> 美军所提供的情报包括伊朗军队移动的图像、地图以及伊朗后勤设施的位置、伊朗防空的详细情况。1988 年年初，在发动 4 次大规模的进攻前，伊拉克使用了芥子气和沙林。这 4 次进攻都依赖美国的卫星图像、地图和其他情报。这些进攻使得战争朝着有利于伊拉克的方向发展，从而迫使伊朗走向谈判桌，而且使里根政府长期奉行的让伊拉克获胜的政策得逞。但这只是几年来伊拉克最后一次发动化学武器袭击。几年前里根政府就知道伊拉克对伊朗发动化学武器袭击，只是没有透露。
>
> 30 年前，美国对萨达姆大量使用化学武器对付自己的敌人和人民进行了冷静的思考。里根政府认定，如果化学袭击可以扭转战局，任其用化学武器更好。
>
> 在国家档案馆的一批密码档案中有一些完全不引人注目的中情局文件，这些文件和对前中情局官员的独家采访共同揭示了一些细节——美国了解伊拉克何时以及如何动用致命毒剂。这些情况证明美国高层官员经常得到有关神经毒气袭击规模的汇报。这相当于美国正式承认自己是恐怖的化学武器袭击的同谋者。
>
> 里根的政策是不管付出多大代价都要确保伊拉克赢得战争的胜利。①

---

① 《最新解密中情局文件显示美曾充当萨达姆化武袭击"帮凶"》，《参考消息》2013 年 9 月 2 日第 12 版。Shane Harris and Mathew M. Aid，"Exclusive：CIA Files Prove America Helped Saddam as He Gassed Iran—The U. S. Knew Hussein Was Launching Some of the Worst Chemical Attacks in History—And Still Gave Him A Hand"，*Foreign Policy Magazine*，August 26，2013。

　　伊拉克化学武器的原料和技术由美国提供。2002 年 9 月 23 日，美国《新闻周刊》以《萨达姆是怎样产生的：美国帮助塑造了一个恶棍》为题刊登文章披露了内幕。当年 9 月 19 日，美国参议院军事委员举行听证会，参议院资深委员罗伯特·伯德（Robert Byrd）在会上宣读了提前拿到的《新闻周刊》文章，要求拉姆斯菲尔德当面解释。后者佯装不知情，但表示会到国防部查查。第二天，即 9 月 20 日继续开会，伯德全文宣读了《新闻周刊》的文章，其中说道：

　　　　美国帮助塑造了一个恶棍，究竟应该怎样去对付萨达姆以及在他消失后将发生什么情况，已经纠结美国四分之一世纪。

　　　　与许多外交政策内行人士一样，拉姆斯菲尔德知道萨达姆是个杀人狂，他支持恐怖分子，还企图拥有核武器。……然而当时美国最担心的是伊朗而不是伊拉克。里根政府怕的是，伊朗革命者推翻巴列维王朝、劫持美国外交人员后迅速占领中东及其主要油田。因此里根决定在两伊战争中支持伊拉克。拉姆斯菲尔德和萨达姆的会谈很重要，在接下来的 5 年，直到伊朗缴械投降，美国保证向伊拉克秘密提供军事情报、经济援助和弹药。

　　　　令人难以置信的是，在 20 世纪 80 年代的大部分时间，美国有意识地允许伊拉克原子能委员会（Iraq Atomic Energy Commission）进口美国细菌培养物。这种培养物可能被用来制造生物武器。这个情况确实发生了。

　　　　多年来，西方国家通过秘密或公开支持手段，帮助塑造了今日萨达姆，给他时间去建立致命的军火库，统治他的人民。美国连续几届政府似乎被萨达姆给惊呆了，如果萨达姆倒了，随之而来的将是一场混乱，引起地区性连锁反应，甚至燃起另一场中东战争。

　　　　1985 年，美国疾病控制和预防中心（Centers for Disease Control and Prevention，CDC）主任戴维·萨切尔（David Satcher）致信前参议员小唐纳德·W. 里格尔（Donald W. Riegle, Jr.）。信中说，美国政府向伊拉克科学家提供的病毒和细菌样品种类几乎有二十多种，其中包括鼠疫、肉毒杆菌、炭疽和其他致命性疾病的样本。一位伊拉克科学家在美国疾病控制和预防中心的实验室里接受 3 个月训练后亲自把许多原材料带回伊拉克。

令人吃惊的是，不但里根政府向伊拉克提供化学武器，他的接班人老布什也不甘落后。2002 年 12 月 30 日出版的《华盛顿邮报》发表文章透露："罗纳德·里根和乔治·赫伯特·沃克·布什授权有关部门向伊拉克出售军用和民用领域等许多项目，其中包括有毒化学物质和致命的生物病毒，如炭疽和鼠疫。"①

（九）拉姆斯菲尔德辩解

伊拉克之行这段人生经历与拉姆斯菲尔德如影随形了几十年。美国与伊拉克恢复外交关系是他的骄傲，但管道交易泡汤、化学武器之争是他的隐痛。多年来美国舆论对他的批评和谴责声不绝于耳。1991 年老布什发动海湾战争和 2003 年小布什发动伊拉克战争后，对拉姆斯菲尔德的谴责声一浪高过一浪，但罕见他公开出来辩解。在 2011 年出版的回忆录《已知与未知》（*Known and Unkown*：*A Memoir*）中，拉姆斯菲尔德终于开口了，在开篇第一章——"反恐的教训"下的小标题"巴格达——1983 年 12 月 20 日"中，拉姆斯菲尔德为伊拉克之行做了如下辩解：

> 20 多年以来，我与萨达姆的会谈成了人们散布流言蜚语、谣言和想入非非的阴谋论的主题，尤其是 2003 年我涉入那届剥夺萨达姆权力的政府以后，这种情况尤为严重。人们推测，里根政府派我去会见萨达姆不是为了一项石油秘密交易和帮助武装伊拉克，就是为了把伊拉克塑造成美国的附庸国。真实情况是，我们的会面更坦率，很少戏剧性。

---

① Christopher Dickey and Evan Thomas, "How Saddam Happened: America Helped Make a Monster", *Newsweek*, September 23, 2002, p. 35; Congressional Record: September 20, 2002, Senate, Page S8987-S8998; Michael Dobbs, "U. S. Had Key Role in Iraq Buildup: Trade in Chemical Arms Allowed Despite Their Use on Iranians, Kurds", *The Washington Post*, December 30, 2002.

……在他的助手向我介绍萨达姆时，这位声名狼藉的伊拉克领导人满怀信心地向我走来。和其他佯装自己是人民革命者的铁腕人物一样，萨达姆身着军装，臀部挂着一把手枪。

萨达姆·侯赛因身材高大、健壮，他的头发和胡须是那样的乌黑，我怀疑是染过了。那是1983年12月20日，就是在这一天，我会见了将以"巴格达屠夫"的称呼而闻名的男子……

当年冬天，我作为里根总统的使节访问了巴格达。我的官方头衔是美国总统在中东地区的私人代表。25年多以来，在接触过伊拉克领导人的所有美国官员中，我的头衔是最高的。我们这些在里根政府中的官员没人对萨达姆抱有幻想。和许多暴君一样，萨达姆的人生经历充满冲突，他靠屠杀来加强自己的统治。3年前，在萨达姆发动的反对伊朗的战争中，他曾使用过化学毒素。但是，考虑到中东的现实情况，美国当时和现在一样，经常不得不同那些它认为与其他统治者相比"并不那么坏"的家伙打交道。在评估谁是我国潜在的朋友、谁是我国可能的敌人时，情况又往往多变。至少在1983年，中东地区的一些领导人甚至比萨达姆·侯赛因更难以让人乐意与他们打交道。

那时，叙利亚和伊朗威胁着美国的利益。而伊拉克复兴党政权正是这两个国家不共戴天的敌人。哈菲兹·阿萨德统治下的叙利亚是国际恐怖主义的主要支持者，占领着黎巴嫩的部分领土。黎巴嫩是这样一个国家，每当它自行其是时，它就支持西方。1979年激进的神职人员阿亚图拉霍梅尼领导好战的伊斯兰主义分子发动政变以前，伊朗一直是美国的亲密朋友。同年发生的由亲霍梅尼革命者劫持66名美国驻德黑兰使馆人员事件，更破坏了两国关系，也进一步威胁了陷入困境的吉米·卡特的总统职位。他对劫持事件的反应显得无能为力。

伊拉克被夹在叙利亚和伊朗这两个国家之间，腹背受敌。美国确实进行了许多努力，更可能犯下许多错误。美国将在这3个国家处于不利地位。1983年，美国尝试缓和与萨达姆·侯赛因统治下的伊拉克的关系，这是顺理成章的。当时两伊战争正朝着不利于伊拉克的方向发展……无论我们对支持萨达姆·侯赛因有哪些疑虑，如果另选称霸中东的伊朗，情况肯定会更糟糕……里根政府意识到了这一点，因此几个月前就开始与伊拉克进行低级别的外交接触。

与伊朗的战争自然是萨达姆脑海中的头等大事。伊拉克首都巴格达距伊朗边境区区一百英里，经常遭到炮弹和火箭的袭击。就连我们举行会议的总统府也有沙袋和栅栏保护。虽然萨达姆处境困难，但他没有直接请求美国给予军事援助。和阿齐兹一样，萨达姆说他对其他国家向伊朗提供军事和财政援助很感忧虑，并明确表示希望美国能对这些国家施加一些影响。此外，应国务院的要求，我还与萨达姆讨论了修建一条输送伊拉克石油管道的建议，管道终点位于约旦的亚喀巴港。萨达姆表示将考虑这个建议，但要求美国保证以色列不会袭击这条管道。

萨达姆对伊拉克与西方合作表现出惊人的开放态度。他说："特别是法国，它理解伊拉克的观点。"

萨达姆继续说："我寻求西方帮助。"他的观点很明确：伊拉克需要西方帮助它成为现代世界的一部分。

当萨达姆和我开始讨论美国—伊拉克关系的前景时，他的一些言谈相当有趣。

他说："伊拉克成长起来的整整一代人对美国知之甚少，而美国成长起来的整整一代人对伊拉克也知之甚少，这看来好像很反常。"

我窃喜。这当然是我昨天晚上（与阿齐兹会谈时——笔者注）说过的话，准确无误……我很高兴，对萨达姆如此重复地强调我的话深受鼓舞。我开始思考：通过不断接触，我们或许能说服伊拉克人倾向美国，最终改变他们的行为方式。

在萨达姆向我重复一遍我说的话之后，我点了点头，并回答说："我完全同意。"似乎我是第一次听到这个观点。

大约过了 90 分钟，萨达姆感谢我的光临，我也向他表达了谢意。听起来也许很奇怪，他显得相当理智。对萨达姆来说，他对美国一位高级官员代表里根总统到访十分满意。他知道，这将会改善他在伊拉克国内以及整个中东地区的形象。

　　始料不及的是，萨达姆政权在随后的岁月里对我国的未来和我本人的人生发挥了如此突出的作用。在断交 17 年之后，在我会见萨达姆后不久的 1984 年，美国与伊拉克恢复了外交关系。我们两国有共同利益：美国可以劝阻别国停止向伊朗出售武器来帮助伊拉克；伊拉克则可以坚定不移地反对伊朗国内不断壮大的激进伊斯兰势力和支持恐怖主义的政权来帮助美国。[①]

　　《已知与未知》出版于小布什发动伊拉克战争 8 年之后，也是拉姆斯菲尔德因"虐囚丑闻"等原因被小布什提前于 2006 年解职 5 年之后。全书 600 多页，大半篇幅讲伊拉克战争，但他为什么在开篇第一章回忆 1983 年会见萨达姆这个陈旧故事呢？因为他要发泄延续了半个世纪之久的心头之恨。在这一章里，拉姆斯菲尔德首次向外界介绍了他的伊拉克之行。他对会见萨达姆的历史背景和政治原因、里根政府对两伊战争的态度即借伊拉克打压伊朗、孤立叙利亚的政策以及美国急于与伊拉克恢复外交关系等重要问题交代得比较合理、清晰。但对两个重要问题的说明却支支吾吾，躲躲闪闪。对重要问题之一，国务院交给他的重要任务，即在伊拉克铺设一条输油管道的计划，国务院与管道之间千丝万缕的关系，计划遭到萨达姆拒绝的原因等，他一笔带过。对重要问题之二，美国向伊拉克提供化学武器，纵容伊拉克在两伊战争中使用化学武器，他更是遮遮掩掩，含糊其词。他用不少篇幅丑化萨达姆，美化自己，力图将自己与萨达姆拉开距离，似乎他在 20 世纪 80 年代就是一个反萨斗士。

---

　　① Donald Rumsfeld, *Known and Unknown: A Memoir*, Penguin Group, 2011, pp. 3, 4, 6, 7, 8；[美] 唐纳德·拉姆斯菲尔德：《已知与未知：美前国防部长拉姆斯菲尔德回忆录》，魏骅译，华文出版社 2013 年版，第 2—6 页。

三　老布什发动海湾战争

（一）　国务院的暗示

1990 年 8 月 2 日（科威特时间），萨达姆总统派兵入侵科威特。1991
年 1 月 17 日，老布什举着联合国旗号，以多国部队的名义出兵海湾，发起
"沙漠风暴行动"进行反击。第一次海湾战争爆发。[1] 在美国，这场战争也
称 "波斯湾战争"（Persian Gulf War）、"第一次海湾战争"（Gulf War 1 或
First Gulf War）、"伊拉克—科威特战争"（Iraq-Kuwait War）和 "第一次伊
拉克战争"（First Iraq War）。世人一般认为这是一场正义战争，其实则不
然。萨达姆出兵入侵科威特，其性质是侵略战争，是违反联合国宪章和国
际法的，但原因很复杂，既有历史原因，也有现实原因，祸根在英帝国主
义。1871 年，科威特是土耳其奥斯曼帝国巴士拉省（伊拉克领土）的一个
县，是伊拉克与波斯湾相连的主要领地。第一次世界大战奥斯曼帝国解
体，英国为防止伊拉克成为海军强国，也为了控制波斯湾石油通道，一手
将科威特从伊拉克剥离出来，霸占了号称处于石油海之上的科威特并使其
独立，从此伊拉克几乎变成了内陆国。这是历史原因。在长达 8 年的两伊
战争中伊拉克欠沙特、科威特等阿拉伯国家一屁股债。在战争中耗尽巨资
的萨达姆期望加速石油出口，防止国际油价一路下跌，增加石油美元收
入，改善空前财政困难。不料，20 世纪 80 年代席卷全球的油价暴跌使萨
达姆梦想破碎，加上两国在伊—科边界鲁迈拉大油田所有权和油价政策上
分歧升级，尤其是科威特违反欧佩克给它规定的产量限额，大幅增加石油
出口，压低了国际油价，使伊拉克经济雪上加霜。这是现实原因。这个
分歧本应在两国间和欧佩克内部和平协商解决，但萨达姆对科威特采取
了大棒政策，企图用武力征服科威特[2]。

可悲的是，萨达姆没有识破老布什对他奉行的 "欲擒故纵"战略。

---

[1]　Cliff Pearson, "Blood, Oil, and Sand: The Hidden History of America's War on Iraq", www.
greens. org.

[2]　参见江红《为石油而战——美国石油霸权的历史透视》，东方出版社 2002 年版，第 467—
496 页。

美国学者克利夫·皮尔逊（Cliff Pearson）以《鲜血、石油、沙漠：美国对伊拉克的战争被隐瞒了的历史》为题发表文章，揭露了美国"欲擒故纵"的内幕："在伊拉克入侵科威特前六天，美国国务院向萨达姆·侯赛因保证，美国'与科威特没有签订安全协议'。得到这一暗示，萨达姆·侯赛因相信美国不会干预，便于 1990 年入侵科威特。然而事实上，五角大楼已经充分准备反击伊拉克。"① 可见，萨达姆上了老布什政府的当，犯下了大错。

自 1932 年独立以来，伊拉克历届政府都企图将科威特收入自己的版图，但都没有采取大的动作，包括卡塞姆。如果战前老布什政府不向萨达姆伸出虚伪的友谊之手，不采取"欲擒故纵"的阴谋手段，萨达姆未必有胆量军事入侵科威特。可见，萨达姆在一定程度上是在老布什政府的挑动、纵容下发动这场战争的。萨达姆没有看穿美国的阴谋，信心满满地跳进了老布什政府为他设下的圈套。

美国对伊拉克进行狂轰滥炸之后，老布什下令军队进入伊拉克境内展开地面战。军队抵达距巴格达 240 公里处，经过 100 小时地面攻击后，老布什宣布科威特已经解放，于 1991 年 2 月 28 日停火。

老布什为什么没有命令美军直捣巴格达活捉或击毙萨达姆呢？因为他担心如果这样做必将超越联合国给予的权限，暴露美国试图占领伊拉克的野心，遭到阿拉伯世界的抗议，从而失去同盟国的支持。更重要的是，老布什惧怕伊拉克人民发动反美游击战。1996 年 1 月老布什曾对美国和英国电视台发表讲话说："假如我们进军巴格达，驻军巴格达市中心，美国占领一个外国领土，搜索这个有着世界上最严密的安全保卫的残暴独裁者，我们就会卷入一场城市游击战。这不是我愿意考虑的一种方案。"② 老布什的国家安全事务助理布伦特·斯考克罗夫特说得更直白：如果美军进军伊拉克、消灭萨达姆并占领和统治伊拉克，那么，"联军将立即崩溃，愤怒的阿拉伯人将退出联军，其他同盟国也将退出联军。在这种形势下，我们将找

① Cliff Pearson, "Blood, Oil, and Sand: The Hidden History of America's War on Iraq", www.greens.org.

② 参见江红《为石油而战——美国石油霸权的历史透视》，东方出版社 2002 年版，第 486 页。

不到行之有效的'撤退战略'……如果我们沿着侵略路线一直往前，可以想象，美国将被看作这块充满痛苦和敌意的土地上的占领国"。① 1992 年是美国总统选举年，老布什思来想去，获胜的有利条件实在不少，对竞选成功信心十足，他派兵入侵巴拿马和发动海湾战争带来的光环是保证他竞选连任成功的首要条件；第二次世界大战后冷战时期的主要对手苏联在 1991年解体、东欧剧变、柏林墙倒塌、冷战结束，曾任美国中央情报局局长的老布什在这些惊心动魄的事件中功不可没。可是他万万没有料到，在这次大选中竟然败给了来自南部小州阿肯色州的年轻州长、民主党总统候选人比尔·克林顿。撇开资本主义国家周期性经济危机规律因素，他失败的主要原因有两点，首先是经济因素。当时国内出现了经济衰退，失业率上升，老百姓口袋中的钱少了，对共和党政府不满。他忽视经济走向，财政赤字猛增，经济政策失误。1988 年在共和党代表大会上接受总统候选人提名后的演说中，他信誓旦旦发出的著名竞选诺言"听好了，不加税！"成了一句骗人的许诺，诚信丧尽。但老布什不但不做自我反省，反而把经济衰退的责任一股脑儿推到时任美国联邦储备委员会主席艾伦·格林斯潘（Alan Greenspan）身上。2000 年小布什当选总统后不久透露，老布什曾抱怨："他在 1992 年的总统竞选中败选是因为格林斯潘对 20 世纪 90 年代初期出现的经济危机反应迟钝。"② 其次，1989 年 12 月，老布什上台伊始便公然派兵入侵拉美小国巴拿马，捉拿决意收回巴拿马运河主权的政府首脑曼纽尔·诺列加（Manuel Noriega）③。此举把老布什政府的侵略本性彻底暴露于天下，引起拉丁美洲国家的不满和警惕。右翼势力攻击老布什 1991 年发动海湾战争虎头蛇尾，没能抓住地面有利战机，直捣巴格达，推翻伊拉克政权，活捉萨达姆，占领伊拉克；抨击他匆忙撤军，宣布停战，不能饶恕。

---

① James P. Pfiffner, "The Decision to Go to War with Iraq—Prepared for Public Administration", *Concepts and Cases*, 8th editionedited by Richard J. Stillman Ⅱ.

② Laurence McQuillan, "Bush Fears Energy Crisis, Meets with Hill Leaders, Fed Chief", *USA Today*, December 19, 2000.

③ 巴拿马总统诺列加决定收回巴拿马运河惹怒了美国，时任美国总统的老布什于 1989 年 12 月 20 日派兵入侵巴拿马，活捉诺列加，以贩毒、洗钱等罪名把他押到美国审讯，判处 40 年徒刑，关入美国监狱，2007 年 9 月 9 日释放。

（二）老布什的遗憾

竞选连任失败后，老布什懊恼透顶，后悔当初没有把萨达姆彻底干掉。

其实，在发动对伊拉克的地面战争之前，老布什政府就制订了推翻萨达姆的秘密计划。老布什和他的国家安全事务顾问布伦特·斯考克罗夫特合著的海湾战争回忆录《一个变化中的世界》透露了这个计划。书中说，在美军即将攻入伊拉克之前，老布什指示斯考克罗夫特、国防部部长切尼、国务卿贝克等政府高官曾多次召开会议，专门研究萨达姆的命运。对此老布什在日记中是这样写的：

> 至于如何对付萨达姆本人，我担心他会从失败的战争中站起来，像一个"英雄"那样继续掌权。我们再次研究了要不要追踪萨达姆。我们都不在乎萨达姆是否在空袭中丧生。瞄准萨达姆是极端困难的事。人所共知，他在高度安全保卫下不断转移。巴拿马这个地方我们再熟悉不过了。可是我们在锁定巴拿马的诺列加住址时遇到了困难。萨达姆的隐蔽性更强，况且他受到极好的保护。我们能采取的最好办法是攻击萨达姆可能藏匿其中的司令部和控制点。不管怎么说，至少有几个司令部和控制点已经列入我们的攻击名单中。后来我们知道，萨达姆曾遭遇联军的一次空袭，但他逃过一劫。[1]

老布什对海湾战争的结局有喜有忧。

喜的是，老布什对出兵科威特把伊拉克军队赶走这个行动心满意足，将它作为自己的政治资本，极力宣扬这场战争的正义性、合法性，闭口不谈他曾宣扬的、发动这场战争的重要目的之一，是"建立世界新秩序"，"这场战争结束后将出现一个新时代，一个没有恐怖的新时代"。[2] 说穿了，就是用武力捍卫美国在科威特和海湾产油国的既得利益。在战争爆发后的第二天，美国《波士顿环球报》发表戴维·沃什的文章，揭露了这场战争

---

[1]　George Bush and Brent Scowcroft, *A World Transformed*, Alfred A. Knopf, Inc., New York, 1998, pp. 463, 464.

[2]　Wikipedia：George H. W. Bush.

的真实目的。文章说："过去 20 年发生了 3 次石油冲击，3 次经济衰退；星期三晚上开始的海湾战争可能源于边界问题……但本质上是为了剥夺产油国的'石油武器'，这些国家从 1971 年以来一直在运用石油武器。"老布什对此闭口不谈。①

忧的是，萨达姆还逍遥自在。对此老布什感到非常失望和懊悔。1991 年 2 月 28 日，也就是在老布什宣布海湾战争结束的那一天，他感慨万千，对他没有降服萨达姆表示遗憾。他说："现在是 2 月 28 日清晨，星期四。我仍然没有欣喜若狂的感觉。我明白其中原因。昨晚我讲话后，巴格达电台开始广播说，美国被迫投降了。我从电视上看到，约旦和巴格达街道上的公众都说他们胜利了。这是一个谎言，一个小小的谎言，但它却使我焦虑不安。战争的结局并不清晰——没有'密苏里'号战列舰上的投降仪式。这正是这场战争没有取得的、使它不能同第二次世界大战相提并论的那个结局，这使得科威特战争同越南战争和朝鲜战争一样难分伯仲。"② 当天，老布什在日记中写道："我仍然没有胜利的喜悦。…… 电视节目准确地显示出萨达姆受到的羞辱，美国民众清楚地看到了这一点，但是国际社会——至少与萨达姆联合的阿拉伯国家——尚未意识到这一点。"老布什最后写道："他必须下台。"③

1991 年 5 月，老布什指示美国中央情报局竭尽全力网罗一切反萨达姆的集团和势力，组成伊拉克国民大会（Iraqi National Congress），由美国提供经费，推翻萨达姆政权。

合众国际社说，1993 年 1 月 17 日，克林顿已步入白宫准备举行接班仪式，待在白宫总统办公室准备交班的老布什下令从距离巴格达 20 公里的核设施向巴格达附近发射了巡航导弹，给"海湾战争的对手"萨达姆·侯赛因"一个临别一击"，以解心头之恨。④

---

① Divid Warsh, "A War to Eliminate the Use of Petroleum as a Weapon", *Boston Globe*, January 18, 1991.

② George Bush and Brent Scowcroft, *A World Transformed*, Alfred A. Knopf, Inc., New York, 1998, pp. 486, 487.

③ 《纽约时报》文章：《12 年后的甜美战果：布什父子追捕萨达姆》，《参考消息》2003 年 12 月 18 日第 1 版。

④ Helen Thomas, "Bush Focuses on New Lraqi Crisis in His Final Days", UPI White House Reporter, January 17, 1993.

路透社说，"在白宫的最后时刻，乔治·赫伯特·沃克·布什总统被强烈的欲望所驱动，他坚决拒绝品尝在与萨达姆·侯赛因的较量中遭遇失败的滋味。"①

老布什内心的愤懑和痛苦跃然纸上。

1993 年 1 月 20 日，他抱憾离开了白宫宝座，灰溜溜地返回他在得克萨斯州的老家。他原本信心满满，以为自己政治资本无比雄厚，1992 年美国大选他连选连任十拿九稳，不料输给了晚辈克林顿；放眼中东，他的宿敌萨达姆还在继续掌权，拒不投降，坚持与美国叫板，而他自己却被赶下了台，他能甘心吗？

1993 年 4 月中旬老布什前往科威特，参加海湾战争结束两周年庆典，向萨达姆炫耀胜利。不料在老布什访问后不久，科威特配合美国当局侦破一起"暗杀"老布什的消息传遍全球。美国联邦调查局声称，这个暗杀团伙是由伊拉克情报局领导的。为了报复伊拉克，1993 年 6 月 26 日，上任不久的克林顿总统下令美国海军向巴格达的伊拉克情报局发出 23 枚战斧导弹，并宣称："我们要打击恐怖主义，我们要阻止侵略，我们要保护我们的人民。"②

伊拉克坚决否认参与对布什的暗杀阴谋。伊拉克革命指导委员会抨击这一袭击是"懦弱的侵略行径"；抨击华盛顿发射导弹的理由是"卑鄙的科威特统治者与美国政府机构配合捏造的"。③

1995 年 12 月 12 日，老布什在得克萨斯的办公室接受英国资深记者戴维·弗罗斯特（David Frost）独家采访，美联社报道这次采访的主要内容如下"他（指老布什——笔者注）没有想到在海湾战争之后伊拉克领导人萨达姆·侯赛因继续掌握他的政治权力，并对同盟国没有采取进一步措施推翻萨达姆而感到遗憾。……布什仍然认为萨达姆会被自己的人民推翻。布什回忆说，在 1991 年的海湾战争中，他本人与其他人都认为，伊拉克彻底的军事失败将使萨达姆倒台……我想错了，我以为他会

---

① Laurence Mcquillan, "Bush Refuses to Let Saddam Defeat Him", Reuter, January 17, 1993.

② WP, "U. S. Strikes Iraq for Plot to Kill Bush by David Von Drehle and R. Jeffrey Smith", June 27, 1993.

③ David Von Drehle and R. Jeffrey Smith, "U. S. Strikes Iraq for Plot to Kill Bush", *The Washington Post*, June 27, 1993.

滚蛋。"美联社回忆说，早在 1991 年 3 月 9 日，也就是说，在老布什宣布海湾战争结束之后的第 9 天，他曾接受弗罗斯特的采访。当时老布什给弗罗斯特看他的日记，其中关于萨达姆的命运，日记写道："我希望看到这个疯子滚蛋。"海湾战争一结束就在白宫举行的记者招待会上，老布什曾表示，他感到遗憾的是，萨达姆仍然活着。在 1995 年 12 月 12 日接受弗罗斯特采访时，老布什提到第二次世界大战日本投降的情景。他说，日本领导人登上停泊在东京湾的美国"密苏里"号战列舰，签署投降书，第二次世界大战令人满意地结束了。"帝国主义以放下屠刀的方式在这里结束了。"至于海湾战争，老布什说："这场战争的结果并不清晰。如果萨达姆·侯赛因来到一个帐篷，放弃他的一切，或者离开他的办公室，那么，战争的结果则是清晰的。"① 布什称第二次世界大战时期的日本为帝国主义，有意思。

路透社 1996 年 1 月 21 日发自伦敦的消息说，老布什再次接受弗罗斯特的独家采访，英国广播公司电视台现场转播。他对发动海湾战争"解放科威特"深感满意。但他说："回想起来有些遗憾。比如，战争的结束应当由伊拉克高级政治人物或士兵的投降作为胜利的象征……要求萨达姆本人放下武器是不现实的……如果我们挺进到巴格达市中心，美国占领一个外国领土，去搜捕一个世界上得到最安全保护的人，我们将卷入一场城市游击战……把战争进一步推向伊拉克并把搜捕目标锁定萨达姆的任何决定都将导致联军内部分裂，一些阿拉伯国家，甚至一些欧洲国家也未必赞成。"

1996 年 1 月 22 日，老布什离开白宫 5 年后，在"大华盛顿（华府）学会行政人员协会"（Greater Washington Society of Association Executives）就海湾战争发表演讲。他对萨达姆"继续统治伊拉克感到悔恨……他强调说，唯一让他感到遗憾的，不是停止了战争，而是对萨达姆会立即倒台的估计过分乐观了"。②

下台近 10 年后的 2002 年秋，老布什接受美国有线电视新闻网著名记者

---

① Neil Macka, "Bush Planned Iraq 'Regime Change' Before Becoming President", [Scottish] Sunday Herald, www. sundayherald. com, September 15, 2002.

② 美联社华盛顿 1966 年 1 月 24 日电。

葆拉·赞恩（Paula Zahn）独家采访时说："我恨萨达姆·侯赛因。我恨的人不多，我不轻易恨别人，但是我想，萨达姆是我恨的人，我说过，他不说人话，他是个畜生。他用毒气弹对付自己的人民，因此这个人不可救药。"①

（三）克林顿倒萨不手软

推翻萨达姆政权不仅是共和党总统老布什的愿望，也是 1992 年新上任的民主党人——克林顿总统的愿望。克林顿在第二任期对伊朗的政策缓和一些，表示愿意与伊朗在一定条件下和解。但他的倒萨手段也是够狠的，归纳起来有 5 条。

1. 坚持全面制裁。当克林顿正在与共和党对手老布什激烈竞争白宫宝座之时，1990 年 8 月 6 日，即科威特战争爆发后第四天，联合国安理会通过第 661 号决议对伊拉克开启了经济制裁之路。这是老布什政府费尽心机争取到的胜利成果，功劳主要归于他。联合国随后通过全面制裁决议，涉及贸易、金融、军事、药品、食品等各个领域。长达十多年的全面制裁，伊拉克受到空前沉重的打击，国内经济情况日益恶化、社会动荡。

以联合国名义对伊拉克实施的经济制裁是人类历史上最全面、最严厉、最残酷的制裁。伊拉克国内食品短缺，民不聊生，缺医少药，疾病蔓延，出现了大量婴幼儿和平民百姓因无药可治而死亡的人道主义灾难。国际社会对伊拉克人民遭受的苦难表示同情，谴责美国坚持全面制裁的非人道主义行为，要求取消或放宽制裁，但美国都断然拒绝。通过制裁引起伊拉克人民对萨达姆的不满，直至把他推翻，是美国的目的。1991 年，保罗·刘易斯（Paul H. Lews）在《纽约时报》发表文章说："伊拉克入侵科威特后，从 1990 年 8 月 6 日联合国安理会通过第 661 号决议对伊拉克施加经济制裁和贸易制裁以来，美国一直反驳任何过早放松对伊拉克制裁的主张，因为它相信，让伊拉克人民的生存状况恶化，最终会促进他们把萨达姆·侯赛因总统赶下台。"②

---

① Kurt Nimmo, "Bush Senior: Hating Saddam, Selling Him Weapons", *Counter Punch*, September 19, 2002.

② Wikipedia: Sanctions Against Iraq.

历史证明，对伊拉克实行严厉的经济制裁，是美国倒萨计划的重要组成部分。美国难以启齿的是，联合国安理会 1990 年 8 月 6 日通过的经济制裁决议，没有明确表达美国的意愿——通过制裁除掉萨达姆。美国担心，如果暴露这一目标，必将失信于天下，不如忍耐一段时间，待时机成熟，靠美国霸权，甩开联合国，干掉萨达姆。美国的这个阴谋在同盟国中引起不安和争论。如何处理伊拉克，尤其是萨达姆的命运是克林顿政府面临的最大外交难题。

从 1990 年到小布什发动伊拉克战争再到 2004 年 7 月 29 日小布什签署命令正式取消美国对伊拉克的经济制裁，对伊拉克长达 14 年的全面制裁才寿终正寝。

2. 推出法律依据。1998 年出笼的《解放伊拉克法—1998》（Iraq Liberation Act of 1998）终于把美国的倒萨野心暴露于光天化日之下。该法议案是 1998 年 10 月 5 日和 7 日美国国会参众两院先后通过、10 月 31 日克林顿总统批准成为法律的。这项法律列举了从 1980—1998 年伊拉克的 3 条所谓罪状：

（a）犯下了违反国际法的各种重要罪行。

（b）拒绝执行海湾战争后承诺的义务。

（c）进一步无视联合国安理会决议。

《解放伊拉克法—1998》是美国政府推翻萨达姆政权的正式宣言。其宗旨是制定推翻伊拉克现政权，支持伊拉克过渡到民主政权。该法说："美国应当奉行这样的政策：支持那些为把萨达姆·侯赛因为首的政权赶出伊拉克并推动建立一个民主政府来取代萨达姆政权所做的一切努力。"法律甚至要求联合国在伊拉克设立国际战争罪法庭（International War Crimes Tribunals），起诉、审判、监禁萨达姆·侯赛因和其他违反国际法的伊拉克官员。

《解放伊拉克法—1998》选中 7 个伊拉克反萨达姆组织作为美国的同盟，协助它里应外合推翻萨达姆政权。

克林顿批准《解放伊拉克法—1998》后，联手英国于 12 月 16 日发动"沙漠之狐行动"（Operation Desert Fox），派空军对伊拉克连续 4 天狂轰滥炸。

《解放伊拉克法—1998》为小布什 2003 年发动伊拉克战争提供了法律依据。①

3. 设立禁飞区（No-fly zone）。海湾战争结束后，美国和英国盗用联合国名义，在 1991 年 4 月 7 日和 1992 年 8 月 27 日先后把伊拉克库尔德族聚居区的北部 3 省和什叶派聚居区的南部大片领空设定为"禁飞区"，禁止伊拉克军用和民用飞机在"禁飞区"飞行，否则就将被击落。"禁飞区"占伊拉克领空一半以上。南部禁飞区已经逼近首都巴格达。在全面制裁期间，伊拉克不断遭到美英军用飞机的轰炸。

这两个"禁飞区"一直到 2003 年 3 月小布什发动伊拉克战争、推翻萨达姆政权后才被正式取消，总共延续了 13 年。在这期间，美英等国军用飞机不断入侵伊拉克非禁飞区领空进行挑衅，多次与伊拉克空中交火。实际上，建立"禁飞区"既是 1991 年海湾战争的延伸，也是 2003 年伊拉克战争的序幕。

伊拉克南北"禁飞区"

---

① Wikis：Iraq Sanctions；Wikipedia：Iraq Liberation Act of 1998.

4. 组织暗杀。暗中策划对萨达姆的秘密暗杀行动是美国对付萨达姆的另一手。从 1992 年到 1995 年，美国中央情报局曾通过由流亡国外多年的伊亚德·阿拉维（Iyad Allawi）领导的伊拉克民族和睦组织（Iraqi National Accord）策划用炸弹和其他手段暗杀萨达姆，但均未成功。①

5. 石油换食品一波三折。海湾战争结束后的 1991 年 8 月 15 日，联合国安理会通过第 706 号决议，允许伊拉克以"石油换食品"解燃眉之急，但美国极力反对。1991 年 9 月 19 日，安理会通过第 712 号决议，批准伊拉克在半年内出口价值约 16 亿美元的石油，用以支付进口食品、药品和其他急需必需品，并为联合国检查小组提供经费。伊拉克不赞成，认为这两个决议侵犯了伊拉克主权。直到 4 年后的 1995 年，克林顿政府被迫让步，伙同英国提出了"石油换食品"计划草案（Oil-for-Food-Programme，OIP），准许伊拉克出口部分石油，用石油美元支付进口药品、食品和其他生活日用品。1995 年 4 月 14 日安理会将此草案稍作修改后通过第 986 号决议，允许伊拉克每半年出口价值 20 亿美元的石油（1998 年和 1999 年先后增加到 52 亿美元和 82 亿美元）。伊拉克要求解除制裁遭到美国反对。1996 年 2 月 6 日，伊拉克开始与联合国就"石油换食品"计划进行了 4 个月的艰苦谈判，双方于 1996 年 5 月 20 日签署了谅解备忘录。这表明，经过几年较量后，伊拉克终于被迫接受联合国的"石油换食品"计划。1996 年 12 月正式执行第 986 号决议。第一批食品于 1997 年 3 月运抵伊拉克。在伊拉克当年 2600 万人口中，有 60% 的人靠从"石油换食品"计划中分得的配额生存。② 伊拉克无路可走，只好听从联合国的安排。

《华盛顿邮报》透露，到 1996 年，由于遭受严厉的全面制裁，"很多伊拉克人营养不良，居高不下的病死率，特别是儿童的高病死率正困扰着伊拉克。当时，克林顿政府面临人道主义组织和其他国家政府要求改善伊拉克人道主义状况或取消对伊拉克的制裁的强大压力"。③

---

① Wikipedia：Iraq-United States relations.

② Wikipedia：Oil-for-Food Programme；UN office of the Iraq Programme-Oil for food，www.un.org/Depts/oip/.

③ Colum Lynch，"Oil for Food Program"，*The Washington Post*，November 30，2004.

根据"石油换食品"计划，伊拉克石油出口收益分配如下。

1. 72%分配给人道主义项目。

2. 25%分配给赔款基金用于支付战争赔款。

3. 2.2%用于联合国行政和运营开销。

4. 0.8%用于武器核查项目。

"石油换食品"计划中72%人道主义项目资金分配如下。

59%由伊拉克政府分配给伊拉克中部和南部15个省，专门用于已签订的供应和设备合同。

13%给伊拉克北部3个省，由联合国代表伊拉克政府执行"石油换食品"计划。① 北部3个省是库尔德人聚居区，石油资源丰富，由联合国出面分配，等于剥夺了伊拉克主权。

联合国对"石油换食品"计划全过程的监督一直持续到2001年；伊拉克石油的买方款项不直接交付伊拉克政府，而是存放到联合国指定的托管账户——法国巴黎银行（BNP Paribas），由联合国负责分配。伊拉克政府只能用石油收入购买经济制裁物资以外"受控制的物品"；一些被允许进口的货物，如未加工食品，准许立即输送。但是大部分物品，包括简单的日常用品，如铅笔和叶酸，需要经过烦琐的批准过程，一般6个月才能获准送货。计划执行期间伊拉克向世界石油市场出售石油总价值530亿美元，其中用于食品和药品等人道主义援助约460亿美元。②

"石油换食品"计划在一定程度上是伊拉克外交政策的胜利，受到百姓欢迎。但萨达姆接受这个屈辱性计划是被迫的、无奈的。伊拉克是产油大国，石油是国家的经济命脉，解决国内民生问题和经济运转，主要靠石油出口收入。全面制裁、禁止伊拉克出口石油等于掐了它的命脉，最终被推入灾难深渊的是伊拉克无辜百姓。根据"石油换食品"计划，伊拉克石油出口、销售合同、物资采购和分配计划等，都必须提交联合国相关部门批准。在计划的实施过程中，萨达姆能做的只有一点：组织国内石油生产和

---

① UN office of the Iraq Programme—Oil for Food, www. un. org/Depts/oip/; Wikipedia, Sanctions against Iraq.

② Wikipedia：Oil-for-Food Programme.

运输。美英等国在伊拉克南北建立的两个"禁飞区"严重干扰了"石油换食品"计划的顺利执行。

联合国少数官员、政府官员和西方石油巨头等利用本身有利条件，在石油交易中对伊拉克敲诈勒索，获取回扣等行为，也严重削弱了"石油换食品"的意义和作用。涉及其中的人员和单位有联合国官员、法国部长、英国议员、俄罗斯政客、韩国商人和美国石油公司等。联合国"石油换食品"项目负责人贝农·塞万（Baynon Sevan）因受贿和合谋欺诈，被开除公职。

2003 年 11 月 20 日，小布什政府入侵伊拉克 8 个月后，联合国秘书长安南宣布，实行了 7 年的"石油换食品"计划于 11 月 21 日午夜正式终止。

萨达姆没有想到会尝到这些苦果。但在小布什发动伊拉克战争之前，他仍然大权在握，梦想翻身，拒绝向美国屈服。

四 小布什积极策划伊拉克战争

（一）"美国新世纪工程"

"美国新世纪工程"（The Project for the New American Century，PNAC）是 1997 年 6 月由 25 人创立、总部设在华盛顿的美国右翼智库。它是鼓吹推翻萨达姆政权的主力军之一。在叙述小布什发动伊拉克战争前介绍一下这个工程的背景，有助于深入了解伊拉克战争的来龙去脉。

"美国新世纪工程"的创始人是"新保守主义"分子威廉·克里斯托尔（William Kristol）和罗伯特·卡根（Robert Kagan）。"美国新世纪工程"主席威廉·克里斯托尔曾担任老布什总统的搭档、副总统丹·奎尔（Dan Quale）的办公室总管。威廉·克里斯托尔的父亲欧文·克里斯托尔（Irving Kristol）是老布什的朋友，被称作美国"新保守主义教父"。①

1997 年 6 月 3 日，"美国新世纪工程"抛出它的纲领性文件——"原则声明"。这份由 25 名创始人和其他著名保守派政治家和记者签字的声明宣称，美国必须像 20 世纪那样，在 21 世纪继续保持对世界的领导权，"塑

---

① Felicity Arbuthnot, "The Neocons' Project for the New American Century: *American World Leadership-Syria next to Pay the Price*?", *Global Research*, September 20, 2012.

造一个有利于美国的原则和利益的新世纪"。

声明开篇问道："在 20 世纪即将结束之时，美国是世界上唯一的超级大国。在冷战中领导西方获胜后，美国面临着一个机会和一个挑战：美国有没有在过去几十年成就的基础上进一步发展的长远眼光？美国有决心塑造一个有利于美国的原则和利益的新世纪吗？"

为回答这两个问题，声明提出在 21 世纪美国必须奉行的四条原则。

1. 如果我们今天要履行我们的全球责任和未来实现武装力量现代化，我们必须大量增加国防开支；

2. 我们必须加强与民主同盟国家的关系，挑战那些敌视美国利益和价值观的政权；

3. 我们必须促进海外政治和经济自由发展；

4. 在维护和发展有益于我们自身安全、繁荣和道义原则的国际秩序方面美国发挥着独特的作用，我们需要为此承担相应的责任。[1]

在"原则声明"上签字的美国著名右翼人士中，有小布什政府的副总统迪克·切尼，国防部部长唐纳德·拉姆斯菲尔德，国防部副部长保罗·沃尔福威茨，切尼办公室主任斯科特·利比（Scooter Libby）和小布什的弟弟、佛罗里达州州长杰布·布什。[2]

美国"新保守主义"政治势力最早诞生于 20 世纪 60 年代，成熟于 70 年代以后，主要成员是右翼知识分子，他们都"厌恶共产主义"[3]。冷战时期他们反对苏联，冷战后鼓吹"中国威胁论"。他们的对外政策理念，一是"民主"国家反对"暴政"国家；二是美国独霸世界。"新保守主义"思潮在冷战时期很猖獗。20 世纪 70 年代至 21 世纪初期，凡是由共和党人出任总统的美国历届政府，"新保守主义"分子都担任要职。1981 年里根执政 8 年，1989 年老布什入主白宫 4 年，"新保守主义"分子对政府的影响力加强，一些极右分子纷纷进入政坛，竭力主张武力推翻萨达姆政权。1998 年 1 月 26 日，新保守派致信克林顿，指责伊拉克拥有大规

---

① Wikis：Project for the New American Century.

② Ibid.

③ Encyclopedia Britannica：neoconservatism（political philosophy）.

模杀伤性武器，说萨达姆政权是美国的主要威胁，是中东的不稳定力量，认为它不仅影响美国在中东驻军的安全，也将破坏世界大部分石油供应。信件要求克林顿政府在进入 21 世纪的美国国家安全战略中"优先推翻萨达姆·侯赛因政权"。在这封信上签字的有后来在小布什政府中担任国防部部长的拉姆斯菲尔德、副部长沃尔福威茨和国防部顾问理查德·珀尔（Richard Perle）。2001 年小布什入主白宫的当年爆发"9·11"事件，"新保守主义"势力迅速崛起，倒萨呼声一浪高过一浪。小布什执政 8年，"新保守主义"分子占据了政府要职。他们的外交政策主张成为"布什主义的组成部分"，在促成和策划军事入侵伊拉克方面，他们"扮演了主要角色"。①

推翻萨达姆政权、控制海湾这一战略要地是"美国新世纪工程"世界军事战略的重要组成部分。2002 年 9 月 15 日，苏格兰《星期日先驱报》发表尼尔·麦凯（Neil Mackay）的文章说："一份关于美国统治全球的秘密蓝皮书透露，布什总统和他的内阁甚至在 2001 年 1 月他掌权之前就制订计划，预谋攻打伊拉克，以促成它的'政权变化'。"文章揭露，2000 年 9月，小布什还在忙于竞选总统时，"美国新世纪工程"就向小布什候选内阁班子重要成员副总统切尼、国防部部长拉姆斯菲尔德和副部长保罗·沃尔福威茨等提供了一份报告，题目是"重建美国的防御：为新世纪的战略、武力和资源"。报告强调，不论萨达姆是否掌权，美国必须在新世纪用武力控制海湾地区。"几十年来，美国力图在海湾地区安全方面发挥更持久的作用。虽然美国与伊拉克之间悬而未决的冲突正好为实现这一目的提供了直接的理由，但是比萨达姆·侯赛因政权问题更紧迫的是在海湾地区驻扎一支庞大的美国军队。"②

"美国新世纪工程"主席威廉·克里斯托尔是主张武力推翻萨达姆政权的鼓吹手。2000 年美国总统大选在共和党内进行初选阶段时，克里斯托尔支持小布什的竞争对手、共和党极右翼政治家、参议员约翰·麦凯恩。

---

① Wikipedia：Neoconservatism.

② Gulf War Exclusive, President George Bush Talking with David Frost (1995), The Associated Press, Washington, January 15, 1996.

麦凯恩败选，小布什上台后借"9·11"事件推行对外侵略政策，克里斯托尔喜出望外，说："我们正处在一个非同寻常的时刻，一个创造新的美国外交政策的时刻。"他拒绝把伊拉克战争与越南战争相提并论。他预测，伊拉克战争是"两个月的战争，而不是一场 8 年的战争"。①

2001 年 9 月 20 日，也就是"9·11"事件发生后的第 9 天，"美国新世纪工程"致信小布什，说任何目的在于根除恐怖主义及其支持者的战略"都必须痛下决心剥夺萨达姆·侯赛因在伊拉克的权力"，即便没有发现伊拉克与"9·11"事件相关的证据。信件警告说，允许萨达姆继续掌权就等于在国际反恐战争中早早投降，也许是决定性投降。从 2001 年至 2003 年伊拉克战争爆发，"美国新世纪工程"及其许多成员积极支持对伊拉克采取军事行动，并坚称，让萨达姆·侯赛因掌权就是"向恐怖主义投降"。②

（二）继承老布什的衣钵

1992 年总统大选期间，小布什是老布什的智囊之一，竭尽全力为父亲摇旗呐喊。老布什连选连任失败，民主党人克林顿夺走白宫宝座，对小布什是一个不小的打击。他觉得脸上无光，决定为老布什也为自己雪耻。他欣赏老布什发动科威特战争的勇气和胆量，但对老爸没能在 1991 年发动的海湾战争中推翻萨达姆政权感到遗憾。1999 年，他发誓一定要纠正老布什的失误。

2010 年 11 月 9 日，小布什的回忆录《抉择时刻》（*Decision Points*）在全美国书店上架；64 岁的小布什周游各地签名售书，推销回忆录。他在回忆录中称赞老布什发动海湾战争的"果敢"精神，并针对当时美国政界和舆论界抨击老布什没有下令军队直逼巴格达、活捉萨达姆进行辩护。他说，这场战争"仅用不到 100 个小时就把伊拉克军队赶出科威特。这是惊人的成就"。"我为爸爸的果敢而感到自豪。""我曾经扪心自问，如果他让部队一直打到巴格达，他或许有机会一劳永逸地让萨达姆从这个世界消失。"③

---

① Wikipedia：William Kristol.

② Wikipedia：Project for the New American Century.

③ George W. Bush，*Decision Points*，Published by Crown Publishers，2010，p. 226.

小布什虽然夸奖老布什"果敢",但内心深处对老布什没有下令军队乘胜追击到巴格达,击毙或活捉萨达姆感到遗憾。前面说过,这是老布什一生中最懊恼、最遗憾的心头事。老布什下台后把希望寄托在儿子身上;小布什也决意实现爸爸的心愿,完成他的未竟事业。小布什的回忆录并没有回避这一点。他说:"在庆祝 2002 年圣诞节的时候,我和爸爸聊起了伊拉克。……我想了解的一个问题是,他对伊拉克有什么想法。……他赞成我通过外交努力取得成功的愿望。他说:'儿子,你知道战争是多么艰苦的事,你必须做一切努力去避免战争',他说,'但是,如果这个家伙(指萨达姆——笔者注)不依不饶,你就别无选择。'"① 英国《独立报》就《抉择时刻》发表评论,揭示了当时布什父子内心的想法。评论说,人们认为小布什决定推翻萨达姆,是为了证明"他那软弱的父亲在 1991 年海湾战争中没有推翻萨达姆是错误的",实际上,小布什的回忆录"从头到尾表现了'儿子'对'爸爸'的'温情'……在 2002 年圣诞节家庭聚会的聊天中,老布什对小布什说,'如果这个人拒绝与联合国合作,你别无选择',只有开战"。②

小布什的传记撰稿人、作家、记者米奇·赫斯科维茨(Mickey Herskovitz)是小布什家庭的挚友。1999 年出版的小布什传记《一项要履行的职责:我前往白宫的旅程》(A Charge to Keep:My Journey to the White House),就是赫斯科维茨撰写的。他在写作过程中曾多次采访小布什,收集到其他媒体难以获得的内部信息。他透露,小布什"在 1999 年就考虑攻打伊拉克。他在思考这个问题。他对我说:'你要想被视为伟大领袖,关键的一点是,必须被人们看作一个总司令。'他说,'当我父亲把伊拉克赶出科威特时,他完全建立了这样的政治资本。但是他把这个政治资本浪费了。'他说,'如果我有机会攻打伊拉克,如果我有父亲那样多的政治资本,我绝不会浪费它。我将竭尽全力去做我想要做的一切,这样,我将成为一个成功的总统。'"赫斯科维茨说:"小布什表示,他不甘终生处于成功父亲的阴影下。他从进攻性军事行动中看到了从父亲的阴影中摆脱出来的机会。

---

① George W. Bush, *Decision Points*, Published by Crown Publishers, 2010, p. 243.

② Review by Rupert Cornwell, "The Independent", www. independent. co. uk. November 12, 2010.

在'9·11'袭击之后这个机会说来就来了。"①

　　2001 年入主白宫后，小布什决心完成老布什未竟的事业——推翻萨达姆政权，占领伊拉克。缺乏外交经验是小布什的软肋。老谋深算的老布什是否给儿子出谋划策，是美国舆论界一直关心和议论的话题。它们把第 41 任总统老布什和第 43 任总统小布什分别简称为"41 号"和"43 号"，说他们父子经常在白宫见面，"41 号"常给"43 号"指点迷津。《基督教科学箴言报》曾以"老布什是如何影响他儿子的白宫的"（How Bush, the Elder, Influences Son's White House）为题发表文章说："现任总统常被称作第 43 号。尽管自他执政以来白宫刻意淡化第 41 号对他的影响，但他俩经常在一起交谈，正如总统的父亲最近所言：'他不需要我或他母亲在他眼前晃悠。'"文章援引得克萨斯州 A 与 M 大学（A & M University）总统研究院主任乔治·爱德华兹（George Edwards）的话说，"老布什，更广泛地说，他的政府对小布什政府影响深远。影响无所不及，从小布什总统的反恐战争到他的经济政策，从政治到人事。布什一从根本上塑造了布什二，虽然他的影响经常是间接的，也不是非要照着做不可的"。爱德华兹说，老布什政府对小布什政府的最大影响"或许是在人事安排领域。总统战争团队中的核心人物副总统切尼、国家安全事务顾问康朵莉扎·赖斯和国务卿科林·鲍威尔都是老布什政府中经验丰富的老手"。文章认为，老布什人脉很广，掌握着外交关系网，他经常用自己的经验教训点拨在白宫的儿子"避免犯错误"。"现任总统的政策手段与他父亲的政策手段具有共同点。毕竟老布什也希望自己被视为把儿子教育出来的总统。"②

　　为了弥补小布什缺乏外交经验的弱点，1998 年 8 月，也就是 1999 年小布什开始竞选总统前一年，老布什安排小布什在位于缅因州肯纳邦克波特（Kennebunkport）的布什庄园与赖斯举行了会谈。这位黑人女外交家曾

　　① Russ Baker, "Two Years Before 9/11, Candidate Bush was Already Talking Privately About Attacking Iraq", GNN. TV, October 28, 2004.

　　② Francine Kiefer, "How Bush, the Elder, Influences Son's White House", *The Christian Science Monitor*, www. csmonitor. com, May 13, 2002.

是老布什的国家安全事务委员会苏联东欧事务局局长，在 20 世纪 90 年代初协助老布什政府瓦解苏联、颠覆东欧社会主义国家中立过汗马功劳，深得老布什的赏识。经过几天交谈，小布什非常欣赏赖斯，要求她组建外交政策顾问班子。这个班子取绰号"火神派"（The Vulcans）。"Vulcan"出自古罗马神话，是火与锻造之神，代表权力、顽强、坚韧和耐久精神。①班子由赖斯领头，因为"在'火神派'成员中，赖斯是最能代表从老布什政府向小布什政府进行深刻思想转换的人"。② 在老布什政府中担任过要职的人都加入"火神派"，成了小布什竞选班子的外交顾问成员。他们是理查德·阿米蒂奇（Richard Armitage）、罗伯特·布莱克威尔（Robert Black-will）、斯蒂芬·哈德利（Stephen Hadley）、斯科特·利比、理查德·珀尔、保罗·沃尔福威茨、多夫·扎赫姆（Dov S. Zakheim）和罗伯特·佐利克（Robert Zoellick）。其中的鹰派核心人物沃尔福威茨曾在老布什政府中担任国防部副部长，是时任国务卿乔治·舒尔茨和国防部部长切尼的"门徒"，而这两人都是老布什 1991 年发动海湾战争的得力帮手。舒尔茨、切尼和科林·鲍威尔虽不是"火神派"成员，但与该组织保持着密切联系。1999 年年初，"火神派"在得克萨斯州首府奥斯汀召开第一次会议，舒尔茨和切尼参加了会议。小布什竞选成功、入主白宫后，"火神派"成员都在新政府中获得关键职位。③

这些"火神派"及其支持者大都在前几届美国共和党政府中担任要职，彼此过从甚密。1970 年尼克松总统挑选拉姆斯菲尔德担任白宫顾问时，切尼是他的助手。切尼在老布什政府担任国防部部长时，推举鲍威尔担任三军参谋长联席会议主席。副国务卿理查德·阿米蒂奇在里根政府中任国防部副部长时，与时任白宫国家安全事务顾问的鲍威尔共同管理过五角大楼。沃尔福威茨和阿米蒂奇在里根政府中曾主管美国与亚洲关系。沃尔福威茨还是老布什政府中担任国防部部长的切尼的高级助手。20 世纪 90

① James Mann, *Rise of the Vulcans—The History of Bush's War Cabinet*, Penguin Books, 2004, Introduction xi.

② Ibid., p. 315.

③ Wikipedia: The Vulcans.

年代，当民主党的克林顿取代共和党总统老布什入主白宫后，沃尔福威茨
在拉姆斯菲尔德主持的导弹委员会中任职，并在他创办的私人律师事务所
中雇用切尼的女儿。① 更重要的是，老布什从 1981 年到 1989 年担任里根
政府副总统期间，以及从 1989 年至 1993 年接替里根就任总统期间，他培
植起来的亲信或同事基本上都在小布什政府中担任要职，其中包括副总统
切尼、国防部部长拉姆斯菲尔德、白宫国家安全事务助理赖斯（后任国务
卿）、国务卿鲍威尔、国防部副部长沃尔福威茨等。

　　因此可以说，小布什政府 8 年奉行的国内外政策，基本上是老布什政
府政策的继承和发展，而在对外政策方面，特别是在对伊拉克的政策方
面，则比老布什政府更加激进和冒险。

（三）小布什不满克林顿

　　2000 年 12 月 19 日，当选总统小布什前往白宫会见即将离任的克林顿
总统。在两个小时的离任面谈过程中，克林顿向小布什提交了一份他认为
下届政府必须考虑的五个问题的清单。克林顿逐一解释了这五个问题。其
中列在第一位的是反恐，头号打击目标是本·拉丹，接着是印巴关系、中
东危机（巴以关系）、朝鲜问题、伊拉克与萨达姆。克林顿介绍完毕，将
清单交给小布什。小布什与克林顿握手致谢，说："总统先生，感谢你的
劝告。不过我认为在清单中你把重点问题的位置放错了。我把萨达姆放在
清单中的首位。"② 2003 年 10 月 16 日路透社发表消息说，克林顿当天向
报界透露了他与小布什这次白宫会见时双方阐明的不同观点。克林顿说，
当时他意识到小布什认为伊拉克是美国面临的最大安全问题，国家导弹
防御系统是保卫美国安全的首要措施，"我对布什说，我的观点是，最大
的安全问题是乌萨马·本·拉丹"。可见，小布什与克林顿只是在反恐的
主要打击目标上发生了分歧；小布什入主白宫前把干掉萨达姆作为他的
首要任务。

　　2001 年 1 月初，小布什还没有宣誓就职，就迫不及待地派遣当选副总

　　① James Mann, *Rise of the Vulcans—The History of Bush's War Cabinet*, Penguin Books, 2004, introduction x.

　　② CNN, 12/19/2000；Events Leading Up to the 2003 Invasion of Iraq, history commons.

统的切尼会见克林顿政府即将卸任的国防部部长威廉·科恩（William
S. Cohen），要求他做好准备，向小布什政府介绍伊拉克形势。他说："我
们的确需要让当选总统了解一些问题……他希望就伊拉克和解决伊拉克问
题的不同选择方案进行讨论。"① 1 月 10 日，也就是小布什宣誓就职前 10
天的早晨，他率领切尼、拉姆斯菲尔德、赖斯和已被指定为国务卿的鲍威
尔前往五角大楼，会见科恩。小布什团队跟随科恩下楼走进号称"坦克"
的三军参谋长会议室。汇报会开了 75 分钟。两位将军向他们介绍了伊拉克
禁飞区的形势。针对美国飞机在禁飞区不断遭到伊拉克空军的抵制，会议
决定：一旦美国飞行员被伊拉克飞行员击落，美国将执行"沙漠獾行动"
（Desert Badger Operation），包括轰炸萨达姆的指挥机构并控制巴格达，以
防伊拉克抓获美国飞行员；如果伊拉克俘获美国飞行员，美国将加大对伊
拉克的空袭。会议还决定，如果伊拉克军队攻击北部库尔德人聚居区，美
国将执行"沙漠迅雷"（Desert Thuner）行动进行反击。

　　早已决定干掉萨达姆的小布什和切尼等对这次汇报会并没有表现出
热情。他们个个心不在焉。对上述军事行动计划，小布什没有提出反对
意见，仅就禁飞区提了几个具体问题，并没有对解决伊拉克问题表达自
己的意愿和想法。相反，他对摆在与会者面前的薄荷糖表现出浓厚的兴
趣。他打开一块扔进嘴里。随后他盯着科恩面前的薄荷糖，问："你想吃
薄荷糖吗？"科恩摇头表示不吃。布什便伸手把科恩的薄荷糖拿来塞进嘴
里。汇报会即将结束时，克林顿政府的参谋长联席会议主席亨利·谢尔
顿（Henry Shelton）发现小布什正在盯着他的薄荷糖，便主动把自己的
薄荷糖递给了小布什。切尼虽然听着汇报，但表现疲倦，双目紧闭，昏
昏欲睡。只有拉姆斯菲尔德认真听汇报，还不时要求进行汇报的将军把
声音放大点。②

　　将近 3 年后的一天，小布什接受美国《华盛顿邮报》著名记者鲍勃·
伍德沃德（Bob Woodward）的独家采访。小布什毫不隐讳地批评克林顿政
府奉行的伊拉克政策无助于改变萨达姆的行为或者推翻他。小布什说：

---

① Bob Woodward, *Plan of Attack*, Simom & Schuster, 2004, p. 10.
② Ibid., p. 11.

"我不喜欢我们（即克林顿政府——笔者注）的政策。"①

（四）第一次国家安全委员会会议

2001年1月30日，小布什入主白宫10天后召开第一次国家安全委员会会议。这是美国高端绝密会议，是一次策划军事入侵伊拉克的动员会议。

出席会议的委员之一、财政部部长保罗·奥尼尔是小布什总统的首席经济顾问。他和老布什是福特政府中共事多年的好朋友，是小布什白宫的核心人物之一。他也是小布什内阁中著名的大炮，敢于对政府重大决策发表自己的见解。上任之前，奥尼尔递给小布什一份报告，说明美国经济正在走下坡路，新政府面临的困难是如何应对即将出现的新一轮经济危机，他主张重点搞好国内经济，包括金融，并提出一系列调整美国经济政策的方案。2001年1月24日，奥尼尔前往白宫向小布什汇报当前美国经济形势和对策。在他看来，推翻伊拉克萨达姆政权并非当务之急，小布什把此作为新政府的主要任务并不高明。事实证明奥尼尔的意见是正确的。小布什对奥尼尔的汇报不感兴趣。他入侵伊拉克的决心已定，对桀骜不驯、口无遮拦的奥尼尔感到厌恶，对他提出的经济方案不屑一顾。由于在1月30日召开的第一次国家安全委员会会议上奥尼尔公开与小布什唱对台戏，扫了小布什的面子，2002年12月奥尼尔被小布什解雇。下台后，奥尼尔更加毫无顾忌地抨击小布什的国内外政策，包括入侵伊拉克。小布什怒不可遏，于2004年1月12日要求对奥尼尔立案调查。同年，奥尼尔进行反击，帮助美国《华尔街日报》前资深记者罗恩·萨斯坎德（Ron Suskind）出版一本著作——《忠诚的代价》。作者根据奥尼尔提供的内部资料，揭露了奥尼尔被解雇前的两年期间小布什白宫的一些内幕，其中包括第一次国家安全委员会会议把推翻萨达姆政权作为新政府首要任务的真相。

该书相关内容大致如下：

---

① Bob Woodward, *Plan of Attack*, Simom & Schuster, 2004, p. 12.

1月30日下午，在宣誓就职后的第10天，第43届总统乔治·W.布什第一次会见了他的国家安全委员会的主要成员。白宫国家安全委员会委员们急匆匆步入总统椭圆形办公室的地下形势分析室。下午3时35分会议准时召开。出乎人们预料的是，小布什早已等候其中，正在核对他的手表。与会者对小布什如此积极感到吃惊，因为他的前任总统们参加这样的会议大都习惯于迟到。委员们落座。按照惯例，坐在小布什右手的依次为副总统切尼、财政部部长奥尼尔、中央情报局局长乔治·特尼特和总统国家安全事务顾问赖斯；坐在小布什左侧的依次为国务卿鲍威尔、国防部部长拉姆斯菲尔德和参谋长联席会议主席休·谢尔顿（Hugh Shelton）。出席会议的还有白宫总管安德鲁·卡德。每个委员都有一名高级副手陪同，在各自首长的后面就座。小布什主持会议。

会前小布什提供给委员们讨论的议题是中东政策，也就是困扰美国半个多世纪的巴勒斯坦以色列冲突，但并不深入。会议开始后，副手们介绍克林顿下台前的2000—2001年邀请巴勒斯坦领导人亚西尔·阿拉法特（Yasir Arafat）和以色列总理埃胡德·巴拉克（Ehud Barak）前往戴维营参加会议，试图解决巴以冲突的问题。小布什听后发言，竭力抨击克林顿的中东政策，说："我们要纠正克林顿政府在中东冲突中奉行的不平衡政策。我们的政策要倾向以色列。我们要始终如一地坚持这样的政策。克林顿弄巧成拙，一切都散了架，这就是我们陷入困境的原因。"谈到1998年12月曾与以色列总理沙龙（Ariel Sharon）在巴勒斯坦难民营上空飞行时，小布什说："俯瞰那里，形势的确很糟糕。当下我们看不到能在那里有什么作为。我认为，现在已经到了摆脱这一局面的时候了。"小布什显然企图将会议内容从巴以冲突转向伊拉克，但又不好直截了当地说出来。性情耿直的国务卿鲍威尔忍不住了，说这样做未免太草率了。他重提曾在约旦河西岸和加沙发生过的"暴力行为"和原因，认为如果美国采取脱身政策，就等于让以色列总理和军队放开手脚。他强调："其后果必将是悲惨的，尤其对巴勒斯坦人。"小布什耸耸肩，不以为然，说："也许这才是使形势恢复平衡的最好途径。"①

　　布什的这段话说明，第二次世界大战以来美国历届政府直接插手半个多世纪的阿以冲突，小布什政府已经不那么感兴趣了，至少不是他总统任期内美国中东政策的核心内容了。那么，小布什的难言之隐是什么呢？

　　会议中心议题迅速从中东问题转向伊拉克。挑头的是布什，响应的是赖斯。小布什含糊其辞地开口说："有时候，由一方显示实力能真的把事情理清楚。"明眼人一看便知，这一方指的是美国。然后他与赖斯上演了双簧。他转向赖斯问道："康迪（赖斯的昵称——笔者注），今天我们要讨论什么问题？议题是什么？"赖斯立即回答："讨论伊拉克如何破坏中东的稳定，总统先生。"一些观察家认为，赖斯这句话是事先与小布什交换过意见的。她接着说，伊拉克可能是改变整个中东地区形势的关键。接着赖斯邀请中情局局长特尼特介绍有关伊拉克最新形势的情报。特尼特把一个长长的卷轴展开在桌面上，那是一张伊拉克一家工厂的照片。特尼特说，这是美国间谍飞机最近拍摄的。中央情报局相信，这个建筑物可能是一家"为制造武器而生产化学或生物原料的工厂"。与会者迅速围拢过来观看这张照片。他们听特尼特手执指示器解释："这是驶入工厂的铁路轨道……这是排列成行的卡车……这些卡车在运入和运出……这是水冷却器。"此时，副总统切尼"兴奋地挥手向后座的助手们说：'过来吧，你们都应该看看这张地图。'"这批人也赶紧从座位上站起，纷纷围拢来观看地图。稍停片刻，财政部部长奥尼尔憋不住了，起来插话："我看过世界上许多类似的工厂。是什么让我们怀疑这个工厂正在为武器生产化学或生物剂？"② 接着，特尼特又展示了中央情报局拍摄的 3 张伊拉克工厂和军事目标的照片。小布什点头不语。

　　作者写道："美国外交政策正在发生重大转变。经过 30 多年紧张战斗——从基辛格、尼克松到克林顿的最后立场——美国正从以色列冲突中抽身。现在，我们的重点是伊拉克。"会议结束前，小布什给每个委员分

---

　　① Ron Suskind, *The Price of Loyalty-George W. Bush*, *the White House*, *and the Education of Paul O'neill*, Simon & Schuster, 2004, pp. 70, 71, 72.

　　② Ibid. , pp. 72, 73.

配了任务，要求国务卿鲍威尔及其班子负责起草对伊拉克的新制裁方案；指示国防部部长拉姆斯菲尔德和参谋长联席会议主席谢尔顿"检查我们的军事选择方案"，包括重建1991年海湾战争中形成的军事同盟，在伊拉克北部和南部的禁飞区动用美国地面部队的可能性，美国武装部队如何支持活跃在伊拉克国境内反对萨达姆·侯赛因的团体；指示中央情报局局长特尼特就进一步加强对伊拉克的情报工作提出报告；指示财政部部长奥尼尔对萨达姆政权进行财政制裁提出方案。至此，第一次国家安全委员会会议休会。散会后，奥尼尔徒步返回他在财政部的办公室，一路上在脑海中得出这样的结论："抓获萨达姆是目前政府关注的中心。这一点已经明确无疑了。"①

第二天，即2001年2月1日下午3点，国家安全委员会会议继续在白宫地下室的形势分析室举行，赖斯主持。她说明会议议题后请各有关部门负责人拿出自己的方案来。鲍威尔第一个发言，陈述对伊拉克实行"有针对性制裁"的新方案。他话音刚落，拉姆斯菲尔德反驳："制裁是好，但是我们真正需要思考的问题是怎样去追捕萨达姆。"随后，拉姆斯菲尔德就推翻萨达姆政权后如何在伊拉克建立一个与美国及其西方盟国合作的新政权这一"美国更广泛的目标"做了判断。他说："大家想象一下吧，一个没有萨达姆，只有与美国结盟的伊拉克政府，中东地区将会变成什么样子。它将改变这个地区甚至地区之外的一切。它将展示美国政策的全部含义。"接着，拉姆斯菲尔德开始谈论后萨达姆时代美国必须解决的问题，包括伊拉克北部库尔德问题、伊拉克油田问题、伊拉克经济重建问题和"解放伊拉克人民"问题。他说："剩下的问题就是如何去实现预期目标了。"② 会上，赖斯、拉姆斯菲尔德和谢尔顿将军泛泛地谈论了1991年海湾战争以来伊拉克重建的形势。特尼特就发动政变推翻萨达姆政权发表了意见，认为成功的可能性不容乐观。接着，鲍威尔反驳拉姆斯菲尔德，说："我们不能只是寄希望于扶持一个坏人来取代另一个坏人。"拉姆斯菲

---

① Ron Suskind, *The Price of Loyalty-George W. Bush, the White House, and the Education of Paul O'neill*, Simon & Schuster, 2004, p. 75.

② Ibid., p. 86.

尔德补充说，他主张利用美国在伊拉克南北两个禁飞区的军事行动，在战术上支持那里的反对萨达姆政权组织的军事行动。他对鲍威尔的指责虽然感到恼火，但又不敢正面回答，只好自相矛盾地反驳道："推翻萨达姆·侯赛因不是我的具体目标。我的目标是追查大规模杀伤性武器。我首先关注的，不是改变萨达姆政权。"①

奥尼尔对这两天会议得出了如下结论："会议从一开始，我们就在建立反对萨达姆的案例，切磋如何推翻他并将伊拉克变成一个新国家的办法。如果我们按这个办法干了，那么所有问题就能迎刃而解。一切都是为了找到能够实现这一目标的手段。这就是会议的基调。布什总统说：'很好。给我找到实现这个目标的办法吧。'"②

由此可见：

1. 小布什、切尼、拉姆斯菲尔德和赖斯等强硬派在上台伊始便把推翻萨达姆、占领伊拉克作为他们对外政策的主要目标。

2. 会议确定以"中东问题"为议题是幌子，真正要讨论的具体问题是寻找推翻萨达姆政权的途径。小布什和赖斯事先达成默契，撇开了"中东问题"这个原来议题，迅速扭转了会议方向，成功实现了强硬派的愿望。

3. 白宫国家安全委员会不是铁板一块，内部分歧尖锐。为首唱反调的是国务卿鲍威尔和财政部部长奥尼尔，他们对军事入侵伊拉克持保留态度。

4. 情报部部长特尼特虽然展示了几张美国间谍飞机拍摄的伊拉克工厂地图，但都不能证明伊拉克拥有大规模杀伤性武器（Weapon of Mass Destruction，WMD）。

5. 会议是在 2001 年 "9·11" 事件发生前 9 个月召开的，因此对萨达姆政权参与此事件的指控不成立，该指控是小布什政府有意给萨达姆扣上的莫须有罪名。

6. 对中东问题的核心——巴勒斯坦—以色列冲突，小布什不仅坚决支持以色列，甚至有意放纵以色列对巴勒斯坦施行暴力，滥杀无辜。

---

① Ron Suskind, *The Price of Loyalty—George W. Bush, the White House, and the Education of Paul O'neill*, Simon & Schuster, 2004, p. 85.

② Ibid., p. 86.

（五）小布什与"9·11"事件

美国建国 200 多年的历史充满了对外侵略和扩张，美国本土遭受规模最大、损失最惨的外国入侵，是第二次世界大战期间，即 1941 年 12 月 7 日，日本海军飞机突然偷袭美国海军太平洋舰队在夏威夷的基地珍珠港。第二天，一直在坐山观虎斗的罗斯福总统宣布参战，报复日本。"9·11"事件对美国本土的打击并不亚于日本对珍珠港的袭击。但小布什对"9·11"事件的报复目标却选错了对象。这是有意而为。他要利用这一事件，把打击目标瞄准在与事件本身毫无瓜葛的伊拉克及其领导人萨达姆身上。美国舆论界和学术界普遍认为，"9·11"事件为小布什发动伊拉克战争提供了借口。

小布什的白宫总统反恐首席顾问理查德·克拉克（Richard Clarke）在提前离开白宫后撰写了《反击一切敌人》一书，对小布什试图把伊拉克与"9·11"联系在一起，他是这样描写的：2001 年 9 月 12 日，也就是"9·11"事件发生后的第二天，小布什在白宫召开紧急反恐视频会议，讨论发生这一事件的原因和对策。他急不可耐地企图把萨达姆·侯赛因与"9·11"事件联系起来。当天傍晚，克拉克离开视频会议中心，发现小布什独自徘徊在白宫会议室门外，似乎有什么心事。小布什把克拉克及其几个同事拽入会议室，关上大门，说："我知道你们有很多事情要做。但是我要求你们尽可能去查清一切，查清一切，看看是不是萨达姆干的。无论如何要看看是否他与'9·11'事件有牵连。"克拉克回答："可是总统先生，这是基地组织干的。"小布什不耐烦了，说："我知道，我知道。但是，只是看看萨达姆是否牵连其中。我要了解任何蛛丝马迹。"克拉克回答："毫无疑问，我们可以再调查一下。但是您知道，我们对基地组织接受一些国家资助的情况已经做过多次调查，没有发现伊拉克与此事有任何实际联系。"小布什说："调查调查伊拉克和萨达姆。"说完便愤愤离去。克拉克感到，整个谈话过程使他坚信，小布什毫无疑问希望他写一个报告说明"9·11"事件是伊拉克干的。[①]

---

① Richard A. Clarke, *Against All Enemies-Inside America's War on Terror*, Free Press, A Subsidiary of Simon & Schuster, 2004, p. 24.

2004 年 3 月 21 日，克拉克在美国哥伦比亚广播公司电视台的"60 分钟"节目中，再次揭露小布什政府在"9·11"事件发生后的反常表现。小布什在白宫召见克拉克，直截了当地问他萨达姆·侯赛因是否与"'9·11'自杀性劫持事件有关"，要求克拉克寻找萨达姆参与这一恐怖袭击事件的证据。克拉克说：小布什"以一种非常吓人的方式说，伊拉克！萨达姆！要弄清楚他与'9·11'事件是否有联系。要追溯萨达姆过去的一切，一切。看看他是否参与了'9·11'事件"。克拉克回答："总统先生，这是基地组织干的。"小布什不满克拉克的回答，说："我知道，我知道。但是……你还是看看萨达姆是否卷入其中，只是看一看，我想了解任何蛛丝马迹。"克拉克说："总统先生，之前我们已经调查过这个问题。我们考虑过这个问题，我们是以开放的心态来考虑这个问题的。伊拉克与此事没有联系。"

上述紧急反恐视频会议就谁是美国应当优先打击的对象吵开了锅。国防部部长拉姆斯菲尔德竭力主张用巡航导弹轰炸伊拉克；国务卿鲍威尔给予反驳，强调应当重点打击在阿富汗的基地组织。小布什认为，萨达姆政权是美国的头号敌人，因此必须推翻。克拉克与拉姆斯菲尔德发生了争执。克拉克说："基地组织在阿富汗，我们应当轰炸阿富汗。"拉姆斯菲尔德坚持："在阿富汗没有值得轰炸的好目标，但在伊拉克有很多值得轰炸的好目标。"克拉克反驳："世界许多地方有许多好目标，但是伊拉克没有这样的好目标。"双方在伊拉克问题上各自坚持自己的观点，最后达成妥协，将反恐斗争分成两个阶段进行，即第一阶段先打阿富汗，第二阶段对付伊拉克。

经过一周的调查，克拉克向布什提交了报告。为了强调报告的重要性和真实性，克拉克将报告交中央情报局、联邦调查局在内的所有情报部门传阅、核实、签字。结论是："伊拉克和这次恐怖活动绝对没有任何关系。"也没有证据显示伊拉克和基地组织交往密切。但报告石沉大海。[①]

克拉克断定，小布什对萨达姆是否与"基地"组织有关联毫无兴趣，他一口咬定萨达姆卷入了对美国的恐怖袭击事件；他想要的只是一个军事

———————

① Wikipedia：Against All Enemies.

打击伊拉克的借口而已。

"9·11"事件发生后的2001年10月，美国国务院就召集200多位各界人士秘密起草《伊拉克未来计划》（The Future Of Iraq Project），内容包括国体、司法、军队、警察、经济、石油、外国投资、宗教等。显然这是小布什政府对战后伊拉克的施政纲领。①

（六）秘密制订战争计划

作者在第三章里已经说过，"9·11"事件后不久召开的第一次"战争内阁"会议结束后两天，小布什在签署攻打阿富汗的"绝密计划"时要求国防部着手制定对伊拉克的作战方案。其实，早在美国航空公司77号航班撞上五角大楼后仅仅5个小时，国防部部长拉姆斯菲尔德就指示他的助手们向他提供进攻伊拉克的计划，尽管没有发现萨达姆·侯赛因与"9·11"袭击有联系。②

关于推翻萨达姆政权，小布什政府有三个不同的方案。

第一，"飞地"。这个方案得到伊拉克流亡者领导的伊拉克国民大会和美籍伊拉克人的支持。根据这个方案，美国支持伊拉克反对派在伊拉克南部或北部，或同时在南部和北部建立"飞地"，美国政府承认伊拉克反对派在"飞地"建立的政府为伊拉克合法政府，并给予军事援助。美国支持反对派在"飞地"向萨达姆政权开展军事行动，直到把它推翻。但是，小布什政府认为这个战略实施起来很费时间，有可能重蹈1961年4月17日肯尼迪政府入侵古巴猪湾失败的覆辙。小布什政府也不相信伊拉克反对派有能力用军事手段推翻萨达姆政权，最终还得靠美国军事干预。

第二，政变。竭力主张发动政变推翻萨达姆政权的是中央情报局。但是，小布什政府中的一些高官们担心，靠政变推翻萨达姆政权的可能性很小，即便政变成功，也不能靠伊拉克内部力量来实现所有目标，只有美国出兵干预，才能防止伊拉克某些新领导人控制大规模杀伤性武器，并防止他们重启生产大规模杀伤性武器的计划。

---

① 见本书第四章小布什政府为何要打伊拉克第七节伊拉克石油争夺战（七）"伊拉克未来计划"与产量分成协议。

② Joel Roberts，"Plans for Iraq Attack Began on 11/9"，CBS，September 2002.

第三，入侵。小布什政府认为，军事侵略对成功推翻萨达姆政权的可能性最大，因此对伊拉克发动战争是小布什政府的首选。积极鼓吹这一战略的除总统小布什外，还有副总统切尼以及国防部部长拉姆斯菲尔德、副部长沃尔福威茨等。沃尔福威茨提出的具体方案是在美国空中支援下，地面部队占领伊拉克南部，建立一个以艾哈迈德·沙拉比（Ahmed Chalabi）为首的伊拉克国民大会管理的新政府。他估计，美国用少量军队就可以实现这个目标。据美英舆论界分析，美军这一行动的财政支出将保持低水平，因为一旦美军进入伊拉克就会立即掀起一股反对萨达姆的浪潮并迅速扩展，美军随即会占领伊拉克南部巴士拉周围的油田并出售石油，用以资助反对派。①

据《华盛顿邮报》著名记者鲍勃·伍德沃德在他的著作《进攻计划》（*Plan of Attack*）中透露，2001 年 11 月 21 日，也就是美国入侵阿富汗后不到两个月，小布什在白宫形势分析室主持国家安全委员会会议。会议结束后，他紧紧抓住国防部部长拉姆斯菲尔德的肩膀，充满深情地说："我需要见你。"接着，两个人走进白宫形势分析室隔壁的小房间，关上门，落座后便开始秘密交谈。小布什首先开口，语无伦次地说："我希望你……你对伊拉克制订了什么样的战争计划？关于伊拉克战争计划你有什么想法？"拉姆斯菲尔德表示，对伊拉克的战争计划基本上是老布什在 1991 年海湾战争中对伊拉克发动的"沙漠风暴"的"稍微增强版"，即动员大规模军事力量，直接入侵伊拉克。他透露，国防部保存的秘密战争计划和其他针对世界各地的应急计划多达 68 个，几个月来他正在审查这些计划。拉姆斯菲尔德承认，这些秘密战争计划都是假设的，很陈旧，不符合小布什政府的既定政策，需要另起炉灶。小布什说："那就让我们开始吧。"他要求拉姆斯菲尔德与正在阿富汗指挥作战的美国中央司令部司令汤米·弗兰克斯（Tommy Franks）共同研究，拿出一个最新的作战计划。他还要求拉姆斯菲尔德对制订战争计划严守秘密，千万不能让外界察觉，也不能向别人谈起他所从事的工作。小布什承认，这是为了把国家动员起来与萨达

① Wikipedia, Paul Wolfowitz.

姆·侯赛因作战的第一步。可是制订伊拉克战争计划的秘密工作仅仅进行了几个月便被媒体泄露了。小布什、拉姆斯菲尔德和政府其他高官慌了手脚，赶忙出来否认说："战争计划不在总统办公桌上。"小布什担心的是，一旦伊拉克战争秘密计划泄露，"必将掀起一场大风暴"。2003 年 12 月小布什在接受伍德沃德长达 3 个半小时采访时毫不隐讳地承认，当时隐瞒战争计划是为了避免引起"国际社会的巨大焦虑和国内的猜疑"。他说："现在正处在充满高度风险的时刻。当人们感受到我们在做出阿富汗决定之后紧接着另一场战争即将到来，好像我渴望战争。我不渴望战争。……但战争绝对是我的最后选择。"①

小布什在这里含含糊糊提到的"阿富汗决定"，指的就是"9·11"事件发生后他批准的军事入侵阿富汗计划。

（七）克劳福德庄园的"保密视频会议"

2001 年 11 月 27 日，拉姆斯菲尔德下令美国中央司令部司令汤米·弗兰克斯将军立即行动起来。他在电话中向弗兰克斯传达了小布什的指示："弗兰克斯将军，总统要我们研究一下对伊拉克的选择方案。"②

2001 年 12 月 28 日，弗兰克斯在位于得克萨斯州布什家族的克劳福德私人庄园拜会小布什，将一份攻打伊拉克的计划当面交给了他。

当天，小布什在庄园主持"战争内阁"保密视频会议，与内阁成员进行视频连线讨论伊拉克战争计划。住在庄园别墅的小布什很兴奋，凌晨 5 时便起床，和夫人劳拉共度一段时光后，走进庄园内一座防窃听的特殊建筑——"敏感情报隔离设施"。和小布什一起在这个设施内参加本次秘密会议的只有两个人：负责指挥阿富汗战争的美国中央司令部司令汤米·弗兰克斯将军和美国中央司令部运营总监、空军少将小维克多·雷努阿特（Victor E. Renuart Jr.）。2002 年小布什为反恐成立美军北方司令部，2007 年雷努阿特被小布什提升为该司令部司令。

通过保密视频连线出现在电视屏幕的有正在怀俄明州私人庄园休假的副总统切尼、在新墨西哥州陶斯镇（Taos）休养的国防部部长拉姆斯菲尔

---

① Bob Woodward, *Plan of Attack*, *Prologue*, Simom & Schuster, 2004, pp. 1, 2, 3.
② 美国《大西洋》（*The Atlantic*）月刊 2004 年第 4 期。

德以及在首都华盛顿的国家安全事务顾问赖斯、国务卿鲍威尔和中央情报局局长特尼特，这5个人都是小布什"战争内阁"的重要成员。

弗兰克斯提交小布什的26页绝密文件的名称叫"情况简介"。这就是军事入侵伊拉克的计划。文件的保密级别为"绝密/马球步"（Top Secret/Polo Step）。文件的拷贝事先通过绝密通道分别传给远在外地的切尼、拉姆斯菲尔德、鲍威尔、赖斯和特尼特。拷贝文件的首页用大字注明："高度机密计划"。

弗兰克斯是克劳福德庄园会议主讲人。他宣布，这次秘密会议的中心议题是讨论对伊拉克的战争计划。绝密计划显示在屏幕上。弗兰克斯从军事、外交、情报、宣传、破坏、颠覆等有关入侵伊拉克的各个领域的工作提出了具体、详细的要求并进行了说明。他说："军事行动路线是关键。"弗兰克斯介绍了伊拉克战争计划中的7个军事行动路线，大致如下。

1. 狂轰滥炸，包括传统的大规模空袭并从海上和空中发射导弹袭击。

2. 特种部队深入伊拉克领土开展非常规战争。

3. 陆军和海军进入伊拉克开展传统的地面常规战争。

4. 发动宣传攻势，开展心理战。

5. 支持伊拉克境内反对派。中情局给予密切配合。

6. 主要战斗结束后加强与伊拉克军队和民兵之间的政治和军事交流活动。

7. 对伊拉克居民实行人道主义援助。

弗兰克斯还说明了战争计划中要打击的9个伊拉克目标。

1. 以萨达姆和他的两个儿子乌代（Uday Hussein）和库塞（Qusay Hussein）为核心的领导集团。

2. 安全部门和萨达姆政权的情报部门，包括特别安全机构中的贴身保镖团伙，还有信息网络的主管部门。

3. 大规模杀伤性武器的基础设施。

4. 导弹生产、维护和投射能力。

5. 共和国卫队和保卫巴格达的共和国特别卫队。

6. 向伊拉克境内的土地和领土——例如有效实行自治的北部库尔德地

区等施加压力。

7. 伊拉克正规军。

8. 商业和经济基础设施，伊拉克在国外的外交机构，包括使馆以外的伊拉克代理人。

9. 伊拉克平民。

弗兰克斯解释说，这些作战路线都是初步设想，有可能拓展或精练。他特别强调空军的轰炸效应，说"如果你想推翻萨达姆政权，只有进行大轰炸才能实现这个目标"。他说："必须使多数伊拉克人的脑海中充满推翻萨达姆的急迫感。为此，开展感化和情报宣传至关重要。"他充分肯定美国特种部队在南部快速占领伊拉克油田和北部领土的作用，说："只用少数特种部队即可占领伊拉克南部油田。特种部队还可以占领伊拉克西部相对欠发达地区……特种部队还可进入伊拉克北部库尔德地区，在中央情报局的配合下，支持那里的反对派组织和可能对当局不满的伊拉克军官，以便为利用伊拉克国内反对派势力协助推翻萨达姆政权创造条件。"①

进入 2002 年，小布什政府军事入侵伊拉克的计划在国内外遇到了麻烦：国内一些舆论认为打伊拉克的证据不足；以法国为首的美国欧洲同盟国从本国利益出发，抵制对伊拉克动武；中东一些与美国传统友好的产油国虽然不喜欢萨达姆，但担心伊拉克战争可能带来的后果对它们不利。就在此时，老布什劝儿子不要妥协。2002 年 8 月 24 日美联社发自华盛顿的报道说："老布什在对付伊拉克领导人萨达姆问题上对现任美国总统小布什提出建议：'有时，你必须按你自己的想法去干，你不能妥协，不能屈服，即使对你的批评如潮。'"

（八）"邪恶中心论"和"先发制人战争"

小布什政府武装占领伊拉克的方针已定，一场攻击萨达姆政权的宣传运动就此开始。

2002 年 1 月 29 日，小布什在第一个国情咨文中指责伊拉克、伊朗和朝鲜是"邪恶轴心"。他说这些国家和它们的恐怖主义同伙勾结起来形成

---

① Bob Woodward, *Plan of Attack*, Simom & Schuster, 2004, pp. 52, 53, 54, 56.

了邪恶的轴心，图谋联合起来威胁世界和平；这些政权妄图获得大规模杀伤性武器，构成了日益严重的危险。

2002 年 8 月 26 日，副总统切尼在海外战争老兵协会（VFW National Convention）全国代表大会上发表讲话说：“简单说来，毫无疑问萨达姆·侯赛因拥有大规模杀伤性武器。”

2002 年 9 月 12 日，小布什在联合国大会发表讲话说：“当前，伊拉克正在扩大和完善用来生产生物武器的设施。”

2002 年 9 月 20 日小布什发表“美国国家安全战略”（National Security Strategy of the United States）一文，提出“先发制人战争”的“布什主义学说”。他扬言：“我们必须在敌人发起威胁之前阻止和反击它……即便敌人的进攻时间和地点尚不确定。如果需要，美国将采取先发制人行动。”①

2002 年 12 月 2 日，白宫发言人阿里·弗莱舍在新闻发布会上说：“如果萨达姆宣称他没有大规模杀伤性武器，那么他就是再一次欺骗全世界。”

“先发制人战争”战略出笼 4 个月后的 2003 年 1 月 28 日，小布什在第二个国情咨文中用大量篇幅列举萨达姆政权 12 年来所犯“罪行”，为对伊拉克发动“先发制人战争”制造借口。

下面是小布什在国情咨文中谴责伊拉克的基本内容：

> 我们国家和全世界必须汲取朝鲜半岛的教训，不允许在伊拉克出现更大的威胁。我们不允许一个有发动野蛮侵略历史、与恐怖活动有联系并且有巨大潜在财富的残酷独裁者主宰一个重要地区，威胁美国。
>
> 12 年前，萨达姆·侯赛因在他发动的一场战争中失败并面临着灭亡的命运。为了免于灭亡，他同意销毁所有大规模杀伤性武器。在随后的 12 年里，他有计划地违反这项协议……
>
> 联合国派出 108 名武器核查人员不是为了在一个与加利福尼亚一样大的国家做“拾荒”游戏，寻找隐藏的材料。这些核查人员的工作

---

① Wikipedia：Neoconservatism.

是核实伊拉克是否在销毁武器。伊拉克应该说出它把违禁武器藏在何处，把这些武器展现给全世界，按照要求销毁。结果，任何这样的情况都没有发生。

我们的情报官员估计，萨达姆·侯赛因掌握的材料足以制造多达500吨沙林毒气、芥子气和VX神经毒剂。这么多的化学制剂可能造成无数人死亡。他没有对这些材料做出交代。他没有拿出他已经将它销毁的证据。

美国的情报表明，萨达姆·侯赛因拥有3万多个能够携带化学制剂的武器……

英国政府获悉，萨达姆·侯赛因最近从非洲求购大量的铀原料。我们情报部门的消息人士告诉我们，萨达姆·侯赛因企图购买用于核武器生产的高强度铝管。萨达姆·侯赛因没有对这些举动做出令人信服的解释。显然他有许多不可告人的东西。

这个伊拉克的独裁者不是在解除武装。他还在掩人耳目……

多年来，萨达姆·侯赛因无所顾忌，花费巨资，冒着极大风险，制造和保持大规模杀伤性武器，但是，这是为什么？唯一一种可能的解释是，他的这些武器唯一一种可能的用途，就是称霸一方，恫吓或是袭击别国。有了核武器或者一个大规模的生化武器库，萨达姆·侯赛因就能继续实现他征服中东的野心，在这个地区制造极大的混乱。美国国会和美国人民还必须看到另外一种威胁。情报部门提供的证据、秘密通信以及目前处在拘禁中的那些人的供述材料表明，萨达姆帮助并保护恐怖分子，包括"基地"组织的成员。他可能会秘密地、不着痕迹地向恐怖分子提供他的秘密武器，或者帮助他们研制这种武器。①

2003年2月8日，小布什发表广播讲话说："我们的消息来源告诉我们，最近萨达姆·侯赛因授权地面部队司令们使用化学武器。这个独裁者

---

① ［美］布什：《2003年美国国情咨文（全文）》，赵鑫福、宋彩萍、何金娥、潘晓燕、李士兴、钟建国、杨柯、葛雪蕾、郑国仪译，《参考资料》2003年1月31日。

对我们说他没有的，正是这种武器。"①

2003 年 3 月 17 日，小布什对全国发表讲话说："本政府和其他国家政府搜集到的情报毫无疑问地表明，伊拉克政权继续拥有并藏匿着有史以来最致命的武器。"②

事实充分证明，小布什上台伊始便执行美国新保守派的外交主张——打倒萨达姆，改变伊拉克政权。小布什发明的"邪恶中心论"和"先发制人战争"等论调为他事后发动伊拉克战争奠定了理论基础。

(九) 小布什与美国企业研究所

2003 年 2 月 26 日，应美国企业研究所 (American Enterprise Institute, AEI) 的邀请，小布什前往华盛顿特区希尔顿酒店 (Hilton Hotel)，就美国对伊拉克政策发表演讲。小布什刚迈进会场，第一个出来欢迎的是会议主席、著名右翼学者、老布什挚友、"新保守主义教父"欧文·克里斯托尔。小布什感谢克里斯托尔的热情欢迎。

白宫网站当天发表了小布什在美国企业研究所的演讲全文，题目是"总统论述伊拉克的未来" (President Discusses the Future of Iraq)，主要部分如下：

> 我们正在抵御反恐战争中最大的危险：用大规模杀伤性武器武装起来的非法政权。
>
> 在伊拉克，一个独裁者正在制造和隐瞒这些武器，他能以此称霸中东并威胁文明世界。我们绝不允许他实现这一目标。这个暴君与恐怖主义组织有密切联系，能向它们提供可怕手段攻击美国。美国绝不允许他得逞。我们决不能忽视萨达姆·侯赛因带来的威胁，决不能忽视他的武器，也不能寄希望于它自消自灭。我们必须对抗这个威胁。我们希望伊拉克当局满足联合国的要求，完全、和平地解除武装。如

---

① "President's Radio Address", https://georgewbush-whitehouse. archives. gov/nwes/releases/2003/02/text/.

② "Iraq WMD Lies: The Words of Mass Deception, The Lie of the Century", www. whatreallyhappened. com; Source Watch: Joseph C. Wilson IV.

果伊拉克当局拒绝这么做，我们准备用武力解除它的武装。总之，这
个危险必须消除。

　　一个新的决议案现已提交安理会。如果安理会面对伊拉克的违
抗，再次以各种借口议而不决，如果其权威被证明徒有虚名，那么联
合国作为稳定和秩序的基石，其作用将被严重削弱。如果各成员因此
挺身而出，那么安理会就将实现其创建时确立的宗旨。①

　　这是小布什对萨达姆发出的严重威胁：美国决心对伊拉克动武了！
也是小布什对联合国发出的严重警告：美国将甩开联合国对伊拉克采取
行动了。

　　与会者中除了学者、作家、政治家、企业家等以外，还有许多小布什
政府的内阁成员、国会议员，以及最高法院大法官斯卡利亚、陪审法官托
马斯（Thomas）和新保守派分子等。小布什表示，他在这个场合见到这么
多"尊贵的作家和政策专家"感到特别兴奋，说："在美国企业研究所里，
我国最优秀的思想家正在为迎接国家面临的最大挑战而工作着。你们的工
作干得实在漂亮，我的政府已经借用了 20 名像你们这样优秀的思想家。我
要感谢他们所提供的服务，但是我还要提醒人们记住，60 年来美国企业研
究所的学者们为我们的国家和我们的政府做出了巨大贡献。对此我们深表
感激。"②

　　成立于 1938 年的美国企业研究所是美国企业界的保守智库，与"美
国新世纪工程"是联盟关系。研究所是许多新保守主义分子活动的"中心
基地"，对美国政府的内外政策发挥着极为重要的作用，并成功地把研究
所内一些有影响的人物输送到联邦政府的关键岗位。小布什政府中一些
高官都来自美国企业研究所，它是小布什政府外交政策的"首席缔造
者"之一。③

---

　　①　"President Discusses the Future of Iraq", Washington Hilton Hotel, The White House: Washington, D. C., February 26, 2003.

　　②　"President Discusses the Future of Iraq", georgewbush-whitehouse. archives. gov.

　　③　Source Watch: American Enterprise Institute.

会议主席欧文·克里斯托尔是美国企业研究所的资深研究员，也是"美国新世纪工程"的领袖人物。2009 年 9 月 18 日，89 岁的克里斯托尔因患肺癌撒手人寰。第二天，即 9 月 19 日，《华盛顿邮报》发表文章称赞克里斯托尔是"新保守主义的缔造者"。文章说，小布什白宫副总管、被称作共和党的战略家卡尔·罗夫夸克里斯托尔是"智能型企业家"，培养了几代国家政策思想家，还培养了一个"冷战民主人士群体"和里根总统白宫中的"反共鹰派人士"。这些鹰派人士影响了 20 世纪 80 年代美国的外交和军事政策。小布什的许多顾问都把新保守主义作为他们的核心理念。小布什还向克里斯托尔颁发了国家最高国民奖——自由勋章，表彰他在 20 世纪下半叶为复活保守思想"奠定了知识基础"。

以欧文·克里斯托尔为首的新保守派人士是共和党的理论班子，也是共和党政府中的骨干力量。他们在美国外交政策中发挥重要作用始于 20 世纪 80 年代的里根政府，老布什政府进一步加强，小布什执政 8 年达到高潮。他们进入美国权力中心，基本把持着国防部和国务院，或充当外交和军事顾问。在小布什政府时期，他们是策划、推动对伊拉克发动侵略战争的主力。小布什政府被看成是美国近代史上奉行单边主义、最富军事侵略性的一届政府，此看法毫不为过。

（十）培养萨达姆接班人

早在"9·11"事件发生前，小布什政府曾为挑选萨达姆接班人召开秘密会议。首选人物是伊拉克什叶派流亡人士艾哈迈德·沙拉比。[①] 他被看作"伊拉克的乔治·华盛顿"。[②]

沙拉比 1944 年 10 月 30 日出生于伊拉克首都巴格达的名门望族，是著名什叶派家庭的后代。1958 年 7 月 14 日，以卡塞姆为首的"自由军官组织"推翻费萨尔王朝，成立伊拉克共和国后，沙拉比随全家移居美国，时年 14 岁。之后沙拉比大部分时间住在美国和英国。20 世纪 60 年代，他就

---

　　① 美国国务院和中央情报局怀疑沙拉比向伊朗提供了美国情报机构破解伊朗情报机构密码的绝密情报，2004 年 5 月 20 日一批驻伊拉克美军突然包围并查抄了沙拉比在巴格达的住所和伊拉克国民大会办公室。

　　② Wikipedia：Ahmed Chalabi.

读于美国麻省理工学院，获数学学士学位，1969 年获芝加哥大学数学博士学位，毕业后先在黎巴嫩的贝鲁特美国大学数学系任教，后在约旦从事银行业。

20 世纪 90 年代，沙拉比开始从政。他是伊拉克在海外的最大反对派组织——伊拉克国民大会主席。前面说过，这个组织是 1991 年海湾战争结束后，在老布什政府的直接支持下成立的。1991 年 5 月，老布什总统指示美国中央情报局充分利用伊拉克国民大会把一切反萨达姆势力组织起来，推翻萨达姆政权。伊拉克国民大会接受美国政府的指挥，它的活动资金来自美国政府。20 世纪 90 年代，美国政府秘密向伊拉克国民大会提供活动资金；1998 年 10 月 31 日，克林顿总统签署《解放伊拉克法—1998》后，转为公开向它提供活动经费，每年大约投入 800 万美元。由于伊拉克国民大会是在中央情报局一手操纵下成立的，并秘密接受其提供的资金，因此被看作"中央情报局的创造物"，而不是名副其实的伊拉克反对派机构。[1]

根据老布什政府的安排，伊拉克国民大会的主要任务是策动伊拉克军队发动军事政变推翻萨达姆政权。90 年代中期，沙拉比在伊拉克北部组织库尔德人反抗萨达姆政权，失败后逃离伊拉克前往美国。他在华盛顿竭力游说美国国会通过《解放伊拉克法—1998》，受到美国政府一些高官的欢迎。[2]

在萨达姆的严密控制下，中央情报局在伊拉克无隙可钻，只好与美国右翼媒体大亨约翰·伦登（John Rendon）为首的伦登集团（the Rendon Group Agency）签订合同，由前者出钱后者出力，通过广播、录像、照片等宣传手段，在伊拉克国内外开展反萨达姆活动。伦登亲自担任伊拉克国民大会顾问。伦登集团和伊拉克国民大会之间的关系如同"手心手背"。[3]

小布什上台后，沙拉比继续受到青睐。2002 年 2 月 5 日，小布什政府宣布，它已向以沙拉比为首、总部设在伦敦的伊拉克国民大会提供 400 万美元，"专门用来在伊拉克境内搜集证据以便起诉萨达姆和伊拉克政府官

---

[1]　Wikipedia：Iraqi National Congress.

[2]　Wikipedia：Ahmed Chalabi.

[3]　Wikipedia：Iraqi National Congress；Wikipedia：Rendon Group.

员的'战争罪行'"。①

沙拉比在美国人脉很广，他与美国企业研究所和"美国新世纪工程"关系密切；与小布什政府的国防部部长拉姆斯菲尔德、副部长沃尔福威茨、切尼办公室主任路易斯·利比和国务院部分高官交往甚密。

2002 年 9 月，美国国防部成立了"特别计划办公室"。"它是根据沃尔福威茨和他的老板、国防部部长唐纳德·拉姆斯菲尔德的指示成立的，目的是发现他们相信的事实，即萨达姆·侯赛因与基地组织关系密切；伊拉克有一个巨大的化学、生物武器库，甚至有威胁该地区的核武器，有可能威胁美国的核武器。"沙拉比和他的伊拉克国民大会被指定为搜集这方面情报的主力之一。②

（十一）联合国核查 8 年未见大规模杀伤性武器

1991 年海湾战争结束后，获胜的老布什政府坚持认为伊拉克拥有大规模杀伤性武器，要求联合国对此进行核查。当年 4 月 15 日联合国安理会通过第 687 号决议，成立"联合国特别委员会"（United Nations Special Commission，UNSCOM），负责核查伊拉克的大规模杀伤性武器。当天，国际原子能机构（International Atomic Energy Agency，IAEA）成立"伊拉克行动小组"，与联合国密切合作，调查伊拉克的核设施。这两个机构的核查工作长达 8 年，没有发现伊拉克有大规模杀伤性武器，核查工作于 1998 年 10 月中断，核查人员撤离伊拉克。③

中断核查的原因是政治性的。关键在于美国企图利用"联合国特别委员会"窃取与大规模杀伤性武器不相干的伊拉克情报，不断派飞机入侵伊拉克领空进行骚扰和施压。所有这些都遭到伊拉克当局的强烈不满。"联合国特别委员会"第一任主席、瑞典外交家罗尔夫·埃克乌斯（Rolf Ekeus）拒绝美国试图利用特别委员会进行间谍活动，于 1997 年辞职不干了，接替他的是澳大利亚外交官理查德·巴特勒（Richard Butler），伊拉克认为他

---

① Muriel Mirak-Weissbach：Anglo-Americans Prepare New War against Iraq.

② Beymour M. Hersh，Annals of National Security-Donald Rumsfeld has his own special sources，Are they reliable? *The New Yorker*，May 12，2003 ISSUE.

③ Wikipedia：Iraq and weapons of mass destruction；Wikipedia：United Nations Special Commission；IAEA timeline A chronology of key events：BBC news，February 8，2011.

是美国间谍而拒之门外。①

前面提过，1998 年 10 月 31 日，时任美国总统克林顿签署由国会参、众两院通过的《解放伊拉克法—1998》，该法罗列一系列伊拉克所犯"罪行"，公开了美国推翻伊拉克政府的意图。当年 12 月 16—19 日，克林顿联合英国对伊拉克进行代号"沙漠之狐"行动的大规模联合空袭。② 这两次报复行动都是以萨达姆拒绝与联合国核查人员合作为借口。美国试图以此逼伊拉克就范。

1999 年 12 月 17 日，安理会通过第 1284 号决议，决定成立"联合国监督、核查和视察委员会"（United Nations Monitoring，Verification and Inspection Commission，UNMOVIC，监核会），取代名存实亡的"联合国特别委员会"，继续核查伊拉克的大规模杀伤性武器。5 个常任理事国中，美国和英国赞成，中国、俄罗斯和法国弃权。应联合国秘书长科菲·安南的盛情邀请，年逾古稀、已经退休在家的瑞士外交家汉斯·布利克斯（Hans Blix）从 2000 年 3 月至 2003 年 6 月担任联合国监核会主席。以埃及外交家、法学博士穆罕默德·巴拉迪（Mohamed M. El Baradei）为总干事的国际原子能机构成立了以他为首的"伊拉克核核查办公室"（Iraq Nuclear Verification Office，INVO），取代"伊拉克行动小组"，负责核查伊拉克的核设施。

2002 年年初小布什上台后，联合国内关于伊拉克是否拥有大规模杀伤性武器的辩论白热化。矛盾的双方是美国和伊拉克，分歧的焦点在于是战还是和。小布什政府早已磨刀霍霍，剑拔弩张，要对伊拉克发动一场战争，中国、俄罗斯和以德国、法国为首的欧洲一些国家则反对美国对伊拉克动武，主张通过和平手段解决矛盾。

2002 年 10 月 7 日，小布什就伊拉克问题向全国发表电视讲话。白宫当天全文发表了他的讲话，美联社及时转发。讲话内容如下：

> 尽管世界上还有许多危险，但伊拉克的威胁尤为突出，因为它在

---

① Wikipedia：Rolf Ekéus；Wikipedia：Richard Butler（diplomat）.

② Wikipedia：Bombing of Iraq，1998.

一个地方集中了我们这个时代最严重的危险，伊拉克的大规模杀伤性武器已被一位杀人暴君所控制，他已经使用化学武器杀死了成千上万人。现在，这个暴君企图统治中东，还侵略并粗暴地占领了一个小邻国，事先不警告就袭击了其他国家并无情地敌视美国。

伊拉克可以决定在任何一天向恐怖组织或个人提供化学武器。伊拉克政权可以与恐怖分子联合起来对美国发动攻击而不留下任何痕迹。

核查人员必须能在任何时间进入任何地点，没有预先准备，没有拖延，没有例外。否认、欺骗和拖延的时间已经结束。萨达姆·侯赛因必须主动放下武器，否则，为和平着想，我们将率领一个联盟解除他的武装。

伊拉克的独裁者是斯大林的学生。萨达姆在自己的内阁、在自己的军队甚至在自己的家庭，都以谋杀作为恐怖手段和统治的工具。

2002年11月3日，伊拉克向联合国安理会和国际能源机构提交了11800字的报告，说明伊拉克没有大规模杀伤性武器。当年11月8日，安理会一致通过第1441号决议，授权监核会恢复对伊拉克的武器核查工作，并要求60天内提出调查报告。这是决定伊拉克命运的决议。伊拉克表示接受第1441号决议，允许联合国武器核查人员重返伊拉克。[1]

2002年11月14日，在布利克斯率领先遣队开赴巴格达前夕，新华社驻联合国分社记者郭立军在纽约联合国总部大楼31层的监核会办公室对他进行独家采访。布利克斯强调，监核会是联合国安理会的下属机构，它将根据实情向安理会，而不是其中的某个大国汇报。监核会欢迎美国提供的情报，"但是我们不做情报买卖，也不会做美国中央情报局向外延伸的手臂"。[2]

2002年年底，萨达姆·侯赛因致信布利克斯，欢迎他前往伊拉克核查

[1]　Wikipedia：Iraq War.
[2]　《新华社记者独家专访对伊武器核查主席布利克斯》，新华网，https://international.dbw.cn/system/2002/11/21/020550403.shtml，2002年11月21日。

大规模杀伤性武器。当年 11 月 27 日，监核会和国际原子能机构恢复了中断 4 年的伊拉克武器核查工作。

此轮核查结果将决定伊拉克是否能避免一场战争。在这个紧急关头，布利克斯和巴拉迪对伊拉克的调查结果成了各方关注的焦点。2003 年 1 月 27 日，布利克斯和巴拉迪向安理会提交了各自的核查报告。

布利克斯报告说："我们想核查的所有地点的通道都是畅通的，伊拉克在这方面合作得相当好。"①

巴拉迪报告说：

截至 1992 年年底，我们大致销毁、移走了与核武器生产有关的所有伊拉克设施和设备，并使之变得无害。我们没收了伊拉克可用于发展核武器的材料——高浓缩铀和钚，并且截至 1994 年年初，我们将这些材料从伊拉克运走了。截至 1998 年 12 月，当检查工作因军事打击迫在眉睫而停止的时候，我们深信，我们没有忽略伊拉克核方案的任何重要组成部分。

尽管我们当时并没有声称绝对肯定，但我们当时的结论是，我们取消了伊拉克核武器方案，并且没有任何迹象表明，伊拉克保留可制核武器材料的任何实际能力……

最后，迄今为止，我们尚未发现伊拉克恢复其自 90 年代取消的核武器方案。然而，我们的工作仍在稳步开展，被允许自然进行。现在我们的核查系统已经就绪，除非发生特殊情况，只要伊拉克提供持久积极的合作，我们应该能够在数月时间内提供关于伊拉克没有核武器方案的可信保证。我认为，这几个月应该是对和平的有价值的投资，因为它们可以帮助我们避免一场战争。我们相信，在我们尽一切努力通过和平手段核查伊拉克核裁军和表明检查进程能够而且实际上也确实成为国际核武器管制制度的重点时，继续得到安理会的支持。②

① Wikipedia：Iraq and weapons of mass destruction.
② 《巴拉迪 2003 年 1 月 27 日在安理会上的发言（全文）》，新浪网，http：//www.un.org/chinese/peace/unmovic/baradei.htm，2003 年 2 月 15 日。

2003 年 1 月 28 日，巴拉迪接受美国有线电视新闻网记者采访时，表明美国对伊拉克动武前，"应当给伊拉克最后一次机会"。他说："我们在核武器领域的核查已经取得了进展。在化学和生物武器领域还没有取得进展。但是，我不认为我们在寻求和平的进程中已经力不从心。我知道，国际社会已经等得不耐烦了。我知道，在华盛顿，许多人已经越来越不耐烦了。但是我认为再努力一次是值得的。……在考虑发动战争之前，我们应当给伊拉克最后的机会。"①

布利克斯和巴拉迪是好朋友。布利克斯从 1981 年到 1997 年担任国际原子能机构总干事，1997 年卸任后由巴拉迪接班。在巴拉迪 2001 年至 2005 年第二任期内，国际原子能机构的主要任务之一就是核查伊拉克是否有大规模杀伤性武器。从 2000 年到 2003 年 6 月，在负责核查伊拉克大规模杀伤性武器的全过程中，布利克斯和巴拉迪密切合作，观点一致，成为小布什政府的眼中钉。2004 年 12 月 19 日，巴拉迪在阿拉伯电视台发表谈话，谴责美国监听他的电话，说这是对他隐私的侵犯，他没有什么可隐瞒的。英国《星期日独立报》当天揭露，英国暗中赞同美国撤换巴拉迪国际原子能机构总干事职务。"巴拉迪因反驳英美两国关于伊拉克谋求重建核计划的说法而惹怒了这两个国家。"②

2003 年 2 月 4 日，布利克斯在纽约联合国总部举行的记者招待会上警告说：伊拉克面临战争倒计时"差 5 分钟半夜 12 点"，伊拉克必须在战争"倒计时"阶段继续与联合国武器核查人员合作才能避免战争。他劝伊拉克认真对待美国驻联合国大使约翰·迪米特里·内格罗蓬特（John Dimitri Negroponte）有关"外交手段正在用尽、战争一天天逼近"的警告。他说："我不认为采取军事行动的日子已经确定，但我想我们在越来越接近它，伊拉克领导人也应该知道这一点。"布利克斯驳斥了一些情报部门警告说他的核查工作遭到伊拉克的破坏和有关伊拉克有违禁武器的指责。③

---

①　Mohamed ElBaradei, "Iraq should get 'one final chance'", www. articles. cnn. com. January 28, 2003.

②　《巴拉迪指责美侵犯隐私、英国暗中支持美国换人》，《参考消息》2004 年 12 月 21 日第 2 版。

③　Julia Preston with Steven R. Weisman, "Threats and Responses: Diplomacy; Powell to Charge Iraq Is Shifting Its Illegal Arms to Foil Inspectors", *The New York Times*, February 4, 2003；新华社联合国 2 月 4 日电。

（十二） 布莱尔是同伙

在小布什拼凑的联军中，英国首相托尼·布莱尔（Tony Blair）是他的铁杆同伙。据英国《观察家》报道，英国前驻美国大使克里斯托弗·迈耶（Christopher Meyer）透露，2001 年 "9·11" 事件发生后的第 9 天，小布什在白宫举行的晚宴上首次要求到访的布莱尔支持他推翻萨达姆政权。参加晚宴的迈耶说，布莱尔劝小布什不要分散反恐战争的最初目标——处理在阿富汗的塔利班和基地组织的问题。小布什回答："托尼，我同意你的建议。我们必须首先解决这个问题。然而当我们解决了阿富汗问题，我们必须回到伊拉克。"迈耶发现伊拉克政权更迭已经是美国的既定政策。迈耶说："在各处接受的访谈中，布莱尔总是表示相信：没有一场战争就不可能推翻萨达姆，也不可能让他放弃大规模杀伤性武器。"迈耶补充道："面对进一步战争的前景，'布莱尔表示没有异议'。"①

2003 年 1 月 31 日，布莱尔再次紧急到访白宫，与小布什就英美两国甩开联合国对伊拉克发动战争会谈两小时。当天布莱尔的高级外交政策顾问戴维·曼宁（David Manning）为会谈写了一份 5 页 "秘密备忘录"。这是美英两国首脑为挑起伊拉克战争寻找借口的秘密计划。

2006 年 3 月 27 日，《纽约时报》发表题为 "英国备忘录说布什已踏上战争之路" 的文章，透露了美英两国首脑此次秘密会谈的内容。文章说，秘密备忘录全文没有公开，但布莱尔将它发给了一些高级阁僚。在英国舆论界，甚至在一位学者的著作里也间接透露了其中一些内容。《纽约时报》根据已经透露的部分内容进行整理并在上述文章中公布。文章主要内容如下：

> 两国首脑各有 3 名助手参加了此次秘密会谈。伴随布什的是时任国家安全顾问康朵莉扎·赖斯小姐、她的高级助手丹·弗里德（Dan Fried）和白宫办公室主任安德鲁·卡德。伴随布莱尔的除了曼宁先生外，还有另外两位高级助手：他的办公室主任乔纳森·鲍威尔以及外交

---

① David Rose, "Bush and Blair Made Secret Pact for Iraq War, Decision Came Nine Days After 9/11, Ex-ambassador Reveals Discussion", *The Observer*, April 4, 2004.

政策顾问和唐宁街备忘录作者马修·里克罗夫特（Matthew Rycroft）。

在美国领导入侵伊拉克前的几周内，当美国和英国敦促联合国通过谴责伊拉克的第二个决议时，布什总统直言不讳地公开向萨达姆·侯赛因发出最后通牒：解除武装或面对战争。

但是关起门来，布什总统坚信战争不可避免。2003 年 1 月 31 日在椭圆形办公室举行的两小时私人会谈中，他向英国首相托尼·布莱尔清楚地说明，他决定，即使没有联合国第二个决议，或者，即使国际武器核查人员没有发现非常规武器，也要入侵伊拉克。这是一份关于此次会议的保密备忘录说的。这份备忘录是布莱尔先生的高级外交顾问写的，《纽约时报》进行了复审……

备忘录说：当时布莱尔先生的首席外交顾问戴维·曼宁在回忆录中就布什先生、布莱尔先生和他们的 6 位高级助手之间的讨论做了这样的概括："我们的外交战略必须围绕军事计划展开。"

曼宁援引布什总统的话说，现在计划军事行动开始的日子在 3 月 10 日。"这是轰炸开始的日子。"

这个时间表是在一个重要的外交时刻出现的。在布什与布莱尔会谈结束后的第 5 天，国务卿科林·鲍威尔计划在联合国提出美国的证据，证明伊拉克通过隐瞒非常规武器对世界安全构成威胁。

虽然美国和英国积极寻求联合国通过第二个反对伊拉克的决议——它们没有获得这个决议——布什总统反复地说他不相信为了一次入侵他需要一个决议……

在布莱尔先生的最高级助理中传播的被盖有"非常敏感"印章的 5 页备忘录一直没有公开过。几个最重要的内容 1 月出现在英国法官和国际法学教授飞利浦·桑兹（Philippe Sands）的著作《无法无天的世界》（*Lawless World*）一书中。2 月初，伦敦 4 频道首播了备忘录的摘要。

从那时起，《纽约时报》全面地复审了 5 页备忘录。

备忘录表明，两位领导人预测，速战速决和过渡到新的伊拉克政府将是一个复杂的过程，但容易管控。布什先生预计"不太可能会发生不同宗教和民族之间互相残杀的战争"。布莱尔先生同意这一分析评估。

备忘录还显示，总统和首相承认没有在伊拉克发现非常规武器。面对在入侵计划前找不到任何非常规武器的可能性，布什先生谈起了挑起冲突的几种办法……

英国媒体上个月首次报道了这些建议……

两个英国高级官员口径一致地证实了备忘录的真实性，但拒绝进一步谈论它。他们引用英国官方保密法，该法规定泄露机密信息为非法……

最新的备忘录关于布什先生和布莱尔先生就最严肃的话题进行的对话，其坦率和几乎随意的特点令人惊愕。两位领导人一度就战后伊拉克政府交换了意见。备忘录援引布莱尔首相的话说："至于伊拉克的未来政府，如果我们把它交给另一个独裁者，会让人感到非常奇怪。"

曼宁写道，"布什同意"。这次交谈内容和本文中的绝大部分引语一样，以前从未报道过……

备忘录说，在他们的会谈中，布什先生和布莱尔先生坦率地表达了他们对在未来几周是否能够在伊拉克找到化学、生物或核武器的怀疑。总统的讲话好像入侵伊拉克已不可避免。两位领导人讨论了战争的时间表、军事行动的细节和战后计划……

备忘录还说，布什总统提出了三种挑起对抗的方式，但没有进行更多的阐述。

备忘录说，"美国正考虑在 U－2 侦察机上涂上联合国的彩色标识、在战斗机的掩护下去伊拉克上空飞行"。备忘录说，这是布什先生的主意。"如果萨达姆朝它们开火，他就违反了联合国决议。"

备忘录还描述了布什总统的以下言论："美国也能提供一个叛徒，他能够就萨达姆的大规模杀伤性武器发表公开演讲。"

备忘录中有一句简短的描述，即布什先生提出第三种可能性：建议暗杀萨达姆·侯赛因。备忘录没有说明布莱尔先生是如何回应这个主意的……

备忘录说，布莱尔先生对布什先生说："如果军事行动出了什么错误，或者如果萨达姆增加赌注，焚烧油井、枪杀儿童或在伊拉克内部煽动分歧，那么第二个决议会给我们国际性掩护，特别是阿拉伯人。"

布什先生同意英美两国应当努力促成第二个决议，但他补充说，时间不多了。备忘录转述布什的话说："为促成另一个决议，美国将在背后全力支持，美国也将用强迫甚至威胁手段。"

备忘录补充说，"但他不得不说，如果我们最终失败，军事行动无论如何得跟进"。

领导人认为，在军事指挥官们需要开始进行入侵准备工作之前，联合国安理会获得第二个决议的时间只剩 3 周。

备忘录概括布什总统的话说：空中战役可能持续 4 天，大约有1500 个目标将被击中。要非常小心，避免伤及无辜。布什认为大规模空袭将确保萨达姆政权提早垮台。考虑到这个军事时间表，我们需要尽快争取第二个决议。这可能意味着，空袭将在布利克斯 2 月中旬向安理会发表下一个报告之后进行。

备忘录描述布莱尔先生对此的回应是：美英两国应明确表示，第二个决议等于"萨达姆的最后机会"。备忘录描述了布莱尔的话说："我们一直很耐心。现在我们应该说，危机必须在几周内解决，而不是几个月。"

备忘录说："布什同意。"布什解释说他不想去打仗，但我们不能允许萨达姆继续要弄我们。当某个时候或许我们通过了第二个决议——假设通过了——我们应该警告萨达姆：你有一周时间离开。我们也应该通报媒体。如果萨达姆拒绝滚蛋，届时我们会给他一个明确的场所。

布什先生在会谈的大部分时间里概述军事战略。备忘录说，这位总统说计划中的空中作战"将迅速摧毁萨达姆的指挥和控制系统"。备忘录还说，他预计伊拉克军队会迅速彻底失败。据报道，他还对首相说，伊拉克共和国卫队"将被空袭摧毁"。

备忘录说，尽管布什先生很乐观，但他担心"存在不确定因素和风险"。备忘录接着说，就破坏油井而言，美国装备精良，能迅速修复。这一修复任务（在伊拉克）南部比北部更容易。

两人还简要地讨论了后萨达姆时期的伊拉克政府。备忘录说，首相询问善后计划。康迪·赖斯说大量工作现在正在进行中……

随后两位领导人越过战争，想象着从萨达姆先生的统治过渡到新政府的事。被总统描述说，战后将立即在未定时间内军事占领到位。备忘录说，总统谈到了"行政管理转型的困境"。

在备忘录的结尾曼宁先生还仍然抱一线希望，即核查人员在伊拉克发现武器，或者，甚至萨达姆先生主动离开伊拉克。但是曼宁先生写道，他担心在布什先生的战争时间表之前，这是无法完成的……

闭门会谈结束后，布什先生和布莱尔先生在白宫举行记者招待会上宣布，"危机"必须及时解决。布什总统对记者们说："萨达姆·侯赛因没有解除武装。他对世界是个威胁。他必须解除武装。这就是为什么我不断地在说——也是首相不断地在说。这个问题已经到了几周之内非解决不可的地步，而不是几个月。"①

（十三）鲍威尔在安理会发言

小布什很得意，因为入侵伊拉克的详细计划已经拟就，理论和舆论准备也颇具规模，萨达姆的接班人也选定了，剩下的问题就是说服联合国承认伊拉克有大规模杀伤性武器。但他对联合国核查机构8年来对伊拉克进行核查没有发现大规模杀伤性武器这一结论无法忍受。他决定选派国务卿鲍威尔在联合国安理会特别会议上发言予以驳斥，以便打着联合国旗号入侵伊拉克。

2003年2月5日上午，也就是布利克斯在联合国举行记者招待会的第二天，在中央情报局局长特尼特等高官陪同下，鲍威尔步入联合国安理会

① Don Van Natta jr., "Bush Was Set on Path to War, British Memo Says", *The New York Times*, March 27, 2006.

会场，在美国席位落座。特尼特坐在他的后面。纽约时间上午 10 时 35 分，
鲍威尔向安理会成员代表就伊拉克问题发言，长达一个半小时。

鲍威尔以多媒体方式，包括播放幻灯片、录音、展示照片和卫星图片
等，反驳布利克斯和巴拉迪的核查结果，公布美国掌握的所谓伊拉克藏匿
大规模杀伤性武器以及其他武器的证据、伊拉克与恐怖组织的密切关系和
萨达姆与联合国核查人员继续玩弄"猫捉老鼠的老游戏"。①

以下是鲍威尔发言要点：

第 1441 号决议针对的不是一个无辜的政权，而是一个被安理会多
年来屡次确定违规的政权。第 1441 号决议给伊拉克最后一次机会，最
后一次机会去履行联合国决议，否则将面临严重后果……

安理会规定，履行决议和解除武器的责任在于伊拉克，而不是靠
核查人员找出伊拉克这么久以来竭尽全力所隐藏的东西。核查人员的
工作是核查，他们不是侦探……

我将向你们提供的材料来自许多方面。有些来自美国，有些来自
其他国家。有些是通过技术手段，如侦听截获的电话谈话和卫星拍摄
的照片。另有一些是来自那些冒着生命危险让全世界了解萨达姆·侯
赛因究竟在搞什么阴谋诡计的人。

我无法向你们公布我们所掌握的全部情况，但是，一旦把我将能
向你们介绍的情况与我们多年来已经了解的情况联系到一起，情况深
深令人不安。你们将看到的，是积累起来的大量事实和令人不安的行
为模式。事实和伊拉克的行径表明，萨达姆·侯赛因及其政权丝毫没
有——丝毫没有——按照国际社会的要求解除武器。事实上，事实和
伊拉克的行径表明，萨达姆·侯赛因及其政权在隐藏其生产更多的大
规模杀伤性武器所做的努力。

你们看到了结果。布利克斯博士宣布的那份长达 12200 页的武器
报告篇幅冗长，信息贫乏，实际上毫无新的证据。安理会有谁会真心

① "A Policy of Evasion and Deception", *The Washington Post*, February 5, 2003.

支持这个虚假报告……

我们的所见所闻告诉我们，萨达姆·侯赛因及其政权非但没有与核查人员积极合作以确保他们顺利完成使命，反而竭尽全力使核查人员一无所获。

各位同人，我今天所做出的每一项陈述都是有根据的，实实在在的根据。它们不是断言。我们现在给大家提供的是事实和依靠确实情报得出的结论。我将列举一些例子，这些例子来源于情报……

伊拉克已将自己置于危险的境地，面临承担联合国安理会第 1441 号决议所称的严重后果。安理会如果不做出有效、及时的反应，听任伊拉克继续违抗安理会的意志的话，就会面临丧失应有作用的危险。

萨达姆拥有化学武器。他已经使用了这样的化学武器。他并没有因为使用这些药剂对付他的邻国和他自己的人民而感到忏悔。我们已经得到消息说，萨达姆日前已经授权他的战区司令官使用这些药剂。如果萨达姆没有这些武器或没有使用这些武器的意愿，他是不会下达这样的命令的……

现在让我谈谈核武器问题。没有任何迹象显示出萨达姆·侯赛因曾放弃他的核武器项目。十多年来的证据反而恰恰证明了，他仍死心塌地谋取核武器。

为得到一枚核弹，萨达姆·侯赛因是如此死心塌地，以致屡次秘密企图从 11 个国家获得高规格铝管，甚至是在核查工作重新开始后。这些铝管受到核供应国集团的控制，原因正是因为它们能被用作生产浓缩铀所需的离心机。

现在让我来谈谈伊拉克正在发展的大规模杀伤性武器运载系统，特别是伊拉克的弹道导弹和无人机……

萨达姆·侯赛因的企图从未改变。他发展导弹不是为了自卫。伊拉克谋求这些导弹是为了施展威力，用来威胁，用来运载化学、生物——如果我们听之任之的话——核弹头……

朋友们，有关伊拉克这些可怕武器以及伊拉克继续藐视它对联合国安理会第 1441 号决议所承担的义务，我向你们陈述这些情况涉及一个话题，那就是恐怖主义，我现在要花一点时间来谈谈这个话题。我们关注的不仅仅是这些非法武器本身，而是这些非法武器可能与恐怖分子和恐怖主义组织发生关联；这些恐怖分子和恐怖组织会丧尽天良地动用这些武器来对付全世界无辜的人们……

当我们要勇敢面对一个怀有地区霸权的野心和隐藏大规模杀伤性武器并为恐怖主义分子提供避难所和积极支持的政权时，我们所面对的不是过去，而是现在。如果不采取行动，我们将面对一个更可怕的未来……

最能说明萨达姆·侯赛因的险恶用心及其对我们所有人构成威胁的事实莫过于他对本国人民和邻国蓄意采取的暴行。很明显，萨达姆·侯赛因及其政权无所不用其极，直至有人采取行动制止他……

20 多年来，萨达姆·侯赛因的言行都说明他企图实现主宰伊拉克和更广大的中东地区的野心。他使用的是他惯用的唯一手段：恐吓、压制和消灭所有可能挡在他面前的人。对萨达姆·侯赛因来说，拥有世界上最致命的武器是他手中最后一张王牌，为了实现他的野心，他一定会紧抓不放。

我们知道，萨达姆·侯赛因处心积虑地想保存他的大规模杀伤性武器，还一心要生产更多这样的武器。鉴于萨达姆·侯赛因的侵略史，鉴于我们对他野心勃勃的图谋的洞察，鉴于我们了解他与恐怖主义分子的联系，鉴于他怙恶不悛，总要对反对他的人实施报复，我们难道应该冒这样的风险，寄希望于他不会有朝一日在某时、某地、以他选择的某种方式，在全世界无力做出强硬反应的时刻使用这些武器吗？

美国不会也不能让美国人民冒这样的风险。听任萨达姆·侯赛因几个月或几年继续拥有大规模杀伤性武器绝不是解决问题的办法，在发生"9·11"事件以后的世界决不可如此……

今天，伊拉克继续构成威胁，而且继续有重大违抗行为。

的确，伊拉克继续违抗安理会，不抓住最后一次机会全盘交代和解除武装。伊拉克已经陷入实质性的违抗行动，它正在接近因继续违抗安理会所带来的严重后果的那一天。

> 我们制定第 1441 号决议不是为了进行战争。我们制定第 1441 号决议是为了努力维护和平。我们制定第 1441 号决议是要给伊拉克最后一次机会。至今，伊拉克没有抓住这个最后的机会。①

鲍威尔的目的很明显，即说服联合国安理会相信，仅仅通过联合国组织来核查伊拉克的大规模杀伤性武器是无效的。萨达姆政权只有两条路可走，要么解除它隐藏的大规模杀伤性武器，要么面对战争。

事后证明，鲍威尔的这篇发言是小布什政府欺骗世界、为战争造势的谎言，目的在于证明小布什计划发动伊拉克战争的必要性、正义性，更重要的是，"为了'证明'发动伊拉克战争的紧迫性"。②

众所周知，伊拉克经过 20 世纪 80 年代长达 8 年的两伊战争，紧接着又在 1991 年的海湾战争中被老布什政府打得头破血流，大伤元气，国力空前衰弱，加上随之而来遭遇十多年全面经济制裁，伊拉克经济衰退，民不聊生，百废待兴。即使萨达姆企图重整军威，重新称霸中东，也是心有余而力不足。但是，伊拉克拥有大规模杀伤性武器却成了小布什政府武装侵略伊拉克的第一个，也是最重要的借口。2002 年 9 月 18 日，中央情报局局长乔治·特尼特在白宫椭圆形办公室向小布什报告"绝密情报"：伊拉克没有大规模杀伤性武器。这个情报来自萨达姆政权的外交部部长纳吉·萨布里（Naji Sabri），在伊拉克战争爆发前夕，他是中央情报局用 10 万美元策反的有偿线人。事实证明，作为萨达姆政权的核心人物之一，萨布里提供的情报是精确的。但小布什听到特尼特的汇报后反驳道："这个情报毫无价值。"③ 小布什命令特尼特不得将此消息传给别人，特尼特从此不敢再提。鲍威尔不知道伊拉克没有大规模杀伤性武器这个"绝密情报"，他被蒙在鼓里，被他的主人小布什当枪使了。

---

① "A Policy of Evasion and Deception", *The Washington Post*, February 5, 2003；《美国国务卿鲍威尔 2003 年 2 月 5 日在联合国安理会上的讲话（全文）》，新浪网军事，2003 年 2 月 6 日。

② Wikipedia：United Nations Security Council and the Iraq War.

③ Sidney Blumenthal，"Bush Knew Saddam Had No Weapons of Mass Destruction"，www. salon. com，September 6, 2007.

据《美国新闻与世界报道》周刊发表文章透露，在鲍威尔发言前，小布什政府内部就发言稿展开了紧张、激烈的争论。

文章主要内容如下：

> 2003 年 2 月 1 日晚，24 名小布什政府男女官员在中央情报局宽敞的会议厅举行长达 6 小时会议，讨论鲍威尔的发言稿"哪些该说哪些不该说"。
>
> 马拉松秘密会议连续 6 天昼夜进行。鲍威尔、特尼特和赖斯参加了几场讨论。与会者围绕伊拉克是否拥有大规模杀伤性武器和它与恐怖组织的联系两大情报档案展开了激烈的争论。会上有人展示有关伊拉克的情报卷宗，声称"伊拉克构成了严重威胁"。有人认为发言稿中许多情报，包括政府已经公开援引的情报，经不起推敲，必须删除。

与会者围绕这些情报档案展开了激烈的闭门内斗。这些已经编译的情报档案是关于巴格达的大规模杀伤性武器和它与恐怖主义分子的联系。

副总统切尼的办公室成员在秘密会议中发挥了关键作用，他们主张鲍威尔的发言稿必须最严厉地谴责萨达姆政权。鲍威尔的发言初稿是几天前由切尼办公室和赖斯的国家安全委员会成员共同起草的。这个发言初稿的情报主要来自副总统切尼办公室。

在中情局召开秘密会议前几天，一批官员曾聚在白宫形势分析室，听取切尼办公室主任斯科特·利比作的"中国菜谱"般冗长的指控伊拉克政权的报告，内容涵盖伊拉克领导层、基层组织、基地组织、人权状况和大规模杀伤性武器。这些罪名可能在鲍威尔的发言稿中使用。

与会者起初想遵循以利比的报告为基础的 45 页摘要，然而，问题太多了，有些观点根本没有可靠的情报来源，有些指责完全无法得到证实。举个例子说，有情报表明，一名伊拉克官员获批从一家澳大利亚公司购买了敏感的软件。有人担心伊拉克政权会通过该软件了解美国的地形，伊拉克有朝一日也许会用生物或化学武器对美国发动袭击。这是无根据的断言。

特尼特向切尼和其他官员汇报了这个情报，切尼却认为这个情报可靠。

白宫要求鲍威尔在发言中提及这项内容。

中情局会议厅秘密会议的参与者花了整整一天时间解决小布什政府内部的分歧。几个月来，在寻找伊拉克的罪行时，副总统办公室和五角大楼比国务院和中情局更激进。

在秘密会议过程中，对鲍威尔的发言稿进行了 5 次演练。不是所有关于萨达姆·侯赛因罪行的秘密情报都经得起认真推敲。在一次演练中，鲍威尔把好几页资料撕得粉碎后抛向空中，说："我不宣读这些内容，这是一派胡言。"切尼办公室提供的关于伊拉克拥有大规模杀伤性武器的虚假情报，鲍威尔也都删除了。

为了进一步核实有疑点的情报，在前往联合国安理会发言的前一周，鲍威尔组建了一个以他为首的班子进驻中央情报局，指示中情局向他提供一个"建立在更坚实的信息基础上的情报报告"。一位高级官员说："鲍威尔强烈地意识到情报必须完全准确，因为这关系到美国的声誉。"

2 月 3 日晚，鲍威尔发言稿终于敲定。"毫无疑问，鲍威尔希望中央情报局成为他发言稿中情报信息的坚强后盾……因此他对特尼特说：'乔治，你要和我一起去。'"2 月 4 日下午，他提前一天飞抵纽约，住进了他在纽约华尔多夫大酒店（Waldorf Astoria）的套房。第二天，鲍威尔在特尼特等助手陪同下对发言稿进行了两次"带妆彩排"。①

这位黑人将军对布什父子的重用和提拔心存感激，毫无疑问他忠实于小布什。美国舆论说他"守纪律、温和、忠厚"。② 他曾向小布什建议，在没有找到伊拉克拥有大规模杀伤性武器的确切证据之前，首先通过和平途径解决问题。小布什表面同意，内心反对。

小布什一边通过鲍威尔在联合国发言欺骗世界舆论，一边加紧向伊拉克南部邻国科威特调兵遣将、排兵布阵。截至 2003 年 2 月 18 日，美国在

---

① Bruce B. Auster, Mark Mazzetti and Edward T. Pound, "Truth and Consequences: New Questions About U. S. Intelligence Regarding Iraq's Weapons of Mass Terror", *US News and World Report*, June 9, 2003.

② "Colin Powell on Iraq, Race, and Hurricane Relief", ABC, September 8, 2005.

科威特已屯兵 10 万。①

　　鲍威尔于 2 月 5 日在联合国发言后，布利克斯和巴拉迪于 8 日和 9 日重返巴格达核查。2 月 14 日，他们向联合国安理会分别提交第二份报告，强调伊拉克与核查小组的合作更加积极主动。布利克斯对鲍威尔展示的卫星照片解释表示怀疑，并指出鲍威尔在发言中伪造事实和对他进行人身攻击。

　　布利克斯第二份报告的主要内容如下：

　　　　自我们抵达伊拉克以来，我们已经进行了 400 多次核查，核查范围覆盖了 300 多个地点。所有的核查都是在事先没有通知的情况下进行的，而且核查几乎总能立刻进行。我们绝未发现令人信服的证据，证明伊拉克方面事先知道核查人员将要来到。

　　　　核查工作已在伊拉克全境展开，包括工业场所、军火库、研究中心、大学、总统官邸、机动实验室、私人住宅、导弹生产设施、军营和农业场所。在 1998 年以前曾经核查过的所有地点，我们都重新进行了基本认证。这包括对核查地点的每座新旧建筑的功能和设施的认证，还包括对以前标记过的设备和标记的封记和标签的核实、采样以及与核查地点的人员讨论有关过去和现在的活动，等等。在某些地点，我们还使用了探地雷达以搜索地下建筑或埋藏在地下的设备。

　　　　迄今为止，通过核查，我们对伊拉克的工业和科学前景以及它的导弹能力有了充分的了解。……核查工作有效地弥补了 1998 年 12 月和 2002 年 11 月期间因核查工作中断而造成的了解上的空缺。

　　　　我们在各个核查地点搜集了 200 多个化学样本和 100 多个生物样本。这些样本中的 3/4 已经通过我们在巴格达监核中心的实验分析设备进行了分析。到目前为止分析结果与伊拉克方面公布的情况相吻合。

　　　　我们现在已经开始对伊拉克公布的大约 50 升芥子气进行销毁，这些芥子气被联合国监核会封藏在穆塔纳核查地点。其中 1/3 已经被销毁。我们在另一地点发现的用于生产芥子气的硫二甘醇已经被销毁。

━━━━━━━━━━

　　①　Wikipedia：2003 Invasion of Iraq.

目前在伊拉克的工作人员来自 60 个国家，总数超过 250 人，包括 100 名联合国监核会人员、15 名国际原子能机构核查人员，50 名机组人员和 65 名后勤人员……

我们认为，伊拉克在其领土范围内转移的是常规武器，这与大规模杀伤性武器并没有必然的联系……

美国国务卿曾经在几天前向安理会展示了情报部门搜集的新证据，证明伊拉克为了准备迎接检查而对一些地区进行了清理，转移了很多关于被禁止的武器计划的证据，也就是关于在照片中被分析家认为是正在一个军火库清理化学污染物的卡车。对此我想说明一下，那个地区是一个公开的地区，当然，也是伊拉克预计我们要进行检查的地点，我要说明的是，这两张卫星照片相隔了几个星期，报告中所谓的转移武器的行动很有可能只是例行公事，是为了迎接即将到来的检查所做的正常工作而已。

布利克斯还列举事实，反驳了鲍威尔在发言中提出的一些所谓伊拉克拥有大规模杀伤性武器的证据。在谈到美国声称萨达姆与"基地"组织有染的问题时，布利克斯说："我对此表示怀疑。我是律师出身，肩负核查重任，必须凭证据说话……但到目前为止，我没有看见任何证据可以表明这一点。"

当天，巴拉迪在报告中否认了鲍威尔所说伊拉克拥有核武器计划。他说："1998 年 12 月之前，我已经代表国际原子能机构在多种场合作过报告说伊拉克核武器计划被有效阻止了，在那个时候没有遗留任何尚未解决的解除武装问题。因此，自两个半月前恢复对伊拉克进行核查以来，我们的工作重心就是，弄清楚伊拉克是否在过去几年间恢复了其核武器研制计划。迄今为止，我们没有发现伊拉克拥有任何核武器或进行过与研制核武器有关活动的证据。"[①]

---

① 《对伊武器核查官员第二份核查报告（全文）》，新华网，2003 年 2 月 15 日；"Hans Blix's Briefing to the Security Council"，guardian. co. uk，February 14，2003；安迪：《公正地完成了使命，布利克斯决定退休》，www. online. cri. com. cn，2003 年 4 月 2 日。

可见，从伊拉克总统府到荒无人烟的沙漠，分别由布利克斯和巴拉迪领导的联合国核查机构采用了一切先进手段，对伊拉克的违禁武器挖地三尺进行核查。他们的结论对安理会就是否允许美国军事打击伊拉克的投票结果将起重要作用。

2003 年 3 月 6 日晚，对核查组织的结论早已心怀不满的小布什举行新闻发布会，抨击这两位联合国核查高官对伊拉克的核查结果。他同时抨击中国、俄罗斯、法国、德国、土耳其和一些阿拉伯国家反对美国对伊拉克动武。

小布什说：

我们抗击萨达姆·侯赛因及其恐怖武器对我国与和平构成的威胁的一个重要时刻已经来临。明天，联合国安理会将在纽约听到武器核查负责人报告最新情况。全世界需要他回答一个简单的问题：伊拉克政权是否根据第 1441 号决议的要求，全面地、无条件地销毁了武器？

萨达姆·侯赛因及其武器是对我国、我国人民和所有自由的人民的直接威胁。

我们决心抗击威胁，不管它出现在哪里。我不会让美国人民听凭伊拉克独裁者及其武器的随意摆布。

核查工作组需要的不是更多的时间和人员。他们需要的是他们从未得到过的——伊拉克政权的全面合作。象征性的姿态不符合要求。唯一符合要求的做法是由安理会一致投票确定的——彻底解除武装。

安理会去年秋天一致通过的第 1441 号决议明确规定，萨达姆·侯赛因还有最后一个机会来解除武装。他还没有解除武装。因此，我们正在同安理会成员在安理会共同解决这个问题。

这不仅是我国安全所面临的一个重要时刻，我认为这也是安理会本身所面临的一个重要时刻。我这么说是因为销毁伊拉克武器这个问题摆在安理会面前已经长达 12 年了。安理会所面临的根本问题是，它说的话是否有意义？当安理会说话时，是否一言九鼎？

我相信美国人民理解，在涉及我们安全的问题上，如果我们需要采取行动，我们会采取行动，我们其实不需要联合国同意我们这样做。我希望联合国发挥效力——我会努力这样做。联合国有必要成为一个有活力、有能力的机构。联合国必须言必有信。在我们迈入 21 世纪的时候，当涉及我们的安全时，我们的确不需要任何人的许可。①

这是小布什不顾世界爱好和平的人们的反战呼声，要甩开联合国一意孤行了。

2003 年 3 月 7 日，布利克斯向安理会提交了第 12 份季度工作报告，当天深夜，巴拉迪也就伊拉克核武器核查结果发表总结性报告。

布利克斯在报告中详细汇报了自 2002 年 11 月 27 日恢复核查以来 3 个月核查所取得的成绩，对伊拉克方面向武器核查人员提供的合作再次给予了肯定。

布利克斯在报告中谈道：

> 主席先生，近 3 年以来，我曾经多次来到安理会这里，向诸位提交联合国监视、核查和视察委员会的季度性工作报告。这些报告描述了我们为恢复对伊拉克进行武器核查所做的诸多准备工作的情况……
>
> 巴拉迪博士和我在核查工作开始前在维也纳与伊拉克方面举行的会谈中没有解决的实际问题，以及联合国第 1441 号决议没有解决的一些问题，在我们在巴格达举行的会谈中已经得到了解决。
>
> 伊拉克方面最初不同意直升机和空中侦察飞机在"禁飞区"内飞行的问题也已经得到了解决。
>
> 这并不意味着核查工作的开展完全没有产生任何摩擦，但在这个关节上，我们能够做到在伊拉克全境进行非常专业的、不经事先通知的核查，而且能够加强空中侦察的力度。
>
> 美国的 U－2 和法国的"幻影"侦察机已经为我们提供了非常有

---

① 《布什 3 月 6 日就伊拉克问题讲话及答记者问》，《参考资料》索引，2003 年 3 月，www. cetin. net。

价值的图像和卫星图片，不久，我们还有望将夜视能力增加到俄罗斯联邦提供给我们的一架侦察飞机上面，德国提供给我们的侦察飞机还具有低空飞行、近地侦察的能力。……伊拉克应该提供任何适合于生产或储存大规模杀伤性武器的地下结构的信息……

有报告称，伊拉克在一些地下设施中进行了违禁活动，但伊拉克方面对此予以否认。伊拉克应该提供任何适合于生产或储存大规模杀伤性武器的所有地下设施的信息。在对已经宣布的或未经宣布的设施进行核查的过程中，核查小组已经对所有可能建有地下设施的建筑进行了检查。另外，我们还采用了探地雷达设施，对几处特殊地方进行了检查。但到目前为止，我们没有发现任何生产或储存化学及生物武器的地下设施……

每个人都不免会有这样的印象，在经历了一段勉强的合作之后，伊拉克方面自1月底以来配合核查的力度明显加强。我们对此表示欢迎。但是我们还必须清醒地判断，伊拉克究竟在多大程度上令人信服地解释了多少个问题。目前这些我们并不清楚。

当然，如果大家希望知道更加直接的答案，我会说伊拉克方面在许多场合已经尽力满足我们的条件，包括允许直升机和U-2侦察机参加核查工作。然而，到目前为止伊拉克方面并没有在任何方面都满足核查人员的要求。如果伊拉克这样做了，我们将会如实上报。

很明显，伊拉克方面已经采取了许多积极措施解决了一些悬而未决的解除武装问题，可以认为这些措施是积极的甚至是积极主动的。但是这并不符合联合国新决议制定的立即展开合作的要求，同时伊拉克也无必要保护所有的相关区域。不过，伊拉克还是很合作的。而联合国核查小组对伊拉克的要求就是尽快解决那些悬而未决的解除武装问题……

解决伊拉克遗留下来的解除武装问题还需要多长时间呢？虽然伊拉克的合作与此紧密相关，但解除武装并进行证实的工作不可能一蹴而就。尽管外界的压力使伊拉克保持主动的态度，但核查小组仍然需要时间认证部分地点和项目，分析文件材料、与有关人员进行会面和完成总结。这不需要耗时数年，也不是数周，而是需要数月时间。①

面对美国已经磨刀霍霍、剑拔弩张的态势，布利克斯要求给监核会以更多的时间，按照安理会的要求，继续核查，避免战争。这个合理要求遭到美国的坚决反对。美国舆论认为，布利克斯3月7日在安理会的报告对小布什政府的战争图谋"是一个巨大的打击"。②

同一天，国际原子能机构总干事巴拉迪在陈述中强调，经过3个月调查，仍然没有证据显示伊拉克发展核武器。他说：

> 首先我想陈述一下我们的总体结论，80年代末期帮助伊拉克的外国力量在最近4年相继离开，伊拉克大部分工业生产能力实质上已经衰败了；在过去10年中，大批伊拉克熟练技术人员的离开使得很多精密设备在伊拉克无法进行维护和保养……
>
> 在过去3周中，我们的调查小组累计行程达2000公里，对伊拉克75个地区进行了检查，其中包括军事要塞、军营、兵工厂、停车场、制造厂以及居民区……
>
> 主席先生，在过去几周中，伊拉克已经向我们提供了大量文件，这些文件都是关于我在上次报告中所提出的特别担心的问题，其中包括伊拉克努力获得铝管的相关报告，伊拉克试图购买磁体和磁体产品的相关文件，以及伊拉克试图进口铀元素的相关文件……
>
> 从现有的证据来看，原子能机构的调查小组认为伊拉克进口这些铝管的目的并不是制造离心分离机，因此，伊拉克也不可能将其用于重启离心分离机计划，从而重新启动核武器计划。
>
> 关于铀的采购问题，国际原子能机构对近几年来伊拉克试图从尼日尔购买铀的报道进行了调查，并且已经取得了进展……经过彻底的

---

① 《布利克斯核查报告（全文）》，中国新闻网，2003年3月8日；"Blix's Statement to Security Council", *The New York Times*, March 7, 2003。

② Rohan Pearce, "Iraq: Blix report demolishes US 'case' for war", www. greenleft. org, March 12, 2003.

分析，国际原子能机构和外界专家们得出的最终结论是，关于伊拉克与尼日尔近期进行铀交易的报道所依据的文件实际上并不真实。因此我们得出的结论是，这些具体的指控都是没有根据的。

在现阶段，我只能做出如下结论。

第一，尽管有卫星图像表明伊拉克在 1998 年之后重新建立了工厂，但是目前没有证据证明伊拉克在这些建筑物中从事核武器的生产，同时也没有证据证明伊拉克在被检查地区从事了被禁止的核武器相关行动。

第二，目前没有证据证明伊拉克自从 1990 年以来曾经试图进口铀元素。

第三，没有证据证明伊拉克曾经试图进口铝管用于离心分离机。此外，即便伊拉克拥有这样的计划，他们也将在生产离心分离机的过程中遇到铝管以外的实际困难。

第四，尽管我们仍然在对伊拉克的磁体和磁体产品问题进行调查，但目前没有证据证明伊拉克进口的磁体是用于离心分离机计划。[1]

2003 年 3 月 16 日，小布什政府宣布"外交手段已经失败了"，"美国将与同盟国组织'自愿联盟'一起摧毁伊拉克的大规模杀伤性武器"……美国政府还突然建议联合国武器核查人员立即撤离巴格达。[2]

2003 年 2 月 24 日，美国、英国和西班牙曾向安理会提出所谓"第 18 决议案"，指责伊拉克没有抓住最后机会解除武装。议案要求安理会给伊拉克规定一个执行联合国安理会有关伊拉克决议的最后期限，企图骗取联合国对伊拉克动武的授权。但该草案遭到法国、德国、俄罗斯和中国的否决。由于 5 个常任理事国中的法国公开表示行使否决权，3 月 17 日，美国、英国和西班牙被迫撤回决议草案，决定自行采取行动解除伊拉克武

---

① International Atomic Energy Agency, "Transcript of ElBaradei's U. N. Presentation", www. articles. cnn. com, March 7, 2003；《国际原子能机构总干事巴拉迪提交新报告》，中国新闻网，2003 年 3 月 8 日。

② Wikipedia：Iraq War.

装。这是美英等国决意摆脱联合国而对伊拉克单独动武的重要步骤。

（十四）萨达姆挑战小布什

在伊拉克战争爆发前夕的 2003 年 2 月 24 日，萨达姆在巴格达的共和宫接受美国哥伦比亚广播公司著名主持人丹·拉瑟（Dan Rather）的独家采访。1991 年海湾战争爆发时萨达姆第一次接受拉瑟访谈，这是萨达姆第二次接受他的采访。双方均用本国语言交流，翻译人员分别译成阿拉伯语和英语。萨达姆对翻译质量表示满意。原本约定访谈时间 1 小时，实际超过 3 小时，主要是萨达姆在说。拉瑟始料不及，采访间隙多次对萨达姆的"耐心"表示吃惊和感谢。

2 月 26 日和 27 日，哥伦比亚广播公司分三次向美国播放了采访内容。2 月 27 日巴格达电视台播放了采访实况。

这次访谈的主要内容如下：

拉瑟：总统先生，你打算销毁联合国禁止的"萨默德－2"弹道导弹吗？你会销毁这些导弹吗？……

萨达姆：我们实现了对联合国（第 1441 号）决议的承诺。我们正在根据联合国决议对我们的要求来实现这一决议。……正如你所知道的，它是联合国允许生产的射程 150 公里的地对地导弹。我们实现了对联合国的承诺。……美国和全世界都知道伊拉克没有大规模杀伤性武器，尽管有噪声说有。但我认为这部分是为了"掩盖一个巨大谎言"，说什么伊拉克拥有化学、生物和核武器，并以此为借口反对伊拉克……

拉瑟：你认为核心问题是什么？……总统先生，你希望受到以美国为首的进攻吗？

萨达姆：我们不希望发生战争。但我们正准备迎接这场战争，去面对它。

拉瑟：你担心被杀或被捕吗？

萨达姆：任凭真主决定。我们是信徒，我们听真主的决定……

拉瑟：有人向你提供过任何庇护之所吗？不论在什么情况下，为了拯救你的人民免遭涂炭，你会考虑流亡吗？

萨达姆：我们出生在伊拉克。它是一个辉煌民族的一部分，是一个伟大的阿拉伯民族，况且我们一直生活在这里。真主通过伊拉克人民赋予我们任务和责任，并把我们放在这个职位上。我们绝不会改变这一状况。关于避难，不管是谁提出避难要求，只要他决定抛弃自己的国家，他就不是恪守原则的人。我们将死在这里，我们将死在这个国家。我们将维护我们的荣誉。在我国人民面前，这是必须保持的荣誉……

萨达姆：我认为不管是谁要求或给予我萨达姆到他的国家避难，实际上他是一个没有道德的人，因为这是直接羞辱伊拉克人民，是他们一致选择了萨达姆·侯赛因继续领导他们……

萨达姆：你记得当1月（指1990年1月9日——笔者注）外交部部长塔里基·阿齐兹在日内瓦与国务卿詹姆斯·贝克会见时，贝克曾威胁阿齐兹说要把伊拉克推回到工业化以前的时代。我相信你记得这件事。从海军舰艇和其他海军设施出动的美国战机携带战斧导弹从四面八方对伊拉克进行了超过一个半月的狂轰滥炸。它们摧毁了桥梁、教堂、清真寺、大学、建筑物、发电厂、房屋和官殿。它们炸死了伊拉克人民，包括老年人。但是它们没有把伊拉克推回到工业化以前的时代……

萨达姆：我希望战争不会发生，但一旦战争强加给我们，伊拉克也将继续在这里，它将继续存在。这个国家有悠久的历史，是人类第一个文明摇篮，它绝不会回到工业化以前的时代，即使一个大国希望伊拉克退回到这样的时代……

萨达姆说，伊拉克的总统选举是在海湾战争和制裁期间进行的，还有封锁。这意味着什么呢？这意味着甚至在战争和封锁的环境中，伊拉克人民坚持站在民族的和爱国的立场上。……为了向正在威胁伊拉克的外国列强说清楚："是我们，是伊拉克人民决定我们的道路、是他们决定我们的信仰和我们的意志，而不是你们，不是由你们来告诉我们应该做什么。"

拉瑟：就是说，你的立场基本没变？

萨达姆：我们的立场一直没变。对我们的独立、我们的尊严和我们的自由，我们从不妥协。与此同时，我们要继续执行安理会的决定。

拉瑟：美国副总统切尼说，如果美国率领的军队进入伊拉克，它将受到鼓乐相迎，并被视为解放军。

萨达姆：如果美国人以侵略军和占领者的身份进入伊拉克，我坚信伊拉克人民绝不欢迎……

拉瑟：你提到海湾战争。你打过布什的父亲乔治·赫伯特·沃克·布什。他和他领导的部队获胜了。现在，你面对的是他的儿子。他拥有更强大、更现代化，甚至更致命的军事力量直接瞄准着你。你为什么还认为这次你可以在战场上获胜呢？或者你？……

萨达姆：你知道，不论那时或现在，在两种情况下我们都没有越过我们的边界、越过大西洋去侵略美国，无论是通过空中、陆地或海上。我们——人民和官员都在伊拉克……

萨达姆：美国官员们已经在谈论对伊拉克的侵略意图。……我们应该对侵略者说，一旦你们侵略我们，我们不会屈服。……保卫我们的国家、保卫我们的孩子和保卫我们的人民是我们的任务和责任，我们不会屈服，不论对美国还是任何其他强国。与此同时，我们将继续按照联合国安理会做出的决议去行动。

拉瑟：联合国正在讨论对伊拉克的第二个决议，你的立场有何变化？

萨达姆：我们的立场不变。在我们的独立，或者我们的尊严和我们的自由方面我们不会妥协……

拉瑟：总统先生，如果，如果有入侵，为了抵抗入侵，你会放火烧毁油田吗？你会炸毁堤坝或你们的水库吗？

萨达姆：伊拉克不焚烧它自己的财富，也不毁坏它自己的堤坝。我们希望这个问题不意味着一种暗示，即伊拉克的堤坝和油井是被可能入侵伊拉克的侵略者干的。为了改善伊拉克人民的生活，我们要保护、捍卫和维护这些资源。

拉瑟：总统先生……在现在这个历史重要时刻，您最希望美国人民了解什么？

萨达姆：请你向他们转达：伊拉克人民不是美国人民的敌人。只是，伊拉克人民只是反对美国政府的政策。……如果美国人民愿意通过直接对话了解事实真相，那么我已经准备好与布什总统在电视上直接对话。我要对美国相关政策说出我必须说的话。他有机会就伊拉克政策说他必须说的话。对话面对全体人民，在电视里，以直接的、未经审查的诚实方式。正如我说的，在人人面前对话。然后，他们将看到什么是事实，什么是谎言。……如果他一定要打仗，如果他决心并决定发动战争，公开辩论是他说服全世界的一个机会。如果他坚信自己的立场，这将是他说服全世界相信他的战争决策是正确的机会。公开辩论对我们也是一个机会：向世界讲述我们自己的故事和我们渴望在和平和安宁的环境中生活的原因……

拉瑟：你是说要辩论？这、这很新鲜。你、你建议，你说你愿意、你建议、你敦促与布什总统举行一次辩论？在电视上播放？

萨达姆：是的，这是我的建议。……这是我的建议的要点，是我的想法。

拉瑟：这不是开玩笑？

萨达姆：这不是开玩笑。不是，这是一个认真提出的建议。这是我对美国公众舆论的尊重，是我对美国人民的尊重。……是我对伊拉克人民的尊重，是我对人类的尊重。我呼吁举行公开辩论本身不是戏言。因为战争无戏言。不论是谁，他在一生中把战争作为首选，他就不是一个正常的人。我认为辩论为我们确保和平与安宁提供了机会，为什么我们不选择对话？……

拉瑟：在什么地方辩论？你认为辩论地点应该在哪里？

萨达姆：作为美国总统，他在一个地方；作为伊拉克总统的萨达姆·侯赛因在一个地方。然后，辩论可以通过卫星进行。

拉瑟：哦。那么，是卫星电视辩论。直播……

萨达姆：我的意思是我们坐着——就像你我现在这样坐着，我向他（指小布什——笔者注）提问，他向我提问。我讲伊拉克的立场，他讲美国的立场。

  拉瑟：这让我好惊讶。我想确认一下我是否真的理解了。

  萨达姆：也就是说这个辩论应该公开……

  拉瑟：是通过卫星直播的国际辩论？……

  萨达姆：是的。现场直播，通过卫星直接辩论。[1]

萨达姆对拉瑟谈话的重点是：

1. 伊拉克准备面对战争。

2. 伊拉克没有大规模杀伤性武器。

3. 伊拉克与基地组织和本·拉丹无关。

4. 他拒绝庇护或流亡国外，决心以身殉国。

5. 坚决保护伊拉克石油资产和水坝。

6. 谴责老布什、切尼。

7. 建议与小布什公开辩论。

  萨达姆的"公开辩论建议在白宫引起了争议"。布什政府试图派一名高级官员在哥伦比亚广播公司的"60分钟"节目中反驳萨达姆，但哥伦比亚广播公司感觉不爽，认为白宫派出的官员级别低，不宜在该网络播出。它表示"愿意接受布什先生、副总统迪克·切尼或国务卿科林·鲍威尔出现在节目中"。双方立场南辕北辙，未能就此达成协议。[2] 小布什对萨达姆要求与他公开辩论很是恼火，不但立即拒绝，还派白宫一位发言人公开说萨达姆的建议"不严肃"。[3]

  访谈结束当天，哥伦比亚广播公司新闻总监和驻白宫记者约翰·罗伯茨（John Roberts）与拉瑟就他对萨达姆的"历史性访谈"进行了简短交谈。拉瑟说："萨达姆很高大，身高大约6.2英尺。他行走有点僵硬，我

---

 ① David Kohn, "Transcript: Saddam Hussein Interview CBS News Read the Entire Interview", www. CBSNews. com/news/t.

 ② Brian Dakss CBS, "Saddam Interview Airs in Iraq", February 21, 2003.

 ③ David Kohn, "Saddam Speaks Part 2-A Debate", February 26, 2003.

相信这可能是因为一些报道所说他的背部有病，但他非常淡定——至少外表如此。他和我们在一起的时候始终从容不迫。……他明白入侵的时间迫在眉睫。"拉瑟还说："萨达姆认为伊拉克将不得不忍受美国及其盟国挥出的第一拳，或许还有第二拳。但是他坚信伊拉克能够忍受这两拳，如果美国人和他们的同盟国进入伊拉克，它们最终将被打败。……他没有用战争'不可避免'这个词，但从他在访谈中的言行可以清楚地看到，很明显他在等待一场战争。但在某种程度上他并非希望发生战争。公平地说，萨达姆认为战争将很快爆发，除非发生一些戏剧性的变化。……在访谈中他一再强调在1990—1991年海湾战争中伊拉克没有失败。"①

人无完人。敢于向布什父子的强权政治说"不"，是萨达姆的突出优点。遗憾的是直到战争临头的那一刻，萨达姆虽然预感到山雨欲来风满楼，但对小布什仍怀有一丝幻想，期望他接受公开辩论的建议，以讨回公道，争取推迟、减缓或避免战争。他甚至认为即便战争爆发，也会像1991年海湾战争那样短暂，战后伊拉克能够迅速恢复重建，不会倒退至前工业化时代。他在访谈中始终没有用战争"不可避免"一词说明，他对即将来临的这场战争的必然性、速度之快、规模之大和凶猛无比估计不足，直到小布什挥起砍刀的关键时刻，萨达姆仍然没有彻底看透小布什的战争决心和阴谋！这是萨达姆一生最大的失误，也是他悔之莫及的最大悲剧。

（十五）最后通牒

美国东部时间2003年3月17日晚8点（北京时间3月18日上午9点），小布什发表电视讲话，向萨达姆发出最后通牒，要求他和他的儿子必须在48小时内离开伊拉克，否则将面临美国发动的军事打击。

布什电视讲话要点如下：

> 同胞们，伊拉克的形势现在已经到了最后做出决定的时候了……
>
> 美国政府和其他国家政府收集到的情报清晰地表明，伊拉克政权继续拥有世界上最具杀伤性的武器，并隐瞒了其中部分这样的武器。伊拉

---

① Sue Chan, "Behind The Scenes With Saddam", CBS, February 24, 2003.

克政权已经对其邻国和伊拉克人民使用过大规模杀伤性武器……

萨达姆政权曾经有过鲁莽地侵略其他中东国家的历史。该政权刻骨仇恨美国和美国的盟国，它还援助、训练和包庇恐怖分子，包括"基地"组织人员。

我们面临的危险是再清楚不过的：在伊拉克的帮助下，恐怖分子可以利用生化武器，甚至某一天可能获取核武器，并利用这种武器实施他们既定的袭击计划，将我们国家或其他任何国家成千上万人甚至十几万无辜百姓杀死。

……在恐怖日子到来之前，在我们做一切努力都为之已晚的结果出现之前，我们将把这种危险消除掉。美国具有利用武力确保自己国家安全的至高无上的权利。作为三军总司令，我有义务承担起自己誓言中所说的责任，我将把我的誓言变成现实……

几十年的欺骗和残酷现在已经该结束了。萨达姆和他的儿子们必须在 48 小时内离开伊拉克。如果他们拒绝这样做，等待他们的只能是军事冲突，什么时候开始由我们说了算。为了他们的自身安全，包括记者和核查人员在内的所有外国人应立即离开伊拉克……

另外，所有的伊拉克军人和平民百姓都应该仔细听好下述警告：在任何一场冲突当中，你们的命运都将取决于你们的行动。不要摧毁油井设施，因为它们是伊拉克民众的财富来源。不要听从任何有关让你们使用大规模杀伤性武器来对付任何人的命令。那些战争犯罪活动将受到起诉，战犯将被绳之以法，到时如果再说"我只是在服从命令"这样的话是无法为自己开脱罪责的……

如果萨达姆·侯赛因试图抓住权力不放，他就永远是我们的死敌，直到他的末日来临。①

萨达姆拒绝小布什的最后通牒，决心与美国决一死战。2003 年 3 月 19 日，新华网援引伊拉克电视台的消息说："伊拉克国家电视台 18 日报道，

---

① 新华社：《布什发表讲话要萨达姆 48 小时流亡（全文）》；Bush，"Leave Iraq within 48 hours"，www.cnn.com，March 18，2003。

萨达姆正与高层领导人研究伊方作战计划，并发誓击退美军的进攻。萨达姆在拒绝美国的最后通牒后说：'这场战争是伊拉克反对邪恶的最后一场战争，是伊拉克反击美国对阿拉伯世界侵略的最后一场战争。'"3月18日，哥伦比亚广播公司发自纽约的消息说："当天，萨达姆向伊拉克官方媒体表示，他绝不会屈服于美国的压力。萨达姆在讲话中严词拒绝了布什总统的48小时流亡方案。"

3月18日，联合国秘书长安南被迫下令，在伊拉克的联合国武器核查人员全部撤离巴格达。

五 小布什对伊拉克发动闪电战

(一)"斩首行动"

2003年3月19日零时，在小布什对萨达姆的最后通牒截止期限大约90分钟后开始对萨达姆展开"斩首行动"（decapitation strike）。

19日下午小布什接到中情局局长特尼特的报告称，萨达姆和他的儿子等可能在巴格达一处坚固的堡垒里举行会议。晚上小布什召集国家安全委员会全体成员举行4小时紧急会议商讨对策。小布什、切尼、拉姆斯菲尔德和赖斯等认为事不宜迟，小布什当即拍板向萨达姆发起"斩首行动"。①

"斩首行动"是美军追捕萨达姆的第一阶段。伊拉克历史上空前残酷的一幕从此拉开了序幕。

当地时间20日凌晨5时33分，巴格达响起了轰炸声。以美国为首的联军向巴格达萨达姆总统府发射多枚战斧巡航导弹，企图一举让萨达姆殒命。为配合这次"斩首行动"，从2002年7月10日就开始活跃在伊拉克北部库尔德地区的中央情报局特别行动部的特种部队（Special Activities Division，SAD）渗透到伊拉克全境，向美国空军提供萨达姆及其属下高官的行踪目标。特尼特向小布什提供情报说，3月19日萨达姆在女儿居住的巴格达郊区多拉农场（Dora Farms）会见两个儿子并在那里过夜。20日凌晨5

① "U. S. Launches 'Decapitation' Strike Against Iraq"; "Saddam Personally Targeted", www. foxnews. com, March 20, 2003; John King, David Ensor, Jamie McIntyre and Chris Plante, "'Decapitation Strike' Was Aimed at Saddam", CNN, March 20, 2003.

时 30 分左右，美国第 8 战斗机中队立即出动两架 F－117 夜莺隐形轰炸机向农场发射了 4 枚 2000 磅重的先进卫星制导掩体炸弹，另外还分别从 4 艘战舰和位于红海和波斯湾的两艘潜艇发射了 40 枚战斧巡航导弹。①

与此同时，美英空军还向伊拉克十余座城市和港口进行狂轰滥炸，投掷了各类精确制导炸弹 2000 多枚。

事后证明特尼特的情报有误，萨达姆并不在那里。小布什政府企图一网打尽萨达姆父子的计划暂时落空。

2003 年 3 月 20 日开始对萨达姆展开 "斩首行动"

据美国有线电视新闻网报道，对萨达姆的 "斩首行动" 失败后，当晚 10 时 15 分小布什向全国发表广播讲话说："按照我的命令，联军开始打击选定的重要军事目标，以摧毁萨达姆发动战争的能力。"

当天，躲过空袭的萨达姆对全国发表电视讲话，号召全民动员起来反抗美国侵略。

新华社驻巴格达记者及时发回了相关报道，全文如下：

（新华社巴格达 3 月 20 日电）美国于当地时间 20 日凌晨对伊拉克发起空袭后不久，伊拉克总统萨达姆向全国发表电视讲话，呼吁伊

---

① Wikipedia：2003 Invasion of Iraq.

拉克人民抵抗美国发动的战争，并表示相信"胜利将属于伊拉克"。

电视画面上的萨达姆一身戎装、戴着黑色贝雷帽和黑边眼镜。他表情严肃，语速缓慢地宣读了一份事先写好的讲话稿。

萨达姆说，现在没有必要提醒伊拉克人在面临进攻的时候应当和不应当做些什么，伊拉克人民必将击败敌人并最终赢得胜利。萨达姆同时对美国怯懦的侵略行为进行猛烈抨击，谴责布什进攻伊拉克犯下了新的战争罪行。他呼吁伊拉克人民抵抗侵略者，为保护伊拉克而献身。

他对伊拉克全国人民说：以我的名义及伊拉克人民和英勇战斗的伊拉克军队的名义向你们保证，我们将奋勇抵抗入侵者，并最终挫败他们的进攻。

萨达姆是通过其长子乌代控制的电视台发表讲话的。目前尚不清楚这次不到 10 分钟的讲话是现场直播还是事先录制好的。

同日，伊拉克新闻部部长萨哈夫也对美国对巴格达的空袭进行谴责，指出美国的这次行动是"公然的侵略行为"。

伊拉克当地时间 3 月 20 日凌晨 5 时 35 分，美国对伊拉克首都巴格达发起空袭。美国白宫发言人弗莱舍随后宣布，解除伊拉克政权武装的军事行动开始。在此后的一个小时内，巴格达及其周围地区遭到美军的 3 次空袭。美军使用了大约 40 枚巡航导弹和精确制导炸弹，对美军侦察到在巴格达某地活动的伊拉克领导人以及其他预定目标进行了"外科手术式"袭击。伊拉克的防空炮火进行了还击。有消息说，伊拉克还向科威特发射了导弹。

（二）小布什发布"作战令"

世界标准时间 3 月 20 日凌晨 3 时 15 分，美国东部时间上午 10 时 15 分，小布什以美国武装部队最高司令的身份在白宫椭圆形总统办公室向全国发表电视讲话，宣布美国已经向伊拉克开战。小布什话音刚落，在科威特待命的 13 万美国军队立即越过边界进入伊拉克。① 美国原计划从土耳其

① Wikipedia：2003 Invasion of Iraq；"The Invasion Of Iraq"，Frontline PBS，www. pbs. org/wg-bh/pages.

派遣一个 15000 人的陆军部队进入伊拉克北部，开辟第二战场。但土耳其政府拒绝美国要求。小布什政府只好派美国陆军第 173 空降旅向伊拉克北部空降几千名伞兵。①

　　这是第二次世界大战后规模空前的地区性局部战争之一，是帝国主义侵略战争。

小布什发表作战令

小布什作战令的主要内容如下：

　　同胞们：此刻美国及其盟军正处于解除伊拉克武装，解放伊拉克人民，保卫世界远离严重危险的军事行动的初步阶段。

　　在我的命令下，盟军已经有选择地打击了一些重要的军事目标，以摧毁萨达姆发动战争的能力。这是一场广泛和协调一致的行动的开始……

　　在这场冲突中，美国面对的是一个无视战争惯例和道德准则的敌人。萨达姆已经把伊拉克军队和装备部署在平民居住区，企图把无辜的男人、女人和儿童作为他自己军队的人盾——这也将是他对伊拉克人民犯下的最后暴行……

　　我希望美国人和全世界都知道，盟军将尽一切努力不伤害无辜平

---

　　① Wikipedia：2003 Invasion of Iraq；"The Invasion Of Iraq"，Frontline PBS，www.pbs.org/wgbh/pages.

民。在一个和加利福尼亚一样大的充满险恶地形的国家作战意味着战争的时间比一些人预想的要长，困难要大。帮助伊拉克建立一个团结、稳定和自由的国家需要我们做出持久的承诺。

我们怀着对伊拉克人民、对他们的伟大文明和宗教信仰的尊敬来到伊拉克。除了消除威胁和把管理国家的权力重新归还给伊拉克人民外，我们对伊拉克没有野心……

我们国家并不愿意参与这场冲突，然而我们的目标是明确的。美国人民和我们的朋友和盟国不会听任伊拉克非法政权的摆布，这个政权正用大规模杀伤性武器威胁和平……

我们将用我们的陆军、空军、海军、海岸警卫队和海军陆战队应对这一威胁，这样我们以后就用不着在我们的城市的街道上动用消防队员、警察和医生应付这种威胁。

现在战斗已经开始，速战速决的唯一方法就是坚决打击。我向你们保证，这不会是一场半途而废的战争，除非胜利，我们不会罢休。①

小布什的作战令有几个特点：

1. 美国发动伊拉克战争是被迫的、不情愿的。

2. 美国打伊拉克是因为萨达姆拥有并隐藏大规模杀伤性武器，是为了全世界人民免遭这种可怕武器的打击。美国是替天行道的救世主。

3. 美国是伊拉克人民的救星，只有美国才能帮助伊拉克人民建立一个团结、稳定和自由的国家。

4. 美国发动伊拉克战争没有自身利益追求。

总之，小布什绞尽脑汁想说明，美国发动的这场非正义的侵略战争是拯救伊拉克人民和世界人民的一场正义战争。

但是小布什要的小聪明并不高明。他误以为玩弄"老虎戴佛珠"的把戏就能掩盖美国占领伊拉克的目的。其实他所谓的使伊拉克变成一个"自由国家"暴露了他发动伊拉克战争的真实目的，即推翻萨达姆政权、建立

———————————

① Bush declares war, www.cnn.com：March 20，2003；《布什宣布对伊拉克开战演讲（全文）》，新华网。

一个没有萨达姆的亲美政权以使美国永久军事占领这个中东的重要战略要地和主要产油国。凭借自身拥有的强大军事力量以莫须有的罪名侵犯并推翻比美国弱小千万倍的伊拉克，其本身就是霸权主义和强盗逻辑的典型表现。

指挥这场战争的弗兰克斯将军对美国入侵伊拉克的 8 个意图阐述如下。

1. 结束萨达姆政权。

2. 销毁伊拉克的大规模杀伤性武器。

3. 抓捕恐怖分子并把他们驱逐出伊拉克。

4. 搜集与恐怖分子网络有关的情报。

5. 搜集与非法大规模杀伤性武器有关的全球网络情报。

6. 取消对伊拉克的制裁，立即向伊拉克人民提供人道主义援助。

7. 保护伊拉克的油田和资源。

8. 帮助伊拉克人民建立一个有代表性的自治政府。[①]

伊拉克战争没有联合国授权。这是对伊拉克发起的"突然军事入侵"，"没有战争宣言"。指挥这场战争的是美国中央司令部司令、四星上将汤米·弗兰克斯。入侵代号为"伊拉克解放行动"（Operation Iraqi Liberation），后改称"伊拉克自由行动"（Operation Iraqi Freedom）。[②]

（三）难掩父子情

在自传《抉择时刻》（Decision Points）中，小布什回忆了向伊拉克宣战的那个令他激动、难忘的情景：

2003 年 3 月 19 日，星期三，我参加了一个我本希望不必召开的会议。

国家安全委员会的委员们已经聚集在白宫形势分析室。它位于白宫西翼的地下，是通信设备和值班官员的神经中枢。出现在保密视频通话屏幕正中央的，是驻扎在沙特阿拉伯苏丹王子空军基地的汤米·弗兰克斯将军。他的高级助手们坐在他的身旁。在屏幕其他四个部

---

① Wikipedia：Iraq War.

② Ibid.

分显示的是我们的陆军、海军陆战队、空军司令官和特种行动指挥官。出现在屏幕上的还有他们来自英国武装部队和澳大利亚国防军的同行。

我向每位指挥官提出两个问题：你有必胜的条件吗？你对这个战略安排满意吗？

每个指挥官都给了肯定的回答。

汤米最后一个发言。这位司令官将军说："总统先生，这支部队已经准备就绪。"

我转向拉姆斯菲尔德，对他说："部长先生，为了世界和平和伊拉克人民的利益和自由，我现在下令执行伊拉克自由行动。愿上帝保佑我们的部队。"

汤米严肃地向我敬礼，说："总统先生，愿上帝保佑美国。"

我向他回礼。此刻我感到重重的压力在撞击着我……

我需要时间来平缓此刻的激动心情。我离开形势分析室，上楼走过椭圆形办公室，缓慢地、静悄悄地围绕白宫南草坪漫步一周。我为我们的部队祈祷，为国家的安全祈祷，也在为今后的国家实力祈祷……

有一个人了解我的感受。我在条约室的办公桌前坐下，草草地写了一封信：

亲爱的爸爸：

上午9点半左右，我命令国防部部长执行战争计划："伊拉克自由行动"。几个月前我就决定，一旦需要，就用武力解放伊拉克并解除它的大规模杀伤性武器。这是一个激动人心的决定……

我知道我采取的行动是正确的，我为减少生命损失而祈祷。伊拉克将获得解放，世界将更加安全。那激动人心的时刻已经过去。现在我正在等候进行的秘密行动的消息。

我体会到您曾经历的往事是什么滋味了。

爱您的，

乔治。

几个小时后，他通过传真回复我。

亲爱的乔治：

刚刚收到你手书的便条让我激动不已。你正在做正确的事。你刚刚做出的决定是至今为止你最难做出的决定。不过，你是用实力和同情做出这一决定的。你对无辜的人失去生命表示担忧是对的，无论他是伊拉克人还是美国人。但你已经做出决定了，这是你必须做的分内事。

当你面对自林肯总统以来所有总统都面临过的一大堆最棘手的问题时，也许下面这句话能给你一点点帮助：你以坚强和优雅的风度肩负起重任。

记住罗宾的话："我对你的爱讲不完。"

是的，我就是如此爱你。

忠实的，爸爸。①

这两封来往信件使布什父子间深厚的感情跃然纸上，证明他们对占领伊拉克有着共同的兴趣和野心，对推翻萨达姆政权有着共同的愿望和决心。小布什要不惜一切代价去完成老布什的未竟事业。伊拉克战争实际上是由布什父子共同策划和完成的。小布什正在实现老布什未能实现的倒萨梦想。面对儿子在信中表达的誓言和行动，想必老布什难掩兴高采烈之情！

（四）建立傀儡政权

2003 年 4 月 6 日，美国军队护卫艾哈迈德·沙拉比抵达伊拉克纳西里亚（Nasiriya），帮助他在那里组建了一支有几百人的准军事组织"自由伊拉克军队"。战前就被小布什内定为战后伊拉克"候任总督"的美国退休将军杰伊·加纳（Jay Garner）当年 4 月中旬在伊拉克南部城市乌尔（Ur）召集一批伊拉克流亡者开会，研究伊拉克临时委员会主席人选问题。

---

① George W. Bush, *Decision Points*, Published in the United States of America by Crown Publishers, 2010, pp. 223, 224, 225.

4 月 23 日的美国《洛杉矶时报》发表评论，具体描写了这次会议的情景：美国为组织一个伊拉克新政权，上周在一座寺庙和废墟附近的乌尔召开了第一次伊拉克人会议。加纳将军发表感言说："在这个人类文明的诞生地为自由伊拉克的诞生召开会议，比什么都让人感到愉悦。"评论说，9 天前，当用来开会的帐篷竖起的时候，华盛顿的实际行动掩盖了它的花言巧语。4 架巨型 C–17 运输机将沙拉比及 700 名游击队成员运抵乌尔。这些人都由美国国防部支付工资。沙拉比是国防部挑选的萨达姆·侯赛因的接班人。① 伊拉克国民大会的顾问和发言人都是小布什政府任命的，直接受美国国防部领导。

2003 年 4 月，小布什政府任命沙拉比为伊拉克临时管理委员会主席。加拿大渥太华大学教授、经济学家米歇尔·乔苏多夫斯基 2004 年 5 月 21 日以"谁是艾哈迈德·沙拉比？"为题发表文章说："直到当年 5 月 18 日，美国国防部的工资名单中还有沙拉比。他每月从国防部领取津贴 35.5 万美元（一年超过 400 万美元）。"②

（五）"使命已经完成"

2003 年 4 月 9 日，巴格达陷落，萨达姆统治伊拉克 24 年的历史宣告结束。从 2003 年 3 月 19 日到 5 月 1 日，伊拉克全境基本被美军占领。小布什兴奋得忘乎所以。5 月 1 日美国东部时间晚上 8 时 48 分，他身着飞行服、登上一架海军直升机飞抵从海湾返航、停泊在加利福尼亚州圣迭戈军港的"林肯"号航母（the aircraft carrier USS Abraham Lincoln）。航母上悬挂着由白宫提供的醒目横幅大标语："使命已经完成"。小布什扬扬得意地向全国发表电视讲话宣布美军在伊拉克的主要战斗任务已经结束，从而结束了对伊拉克的入侵阶段，开始了对伊拉克的军事占领阶段。③

回过神来，小布什发觉 5 月 1 日宣布美国在伊拉克的"使命已经完成"很不妥。虽然主要战役结束了，美国开始军事占领伊拉克了，但他心目中的头号敌人萨达姆还"依然在逃"；在伊拉克一些重要地区，伊拉克

---

① Rooer Morris, "Freedom, American-Style", *Los Angeles Times*, April 23, 2003.
② Michel Chossudovsky, "Who is Ahmed Chalabi?", www.globalresearch.ca, May 21, 2004.
③ Wikipedia：Iraq War；Wikipedia：Mission Accomplished Speech.

军民反抗外敌侵略的游击战方兴未艾，美军的伤亡人数直线上升。于是小布什忙不迭地强调，"使命已经完成"的意思是："在伊拉克的主要战斗结束了。"① 言外之意，他还要抓获萨达姆和他的儿子，还要彻底消灭伊拉克游击队！

昔日得到美国前总统里根青睐的萨达姆·侯赛因万万没有料到，小布什终于动了真格的。号称中东强国之一的伊拉克在短短41天内就变成了美国的囊中之物。

六　萨达姆的命运

（一）逃亡

萨达姆躲过"斩首行动"一劫后几个小时，弗兰克斯将军率领陆军第五军团（U.S. Army's 5th Corps）迅速越过伊拉克—科威特边界，沿着幼发拉底河西岸直逼巴格达，海军陆战队越过幼发拉底河，与对岸的陆军平行向前，英国军队则在美国陆战队的支持下夺取伊拉克南部城市巴士拉。

美国空军配合地面部队继续对伊拉克全境狂轰滥炸。

2003年4月11日，美军中央司令部对伊拉克战争指挥部副总指挥温森特·布鲁克斯（Vincent Brooks）准将在巴格达举行记者招待会，首次公布55名伊拉克军政要员为通缉对象。这些通缉对象都是由美国国防部和各情报部门共同选定的。为了动员官兵展开一场追捕行动，美国军队配合各情报部门将其中52名通缉犯的头像指定一家工厂制作成扑克牌，正式名称为"个性识别扑克牌"，又称"伊拉克通缉犯扑克牌"，作为重要通缉犯名单分发给基层官兵。萨达姆自然是头号重要通缉犯；他的两个儿子乌代·侯赛因（Uday Saddam Husayn）和库塞·侯赛因（Qusay Saddam Hussein）被列为第二号和第三号重要通缉犯。他们父子的代号分别为黑桃 A、红桃 A 和梅花 A。每张扑克牌上都有被通缉人员的头像、住址和职务。② 在伊

---

① Wikipedia：2003 Invasion of Iraq，Wikipedia：Mission Accomplished Speech，Wikipedia：Iraq War.

② Wikipedia：Personality Identification Playing Cards；Wikipedia：Most-wanted Iraqi Playing Cards.

拉克"美英占领区",通缉萨达姆的宣传品铺天盖地。

萨达姆见势不妙,决定走为上。一段艰苦的逃亡历程从此开始。一家老小也各奔东西,避难、逃命。

萨达姆·侯赛因 1937 年 4 月 28 日出生于底格里斯河畔古老小镇提克里特附近的阿拉奥佳乡(Al-Awja)一个牧羊人家庭。萨达姆是遗腹子,在他出世前不久父亲去世了。母亲给遗腹子起名萨达姆,阿拉伯语的意思是"反抗者"。母亲改嫁后萨达姆得到舅舅的呵护。萨达姆的外祖父是抗击奥斯曼帝国统治的战士,他的舅舅是反抗英国殖民者的勇士。他的亲戚中有人被英国殖民者杀害。萨达姆童年时代,

萨达姆扑克牌黑桃 A

长辈经常给他讲述祖辈遭受的苦难和反抗奥斯曼帝国占领及英国统治的斗争史。这对萨达姆产生了很大影响。在舅舅和政府的帮助下,萨达姆读完了小学和中学,先后在开罗大学法学院和巴格达大学法学院攻读法律专业。

萨达姆的中学时代正是中东局势和伊拉克政局发生翻天覆地变化的时代。1952 年埃及的纳赛尔率领"自由军官组织"推翻法鲁克王朝,1956 年英国、法国、以色列联合发动苏伊士运河战争和 1958 年以卡塞姆为首的伊拉克"自由军官组织"推翻费萨尔王朝,都在萨达姆的心中打下了烙印。他敬仰纳赛尔,认为"阿卜杜勒·纳赛尔时代的埃及是阿拉伯民族的支柱"[1]。1957 年在巴格达读书时,萨达姆加入了阿拉伯复兴社会党。1959 年和 1964 年,他先后参与暗杀卡塞姆总理和推翻伊拉克政府的未遂政变,被判死刑和监禁。他的忠诚和勇敢很快得到复兴社会党领导的赏识,在党内的地位迅速上升。他是贝克尔总统的得力助手。他领导了与英美等国石油巨头进行的艰苦斗争,于 1972 年 6 月 1 日将美国、英国、法国和荷兰石

---

[1] Fual Mater, *Saddam Hussein, the Man, the Cause and the Future*, Third World Center for Research and Publishing, 1981, p. 236.

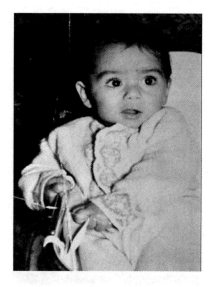

萨达姆 3 岁

油巨头合资的伊拉克石油公司收归国有；1973 年 10 月 7 日，"十月战争"爆发后第二天，又将埃克森和美孚两家美国石油巨头公司国有化。1976 年贝克尔总统罹患心脏病，将治国大权交给了他选定的接班人萨达姆。1979 年 7 月 17 日萨达姆接管了伊拉克阿拉伯复兴社会党和国家的全部权力，既是党的主席，也是国家元首和军队首脑。他是伊拉克第五任总统。①

美军入侵伊拉克追杀萨达姆那年，他刚步入 66 周岁。就在巴格达陷落前几个小时，萨达姆曾亲自到巴格达北部的一个清真寺看望过当地百姓，并热泪盈眶地发表了他的最后一次演说，第三天，萨达姆父子三人乘车秘密离开。萨达姆劝儿子与他分散逃亡，以免被一网打尽，之后，他乘坐一辆橙色出租车躲避美军追杀。

面对外国入侵，国破家亡，萨达姆难消心头之恨。他多次通过位于卡塔尔首都多哈的半岛电视台（Al Jazeera）发表录音讲话，向伊拉克人民表示他还活着，还坚持战斗在生他养他的祖国；他号召国民起来反抗侵略者，恢复国家主权和尊严。但美军绞尽脑汁，却找不到他的踪影。显然他得到了百姓的保护。"战争爆发后的几周，各种萨达姆目击者的报告没有一个是真实的。在不同的时间，萨达姆发放录音带，号召人民反对入侵者把他赶下台。"②

从 4 月初离开巴格达的逃亡生活延续了 8 个月，萨达姆居无定所，在一个隐蔽处最多不超过两天。即将进入古稀之年的萨达姆已经筋疲力尽。

（二）儿孙被击毙

2003 年 7 月 22 日，萨达姆的两个儿子乌代和库塞在伊拉克北部城市

---

① 参见江红《为石油而战——美国石油霸权的历史透视》，东方出版社 2002 年版，第 457 页。

② Wikipedia：Saddam Hussein.

摩苏尔（Mosul）北郊的一栋别墅中被美军击毙。同时被击毙的还有与父辈共同英勇抗敌的库塞14岁的儿子穆斯塔法·侯赛因（Mustapha Hussein）和保镖。

追捕行动之前美军发布告示：向提供萨达姆儿子藏匿地的人员悬赏150万美元。7月21日晚，果然一个伊拉克"告密者"向美军司令官暴露了他们的隐藏处。事后美方透露，这个"告密者"是萨达姆远亲、别墅主人纳瓦夫·孜达（Nawaf az-Zeidan）。美军受命活捉两兄弟，以便从他们那里了解萨达姆的下落。两兄弟顽强抵抗，拒绝投降。于是美国特种部队第20（Task Force 20）和第101陆军空降师（U. S. Army 101st Airborne Division）200名特种兵迅即从四面八方向别墅发起强攻，先用重机枪扫射，久攻不下后由阿帕奇直升机向别墅发射反坦克陶式导弹，但遭到两兄弟激烈抵抗。经过长达6小时交锋，乌代和库塞遍体鳞伤倒地，面目全非。指挥此次行动的驻伊拉克联军地面部队司令、美国陆军中将里卡多·桑切斯（Ricardo Sanchez）从两兄弟的牙齿记录断定，他们就是萨达姆的两个儿子。当年6月向美军投降的萨达姆私人秘书阿比德·哈米德·马哈茂德·提克里蒂（Abid Hamid Mahmud al-Tikriti）到停尸房验明正身、美国国防部根据照片认定正确无误后，桑切斯于22日晚在巴格达举行的新闻发布会上证实，随后美国国防部宣布：乌代和库塞已经死亡。[1]

当天，华盛顿一片狂喜。美国白宫新闻发言人斯科特·麦克莱伦（Scott McClellan）发表声明说，白宫今天从国防部得悉成功击毙乌代和库塞的消息"非常高兴"，说："美国军队和我们的情报部门与一位伊拉克市民合作，成功地完成了今天的行动。这值得称赞。"[2]

第二天，7月23日，小布什在白宫玫瑰花园就乌代兄弟死亡发表简短声明说："萨达姆政权两个爪牙的职业生涯昨天在摩苏尔市结束了。萨达姆的儿子对虐待、伤害和谋杀无数伊拉克人负责。现在所有伊拉克人比以

---

① Pentagon, "Saddam's Sons Killed in Raid, U. S. Military Might Release Photographs of Bodies", www. cnn. com, July 23, 2003; Wikipedia: Uday Hussein.

② "White House Releases Statement on Deaths of Saddam's Sons", www. cnn. com, July 22, 2003.

往任何时候都更加明白，伊拉克前政权消失了，再也不会东山再起了。"①

7月24日美国国防部公布了乌代和库塞的尸体照片，并将照片制成光盘在伊拉克和中东广泛播放。当天，国防部部长拉姆斯菲尔德就公布尸体照片在国防部举行新闻发布会。有记者问：国防部为什么此时公布乌代和库塞的尸体照片？他回答："这是一个很不寻常的情况，萨达姆政权执政几十年，这两个家伙尤其恶毒……现在他们死了，伊拉克人民一直在等待确认。我认为他们应该得到确切信息。"美国驻伊拉克最高行政长官保罗·布雷默（Paul Bremer）也喜出望外，说乌代和库塞被确认死亡，"必将有助于减少对美国军队的安全威胁"。②

驻伊拉克美军验尸官25日向媒体展示乌代和库塞的尸体。在巴格达国际机场美军基地内的停尸房记者们看到，每具尸体上都有20多处弹孔。

当天，在美军士兵的监视下，乌代和库塞的尸体由萨达姆的亲属领回，并安葬在萨达姆祖籍提克里特附近奥贾村的家族墓地。同时安葬的还有库塞的儿子、萨达姆的孙子穆斯塔法·侯赛因。③当地目击者说，这个英雄少年是被美军当面用机关枪射杀的。

因告密和别墅被夷为平地，纳瓦夫·孜达得赏金3000万美元。这是美国历史上支付的"最大一笔赏金"，超过美国国务院外交安全局规定的赏金不得超过2500万美元的最高限额。为了保护这个告密者，美国立即给他美国公民身份并允许他离开伊拉克。④

7月29日，即乌代和库塞尸体照片公布后的第5天，阿拉伯联合酋长国迪拜市的阿拉伯电视台播放了萨达姆悼念两个儿子的长达9分钟的录音带。路透社的消息说："萨达姆讲话声音低沉，有时句子不连贯。但熟悉萨达姆声音的路透社记者说，这个声音很像萨达姆。"

萨达姆说："我向你们悼念乌代和库塞以及与他们共同战斗的那些

---

① Melissa Cheung, "Bush on Death of Saddam Sons", *Associated Press*, July 23, 2003.

② "Uday, Qusay Pictures Released", www. foxnews. com, July 25, 2003; Fox News' Bret Baier and Greg Palkot and The The Associated Press contributed to this report.

③ Wikipedia：Uday Hussein.

④ Ben Rooney, "Who Gets bin Laden's ＄25 Million Bounty?", www. cnn. com, May 2, 2011; Wikipedia：Uday Hussein.

人。……美国必将被打败……他们是以圣战的名义牺牲的烈士。"美联社的报道说，在悼词中萨达姆对乌代和库塞顽强抗敌直至被杀害表示欣慰。他说，这是因为："这样死是每一个战士的希望。"他说："除了乌代和库塞，我萨达姆·侯赛因即使还有 100 个儿子，我也宁愿让他们走同样的路。""乌代、库塞和穆斯塔法是在圣战中死亡的……他们与敌人进行了英勇的搏斗。侵略军用各种武器和地面部队包围了他们，但直到侵略军动用战斗机轰炸他们的住宅，也没能征服他们。"美联社的报道说，阿拉伯电视台把萨达姆的悼词播放了两次。①

2003 年成立的阿拉伯电视台播放信号覆盖整个阿拉伯世界，最大股东是石油大国沙特阿拉伯。拉姆斯菲尔德指责这家电视台与伊拉克的反美武装合作，同美军对抗。该电视台曾多次播放萨达姆在逃亡期间发表的讲话。美国国务院和中央情报局对它们的真实性都进行过认真分析，对萨达姆上述悼词也不例外，但从不公布分析结果。美联社援引一位美国情报人员的话说："中情局正在审查萨达姆的最新讲话，以便确定它的真伪。对比其他几次被认为是他的讲话录音，它不仅声音相同，用词和语气也相同。"②

（三）"红色黎明行动"

"红色黎明行动"（Operation Red Dawn）是继"斩首行动"之后，美军追捕萨达姆第二阶段的计划。

驻伊美军悬赏 2500 万美元抓捕萨达姆。美国政府认定，这样的重赏是有诱惑力的。果然不出所料，2003 年 12 月 13 日，萨达姆终于被叛徒出卖，被美军活捉了。

萨达姆被俘的简单经过如下：

2003 年夏，也就是萨达姆被捕前几个月，美军和中情局用"充满敌意和质疑"的方式盘问了萨达姆的保镖、家族成员和部族关系密切的人员，

---

① Alastair Macdonald, "Saddam Tape Vows to Defeat U. S. Over Sons' Deaths", Reuters Tikrit, Iraq, July 30, 2003; D'Arcy Doran, "Purported Saddam Tape Call Sons Martyrs", The Associated Press, Tikrit, Iraq, July 30, 2003.

② D'Arcy Doran, "Purported Saddam Tape Call Sons Martyrs", The Associated Press, Tikrit, Iraq, July 30, 2003.

认为他们可能接近过萨达姆，了解萨达姆的藏身之地。指挥这场抓捕行动的美国雷蒙德·奥德耶诺（Raymond Odierno）少将透露："最后 10 天左右，我们叫来了 5—10 名家族成员……我们终于从他们中的一人获得了'最终信息'，一个'可以操作的情报'。"① 也就是说，美军获得了绝对可靠的情报。

获得"可以操作的情报"后，美军便把搜捕萨达姆的范围缩小至他的祖籍——距提克里特市大约 15 公里处的达乌尔（ad-Dawr）镇。12 月 12 日，伊拉克前共和国特别卫队的一个高级军官被抓后叛变，泄露了萨达姆具体的藏身之处。美军立即将此人保护起来，因此这个告密者究竟是谁，至今是个谜。12 月 13 日，奥德耶诺少将率领 600 名由骑兵、炮兵、航空兵和特种作战部队组成的突击旅立即赶往达乌尔，代号"红色黎明行动"迅速在萨达姆老家紧锣密鼓地展开。美军第 4 步兵师第一战斗旅受命"击毙或活捉萨达姆"。国防部部长拉姆斯菲尔德说，已经向抓获萨达姆的部队下达命令：如果萨达姆开枪反抗，他们有权当场击毙他。据 2003 年 12 月 22 日《时代》周刊透露，12 月上旬，急不可耐的国防部部长拉姆斯菲尔德抵达搜捕现场，责问军官们"搜捕行动为什么花这么长时间"，指责"红色黎明行动"进展缓慢。为加快搜捕进程，他向奥德耶诺少将面授机宜。13 日晚，在库尔德人组成的伊拉克军队配合下，美军在达乌尔镇奥贾村一个牧羊场的地洞里活捉了萨达姆。地洞约两米深，只够一个人生活。地洞中萨达姆的衣箱还没有打开，身上的白衬衫是崭新的，因此美军估计他到此地洞避难时间不到一个小时。萨达姆从地洞中爬出时佩带一只手枪，孑然一身，没有保镖，没有抵抗。当晚 9 时 15 分，美军一架直升机将萨达姆押送至提克里特以南一个秘密地点。当天，驻伊拉克联军地面部队司令桑切斯将军在巴格达举行的新闻发布会上形容萨达姆"是一个疲惫的男人，也是一个听天由命的男人"。萨达姆被押走后，美军继续在洞穴内外搜索，除了萨达姆爱不释手的几本阿拉伯文诗歌著作外，还发现了两只 AK－47 步枪、75 万美元（面额 100 美元）和萨达姆逃亡时乘坐的橘红兼

---

① Wikipedia：Saddam Hussein.

白两色出租车一辆。①

美国舆论立即传播萨达姆被捕时对美军说的话："我是伊拉克总统萨达姆·侯赛因。我要求谈判。"一个美国士兵回答："布什总统问候你。"然而英国《每日电讯报》记者戴维·伦尼 2003 年 12 月 22 日却有另一种说法："一名情报官员对美国《时代》杂志记者说，那个对话是杜撰的。真相是在萨达姆被捕时，美军士兵将他从'蜘蛛洞'般的藏身处往外拖，而萨达姆向这些士兵吐口水。""萨达姆因向逮捕他的人吐唾沫而挨美国兵揍。"②

（四）小布什下令施极刑

2003 年 12 月 22 日，美国《新闻周刊》描绘了正在戴维营的小布什的反应：成功捕获萨达姆后"美军指挥官们试图抑制住自己的兴奋之情。伊拉克战事副指挥官约翰·阿比扎伊德（John Abizaid）将军首先向拉姆斯菲尔德汇报了这一天的大好消息。当时是华盛顿时间 13 日下午。拉姆斯菲尔德在 3 时 15 分将此消息告诉身在戴维营的布什总统。他说：'总统先生，初步报告肯定是准确的……'布什总统打断他，说：'听起来好像是好消息。'拉姆斯菲尔德对布什说：'阿比扎伊德将军非常确信地说，抓到萨达姆了。'布什说：'好，这的确是个好消息'"。

小布什在回忆录中是这样描述这段令他惊心动魄又欢喜若狂的经历的：

12 月 13 日，星期天，唐·拉姆斯菲尔德给我打来电话。他刚刚与接替 7 月退休的汤米·弗兰克斯职务的约翰·阿比扎伊德通了电话。约翰是位头脑清醒的黎巴嫩裔美国将军，会说阿拉伯语，熟悉中东事务。约翰相信我们抓到了萨达姆·侯赛因。在向全世界宣布这一消息之前，我们必须百分之百地肯定。

第二天上午，康迪来电话确认了这个报告。那就是萨达姆。他的

① John Diamond and Judy Keen, "U. S. Tries to Trip Up Saddam", *USA Today*, December 16, 2003; "Saddam 'Caught Like A Rat' in A Hole", www.cnn.com, December 15, 2003; Wikipedia: Operation Red Dawn.

② 戴维·伦尼：《被拖出"蜘蛛网"唾美军遭暴打》，《参考消息》2003 年 12 月 23 日第 2 版。

文身——手腕附近的 3 个蓝点象征着他的部落，为他的身份提供了证据。我很兴奋。抓到萨达姆对我们的军队和美国人民都是巨大的鼓舞。它也能让伊拉克人的心理发生变化。他们之中的很多人担心萨达姆卷土重来。现在很明显，独裁者的时代一去不复返了。①

12 月 14 日，经过美军牙医检查、DNA 检测以及伊拉克被捕军政高官验证身份后，总统特使、美国驻伊拉克最高行政长官布雷默在巴格达就活捉萨达姆举行记者招待会，宣布："女士们、先生们，我们抓到他了。这个暴君已经是阶下囚。"②

在布雷默宣布抓获萨达姆的当天，小布什在白宫发表广播讲话，向全国人民报喜。他说：

昨天，12 月 13 日，大约在巴格达时间晚上 8 点半，美国军队活捉了萨达姆·侯赛因。他是在提克里特市外一个农场附近被发现的。这次突击行动迅速，无人员伤亡。这个伊拉克前独裁者曾经剥夺了数百万人应该享有的公正，现在，他将会被绳之以法。

抓获这个男人是自由伊拉克崛起的关键。它标志着萨达姆和所有以他的名义作恶多端、滥杀无辜的人已走到了尽头……

此时此刻，我向伊拉克人民传达一个信息：你们再也不必害怕受萨达姆·侯赛因的统治了……

所有爱好自由的伊拉克人都取得了胜利。联军的目标和你们的目标是一致的，即为了你们国家的主权，为了你们伟大文化的尊严，也为了使每一位伊拉克人（包括农民）过上更加美好的生活。

伊拉克的历史上一个黑暗和痛苦的时代结束了。一个充满希望的日子已经到来。现在全体伊拉克人都可以团结起来反对暴力，建设一个新的伊拉克。③

① George W. Bush, *Decision Points*, Crown Publishers, 2010, pp. 266, 267.
② "Saddam Hussein Captured Near Tikrit", www.foxnews.com, December 14, 2003.
③ "Transcript of Bush Speech on Saddam's Capture", www.cnn.com, December 14, 2003.

之后，小布什连续 3 天发表谈话，列举萨达姆的"罪行"并主张对萨达姆处以极刑。

15 日，还在兴奋头上的小布什在白宫举行记者招待会。有记者问他是否想对萨达姆说点什么。小布什回答："太好了，这个世界没有你更好。"他多次称呼萨达姆是"虐待狂""杀人犯"，罪不可赦。他说，成功抓获萨达姆的这一年"对我们国家来说是非凡的一年"。接着宣布他将参加 2004 年总统大选、争取连选连任的决定。① 小布什信心满满，因为活捉萨达姆为他竞选连任增加了难得的政治资本。

16 日，小布什接受美国广播公司新闻部采访时表示，萨达姆应该为其罪行受到"极刑"。他说："我们来看看他应该受到什么惩罚，我认为他应该为他对其人民的所作所为……受到极刑。我的意思是，他是虐待狂、谋杀者，他们横征暴敛，这是一个应当受到惩罚的令人厌恶的独裁者，应受极刑。"②

布什父子长达 12 年追捕萨达姆的历史终于以萨达姆被捕而告终。正如美国《新闻周刊》就萨达姆被捕发表的特别报道所说："捕获一个暴君——布什家族与萨达姆的较量终于结束了，这场较量是在萨达姆的家乡提克里特附近一个六英尺洞穴的底部结束的。"③

小布什得意忘形。几个月后他下令直接参与抓捕萨达姆的"三角洲特种部队"（Delta Team）4 名成员前往白宫，亲自听取他们的汇报。三角洲特种部队隶属美国陆军联合特种作战司令部（Joint Special Operations Command），是专门对付"恐怖分子"和"高价值目标"的突击队，与中央情报局关系密切。

小布什回忆说："他们向我讲述了抓捕萨达姆的故事：根据情报的指引，他们前往萨达姆家乡提克里特附近的一个农场。当士兵们梳理地面时，一位士兵发现了一个地洞，他爬进洞内，拽出一个头发凌乱、愤怒无

---

① David E. Sanger, "Saying 'Good Riddance,' Bush Calls Hussein A 'Murderer'", *The New York Times*, December 15, 2003.

② 美联社华盛顿 2003 年 12 月 17 日电,《参考消息》2003 年 12 月 18 日第 1 版。

③ Evan Thomas and Rod Nordland, "How We Got Saddam", *Newsweek*, December 22, 2003.

比的男人。"小布什接过士兵献上的、装在玻璃器皿中萨达姆的一把手枪后对士兵说，他要把这只手枪作为萨达姆的礼品展示在椭圆形办公室外面他的私人书房里；有朝一日，也就是说等他的总统第二任期届满离开白宫后，这只手枪将存放在他的总统图书馆里。小布什说："这把手枪会永远提醒我，一个对那么多死亡和苦难负有责任的残忍独裁者在向我们的部队投降时，正蜷缩在一个地洞里。"他说："当我在美军解放伊拉克7年多之后记录这些往事的时候，我坚信把萨达姆赶下台的决策是正确的。尽管后来出现了许多困难，但消灭一个在中东的心脏地区追求大规模杀伤性武器和支持恐怖分子的杀人成性的独裁者，美国就更加安全了。中东地区的年轻民主国家能为这个地区其他国家树立起一个追随的榜样，中东地区也就更加有希望了。用一个服务百姓的政府取代一个折磨和屠杀他们的政府，伊拉克人民的生活会过得更好。"①

伊拉克战争中"美国最亲密的同盟"、英国首相布莱尔对萨达姆落网也乐不可支。在小布什发表声明的同一天，布莱尔也发表谈话，对在逮捕萨达姆过程中美国各情报部门和军队所做的工作表示赞赏。他说，对伊拉克人民来说，逮捕萨达姆"是一个好消息，因为它消除了长期笼罩在伊拉克人心中的一个阴影——萨达姆政权卷土重来的噩梦"。"萨达姆政权已经完蛋了，永远不会回来了。他的统治意味着恐怖、分裂和暴行。"②

但是，在如何判处萨达姆的问题上，英国与美国立场不同，英国反对对萨达姆处以极刑。2003年12月14日，英国外交国务大臣比尔·拉梅尔（Bill Rammell）对英国广播公司新闻台说："（伊拉克）临时管理委员会最近表明，该委员会希望在国际社会的支持下成立一个特别法庭，同时表示伊拉克人民自行解决这一问题是至关重要的。"拉梅尔说："显然，在这一事态下，我们要就动用死刑一事表明态度。我们对动用死刑的立场是一贯的，即我们反对动用死刑。"③

---

① George W. Bush, *Decision Points*, Crown Publishers, 2010, p. 267.

② Blair, "Shadow of Saddam Removed", www.cnn.com, December 14, 2003; "Saddam Hussein Captured Near Tikrit", www.foxnews.com, December 14, 2003.

③ 法新社伦敦2003年12月14日电，《参考消息》2003年12月16日第1版。

（五）美国秘密审讯

萨达姆被捕后很快被用直升机带到了一个秘密地点——巴格达国际机场附近的美国军事监狱克罗帕营（Camp Cropper），美方首先"剥光了他的衣服，很可能用最彻底和对身体最具侵害性的搜索手段，对他进行了体检"，随后受到美国情报人员的秘密审讯。审讯计划代号为"沙漠蜘蛛行动"（Operation Desert Spider）。萨达姆被定性为"头号高价值囚犯"，2004年1月9日，美国国防部给萨达姆的身份归类为"战俘"。①

一位在伊拉克的美国情报人员向美国《时代》周刊透露，自从萨达姆被捕以来，"这个倒下的独裁者一直在挑衅。他一直不是很合作……当被问及你好吗？萨达姆说：我很伤心，因为我的人民正在被奴役……当被问到伊拉克是否有大规模杀伤性武器时，萨达姆回答：没有，当然没有。……这是美国自己凭空杜撰出来的一个与我们开战的理由。询问者问：如果没有大规模杀伤性武器，你为什么不让联合国核查人员进入你的办公设施？萨达姆回答：我们不希望他们进入总统府，侵犯我们的隐私"。②

小布什政府急于审讯萨达姆有两个目的：一是试图从萨达姆口中挖出更多有利于给他定罪的情报；二是为以后伊拉克新政府对萨达姆的审讯和判决出点子。

萨达姆被押送到巴格达后，首先出面审讯萨达姆的是美国国防部和中情局团队。由于萨达姆坚决否认拥有大规模杀伤性武器，国防部被迫转入幕后指挥。2003年12月16日，国防部部长拉姆斯菲尔德宣布，以局长特尼特为首的中央情报局负责审讯萨达姆。但是后来美国担心，以萨达姆的独特性格，要求他与中情局合作难上加难。美国更担心中情局秘密官员出面审讯，伊拉克新政府在审讯和判决过程中，可能要求这些中情局官员出庭做证。为避免出现这一尴尬局面，国防部只好将中情局的审讯权转交联邦调查局（Federal Breau of Investigation，FBI）。中情局隶属美国国家安全委员会，主外；联邦调查局隶属美国司法部，主内。由后者出面审讯萨达姆可以避免美国

---

① Wikipedia：Interrogation of Saddam Hussein.

② Brian Bennett，"Notes from Saddam in Custody"，Baghdad，*TIME*，Exclusive：December 14，2003.

人在伊拉克法庭公开出庭做证。其实，换汤不换药，表面是联邦调查局，背后却是一个庞大的"混合审讯团队"，成员除了联邦调查局特工，还有中央情报局分析员、其他部门的情报分析员、语言专家和一台"行为分析器"。①

英国《独立报》2004年2月11日以"萨达姆，秘密录音带"为题发表了萨达姆与美国审讯者对质的录音记录。从双方言谈口气和问答内容来看，很像是萨达姆被捕后首次与美方较量时的对话。《独立报》录音记录全文如下：

我们很久没有听到关于萨达姆的消息了，这是因为他在接受美国人的审讯。我们想办法得到了某次审讯的录音记录。以下就是这次审讯的内容。

审问者：你就是伊拉克的前统治者萨达姆·侯赛因？

萨达姆：不是。

审问者：你不是萨达姆·侯赛因？

萨达姆：我是。不过我不是伊拉克的前统治者。在伊拉克举行新的选举之前，在我辞职之前，从法律的角度上讲，我仍然掌管着伊拉克。

审问者：好吧，我们也许可以把这个问题留给律师去解决。萨达姆先生，在战争刚刚过去的今天，我们有一些非常严肃的问题要问你。

萨达姆：你指的是西方非法和野蛮入侵伊拉克这件事吗？这不是一场战争，而是一种赤裸裸的侵略行径。

审问者：所有战争都是这样开始的。你入侵了科威特。两伊战争爆发……

萨达姆：是的，那是怎么开始的？我现在记不清了。不过我记得，那时我们——美国和伊拉克是朋友。你们想让我打赢那场战争。

审问者：萨达姆先生，如果不是因为你让我们实在下不了台，我们现在可能还是朋友。

萨达姆：让你们下不了台？

---

① Wikipedia：Interrogation of Saddam Hussein.

审问者：萨达姆先生，我指的是那些武器。多年以前，我们向你提供了一些必要的资金，来研制杀伤力强大的生物和核武器。

萨达姆：我当时充满感激。我想我写信表达了谢意。

审问者：没错，可是我们那时的想法是，你会建立一个规模之大足以危及中东稳定的武器库。然后我们美国人会提出对这些武器进行核查并让它们退役的要求。我们以为你会痛快地答应这个要求。这样的话，我们会很有面子，因为我们给世界带来了和平。你也很有面子，因为你表现得像个通情达理的政治家。这可谓皆大欢喜。

萨达姆：是的。

审问者：可是你不愿意合作，为什么？

萨达姆：因为我没有那些武器。

审问者：你已经让它们退役了吗？

萨达姆：不是，我从来就不曾拥有过这样的武器。我下令研制它们，但是科学家欺骗了我！他们总说需要更多时间。现在我明白了，他们不断地把那些钱据为己有。要是我能有机会见到这些浑蛋该有多好！

审问者：我们可以安排……

萨达姆：你们知道他们在哪儿？

审问者：是的，他们都在关塔那摩湾。

萨达姆：哦，是吗？我以为这些人都是"基地"组织嫌犯……

审问者：当然不是，早就排除这一点了。这些家伙都是伊拉克人，本来负责给你研制大规模杀伤性武器。他们以为，他们没有这样做，我们会很高兴。其实我们非常愤怒。如果事实最终表明伊拉克根本没有大规模杀伤性武器，这会让我们看起来像个傻瓜。幸好到那时，布什应该又回到了白宫。

萨达姆：是的，不过我也存在同样的问题。如果我当时证明自己没有那些武器，我就会颜面扫地，再没有哪个阿拉伯国家领导人会把我放在眼里。

审问者：反正现在他们也不会把你放在眼里。被人发现躲在地洞里对个人形象不会有什么帮助。

萨达姆：本·拉丹躲在山洞里这一点从来没有损害过他的形象。可是……

审问者：你知道他在哪儿吗？

萨达姆：知道。

审问者：我们也知道。

萨达姆：那你们为什么不去抓他？

审问者：可能跟大选临近有关吧。

萨达姆：哦，我明白了。顺便问一句，如果你们不同意让我这样的人拥有大规模杀伤性武器，为什么你们不管管以色列？

审问者：我们不会管它。大家都以为以色列拥有大规模杀伤性武器，其实它没有。事实证明，他们和你们一样，都没有这种武器。

萨达姆：但是他们是你们的盟友！你们不想让他们武装起来吗？

审问者：可他们不听话，而且变化无常。一个巴勒斯坦自杀性爆炸者已经够糟糕了。你能想象一个以色列自杀性核弹爆炸者会造成什么后果吗？

萨达姆：说得一点没错。①

从 2004 年 2 月 7 日至 6 月 28 日，联邦调查局特工在克罗帕营对萨达姆进行了将近 5 个月的秘密审讯。2009 年美国国家安全档案馆（National Security Archive）根据《美国信息自由法》（the Freedom of Information Act）从联邦调查局获得解密审讯记录。2009 年 7 月 1 日，国家安全档案馆以"萨达姆·侯赛因与联邦调查局对话"为主标题发表审讯简报，并将解密审讯记录在网上公布。简报说，联邦调查局对萨达姆的审讯记录包括 20 次"正式访谈"和至少 5 次"闲聊"。简报说，这些记录都经过专业人员的编辑和删节。②

---

① 《"从法律上讲，我仍然掌管伊拉克"——英报戏说萨达姆受审》，《参考消息》2004 年 2 月 13 日第 3 版。

② "Saddam Hussein Talks to the FBI: Twenty Interviews and Five Conversations with 'High Value Detainee #1' in 2004", *National Security Archive Electronic Briefing Book No. 279*, Edited by Joyce Battle, Assisted by Brendan McQuade, Posted-July 1, 2009.

国家安全档案馆馆长托马斯·S. 布兰顿（Thomas S. Blanton）说："'正式访谈'涵盖萨达姆上台、入侵科威特和萨达姆镇压什叶派起义的众多细节；而有关大规模杀伤性武器和基地组织，则是在'正式访谈'之后的'闲聊'中涉及。"布兰顿认为："这表明，联邦调查局收到了华盛顿的新指令：深入探究布什政府官员强烈感兴趣的话题。"①

在"正式访谈"和"闲聊"的解密记录右上角均注明：美国司法部和联邦调查局。所谓"正式访谈"和"闲聊"的实质都是审讯。对萨达姆的话，叙述多，直接引语少。② 记录尽管不完整，也能从中发现一些鲜为人知的历史真相。

"正式访谈"和"闲聊"都是在主审官、49 岁的乔治·L. 皮罗（George L. Piro）的主持下进行的。皮罗出生于黎巴嫩首都贝鲁特，精通阿拉伯语，是为数极少审讯萨达姆的联邦调查局特工小组中的一员。联邦调查局期望萨达姆能与皮罗和睦相处，对皮罗产生依赖感。③ 皮罗的正式职务是"联邦调查局监督特工"（FBI Supervisory Special Agent，SSA）。他说服萨达姆相信，审讯者是美国政府的高级官员，直通美国总统乔治·沃克·布什。④

以下按审讯时间顺序重点摘录有关萨达姆与美国，尤其与布什父子两届政府之间的错综复杂、你死我活的历史片段。按中国习惯，谈话中的"侯赛因"一律改称"萨达姆"，并将"访谈者"或"首席访谈者"一律改称"皮罗"。

关押萨达姆的小小囚室没有窗户，这是为防止萨达姆越狱逃跑而采取的措施。皮罗命令萨达姆背靠墙坐着以"强化心理效应"⑤。2003 年 12 月 21 日法新社援引美国哥伦比亚广播公司电视台的消息说："萨达姆被关押在一个单人牢房里，房内的一面墙上挂着被盟军抓获或打死的伊拉克 38 位

①　Glenn Kessler, "Saddam Hussein Said WMD Talk Helped Him Look Strong to Iran", *The Washington Post*, July 2, 2009.

②　Wikipedia：Interrogation of Saddam Hussein.

③　"Saddam Hussein Talks to the FBI：Twenty Interviews and Five Conversations with 'High Value Detainee #1' in 2004", *National Security Archive Electronic Briefing Book No. 279*, Edited by Joyce Battle, Assisted by Brendan McQuade, Posted-July 1, 2009.

④　Wikipedia：Interrogation of Saddam Hussein.

⑤　Ibid.

领导人的照片，其中包括他的儿子乌代和库塞；而在另一面墙上则挂着美国总统布什的照片。一名去过萨达姆牢房的美国人说，'萨达姆现在看着布什总统的照片度日'。"①

从公开发表的第一份联邦调查局记录可以判断，这是一份已经填写的表格，上面除了萨达姆的出生地址和20个手脚黑色指纹外，能看清楚的部分文字还有萨达姆的身份"军事囚犯——伊拉克"（Military Detainee—Iraq）、"抹黑"（leave black）、"联邦调查局、美国司法部和2004年1月12日"等英文字样。其他文字模糊，具体内容空白。

对萨达姆的正式审讯从2004年2月7日开始。

为了方便读者更深入地了解萨达姆，将他谈话的主要内容按时间顺序翻译如下。

2004年2月7日第1次访谈。

　　2004年2月7日，头号高价值囚犯萨达姆·侯赛因在伊拉克巴格达国际机场的一处军事拘留所接受询问。萨达姆提供了以下信息：

　　萨达姆对皮罗说：他为伊拉克人民服务了很长时间。他认为他的"最大成就"是为伊拉克人民实现了"社会计划"，经济各个领域都发展了，包括教育、医疗制度、工业、农业和其他领域都比以前改善了，伊拉克人民的生活水平普遍提高。

　　萨达姆说，1968年伊拉克人民"几乎一贫如洗"。农村和城市粮食短缺，田地荒芜，农业工具原始。伊拉克经济完全依靠石油生产。大部分伊拉克石油被一些外国公司出口，伊拉克政府无权控制这些石油。伊拉克自己生产的成品油极少，大部分必需品都需要进口。

　　在回答萨达姆本人犯过什么错误时，萨达姆说任何人都会犯错误，只有真主例外。他反问皮罗："你认为如果我犯了错误，我会告诉我的敌人吗？"萨达姆说，他没有向任何敌人，比如美国，承认过自己犯了什么错误。……他说，如果一个人自称自己完美无缺，那他

---

① 《萨达姆牢房挂着布什像》，《参考消息》2003年12月23日第2版。

就是在说他像真主。萨达姆说，在一些人的眼里，并没有把他所做的努力看成是成功的。萨达姆对比了别人对他个人的评价并表达了他个人对美国政府制度的不同观点。萨达姆说，他"不信任美国政府制度"。萨达姆指出，美国有大约 3000 万人生活在贫困中。但是美国居民并不认为这是"罪过"。他说，他绝对不接受伊拉克出现这样的情况。当皮罗第二次问萨达姆自己犯过什么错误时，萨达姆说："你认为如果我犯了什么错误我会告诉我的敌人吗？"他说，他不会把自己认定的错误告诉像美国这样的敌人。他说，他不认为访谈者是敌人，也没有把美国人民看作敌人，他唯一的敌人是美国的政府系统。

萨达姆说，500 年或 1000 年后，将来人们怎样议论或看待他固然重要，但"更重要的是真主怎么想"。……萨达姆补充道，他是被一个"叛徒"提供的信息被捕的。作为那个地点的一个"客人"和一个伊拉克人，他不应该向美军投降。这个"叛徒"的孙子们将要他对此承担责任，这些孙子们会把这件事告诉他们未来的子子孙孙。

萨达姆说，他相信将来他会因公正和"不屈不挠"而著称。最终伊拉克人民怎么看他，那是他们的事。

萨达姆相信，伊拉克人民能够在 1990 年临时宪法的保护下运用他们的自治权力。由于伊拉克人民有一个领袖和一个政府领导他们，这已成为事实。

萨达姆相信："伊拉克不会死亡。"现在，伊拉克是一个伟大的国家，正如它在历史中也是一个伟大的国家，当伊拉克人民倒下，他们会重新站起来。萨达姆相信，伊拉克人民最终"将自己管理自己的事"，并与真主一起，判定什么是正确的。

萨达姆相信，他死后伊拉克人民将比现在更加热爱他。他说，现在和以前，伊拉克人民在他的"旗帜"下抗击对伊拉克的占领。然而现在他不再掌权，而是在狱中。

萨达姆说，人民爱某个人是爱其所为。他说，在他的总统任期内和以前，1970 年与库尔德领导人［伊拉克北部库尔德人马苏德·巴尔扎尼（Massoud Barzani）——笔者注］签署了和平协议，1972 年实现了伊拉克石油国有化，1973 年中东战争中支持埃及和叙利亚反对以色列。在 1980—1988 年与伊朗交战 8 年和随之而来的海湾战争中伊拉克幸存下来了，之后伊拉克遭受了 13—14 年的禁运。萨达姆说，尽管伊拉克遭遇和面临着这么多苦难和问题，在全民公决中（2002 年 10 月举行的全民公决——笔者注），他仍以百分之百的得票率连任总统。他说，这证明伊拉克人民支持他们的领导人。

2004 年 2 月 8 日第 2 次访谈。
皮罗要求萨达姆交代他为什么 1980 年 9 月对伊朗发动战争。

　　萨达姆认为，伊朗违反了 1975 年有关阿拉伯河的《阿尔及尔协议》，伊朗还干涉伊拉克内政，这也是违反《阿尔及尔协议》的。在萨达姆看来，伊拉克别无选择，只能战斗。

　　接着萨达姆详细讲述了伊拉克与伊朗精神领袖霍梅尼的关系、两伊战争的发展过程和伊拉克的战略战术。萨达姆强调，"如果一个战士看不到战争的逻辑性，他就不可能有良好的表现，也不可能服从命令。如果一个战士接受的任务具有逻辑性，他就会服从命令。必须让战士信服，否则就无纪律可言"。萨达姆就当前在伊拉克的美国士兵的精神状态发表评论说："美国士兵来伊拉克寻找大规模杀伤性武器，可是他们没有发现这样的武器；美国士兵来伊拉克推翻了萨达姆独裁统治，并将其成员全部投入监狱，用另一些独裁者取而代之。如果你问一位美国士兵，他是愿意留在伊拉克还是离开伊拉克，他会说愿意离开。"

　　萨达姆说，与伊朗的战争结束后，伊拉克"没有欠很多钱"。伊拉克收到阿拉伯国家的援助。他认为这是援助，不是贷款。他说，战争结束后，这些国家"改变了想法"，要求伊拉克还债。一些国家认为伊拉克是个军事威胁，认为伊朗则由于军队在战争中被摧毁，不是军事威胁。说到此，萨达姆哈哈大笑。

2004 年 2 月 10 日第 3 次访谈。

萨达姆详细论述了伊拉克对巴勒斯坦问题的政策和态度。

　　关于 1967 年阿拉伯—以色列"六·五战争"，萨达姆说，当时阿拉伯人希望收回 1948 年失去的土地。他说：我们感到悲伤的是，这个愿望没有实现。……阿拉伯世界的人民"非常悲伤和沮丧"，进而产生了要革命的情绪。

　　最后皮罗问萨达姆：2003 年 3 月敌对行动发生时他在干什么？萨达姆回答，直到 2003 年 4 月 10 日或 11 日他一直待在巴格达直到它即将陷落。离开巴格达前他与高级领导人举行了最后一次会议，告诉与会者："我们要在秘密状态下进行斗争。"之后，他离开了巴格达，逐步解散了身边保镖，对他们说，你们已经完成了自己的使命，分散行动可以避免引起注意。

2004 年 2 月 13 日第 4 次访谈。

　　皮罗宣布，今天就联合国及其通过的有关伊拉克的各种决议开始进行广泛的讨论。

　　萨达姆说，请允许我提一个直接的问题。我想问：到现在为止的访谈信息传到哪里去了？为了保持我们之间的明确关系，我想了解这个情况。皮罗说他自己是美国政府的代表，关于他与萨达姆的访谈报告毫无疑问美国政府许多官员都看过了……其中可能包括美国总统。萨达姆回答：如果其他人也参与这个访谈过程，他将毫无保留地讲出来，如果美国公布这些信息，他不介意。

　　皮罗问萨达姆对 20 世纪 90 年代海湾战争后，联合国安理会要求伊拉克销毁大规模杀伤性武器的第 687 号决议有何看法。①

_____

　　① 联合国安理会于 1991 年 4 月 3 日通过第 687 号决议，主要内容是要求伊拉克无条件摧毁它的大规模杀伤性武器和对这种武器的研究，并将其拥有的核材料完全置于国际原子能机构的控制之下。

萨达姆说，联合国关于伊拉克的第一个决议不是第 687 号而是第 661 号。① 他认为不是第 687 号决议而是第 661 号决议加剧了伊拉克与美国之间的紧张关系，最终导致 2003 年伊拉克与美国之间爆发的战争。

萨达姆承认，伊拉克接受了联合国第 687 号决议；他进一步承认，伊拉克犯了个错误，即没有在联合国的监督下就销毁了一些武器。

萨达姆说：第 687 号决议不是根据"联合国方式"（UN way）撰写的。它发表在海湾战争之前、联合国通过第 661 号决议之后。第 687 号决议与第 661 号决议一样，都得到美国的支持。萨达姆认为，"美国是第 687 号决议的始作俑者，其他国家紧随其后。第 661 号决议是全票通过，第 687 号决议不是。"

萨达姆说，海湾战争刚刚开始，美国总统建议在海湾一艘船上召开类似第二次世界大战结束后美国与日本之间举行的会议，以便讨论与伊拉克停火协议。伊拉克拒绝召开这样的会议。最终，伊拉克在"边界"会见了其他国家领导人。伊拉克同意停火并将军队撤回国内。之后，联合国安理会通过了第 687 号决议。萨达姆强调这个决议是在美国的坚持下通过的。萨达姆说，在这之前的联合国历史上"没有这样的决议"。

萨达姆说，伊拉克与美国之间爆发海湾战争时，伊拉克军队已经远离边界。有那么一些人想在战争中"强奸"伊拉克，因为在和平环境中他们无法这么干。……伊拉克政府曾致信联合国，申明它尊重第 687 号决议。虽然伊拉克不同意这个决议，但为了"伊拉克人民不遭伤害"，还是执行了。

萨达姆认为，联合国核查人员要求伊拉克支付包括他们的住宿、旅游和其他所有开支。在等待核查人员进入伊拉克和支付这些开支之前，伊拉克就开始销毁武器了。伊拉克没有隐瞒这些武器。后来，核查人员要求提交有关销毁武器的文件，并参观了一些地方取样检测。萨达姆说，假设我们的武器销毁百分比有错误，那么根据联合国第

---

① 伊拉克入侵科威特后联合国于 1990 年 8 月 6 日通过第 661 号决议，决定对伊拉克进行强制性经济制裁和武器禁运。

687 号决议，美国究竟犯了多少错误呢？这些"错误"包括：占领伊拉克、在伊拉克北部和南部实施"禁飞区"，并且从第一次海湾战争一直到最近持续轰炸伊拉克。萨达姆问道，为什么联合国在执行第 687 号决议时，对伊拉克采取如此严厉的态度，而包括以色列在内的其他国家却不执行联合国决议。

在就联合国安理会第 687 号决议与皮罗进行的一次长谈中，萨达姆做出了几项陈述。……关于销毁武器，萨达姆说："我们把它们都销毁了。我们用文件的形式通知了你们。就是这样。"当皮罗问伊拉克为何限制联合国核查人员搜查一些地点时，萨达姆问："什么地点？"皮罗答："无数个地点，包括农业部。"萨达姆回击："真主啊，如果我有这样的武器，我就会用它们去反击美国。"

萨达姆指出，美国在越南用过违禁武器。他问道：美国是否接受伊拉克人去白宫核查违禁武器？他补充道："一个接受拥有违禁武器指控的国家，将给它的人民带来耻辱。"他说，协商是解决任何分歧的正常手段，特别是国家之间的分歧。协商是"联合国的方式"。

萨达姆说，在对伊拉克的最近一场战争中，美国唯一的同盟是英国。其他所有国家，包括法国、中国、俄罗斯和德国都反对这场战争。美国是在"寻找干某一件事的理由"。现在美国来到伊拉克了，但没有发现任何大规模杀伤性武器。

萨达姆说："如果一个男人放弃自己的原则，他的生命是没有价值的。"他补充道："如果伊拉克放弃原则，我们就一文不值。"萨达姆说，他是伊拉克人民选举的总统，而不是从其他国家或一些公司"引进的"，因此他必须遵从人民的原则。

萨达姆反驳皮罗关于联合国制裁伊拉克是因为伊拉克没有执行联合国有关决议。

萨达姆说："我的回答是，这是你的观点。"他说，放弃"你的国籍、你的祖国和你的传统"是非常困难的。或许皮罗本人和另一个美国人对伊拉克的问题有不同想法。

萨达姆说："我们完全遵守了所有联合国决议。应受谴责的是美国而不是联合国。"他说："我们属于所剩无几的骑士。"

萨达姆说："美国有一个与科威特一起反对伊拉克的计划。我们手中有一份这个计划的副本。如果我有违禁武器，我能让美国军队待在科威特而不遭攻击吗？我希望美国没有进攻伊拉克的意图。"

皮罗说伊拉克入侵科威特导致它与美国爆发一场战争，促成了联合国对伊拉克的制裁。他问萨达姆怎么看这个问题？萨达姆反问道："我把你看作一个美国人来问你：美国什么时候停止向伊拉克运送粮食？1989 年（即老布什总统入主白宫那一年——笔者注）。美国什么时候与欧洲国家协商向伊拉克禁售技术设备？1989 年。美国正在策划摧毁伊拉克。这是在犹太复国主义和犹太复国主义势力的推动下，在大选中实现的意图。"萨达姆说，这个美国"计划"还受到伊拉克邻国，特别是以色列的影响。以色列认为两伊战争结束后伊拉克将成为危险的军事威胁。萨达姆说："我对此深信不疑。"

关于科威特战争，萨达姆说："除非你走出家门并向他开枪，否则很难躲避站在你家门口的武装人员。"由于伊拉克是一个小国，不论采取什么步骤来阻止美国都很困难。……为了发动最近这场战争，美国向世界提供了很多有关伊拉克的"历史"。"不去阻止美国进入伊拉克，不论对我或任何可敬的人来说，都很困难。"

当皮罗问萨达姆，作为一个普通人和一个总统这两种身份在陈述观点上有何区别时，萨达姆说，"我认为任何事都不是私事"，我不能忘记我的总统身份。这是我所知道的，而且深信不疑。有鉴于此，让我以个人身份回答问题很困难。我一刻也不能忘记我的职责和原则，不能忘记我是个什么人。

2004 年 2 月 15 日第 5 次访谈。

皮罗还没有提这次访谈要谈什么，萨达姆就说他想问一个问题。接着他问世界已经发生了哪些变化，也就是说，中国、俄罗斯和国际政治都有哪些变化？皮罗说，没有发生很多重大变化，伊拉克正在努力重建，包括中国和俄罗斯都参与支持伊拉克重建进程，一切都在快速展开。……萨达姆解释说，自从一个或两个月前他被关进监狱以来，他不知道世界发生了哪些变化。他说，两天前就曾打算问皮罗这个问题。

皮罗把这次访谈的主要内容确定为，要萨达姆交代复兴党 1968 年掌权的真实情况。

萨达姆说，当时伊拉克制造业能力只限于生产地毯和一家原料需要进口的罐头厂。为了吸收国外经验，发展经济，萨达姆等访问过苏联、法国、西班牙、伊朗、土耳其和所有阿拉伯国家。萨达姆认为："就苏联人民的社会生活而言，苏联方式与伊拉克方式最接近。但这不意味着伊拉克在东西方之间选边站。他说，在选择生活方式方面，'我们不会忘记我们是阿拉伯人和伊拉克人'。伊拉克人有自己的方式，与其他阿拉伯国家休戚与共。"

2004 年 2 月 16 日第 6 次访谈。

皮罗要求继续昨天的话题。主要涉及 1968 年复兴党掌权以后伊拉克国内形势和复兴党知名成员争夺总统接班人等情况。萨达姆说："这个阶段是伊拉克最好的时期，因为我们把石油国有化，与（外国）石油公司解决了石油分歧……"

2004 年 2 月 18 日第 7 次访谈。

皮罗要求继续前两天的话题。萨达姆主要谈话内容为复兴党内部矛盾，清洗异己，以及政权之争等。萨达姆还谈到法国、美国、埃及等政权交替。他反对说埃及的纳赛尔是独裁者，"他不希望把伊拉克 1968 年革命与纳赛尔和埃及相提并论，说纳赛尔是军人，他没有政党；在伊拉克，复兴党从村庄基层组织直到最高领导和议会都是人民选举的。一切问题都经过党的领导层和革命指导委员会讨论"。

2004 年 2 月 20 日第 8 次访谈。

　　皮罗要求继续前三天的话题。这一天的访谈重点涉及萨达姆接替重病在身的 1968 年革命领导人艾哈迈德·哈桑·贝克尔总统，就任伊拉克新总统。

　　萨达姆希望贝克尔尽可能长期担任总统，说他是位"好人"。然而，1979 年贝克尔要求萨达姆到总统府他的办公室会面。在会面中，贝克尔告诉萨达姆，他已经不愿意也感到没有能力执行总统职务了。贝克尔恳求萨达姆承担起他的职责。他对萨达姆说，如果你不接受这个正常方式的任命，他就到电台宣布：现在的总统是萨达姆。……萨达姆说，这样做对国家、人民和复兴党都不利，可能引起外界特别是外国人以为伊拉克国内发生了问题。1979 年 7 月，伊拉克革命指导委员会举行会议。……在这次会议上，贝克尔向委员会成员解释说，他从 1973 年就想辞职。他进一步向委员们解释说，萨达姆准备承担总统职务。萨达姆描写这次会议"像一个家庭聚会"。……他说，总统交接仪式是根据伊拉克宪法进行的，举行了选举，但他不记得是秘密投票还是举手了。他被任命为复兴党总书记和伊拉克总统。

2004 年 2 月 24 日第 9 次访谈。

　　开始访谈之前皮罗提醒萨达姆，继续讨论伊拉克历史，今天的对话重点是：什么事件导致伊拉克入侵科威特。

　　萨达姆说，1980—1988 年与伊朗的战争结束后，伊拉克想重建国家。

　　萨达姆说，如果没有伊拉克，霍梅尼和伊朗将占领整个阿拉伯世界。因此，阿拉伯国家应当感谢伊拉克。可是战争即将结束，一方面阿拉伯国家要求伊拉克还债，另一方面在伊拉克开始重建的 1989—1990 年油价每桶降至 7 美元。萨达姆认为这主要是由于科威特错误地增产造成的。这样的低油价使伊拉克几乎难以重建基础设施、恢复经济。

萨达姆认为每桶油价 25 美元才有助于伊拉克重建。他说，为解决这个问题，加快伊拉克经济复苏，伊拉克派遣外交部部长哈马迪（Mohsen Abdel Hamid）博士前往科威特举行会谈。会后，哈马迪和伊拉克领导得出的结论是：低油价不仅仅是科威特人的责任或操作的结果。伊拉克相信，这是个"阴谋"，在这个阴谋背后另有一个实体，一个更大的强国。

萨达姆说，科威特用"斜井钻进法"偷采伊拉克石油。面对这一事实的科威特却承认它"只开采了 25 亿桶"，还说此事并不十分重要。

萨达姆说，在随后举行的欧佩克会议决定把每桶油价提高至 16—17 美元，但是科威特拒不执行。

萨达姆说，这些情况使他相信有一个企图反对伊拉克、反对其领导、破坏伊拉克经济的"阴谋"。他认为，美国中央司令部总司令、海湾战争联军总司令施瓦茨科夫将军在战争爆发前到科威特活动进一步提供了证据。他说，这位美国将军带去了"沙漠计划"（即"沙漠风暴行动"——笔者注），一个入侵伊拉克的战争准备计划。

萨达姆谈到了西方对伊拉克的判断：两伊战争结束几个月后伊拉克必将发动科威特战争。他说，伊拉克击败伊朗后，西方舆论说伊拉克是对中东地区的军事威胁。但是，伊拉克"不在苏联圈子之内"，而且它正在试图重建自己的经济。伊拉克还开始与美国建立关系。

萨达姆说，不久，美国用三个手段或三个原因，将伊拉克视为自己的敌人。第一，美国的"犹太复国主义"权力和影响主宰着它的外交政策。任何一个被美国看作威胁以色列的国家，比如伊拉克，就遭到这个"阴谋集团"的威胁。他说，阿拉伯国家与以色列签订的任何和平协议必须包括伊拉克。以色列借其对西方的影响，用反对埃及的纳赛尔那样的立场来反对伊拉克。……"犹太复国主义"影响整个美国，包括大选。第二，原来世界上有两个超级大国，即美国和苏联。……它们双方都企图把其他国家拉到自己一边，平衡了世界各方力量。然而，在这个平衡被打破之后，美国就成了唯一的超级大国。现在一般认为，美国企图称霸世界，包括称霸伊拉克。当这些国家像伊拉克那样不服从美国，它们就成了美国的敌人。第三，美国将伊拉克视作敌人还源自经济目的。包括军火生产商和军方有些人在内的一些美国实体热衷于战争。这是因为他们能从中捞一把。为了支持战争，一些公司从地毯到坦克无所不卖，这是事实。萨达姆说，美国发现阿富汗战争不足以使美国军火工业集团维持盈利。于是，美国与伊拉克的战争开始了。苏联解体以后，所有这些国内外因素结合在一起，美国势必与伊拉克为敌。

萨达姆说，与美国发动的最新一场战争一样，1991 年美国为在科威特与伊拉克开战"制造了"理由。……他断言，伊拉克在科威特发现的文件证明，科威特与美国有一个"阴谋"。

萨达姆说："这个问题我们可以讨论好几天。"为进行 1991 年的战争，美国和另外 28 个国家动员军队时间长达 7 个月。它们进行这种动员的原因在于伊拉克的力量，认为这一力量已经构成了军事威胁。这个威胁促使美国政客们支持攻打伊拉克。

2004 年第 10 次访谈。完全空白。
2004 年 3 月 3 日第 11 次访谈。

皮罗要求萨达姆继续上次的话题：关于伊拉克入侵科威特。……萨达姆说，两个原因导致了 1991 年的战争：石油和以色列。如果不是另一个国家即美国的推动，想必科威特不会有任何反对伊拉克的行动。当皮罗对萨达姆说，历史学家相信，是伊拉克首先采取了行动。萨达姆反驳说，这是科威特采取行动的结果，而不是导致这场战争的原因。

萨达姆否认伊拉克军队因为被打败才撤离科威特，说，它们是根据停火协议的"正式公告"撤退的（指 1990 年 11 月 29 日联合国安理会通过的第 678 号决议——笔者注）。这个包括伊拉克撤军条款的协议是由俄罗斯人主持谈判、伊拉克接受的停火协议。当军队根据伊拉克领导层的官方命令从科威特撤离时，美英联军向伊拉克地面部队发起了空袭。

2004 年 3 月 5 日第 12 次访谈。

　　皮罗要求继续讨论科威特问题。萨达姆说，1991 年 1 月伊拉克外交部部长塔里基·阿齐兹在瑞士日内瓦会见了美国国务卿詹姆斯·贝克。他说，伊拉克领导层认为，这次会见的目的是为伊拉克与科威特的当前局面寻找一个实现和平的机会。当伊拉克与一位美国代表讨论这件事的机会已经来到时，伊拉克领导层便会决定沿着这条道路坚持走下去。伊拉克领导层相信，这次会谈的任何结果都会在国际社会产生"深远影响"。

　　萨达姆说，贝克没有提供解决科威特问题的任何建议，相反却以命令的口吻对阿齐兹说：美国要求伊拉克必须首先实现某些步骤（审讯记录没有记录这些步骤的具体内容——笔者注）。贝克补充道："否则，我们将让伊拉克退回到前工业化时代。"阿齐兹告诉贝克：完成这些步骤是不可能的。

　　萨达姆说，科威特问题需要放在国际法框架内加以解决，不应当缩小范围，由强势一方的美国将协议条款强加给弱势一方的伊拉克……

　　萨达姆说："我们渴望和平"，在 1990 年 8 月 12 日（1990 年 8 月 2 日伊拉克首次轰炸科威特首都后第 10 天——笔者注）伊拉克提出的第一个建议已经表明了这个愿望。……但是，国际社会成员国没有接受这个建议。伊拉克希望得到保证：不再对伊拉克发动直接侵略，取消对伊拉克的禁运。

　　萨达姆说，美国和国际社会认为科威特更重要，这是因为伊拉克是敌对国家，而科威特有石油。正如萨达姆在前次访谈中说过，他认为科威特是从伊拉克"被夺走的"。

　　萨达姆说，海湾战争爆发前的一个月，西方舆论议论说，伊拉克是中东地区的军事威胁。然而，伊拉克不属于"苏联圈子"，伊拉克试图重建经济。伊拉克还开始与美国建立关系。

2004 年 3 月 11 日第 13 次访谈。

　　按皮罗的要求继续谈科威特问题。

　　萨达姆说，科威特是被英国一个决议从伊拉克"偷走的"（1899年大英帝国强迫科威特签署秘密协定，将科威特从伊拉克前身——奥斯曼帝国巴士拉省脱离出来，成为它的宗主国，1939 年科威特沦为英国的保护国——笔者注）。萨达姆说，如果科威特不是一个拥有石油的国家，它就不会被偷走。还说，他明白位于大西洋彼岸的美国希望伊拉克缺衣少食，然而他不明白科威特怎么会愿意与一个"饥饿的国家"为邻。

　　萨达姆否认在海湾战争中对联军使用过化学武器。"他说：对联军使用化学武器不是伊拉克的政策。……萨达姆自问：如果我曾使用过化学武器，人们将怎样形容伊拉克呢？他自答：'人们会说我们愚蠢。'"

　　正如前一次访谈所说，萨达姆承认 1991 年 1 月海湾战争前不久美国国务卿贝克与伊拉克外长阿齐兹在日内瓦举行了会谈。萨达姆回忆起贝克的话："让伊拉克退回到前工业化时代"。他说，伊拉克绝不会被威胁吓倒，特别是当这个威胁来自一个具有"强势地位"的人。萨达姆否认美国如下的判断："一旦伊拉克与美国发生敌对行动，美国认为伊拉克有可能使用化学武器。"萨达姆说："我们决定做应该做的事情。"使用化学武器一事"我们连想都没有想过"。

　　萨达姆说，第一次海湾战争期间，伊拉克国防部部长苏丹·哈希姆·艾哈迈德（Sultan Hachem Ahmad）和第二军团司令员萨勒（Saleh）代表伊拉克参加了停火谈判。他们的立场和观点与伊拉克领导者是一致的，那就是寻求停火和外国军队开始撤离伊拉克。萨达姆说，伊拉克没有继续战争的目标，希望停火。

2004 年 3 月 13 日第 14 次访谈。

　　萨达姆提供了以下信息：

萨达姆说，1991年停火以后，伊拉克领导者的目标是重建在战争中遭到破坏的基础设施，包括振兴农业和经济工程。他说，伊拉克重建遍及"几乎一切领域"，并在农业、教育和卫生领域开始实行新的计划。但是伊拉克的努力被禁运所干扰，卫生和教育部门受影响尤甚。

皮罗转变话题，问萨达姆怎么看1991年海湾战争后伊拉克南部发生的什叶派叛乱。萨达姆承认叛乱从伊拉克南部巴士拉等地发展到北部基尔库克等地。

萨达姆说："参与这些叛乱的团伙都是'被伊朗推动的'。伊拉克逮捕了68名伊朗情报官员，后来用他们交换了伊拉克囚犯。"

萨达姆说，暴乱期间伊拉克大部分桥梁被摧毁。没有电，不能及时供水，食品供应也很少。战争的后果加上这些因素，导致伊拉克国内普遍出现不稳定情况。萨达姆说，参与暴乱的"分子"是由小偷、叛徒和那些"从伊朗过来的人们"组成的混合体。这个团伙中有伊朗政府人员、伊朗籍伊拉克人和逃到伊朗的伊拉克人。

萨达姆说，动乱持续了两个月，在伊朗与伊拉克达成协议后，这些敌对行动就停止了。

萨达姆说，1991年叛乱是"歹徒和强盗们"发动的。他不认为起义者是革命者。皮罗问萨达姆：导致这些骚乱发生的因素是什么？萨达姆回答说，伊朗支持骚乱，战后伊拉克政府虚弱，还可能有联军的援助，这都是导致骚乱的原因。

萨达姆认为，叛乱的目的是控制伊拉克。在他看来，同伊拉克作战时没能实现这一目标之后，伊朗在1991年就采取了这样的策略。他说，伊朗企图控制全部或至少部分伊拉克，特别是伊拉克南部。萨达姆相信，伊朗还想把它的实力扩展至沙特东部和整个海湾地区。

2004年3月16日第15次访谈。

皮罗要萨达姆继续谈1991年海湾战争结束后伊拉克南部暴乱。

萨达姆说，他采取的措施和任何一个国家领导人采取的措施一样，了解伊拉克南部局势的细节。当出现异常情况时，伊拉克领导层就会"迅速"开会讨论，以最佳方式去处理问题。

萨达姆说，越过边界进入伊拉克的是伊朗达瓦党（Dawa Party），它得到伊朗军队的援助。

伊斯兰达瓦党，又称"伊斯兰号召党"（Islamic Call Party），是1957年诞生于伊拉克的伊斯兰教什叶派政党，主要存在于伊拉克和伊朗。20世纪六七十年代霍梅尼在伊拉克南部伊斯兰教什叶派圣地纳杰夫（Najaf）流亡13年期间支持伊拉克达瓦党反对伊拉克政府。1979年霍梅尼推翻巴列维王朝建立伊朗伊斯兰共和国，当年达瓦党总部从伊拉克移至伊朗首都德黑兰。之后霍梅尼继续支持伊拉克境内的达瓦党进行反政府活动，包括多次暗杀萨达姆未遂。伊拉克达瓦党在两伊战争中支持伊朗，因此伊拉克政府就把国内什叶派的达瓦党视作最大威胁。在两伊战争期间西方普遍认为这个政党是恐怖组织。1980年伊拉克政府取缔了达瓦党，伊拉克革命指导委员会在其成员缺席的情况下判他们死刑，大部分领导人逃亡伊朗避难。1991年海湾战争后，美国发现它与达瓦党利益相融合，便出巨资支持达瓦党从1992年至1995年参加伊拉克国民议会（Iraqi National Congress），牵制萨达姆。2003年美国入侵伊拉克，原来逃亡伊朗的伊拉克达瓦党领导人纷纷从伊朗返回伊拉克独揽大权。2006年5月20日至2014年9月8日担任伊拉克总理的马利基（Nouri al-Maliki）就是伊拉克达瓦党领导人。①

萨达姆说，20世纪80年代初，伊拉克正在成为经济强国。……他承认，80年代伊拉克经济飞速下滑。随后，1991年海湾战争导致禁运和联合国核查，进一步削弱了伊拉克的经济力量。他承认，伊拉克人民感受到经济下滑的影响，尤其农村地区和生活在伊拉克南部收入少的人受到这种影响更大。

萨达姆承认，一般规律是，贫穷能产生强大的社会压力，可能引起革命。……接着，萨达姆介绍了伊拉克和其他阿拉伯国家革命成功

① Wikipedia：Islamic Dawa Party.

的例子，说："1991 年在伊拉克南部发生的没有政治目标的暴动不是革命。"

2004 年 3 月 19 日第 16 次访谈。

皮罗要萨达姆观看 1991 年海湾战争后反映伊拉克南部暴乱的一部纪录片。"皮罗对萨达姆说，一个人必须倾听所有的事实并找到真相。萨达姆反问：'你怎么知道什么是真相？'萨达姆补充说，皮罗你可以用可能有偏见的西方媒体确定真相。他说：'你们的军队占领了我的国家。你是自由的，我是囚犯。'"

萨达姆说，纪录片的解说词表明布什总统（指老布什——笔者注）"鼓励"什叶派起来反对伊拉克政府。这是他"供认有罪"。

萨达姆说，纪录片的解说词说布什总统鼓励什叶派起来反对伊拉克政府。他说，"叛徒们奉一个外国之命起来反抗"并向他们自己的国家宣战。

2004 年 3 月 23 日第 17 次访谈。

皮罗通知萨达姆继续头一天的话题。他放映了一部 1993 年拍摄、由英国评论员迈克尔·伍德（Michael Wood）解说的长 55 分钟的纪录片——《萨达姆·侯赛因的最新战争》（Saddam Hussein's Latest War）。

纪录片反映了伊拉克政府虐待南部什叶派和北部库尔德人以及湿地阿拉伯人的情况。纪录片还议论因萨达姆犯有这些暴行将他绳之以法的可能性。萨达姆说："现在他们抓住了我，让他们来审判我吧。"

谈到伊拉克政府对待 1991 年南部动乱的态度，萨达姆说，"任何人的主要目标都是去制止暴乱并结束'叛国行为'"。

萨达姆说，这个纪录片不客观，不值得他去评论。它是为"眼下反对伊拉克行为"进一步寻找借口而制作的，其中包括肢解伊拉克。

萨达姆质问皮罗：你觉得用这样一部"宣传片"来质问伊拉克总

统，这合适吗？他补充说："我们应当停放这个节目。"萨达姆表示，他已经回答了皮罗提出的全部问题，断言不再评论这样的宣传片。

2004 年 3 月 28 日第 18 次访谈。

皮罗要求萨达姆继续谈 1991 年伊拉克南部暴乱。萨达姆认为前几次访谈他已经把这个问题的来龙去脉交代清楚了，没必要继续讨论。因此他对此次访谈态度冷漠，认为皮罗提出的一些问题断章取义，不值一驳，除了反问，他不正面批驳。

皮罗穷追不舍，他对萨达姆说，"2003 年联军入侵伊拉克后又发现了一些描述 1991 年南部暴乱中复兴党行为的文件"。

接着皮罗请翻译向萨达姆宣读了两份阿拉伯语文件。

萨达姆对皮罗干涉伊拉克内政表示强烈不满，"他质疑皮罗有什么权力询问 1991 年伊拉克内部事件。萨达姆问：是因为你是美国政府的一个雇员吗？"

2004 年 3 月 30 日第 19 次访谈。

皮罗通知萨达姆今天讨论伊拉克南部湿地和世代居住在那里的湿地阿拉伯人问题。

萨达姆回顾 20 世纪 60 年代以后他曾多次考察伊拉克南部湿地。①

萨达姆将伊拉克南部湿地描绘成"任何人都会为它着迷"。

萨达姆说，整个伊拉克都很美丽，并且再次描述湿地"很迷人"。

---

① 发源于土耳其的底格里斯河和幼发拉底河在伊拉克南部汇合后注入波斯湾之前形成的世界著名大湿地，称美索不达米亚湿地。该湿地面积曾达到 1.5 万—2 万平方公里。它不但是古代美索不达米亚文明的一部分，传说中的"伊甸园"也在这里。根据调查结果显示，与 1973—1976 年 8926 平方公里的面积相比，现在的湿地面积已经急剧缩小。而湿地面积缩小的原因是，两河上游的土耳其、叙利亚、伊拉克和支流上的伊朗进行的大坝建设导致两河流量减少。此外，在长达 8 年的两伊战争中，湿地附近也成了主战场，伊拉克出于战术上的原因排干了湿地。《伊拉克著名大湿地正在消失》，《中国水利报》2002 年 2 月 7 日第 4 版。

他说，"1981—1982 年我在湿地住了几天"……

　　萨达姆说，伊拉克政府与湿地的阿拉伯人关系良好。但是自从外国人进入那里以后"关系就变坏了"。他说，湿地的一些阿拉伯人被伊朗腐蚀了……

　　萨达姆说，伊拉克政府研究了在湿地为当地居民修建独立房屋。但研究结果认为工程投资太大，也太复杂，特别是下水道和供电系统方面更为复杂，于是政府放弃了这个计划，改为在排干的湿地上为无家可归的湿地阿拉伯人修建住宅区，政府还向当地居民提供贷款，自建房屋。萨达姆说，政府为当地居民提供了水电、卫生保健服务并兴建了学校……

　　萨达姆说，包括许多专家在内的整个民族参加了湿地排水工作……

　　皮罗问萨达姆，伊拉克政府排干湿地是否考虑过对环境产生的影响。萨达姆回答说，美国人不允许印第安人像他们在殖民地化以前那样生存。他问道，什么地方有禁止美国和欧洲公司破坏亚马孙森林的法律？他说，"这是世界之肺"。

2004 年 5 月 1 日第 20 次也是最后一次访谈，文件除了"侯赛因提供了如下信息"一句话外，下面一片空白。

2004 年 5 月 10 日第 1 次闲聊。

萨达姆向监督特工皮罗提供了以下信息：

　　萨达姆问：伊拉克出现了哪些新动向。皮罗通知萨达姆：伊拉克通过了新宪法，美国准备向伊拉克人民移交主权。萨达姆对管理委员会（Governing Council，GC，2003 年 7 月美英联军占领伊拉克后成立的临时管理机构——笔者注）的有效性表示怀疑。他认为管理委员会做决定时不能在其成员之间取得一致。皮罗说，伊拉克将举行大选，伊拉克人民将用民主方式选举新领导。萨达姆说，在国家被占领的时候，伊拉克人民不会承认当选的领导人。当费萨尔国王被英国政权扶上台，伊拉克人民曾有过这样的经历。皮罗说，最新民意测验表明，伊拉克人民想主宰他们的政府，但要求美国军队继续留在伊拉克。

皮罗问萨达姆有多少官殿，这些官殿有多么奢侈。萨达姆说，这些官殿属于国家，不属于个人。1968 年以前，伊拉克的房屋基本上非常简陋，是用泥巴砌成的。……他说，伊拉克面临来自美国和以色列的威胁，尤其是最近 10 年。为了履行政府职能，伊拉克领导人不得不在会面和讨论问题之前，优先考虑会议地点。如果只有两个官殿或者只有两个可供领导人举行会议的地点，伊拉克领导人就很容易被彻底消灭。而有 20 个官殿，想追踪或确定伊拉克领导人所在地点就更加困难了。既然这些官殿属于国家，萨达姆说他不在里面居住，他喜欢住在一个简单的家。

2004 年 5 月 13 日第 2 次闲聊。
萨达姆提供了以下信息：

萨达姆说，联合国武器核查小组实现了处理伊拉克大规模杀伤性武器的目标。伊拉克没有任何大规模杀伤性武器……过去 7 年，伊拉克与联合国合作，把全国都交给了核查人员，包括总统官殿在内。……萨达姆承认在伊拉克政府内部的确有个别人起初不情愿与联合国武器核查小组进行合作。这些人是忠诚的、辛勤工作的人，他们一心扑在工作上。……1998 年伊拉克就遵守联合国决议销毁了大规模杀伤性武器，然而就是在这一年，没有正当的理由，也没有获得联合国授权，美国袭击了伊拉克。萨达姆进一步说，伊拉克没有将大规模杀伤性武器隐藏在总统官殿里。这是因为，这样做伊拉克政府和领导会受到伤害。这样的武器本应存放在沙漠地带，遥远的地方。总统官殿代表伊拉克主权，要求伊拉克人允许外人进入总统官殿是非常困难的。尽管如此，为了表示合作，伊拉克人还是允许外人进入总统官殿。

萨达姆声称，1998 年美国袭击伊拉克和为报复所谓伊拉克曾企图暗杀前总统乔治·赫伯特·沃克·布什，美国再次袭击伊拉克，都是无端发动的攻击，都是不公正的。任何一次袭击都没有获得和受到联合国的赞同。他说，两次袭击都是美国自己做出的决定。萨达姆感到在有关伊拉克的问题上，联合国已经超越了它的权威和宪章，他提醒说伊拉克是联合国宪章的签字国。……萨达姆声称，伊拉克确认这两次袭击，并确认袭击是错误的。他认为联合国有关伊拉克的决议和制裁都是以美国的立场为基础。皮罗提醒萨达姆，利比亚领导人卡扎菲与联合国合作销毁了大规模杀伤性武器后，利比亚的国际地位得到了改善，联合国不久将取消对该国的制裁。他奉劝萨达姆，很多人会谴责伊拉克，认为伊拉克的问题在于它对联合国采取了强硬立场。萨达姆说，过去伊拉克与美国关系良好，伊拉克一直想与美国保持这一良好关系。这种良好关系会给两国带来好处。

萨达姆说，大规模杀伤性武器是为了保卫伊拉克主权。伊拉克在两伊战争中展示大规模杀伤性武器是因为伊朗威胁了伊拉克主权。在1991年的海湾战争中伊拉克没有用大规模杀伤性武器是因为伊拉克的主权没有受到威胁。……他说，阿拉伯国家普遍畏惧伊朗的霍梅尼政权，但都不敢跟它斗。只有伊拉克勇敢地面对它。……与伊拉克为邻的阿拉伯国家普遍害怕霍梅尼和伊朗。在一次有几个阿拉伯国家参加的会议上，一些沙特官员谈到了他们对伊朗的恐惧。他们说虽然美国是沙特的盟国，但美国与沙特相隔千山万水，而伊朗则近在咫尺。萨达姆说，在这次会议上他建议与会国给霍梅尼写封和平倡议，如果伊朗起来反对它们，伊拉克将首先起来抵抗伊朗的侵略。其他阿拉伯国家太惧怕伊朗，伊拉克将是唯一奋起抵抗伊朗的国家。

皮罗告诉萨达姆，联军已经搜集到有关伊拉克维护或重新开发大规模杀伤性武器能力的情报。萨达姆予以否认。然后皮罗问萨达姆是否在他不知情的情况下，有人在伊拉克国内干这种事。萨达姆回答：没有，并多次声称他曾与全体部长们开会，具体地问他们伊拉克是否有大规模杀伤性武器而自己却不知道。他说，他的所有部长都明确地表示没有大规模杀伤性武器，因为他们都清楚地了解萨达姆对大规模杀伤性武器的态度。萨达姆在公开场合多次声称，他的态度是：伊拉克没有大规模杀伤性武器。

2004 年 6 月 11 日第 3 次闲聊。

萨达姆给监督特工皮罗朗读了他最近写的一首诗。监督特工皮罗利用此机会继续讨论萨达姆发表过的讲话。监督特工皮罗说，听了萨达姆的几首诗以后，他了解了萨达姆的文风。……萨达姆说他的所有文章都发自内心……

接着皮罗问萨达姆，他在 2000 年 6 月发表的一篇讲话是什么意思？萨达姆回答："这个讲话的目的是为了回答有关地区性和操作方面的问题。就地区性而言，我讲话的目的是为了回答伊拉克面临的地区性威胁。"萨达姆认为，伊拉克不能在敌人面前显得软弱，特别是对伊朗。伊拉克正遭受这个地区一个国家的威胁，它必须显示有能力保卫自己。在操作方面，萨达姆论证了在销毁其大规模杀伤性武器方面伊拉克遵守了联合国决议。

萨达姆相信，伊拉克不能向敌人示弱，尤其不能向伊朗示弱。伊拉克还受到这个地区其他国家的威胁，因此必须显得有能力自卫。

萨达姆说，由于伊拉克与伊朗有共同边界，因此它是伊拉克的主要威胁。他相信伊朗企图吞并伊拉克南部。萨达姆和伊拉克认为，伊朗企图吞并伊拉克南部部分地区，是伊拉克面临的最重大的威胁。他认为中东地区的其他国家都很脆弱，不能在伊朗的进攻面前保卫它们自己或伊拉克。他认为以色列威胁是对整个阿拉伯世界的，不是专对伊拉克。

萨达姆继续谈伊朗是伊拉克的主要威胁。虽然萨达姆声称伊拉克没有大规模杀伤性武器，但来自伊朗的威胁却是伊拉克不允许联合国核查人员返回伊拉克的一个重要原因。萨达姆表示，与阻挠联合国武器核查人员进入伊拉克搜索大规模杀伤性武器可能引起的美国方面的反应相比较，他更担心伊朗发现伊拉克的弱点和脆弱之处。……萨达姆说，他对 1998 年美国袭击伊拉克感到愤怒。

萨达姆说，伊朗的军备能力急剧增长，包括它的大规模杀伤性武器，而伊拉克则因遭联合国制裁，军备能力受到了限制。将来人们会发现并感受到它带来的后果，因为将来伊朗的军备能力对伊拉克和本地区将形成更大的威胁。

在回答监督特工皮罗关于联合国一旦取消核查和制裁后伊拉克会如何对付伊朗威胁时，萨达姆回答说，在伊朗进攻面前伊拉克会极其虚弱，它会寻求与美国签订安全协议来保卫自己免遭来自本地区的威胁。萨达姆认为，这样的协议不仅对伊拉克有利，对伊拉克的邻国例如沙特阿拉伯也有利。监督特工皮罗表示赞同，说有了这样的协议，美国会立即支援伊拉克，但他提醒萨达姆：鉴于两国之间的历史，在美国与伊拉克讨论签署这样的协议之前会耗费一段时间。

萨达姆对英国布莱尔政府公布伊拉克政府拥有大规模杀伤性武器的报告表示不满。他说他允许联合国核查人员返回伊拉克，是为了反击英国政府对伊拉克的指控。他说做出这个决定很困难，但英国政府根据不准确的情报作出了报告。美国正是根据这个不准确的情报做出了决定。萨达姆承认，当发现与美国的战争已经迫在眉睫的时候，他允许核查人员返回伊拉克，希望避免战争。但是，在战争爆发前4个月他就很清晰地感觉到，一场战争是不可避免的了。

萨达姆强调说，他希望与美国建立联系，但美国没有给他机会，伊拉克不得不说的话，美国从来不听。

谈到另外一个问题，萨达姆说，他记得自1990年3月以来他只打过两次电话。另外，萨达姆在同一个住地的停留时间不超过一天以上，因为他非常了解美国的重要技术能力。他与政府官员们讨论相关问题主要通过快递或亲自会见。他说，像伊拉克这样技术欠发达国家，很容易受到美国的攻击。

接着谈话转向伊拉克新的临时总统加齐·亚瓦尔（Ghazi Mashal Ajil al-Yawer）。……监督特工皮罗对萨达姆说，亚瓦尔不只是美国选择的，而是美国与联合国共同选择的。……皮罗提醒萨达姆，以前他曾清楚地向监督特工皮罗表白，他自己仍然是伊拉克总统，可是，众所周知，他现在已经不再是总统了，现在很清楚，这里有一位代表伊拉克国家和人民的新总统，他（萨达姆）已经完蛋了。萨达姆回答：
是的，他知道，并说：他能怎么办？因为这是真主的选择。监督特工
皮罗问萨达姆，他是否对自己的前途有过任何想法？萨达姆说，这掌
握在真主的手里。……此时监督特工皮罗告诉萨达姆，他的生命正在
接近终点，并问萨达姆是否想使自己的余生具有意义。萨达姆回答
说：是的。

2004年6月17日第4次闲聊。

皮罗主要向萨达姆了解被美军关押的外交部部长、总统秘书、萨
达姆同父异母兄弟等部分伊拉克军政要员的情况。

2004年6月28日第5次，也是最后一次闲聊。

监督特工皮罗与萨达姆讨论了伊拉克与基地组织的关系。萨达姆
简单评述了历史上宗教之间，特别是伊斯兰教内部的冲突和统治者。
萨达姆说他信奉真主，但不是狂热者。……然而萨达姆明确表示，他
反对任何人与西方勾结与他的国家作对。

萨达姆声称他个人从未见过或会见过本·拉丹。……萨达姆说，
伊拉克政府从未与本·拉丹合作过。监督特工皮罗反问道，既然伊拉
克与本·拉丹有共同的敌人——美国和沙特阿拉伯，为什么不合作？
然后监督特工皮罗引用萨达姆的话："我的敌人的敌人是我的兄弟。"
萨达姆回答说，美国不是伊拉克的敌人，他反对的是美国的政策。如
果他想与美国的敌人合作，他就会与朝鲜或中国合作……

萨达姆说，美国把"9·11"袭击作为攻打伊拉克的理由。美国
对"9·11"事件发生的根源看走了眼。

监督特工皮罗问萨达姆：为什么伊拉克是唯一欢呼"9·11"袭
击的国家？萨达姆立即予以否认。皮罗提醒萨达姆：据说伊拉克的一
些报纸曾刊文欢呼"9·11"袭击。萨达姆说，他写了几篇社论反对

"9·11" 袭击，分析了导致一些人犯下这一罪行的原因。……萨达姆表示，他不能就 "9·11" 袭击发表任何正式声明，因为伊拉克认为它与美国正处于战争状态。①

对萨达姆的审判记录中有两次是白卷，已公开的记录也都有许多删节，因此这些记录都不完整。但从上述已公开的 20 次 "正式访谈" 和 5 次 "闲聊" 中可以看出，萨达姆主要强调了以下几点。

1. 他坚持以伊拉克总统的合法身份与美国联邦调查局特工对话。

2. 他从贝克尔手中接过总统职位的程序合理合法。2002 年以 100% 的支持率当选总统证明他得到百姓拥护。

3. 他对自己执政 24 年给伊拉克带来的社会变革和包括没收英美石油公司，实现石油国有化在内的历史性经济成就深感骄傲。

4. 他谴责 1991 年海湾战争背后老布什总统对伊拉克不可告人的阴谋，批驳老布什政府企图让伊拉克退回到前工业化时代。

5. 他具体解释了伊拉克入侵科威特的历史和现实背景。

6. 他揭露老布什政府 1991 年插手伊拉克南部什叶派暴乱。

7. 他坚称伊拉克认真执行了联合国有关决议，否认伊拉克拥有大规模杀伤性武器。

8. 他解释了伊朗是伊拉克首要敌人的原因。

9. 他公开声称自己有大规模杀伤性武器是为了吓唬伊朗。

10. 他希望与美国友好并与美国联手对付伊朗威胁。

11. 他分析了小布什发动伊拉克战争的国际因素和美国国内因素。

12. 他否认伊拉克与基地组织、本·拉丹和 "9·11" 事件有任何关系。

13. 他对改善伊拉克南部湿地地带的阿拉伯人生活水平表示满意。

14. 他预感到死期来临，决心为国献身。

对比小布什种种虚伪的战争借口，萨达姆的表白实在、理性、诚恳、

_____

① "Saddam Hussein Talks to the FBI: Twenty Interviews and Five Conversations with ' High Value Detainee # 1 ' in 2004", *National Security Archive Electronic Briefing Book No. 279*, Edited by Joyce Battle, Assisted by Brendan McQuade, Posted-July 1, 2009.

有说服力。

(六)　萨达姆对战争的误判

2008 年 1 月 24 日，也就是萨达姆被绞死后两年多，美国哥伦比亚广播公司记者斯科特·佩利（Scott Pelley）在"60 分钟"节目中采访了皮罗。当天，该公司以"萨达姆的自白"为题，在网上发表了这次采访的部分内容和视频。

皮罗透露，为了骗取萨达姆的感情与信任，皮罗称萨达姆为先生，让萨达姆称他为乔治。他向萨达姆表示，他对萨达姆生活的方方面面负责，包括萨达姆写诗用的笔和纸；萨达姆的一日三餐均由皮罗母亲制作，萨达姆的生日饼干也不例外；皮罗甚至说他与总统小布什有直接联系，骗取了萨达姆的信任。被拘押 7 个月一直被蒙在鼓里的萨达姆竟然感觉皮罗比自己的儿子还亲，而且很感激皮罗为他做的一切，于是一些埋藏心底的话也就脱口而出。萨达姆承认他误判了小布什对伊拉克发动战争的野心，是皮罗获得的最大秘闻。

这次访谈的主要内容如下：

> 佩利："对于把美国拖入两场战争和无数次军事活动的人——萨达姆·侯赛因，我们永远不知道他在想什么。但你会听到比以前更多的发现。"
>
> 萨达姆被捕后，每天只与一个男人见面，一个叫"乔治先生"（Mr. George.）的美国人。乔治是联邦调查局特工乔治·皮罗。他是联邦调查局和中央情报局分析家团队的挂名负责人，这个团队试图找到近代史上一些巨大谜团的答案。大规模杀伤性武器究竟怎么回事？萨达姆与基地组织有勾结吗？为什么他选择与美国进行战争？
>
> 皮罗比任何人都了解萨达姆，这是因为在一个没有窗户的囚室里，他俩面对面地坐着……
>
> 美国特种部队进行了为期 9 个月的搜捕，把萨达姆从一个地洞里拖出来几周后，他就落入乔治·皮罗的手中……
>
> 皮罗有一段美国人的成功故事。他出生在黎巴嫩，12 岁跟随父母

全家躲避内战逃至美国。在空军服役后，他在加利福尼亚当警察，随后他进入夜校，获得联邦调查局需要的大专学历。当时，皮罗在联邦调查局当特工的时间只有 5 年。他的母语是阿拉伯语，因此被选来执行这个任务，还因为考虑到萨达姆可能与奋发进取的阿拉伯青年有共同的感情。

皮罗的第一个骗术是使自己显得比他本身强大得多。皮罗说："萨达姆不知道我是为联邦调查局工作，他不知道我是一个外勤特工。"

在几个月的时间里，皮罗操纵着萨达姆，建立了以依赖、信任和情感为基础的关系。皮罗对萨达姆交替使用善良和挑衅。他播放视频试图让萨达姆不愉快，包括他下台的照片和拉下他雕像的场面。

皮罗："我想惹他愤怒。我要他看这些视频，让他愤怒。……你可以看到他脸上的愤怒表情。他尽量不看视频，眼睛朝下看。你可以说他被激怒了，但他同时试图控制自己。……我见过他最愤怒的时候，他的脸变得通红，他的声音也变了。我要他发怒。我要他看这些视频让他发怒。要让他感受各种不同的情绪。快乐、愤怒和悲伤。当人们感受这些情绪时，他们就没有能力真正管控自己，他们在面试期间就会变得更脆弱。"

佩利："在萨达姆看到他的雕像被拉下来的视频时，你看到了什么？"

皮罗："你能从他的脸上看到愤怒。他不看，低下头。你可以说他被这个场面激怒了。但同时他试图控制自己。"

佩利："你曾见过他最愤怒的样子。愤怒的萨达姆是什么样子？"

皮罗："他最愤怒的时候，脸变得非常红，他的声音变了。"

佩利："他的眼睛呢？"

皮罗："他眼里充满仇恨。当时我们正在讨论伊拉克入侵科威特的原因。"

佩利："美国把萨达姆赶出了科威特，这个独裁者对布什家庭没有好感。皮罗说：'萨达姆不喜欢乔治·赫伯特·沃克·布什。他喜欢会见里根总统。他认为里根是一位伟大的领导人，一位诚实的男人。他喜欢克林顿总统，但不喜欢第一任和现任的布什总统。'"

为获取萨达姆的秘密，必须耐心地破坏他强大的自控力。一天晚上，当皮罗带萨达姆赶往医院时发现了一个机会。他把萨达姆抬进一架直升机。萨达姆被绑着，戴着眼罩。

皮罗："当我发现巴格达的夜晚如此美丽，我就利用了它。我允许萨达姆往外看。巴格达灯火通明，路上车水马龙。巴格达与世界上任何其他大都市一样。我就是让他看看这一场景，说：'你知道，正如我提到的，没有你，巴格达在继续发展。'"

佩利："为弄清楚另一个让人纠结的问题，皮罗甚至利用前（伊拉克）国家假日——萨达姆的生日。"

皮罗："2004 年 4 月 28 日，没有人庆祝萨达姆的生日。唯一知道和关注这件事的是我们。我给他带去了甜品，我们，联邦调查局为他庆祝了生日。"

这些甜品是皮罗母亲做的。萨达姆表示感谢……

佩利："皮罗的母亲无意中提供了另一份礼物——花种。萨达姆在高高的栅栏内得到一小片土地，他没有工具，只能空手侍弄他的花园。皮罗和萨达姆在小小花园里散步，（萨达姆）滔滔不绝地说出的是一系列出乎意料的发现。"

佩利："皮罗完全控制了萨达姆。但萨达姆还有一个挑衅行为：他绝食抗议。皮罗说：'哦，你能想象，我极度恐慌。我不希望把这件事搞砸。'"

皮罗："他最终还是进食了。他很关心我，因为我，他清楚地告诉我，说因为我关心他的健康。他这句话开始影响我。为了我，他进食了。萨达姆想让我花更多的时间和他在一起。因为唯一一个真正和他对话的人只有我。……当时他天天写诗，并朗诵给我听。我从他的诗中引出了大规模杀伤性武器这一主题。"

佩利："大规模杀伤性武器主题是皮罗试图得到回答的最重要的秘密。皮罗花了 5 个月时间才提出这个问题。"

佩利："关于销毁大规模杀伤性武器萨达姆是怎么对你说的？"

皮罗："萨达姆告诉我，大部分大规模杀伤性武器在 20 世纪 90 年代被联合国核查人员销毁了。核查人员没有销毁的部分由伊拉克单方面销毁了。"

佩利："那他为什么保守秘密？为什么他坚持这个字谜游戏让他的国家面临风险，让他自己的生命面临危险？"

皮罗："对他来说强调这一点非常重要。因为在他看来这能让他大权在握。它能使伊朗远离伊拉克，能使伊朗人不再侵略伊拉克。"

佩利："在与美国进行战争之前，萨达姆与伊朗打了 8 年毁灭性战争。萨达姆最惧怕的仍然是伊朗。"

萨达姆认为，他要是没有大规模杀伤性武器，他觉得他就不能生存？

皮罗："绝对是这样。"

佩利："随着美国准备打仗，我们开始在伊拉克边界集结军队时，萨达姆为什么不叫停呢？他说：'看吧，我没有大规模杀伤性武器。'我的意思是说，他希望美国以什么方式入侵他的国家？"

皮罗："萨达姆对我说，起初他错判了布什总统。他认为美国会以我们在 1998 年展开的'沙漠之狐行动'（Desert Fox Operation）相同的进攻方式进行报复。那是一场为期 4 天的空袭……"

皮罗："萨达姆期望某种形式的空袭，这能使他生存下来。他曾从空袭中活过一次。因此他愿意接受空中打击的方式，他接受这种类型的毁坏。"

佩利："萨达姆不相信美国将入侵？"

皮罗："不相信，他起初不相信。"

佩利："一旦他明白了他的国家正在被入侵的时候，我的意思是说，萨达姆真的相信他的军队能够战胜吗？"

皮罗："不能。萨达姆要求他的军事领导人和政府高级官员给他两周时间。之后将开展萨达姆所说的秘密战争。"

佩利："秘密战争。这是什么意思？"

皮罗："从常规战争到非常规战争。"

佩利："因此，从一开始叛乱就是他的计划的一部分。"

皮罗："嗯。他称赞叛乱。"

佩利："2004 年夏，对萨达姆的法定监护权从美国转移到伊拉克。皮罗说，萨达姆对这个转变和'起诉和执行'意味着什么均不抱幻想。"

皮罗想证明在法庭出现的萨达姆受到了良好待遇，因此他给萨达姆带去一套新装，一位联邦调查局的情报分析师给萨达姆理了发。在巴格达的最后一天，皮罗给萨达姆的囚室带去两支古巴雪茄，还与萨达姆一起在他的小小花园里坐了片刻。

皮罗："萨达姆对我说，我们彼此会再见面的。我知道这是不可能的。然后他用传统的阿拉伯方式和我道别。我有点吃惊。我似乎看见他在流泪。"

萨达姆在等待死亡，他不会对死亡感到不安。

佩利："为什么？"

皮罗："萨达姆的回答是，他当时已经 67 岁。他比中东男人的平均寿命活得更长。他的一生很美好。他必然成为文明摇篮的领袖。他当然认为，他对这个国家、对这个地区和对世界都具有显著影响。所以他不必为面对死亡而烦恼。"

佩利："他没有悔恨？他不关心他的未竟之业或已经成就的事情？"

皮罗："没有。没有悔恨，没有遗憾。"[1]

联邦调查局副局长兼华盛顿外勤人员办事处主任、皮罗的顶头上司小约瑟夫·佩尔西基尼（Joseph Persichini, Jr.）在哥伦比亚广播公司"60 分钟"节目中说，皮罗的专家工作在揭开萨达姆的秘密方面，"大概是联邦调查局过去一百年来最大的成就之一"。[2]

（七）被移交伊拉克临时政府审判

2004 年 6 月 30 日上午 10 时 30 分，也就是美国联邦调查局特工皮罗出

---

[1] "Interrogator Shares Saddam's Confessions—Tells 60 Minutes Former Iraqi Dictator Didn't Expect U. S. Invasion", CBSNews, January 24, 2008.

[2] "Interviewing Saddam FBI Agent Gets to the Truth", the Federal Bureau of Investigation (FBI) Website, January 28, 2008.

面审讯完毕后第三天、美军关押 670 天后，驻伊美军将萨达姆和 11 名其他前政府军政要员的司法管辖权移交伊拉克临时政府，但美军继续负责关押。6 月 29 日，伊拉克临时政府正式发布逮捕令，逮捕萨达姆和包括总理阿齐兹在内的 11 名萨达姆政权高级官员。

如前所述，皮罗审讯萨达姆是根据美国国防部 2006 年 1 月 9 日的指示，把他作为战俘对待的。萨达姆应享有《日内瓦公约》关于战俘条款的权利。但对萨达姆的司法管辖权移交伊拉克政府时，美国改变了萨达姆的身份，宣称他不再是战俘。这就是说，萨达姆不再享有《日内瓦公约》所赋予的权利，变成了刑事犯罪嫌疑人，随时可以被判死刑。萨达姆的首席辩护律师哈利勒·杜莱米（Khahil al-Dulaimi）说，根据国际法，既然萨达姆是战俘就不应当交伊拉克临时政府处理。言外之意，他应由小布什政府负责处置。

早在 2003 年 12 月 9 日，伊拉克临时政府就成立了"伊拉克刑事审判特别法庭"（Supreme Iraqi Criminal Tribunal，以下简称法庭），负责审判萨达姆等人。法庭地点在巴格达市中心"绿区"（Green Zone）内的原复兴党中央总部。绿区是美军攻占巴格达后，在其心脏部位的原总统府周围建立、面积约 4 平方公里的禁区，由美军管辖、戒备森严。美国驻伊拉克大使馆、部分美军部队、伊拉克议会和政府部门等都在"绿区"内。

2004 年 7 月 1 日，法庭首次开庭审判萨达姆。"68 岁被废黜的萨达姆在整个 46 分钟审判中表现自信和无畏。萨达姆指责法庭不合法，无权审判他，说法庭审讯他是为小布什在 2004 年赢得美国总统大选而上演的一场戏。他断然拒绝对他的指控，说，'这都是戏剧，真正的罪犯是布什。'主审法官、库尔德人里兹格·穆罕默德·阿明（Rizgar Mohammed Amin）向萨达姆宣读了起诉书。审讯结束，萨达姆拒绝在法庭文件上签字。萨达姆坚称，他是被非法推翻的，当法官问他是谁，萨达姆回答：'你是伊拉克人，你知道我是谁。'"①

据英国《泰晤士报》透露，审讯中萨达姆坚持自己是伊拉克民选合法总统，藐视特别法庭的合法性。当法官说：萨达姆先生，我是伊拉克中央

---

① Wikipedia：Trial of Saddam Hussein.

法庭的调查法官时，萨达姆反问："我是不是必须知道，你是伊拉克中央法庭的调查法官？这个法庭是根据什么决议、什么法律成立的？"法官不语。萨达姆说："哦，是联军部队吧？你是伊拉克人，你是代表占领军的？"法官宣判的起诉书共5条"故意杀人罪"。萨达姆予以严词反驳。法官只好宣布休庭。《泰晤士报》发表的第一次法庭听证笔录前加了如下说明："这是萨达姆·侯赛因在伊拉克第一次庭审中的部分内容，这些内容都经过美国军方的编辑。某些段落缺失了，比如萨达姆把法律程序说成是'戏剧'，把布什总统描绘成'真正的罪犯'。"①

2005年10月19日，法庭开始就杜贾尔村（Dujail）"反人类罪"进行庭审。一进入法庭，萨达姆就"表现狂妄"，否认制造了杜贾尔村事件，并继续采取拒绝与法庭合作的态度。法官问萨达姆："你是谁？"萨达姆回答："你是伊拉克人，你知道我是谁。"他目不转睛地盯着主审阿明质问："你是谁？你是干什么的？""我不承认这个法庭。"他否认法庭的合法性和独立性，说它是由外国占领军控制的法庭。萨达姆说："为了尊重伊拉克人民，我不回答这个所谓的法庭的讯问。"萨达姆说："我保留宪法赋予我作为伊拉克总统的权力。我不承认这个指定的法庭授权你来审判我，也不承认对我的指控，因为任何建立在毫无根据的谎言上的指控都是莫须有的！"他申辩道："我没有罪，我是清白的！"《华盛顿邮报》对现场做了如下描述：萨达姆在回答问题时声音洪亮，两眼有神，表现自信。他拒绝法庭对他的指控，说所有的指控都建立在莫须有的基础之上。当法官要求萨达姆正式确认自己的身份时，萨达姆说："我是伊拉克总统。"主审法官阿明挑衅性地质问萨达姆："你是谁？我想知道你是谁？……你是伊拉克前总统。"萨达姆断然反驳说，他自己仍然是伊拉克共和国总统，没有被废黜。②

2005年11月28日，法庭休庭40天后重新开庭审判萨达姆。萨达姆一走进法庭就大发雷霆，谴责美军卫兵在押送他前往法庭一路上粗暴对待

① "Transcript of Saddam Court Hearing", *The Times*, July 2, 2004.
② Jackie Spinner, "Hussein: 'I Don't Acknowledge This Court'—Iraqi Defiant as Trial Opens and Then Recesses Until November", www.washingtonpost.com, October 20, 2005; Wikipedia: Trial of Saddam Hussein.

他。萨达姆高喊这些美军警卫是"占领者和入侵者"，要求主审法官在审讯中谴责他们。①

在 2005 年 12 月 12 日的庭审中，萨达姆控诉俘获他的美国人虐待他，说："他们对我拳打脚踢，我遍体鳞伤。"②

在 2006 年 7 月 26 日的庭审中，萨达姆说他是被强迫参加对他的审判的，如果法庭发现他有罪，他宁愿被射杀而不是绞死。萨达姆说，他听到了从巴格达传来的有规律的枪声，他认为这就是抵抗美国侵略的信号……主审法官拉乌夫·阿卜杜勒·拉赫曼（Raouf Abdul Rahman）③ 打断萨达姆，指责他企图挑动人们用汽车炸弹屠杀老百姓。萨达姆反驳说，他只关心"将侵略成性的入侵者"赶出伊拉克。"如果屠杀能够把侵略者驱逐出伊拉克，我强烈要求他们这么干。"④ 萨达姆号召伊拉克人民"抵抗入侵者，赶走美国人，解放伊拉克"。他说："我不能解放伊拉克了，因为我在监狱里，但监狱外的英雄们将解放伊拉克。"萨达姆说，2003 年 12 月他被捕前曾向他的追随者发布命令："如果发现美国车辆，你就袭击它。……我号召伊拉克人团结起来，摒弃前嫌，共同反击敌人。我号召他们进行战斗，去杀美国人。……记住，萨达姆是个军人。如果被判死刑，就枪毙我，而不应当像罪犯那样处以绞刑。"⑤

在多次审讯中，萨达姆与法官唇枪舌剑、抵制庭审甚至绝食多日抗议审讯。他也曾拒绝出席庭审或因出言不逊被从法庭驱逐。最大的反抗行动就是计划越狱。

萨达姆的首席辩护律师哈利勒·杜莱米在 2009 年出版的《萨达姆走出美国监狱：发生了什么》⑥ 一书中透露，2006 年萨达姆曾计划越狱。计划安排如下：包括他的拥护者和保镖在内的一股抵抗力量首先攻打巴格达

---

① John F. Burns, "Hussein, Back in Court, Is Combative and Feisty", *The New York Times*, November 28, 2005.

② Wikipedia：Trial of Saddam Hussein.

③ Damien Cave, "Defiant Hussein Hails Insurgents and Clashes with His Judge", *The New York Times*, July 26, 2006.

④ Jomana Karadsheh, "Hussein：Shoot Me If Found Guilty", www.cnn.com, July 26, 2006.

⑤ "Saddam Hussein Had Plan to Escape from US Prison", *The Telegraph*, December 10, 2014.

⑥ Khall al Dulaimi, "Saddam Hussein Out of US Prison：What Happened", *The Telegraph*, October 29, 2009.

"绿区"和位于巴格达机场的美国海军陆战队总部，然后突袭囚禁萨达姆的美国军事监狱克罗帕营，营救萨达姆。越狱成功后，萨达姆按计划逃往伊拉克西部与叙利亚、约旦和沙特阿拉伯接壤的安巴尔省，迅速组织抵抗力量进攻巴格达。不料，在萨达姆的"拘留中心"外突发枪击事件，美军强化了设备、加强了安保措施，越狱计划被迫取消。书中还转述萨达姆对他的难友说的话："如果伊拉克解放了，我不需要任何人的帮助就能在7年之内让国家繁荣兴旺起来。"

（八）被判死刑

2006 年 11 月 5 日，主审法官拉赫曼①判处萨达姆绞刑。罪名是，1982年 7 月 8 日，对萨达姆的一次未遂暗杀事件发生后，他杀害了巴格达以北60 多公里处的杜贾尔村 143 名什叶派穆斯林，犯了"反人类罪"。当法官开始大声宣读判决书时，"无畏的萨达姆将手指指向天空，然后不断地挥舞《古兰经》"，高呼"真主伟大"，抗议法院的判决。《纽约时报》当天发自巴格达的消息说，拉赫曼快速宣读判决书时，萨达姆立即站起来高呼："伊拉克人民万岁！阿拉伯民族万岁！打倒间谍！"当拉赫曼简要解释伊拉克法律并说法院是以此法律判他死刑时，萨达姆高喊："你和你们的法庭见鬼去吧！"他怒斥拉赫曼："你不能做决定，你们是占领者的奴仆和他们的马屁精。你们是傀儡。"拉赫曼宣布结束宣判，并命令法警把萨达姆带出法庭。法警们抓住萨达姆的双臂，把他拖出法庭门口时，萨达姆高呼："库尔德人万岁！阿拉伯人万岁！"

拉赫曼宣布判决书后，伊拉克总理马利基在电视台向全国发表讲话说："萨达姆正面临应得的惩罚。"

美国驻伊拉克大使扎尔梅·哈利勒扎德当天称对萨达姆的判决"是在伊拉克建立自由社会的重要里程碑"。②

萨达姆曾要求由行刑队枪决。他提醒主审法官拉赫曼："作为伊拉克

---

① 库尔德人。2006 年 1 月 23 日接替原主审法官里兹格·穆罕默德·阿明主审萨达姆。2007年他携全家申请到英国避难未果。2014 年 6 月 16 日他乔装成舞蹈演员企图逃至伊拉克北部库尔德地区时，被伊拉克境内逊尼派反政府武装俘虏，两天后被处死。

② Wikipedia: Trial of Saddam Hussein; Kirk Semple, "Saddam Hussein Is Sentenced to Death", *The New York Times*, November 5, 2006.

人，请你记住我是个军人，因此要像军人那样去死。"萨达姆的要求被拒绝。① 根据伊拉克相应的法规，枪决是对军人和政治犯的处决方式，而绞刑是对刑事犯的处决方式。法庭拒绝枪毙萨达姆，坚持绞刑。按照伊拉克的法规，绞刑是对死刑犯人格的最大侮辱。

这是一场充满血雨腥风的审判。从 2005 年 10 月到 2006 年 10 月，在萨达姆被绞死前仅仅一年内，他的律师团中有 5 位仗义执言的律师惨遭杀害，多名律师团成员收到死亡威胁信或威胁电话，有些伊拉克律师甚至逃到国外寻求避难。可见，审判背后的暗战玷污了法律的尊严，使本次审判失去了公正性。

很多人认为对萨达姆的审判是由"非法法庭"（kangaroo court）进行的"作秀审判"（show trial）。萨达姆律师团中唯一女性、什叶派穆斯林、黎巴嫩律师布沙拉·哈利勒说："今天的审判是对司法公正的愚弄，是由美国占领者制造出的虚假的、非法的法庭做出的判决，这样的法庭永远不可能做出公正的裁决。"甚至总部设在伦敦的西方人权工具"大赦国际"（Amnesty International）也批评法庭判萨达姆绞刑，说审判"有重大缺陷和不公平"，审判过程"漏洞百出，因此不能不对特别法庭的能力表示怀疑"。大赦国际中东和北非计划（Amnesty's Middle East and North Africa program）负责人马尔科姆·斯图尔特（Malcolm Stuart）批评法庭对萨达姆的整个审判过程"有严重缺陷……特别是政治干涉破坏了法庭的独立性和公正性"。总部设在纽约、颜面尽失的"人权观察"说，对萨达姆的死刑判决"是一个有缺陷的审判，它是朝着背离伊拉克法治方向迈出重大一步的标志"。②

萨达姆对被判处绞刑有充分的思想准备。2006 年 11 月 4 日，也就是被判死刑的头一天，萨达姆与他的辩护律师团交谈了 3 小时。首席辩护律师哈利勒·杜莱米在接受路透社记者电话采访时说，"萨达姆完全不在乎对他的判决，确切地说他在嘲笑法庭和这场闹剧"。萨达姆说："我将光荣地死去，我没有恐惧，我为我的国家和阿拉伯民族感到骄傲。美国占领者

① 《萨达姆：如被判有罪希望自己能被枪决》，人民网，2006 年 7 月 27 日；Wikipedia：Trial of Saddam Hussein.

② Wikipedia：Trial of Saddam Hussein.

必将在耻辱和失败中撤走。"杜莱米说，交谈中一位律师向萨达姆展示美国驻伊拉克最高行政长官保罗·布雷默的阿拉伯语版本著作《我在伊拉克的一年——为建立未来的希望而奋斗》，萨达姆好像被这本书的书名给迷住了，说他唯一能看到的是"美国注定会越来越陷入伊拉克泥潭，就像它在越南所遭遇的那样"。①

为什么萨达姆的罪行仅限于杜贾尔村事件而与美国无关？自从萨达姆1979年就任伊拉克总统到被绞死的27年中，他与里根、老布什、克林顿和小布什4任美国总统打过交道，与他们有合作、有矛盾、有反目。海湾战争后美国与伊拉克关系恶化。战后处于中东重要战略位置的伊拉克重新崛起和萨达姆成了反美旗手让小布什政府忍无可忍，欲除掉萨达姆而后快。但如果小布什政府亲手杀害萨达姆，必将暴露其霸权面孔，遭世人谴责。他必须找一个刽子手。把萨达姆移交伊拉克法庭，正是为了借伊拉克新当局之手，让伊拉克人自相残杀，实现小布什除掉萨达姆的愿望。小布什对萨达姆的秉性心知肚明，一旦萨达姆要求美国人出庭做证，把美国的丑闻暴露在法庭，必将使小布什及其政府陷入被动、尴尬的局面。小布什断不能给萨达姆提供这样一个机会。他要借刀杀人。

2006年11月5日，正在竞选连任的小布什坐在得克萨斯州韦科（Waco）机场的专机上，准备飞往内布拉斯加和堪萨斯两个州开展竞选活动。当听说萨达姆被判绞刑，小布什在专机上发表简短讲话。

他说：

> 对萨达姆的绞刑判决是伊拉克人民用法治取代暴君统治所做努力的一座里程碑。
>
> 这是伊拉克年轻的民主制度及其立宪政府（constitutional government）取得的重大成就。
>
> 这个让伊拉克人心惊胆战的男人曾命令他们反对他们的家庭并和自由伊拉克人做斗争。萨达姆必须倾听自由伊拉克人拷问他的酷刑和

---

① "Suleiman al-Khalidi: Saddam Tells Lawyers He Faces Death Without Fear", Reuters, November 4, 2006.

屠杀行为。

今天，这个政权的受害者得到了许多人认为永远不可能得到的司法公正。

萨达姆将继续接受他曾拒绝给予伊拉克人民的正当法律程序。①

对萨达姆的宣判日期原本定在 2006 年 10 月 16 日，应小布什政府要求，推迟至 2006 年 11 月 5 日。这一改变对小布什具有政治意义。这一天距离 11 月 7 日美国中期选举，民主、共和两党政治家竞选国会议席和市长职位的日子只有两天。选举结果对小布什最后两年总统任期和共和党人能否在 2008 年总统大选中获胜关系重大。民众对小布什发动伊拉克战争以及国内日益恶化的经济形势日益不满。小布什期望在中期选举之前两天宣判萨达姆来炫耀胜利，改变当时他的政府和共和党面对的被动局面。因此，萨达姆被判绞刑的这一天被看作小布什政府获得的"11 月的惊喜"（a November Surprise）。②

萨达姆酷爱诗歌，在地洞里被抓捕时，他身上只有三样东西：枪、美元和一本诗集；被捕后被美国中情局情报人员的欺骗性温存感化，常常为对方朗诵自己在狱中创作的诗歌。2006 年 11 月 5 日被判绞刑后，他写了一首诀别诗"解脱"（Unbind It）。2007 年 1 月 4 日《纽约时报》记者马克·桑托拉和约翰·F. 伯恩斯以"萨达姆致伊拉克人民的华丽告别"为题，率先发表了"解脱"的部分内容。这条 1 月 3 日发自巴格达的消息开头说："这个独裁者独自坐在囚室里。3 年来他一直被美国托管着。他的胡须已变灰，他的儿子死了，绞架已为他准备就绪。""这是萨达姆从'坟墓'里发出的战斗口号。这首诗是一个挑战和反思的混合物，但没有懊悔之意。"下面是 2007 年 1 月 5 日新华网根据《纽约时报》英文版翻译的诗"解脱"：

解脱你的灵魂（Unbind your soul）

① WACO, "Texas: Bush Hails 'Measure of Justice' in Trial Verdict-President Calls Outcome 'An Important Achievement' for Iraq, Its People", www. NBCNews. com, May 11, 2006.

② Wikipedia: Trial of Saddam Hussein.

我心心相印的伙伴（It is my soul mate）

你是我灵魂的至爱（and you are my soul's beloved）

没有人能如你这般庇护我的心灵（No house could have sheltered my heart as you have）

敌人闯入我们的家园（The enemies forced strangers into our sea）

听命于敌人之徒终将泪流满面（And he who serves them will be made to weep）

我们向狼群露出胸膛（Here we unveil our chests to the wolves）

在禽兽面前我们不会颤抖（And will not tremble before the beast）

……

为了你和我们的祖国

我献出了魂灵（I sacrifice my soul for you and for our nation）

艰难时世，鲜血是廉价的（Blood is cheap in hard times）

……

受到袭击时

我们从未屈膝下跪抑或折腰求荣（We never kneel or bend when attacking）

但是对于敌人，我们仍然尊重（But we even treat our enemy with honor）

……（当天的《纽约时报》发表了"解脱"的上半部分，以上只是上半部分的摘要——笔者注）

《纽约时报》的消息说："萨达姆先生的堂弟（cousin 或堂兄）穆阿耶德·达明·哈扎（Muayed Dhamin al-Hazza）说：'伊拉克当局把这首手写诗作的副本连同他的遗嘱传递给萨达姆在提克里特的家属。'"

消息还说，"伊拉克和美国官员确认，这首诗是在美国军事拘留中心的萨达姆遗物中发现的，并交给了他的家人"。

（九）被绞死

2006 年 12 月 26 日，伊拉克上诉法庭首席法官穆尼尔·哈达德（Munir Haddad）宣布，维持对萨达姆的死刑判决。12 月 29 日，美国与伊拉克两国官员秘密会面协商后决定，萨达姆的处决时间为 12 月 30 日。当天傍晚，哈达德向媒体宣布，30 日是对萨达姆执行的最后期限。

2007 年 1 月 3 日新华网刊登新华社记者徐超介绍美国在行刑日期上转变态度过程的新闻报道。主要内容如下：

在接受路透社的独家采访中，一名伊拉克高级官员称，美国当时并不急于将萨达姆处死，曾希望把死刑执行时间延后两周左右。不过，伊拉克政府在尽早行刑的问题上态度坚决。

这名不愿公开姓名的伊拉克官员称，美国驻伊拉克大使哈利勒扎德 12 月 29 日告诉伊拉克总理努里·马利基：除非他向美国方面出示总统贾拉勒·塔拉巴尼（Jalal al-Talabani）签署的死刑判决书和马利基签署的死刑令，美军不会向伊拉克方面移交萨达姆。

这名参与美伊双方协商过程的伊拉克官员说："美国人希望把行刑日期延后 15 天，因为他们并不急于马上处决萨达姆。但当天（29 日）伊拉克总理办公室向美国出示了全部所需文件。美国人随后改变了主意，最后双方只是就落实（执行死刑）细节展开讨论。"

美国在执行绞刑前一刻才向伊拉克方面移交萨达姆，但美国官员拒绝就自己在处决萨达姆问题上发挥什么角色作任何表态。在接受路透社记者采访时，美国驻伊拉克使馆拒绝对伊拉克官员的说法发表评论。

路透社说，上诉法庭做出维持对萨达姆的死刑判决仅仅 4 天后，伊拉克政府就要处决萨达姆，马利基在什叶派中的支持率可能因此获得提升。但美国则希望什叶派不要过分激怒逊尼派阿拉伯人，避免伊拉克出现全面内战。

路透社报道说，早在萨达姆被处决前一天，两名伊拉克政府内阁部长曾表示，如果要对萨达姆执行绞刑，必须解决两个先决问题。其一，反对死刑的总统塔拉巴尼是否在判决书上签字；其二，在重要宗教节日宰牲节开始的当天处决萨达姆是否有违教义。

根据伊拉克法律，执行绞刑必须经过总统委员会的签字批准，虽然塔拉巴尼此前表示不会在判决书上签字，但他并没有权力推翻死刑判决。而他的库尔德同僚们与什叶派人士一样希望看到萨达姆被处决。

伊拉克官员说，最后时刻，塔拉巴尼的顾问出示了一份简单声明，称执行死刑无须总统令。与此同时，高级宗教人士也告诉马利基可以按照原计划处死萨达姆。

于是正如伊拉克国家电视台播放的那样，马利基当天就用红笔在一份死刑令上签字。

那名接受路透社采访的伊拉克官员说，看到伊拉克政府如此坚持尽早行刑后，美国方面便改变了延期行刑的主意。

12月29日，萨达姆拒绝了最后一顿晚餐。当天22时，戴着手铐脚镣的萨达姆挣扎了几下后被美军警卫移交伊拉克刽子手。30日凌晨萨达姆要求睡觉，但看守不断地嘲弄、侮辱和谩骂他，搅得他一夜无眠。起床后萨达姆拒绝吃早餐。他手捧一本《古兰经》被押送至绞刑场——位于巴格达东北郊卡齐迈因（Kazimain）的美国—伊拉克联合军事基地"正义营"（Camp Justice）。

行刑前萨达姆被美军移交给伊拉克刽子手

绞刑场内有十来个政府官员和国会议员，一位医生和萨达姆的一位辩护律师，还有一架摄像机。《华盛顿邮报》透露："一些美国官员在绞刑场外等候。"萨达姆在绞刑场看见一个摄影师扛着摄影机走进来录像，他开始高呼巴勒斯坦万岁和其他口号。伊拉克总理马利基的国家安全顾问穆瓦法克·鲁巴伊（Mowaffak al-Rubaie）事后发表电视讲话回忆说，走进绞刑场的萨达姆没有抵抗，"他转过脸盯着我，说：'你不要恐惧。'"鲁巴伊说，萨达姆不断地高喊："打倒侵略者！"当鲁巴伊再三问萨达姆是否有任何悔恨和恐惧时，萨达姆回答："没有。我是个斗士，我不担心我自己。我在圣战和为反对侵略而战中度过了一生。不论谁走上这条路都不应该恐惧。"在场的伊拉克国会议员萨米·阿斯卡里（Sami al-Askari）事后也发表电视讲话："在给萨达姆脖子套上绞索前，萨达姆高呼'真主至大！伊斯兰大家庭必胜！巴勒斯坦是阿拉伯的！'"萨达姆还强调，伊拉克人应当奋起反击美国侵略者。萨达姆平静地登上了绞刑台。行刑前刽子手在绞刑台上要给萨达姆戴黑头罩，萨达姆坦然自若地拒绝了，于是黑头罩便被强行套在他的脖子上。①

萨达姆被套上绞刑工具（百度文库）

刽子手扳动绞架开关，脚下的金属板顿时打开，萨达姆坠落洞内约一

---

① Wikipedia：Execution of Saddam Hussein, Sudarsan Raghavan, "Saddam Hussein Is Put to Death", *The Washington Post*, December 30, 2006; "Saddam Hussein Excuted, Ending Era in Iraq", www. nbcnews. com; James Palmer, "Saddam Hussein Executed", *USA Today*, December 30, 2006.

米，随着脖子折断的噼啪声，他"立刻就断了气"。几分钟后，医生用听诊器检查萨达姆的心脏并宣布他的心脏确实停止跳动后，刽子手切断了缠绕在萨达姆脖子上的绞索。当天，伊拉克电视台播音员以"罪犯萨达姆被绞死"（Criminal Saddam Was Hanged to Death）为题宣布了这一消息，并展示了萨达姆死后惨不忍睹的画面。① 画面引发人们的猜测：萨达姆的颈部有一个裂开的口子，这是因为行刑时出了偏差？②

萨达姆被绞死于当地时间 6 时 05 分（北京时间上午 11 时 05 分）。这天正是伊斯兰教的宰牲节（Eid-Al-Adha），是穆斯林群众欢庆的重大节日。伊拉克宪法规定，在节日期间禁止执行死刑。选择这一天处死萨达姆是伊拉克新政府中极端仇恨萨达姆的势力所为。

（十）美国护士与萨达姆

萨达姆人生的最后一段时光是与一位美国黑人男护士罗伯特·埃利斯（Robert Ellis）一起度过的。埃利斯的军衔是美国陆军军士长（Master Sgt）。应征入伍前，他是美国密苏里州圣路易斯市著名的巴恩斯—犹太医院（Barnes-Jewish Hospital）手术室护士。在萨达姆被绞死的第二天，即 2006 年 12 月 31 日，《圣路易斯快邮报》（the St. Louis Post-Dispatch）发表了对埃利斯的采访内容。埃利斯回顾了自己与萨达姆相处期间令他难忘的日日夜夜。

2007 年 1 月 2 日的人民网刊登了新华社高级编辑冯武勇对采访内容的译文，全文如下：

> 从 2004 年 1 月到 2005 年 8 月，美国陆军军士长罗伯特·埃利斯的工作就是照料伊拉克前总统萨达姆·侯赛因的起居和健康。萨达姆 2006 年 12 月 30 日被处以绞刑后，2007 年 1 月 1 日美国《圣路易斯快邮报》讲述了他与萨达姆在一起的那些日子。

----

① James Palmer, "Dath of a Dictator—Saddam Hussein Executed", *USA Today*, December 30, 2006, "Sudarsan Raghavan：Saddam Hussein Is Put to Death", *The Washington Post*, December 30, 2006；Wikipedia：Execution of Saddam Hussein.

② Wikipedia：Saddam Hussein.

2003年年底，埃利斯突然接到陆军后备队的征召，但对即将要承担的任务毫无所知。2004年1月，他被派往位于伊拉克首都巴格达附近的克罗帕战俘营，那里关押着伊拉克战争中被俘的"大人物"，包括2003年12月13日被美军抓获的萨达姆。

一名陆军上校告诉埃利斯，他的任务只有一个，让萨达姆好好活着，"萨达姆·侯赛因不能死在美国人羁押期间。你得千方百计让他活着"。

在克罗帕战俘营，埃利斯的头衔是高级医疗顾问。他的主要工作对象就是萨达姆。

埃利斯告诉《圣路易斯快邮报》："那就是我的工作：让他活着，还得保证他健康，这样他们就能在以后处死他。"

埃利斯开始了天天精心照料萨达姆的日子。每天，他要给萨达姆做两次身体检查，然后一天撰写一份关于萨达姆生理和精神状况的报告。

萨达姆告诉埃利斯，抽雪茄烟、喝咖啡能降低自己的血压，而且看起来确实在起作用。萨达姆甚至劝埃利斯，两人一块儿抽烟。

在埃利斯看来，萨达姆从来不给他惹麻烦，也很少抱怨。当他有所怨言时，通常是针对美国推翻他、关押他的合法性问题。

"他有很好的应对审讯技巧。"埃利斯补充说。

有一天，萨达姆开始绝食，拒绝吃看守从牢门下面塞进来的食物。后来，美国人改变战术，开门送进食物，萨达姆才开始吃起来。

"他不想被人当一头狮子那样喂食。"埃利斯解释说。

萨达姆住在一个8英尺（约2.4米）长、6英尺（约1.8米）宽的牢房里，有一张帆布床、两把塑料椅子和一个小桌子，在上面他放了一本《古兰经》和其他一些书籍。此外，牢内就只有一个祷告用的垫子和两个洗手盆。

有那么一阵，萨达姆被允许在牢外短时间溜达。埃利斯说，萨达姆会用伙食里省出来的面包片喂喂鸟，还给一小块枯萎的野草浇水。

他说，自己年轻时是一个农民，埃利斯回忆道，他说自己绝不会忘本。

相处时间长了，萨达姆还会跟埃利斯讲述孩子尚幼时的幸福时光：他怎么给孩子讲故事哄其入睡，他怎么在女儿抱怨肚子疼时给她半片胃药。

萨达姆从未跟埃利斯讨论过死亡问题，也从未流露过忏悔之情。

他说，他所做的一切都是为伊拉克，埃利斯说，"一天我去看他，他问我，美国为什么要入侵？然后他做了一个端机枪扫射的动作，问我，为什么美军来这里四处开火？他说，（他执政时）伊拉克法律很公正，（大规模杀伤性）武器检查也没发现什么"。

埃利斯说："我只能告诉他，这是政治。我们当兵的不管这些事。"

一年半后，埃利斯接到一个美国打过来的紧急电话，通知他兄弟快要死了。他告诉萨达姆，他要离开伊拉克了。埃利斯走之前，萨达姆拥抱了他，说自己愿意成为埃利斯的兄弟。

"他跟我在一起那时候，处境很困难。"埃利斯说："我对他没有任何威胁。实际上，我是在帮他，他对此表示尊重。"

埃利斯最后说，他知道萨达姆罪有应得，但他担心，处死萨达姆会使他成为支持者眼中的"烈士"，"这意味着暴力可能还将继续"。

埃利斯与萨达姆近距离相处 8 个月，是与萨达姆待在一起时间最长的美国人。

2009 年埃利斯与《圣路易斯快邮报》前记者玛丽安娜·赖利（Marianna Riley）合著一本书：《关爱维克多——一名美国陆军护士和萨达姆·侯赛因》（*Caring For Victor—A U. S. Army Nurse and Saddam Hussein*）（"维克多"是美国军方给萨达姆取的代号——笔者注）。

2009 年 9 月 14 日《滨河时报》（*Riverfront Times*，RFT）女记者克里斯滕·欣曼（Kristen Hinman）以"本地人是萨达姆·侯赛因的护士，他活到了……"为题发了一个告示，宣布埃利斯和赖利当晚 7 点在圣路易斯县图书馆总部发表演讲。

9 月 23 日，欣曼把她 14 日发表的告示略加补充后传上网。标题是："《滨河时报》与圣路易斯护士交谈，他一直保持着萨达姆的健康，直到他被绞死为止"。

欣曼对埃利斯的采访记录摘译如下：

5年前，罗伯特·埃利斯担负起他一生中最难忘的任务：保证萨达姆·侯赛因活着。

8个月来，埃利斯每日访问萨达姆两次，检查他的脉搏……埃利斯对《圣路易斯时报》（*St. Louis Times*）说："给我的命令是让他健康地活着，绝不能让他死在美国托管中。我一直把这句话牢记心中。我要想尽一切办法让他振作精神，血压下降。这样他就能以健康的男人走上绞刑架。"

埃利斯接受严格的命令，不准他与声名狼藉的伊拉克前统治者讨论政治。埃利斯说，他们之间的交往是友好的。……这帮助他看清萨达姆的人性品质。他说，每个人都有两面性。

埃利斯说，萨达姆是个有洁癖的人。他被允许在囚室里保留清洁用品。每天他都把地面擦得干干净净。他用杯子喝水，但嘴从不碰杯。

埃利斯说："萨达姆爱读书。他是多产作家。他喜欢孩子。他每天都省下食物喂小鸟。他有个小花园。……他天天给小花园浇水。他说他总是有一个不断成长的小花园。"

埃利斯说，他很少看到萨达姆的阴暗面。"有一次他告诉我，他没有从他做的事情中感到特别喜悦，他只是在不同的时间做出艰难的决定。"

8个月后，萨达姆被转移到另一个地方，不再由埃利斯护理了。这位护士记得，不久后他去胜利营看望过萨达姆。"他发泄怒气，因为人们能从他的小囚室上端偷看他洗澡。当时萨达姆正在就餐，他取出一张湿纸巾，把盘中的半份食品放在他的盘子里递给我。我们在他的小囚室里坐下来一起吃。最后卫兵进来把我赶走了。萨达姆转过身去洗手，我拍拍他的肩膀对他说，我不得不走了。我告诉他要照顾好他自己，他告诉我要照顾好我自己。这就是我最后与他见面的情况。"

埃利斯是美国陆军的普通士兵。他把萨达姆人格的另一面——爱读书、爱写诗、爱孩子、喜欢养鸟养花、对朋友热情相待等萨达姆心中最柔软、最人性化的那部分如实说给欣曼听。这足以证明，埃利斯是一个勇敢、正直、善良和值得尊敬的美国青年。

（十一）行刑官的回忆

萨达姆被绞死 7 年后的 2013 年 12 月 27 日，当时负责绞死萨达姆的行刑官——伊拉克前国家安全顾问鲁巴伊在巴格达接受法新社记者采访，讲述他亲眼看到萨达姆的最后时刻。

采访全文如下：

2006 年 12 月 30 日，伊拉克前总统萨达姆·侯赛因被处以绞刑。时隔 7 年，行刑官回忆，萨达姆临刑前表情镇定、毫无悔意。

鲁巴伊说，伊拉克总理努里·马利基与美国时任总统乔治·W. 布什视频通话，讨论如何处置萨达姆。布什问："你们打算如何处置这个罪犯？"马利基回答："我们会吊死他。"

布什竖起大拇指，表示赞同。

行刑后，萨达姆的尸体被装进一个白色袋子，放在担架上，由一架美军直升机运抵马利基的官邸。

鲁巴伊回忆，直升机上人很多，尸体放在地上。由于担架太长，机舱门无法关闭，飞行途中一直开着。

鲁巴伊说，行刑时，萨达姆穿一件外套和白色衬衫，表情"自然、放松，看不出任何恐惧"。

当然，一些人想让我说，他瘫倒或者被注射了药物……但是我没有听见他说任何忏悔的话，没有听见他请求宽恕。

罪犯？没错。刽子手？没错。屠夫？没错。但是，他直到最后都不示弱。

行刑前，法官向萨达姆宣读他的罪名，萨达姆则反复说着打倒美国、以色列和伊朗，巴勒斯坦万岁。鲁巴伊说，没有美国人或其他外国人在现场观看处决过程。

进入行刑室，萨达姆看见绞刑台，对鲁巴伊说："这是为男人准备的。"

　　由于萨达姆双腿被绑，鲁巴伊和其他行刑人员把他拖上绞刑台。一些在场人员奚落萨达姆，高喊遭萨达姆处死的什叶派领袖的姓名。萨达姆对他们说："你们也算是男人？"

　　处决时刻到，鲁巴伊扳动开关，但绞架没有反应。另一个人再次扳动开关，萨达姆被绞死。

　　运载萨达姆尸体的直升机在巴格达上空飞行时，"我清楚地记得，太阳开始升起。"鲁巴伊说。

　　在总理官邸，马利基与鲁巴伊握手，打开尸体袋，查看萨达姆的尸体。

　　萨达姆执政时期，鲁巴伊 3 次入狱。在办公室中，鲁巴伊身后放着一尊萨达姆塑像，身穿军装，脖子上套着行刑时所用的绞索。谈及对萨达姆的看法，鲁巴伊说："他犯下无数罪行，应当被绞死一千次。复活，再次绞死。"

　　（萨达姆被处决时）我有一种非常奇怪的感觉，以前从来没有过。那间屋子充满了死亡气氛。[1]

　　2006 年 12 月 31 日，萨达姆家乡提克里特的奥贾村官员和部族代表前往巴格达收尸。美国派军用飞机将萨达姆遗体运至提克里特美军军事基地。奥贾村举行隆重仪式将萨达姆下葬于他的出生地，同时葬在那里的还有他的两个儿子和一个孙子。"当天，警察封锁了提克里特市所有入口，宵禁 4 天，不许人们进出提克里特。尽管采取了安全措施，持枪者携带萨达姆的遗像向空中射击，高呼复仇。"[2]

　　2015 年 3 月 16 日，英国广播公司以"伊拉克冲突：萨达姆墓在提克里特冲突中被毁"为题发表消息说，当年 3 月，伊拉克什叶派与伊斯兰国武装在提克里特附近的战斗中，几乎把萨达姆的坟墓夷为平地。逊尼派部

---

　　① 惠晓霜：《行刑官忆萨达姆最后时刻：至死不服软》，新华网，2013 年 12 月 30 日。

　　② Steven R. Hurst, "Saddam Buried in Village of His Birth", The Associated Press, December 31, 2006.

落群怕发生意外，提前把萨达姆的遗体转移至秘密地点。①

萨达姆陵墓被毁（美联社）

(十二) 小布什的声明

萨达姆被绞死，世界哗然，但小布什很平静。

他在克劳福德农场发表的简短声明全文如下：

> 今天，在接受了公平的审判后，萨达姆·侯赛因被处死。他曾剥夺在他残暴统治下的受害者应该享有的正义。
>
> 在萨达姆的残暴统治下，公正审判是不可想象的。这是经过几十年的压迫之后，伊拉克人民向前迈进的决心的证明。尽管萨达姆对自己的人民犯下了滔天罪行，但他还是受到了公正的审判。没有伊拉克人民创建法治社会的决心，对他进行公正审判是不可能的。
>
> 在伊拉克人民和我们的军队处于艰难一年的年终，萨达姆被依法处死了。对萨达姆绳之以法并不能结束伊拉克的暴力，但这是伊拉克成为一个民主国家的一个重要里程碑，它可以管理、维持和保卫自己，并成为反恐战争的盟友。
>
> 今天我们要提醒大家，自萨达姆的统治结束以来伊拉克人民向前走了多远。没有我们男女军人的持续服务和牺牲，伊拉克人民不可

① "Iraq Conflict: Saddam's Tomb Destroyed in Tikrit Fighting", BBC, March 16, 2015.

能取得已有的成就。前面还有许多困难的选择和更多的牺牲。但是，美国人民的安全要求我们不遗余力地确保年轻的伊拉克民主制度不断进步。①

萨达姆被绞死当天，小布什和家人正在老家得克萨斯州的克劳福德农场等待迎接新年。白宫发言人斯科特·施坦策尔说："在得知处决萨达姆的准备工作进入最后阶段后，总统结束了一天的工作。"总统国家安全事务助理斯蒂芬·约翰·哈德利（Stephen John Hadley）在电话中向布什汇报了处决萨达姆的全过程。绞死萨达姆时，小布什已经进入梦乡。他只会在"执行计划出现意外时才醒过来"，但处决完全按计划进行。得悉萨达姆已按计划顺利被绞死，他心满意足地发表事先准备好的声明。②

英国首相托尼·布莱尔也在当天发表谈话说："对萨达姆的审判让我们有机会再次看到伊拉克过去的残忍和专制是什么样子，看到成千上万人被他杀害，看到百万人伤亡的战争。"2007年1月6日，布莱尔表示他反对判处萨达姆死刑。几天后的1月9日，在会见到访的日本首相安倍晋三后联合举行的记者招待会上布莱尔对此正式表态，说："处死萨达姆的方式是完全错误的，但这不应使我们漠视萨达姆对伊拉克人民所犯下的罪行。"③

萨达姆的律师团在约旦首都安曼发表声明说："全世界都将知道萨达姆·侯赛因生得正直，死得正直，他坚持了自己的原则。当萨达姆宣布对他的审判无效时，他没有说谎。"④

如此急于绞死萨达姆，首先是因为小布什要摆脱困境。他发动伊拉克战争的公开理由已荡然无存。伊拉克国内抗击美国侵略的运动如火如荼。

① Robert Longley（US Government Expert），"President Bush's Statement on Execution of Saddam Hussein"，www. about. com，December 29，2006.

② Sudarsan Raghavan，"Saddam Hussein Is Put to Death—Former Iraqi President Hanged Before Dawn in Baghdad to Divided Reaction"，*The Washington Post*，December 30，2006；James Palmer，"Saddam Hussein Executed"，*USA Today*，December 30，2006.

③ "World Leaders Welcome，Condemn Saddam's Execution"，*USA Today*，December 30，2006；Beth Gardiner，"Blair Bucks U. S. on Saddam Execution"，The Associated Press，November 6，2006；杨川：《布莱尔称处死萨达姆的方式是"完全错误的"》，新华社伦敦2006年1月9日电。

④ Wikipedia：Execution of Saddam Hussein.

美军死亡人数不断增加，美国国内反战运动方兴未艾。小布什及其政府内外交困，陷入被动。小布什盘算，尽早干掉萨达姆也许可以削弱甚至摧毁抵抗力量的战斗力，给伊拉克带来稳定，还可以增加他的政治资本，提高他的声望。其次，以马利基为首的伊拉克新政府期望尽早绞死萨达姆来铲除异己，巩固政权。另外，根据伊拉克法律，刑不上 70 岁以上老人，萨达姆将于 2007 年 4 月 28 日年满 70 岁，此时不杀，再拖 4 个月，后果难料。

（十三）美国操控

关于如何处置萨达姆，小布什在发动伊拉克战争之前曾动过心思。2003 年 2 月他会见西班牙首相何塞·阿斯纳尔（Jose Aznar）时亲口对后者说，他想把萨达姆移交海牙国际法庭审判。2004 年 12 月，英国著名律师克里夫·斯坦福·史密斯（Clive Stafford Smith）提议，将萨达姆移交美国，依据美国法律审判。但这两个方案都会给萨达姆提供在法庭上就小布什发动伊拉克战争进行辩论的机会。2005 年 5 月，美国国防部部长拉姆斯菲尔德在约旦与少数伊拉克官员举行会谈时建议，向萨达姆提出释放他的先决条件：要他在电视上发表讲话，号召伊拉克武装力量与美英联军停火。萨达姆拒绝了。在这之前两周，伊拉克抵抗力量还被要求做一笔"交易"：只要他们放下武器，萨达姆就可以获得轻判。① 小布什政府权衡利弊，决定将萨达姆移交伊拉克政府处置，以掩盖美国插手伊拉克内政的嫌疑。

在萨达姆被绞死前 1 个多月，美国情报官员多次秘密造访伊拉克。2006 年 11 月前后，美国国家情报总监（Director of National Intelligence，DNI）约翰·内格罗蓬特在 5 天之内两次突访巴格达绿区。"由于美国—伊拉克紧张关系表面化，他在伊拉克总理办公室与马利基总理举行秘密会谈。伊拉克总理新闻发言人亚辛·马吉德（Yassin Majid）11 月 3 日宣称："这次访问是在伊拉克和美国两国政府之间持续进行的一系列会议框架之内。"他拒绝透露会谈内情。小布什总统的国家安全事务助理斯蒂芬·约翰·哈德利也在这期间突访伊拉克。在会谈中，哈德利通知马利基和他的

---

① Wikipedia：Trial of Saddam Hussein.

首席安全事务顾问、萨达姆的行刑官鲁巴伊：他本人希望"努力办好你们从我们总统那里听到的一些事情"。鲁巴伊对美联社说，哈德利与马利基还讨论了"伊拉克安全问题和加快向伊拉克移交国家控制权力"。他没有透露小布什要求他们尽快完成的"一些事情"究竟是什么。

《华盛顿邮报》2006年1月25日以"对萨达姆的审判暂停再次掀起一波批评"为题发表消息说："美国人起草了大部分法律条文，审判萨达姆和他的同伙都是根据这些法律条文进行的。……在巴格达的美国军官上周证实，只有美国和英国提供了专家。他们就如何起诉政府的战争罪行和其他类似案件提出建议。"萨达姆的首席辩护律师哈利勒·杜莱米说："法庭是美国占领军的产物，伊拉克法庭只是侵略者的工具和橡皮图章。"①

可见，对萨达姆的庭审和判决都是在美国的操控下进行的。

（十四）萨达姆的两封亲笔信

萨达姆被绞死前在狱中用阿拉伯文写了两封亲笔信。第一封是写给美国人民的，第二封是写给伊拉克人民的。

在即将被判绞刑的2006年7月7日，萨达姆给美国人民写了一封信。7月20日，他的辩护律师团和抵抗组织网站以电子邮件形式将这封信分别向媒体发布。

第一封信约5000字，主要内容如下：

美国人民：

我在被囚禁的地方基于我的道德观、人生观和宪法赋予我的责任给你们写这封信。通过这封信我想使你们当中没有人可以说，战争开始后你们从未收到反驳发动这场战争的理由，并表达你们和我们正直、忠诚和英勇的人民都渴望和平的信息。我这样说是因为，我不了解在监狱外领导抵抗运动的我的兄弟和同志们在我之前是否给你们写过信。这还因为自从我被捕至今，你们领导人的"民主"一直阻止我获得报纸和杂志，阻止我收听广播和收看电视。他们把我与世界隔绝

---

① Wikipedia：Trial of Saddam Hussein.

了，也把世界与我隔绝了。因此在囚禁我的地方之外发生的任何事情我都听不到、看不见了。他们在美国以外倡导的民主和人权就是这个样子吗？……

总之，我写这封亲笔信，是希望你们能收到它、听到它或阅读它……

我今天给你们写信，是因为我的辩护律师、著名律师威廉·拉姆齐·克拉克教授要求我亲自给你们写这封信……

美国人民：我仍然觉得，你们的政府官员还在继续欺骗你们，没有向你们说明他们侵略伊拉克的真实理由。他们发表的入侵伊拉克的言论，从一开始就不仅欺骗了国际社会特别是欧洲共同体，还欺骗了美国人民自己。它（他）们事先了解的情况都不符合事实。

当这些官员被情报部门和他们豢养的走狗——准备作为他们在伊拉克的傀儡——欺骗了，当他们的谎言被戳穿之后，他们就玩弄 19 世纪和 20 世纪老帝国主义和旧帝国的惯用伎俩。他们说的都不真实。我们说的都是以事实为根据。几个重要事实如下：

第一，核查团以联合国名义来到伊拉克，核查了政府部门、总统官邸、政府文件甚至私人住宅。核查团清楚，伊拉克没有大规模杀伤性武器，核查团中的领导成员都是美国人和英国人，此外还有来自其他国家的间谍和志愿者。他们从伊拉克的一端走到另一端，逐片搜索。他们从未发现与伊拉克政府代表向他们和其他人报告的截然相反的信息……核查持续了 7 年多。他们除了乘车或徒步到各处调查之外，还动用间谍飞机、直升机和太空卫星进行搜索。美国和英国的官员们认为，他们抓到了一次历史性机遇，借用核查团中的间谍们收集的情报和美国遭受 "9·11" 袭击后开展的所谓反恐战争，打击伊拉克、摧毁伊拉克的合法愿望及其 35 年来获得的辉煌文化和科学成就……

美国和英国官员们当时判定，不公正的禁运既没有摧毁伊拉克的意志，也没有阻止伊拉克发展经济、文化和科学的合法愿望的实现……他们认为，在一些国家的合作下，伊拉克不久就会冲破经济禁运……

你们国家的官员们认为，现在正是美国的大好机会：控制中东石油资源和石油生产，并以新的方式和新的目标进行销售，从而称霸世界……另外，他们也想借此机会实现他们的犹太复国主义目的，并在大选中赢得支持。

第二，在遭到巨大压力后，美国官员仍拒绝从伊拉克撤军……如果他们很诚实，那么当他们承认自己被假情报欺骗了，而这些假情报正是用来掩盖对伊拉克的侵略行径……他们就应该从伊拉克撤军，还应该为他们的所作所为向英勇的伊拉克人民、美国人民和全世界人民道歉……

在伊拉克战争之前，没有任何美国人质问过他们的政府：一个还没有摆脱落后的伊拉克怎么会威胁在大西洋那头像美国这样一个国家的安全？当时美国并没有侵犯伊拉克领土，伊拉克为什么要威胁美国的安全？如果美国官员坚持认为，伊拉克对美国安全的威胁恰恰涉及伊拉克对犹太复国主义占领巴勒斯坦领土和其他阿拉伯领土所持的对立立场，那么可以这么说，在这个问题上伊拉克并不是唯一与美国持对立立场的国家，无论是阿拉伯国家或是世界其他国家所持的立场也都与美国不同。

再说，是谁授权美国驱使世界各国按照美国的标准调整自己的政策，如若不然就对它们发动战争？……

美国官员们的另一个谎言是，他们坚持认为伊拉克同他们所称的恐怖主义有联系，布什也认为有联系，尽管英国首相布莱尔说伊拉克与所谓的恐怖主义没有任何联系，也没有国际上禁止的武器……

尊敬的女生们、先生们：大概在我被俘后两周，我问一位与我谈话的美国官员：你们对我的那些虚假指控的根据是什么？官员说是关于大规模杀伤性武器，说"我们没有"任何证据证实你所说的话。他说，至于与恐怖主义联系的问题，因为在"9·11"事件后，你，萨达姆·侯赛因没有向布什总统发慰问信……

当时，美国飞机正在轰炸伊拉克的目标，摧毁伊拉克公共和私有财产，屠杀包括妇女和儿童在内的伊拉克公民，毫无道理地将不公正的禁运强加给伊拉克，甚至禁止向伊拉克小学的学生们进口铅笔。到底为什么非要我萨达姆·侯赛因向美国总统发慰问电？……由于我既不是伪君子，也不是弱者，我没有给布什发慰问电。但我的确赞成以伊拉克政府的名义发一封慰问电，由副总理塔里基·阿齐兹同志发给我们的朋友拉姆齐·克拉克，并通过他转交受害家庭……

一个堂堂大国怎么如此容易上当受骗，竟然猜想谁没有给它发慰问信就要对他本人、对他的国家和他的人民发动战争!? ……

第三，我被俘后，美军恐吓、威胁我都是徒劳。其中一位将军试图与我讨价还价，向我发出恐吓和威胁。这位将军想与我做一笔交易，给我看了一份声明，说如果我同意签署并由我亲自宣读这份事先准备好的声明，就保证给我一条生路。这份愚蠢声明（要求我）号召伊拉克人民和英勇的抵抗力量放下武器。他们说，如果我拒绝在声明上签字和宣读，我的命运将像墨索里尼一样被枪毙。正如你们了解我的性格和对我的期望那样，我轻蔑地拒绝了他们的要求，甚至没有用我的手碰过这份肮脏的文件，免得它玷污了我自己。我告诉他们，如果给我机会向我的人民发表讲话，我要号召他们更加勇猛地抵抗……

第四，美国是大西洋另一边的大国。它有着独特的无与伦比的力量。在我看来，那里有一些人竟然憧憬着使美国变成一个世界帝国，他们正不顾一切地走在攫取世界皇冠的大路上。难道他们没有从越南战争中汲取教训？西方经常宣扬世界共产主义和苏联集团威胁他们的利益和整个西方的安全。这只不过是不堪一击的幌子罢了。

可是，美国却利用它把自己掩盖起来，直到英勇的越南人民用武力把他们赶走……

至于美国入侵伊拉克，从国际社会的观点看，第一步迈出得轻松。这是源于国际军事力量的平衡。

但是，美国在这场战争中付出的代价将比越南战争更高。这是因为当年美国被赶出越南时，并没有失去自己的地位，或者我们可以说，美国只失去了些许地位。然而当美国溃不成军被驱逐出伊拉克，又没有大国对它的直接支持，美国必将失去其地位的基础……

实际上，现在美国已经失去其地位的基础，它的名声开始衰减。它不再像以往那样能够挥舞大棒进行威胁了……

从前，世界上许多国家常常讨好美国。除了少数国家，世界上大多数国家曾经害怕美国的威胁，或者避开美国的强词夺理。但是现在，人们对毛泽东怀有美好的记忆。他正在自己的坟墓中笑逐颜开，因为他的有关美国是纸老虎的预言已经实现……

究竟是谁授权美国政府当世界警察，按照美国喜好的模式建设世界并向世界各国发号施令？……

女士们、先生们：萨达姆·侯赛因是个值得尊敬的爱国者，一个诚实的人。他是坚决依法行事的政治家，他公正和仁慈。他热爱人民和祖国。他坦率，不阳奉阴违也不搞欺骗。他讲真话，甚至这话是反对他自己。像布什之类的暴君有这样的特征吗？如果他是像戴高乐或里根那样的人，他或许会理解这些特征，至少不会厌恶这些特征……

正是由于美国官员的行为和他们的政策，世界出现了反美气氛。他们行为嚣张，态度傲慢，咄咄逼人，他们缺乏对国际法和世界安全的尊重，他们支持巴勒斯坦的犹太复国主义实体，缺乏对我的阿拉伯民族的安全和世界其他人类问题的尊重……

18世纪以后的那些岁月早就一去不复返。当时，他们作为侵略者来到中东。这让我回想起那些令人觉醒和催人奋进的事件……

美国人民：我不是以弱者也不是以恳求的态度对你们说话。我是以我本人、我的人民、我的兄弟、我的同志和我的国家的名义，基于我们的道义和对人类肩负的责任对你们说话。我告诉你们，你们所熟悉的官员，首当其冲的是你们的总统对你们撒了谎，欺骗了你们。他玩弄伎俩，让你们利用媒体把伊拉克形容成一个不可救药的国家，萨达姆·侯赛因是个可恶的独裁者，他的人民痛恨他，正伺机捉住他……

美国人民：你们遭受的苦难、我的阿拉伯民族和我们英勇的伊拉克人民遭受的苦难，还有美国地位及其声誉的崩溃，都是由你们政府的鲁莽行为造成的，也是迫于犹太复国主义者和一些权力中心的强大压力造成的。这些权力中心影响美国政府犯下了罪行，并为实现它们的特定目标，美国政府干着与美国人民利益毫不相干的可耻行为。目前在伊拉克的街道和农村正在不断发生大屠杀，血流成河。美国是罪魁祸首。……现在美国仍在绿区发号施令。因此，美国对所有这些罪行和暴行承担责任……

尊敬的女士们、先生们：……你们怎么可以不仅接受美国入侵伊拉克，还接受美国陷入伊拉克内部事务的泥潭而不能自拔？……女士们、先生们，拯救你们的国家吧，让你们的国家离开伊拉克。

伊拉克总统、伊拉克武装部队总司令　萨达姆·侯赛因①

第二封信共 1700 多字。这封信通称"绝笔信"，写于 2006 年 11 月 5 日被判绞刑之后。行刑前三天，即 12 月 27 日，萨达姆的律师团在网上公布了这封信，主要内容如下：

伟大的伊拉克和她的人民以及全人类：

你们当中的很多人都知道，写这封信的人是个守信、诚实、公正、拥有智慧和决断力的人，他关爱他人、珍惜国家和人民的财富……而且他还拥有博大的胸怀，毫无歧视地包容一切。

你们非常了解你们的兄弟和领袖，他从不向专制屈服，按照热爱他的民众的意愿，他仍然是一把利剑和一面旗帜。

这是你们对你们的兄弟、儿子或领袖所要求的品格。……这也是将来领导你们的那些人应该具备的品格。

我把我的灵魂作为祭品奉献给真主，如果真主愿意，他将把我的灵魂与其他烈士一起带到天堂。也许会推迟带走……让我们耐心等待，并依靠真主同那些不公正的国家做斗争。

记住，真主已经使你们成了友爱、宽容和兄弟般共存的榜样。……我

---

① "Handwritten Letter from President Saddam Hussein to the American People", *Information Clearing House*, July 20, 2006.

呼吁你们不要憎恨，因为憎恨会使人无法保持公正，从而变得盲目，关上所有思维之门，不能保持平衡的思考并做出正确的选择。

我还号召你们把袭击我们国家的决策者和人民区别开来，不要去怨恨那些国家的人民。对那些忏悔的人，不论他在伊拉克还是在异国他乡，你们必须原谅他。

你们应该明白，在侵略者中也有人支持你们反抗入侵者，他们中还有一部分人自愿为囚犯进行法律辩护，包括我萨达姆·侯赛因在内。……其中一些人与我道别时止不住潸然泪下。

亲爱的忠诚的伊拉克人民，我向你们告别。但我会和仁慈的真主在一起，他会拯救那些虔诚地寻求他庇护的人，他不会让任何守信和诚实的信徒失望。……真主是伟大的……我们的国家万岁……我们伟大的战斗的人民万岁，伊拉克万岁……巴勒斯坦万岁，圣战和圣战者万岁。

伊拉克总统、伊拉克武装部队总司令　萨达姆·侯赛因

附加澄清说明：

我之所以写这封信，是因为律师告诉我，侵略者建立并命名的所谓刑事法庭允许给所谓的被告人留下遗言的机会。但这个法庭和它的主审法官却不给我们机会来说一句话，在没有任何解释、没有出示任何证据的情况下就宣判了。这是侵略者的决定。我希望人们了解这一切。

萨达姆·侯赛因书①

萨达姆的两封信是激情洋溢的战斗檄文，他用这种方法向世界发出了自己的声音，一针见血地指出小布什政府侵略伊拉克的真实目的是企图控制中东石油资源和石油生产，持续称霸世界。萨达姆预言"美国陷入伊拉克内部事务的泥潭而不能自拔"已经变成现实。

萨达姆的名字在阿拉伯语中的意思除了是"反抗者"，也是"坚定不

---

① Wikipedia：Saddam Hussein；《萨达姆"绝笔信"（全文）》，新华网，2006年12月30日。

移的斗士"。正如他的名字，萨达姆一生战斗不息，有成就，有失误，甚至有罪过。尤其让中国人难以忘却的，是萨达姆对伊拉克共产党的敌对态度。1977 年年初，贝克尔政府开始镇压伊拉克共产党，作为革命指挥委员会副主席和复兴党领导人之一的萨达姆难辞其咎。

纵观萨达姆的一生，他是中东地区唯一敢于对美国说"不"的反美斗士。被捕后他在美国强权面前不投降、不屈服，审讯期间他明知美国已经判他死刑，生命已到尽头，仍顽强抗争，用书信让全世界人民听到他伸张正义的强力控诉。最后他用生命证明，他不是西方政界和媒体描写的"战争狂""暴君""独裁者""杀人犯""屠夫""刽子手""跳梁小丑"等，而是桀骜不驯、宁折不弯的民族主义者、爱国主义者。

萨达姆最终成为美国强权政治的牺牲品、受害者。这一悲剧提醒世人，当今世界唯一霸权——美国能够不顾国际法和国际舆论任意动用武力摧毁一个国家，屠杀一国元首！相信这样的灾难随着人类文明的历史进程最终会消失，但只要帝国主义还存在，就必须警钟长鸣！

七 伊拉克石油争夺战

（一）抢占伊拉克石油资源

前面说过，美国中央司令部司令、伊拉克战争的指挥者汤米·弗兰克斯将军坦言，进攻伊拉克的目的之一是"保护伊拉克油田和石油资源"。

以美国为首的联军开进伊拉克之前，伊拉克军队在伊拉克主要石油产地巴士拉周围大约 400 个油井埋下地雷，还在法奥半岛 （Al-Faw peninsula） 埋下爆炸物。3 月 19 日午夜，联军向法奥半岛发起空中和两栖突击行动，夺取了那里的油田。英国皇家海军、波兰海军和澳大利亚 （皇家） 海军派战舰支援两栖突击行动。美国海军陆战队和波兰机动反应作战部队占领了伊拉克—科威特边界的乌姆盖斯尔港 （port of Umm Qasr）；英国军队夺取了伊拉克南部油田。联军入侵迅速，仅仅大约三周，伊拉克政府和军队就崩溃了。联军占领了伊拉克石油基本设施，损失有限。[①]

---

① Wikipedia：2003 Invasion of Iraq；Wikipedia：Iraq War.

美国著名能源服务公司——哈里伯顿子公司迅即进入伊拉克油田进行设备维修和灭火。公司前任董事长、现任副总统切尼从与国防部签订战后伊拉克石油合同的美国企业获得的报酬，估计每年高达 100 万美元。①

2003 年 3 月 20 日联军入侵伊拉克后，迅速抢占了伊拉克的主要油田和炼油厂。

2003 年 4 月 16 日法新社记者发自巴格达的消息说："自从美军一周前开进巴格达以来，伊拉克石油部大楼是仅有的几座没有遭到抢劫的公共建筑物之一。美军对这里实行 24 小时监管。巴格达军民抱怨说，美军应该采取更多行动来防范抢劫。……但是当博物馆、银行、宾馆和图书馆遭到洗劫的时候，石油部大楼却完好无损。考虑到美英极力否认战争反对者关于推翻萨达姆的战争是受石油贪欲驱使的指责，这一现象充满象征意义。在石油部大楼附近居住的哈桑医生说：'他们来自世界的另一端。你认为他们会为我们做许多事情吗？他们来到这里只是为了石油。'居民们强调，仅一墙之隔的水利部大楼已被人放火烧毁。"②

美军攻占巴格达后，逮捕了伊拉克前任和现任石油部部长，荷枪实弹的士兵包围了石油部大楼，在石油部周围设立了保护性警戒线。石油部完好无损，部内"成千上万份贵重的、能保证安全开发伊拉克石油的地震图"完好无损。联军对其他政府机构、医院、国家博物馆和国家图书馆则不加任何保护。③

据美国学者劳伦斯·罗斯菲尔德（Lawrence Rothfield）揭露，2003 年 4 月 5 日，12000 名美国士兵以迅雷不及掩耳之势闯入巴格达。之后几天坦克部队只保护了两个单位：伊拉克石油部和巴勒斯坦艾美酒店（Palestine Meridien Hotel）。美军要求一批外国记者躲藏在这家酒店，准备采访和报道 4 月 9 日萨达姆塑像被推倒的过程。接着伊拉克国家博物馆被洗劫一空。罗斯菲尔德指责美军没有采取任何措施阻止在眼皮底下发生的抢劫。他对

---

① Robert Bryce in Austin, "Texas and Julian Borger in Washington: Cheney Is Still Paid by Pentagon Contractor-Bush Deputy Gets Up to ＄1m From Firm with Iraq Oil Deal", *The Guardian*, March 12, 2003.

② 《石油至上》，法新社，《参考消息》2003 年 4 月 17 日。

③ James A. Paul, "Oil Companies in Iraq: A Century of Rivalry and War", *Global Policy Forum*, November 2003.

美军纵容遍及各处抢劫伊拉克考古遗址的行为感到愤怒。他说，美国军人认为"自己是战士，不是警察"。在小布什政府发动伊拉克战争以前，"没有任何人想到文化"，没有想到"与战争相关的遗产保护工作"。①

（二）美国两派石油之争

如何改变萨达姆时期的石油政策，是战后小布什面临的重要任务之一。

战争爆发前，美国政府官员和石油巨头代表曾分别在美国、英国和中东举行多次秘密会议，研究伊拉克石油政策。

在伊拉克战争爆发一周年后，英国广播公司的"新闻之夜"（Newsnight）以"美国对伊拉克石油的秘密计划"为题，揭露了这个秘密计划。

秘密计划制订于2001年"9·11"事件之后。当时美国政府内部对如何打伊拉克战争和对伊拉克的石油政策发生了严重分歧。在小布什入主白宫之后不久召开的一次秘密会议上，国防部、国务院高官和石油巨头高管就美国对伊拉克的石油政策提出两个截然相反的方案。一派是国防部，另一派是国务院和石油巨头。国防部的计划叫"新保守派"方案，国务院和石油巨头的计划叫"实用主义者"方案。"新保守派"方案坚持伊拉克油田全部私有化，即把全部油田出售给私人。方案还主张用大量伊拉克石油冲击世界石油市场，进而冲破欧佩克的产量限额，轻而易举地摧毁欧佩克。这个方案得到伊拉克流亡英国的领袖人物之一、伊拉克石油部前部长法迪勒·沙拉比（Elfadli Chalabi）的支持。2002年夏末，为了制定"新保守派"方案，时任国防部副部长的道格拉斯·费思（Douglas Feith）雇请前法律同伴迈克·莫布斯（Mike Mobbs）协助他成立了"能源基础设施计划小组"（the Energy Infrastructure Planning Group，EIPG），研究美国对战后伊拉克石油的对策，并决定聘请哈里伯顿子公司——凯洛格·布朗·鲁特公司在美国入侵伊拉克之后承担伊拉克石油工业的相关工作。"实用主义者"方案主张保持伊拉克石油国有化，担心"新保守派"方案可能激起

① Lawrence Rothfield，"An Excerpt from the Rape of Mesopotamia: Behind the Looting of the Iraq Museum"，www. press. uchicago. edu.

伊拉克人民的反抗，伤及入侵伊拉克的美国和英国军队。国务院和石油巨头首先提出的"实用主义者"方案是在美国石油工业顾问们的帮助下起草的，石油专家法拉赫·吉布里（Falah Al Jibury）也应邀参与起草工作。在里根政府时期，吉布里曾是萨达姆总统与里根总统之间的秘密联络人，也是美国石油巨头和金融寡头与欧佩克之间的牵线人。吉布里透露，起草"实用主义者"方案的秘密会议分别在加利福尼亚州、华盛顿州和中东举行。双方计划都秘而不宣。辩论结果，国务院和石油巨头的"实用主义者"方案占了上风。"新保守派"不甘心失败，在战争爆发前夕"突然抛出另一个秘密计划，主张廉价抛售伊拉克所有油田，并以超过欧佩克分配给伊拉克的产量配额去粉碎欧佩克"。①

巴格达沦陷后，沙拉比在伦敦举行秘密会议，为廉价抛售石油打开了绿灯。中情局石油分析家罗伯特·埃贝尔（Robert Ebel）根据国务院的要求也参加了伦敦秘密会议。不久，在美国扶持的伊拉克管理委员会的推动下，一股廉价抛售油田之风突起。此举"帮助煽动了叛乱和对美英占领军的袭击"。叫停廉价抛售油田的人是壳牌—美国石油公司（Shell Oil USA）前首席执行官菲利普·卡罗尔（Philip Carroll）。伊拉克战争爆发后一个月，卡罗尔代表美国政府控制伊拉克石油生产。卡罗尔警告刚上任的小布什总统特使保罗·布雷默："当我涉足其中的时候，伊拉克的石油和有关设施没有私有化。"②

美国侵略军占领巴格达后不久，贝克公共政策研究所的能源专家埃米·贾菲（Amy Jaffe）也赶往伦敦与沙拉比举行秘密会议，就伊拉克石油前途征求意见。沙拉比同意伊拉克油田私有化。美国石油巨头决定反击，要求贝克公共政策研究所出谋划策。2004年1月，在埃米·贾菲的指导下制定的石油巨头的新方案终于出笼。它是贝克的得意之作。长达323页的研究报告至今保密，但核心内容是反对伊拉克石油私有化。贝克不仅是老布什政府的国务卿，也是布什家族的顾问，他的律师事务所——"贝克—

① Greg Palast, "Secret US Plan for Iraq's, Oil", Reporting for BBC Newsnight, London, March 17, 2005.

② Ibid.

博茨"（Baker Botts）也代表布什家族、美国头号石油巨头埃克森美孚和沙特阿拉伯政府的利益。贾菲在回答"新闻之夜"记者提问时坦言，私有化与国有化相比，美国石油巨头更喜欢国有化，因为国有化能防止俄罗斯能源私有化教训在伊拉克重演，"苏联解体后禁止美国石油公司投标获取它的石油资源"。贾菲说，"新保守派"的新计划"要把伊拉克石油公司在内的全部石油资源实行私有化。毫无疑问，美国石油公司绝不会热衷于这个计划，因为它将把美国石油公司排除在伊拉克石油交易之外"。另外，美国石油公司也不喜欢任何试图破坏欧佩克的计划，因为"它们必须关心油价"。①

被称作"新保守派"核心人物的国防部副部长保罗·沃尔福威茨决心与"实用主义者"斗争到底，坚持廉价抛售伊拉克石油。2005年3月小布什解除沃尔福威茨的职务，调任其为世界银行行长。"为什么保罗·沃尔福威茨被赶出国防部？答案在至今保密的詹姆斯·贝克的323页报告中"，即他坚持的伊拉克石油方案背离美国石油巨头的利益。他的调离表明，"小布什政府中的石油巨头联盟击败了新保守派和他们的领头人沃尔福威茨"。②

这场斗争最终以石油巨头的方案取代新保守派方案而告终。但这并不表明这两个方案有本质区别。在战略上控制和霸占伊拉克石油资源，是两派的共同愿望；区别仅在于在战术上国防部一方更加激进，公开主张伊拉克石油彻底私有化，油田和一切石油设施全部出售给私人；而国务院和石油巨头一方则更加老谋深算，表面主张保留伊拉克石油国有化，暗地使招削弱伊拉克国家石油公司，一旦条件成熟就垄断伊拉克石油。贝克的这一招能克服美国各派利益集团瓜分伊拉克石油的乱局，保证实力雄厚的石油巨头和哈里伯顿公司牢牢控制伊拉克石油工业并获取暴利。在伊拉克有了一个亲美政府，就等于美国在伊拉克有一个代理机构；保留一个名存实亡的伊拉克国家石油公司，名义上石油大权掌握在伊拉克政府手里，实际上在美军占领下伊拉克捍卫石油资源的权力是有限的。

---

① Greg Palast, "Secret US Plan for Iraq's Oil", Reporting for BBC Newsnight, London, March 17, 2005.

② Ibid.

在美国政界两派就伊拉克石油前途激烈较量的时候，战后伊拉克石油领域乱象丛生，大量石油被偷运海外。

2003 年 6 月 8 日的《纽约时报》就此给出了如下描述：

> 顾客们，请注意：伊拉克石油上市了。
>
> 两周前，联合国取消了对伊拉克 13 年的经济制裁，从而使美国牢牢地控制了世界上最丰富的石油龙头之一。6 月 5 日这一天，伊拉克1000 万桶原油上市。
>
> 尽管巴格达犯罪现象依然猖獗，大规模杀伤性武器尚未在伊拉克出现，但是华盛顿却在马不停蹄地帮助推销伊拉克石油。……人们将上述行为称为"一场石油政变"（Call it a coup de pétrole）。……由于伊拉克探明的石油储量在世界上居第二位，特别是据估计伊拉克的石油资源大约有 2/3 尚未开发，因此布什政府控制伊拉克石油收入的影响远远超越了伊拉克国界。[①]

遭到偷窃的大量伊拉克石油经波斯湾的巴士拉石油码头（Al Basra Oil Terminal，ABOT）源源不断地外运，排队等候的船只一字往南延伸至见不到尾，已经装满石油的四艘巨型油轮正整装待发。在附近另一个较小的石油码头有两艘油轮也已经装满了石油。守卫这两个港口的是"几十名荷枪实弹的美国海军士兵和伊拉克海军陆战队队员"。这两个离岸港口的输送能力约达 160 万桶石油，至少占伊拉克石油总产量的 85%。在伊拉克战争爆发后，有几十亿美元的伊拉克被盗原油流向国外。因石油计量系统停摆，港口当局无法统计这两个港口的石油输出量究竟有多少，因此难以统计被盗的石油量究竟有多少。[②]

面对社会乱象，小布什政府乱了手脚。2003 年 4 月 21 日，他首先任

---

① Timothy L. O'brien，"Just What Does America Want to Do with Iraq's Oil?"，*The New York Times*，June 8，2003；蒂莫西·奥布赖恩：《美国对伊拉克石油意欲何为?》，刘宗亚译，《参考资料》2003 年 6 月 24 日。

② Pratap Chatterjee，"How Much Iraqi Crude Oil is Being Stolen? Mystery of the Missing Meters"，*Corp Watch*，April 29，2007.

命的伊拉克战后首任行政长官杰伊·加纳将军走马上任。就任不久他就抱怨："'新保守派'在伊拉克的抢夺行为将引发一场内战。"国防部部长拉姆斯菲尔德对加纳的抱怨很是不满，5月12日就罢免了在任仅22天的加纳，立即选派基辛格公司合伙人——美国在伊拉克的新总管保罗·布雷默取而代之。贝克公共政策研究所也采取紧急行动制止乱象，在得克萨斯首府休斯敦召集"老布什的国务院"和石油巨头举行秘密会议，制定了长达323页的研究对策。2003年5月，副总统切尼派壳牌—美国石油公司前首席执行官菲利普·卡罗尔赶赴巴格达主管伊拉克石油行业。卡罗尔对布雷默只交代了一句话："不会有石油私有化。"接着，卡罗尔把伊拉克的石油控制权移交给切尼曾掌管的哈里伯顿公司的鲍勃·麦基（Bob McKee）分公司。在外国公司到处收购伊拉克企业时，"布雷默在油田边缘被叫停"。① 也就是说，美国允许外国公司收购伊拉克其他企业，唯独不允许它们收购伊拉克油田。

5月22日，布什公布13303总统令，授予美国石油公司豁免权，允许它们在伊拉克进行与伊拉克石油相关的商业活动。同日，在美国和英国的施压下，联合国通过第1483号决议，解除联合国对伊拉克长达13年的制裁，允许伊拉克石油出口，并将石油收益存入占领当局在伊拉克中央银行开设的伊拉克发展基金账户。

（三）美英两国石油之争

在美国政界就伊拉克石油命运进行激烈辩论的同时，美英两国政府就瓜分伊拉克石油也展开了明争暗斗。

英国著名石油专家格雷戈·穆迪特（Greg Muttitt）从英国政府获得1000余份有关美英两国争夺伊拉克石油的内部文件。他得出结论说，战争爆发前英国政府竭力表白它对伊拉克石油没有兴趣，但上述文件提供了证据，戳穿了这些谎言。实际上石油是英国政府最重要的战略考虑之一。② 从2002年10月起，BP（英国石油公司）和壳牌与英国大臣们至

---

① Greg Palast, "Oil and War in Iraq", Source Watch, March 17, 2005.

② Paul Bignell, "Secret Memos Expose Link Between Oil Firms and Invasion of Iraq", *Independent*, www. independent. co. uk/, April 19, 2011.

少举行了 5 次秘密会议，讨论英国与美国在伊拉克石油问题上进行较量的策略。

2002 年秋冬之际，小布什政府瞒着英国，秘密与法国总统希拉克（Jacques Chirac）、俄罗斯总统普京（Vladimir Putin）和两国石油公司讨论伊拉克油田分配问题。1991 年海湾战争结束后，萨达姆政府为抵制美国，曾允许俄罗斯和法国等国家开发伊拉克石油。小布什政府此举是想与这些国家做一笔交易：美国支持俄罗斯和法国保留在伊拉克的石油利益，换取它们支持美国打伊拉克。

密切关注小布什政府这一举动的 BP 立即向首相托尼·布莱尔汇报。BP 担心自己被"锁定"在伊拉克战场，影响其石油利益。听完汇报后，否认伊拉克战争与石油有关的布莱尔急如星火，委派贸易大臣男爵夫人伊丽莎白·西蒙斯（Elizabeth Symons）前往美国游说。① 西蒙斯对 BP 说，英国政府相信，作为布莱尔首相对美国改变伊拉克政权所做军事承诺的回报，英国能源公司必须从丰富的伊拉克石油资源中获得应得的份额。BP 则表示，它甘愿为此"冒最大的风险"。②

BP 告诉贸易大臣西蒙斯，它对美国可能与俄罗斯和法国政府达成一笔交易的传言非常担心，因为这不仅允许它们获得伊拉克石油合同，美国石油公司也会得到关照。西蒙斯认为，英国是美国政府的主要支持者，因此很难说英国能源公司被排除在伊拉克石油之外是公正的。她保证向美国商务部通报这一观点和 BP 的要求。2002 年 10 月 2 日，英国外交部中东局局长爱德华·查普林（Edward Chaplin）召见壳牌副总经理托尼·威尔迪格（Tony Wildig），并向他保证，商业因素是英国政府参与伊拉克战争的目的之一，"无论如何，我们决心在后萨达姆时代的伊拉克石油再分配中为英国公司争取一个公平的份额"③。

2002 年 10 月 31 日，贸易大臣西蒙斯接见 BP 负责中东和里海地区事

---

① Juan Cole, "Bush's Pre-War Iraq Oil Deals Alarmed BP", April 20, 2011.

② Paul Bignell, "Secret Memos Expose Link Between Oil Firms and Invasion of Iraq", Reuters, April 19, 2011.

③ Greg Muttitt, *Fuel on the Fire—Oil and Politics in Occupied Iraq*, The Bodley Head, London, 2010, pp. 44, 45.

务的理查德·帕尼古昂（Richard Paniguian）、他的同事托尼·伦顿（Tony Renton）以及壳牌石油公司和英国天然气公司代表，就伊拉克石油资源分配问题交换意见。出席会议的 3 家英国能源巨头都坚持认为，在这个领域"必须给他们以'公平竞争'的地位。也就是说，在已经被占领的伊拉克，英国能源公司应当与美国竞争者拥有同样的机会。英国的这个理念是仿效美国 20 世纪 20 年代实行的'门户开放政策'。美国公司正是通过这一政策强行挤进伊拉克石油公司的"。英国"希望有一个公平竞争的环境，现在大门已经打开，但只对在战争中获胜的其他国家公司开放"。①

面对英国咄咄逼人的态势，2002 年 11 月初，3 家美国石油巨头公司前往伦敦秘密会见了美国五角大楼的宠儿艾哈迈德·沙拉比……不久，沙拉比承认他会见了这些美国公司，并向它们保证，"美国公司将是伊拉克的石油大亨"②。

2002 年 11 月 6 日，英国外交部再次邀请帕尼古昂与经济政策司司长迈克尔·阿瑟（Michael Arthur）讨论战后伊拉克石油形势。帕尼古昂说："伊拉克是石油大国，前景可观。……BP 渴望去伊拉克。经过长时间观察，我们认为伊拉克对 BP 实在太重要了，它的重要程度超过一切。伊拉克不仅是世界第二大石油储备国，未开发的潜在石油储备也独一无二。另外，伊拉克每桶石油生产成本仅在 0.5—1.0 美元，世界最低。"帕尼古昂担心，如果萨达姆政权与法国道达尔公司签署协议开发巴士拉以北 30 英里的迈季嫩（Majnoon）大油田，那该怎么办？他说他对此感到特别紧张，说："万一双方签了协议，法国的道达尔石油公司的石油储量能在一夜之间增加 100 亿桶，跃升至积分榜的榜首，超过埃克森美孚、壳牌和 BP。后者拥有的石油储量加在一起也只有 300 亿桶左右。"③ 其实，由于受到全面经济制裁，萨达姆政权与道达尔在 20 世纪 90 年代只就石油开发条款达成

① Greg Muttitt, *Fuel on the Fire—Oil and Politics in Occupied Iraq*, The Bodley Head, London, 2010, p. 44.

② Neil Mackay, "Bush Planned Iraq 'Regime Change' Before Becoming President-Iraq Oil Targeted Before 9 – 11", *The Sunday Herald*, September 15, 2002.

③ Greg Muttitt, *Fuel on the Fire—Oil and Politics in Occupied Iraq*, The Bodley Head, London, 2010, pp. 43, 44.

共识，双方并没有正式签字。

2002 年 12 月 4 日，帕尼古昂和伦顿继续与西蒙斯就 BP 在伊拉克石油中的利益问题举行会谈。伦顿汇报了他在华盛顿与美国国防部官员多次会谈的情况。他了解到，当年夏天美国国防部制订了战后伊拉克石油工业重建计划，并指定哈里伯顿子公司——凯洛格—布朗—鲁特承担。伦顿认为，"美国政府应当严肃思考几个问题，包括伊拉克在欧佩克中的作用、伊拉克国家石油公司的作用和如何筹集伊拉克重建经费"。①

2003 年 3 月 18 日，巴格达被炸前，BP 首席执行官约翰·布朗（John Browne）前往外交部，与外交部常任秘书长米歇尔·杰（Michael Jay）共进午餐。布朗表示，BP 已经组织了一个团队准备重建伊拉克石油工业。为了执行与伊拉克签订的长期石油合同，BP 提醒英国政府和其他机构保证：在战后成立的任何一届伊拉克政府必须允许 BP 参与伊拉克石油领域的活动。②

伊拉克被攻占 6 个月后，英国外交部发出"战略文件"警告："如果我们不关心事态发展，不施加影响并在机遇出现时不抓住它，那么我们将失去加强我们自身能源安全的机会，也会失去实现对伊拉克和伊拉克以外的政治和经济目标的机会，还将冒丢光我们的商业利益的真正风险。"③

（四）宪法难产

战后，小布什政府敦促伊拉克新政权首先制定一部国家根本大法——宪法。从 2003 年 12 月至 2004 年 3 月，以布雷默为首的联盟驻伊拉克临时管理当局（Coalition Provisional Authority，CPA）起草了伊拉克国家《过渡时期行政法》（*Transitional Administrative Law*，TAL）。2005 年 5 月 12 日成立的伊拉克宪法起草委员会（Iraqi Constitution Drafting Committee）以此为基础起草了伊拉克宪法。④

伊拉克宪法起草委员会成员由临时管理当局指定。小布什对宪法起草

---

① Greg Muttitt，*Fuel on the Fire—Oil and Politics in Occupied Iraq*，The Bodley Head，London，2010，p. 50.

② Ibid.，pp. 56，57.

③ Ibid.，pp. 45，46.

④ Wikipedia：Constitution of Iraq.

工作给予厚望，说成功起草宪法"是伊拉克走向自力更生的里程碑，是在中东建立阿拉伯民主的'奠基石'"。① 所谓"阿拉伯民主"是 2002 年 6 月 24 日小布什在白宫宣布的"大中东计划"（The Greater Middle East Project）的重要内容。他打算通过一部新宪法把伊拉克塑造成一个民主国家，并以它为样板改造中东地区他认为不民主的国家。

伊拉克宪法起草委员会的工作步履维艰。起草工作的最后期限为 2005 年 8 月 15 日，当天必须提交伊拉克临时国民议会审批。因议员们分歧严重，推迟至 8 月 22 日。此时，小布什因没有在伊拉克发现大规模杀伤性武器而遭到国内反战力量的痛批，处境尴尬。小布什把宪法看作他发动伊拉克战争的重要"遗产"，"伊拉克政府未能在 8 月 15 日最后期限批准宪法草案，凸显了布什的政治风险"。② 小布什对新宪法草案出炉遇到困难忧心忡忡，于 8 月 22 日发表评论称："民主宪法的确立在伊拉克和中东历史上将是一件具有里程碑意义的事件。"③ 8 月 28 日，在议会讨论中，伊拉克三大主要族群——什叶派、逊尼派和库尔德族之间对宪法内容的分歧难以弥合，参加制宪的逊尼派代表甚至拒绝在宪法草案上签字，把它看作一部"合伙攻击"逊尼派的宪法。④ 他们呼吁联合国和阿拉伯联盟出面干预。当天，得悉宪法起草委员会中的 15 名逊尼派委员拒绝在宪法草案上签字的消息后，小布什再次发话："宪法草案对保护人类自由影响深远……它会让伊拉克人民和全世界人民感到骄傲。"⑤

最后，宪法草案绕过临时国民议会，直接由伊拉克过渡政府总统贾拉勒·塔拉巴尼签署、生效。

伊拉克宪法是在美国顾问的深度参与下起草的。伊拉克制宪队伍围绕石油政策的宪法条款展开了激烈辩论。"最后，宪法用平淡和模糊的术语向外国石油公司承诺：'根据标价原则采用最先进技术和鼓励投资'的办

---

① William Douglas and Richard Chin, "Bush Legacy Rests on Iraqi Constitution", *Knight Ridder Newspapers*, August 17, 2005.

② Ibid.

③ "Bush Says Lraq Constitution Will Be Landmark Event", Reuters, August 22, 2005.

④ Fred Kaplan, "Can the Iraqi Constitution Be Saved?", August 26, 2005, www. slate. com/id/21248.

⑤ Jennifer Loven, "Bush Hails Iraqi Draft Constitution", The Associated Press, August 28, 2005.

法开发伊拉克油田。"①

宪法草案主张对石油合同的签订实行"地方分权制"，把中央集权下放到地方政府，并按各省人口平均分配石油利益。在与外国公司讨价还价、签订合同时，伊拉克地方政府各自为战，竞相以更低廉的条件与外国石油公司签订石油合同，导致伊拉克地方政府的发言权被严重削弱。

2005 年 10 月 15 日伊拉克就宪法草案举行全民公投，10 月 25 日伊拉克选举委员会（Electoral Commission）公布公投结果：78.59% 赞成，21.41% 反对，投票率 63%。② 美国媒体后来承认，他们原来对投票率估计过高了，实际投票率低于 50%。③

宪法起草委员会逊尼派委员萨利赫·穆特拉克（Saleh al-Mutlaq）在阿拉伯电视台发表讲话，描绘宪法公投是"一场闹剧"。他说，为减少逊尼派为主的几个省份反对票的百分比，政府军偷窃了那里的投票箱。"人们惊奇地发现，由于在伊拉克发生了广泛的欺诈行为，他们的投票毫无价值。"④

小布什称赞伊拉克人民成功举行了宪法公投，说："不论对伊拉克人民还是对世界和平来说，这是个非常积极的一天。民主国家是和平的国家。"⑤

《华盛顿邮报》在发表公投通过的宪法正式文本时做了如下说明："宪法的阿拉伯文版本由联合国宪法支持办公室（United Nation's Office for Constitutional Support）译成英文，并得到伊拉克政府的支持。"

宪法共 139 条，其中第 108 条和 109 条有关伊拉克石油和天然气，内容如下：

> 第 108 条：石油和天然气属于所有地区和省份的伊拉克全体人民所有。

---

① Greg Muttitt, *Fuel on the Fire—Oil and Politics in Occupied Iraq*, The Bodley Head, London, 2010, p. 165.

② Wikipedia: Iraqi Constitutional Referendum, 2005.

③ New World Encyclopedia: George. W. Bush.

④ "Iraq Constitution Passes in Referendum", The Associated Press, www. foxnews. com/story/, October 25, 2005.

⑤ John Ward Anderson and K. I. Ibrahim, "Iraqi Constitution Appears Headed For Voter Approval—Sunni Opposition Is Seen Falling Short", *The Washington Post*, October 17, 2005.

第 109 条：

1. 联邦政府与油气产区的省政府和地区政府应负责管理和开采现有油气田，并在全国按国家人口分布比例以公平的方式分配油气收入。对那些前政府非法剥夺油气资源而受损的地区和之后石油资源遭毁坏的地区，要规定一个具体时间进行油气分配。这是保证不同地区均衡发展的措施。这点由法律规定。

2. 联邦政府与油气产区的地区政府和省政府应共同制定必要的战略对策发展油气资源，采用符合市场原则的最先进技术和鼓励招商引资的措施，以实现伊拉克人民的最高利益。①

这两项条款表述的意图很清晰。

第一，剥夺了伊拉克中央政府对全国石油资源的管理权。萨达姆时期靠 1972 年创建的伊拉克国家石油公司统管伊拉克石油。新宪法把伊拉克石油和天然气的管理权由中央政府统一管理改为新的中央政府与地方政府共同管理，对石油合同的管理权也改为"非中央化"。这种"地方分权制"实际上把伊拉克国家石油公司彻底肢解了，变相私有化了。地方政府与外国公司进行交易时，讨价还价的力量远比中央政府更脆弱，往往不得不以更差的条件与外国石油公司签订石油合同。②

第二，加剧伊拉克民族矛盾。伊拉克全国油田主要集中在北部库尔德人控制区和南部什叶派控制区。宪法给予地方政府以很大权力控制其石油资源。基本上居住在没有油气资源的中西部逊尼派因此担心库尔德人和什叶派控制石油资源和收入，使逊尼派处于不利地位。

第三，剥夺伊拉克管理全国大片尚未开发油田的权力。伊拉克中央和地方两级政府管理的油田范围被限制在正在开发的油田，不包括尚未开发的油田。伊拉克已知油田 75 个，正在生产的只有 25 个。从 20 世纪 80 年代先后经受两伊战争、海湾战争、伊拉克战争和全面经济制裁后，伊拉克

---

① "Full Text of Iraqi Constitution", www. washingtonpost. com, Courtesy, The Associated Press, October 12, 2005.

② Greg Muttitt, "Crude Designs", *Platform*, November 2005.

油田遭到严重破坏，现有油田技术设备落后，产量不高。"2001 年伊拉克年平均石油日产量下降至 241.4 万桶，仅相当于全部石油储量 1120.5 亿桶的 0.8%。"① 而储量非常丰富、尚待开发的油田和大片有待勘探、储量看好的处女地却是西方石油巨头长期垂涎三尺之处。但伊拉克政府无权管控这些地区。

第四，发展伊拉克石油工业的"战略性对策"，包含两层含义：一是引进西方最先进的石油技术；二是向西方石油公司打开伊拉克石油工业大门，允许它们进行投资。西方石油公司带着它们的先进技术和资金进入伊拉克，有助于伊拉克石油工业现代化，关键是更符合它们再次垄断伊拉克石油的愿望。

而要保证西方石油巨头梦想成真，最紧迫的任务就是敦促伊拉克政府尽快出台一部石油法。

（五）美国人起草石油法

果然，新宪法刚一出笼，小布什政府就急着要求伊拉克政府制定石油法（Oil Law，又称伊拉克碳氢化合物法：Iraq Hydrocarbon Law）。伊拉克新政权把制定石油法作为头等大事来抓。

石油法必须经过议会批准才能生效。2005 年 12 月 15 日，根据新宪法，伊拉克举行战后首届议会选举。12 月 23 日，石油法的起草工作便提上议事日程。由于伊拉克政局不稳，侵略军伤亡人数增加，美英石油巨头态度谨慎，待在域外密切关注伊拉克国内动向。2005 年 12 月以前，没有一家石油跨国公司愿意到伊拉克投资，虽然急于进入伊拉克，但它们希望保证自己的投资能维持几十年，不会因政局变化打了水漂。它们还希望与伊拉克政府签订的合同出现纠纷时，由国际法庭裁决。"2006 年，伊拉克首届民族团结政府即将诞生，石油跨国公司认为它们等待的时间即将结束。"②

选择石油法起草人直接关系到石油巨头在伊拉克的命运。早在 2004

① Future of Iraq Project-Oil and Energy Working Group, The National Security Archive.
② Greg Muttitt, *Fuel on the Fire—Oil and Politics in Occupied Iraq*, The Bodley Head, London, 2010, pp. 187, 188.

年，美国国际开发署聘请"投资律师"罗纳德·琼克斯（Ronald Jonkers）
和总部在弗吉尼亚州的跨国管理和技术咨询公司——毕博有限公司（Bear-
ingPoint Inc.）为伊拉克起草石油法。琼克斯代表伊拉克石油部。"琼克斯
是对苏联发起经济自由化运动的众多干将之一，现在他企图在伊拉克重操
旧业。"琼克斯的团队里有 BP 阿塞拜疆公司前总经理特里·亚当斯（Terry
Adams）、美国国际税务和投资中心（International Tax and Investment Cen-
ter, ITIC）董事长丹尼尔·威特（Daniel Witt）、BP 的理查德·帕尼圭安
（Richard Paniguian）和"美国伊拉克重建计划"（US reconstruction efforts in
Iraq）负责人丹·斯佩克哈德（Dan Speckhard）等。这些人都是国际石油
界的行家里手，曾为俄罗斯和哈萨克斯坦等中亚产油国的石油政策出谋
划策。①

2006 年 3—4 月，琼克斯为伊拉克石油立法开了几次会议。3 月，他同
世界银行、联合国和欧佩克等国际组织代表和有关专家先后在约旦和以色
列交界处的死海一个地点举行会议，研讨伊拉克石油法。琼克斯以伊拉克
石油部代表身份出席会议。4 月，他又在约旦河谷万豪酒店（Jordan Valley
Marriott）的泳池边与顾问们共商伊拉克石油法。这两次会议都是背着伊拉
克人秘密召开的。②

石油巨头要求石油法提供更多"法律的盔甲"以保证它们的利润不会
被未来的法律和其他政府行为所影响。2006 年 3 月，美国驻伊拉克大使扎
尔梅·哈利勒扎德站出来表态："一部最后得到国际条约支持的新石油法
将确定跨国公司的权益与权力。伊拉克政府必须把通过一部新石油法作
为其首要任务。这个石油法应为吸引伊拉克需要的投资设立一个框架。"
他补充道："石油跨国公司最感兴趣的是，如何确保它们的投资回报得到
法律条款的支持；合同安排出现分歧后，法院是如何解决的，是怎样执
行的。"③

---

① Greg Muttitt, *Fuel on the Fire—Oil and Politics in Occupied Iraq*, The Bodley Head, London, 2010, pp. 192, 198.

② Ibid., pp. 191, 195; "Iraqi Oil in the Balancel", Oil Change International, June 26, 2008.

③ Greg Muttitt, *Fuel on the Fire—Oil and Politics in Occupied Iraq*, The Bodley Head, London, 2010, p. 191.

　　哈利勒扎德是阿富汗裔美国人，是新保守派智库"美国新世纪工程"的成员之一。1998 年 1 月 26 日"美国新世纪工程"致信时任总统比尔·克林顿，主张武力推翻萨达姆政权。哈利勒扎德是此信的签名人之一。他还曾担任美国优尼科石油公司顾问，为实现"跨阿富汗天然气管道"计划出过点子。

（六）石油巨头青睐产量分成协议

　　2006 年 3 月死海会议之后，美英两国石油巨头和它们的同行便开始议论说伊拉克石油法应包括产量分成协议（Production Sharing Agreement，PSA）。这是它们在阿塞拜疆、格鲁吉亚和俄罗斯曾采用过的法律条款。[①]

　　产量分成协议的雏形诞生于 20 世纪 50 年代初。当时美国八大石油巨头之一的海湾石油公司在其垄断的南美第五大产油国玻利维亚首先执行，60 年代末在印度尼西亚成熟起来。[②] 产量分成协议的积极推广者是 1924 年就进入印度尼西亚石油领域的美国石油巨头谢夫隆公司。

　　产量分成协议的诞生是第三世界产油国与美英石油巨头进行长期斗争的成果。传统的合同模式叫租让，最早出现在伊朗，之后很长时间租让成为石油开发的一种惯用制度。

　　伊拉克是执行租让制度的受害者之一。1925 年由英美法三国组成的国际财团——伊拉克石油公司与伊拉克当局签订租让合同。合同规定，被开采的石油全部归财团所有。交付伊拉克政府的只是税收和租让费。租让合同期长达 75 年，租让期间所有合同条款都被冻结。这是殖民统治的产物，被普遍推行于当时的英国殖民地产油国。20 世纪 30 年代，这个国际财团又与伊拉克签订两项租让合同，其范围涵盖伊拉克全国所有石油资源。尽管伊拉克当局根据合同规定要求参股 20%，但遭拒绝。20 世纪五六十年代，伊拉克对美英法等石油巨头的盘剥，甚至故意减产、隐瞒价格以减少伊拉克政府石油收入等敌对行为和骄横态度忍无可忍；遭受同样命运的第三世界所有产油国也感同身受，纷纷要求改变租让制。"二战"结束后的

　　① Greg Muttitt, *Fuel on the Fire—Oil and Politics in Occupied Iraq*, The Bodley Head, London, 2010, p. 194.
　　② Wikipedia：Production Sharing Agreement.

1961—1972 年，一股反美英石油巨头的风暴吹遍中东产油国。60 年代末产量分成协议作为租让制的"替代合同结构"，在印度尼西亚广泛运用。"在租让制度下，外国石油公司对资源国地下石油资源有占有权，而资源国只能通过特许使用权费和税费获得补偿。产量分成协议则不同，它的特点是，石油资源属于资源国，外国石油公司则为其投资石油生产设施和因此所冒风险获得相应报酬。产量分成协议的有效期一般为 25—40 年，资源国与外国石油公司的收益分配比例为 7∶3。"①

产量分成协议具有一定进步意义。但它没有从根本上改变和消除美英石油巨头对第三世界产油国的控制和盘剥。20 世纪 60—70 年代在中东风起云涌般兴起的石油国有化运动，虽然从石油"上游"中赶走了美英石油巨头，但"下游"活动（Down-Stream Operation，即原油输送、炼制、成品油销售）基本上仍被埃克森美孚、德士古、谢夫隆、BP 和壳牌等美英五大石油巨头垄断。产量分成协议的内容也变了味，成了石油巨头盘剥产油国的新工具。更何况，伊拉克是个被军事占领的国家，在与西方石油巨头讨论石油合同时，难有为保护本国石油资源而与对方进行讨价还价的能力。

英国著名记者穆迪特解释说："产量分成协议除了能有效地免受公众审查，还能把当地政府紧紧地锁进几十年也不能改变的经济条款的笼子里。据国际能源机构的统计，在全球石油储量中，实行产量分成协议的比例只有大约 12%，主要用在规模很小的油田（而且经常在海上）。那里的生产成本很高，开发前景也不确定。这些条件都不适用于伊拉克。"他说，产量分成协议通常规定，双方纠纷不是在本国法院而是在国际投资仲裁厅审理。它对外国石油公司"最具吸引力"的重要原因，还因为会计程序允许外国石油公司在它们的账本中"预留储量"。此外，产量分成协议另一个重要特点是，资源国政府的利益都被锁定在产量分成协议的条款中。在面对资源国政府出台不利于它们的新立法时，外国石油公司能根据产量分成协议的条款获得保护，而不必遵守。他认为，产量分成协议实际上是对

① Greg Muttitt, *Fuel on the Fire—Oil and Politics in Occupied Iraq*, The Bodley Head, London, 2010, pp. 139, 140.

伊拉克石油工业的"彻底的重新设计"，也就是从公有化变成私有化。这一战略的推动者是美国和英国，跨国石油公司正在有限的市场中推行"能源安全"政策。它们需要预定新储量以便确保未来对石油需求量的增长。"尽管产量分成协议对伊拉克经济和民主不利，但未经公众辩论就引入伊拉克了。"①

（七）"伊拉克未来计划"与产量分成协议

2001 年 10 月美国国务院开始起草"伊拉克未来计划"（Future of Iraq Project）。它是小布什政府全面改造伊拉克总战略。计划主张在伊拉克实行产量分成协议。

2006 年 9 月 1 日国家档案馆公布了国务院从"伊拉克未来计划"中精选的部分，以"样本文件"（以下简称"文件"）形式公布于众。全文四千余字。

文件首先在概述中宣称："伊拉克不是阿富汗。美国应该像对日本和德国那样对伊拉克许下承诺。"

文件在"伊拉克未来计划背景"中说，2001 年"9·11"事件发生不到一个月的 2001 年 10 月，国务院便开始研究美国对后萨达姆时代的政策。2002 年 4 月，前国务院官员托马斯·S. 沃里克（Thomas S. Warrick）主持起草"伊拉克未来计划"。起草队伍很庞大，除了美国相关部门官员外，还聘请了二百多位伊拉克工程师、律师、商人、医生和其他专家。起草人员分成 17 个工作小组，涵盖国体、司法、军队、警察、经济、石油、外国投资、宗教等。从 2002 年 7 月至 2003 年 4 月，起草成员在华盛顿召开了 33 次秘密会议。

文件在第二部分"工作组的建议"中说："伊拉克的石油储量是一笔巨大的财富，可以用来造福全体伊拉克公民，不论他们属于哪个种族或信仰什么。因此，今后最有前途的政策是石油政策……伊拉克石油行业中民族主义情绪特别强烈，因此他们不会接受由联军管理其石油工业的主张。文件撰稿人都同意石油和能源工作小组（The Oil and Energy Working

---

① Greg Muttitt, "Crude Designs: The Rip-off of Iraq's Oil Wealth", February 27, 2009, https://www.business-humanrights.org/en/crude-the-rip-off-of-iraqs-oil-wealth.

Group，OEWG）的建议，下放伊拉克石油权力以解决这个国家的经济贫困问题……摆脱萨达姆政权的计划经济、为外国投资者创造有利投资环境，鼓励他们投资。"①

从 2002 年 12 月到 2003 年 4 月，"石油和能源工作小组"在伦敦和华盛顿召开两次会议。小组成员首先就伊拉克石油私有化展开了激烈争论。小组首席顾问、来自国务院的罗伯特·埃贝尔（Robert Ebel）发现，除了沙拉比，其他伊拉克成员大都反对石油私有化。于是埃贝尔提出建议：石油合同实行产量分成。他说这是国际石油巨头喜欢的模式。

"石油和能源工作小组"的报告解释说，根据产量分成协议，全部石油产量属于国家所有，分配给石油公司的份额是补偿它们承担的风险和提供的服务。

2005 年 6 月 22 日，国务院将"石油和能源工作小组"部分讨论内容以非机密性摘要文件的形式在网上公布。

文件透露，工作小组成员在下述观点达成了广泛共识：要解决伊拉克的经济困境，必须从伊拉克石油入手，而解决石油问题的关键是非垄断化。

为此工作小组研讨了三种模式：第一，重组、部分私有化和继续掌控保持控制；第二，重组、合作和继续掌控；第三，立即权力下放。

最后工作小组采纳了第二种模式。文件说，它是工作小组的共识。

文件还透露，所谓石油"权力下放"，就是把伊拉克国家石油公司分割成 3 个或 4 个实体，这些实体负责经营现有油田。已经发现但尚未开发的油田将由新组建的国际财团开发。西方石油公司是国际财团的控股股东和经营者。

文件说，工作小组提倡石油开发实行产量分成协议，认为这种协议规定的条款有助于促使最佳国际石油公司参与伊拉克石油上游业务，而且只要协议符合目前的国际通行条款，伊拉克就能持续受益。

---

① "The National Security Archive：New Statement Releases on the 'Future of Iraq' Project"，September 1，2006，nsarchive. gwu. edu/ NSAE.

这些观点是"石油和能源工作小组"对伊拉克石油政策最后的共识。①

穆迪特预计："以平均每桶油价 40 美元计算，实行产量分成协议与石油发展保持在公众手中相比，我们的预测显示伊拉克的石油收入估计将减少 740 亿到 1940 亿美元。"②

（八）伊拉克石油部部长决心另起炉灶

2006 年 5 月 20 日，侯赛因·沙赫里斯塔尼（Hussain al-Shahristani）被伊拉克议会批准为伊拉克石油部部长。他对琼克斯秘密起草的石油法草案表示不满，认为草案的下列规定不合理：（1）外国石油公司可获得长期石油开发合同并执行产量分成协议；（2）允许政府行政部门同意并批准合同，而无须经过议会批准；（3）给中央和地方政府各自的角色任务下了定义；（4）只把 75% 已探明油田中正开采的 25% 油田留给伊拉克，其余和已发现但尚未开发的油田交给国际石油公司开发。

沙赫里斯塔尼"拒绝了琼克斯的服务"，也就是否定了琼克斯的石油法草案。他支持伊拉克人塔里克·莎菲克（Tariq Shafiq）另起炉灶，起草石油法。

莎菲克 1953 年毕业于美国加州伯克利大学石油工程专业，是伊拉克著名石油专家。他大学毕业时，伊拉克石油资源完全被英美等四家石油巨头组成的国际财团——伊拉克石油公司所垄断。毕业回国后不久他被任命为伊拉克政府驻国际财团基尔库克产油区代表。从 1954 年到 1964 年的 10 年间，莎菲克一直担任国际财团的石油工程师。1964 年 2 月，阿卜杜勒·萨拉姆·阿里夫政府着手筹建伊拉克国家石油公司，莎菲克被任命为该公司的创办主任，并担任副总经理兼执行董事。20 世纪 60 年代，莎菲克是代表伊拉克政府与国际财团进行谈判的主力。1966 年伊拉克国家石油公司正式成立，莎菲克是主要创办人和领导人之一。1970 年，伊拉克复兴党指控莎菲克与国际财团谈判时出卖国家利益，在本人缺席的情况下判处他死

---

① U. S. Department of State, "Unclassified, The Future of Iraq Project", Oil and Energy Working Group, Released in Part B4, B6, June 22, 2005.

② Greg Muttitt, "Crude Designs: The Rip-off of Iraq's Oil Wealth", February 27, 2009, https://www.business-humanrights.org/en/crude-the-rip-off-of-iraqs-oil-wealth.

刑。幸亏莎菲克正在国外，躲过一劫。从此他漂泊异国他乡。

莎菲克强调石油法必须正确解决中央与地方的关系。他反对库尔德地区政府单方面与西方石油巨头签订产量分成协议的石油合同。他说："真正的战斗是在库尔德地区政府与中央石油部之间。如果库尔德地区政府自行其是，伊拉克将四分五裂，为了给外国石油公司更丰厚的合同，各地区将互相竞争。"莎菲克把这种行为称作"产量分成协议大批发"。他批评伊拉克政府太受制于美国。①

眼见莎菲克正在起草的石油法即将完稿，小布什坐不住了。2006 年 6 月 12 日，他在戴维营召开内阁会议上讨论对策。出席会议的有副总统切尼、国防部部长拉姆斯菲尔德、国务卿赖斯和参谋长联席会议主席彼得·佩斯（Peter Pace）。在巴格达的美国将军和外交官们通过墙上的等离子电视屏幕观看戴维营会议的全过程。会后小布什在与会军政高官陪同下举行记者招待会宣布："石油属于伊拉克人民，石油是他们的资产。"当天晚上，小布什突然秘密飞抵巴格达，东道主马利基总理 5 分钟前才得悉他来了。第二天在美国驻伊拉克军队司令乔治·凯西（George Casey）陪伴下，小布什在巴格达绿区的美国大使馆召见马利基及其内阁成员。会上小布什向他们宣布了多项战略任务，其中包括：（1）改善伊拉克安全局势、保卫巴格达、消灭民兵、促进和谐与法治；（2）推动民主进程，发展国民经济；（3）增加石油和电力产量，为繁荣奠定基础。他声称："这是伊拉克政府的战略，不是美国的策略。"当着内阁成员和电视摄影师的面，小布什警告马利基："我来这里不仅是为了亲眼看看你，我来这里还要告诉你：美国说话是算数的。"一直待在大洋彼岸戴维营的小布什内阁成员从等离子电视屏幕上观看了他逗留巴格达 5 个小时的全部言行。他此行的重要目的是催促马利基加快出台石油法。他指派美国能源部部长萨姆·博德曼（Sam Bodman）前往巴格达，充当伊拉克石油法顾问。②

处于美军占领下的伊拉克不可能独立自主地起草石油法，何况伊拉克

① Greg Muttitt, *Fuel on the Fire—Oil and Politics in Occupied Iraq*, The Bodley Head, London, 2010, pp. xiv, 205, 206, 207.

② Ibid. , pp. xiv, 210, 211, 212.

也缺乏一些必要的相关知识，因此不得不向美国讨教。毕博有限公司负责起草的美国版石油法于 2006 年 2 月起草完毕后立即交给刚刚上任的伊拉克石油部部长沙赫里斯塔尼；当年 7 月 26 日，沙赫里斯塔尼前往位于华盛顿的美国能源部，听取美英石油界对石油法草案的意见。博德曼与沙赫里斯塔尼简单寒暄后就把他带入一间会议室。在那里等候的是谢夫隆、埃克森美孚和康菲等美国石油巨头和 4 家美国较小的石油公司以及 BP 和壳牌石油公司的代表。博德曼对沙赫里斯塔尼说，这些石油人的目的只有一个：反映他们对石油法内容的意见。他说，这些人反对石油法中包含与吸引和维持外国投资相悖的"要求和监管程序的'红线'。"代表们强调了产量分成协议的吸引力和抵消投资风险的良好回报率。当天，沙赫里斯塔尼在美国能源部举行的记者招待会上表示，他希望 2006 年年底伊拉克议会通过石油法草案。①

（九）小布什的赌局

2006 年是小布什政府的多事之秋。

在伊拉克，国内安全形势空前恶化，已陷入内战状态，伊拉克反美力量占据了安巴尔省的部分地区，正逼近首都巴格达。萨达姆虽被囚禁但还活着，其影响继续存在，美军伤亡事件频发。石油法举步维艰，一时看不到光明。美国宿敌伊朗的势力明显增强，甚至在伊拉克建立了庞大的情报网。

在美国，小布什政府没能在伊拉克发现大规模杀伤性武器，发动伊拉克战争的借口不攻自破。美国人民反战决心不减，要求从伊拉克撤军的呼声此起彼伏，其程度超过了越南战争时期的反战运动。经济危机的阴影日渐显现，美元继续贬值。发动伊拉克战争导致共和党政治影响下降，在 2006 年 11 月 7 日的国会中期选举中，共和党落败。民主党自 1994 年以来重新赢得参众两院多数席位，夺回了国会控制权。美国舆论认为这次中期选举已经变成了对小布什本人和其伊拉克政策的全民公投，表明选民已不再信任小布什。自出任总统以来，小布什陷入了最孤立的境地。11 月 8

---

① Greg Muttitt, *Fuel on the Fire—Oil and Politics in Occupied Iraq*, The Bodley Head, London, 2010, pp. xiv, 213, 214; Gary Leupp, "The Iraqis' Failure to Pass the U. S. Authored Oil Law-Missing the Benchmark", Dissident Voice, July 27, 2007.

日，在共和党中期选举败选后第二天，拉姆斯菲尔德作为替罪羊被迫辞职。2006 年 12 月，小布什的伊拉克政策支持率降到 27% 的历史最低水平。

但小布什不服输，决心扭转困局。2006 年 12 月 8 日他接见"伊拉克研究小组"（The Iraq Study Group）成员研究对策。这个小组由 5 名共和党人和 5 名民主党人组成，以贝克为首。小布什与他们讨论了小组撰写的关于解决伊拉克问题的"贝克报告"。讨论结果是，"成员们一致认为美国当前奉行的伊拉克战略不奏效，因此向小布什提供了 79 条建议"……《华尔街日报》透露：报告"同意小布什的说法：在伊拉克失败将给美国利益带来恶果——包括有可能在伊拉克发生让卢旺达局势相形见绌的大屠杀"。①

2006 年 12 月 30 日萨达姆被绞死。小布什以为扭转被动局面的时机已经成熟，必须当机立断。

2007 年 1 月 10 日，即萨达姆死后的第 11 天，小布什向全国发表电视讲话，宣布美国要调整对伊拉克的政策，实行新战略。小布什回顾了 2005年伊拉克的形势，包括伊拉克宪法公投和过渡议会选举等。他认为，这几次选举是"惊人的成就"……美国原以为这些成就能加强伊拉克各派团结，减少美国驻军。

小布什讲话的主要内容如下：

> 在伊拉克的美国武装部队今晚正在进行一场决定全球反恐战争方向和保卫美国安全的战斗。
>
> 今晚我提出的新战略将改变美国在伊拉克的路线，它将帮助我们在反恐斗争中取得成功。
>
> 但是，2006 年形势发生逆转，在伊拉克特别是在巴格达的暴力吞没了伊拉克人已经获得的政治收获。基地组织恐怖分子和逊尼派叛乱分子认识到，伊拉克的选举对他们的事业形成致命的威胁。他们以暗杀无辜伊拉克人的无耻行为进行报复……

---

① 《伊拉克问题捣乱小组》，于晓华译，何金娥校，《参考资料》2006 年 12 月 26 日。

美国人民不能接受当前的伊拉克形势，也是我无法接受的。我们在伊拉克的军队作战很英勇。我们要求他们做的一切，他们都做到了。在伊拉克犯了一些错误，责任在我。

很明显，我们需要改变我们在伊拉克的策略。有鉴于此，我的国家安全顾问团、军队司令和外交官们进行了全面的回顾……

我们咨询了来自两党的国会议员、在国外的盟友和杰出的外部专家……

我们得益于前国务卿詹姆斯·贝克和前国会议员李·汉密尔顿（Lee Hamilton）领导的"伊拉克研究小组"深思熟虑的建议。在我们的讨论中，大家一致认为，在伊拉克没有成功的锦囊妙计。但是，一条信息响亮而清晰地传达出来，即在伊拉克的失败对美国将是一场灾难。

失败的后果是明显的：激进的伊斯兰极端分子会招募新的兵源，加强他们的力量。他们将处于更有利的地位推翻温和的伊拉克政府；他们还将利用石油收入在中东制造混乱并为实现他们的野心提供资金。伊朗将会大胆地追求核武器。我们的敌人会有一个安全的避风港，从那里策划并发动对美国人民的袭击……

为了我国人民的安全，美国必须在伊拉克取胜。

要在伊拉克取得成功，当务之急是安全，尤其是巴格达的安全。80%的宗派暴力活动发生在巴格达周围30英里以内。这种暴力活动正在把巴格达分裂成宗派的飞地，动摇了全体伊拉克人的信心。只有伊拉克人才能结束宗教暴力，保护他们的人民。为此他们的政府已经推出了一项激进的行动计划。

伊拉克政府将为巴格达任命一名军队司令和两名副司令。它将在巴格达的9个区部署伊拉克军队和国家警察部队。

美国将改变策略帮助伊拉克人开展镇压宗教暴力，给巴格达人民带来安全。

这就需要增加美国军事力量。因此，我已经承诺向伊拉克增派美国军人两万多人，将多数部队即5个旅部署在巴格达。这些美国部队将编入伊拉克部队，一起行动。

我已经明确地向伊拉克总理和其他领导人表示，美国承担的义务不是无止境的。如果伊拉克政府没有兑现它的诺言，将失去美国人民的支持，也将失去伊拉克人民的支持。现在是行动的时候了，总理明白这一点。

对伊拉克的成功战略胜过军事行动。伊拉克普通市民必须看到，伴随着军事行动而来的，是他们的邻居和社区生活有明显的改善。因此，美国将把伊拉克政府控制在其宣布的基准之上。

接着小布什列举了伊拉克承诺的以下五个基准（benchmark，即伊拉克政府承诺要必须完成的任务标准——笔者注）：

1. 为了树立起伊拉克政府自身的权威，在 11 月前承担起伊拉克各省的防务责任。

2. 为了让全体伊拉克市民都享受国家经济发展成果，伊拉克将通过一项立法，让全体伊拉克人共享石油收入。

3. 为了表明致力于实现改善生活的承诺，伊拉克政府将拿出 100 亿美元用于重建和基础设施项目。

4. 为了授权地方领导人，伊拉克政府计划今年晚些时候举行省级选举。

5. 为了让更多的伊拉克人重新回到国家的政治生活中，伊拉克政府将更改复兴党的法律……

小布什说：

为帮助伊拉克政府实现这些基准，美国将改变方式。我们将向伊拉克军队增派顾问，并在每一个伊拉克陆军师建立一个联合旅。这与"伊拉克研究小组"的建议相一致……

基地组织仍然活跃在伊拉克。它的基地在安瓦尔省。这个省已经被基地组织变成伊拉克首都以外暴力最频发的地区……因此我下令向安瓦尔省增派 4000 兵力。

我们赞同伊拉克政府的呼吁：完成一项国际契约。这个契约将为更广泛的经济改革带来新的经济援助……

今晚我概述的这些变化，目的在于保证一个年轻的民主国家的生存。这个国家正在世界上的一块地方为它的生存而战。这块地方对美国安全至关重要。

让我清楚明白地说明，在伊拉克的恐怖分子和叛乱分子没有良心。他们会使未来一年充满血腥和暴力。即便我们的新战略完全按计划执行，致命的暴力行为将继续出现，我们必须为伊拉克和美国付出更多伤亡做好准备。

小布什最后呼吁美国男女青年"在这个危急时刻"为保卫美国利益献身。[1]

小布什此番讲话说明，他之前奉行的伊拉克政策失败了，反恐目标未能实现，必须立即纠正。今后马利基政府要为此承担责任，主要是配合美军加紧反恐，改善伊拉克安全形势，尤其要保卫巴格达和安瓦尔省。为达此目的，美国必须增兵和镇压"基地恐怖分子和逊尼派抵抗分子"。唯有如此，才能实现伊拉克国家安全。只有国家安全才能为以石油法为主的各项任务的顺利完成创造条件。

美国多家媒体用"赌局"一词形容布什的新战略，认为这一战略一旦失败，他在伊拉克问题上将无计可施。

美联社以"布什的伊拉克新计划是一场赌博"为题评论说，小布什的举措相当于把"赌注"押在了马利基履行承诺的意愿和能力上。评论说："布什总统对伊拉克战争的新方法取决于另一个新方法的成功，而这个新方法来自在每一个转折点都没有满足美国期望的伊拉克领导人。总理马利基曾承诺：向美国交出一个团结的政府和更多的部队，但他没能实现他的承诺。他牺牲美国赞助商的努力来保护自己的政治根基。布什宣布向伊拉

---

[1]　"President Bush Addresses Nation on Iraq War", *The Washington Post*, January 10, 2007.

克增加美国军队，扩大战争规模。大多数美国人反对这场战争或者希望看到迅速结束这场战争。尽管布什承认美国在伊拉克若干领域失败或令他失望，但他没有直接点马利基的名……"①

2007 年 1 月 23 日，小布什在国情咨文中重申上述新政策。第二天《美国新闻与世界报道》周刊登载美国外交关系委员会军事专家斯蒂芬·比德尔（Stephen Biddle）的声明，抨击小布什"在国情咨文中重申并乐意执行的伊拉克新政策是'孤注一掷的赌博'"。比德尔认为小布什的新方案"不但无助于美国控制伊拉克局势，同时还让在伊拉克的成千上万美国人成为袭击的目标"。②

（十）伊拉克议会拒绝美国版石油法草案

2006 年秋，美国拟定的石油法草案的手抄本不胫而走。美国对这部秘密起草的石油法一直保密，就连伊拉克政府官员也不知晓。石油法内容一泄露，美国官员越来越感到紧张。他们预感到伊拉克人了解草案内容越多，草案通过的可能性越小。此时，尽快通过石油法成为美国的优先选择。小布什、拉姆斯菲尔德和将军们在华盛顿进行"紧急战略回顾"。2006 年 10 月 24 日，美国驻伊拉克军队司令乔治·凯西和大使哈利勒扎德在巴格达绿区举行记者招待会，传递华盛顿的意图。哈利勒扎德宣布："伊拉克领导人必须加紧实现关键性的政治和安全等任务，它们都具有里程碑意义，这是他们已经许诺的。"他说，政治和安全当中的首要任务是通过一部石油法，"这是至关重要的"。③

2007 年 1 月，哈利勒扎德警告："伊拉克领导人要明白，美国人民和美国政治力量领导层的耐心已经耗尽了。"

2007 年 2 月 20 日，加拿大"全球研究"公布了美国版石油法草案，共 8 章 43 条：

"全球研究"在公布石油法的同时，还发表评论文章，批评它是"一

---

① Anne Gearan, "Bush's New Plan for Iraq War a Gamble", The Associated Press, January 11, 2007.

② "Bush Strategy is Long-shot Gamble", www. expert- UPI. com, January 24, 2007.

③ Greg Muttitt, *Fuel on the Fire—Oil and Politics in Occupied Iraq*, The Bodley Head, London, 2010, pp. 222, 223.

部灾难性的法律"。文章认为石油法有助于促进外国石油公司掠夺伊拉克石油，它把产量分成协议在伊拉克合法化，其实就是把伊拉克石油私有化，从此伊拉克成了中东产油国唯一实行产量分成协议的国家；石油法给外国石油公司离奇的利润率，其幅度可达伊拉克总收入的 3/4，这必然会加剧伊拉克人民的愤怒和反抗；伊拉克政府和百姓的几乎每一个第纳尔都靠石油出口收入；石油法还提倡把伊拉克分裂成 3 个州，破坏伊拉克中央政府的权威。文章强调："伊拉克石油私有化和把伊拉克分裂成 3 个州，正是这部法律的两个负面特征。"①

美国版石油法草案内容泄露前后，美英舆论反应强烈。

2007 年 1 月 7 日，英国《独立报》从苹果平板电脑操作系统获得一份石油法草案最后定稿，并于当天发表文章加以评论。

> 石油法草案的条款彻底背离了为发展中国家产油国规定的标准。在产量分成协议的制度下，英国的 BP 和美国的埃克森美孚和谢夫隆等石油巨头能与伊拉克达成时间长达 30 年开采其石油的交易。
>
> 草案对管理未来的产量分成协议的条款很慷慨，披露这些条款必将增加伊拉克的恐惧，（因为）石油公司会通过获取有利条件剥削这个脆弱的国家，而这些条款将来是不能改变的。
>
> 超过 30 年以上的产量分成协议是不寻常的，这样的协议通常用于具有挑战性的地区，比如亚马孙（Amazon），那里可能需要长达 10 年才能开始生产。相比之下，伊拉克是世界上最廉价、最容易钻探和生产石油的地区之一。许多油田已经被发现，只是等待开发。

报告援引美国"全球政策论坛"（Global Policy Forum）创始人詹姆斯·保罗（James Paul）的话说："美国和英国一直步步紧逼力图获取的就是产量分成协议。很明显，这是他们在伊拉克的主要目标之一。伊拉克当局是处于（军事）占领下的政府，它深受被占领的影响。美国有很多优势……但

---

① "The Official Draft of the Oil and Gas Law—English Translation of the Leaked Document", *Global Research*, February 20, 2007.

伊拉克此刻没有条件继续发挥优势……在伊拉克得到石油相对容易，它远没有北海（North Sea）那么复杂。伊拉克的超级大油田都有完整的地质图，绝对没有勘探成本，也没有风险。因此关于产量分成协议中需要规避风险的论点似是而非。草案条款还威胁伊拉克管理本国自然资源的主权。草案规定，伊拉克与外国公司的任何纠纷最终必须由国际仲裁解决，而不是伊拉克。"①

2007 年 1 月 16 日，英国《卫报》网站说：

> 去年有很多时间都在秘密讨论石油法草案。这个秘密法案已经过美国政府的审阅和评估，却没有向伊拉克人民公布，甚至伊拉克议会的所有成员都没见过。
>
> 美国、国际货币基金组织正利用恐吓手段来实施他们把伊拉克石油资源私有化和卖掉的计划。该法律的影响将使伊拉克的石油工业边缘化，破坏 1972 年至 1975 年伊拉克政府采取的国有化措施。这是为了推翻 1961 年（伊拉克政府）颁布的"第 80 号公共法"，该法律把大片伊拉克石油产地从外国公司手中收归国有。伊拉克曾为这一勇敢的行动付出了巨大的代价，时任总理卡塞姆在 13 个月后的政变中被暗杀。现在的统治联盟中有很多是那次政变的支持者——包括美国。②

2007 年 3 月 13 日，《纽约时报》刊登文章说：

> 在约 35 年前，世界的石油主要掌握在美国和欧洲的 7 家公司手中。后来这 7 家公司合并成 4 家：埃克森美孚公司、谢夫隆公司、英荷壳牌石油集团和 BP 集团。它们属于全世界最大、实力最强的金融帝国。但是，自从它们对石油的独有控制权被（产油国）政府夺走以

---

① "Blood and Oil: How the West Will Profit from Iraq's Most Precious Commodity", The Independent, January 7, 2007.

② 《伊拉克政府准备把该国资源拱手相让》，英国《卫报》网站，2007 年 1 月 16 日文章，《参考消息》2007 年 1 月 19 日第 3 版。

后，这些公司一直在努力夺回控制权……

　　2001 年 3 月，包括美国大能源公司经理在内的国家能源政策制定工作组（也就是广为人知的副总统迪克·切尼的能源工作组）建议，美国政府支持中东国家提出的"开放能源部门的一些领域，吸收外资"的计划。在布什政府出兵伊拉克并进行了大量政治策划之后，看来这正是拟议的伊拉克石油法所希望实现的。这对石油公司有利，但会极大地损害伊拉克的经济、民主和主权。①

　　穆迪特认为，产量分成协议是对伊拉克石油工业"激进的重新设计"，就是把公共企业夺回至私人手中。这是美英两国为推动"能源安全"而进行的"战略驱动因素分析"。在一个受约束的市场，跨国石油公司需要事先"预定"新的储备以确保未来的需求增长。②

　　美国版石油法草案要求组建一个以总理马利基为首、由伊拉克和外国油气专家组成的"独立顾问局"，向伊拉克联邦石油和天然气委员会（Federal Oil and Gas Council）提供咨询。"独立顾问局"还负责监管伊拉克中央政府和库尔德自治区政府与外国石油公司签署的油气开发合同，并审查萨达姆政权与外国石油公司签订的油气协议。

　　解决伊拉克北部库尔德人对石油法草案的不满，是伊拉克内阁批准石油法草案的主要障碍之一。2007 年 2 月 24 日，哈利勒扎德跑到库尔德自治区著名政治家、伊拉克总统贾拉勒·塔拉巴尼在自治区避暑胜地杜坎湖（Lake Dukan）的官邸，与库尔德自治区领导人马苏德·巴尔扎尼等举行会谈。哈利勒扎德要求他们接受石油法草案。会后双方举行记者招待会，库尔德方面表示接受经过修改的美国版石油法草案。③

　　石油法草案提交伊拉克政府之前，"3 个外部团体审查了这项立法"。2006 年 7 月，草案送给了美国政府和石油巨头，当年 9 月送给了国际货币

---

①　安东尼亚·尤哈斯：《到底是谁的石油？》，殷欣译，《参考资料》2007 年 3 月 26 日。
②　Greg Muttitt, "Crude Designs—The Rip-off of Iraq's Oil Wealth", *Platform*, November 2005.
③　Greg Muttitt, *Fuel on the Fire—Oil and Politics in Occupied Iraq*, The Bodley Head, London, 2010, pp. 228, 229.

基金组织。[①]

2007 年 2 月 26 日，伊拉克内阁批准了美国版石油法草案，并提交议会批准。当天，总理马利基称赞此草案是建设新伊拉克的"另一块基石"。[②] 伊拉克内阁很乐观，宣布它将于 3 月 15 日把石油法草案提交议会审议，议会通过后 5 月末就可以付诸实施。

在伊拉克内阁批准石油法草案后不久，哈利勒扎德便在《华盛顿邮报》发表文章吹嘘这个草案。他说："这个石油法是一个伟大的成功……它打破了以往的中央集权和过分集中，为向伊拉克石油和天然气行业的国际投资提供了法律框架。"文章对石油法草案获得议会通过充满信心，说："所有重要的议会党团在内阁中均有代表，因此通过石油法草案的前景非常好。"[③]

出乎哈利勒扎德的意料，石油法草案遭到冷遇。2007 年 3 月 10 日，伊拉克政界、石油界和前萨达姆政府部长们呼吁议会拒绝批准石油法草案。他们说，这个国家"已经出现内乱"，担心石油法草案将进一步分裂伊拉克。[④]

当年 4 月 17 日，伊拉克议会副议长哈立德·阿提亚（Khalid al-Attiya）率领 50 名议员前往阿联酋的迪拜聚会，研究石油法草案，力图缓解各方利益冲突。此时美国国会正等候小布什政府汇报伊拉克当局承诺的"基准"任务是否兑现。迪拜会议上首先挑战石油法的是库尔德自治区自然资源部长阿什蒂·豪拉米（Ashti Hawrami）。他对首次在会议上公布的石油法草案附录限制库尔德地区政府对石油资源的监管范围极为不满。他说，如果库尔德自治区得不到石油受益中最大的一份，石油法就是一个糟糕的法律；如果石油法削弱库尔德地区政府的控制权，它就是违宪的，石油法应当与宪法一致，否则"必须把它扔进垃圾桶"。迪拜会议没有就石油法草

① "Blood and Oil: How the West Will Profit from Iraq's Most Precious Commodity", *The Independent on Sunday*, January 7, 2007.

② "Iraqi Cabinet Approves Draft Oil Law", The Associated Press, February 27, 2007.

③ Zalmay Khalilzad, "A Shared Stake in Iraq's Future—How the Oil Agreement Points the Way Forward", *The Washington Post*, March 3, 2007.

④ Wikipedia: Iraq Oil Law (2007).

案达成一致。会议结束次日，即 4 月 18 日，美国国防部部长罗伯特·盖茨突访伊拉克，并宣称："伊拉克人竭尽全力迅速完成基准任务非常重要，时间不等人。"多数美国评论家将石油法的拖延归咎于库尔德与人数居多的阿拉伯同行之间的纠纷。①

豪拉米事后透露，石油法草案附录规定 93% 的伊拉克石油储量分配给新建伊拉克国家石油公司，而留给地方、包括库尔德自治区的份额只有 7%。他认为权力集中在新伊拉克国家石油公司与萨达姆政权的石油管理模式相同，石油权力集中化容易产生腐败。他说，由于附录中关于新伊拉克国家石油公司的角色的规定违反宪法，因此在议会中的库尔德议员决定对石油法草案投反对票。这一态度充分证明库尔德地区政府在石油政策上反对中央政府的态度非常坚定。中央政府也不示弱，坚决反对库尔德政府向外国石油公司擅自发放石油开发许可证，说这是企图"把自成体系的库尔德石油工业作为谋求独立的跳板"。石油部部长沙赫里斯塔尼警告外国石油公司："任何外国公司不经中央政府，与库尔德签订的合同都是非法的。"②

2007 年 5 月初，伊拉克内阁第二次把石油法草案提交议会审批，仍然遭到拒绝。这是小布什政府始料不及的。5 月 8 日，副总统切尼突访巴格达，要求伊拉克官员尽快解决"和解和石油法"这两个棘手的问题，并敦促伊拉克议会缩短假期，抓紧批准石油法。他有点恼火地说："为了购买他们的和解，每天支付的是美国人的鲜血。我认为，在我们为此而继续流血的时候，（伊拉克）立法机关休假两个月的想法是不能接受的。"③

伊拉克议会被迫缩短了假期，但仍拒绝通过石油法。石油工业是伊拉克的经济命脉。议会中的逊尼派、什叶派和库尔德族对草案的条款，包括石油政策、收益分配等分歧尖锐。除了库尔德地区与中央政府之间的矛盾

① Greg Muttitt, *Fuel on the Fire—Oil and Politics in Occupied Iraq*, The Bodley Head, London, 2010, pp. 249, 250.

② Carl Mortished, "Kurdish Protest Puts Iraqi Oil Law at Risk", *The Times*, May 1, 2007.

③ Greg Muttitt, *Fuel on the Fire—Oil and Politics in Occupied Iraq*, The Bodley Head, London, 2010, pp. 251, 252.

难以调和外，逊尼派也是抵制美国版石油法的主力。他们大多居住在油气资源贫乏的伊拉克中心地带。他们主张油气资源国有化，反对把伊拉克分成三部分：石油资源丰富的北部和南部以及资源贫乏的中部。

2007年7月3日，伊拉克内阁第3次把石油法草案提交议会批准，但再次遭议会拒绝。小布什的态度很果断：如果议会不尽快通过石油法，他就拒绝给伊拉克提供经济和军事援助。他还含沙射影地提醒："我认为（有人）对伊拉克领导层存在一定程度的不满情绪。比如说，这个领导层没有能力团结起来通过石油法和举行省级选举……根本问题在于伊拉克政府是否愿意满足伊拉克人民的要求？如果政府不能满足人民的要求，人民将更换政府。"美国政界人士心有灵犀一点通，立马公开要求马利基下台。参议院军事委员会主席卡尔·莱文（Carl Levin）迅速赶往巴格达，对马利基进行两天调查后向记者宣布："我的结论是，这是一个不会而且也没有能力解决政治问题的政府。"他号召伊拉克议会立即解除马利基的总理职务。①

2007年11月，小布什在即将离开白宫之际，派副国务卿约翰·迪米特里·内格罗蓬特前往伊拉克，催促伊拉克政府必须在6个月内"完成拖延已久的改革法案"。在伊拉克周游一周后，内格罗蓬特于12月1日在巴格达发表讲话，提醒伊拉克官员：通过一项走向政治和解的关键性法律，"是待在华盛顿的人们以极大兴趣关注的事情"。他说，伊拉克人明白，议会通过公平分配石油收益和中央与地方政府分权的法律时间已所剩无几。这些问题连同其他一些问题，美国国会去年春天就做了决定。"我不怀疑，6个月后当我们回头看时，这些法律应该已经被通过。"②

（十一）莎菲克石油法草案被否决

2006年4月，联合国在死海召开会议讨论伊拉克问题。出席会议的罗纳德·琼克斯对莎菲克表白：他已被雇来编写伊拉克石油法。"莎菲克

---

① Greg Muttitt, *Fuel on the Fire—Oil and Politics in Occupied Iraq*, The Bodley Head, London, 2010, pp. 267, 268.

② Karen De Young, "U. S. Envoy, After Tour of Iraq, Seeks End to Political Impasse", *The Washington Post*, December 2, 2007.

听后吃了一惊，为什么让一个美国政府出钱雇用的美国律师编写伊拉克的石油法?"美国版石油法初稿出笼后，莎菲克曾参与修改、补充，但他认为美国是占领者，入侵伊拉克是为了石油，因此他不可能随心所欲改动或补充美国版石油法。他觉得伊拉克石油法应当由伊拉克人而不是美国人来制定。不久他接受石油部部长沙赫里斯塔尼的邀请，由他组织班子另起炉灶起草伊拉克版石油法。莎菲克对沙赫里斯塔尼表示:"我不会让美国人来写这部法律。"[1] 莎菲克青年时代在昔日伊拉克石油公司基尔库克石油基地的生活经验或许有助于他起草一部别样的石油法。他曾回忆:"伊拉克石油公司人员与全国其他地方的生活完全是分离的。他们很高傲，他们有一双蓝眼睛，他们有钱。他们成了伊拉克境内的经济、技术和社会的一个飞地。每个（伊拉克）人都以嫉妒或仇恨的眼光盯着这个飞地……在伊拉克的外国资本主义企业拥有一切:它们有技术、有财力、有权力。当（伊拉克）政府去找它们贷款，它们有权有势，它们有君主政体……基尔库克是一个完整的飞地。它与伊拉克其他地区完全隔离，甚至（伊拉克）最高级的风云人物都不能进入飞地。财团有自己的酒吧和餐厅，每周五还有朝鲜大米供应。这个飞地是在伊拉克体内的异物，必须拔掉。"[2]

　　莎菲克的起草团队共 3 人。其他两名是法鲁克·卡塞姆（Farouk al-Qassem）和塔米尔·加德班（Thamir al-Ghadban）。他们都是伊拉克著名石油专家。经过 3 个月的努力，2006 年 7 月，团队起草了伊拉克版石油法草案，并交给了石油部部长沙赫里斯塔尼。这位部长很满意，只字未改就将此草案称作"石油部草案"拍板定稿。该草案的主要特点:一是主张保留伊拉克国家石油公司，实行石油工业国有化，强调只有如此才能维护国家主权、民族团结和造福百姓;二是欢迎外国石油公司参与伊拉克石油开发。沙赫里斯塔尼充满信心地对莎菲克保证:议会肯定能通过。但是出乎意料，"石油部草案"遭到冷遇。这让莎菲克久久不能释怀。

---

① Greg Muttitt, *Fuel on the Fire—Oil and Politics in Occupied Iraq*, The Bodley Head, London, 2010, pp. 207, 208.

② Ibid., pp. 8, 9.

2007 年 2 月 17 日，莎菲克在阿曼举行的伊拉克石油专家会议上就他主持起草的石油法草案发表演讲，介绍他的起草班子的成员、起草目的、草案内容、遭遇的困难和被否决的原因。

莎菲克首先表示，为了起草石油法，除了包括他本人在内的 3 名伊拉克石油专家外，"我们还邀请了库尔德地区政府石油部部长参加，但他没有加入"。

莎菲克强调石油法草案要维护国家石油工业公有化。他认为石油法草案的总目标是优化油气生产，实现收益最大化和国家团结。石油部与各省不但要共同协商、制定全国统一的石油政策，还要对全国起监督和管理的作用。为了确保适当的沟通和管理，伊拉克国家石油公司将改为独立的控股公司，各地区石油生产公司在其中拥有相关的董事职位。所有新发现油田均属伊拉克国家石油公司所有。

莎菲克团队的石油法草案欢迎投资，鼓励本国私人企业并欢迎国际石油公司与伊拉克国家石油公司进行合作。

虽然莎菲克对石油部部长只字未改就批准了石油法草案感到满意，但他对石油法遭遇的艰难经历记忆犹新。这是因为在议员们进行辩论之前，伊拉克各主要政党之间首先进行协商成为一项潜规则。石油法草案也不例外。日益加剧的宗派和民族矛盾使这个协商过程充满变数。

各政党辩论后便提交部长级委员会成员讨论。该委员会是专为审查并向内阁推荐石油法草案而成立的。会上，库尔德地区政府代表与其余成员之间的矛盾异常尖锐。莎菲克认为库尔德是矛盾的主要一方。他警告说："起草团队草拟这份草案是为整个国家的利益服务，也是为全国各地的利益服务。草案没有关于联邦政府与任何地区、省份或民族和宗教集团之间进行谈判的条款……""起草该法案的目的是服务于作为整体的国家利益，因此它适用于全国所有地区的利益。在联邦政府与个别地区或省份之间没有谈判余地。"

莎菲克承认，他的团队遇到的困难首先是库尔德地区政府坚持拥有不经中央批准独立与外国石油公司签订合同的权力；其次，库尔德政府已经与几家外国小型石油公司签订了执行产量分成协议的合同。这些合同提供的暴利远高于目前石油法草案所规定的折现后的内部收益率取值范围，即 60%—100% 。石油部已下令拒绝接受这些合同，说它们没有任何法律基础。①

莎菲克意识到必须对自己的石油法草案进行必要的修改。在部长级委员会中的政党和宗族之间错综复杂的争斗愈演愈烈。莎菲克力图说服一些成员顾全大局，以国家利益为重，克服宗派纷争和本位主义。但是他没有成功。2007 年 4 月，莎菲克试图努力扭转的宗派斗争终于给他带来悲剧，他的胞弟在巴格达的"迈赫迪军"检查站 (a Jaysh al Mahdi checkpooint) 被暗杀身亡。②

2011 年 9 月，莎菲克在接受《伊拉克石油论坛》(Iraq Oil Forum) 创始人鲁巴·胡萨利 (Ruba Husari) 专访时，详细介绍了他对库尔德离心倾向的担忧，深刻分析了他的团队的石油法草案遭遇厄运的原因。

莎菲克感叹："我担心，今天存在着企图让伊拉克分崩离析的一股强有力的势力，这股势力之强大令人恐怖。在那里，国家意识丧失了，它们要分道扬镳。"

莎菲克认为在这方面库尔德人表现得最为突出，说他们想成立一个"邦联国家"，脱离伊拉克。"他们的军队比联邦军队还强大，他们还有美国的支持。"

胡萨利问："2006 年你和另外两位同事作为石油工业的业内人士，以你们的经验为基础起草了第一个石油法初稿。可是，当时那份经过'政治厨房'讨论并得到部长级委员会通过后公布的却是 2007 年 2 月的草案（即美国版草案——笔者注）。一个草案是专家起草的，另一个草案是政治家们青睐的。这两个草案有何区别？"

莎菲克回答："草案被送到部长级委员会，而这个委员会的决策过程很腐败。"委员们不是以专业、公正的态度来检查石油法草案，而是用政

---

① Tariq Shafiq, "Iraq's Draft Petroleum Law: An Independent Perspective", *Middle East Economic Survey*, Vol. XLIX, No 8.

② Greg Muttitt, *Fuel on the Fire—Oil and Politics in Occupied Iraq*, The Bodley Head, London, 2010, p. 220.

治化的方式来决策⋯⋯他们真的很腐败，他们把决策过程从专业化转向政
治化，借以维护他们的自身利益和政治权力。

在回答关于美国和伊拉克两个不同石油法发生冲突的性质时，莎菲克
回答："从根本上讲，这场较量的性质是，伊拉克应该属于什么类型的国
家的两个不同概念之间的较量。"①

至此，美国版石油法草案获得伊拉克内阁批准，但遭到议会抵制；莎
菲克团队的石油法草案被伊拉克内阁和库尔德地区政府否决。美国没有放
弃努力，决意继续争取伊拉克议会通过美国版石油法，而莎菲克的石油法
已胎死腹中。

（十二） 库尔德地区造反

库尔德是中东地区历史悠久的古老民族之一，该地区是仅次于阿拉
伯、突厥、波斯的第四大民族。历史上称他们居住的地区叫库尔德斯坦
（Kurdistan）。

库尔德斯坦原本是奥斯曼帝国的一个省，其含义是"库尔德人的家
园"，面积19万平方公里，库尔德人约有3000万人。为争取独立，他们几
代人前赴后继，浴血奋战。奥斯曼帝国曾承诺在第一次世界大战结束后让
库尔德斯坦独立，但1918年奥斯曼帝国崩溃后，战胜国纷纷图谋瓜分库尔
德斯坦。1923年7月24日，战胜国在瑞士洛桑签署的《洛桑条约》（*The
Treaty of Lausanne*）将库尔德斯坦一分为三，一部分属土耳其，其余分别
属英国占领的伊拉克和法国占领的叙利亚。

伊拉克库尔德族聚居在伊拉克北部，面积8万平方公里，人口约550
万人，占伊拉克总人口的17%（另说15%或20%），是伊拉克最大的少数
民族。奥斯曼帝国统治近400年间把这个地区划归"摩苏尔省"（奥斯曼
帝国叫行政区划为vilayet）。全省有摩苏尔、基尔库克、埃尔比勒（Erbil）
和苏莱曼尼亚（Sulaymaniyah）4个重要城市。17世纪至18世纪初，摩苏
尔市逐步发展成地中海和波斯湾之间稳定、繁荣的贸易中心。1869年苏伊
士运河通航以前，摩苏尔市是古代"丝绸之路上的重要贸易中心"，是印

① Ruba Husari, "Iraq Oil Forum", Interviews, www.iraqenergy.org/lib, September 30, 2001.

度进出口贸易的必经之路。①

早在 20 世纪初，活跃在摩苏尔地区的英国、德国、美国人等发现这里的地面有石油渗出。1918 年 7 月 31 日，英国战争内阁秘书莫里斯·汉利（Maurice Hankey）在英国海军部石油专家埃德蒙·斯莱德（Edmund Slade）的办公室仔细查看一张标明摩苏尔市附近石油渗漏点地图。汉利对这张地图极为重视，认为这是摩苏尔地下有石油储量的有力证据。当天，汉利向英国外交大臣阿瑟·鲍尔弗（Arthur Balfour）报喜："我们能得到的唯一巨大潜在石油供应地是英国控制下的波斯和美索不达米亚。控制这些石油供应地是英国首要战争目标。"②

从 20 世纪 20 年代末起，摩苏尔地区的原油通过卡车和管道运往土耳其和叙利亚。在摩苏尔市郊外兴建的第一家炼油厂能生产主要用于公路建设的沥青。

伊拉克库尔德族与中央政府的矛盾由来已久。库尔德族为争取自治进行了长期斗争。由于国内外压力加大，在萨达姆当权的 1970 年 3 月，巴格达政府与库尔德族达成协议，同意 4 年后允许他们自治，并于 1975 年 3 月批准执行。自治区范围包括苏莱曼尼亚、埃尔比勒和杜胡克（Dohuk）三省，首府设在埃尔比勒市。然而巴格达与库尔德自治地区之间的矛盾并未因此而彻底解决，双方在政治、经济、军事、领地等方面纠纷频仍。这一矛盾为美国插手伊拉克内政提供了条件。

1973 年，美国与伊朗巴列维政府达成秘密协议，开始由中央情报局秘密资助伊拉克库尔德武装反对伊拉克政府。1980 年和 1988 年，因伊拉克库尔德与伊朗交好，萨达姆对库尔德采取了高压政策，双方发生过两次严重的血腥冲突，之后也没有消停过。1991 年 1 月海湾战争爆发后不久，伊拉克库尔德族举行大规模起义，反对萨达姆政权。这场起义之所以发生，萨达姆政权对库尔德族要求自治实行高压政策是内因，老布什总统的挑唆和煽动是外因。在海湾战争爆发后的 1991 年 2 月 15 日，老布什通过 "美

---

① Claire Berlinski, "The History of Mosul", https：//ricochet. com, October 19, 2016.

② Greg Muttitt, *Fuel on the Fire—Oil and Politics in Occupied Iraq*, The Bodley Head, London, 2010, p. 5.

国之音"向伊拉克喊话，号召他们"迅速掀起一场军事政变推翻萨达姆·侯赛因"。他说："要停止流血还有另一种方式，那就是伊拉克军队和人民依靠自己的力量逼迫独裁者萨达姆下台，然后遵守联合国决议，重新加入爱好和平的大家庭。"① 在老布什的煽动下，伊拉克北部库尔德地区和南部什叶派地区在当年 3 月先后发生了反对萨达姆政权的大规模起义。萨达姆镇压了这两场起义。这就是美国指责萨达姆动用化学武器对付库尔德人的历史背景。

1991 年到 2003 年，美国联手英国和法国在伊拉克北部设立禁飞区，把库尔德地区上空纳入"禁飞区"加以保护。

2003 年 3 月，伊拉克战争爆发，库尔德"自由斗士"在北部战线与美国为首的联军并肩作战。2003 年 4 月 11 日，守卫摩苏尔的伊拉克第五军团（Iraqi Army 5th Corps）弃城投降。巴格达陷落两天后，美国陆军特种部队和库尔德军队迅速控制了摩苏尔。② 这说明，库尔德自治区已经从萨达姆时期的三个省扩大到伊拉克北部大部分地区。

2005 年 1 月美国陆军士兵在摩苏尔街道巡逻

美国重视伊拉克库尔德地区，除了它的战略位置重要，更因为那里有丰富的石油资源。库尔德得天独厚，已探明石油储量为 40 亿桶，库尔德地

---

① Wikipedia：1991 Uprisings in Iraq.

② Wikipedia：Mosul.

区政府预计，尚未探明的石油储量为 450 亿桶，约占伊拉克石油总储量
1431 亿桶的约 1/3 以上；石油储备位居世界第六。

伊拉克战争结束后，库尔德地区政府与中央政府之间在石油政策上的
矛盾空前激烈。2006 年，库尔德地区政府主席马苏德·巴尔扎尼下令将
自治区政府悬挂的伊拉克国旗改为库尔德区旗，区内有自己的国歌和武
装力量。

2006 年 11 月 6 日，库尔德自治区自然资源部部长豪拉米对《今日美
国报》表示，库尔德与中央政府之间的主要矛盾之一是关于"现有油田"
和"未来油田"所有权之争。他说："在库尔德地区的'未来油田'经营
权由埃尔比勒管理，不与巴格达共享……谁有权写合同？这个问题我们可
以与中央协商，但库尔德人拥有最终决定权。"库尔德自治区政府长久以
来就想把自治区范围扩展至盛产石油的基尔库克。基尔库克本来是阿拉
伯族聚居地，库尔德族占比很小。伊拉克战争后进行的一次人口统计表
明，情况发生逆转，库尔德族超过阿拉伯族，占基尔库克人口的多数。
这一变化加强了库尔德扩展自治区范围的信心。他们想利用这一有利条
件扭转"萨达姆政权推行的'阿拉伯化运动'，从而吞并和控制基尔库
克的巨大油田"。[1]

库尔德地区政府瞒着中央政府，经过长达 1 年时间，制定了本区石油
法草案，2007 年 1 月 22 日经地区议会批准，8 月 7 日地区政府总理内奇尔
万·巴尔扎尼（Nechirvan Barzani）签署成为法律。

库尔德石油法规定，自治区不经中央政府批准可与外国石油公司签订
合同，合同执行产量分成协议。石油法的适用范围不仅是库尔德自治区的
3 个省，还包括有争议的重要原油产地摩苏尔和基尔库克。该石油法强调，
从这些地区新发现的全部油气资源均属库尔德自治区所有，不属于伊拉
克。[2] 库尔德族一直想把基尔库克纳入库尔德自治区范围，说它在历史上

①　Sumedha Senanayake，"Iraq：Kurdish Oil Law Poses Problem For Baghdad"，afp，November 8，2006.

②　Harem Karem，"Iraqi Oil Industry—a Turbulent History"，the Kurdistan Tribune，The Associated Press，April 3，2011.

就是库尔德地区的一座城市。①

库尔德地区领导人巴尔扎尼在埃尔比勒市就批准石油法举行的新闻发布会上称，在伊拉克的历史上，这是库尔德族首次对本地区自然资源拥有发言权，"这是一个历史性时刻"。库尔德地区政府自然资源部部长豪拉米事后告诉路透社记者："我们自由了，现在我们有一部能让我们制定新的油气项目、为我们人民的利益签订新合同的法律。"②

莎菲克就库尔德地区政府的石油法发表评论说，"库尔德地区政府牺牲国家战略谋取地区控制（油气资源）……这是分裂国家的性质严重的步骤"。③

2007年5月，库尔德地区政府常驻华盛顿代表、时任伊拉克总统贾拉勒·塔拉巴尼的儿子库巴德·塔拉巴尼（Qubad Talabani）在华盛顿的办公室接受合众国际社采访。他表示："对伊拉克领导层而言，如何把国家作为一个整体分摊世界第三大石油库是一笔'成王败寇的交易'。石油问题是我们的一条红线。它将表明我们是否留在伊拉克。"④

美国石油公司发现在伊拉克境内只有库尔德政府控制的地区相对安全和稳定，还有令他们满意的石油法，因此纷纷与库尔德政府签署石油合同。2007年7月，库尔德石油法草案刚一泄露，挪威和土耳其石油公司便抢先与库尔德当局签署了石油开发合同。很快外国石油公司投资开发新的石油区块就达到40个。库尔德政府期望在5年内通过外国投资将石油日产量增加5倍，即从2008年的20万桶增加到100万桶。⑤

2007年9月，驻伊拉克美军最高指挥官戴维·彼得雷乌斯（David Petraeus）将军和美国驻伊拉克大使莱恩·克劳克（Ryan C. Crocker）根据美国总审计办公室（the General Audit Office）的统计向国会报告：小布什

① Kirkuk, www. globalsecurity. org.

② 《伊库尔德自治区通过地方石油法自行分配油气资源》，央视国际，www. cctv. com，2007年8月8日，"Iraqi Kurds Pass Own Oil Law"，Kurdish Aspect，www. kurdishaspect. com/，August 6, 2007。

③ Ben Lando, "Kurd Oil Law Drives Iraq Oil", Washington（UPI）August 22, 2007.

④ Ben Lando, "Kurdish Leader: Oil Law Is a Deal Breaker", UPI, May 13, 2007.

⑤ Wikipedia: Kurdistan.

承诺伊拉克必须完成的 18 个基准任务只完成了 3 个。通过石油法是伊拉克 18 项美国国会授权的基准之一。国会对小布什表示失望。之前一周,眼看要面临一场"政治灾难",小布什第三次突访巴格达。出乎人们的意料,他没有像往常那样先停留巴格达,而是直飞伊拉克西部安瓦尔省,与当地部族领导人合影留念。"很明显,布什此行表明,他放弃了'基准战略'。5 天后,库尔德地区政府与美国亨特石油公司(Hunt Oil Company)签了合同。"①

"5 天后"指的正是 2007 年 9 月 8 日。这一天,美国最大独立石油公司之一的亨特石油公司宣布,它与库尔德地区政府签订了石油开发合同,范围达 800 平方公里。与美国石油巨头相比,这家独立石油公司规模不算很大,但来头不小,它的董事长兼总经理雷·亨特(Ray Hunt)与小布什是"密友"。2000 年总统大选期间,亨特是"小布什总统的主要筹款人",2004 年小布什竞选连任成功后,聘请亨特参加了总统的"外国情报咨询委员会"(Foreign Intelligence Advisory Board)。亨特还是切尼曾主管过的哈里伯顿公司的董事。小布什政府担心亨特此举可能引起伊拉克政府反目,指示美国驻伊拉克使馆发言人出来收场。这位坚决拒绝透露姓名的官员说:"亨特石油公司与伊拉克地区政府达成的一个有争议的交易'面临重大的法律不确定性',破坏了美国加强伊拉克国家团结的努力。……那些与库尔德地区政府签订合同的亨特和其他小型石油公司可能会发现自己陷入伊拉克联邦政府和北部半独立的库尔德地区之间的一场法律战。我们认为,这些合同不必要地加剧了库尔德地区政府和伊拉克政府之间的紧张关系。它们双方都对通过一项国家法律(石油法)怀有共同兴趣。"②

没有小布什特许,亨特公司哪敢冒法律风险与库尔德当局签订石油合同。小布什对伊拉克议会坚持拒绝美国版石油法草案和马利基的无能很是不悦,借亨特之举扇马利基一记耳光,也可出出恶气。

---

① Greg Muttitt, *Fuel on the Fire—Oil and Politics in Occupied Iraq*, The Bodley Head, London, 2010, p. 286.

② Jay Price, "U. S. Officials Criticize Hunt Oil's Iraq Deal", *McClatchy Newspapers*, September 27, 2007.

2007 年 9 月 26 日，美国参议院以 75∶23 通过议案，要求小布什政府鼓励马利基政府权力下放，把伊拉克全国分成 3 个半自治民族宗教地区。此议案遭到小布什拒绝。民意调查显示，包括库尔德族在内，只有9%的伊拉克人支持把国家分裂成 3 个独立的州。受该议案鼓舞，库尔德地区政府从当年 10 月 8 日开始约两个月内就与外国石油公司秘密签署了 17 个产量分成石油合同。[①]

石油部部长沙赫里斯塔尼谴责亨特石油公司在库尔德地区签订的合同非法。然而，库尔德政府自然资源部部长豪拉米要沙赫里斯塔尼"闭嘴"。他们之间的争吵标志着 2007 年 2 月美国驻伊拉克大使哈利勒扎德与库尔德当局就石油法达成的协议"已经崩溃"。"现在，美国政府在伊拉克政府中的盟友已失去就石油法达成协议的前景了。"[②]

亨特石油公司是有 80 多年石油开发史的美国著名独立石油公司，总部设在得克萨斯州达拉斯市，足迹遍布美国、加拿大、中东和拉美。亨特在库尔德地区的作为不仅打乱了伊拉克当局的阵脚，加剧了巴格达与库尔德的矛盾，也进一步擦亮了伊拉克人的眼睛，因此，美国要想在伊拉克通过美国版石油法，难上加难。

（十三）签署原则声明与扎伊迪扔皮鞋

策动亨特石油公司在库尔德地区搅局之后，小布什并没有就此善罢甘休。2007 年 11 月 26 日，他和马利基举行安全视频会议，并签署一份原则声明（A Declaration of Principles），概述了今后两国在各个领域的承诺。

原则声明共分三部分：

1. 政治、外交和文化领域（First：The Political, Diplomatic, and Cultural Spheres）；

2. 经济领域（Second：The Economic Sphere）；

3. 安全领域（Third：The Security Sphere）。

原则声明开篇声称："作为两个具有共同利益的完全独立的主权国家，

① Greg Muttitt, *Fuel on the Fire—Oil and Politics in Occupied Iraq*, The Bodley Head, London, 2010, pp. 274, 275.

② Ibid., pp. 271, 272.

2007 年 11 月 26 日小布什和马利基分别签署原则声明

伊拉克和美国政府致力于建立一个长期合作和友好的关系。为了自由、民主、多元、联邦和统一的伊拉克，伊拉克人民和美国人民做出了英勇的牺牲。建立在这一基础上的长期友好关系将为子孙后代谋福利。"

原则声明强调两点：一是美国在伊拉克驻军。安全领域的首要任务是美国向伊拉克提供安全保证和承诺，"以阻止对其领土、领水或领空的主权和完整性的外来侵略"。二是美国向伊拉克投资。经济领域的首要任务是，促进和鼓励外国特别是美国向伊拉克源源不断地投资，"以便为伊拉克的重建工作做贡献"。双方将尽快开始谈判，争取在 2008 年 7 月 31 日前就政治、文化、经济和安全领域达成协议。①

在布什和马利基签署原则声明后，美国国防部部长、绰号"战争沙皇"的道格拉斯·卢特（Douglas Lute）中将对记者发表谈话。他说："这个不具约束力的原则声明为双方在 2008 年举行政治、经济和安全关系的谈判奠定了基础。这是个非常重要的文件，它为我们与伊拉克建立新型战略关系制定了框架。……伊拉克越来越能自立，这是个非常好的消息，但伊拉克永不孤独。卢特表示，美国在伊拉克的永久军事基地是否继续存在是

---

① "A 'Declaration of Principles'", The White House, November 26, 2007.

2008 年双方谈判的关键内容。关于这个问题的谈判，美国希望在 2008 年 7 月结束。"①

原则声明出笼的第二天，《华盛顿邮报》指出小布什签署这个文件的目的是为了在他离任时，在美国与伊拉克之间建立一个"更规范化的长期关系""是为推动美国领导的入侵伊拉克、推翻萨达姆·侯赛因 4 年半以后继续向前迈进的一部分"。②

2008 年是美国总统选举年。民主党总统候选人奥巴马气势如虹，大胜共和党总统候选人约翰·麦凯恩，即将登上白宫宝座。奥巴马对伊拉克战争基本持否定态度。国内反战运动继续发展，要求从伊拉克撤军的呼声持续高涨。在伊拉克的美军伤亡人数还在增加，2008 年 3 月开始的美国与伊拉克政府的撤军谈判举步维艰。

伊拉克议会一些议员和广大群众反对"驻军地位协议"，纷纷上街游行要求美国军队立即、全部撤离伊拉克。从 2008 年初夏开始，小布什政府基本上放弃了重新推动伊拉克议会批准石油法的努力。他的总统任期即将结束，千头万绪理不清。这是小布什最难熬的一年。

2008 年 11 月 27 日，经过艰苦谈判美伊双方根据原则声明精神就两个重要文件达成协议："驻军地位协议"（Status of Forces Agreement，SOFA）和"战略框架协议"（Strategic Framework Agreement，SFA）。"驻军地位协议"规定 2009 年 6 月美军从伊拉克城市撤军，2011 年 12 月 31 日前美军从伊拉克全境撤军。"'战略框架协议'很成功，因为它主要关心的是石油，美国与伊拉克的交易将把石油巨头带回伊拉克。2008 年 6 月 30 日美国石油巨头就要重返伊拉克。"③

2008 年 12 月 14 日，小布什最后一次突访伊拉克，在巴格达绿区与马利基签署了这两个协议。签字后，小布什与马利基举行联合新闻发布会。小布什称赞双方签署两个协议后说，"我们为之奋斗的未来，是建立一个

---

① "Bush, Maliki Sign Iraq-US Relations Plan", AAJ News Archive in World, November 26, 2007.

② Peter Baker and Ann Scott Tyson, "Bush, Maliki Sign Pact on Iraq's Future-Mandate to Be Extended, But Troop Issue Unsettled", *The Washington Post*, November 27, 2007.

③ "U. S. Oil Majors Back in Iraq", *The New York Times*, June 19, 2008.

强大和民主的伊拉克，它是中东心脏地区的一个自由的力量、和平的力量。这两个协议为实现这一目标奠定了基础"，他补充说，"这场战争还没有结束"。

小布什话音刚落，一位名叫扎伊迪的青年记者突然站起来，一边把脱下的一只皮鞋朝小布什扔去，一边用阿拉伯语高呼："这是伊拉克人民给你的吻别，你这狗。"接着他一边把脱下的另一只皮鞋朝小布什扔去，一边高呼："这是伊拉克的寡妇、孤儿和被杀害的人们给你的吻别。"在阿拉伯文化中，扔鞋子是对对方极不尊重的行为。这位青年深爱自己的国家，谴责"驻军地位协议"是把美军对伊拉克的"占领合法化"。[①]

小布什两次迅速闪避，未伤毫毛，只是有点惊慌失措。事后他开玩笑说："如果你们想了解真相，那就是他扔的是一双 10 码的鞋。"[②]

记者招待会结束后，当晚小布什登上直升机离开绿区赶往巴格达国际机场附近的多国部队总部"胜利营"（Camp Victory）。他对数百名军人发表告别讲话，回顾了伊拉克战争的过程，称这场战争"是美国军事史上最伟大的成就之一"。他说："多亏有你们，今天我们所在的伊拉克奇迹般更自由、更安全，比我们 8 年前发现的伊拉克更美好。"他称赞在场士兵们的牺牲精神，还对那些战死在伊拉克的美国士兵表示敬意。

随后，小布什接受了"白宫记者团"的集体采访。小布什在白宫的时间仅剩 37 天。当选总统奥巴马正在华盛顿等着接班。记者们踊跃提问，言辞比较诙谐、幽默。

记者首先问小布什他是怎样躲避飞来的鞋子。

小布什回答："你们很多人都知道，我是很擅长躲避的。"

记者说："我们有一位（阿拉伯文）翻译，他说扔鞋者高喊寡妇和孤儿。"

小布什回答："我不知道他喊了什么。我听到各种各样的说法。我听说他代表复兴党的一家电视台。我不了解真相，但我们要把真相调查清楚。我只能告诉你，这是一个'奇异时刻'。"

①　Wikipedia：Muntadhar al-Zaidi.

②　"Shoes Thrown at Bush on Iraq Trip"，BBCNews，December 15，2008.

记者说："我想问一些更广泛的问题。"

小布什回答："我不认为你把一个家伙扔鞋子说成是它代表着在伊拉克开展的广泛运动。如果你愿意，你就试试看。我不认为这样的行动是正确的。"

小布什声称："我来这里的部分使命是提醒伊拉克政府：关于'驻军地位协议'和'战略框架协议'还有很多工作要做……最重要的事情是保证这两个协议的成功——我相信当选总统奥巴马了解伊拉克的战略重要性。现在他有了决策框架了。"① 小布什忙于招架，显得被动。

小布什结束了对伊拉克的告别之旅后直飞阿富汗向卡尔扎伊总统告别并视察美军。此时，被捕的扔鞋者在继续遭难。

扔鞋者全名叫蒙塔达尔·扎伊迪（Muntadhar al-Zaidi），当时 28 岁，伊拉克什叶派穆斯林，毕业于巴格达大学通信专业，是巴格达电视台著名记者。他的家乡在巴格达东部郊区的萨德尔市（Sadr City）。6 年多以前小布什政府对萨达姆发动"斩首行动"时，把这个小城也炸成一片废墟，大批无辜市民被炸死。扎伊迪回家乡采访，亲眼看到这副惨状。令他愤慨的是，战争爆发初期他两度被美军无端拘留、抄家、审讯、虐待，后因无辜而被释放。扎伊迪对路透社说："释放我是个奇迹。我不敢相信我还活着。"他说，战争爆发后"记者、媒体工作人员和其他知识分子是被绑架和暗杀的目标"。②

参加美伊两国元首举行的新闻发布会，而且会议地点又在戒备森严的巴格达绿区的总理官邸，记者们自然得接受非常严格的安全检查。扎伊迪穿的是提前购买的一双伊拉克造棕色皮鞋，他决心以此为武器，在新闻发布会上发泄对小布什的仇恨。很多熟悉扎伊迪的伊拉克人认为，扎伊迪对 6 年多来美国对伊拉克的战争和占领给伊拉克人民带来的灾难极为愤慨，他向小布什扔鞋是"狂怒的自然喷发"。③ 扎伊迪的行为立即在会场掀起轩

---

① Karen Tumulty, "Shoe Business：Bush in Baghdad", www. time. com, December 14，2008.

② Wikipedia：Muntadhar al-Zaidi.

③ Bill Van Auken, "Bush's 'Victory' Visit to Iraq Meets with Contempt And Protest", wsws. org, December 16，2008.

然大波。马利基的安保人员迅速把扎伊迪按倒在地、拖至会场隔壁房间劈头盖脸一顿暴打，一颗牙被打裂、手臂骨折、肋骨折断，还有内出血。[①]总理卫队羁押扎伊迪一段时间进行折磨后，把他移交巴格达陆军司令部，司令部把他转交巴格达中央刑事法院羁押、审判。

2009 年 2 月 20 日的《基督教科学箴言报》披露，2 月 19 日，扎伊迪接受 90 分钟法庭初审。当他戴着手铐被护送到巴格达的中央刑事法院时，他的家人和朋友向他欢呼表示声援。在扎伊迪等候法官呼他进入审判庭之际，有位名叫努瓦勒·拉齐姆（Nuwal Lazim）的妇女把一面印有伊拉克国旗图案的围巾用力地塞到扎伊迪的手中。他吻了吻围巾，然后把它围在自己的脖子上。

扎伊迪站在被告席上向审判长阿卜杜勒·埃米尔·哈桑·鲁巴耶（Abdul Ameer Hassan al-Rubaie）做了以下陈述：

> 为了向小布什传递在战争期间伊拉克人遭受苦难的信息，他已经等待了两年。"作为一名伊拉克记者，我非常了解这些情况。刹那间我感觉布什是站在伊拉克的血泊里。"
>
> 他无意伤害小布什，但从 2006 年开始他就梦想用扔鞋方式抗议小布什。为此他演练了扔鞋动作并给自己录了像，希望能参加小布什在约旦举行的一次新闻发布会并在会上向他扔鞋……
>
> 扎伊迪对审判长说，扔鞋那天进入会场前伊拉克记者都被伊拉克武装力量搜查过，可是美国安检人员硬是坚持再次仔细地搜查他们。因此在新闻发布会之前他就被激怒了。
>
> 扎伊迪说，在新闻发布会进行过程中他观察到布什微笑着与马利基谈论共进晚餐的情景。扎伊迪对审判长说，此时此刻浮现在他脑海里的是那些被杀害的伊拉克人在哪里；还有被遗留下来的孤儿和寡妇以及那些被美国士兵侵犯的家园和清真寺。
>
> 有 16 位律师自愿为扎伊迪辩护。他们都认为小布什代表占领者势

① "Shoe Thrower 'Beaten in Custody'", BBCnews, December 16, 2008.

力，他来巴格达是不受欢迎的。

在法庭上，扎伊迪的律师辩护称，小布什代表占领者势力，不请自来巴格达……一位辩护律师甚至说，没有理由认为小布什是被邀请来伊拉克的。"他像一个贼闯入伊拉克。"

2009 年 3 月 12 日，中央刑事法院再次开庭，以"袭击美国总统"（aggression of U. S. President）罪判处扎伊迪有期徒刑 3 年。[1]

扎伊迪锒铛入狱后，伊拉克和阿拉伯世界广大群众纷纷上街示威游行要求立即释放他。在公众舆论压力下，当年 9 月 15 日，扎伊迪在服刑 9 个月后被提前释放。扎伊迪说，在审讯期间他对法官表示，他向小布什扔鞋是由于对 2003 年美国牵头入侵伊拉克后多年来犯下的暴行感到愤怒。[2]

许多阿拉伯人认为，"扎伊迪不但是伊拉克人心目中的英雄，也是阿拉伯世界许多人心目中的英雄，因为他们觉得对最不受欢迎的美国总统来说，向他扔鞋子是最合适的送别方式。一场竞购扎伊迪那双皮鞋的行动迅速在阿拉伯世界展开，伊拉克足球队前教练出价 10 万美元，一位沙特阿拉伯人甚至出价 1000 万美元"。[3] 阿拉伯世界普遍呼吁把他的那双皮鞋捐给伊拉克博物馆保存。还有人建议给扎伊迪颁发勋章。一位叙利亚女士为扎伊迪赋诗一首，结尾是："蒙塔达尔的鞋子万岁！伊拉克的尊严万岁！"[4]

经过美国和伊拉克化验部门证实鞋子没有爆炸物质后，两国安全部门共同把扎伊迪的那双皮鞋焚毁了。

（十四）西方石油巨头重返伊拉克

1. "非招标协议"泡汤

没有伊拉克战争，36 年前被萨达姆驱逐出境的 4 家西方石油巨头就不可

---

① Jane Arraf, "Hero or Villain? Iraq's Shoe Thrower Faces Judgment", *Correspondent of the Christian Science Monitor*, February 20, 2009.

② Ernesto Londoño and Qais Mizher, "Judge Reduces Shoe—Thrower's Sentence by Two Years", *The Washington Post Foreign Service*, April 8, 2009.

③ "Shoe Thrower 'beaten in Custody'", BBCnews, December 16, 2008.

④ Jane Arraf, "Hero or Villain? Iraq's Shoe Thrower Faces Judgment", *Correspondent of the Christian Science Monitor*, February 20, 2009.

能重返伊拉克。没有小布什的原则声明和"战略框架协议"保驾护航，这4家西方石油巨头也不会认为2008年是他们应该回归伊拉克的大好时机。

2008年年底，美国着手准备撤军，小布什准备向奥巴马交班，美国在伊拉克的影响力明显下降，伊拉克政局也暂趋稳定。但驻伊美军继续保持高度戒备状态，这是因为"现在石油公司走上了前线。为从伊拉克政府获得有力合同，他们必须各自为政"。①

伊拉克当局也盼望西方石油巨头重返旧地帮助恢复石油工业。最受欢迎的是曾经垄断伊拉克石油并被萨达姆赶走的四家西方石油巨头：美国埃克森美孚、BP、法国道达尔和荷兰皇家壳牌（以下简称四巨头）。美国第二大石油巨头谢夫隆也成为巨头团队的新成员。

经过海湾战争、全面经济制裁和伊拉克战争，伊拉克石油工业遭到严重破坏，且设备老旧，日产量大幅下降。莎菲克是这样描述战后伊拉克石油工业现状的："今天，伊拉克石油设施破旧不堪，不是被抢劫、摧毁，就是遭战争破坏，以至于在2003年9月伊拉克的石油日产量从2003年3月前的280万桶下降到100万桶左右。2007年年初，伊拉克石油日产量只有200万桶左右，出口150万桶，出口量正在继续下降。"②

伊拉克战后百废待兴。政府财政预算90%依靠石油收入，而增加收入的主要途径是提高石油产量，因此伊拉克政府希望通过招标，大幅度增加石油产量。

2007年9月，石油部部长沙赫里斯塔尼眼见石油法通过无望后决定另辟蹊径，把快速增加石油产量的希望寄托在四巨头身上。他开始与四巨头就"非招标协议"举行谈判，要求它们向伊拉克5个大油田提供专业技术和采购相应设备。③他透露，这5个大油田是：鲁迈拉、祖拜尔（Zubair）、西库尔纳—1号（West Qurna 1）、迈桑（Maysan）和基尔库克。这些都是

---

① Greg Muttitt, *Fuel on the Fire—Oil and Politics in Occupied Iraq*, The Bodley Head, London, 2010, p. 306.

② Tariq Shafiq, Iraq's Draft Petroleum Law: An Independent Perspective, *Middle East Economic Survey*, Vol. XLIX, No 8.

③ Greg Muttitt, *Fuel on the Fire—Oil and Politics in Occupied Iraq*, The Bodley Head, London, 2010, pp. 301, 302.

伊拉克现有大油田。①

　　总共有 46 个外国石油公司向伊拉克提交了谅解备忘录，要求参加"非招标协议"谈判，但均遭拒绝。其中包括俄罗斯、中国和印度等。为了安抚外国石油公司，2008 年 6 月，沙赫里斯塔尼宣布：石油部已从 35 家外国石油公司中挑选了 7 家美国公司、3 家英国公司以及俄罗斯、中国和印度等其他国家石油公司参加 2009 年的首场公开招标。

　　2008 年 6 月 19 日《纽约时报》记者安德鲁·克雷默率先披露了四巨头正与伊拉克谈判"非招标协议"。克雷默承认，他的消息来自"伊拉克石油部官员、石油巨头高官和美国外交官"。消息说，"在萨达姆上台实行石油国有化失去特许权 36 年后，4 家西方石油公司重返伊拉克的合同谈判将于本月进入最后阶段"。合同期限一年或两年。按石油工业标准，这些合同相对较小。"尽管如此，它能保证这些公司在以后的招标中处于有利地位。许多专家认为，伊拉克具有大量增加石油产量的可能……交易宣布日期预计在 6 月 30 日。"消息说："非招标协议"在石油行业中很不寻常。从世界主要石油生产国俄罗斯到委内瑞拉，风险投资都被冻结。在这种情况下，伊拉克向它们提供了"难得的珍贵机会"。消息还说，许多阿拉伯人和部分美国人怀疑，美国发动伊拉克战争恰恰是为了通过这些合同确保巨头获取伊拉克的石油财富。"布什政府说这场战争对反恐怖主义非常必要。目前尚不知美国在授予这些合同方面扮演了什么角色，但在伊拉克石油部仍有美国顾问。"②

　　安德鲁·克雷默在 2008 年 6 月 30 日的《纽约时报》上发表的文章透露了美国官方插手"非招标协议"的内幕。文章说，四巨头重返伊拉克的消息被其他主流媒体转发后"引起了小小的骚动"，战争爆发几年之后，它们开始认真思考石油对占领伊拉克的重要意义。文章援引不愿透露姓名的美国官员的话称："国务院一个小组率领美国顾问团在起草伊拉克政府和 5 家西方主要石油公司签订的合同中发挥了不可或缺的

---

①　Iraq to Limit No-Bid Deals with Big Oil, By CBSNEWS CBS/AP, July 17, 2008.

②　Andrew E. Kramer, "Deals with Iraq Are Set to Bring Oil Giant Back", *The New York Times*, June 19, 2008.

作用。"

　　文章认为这一披露是布什政府第一次确认它直接参与伊拉克石油的商业开发交易。"然而这一消息并没有反映布什政府和美国占领当局直接参与伊拉克石油工业的任何证据。实际上，自 2003 年 4 月美军占领巴格达以后谈到伊拉克石油时，布什总是微妙地称呼它是'自然资源遗产'。"这个"游戏名称"已经加强了以美国及其盟国为基地的西方石油公司与伊拉克的关系。①

　　"非招标协议"是服务协议，不是提供石油开发许可证。"非招标协议"能保证在伊拉克议会通过新的石油法前立即获得外国技术，把伊拉克石油日产量从当时的 250 万桶增加到 300 万桶。在交易中用现金或石油支付四巨头，总价值 5 亿美元。石油巨头虽然对伊拉克的"长治久安"怀有疑虑，担心自己的安全，但它们欣喜的是，交易量虽小，公司前景可观，它们可以借"非招标协议"重新敲开长期被拒之门外的伊拉克石油大门。②

　　"非招标协议"是伊拉克政府给四巨头的特殊待遇，是对四巨头无偿提供咨询服务的犒赏。伊拉克石油部发言人阿希姆·吉哈德（Asim Jihad）承认，伊拉克与四巨头签订的非投标石油合同只是由它们向伊拉克提供技术咨询和石油设备，四巨头为此获得的是现金，也有石油，但不是石油产量分成。这是在石油法未得到议会通过之前，伊拉克为增加石油产量而采取的"权宜之计"，也就是说，在等待议会批准石油法之前将现代石油技术运用到油田。他说，挑选四巨头和谢夫隆参加"非招标协议"而不搞公开竞标，是因为两年来这些石油公司一直无偿地为伊拉克石油部出谋划策，还因为它们拥有伊拉克需要的先进技术。③

---

　　① Nick Turse, "What Journalists Should Be Asking about the No-bid Iraqi Oil Deals, What was the Bush Administration's Involvement in the Recent Deals?", www. salon. com/news/fea. CENTS, July 14, 2008.

　　② Patrick Cockburn, "Oil Giants Return to Iraq. Shell, BP, Exxon Mobil and Total Set to Sign Deal with Baghdad", *The Independent*, June 19, 2008.

　　③ Andrew E. Kramer, "Deals with Iraq Are Set to Bring Oil Giant Back", *The New York Times*, June 19, 2008.

吉哈德承认，从 2007 年以来伊拉克石油部与四巨头的代表一直在讨论顾问角色正式化问题。现在双方讨论已经结束，待马利基政府批准后，6 月底即可公布结果。他透露，四巨头当中的一些人已经扮演了顾问角色，四巨头和谢夫隆将在"非招标协议"中"获得最大的合同"。他还透露，伊拉克与四巨头的"非招标协议"谈判早在 2007 年就开始了。①

四巨头垄断伊拉克石油近 40 年，对伊拉克大油田了如指掌，因此处于竞标长期开发伊拉克大油田的有利地位。它们试图借签署"非招标协议"的机会奋力争取与伊拉克达成长期石油开发合同。

经过一年艰苦谈判后，双方定于 2008 年 6 月 30 日签署"非招标协议"。这是自 2003 年美国入侵伊拉克之后的第一批石油协议。

然而伊拉克与四巨头的谈判并非一帆风顺。四巨头对重新跨入伊拉克兴致勃勃，但对合同性质不满，不愿意只向伊拉克提供先进技术和设备。它们想要的不是钱，是长期石油合同，是产量分成。它们盯着的不仅是正在开发的油田，它们更感兴趣的是伊拉克极其丰富的已探明但尚未开发的石油储量。

为了达到这个目的，谈判期间四巨头委托谢夫隆首席执行官戴夫·赖利（Dave D'Reilly）致信美国能源部部长萨姆·博德曼（Sam Boardman），要求他亲自出马向伊拉克施压。信中说："我想请你继续鼓励伊拉克人把两年交易看作长期投资机会的'一块垫脚石'。"谢夫隆驻伊拉克地区经理唐尼·麦克唐纳（Donny MacDonald）也向美国能源部官员报告：他的公司和四巨头"都试图在合同中增加一句与未来油田发展相联系的合同语言"。沙赫里斯塔尼坚决反对四巨头的这一要求。2008 年 9 月他宣布：这些交易是不可能完成的。原因之一"是公司要求石油部保证它们获得长期合同，但石油部不能给这样的保证"。② "垫脚石"一词点破了问题的本质。美国石油巨头与伊拉克当局讨论它们不喜欢的"服务协议"，只是为了争取在

① "Big Oil Firms Ready to Sign Agreements with Iraq"; "Two-Year, No-Bid Contracts Aimed at Boosting Production", *The Washington Post*, June 20, 2008.

② Greg Muttitt, *Fuel on the Fire—Oil and Politics in Occupied Iraq*, The Bodley Head, London, 2010, p. 302.

伊拉克长期立足，直到将伊拉克石油重新控制在自己手中。

2008年夏，以查尔斯·E. 舒梅尔（Charles E. Schumer）为首的一些民主党参议员对四巨头参与这笔交易感到愤怒，致信国务卿赖斯要求她出面阻止。他们担心这样的交易行为会破坏伊拉克库尔德、逊尼派和什叶派就石油法和产量分成协议达成协议的可能性。6月底，美国驻伊拉克大使馆将这位参议员的担忧转达石油部部长沙赫里斯塔尼。之后，交易被无限期拖延。9月9日，沙赫里斯塔尼在维也纳召开的欧佩克会议上对记者说，伊拉克与埃克森美孚、谢夫隆、道达尔、BP和几家小公司谈判了1年的交易已于2008年6月公布。但本应6月30日签署的为期1年的交易被推迟。他说："拖延了这么长时间，这些公司仍然不能在此时间内完成工作。"9月10日，四巨头证实，它们与伊拉克的交易已被取消。①

2008年6月20日英国《独立报》发表文章，分析了四巨头重返伊拉克可能带来的影响。首先，它会加重中东一些人士对小布什发动伊拉克战争目的的怀疑。"这些人士断言，推翻萨达姆是西方控制伊拉克石油的秘密欲望驱使的。"其次，石油巨头重返伊拉克将使许多伊拉克人感到沮丧，他们怕伊拉克失去对本国丰富石油资源的控制……自从美国入侵伊拉克以来，伊拉克人一直担心外国石油公司介入伊拉克石油行业。很多伊拉克人相信，美国入侵伊拉克的隐蔽目的是来接管伊拉克石油行业……伊拉克石油国有化是萨达姆·侯赛因长期执政期间采取的为数不多的行为之一，它在伊拉克仍然很受欢迎。伊拉克议会成员感到恐惧的是，为了外国人的利益而通过暗箱操作把伊拉克石油工业"后门私有化"。②

西方石油巨头青睐伊拉克石油的重要原因是因为它被公认有三个独特优点。美国"全球政策论坛"创始人詹姆斯·保罗在"伊拉克石油：危机的核心"一文中介绍说：

---

① Andrew E. Kramer and Campbell Robertson, "Iraq Cancels Six No-Bid Oil Contracts", *The New York Times*, September 10, 2008.

② Patrick Cockburn, "Oil Giants Return to Iraq—Shell, BP, Exxon Mobil and Total Set to Sign Deal with Baghdad", *The Independent*, June 20, 2008.

一是质量高，高附加值产品。伊拉克石油具有吸引力的化学性质。碳含量高，含硫量低，是轻质油，特别适用于炼制高附加值产品。因此伊拉克石油在世界石油市场占有霸主地位。

二是储量大。伊拉克石油非常丰富。2002年伊拉克已探明石油储量为1125亿桶，约占世界石油总储量的11%。1972年石油工业国有化以来，伊拉克很少进行石油勘探，许多前景看好的地区没有勘探。专家们相信，伊拉克潜在的石油储量大约超过2000亿桶。美国能源部能源情报署（The Energy Information Administration，EIA）估计，伊拉克的全部石油储量可能超过4000亿桶。如果经过勘探证明对这些储量的估计是真实的，那么它将证明伊拉克的石油储量接近沙特阿拉伯的石油储量……能源部的评估认为，伊拉克已探明石油储量为世界第二，还有大约2200亿桶"可能的资源量"。由于多年的战争和制裁，伊拉克勘探程度较低，其潜在石油储量可能远远超过这一估计。"深部含油层"（deep oil-bearing formations）主要在广袤的西部沙漠地带，那里可能有1000亿桶储量，但从未勘探过。由于世界石油需求量增加，而其他地区的石油储量快速减少，伊拉克石油将稳定地占世界全部石油需求量的大部分。如果伊拉克石油储量在3000亿—4000亿桶这一最高估计范围内，那么到21世纪中叶甚至在这之前它的石油储量将占全球石油总储量的30%。

三是生产成本极低，收益率高。美国能源部说：伊拉克石油生产成本世界最低，其石油前景极具吸引力。伊拉克大量油田能从较浅的油井中生产出"高流量"的石油。伊拉克石油能迅速升至地面，因为地下水和伴生气对油层的压力很大。伊拉克现有石油储量有三分之一以上存在于离地球表面600米（1800英尺）以下，伊拉克有些油田世界最大。[①]

另据伊拉克石油专家莎菲克透露，在伊拉克，每桶石油的发现成本（the finding cost）估计是0.5美元；每桶石油的生产成本（the development

---

① James A. Paul, "Oil in Iraq: The Heart of the Crisis", *Global Policy Forum*, December 2002.

cost）估计是 0.5—1 美元；每桶石油的管理成本（the operating costs）是 1—2 美元。[①]

2007 年 9 月 3 日，美国《新闻周刊》以"黑色黄金的助推器"为题发表该刊记者法里德·扎卡里亚（Fareed Zakaria）对埃克森前总经理李·雷蒙德的独家采访。当时，雷蒙德在小布什政府肩负两项重任：一是全国石油委员会主席（Chairman of the National Petroleum Council）；二是小布什的替代能源委员会主席（Chairman of President Bush's Alternative Energy Committee）。

当记者问："关于石油的未来，您认为哪里是最有前途的地理区域？"雷蒙德回答："曾经或者继续具有吸引力的地方是墨西哥湾、非洲海岸，也可能是北海的一些地区。我们甚至可以在地中海乃至埃及发现一些石油。"

记者说："伊拉克已经 40 年没有认真勘探了。"

雷蒙德回答："一点不错。伊拉克石油极为丰富。当萨达姆·侯赛因把我们赶走的时候，我们是财团中 4 家公司之一。我们基本上拥有整个伊拉克。真的，据我了解，我认为准确地说，从 1971 年起伊拉克就没有进行过真正的勘探。"[②] 可见雷蒙德很怀念他的财团昔日在伊拉克的经历，赞叹和羡慕伊拉克独有的石油生产潜力。他尤其对萨达姆把他们赶走，实现石油公司国有化的历史记忆犹新，耿耿于怀。

伊拉克与埃克森等 4 家石油巨头斗争的历史，正是雷蒙德在埃克森逐步晋升和发迹的历史。

雷蒙德绰号"石油人中的石油人"。1960 年他从威斯康星大学化学工程学院毕业后，在明尼苏达州大学获化学工程博士学位。1963 年雷蒙德进入埃克森。30 年后的 1993 年晋升为埃克森首席执行官，1999 年他以 820 亿美元的价格收购美孚石油公司，将埃克森提升为世界头号石油巨头，因功劳卓著，当年被提升为埃克森美孚董事长兼首席执行官。在埃克森任职 42 年后雷蒙德于 2005 年年底退休，时年 66 岁，2006 年 1 月 1 日交班给埃

---

① Tariq Shafiq, "Iraq's Draft Petroleum Law: An Independent Perspective", *Middle East Economic Survey*, Vol. XLIX, No. 8.

② Fareed Zakaria, "Black-Gold Booster", *Newsweek*, September 3, 2007, p. 48.

克森美孚总裁雷克斯·W.蒂勒森（Rex W. Tillerson）。雷蒙德的"一揽子退休费价值约 4 亿美元，这是美国公共公司历史上最高的"。①

2. 石油招标会开张

2008 年 10 月 13 日，35 家跨国石油公司的 200 多名代表齐聚伦敦五星级公园酒店（Park Laine Hotel），听取伊拉克石油部部长沙赫里斯塔尼向他们介绍定于 2009 年 6 月举行的第一次油气招标条件与合同内容。中标者将经营伊拉克 6 个最大的油田和两个气田，期限 20 年。这些油田含有伊拉克已知石油储量的 40%，几乎占当前石油产量的全部……这一天对跨国公司和伊拉克都具有非常重要的意义，因为伊拉克一次就为 400 亿桶石油发放开发许可证，是石油行业史上拍卖已知石油的最大储量。② 这在伊拉克石油工业史上尚属首次。

伦敦五星级公园酒店准备招标会议结束后两周，也就是 2008 年美国总统大选前夕，美国财政部副部长罗伯特·金米特（Robert Kimmitt）从科威特飞抵巴格达。与他同行的是商业部副部长约翰·沙利文（John Sullivan）。他们此行是为了解决"小布什政府渴望保护它在伊拉克的遗产问题"。沙利文是律师，是 1992 年总统大选期间老布什争取连选连任的坚定支持者。他们在巴格达绿区的拉希德酒店（Rashid Hotel）与美国驻军和使馆商务及经济官员举行一整天会议后，于 11 月 1 日与伊拉克当局就"商业和投资环境"举行会谈。沙利文要求伊拉克采取 6 个步骤，让石油公司在伊拉克安心工作。其中包括通过石油法、批准与美国的贸易和投资协议、建立一个框架，以便向石油公司明确表明，伊拉克承认国际仲裁的裁决和石油公司具有向国际仲裁法庭起诉投资索赔的权力。沙利文建议把"纽约公约"（The New York Convention）作为解决伊拉克和外国石油公司的仲裁机构。"纽约公约"是 1958 年联合国成立的"承认及执行外国仲裁裁决公约"。以上种种将给西方石油公司三层保护：其一，石油法将保证合同的有效性，废除石油法必须由议会批准；其二，双边投资协议要确保仲裁庭受理

---

① Wikipedia：Lee Raymond.
② Greg Muttitt, *Fuel on the Fire—Oil and Politics in Occupied Iraq*, The Bodley Head, London, 2010, p. 298.

它管辖内的任何争议；其三，"纽约公约"规定仲裁裁决胜诉方可以夺取败诉方在140个缔约国中任何一个缔约国的资产。[①]

与四巨头的"非招标协议"泡汤后，伊拉克决定2009年举行一次石油招标。面对伊拉克招标，石油巨头和伊拉克当局都有各自的烦恼和困惑。

以美国为首的石油公司总部均设有研究国际和产油国形势的专门机构，对产油国的安全形势和风土人情了如指掌，最关心的当然是产油国的安全状况。

四巨头等认为2009年伊拉克安全形势对它们基本有利。14万美军暂时还驻扎在伊拉克全国各地，这是对西方石油公司自身安全最可靠的保证。伊拉克当局急于恢复和增加石油产量的愿望会给巨头们带来巨大商机。

被占领国的伊拉克地位虚弱，国内派系林立，内斗不止；油价从2008年7月每桶接近148美元到年底跌至不足40美元，政府财政空前困难，被迫连续三次将预算从800亿美元减少至580亿美元。伊拉克石油专家奇缺，萨达姆时代的多名石油专家或被暗杀，或被恐吓，到2006年夏天为止，100名高级石油企业管理专家中约2/3都逃往国外；主管石油的沙赫里斯塔尼是萨达姆时代著名的化学工程博士，曾任伊拉克原子能委员会首席顾问，本身并非石油行家，难免受石油部里美国石油顾问左右。

四巨头对招标的忧虑是，石油公司之间的竞争是否能让它们顺利地获得自己想要的那块蛋糕。鉴于伊拉克一些油田都是世界上最大的，如果伊拉克石油部仅仅提供其中的两个或三个大油田，那么石油公司之间的竞争将会很激烈。如果在两次拍卖中一次性解决伊拉克全部世界级大油田，石油公司对那些它们最感兴趣的油田竞标成功的可能性就大。

2009年2月，伊拉克石油部在土耳其的伊斯坦布尔举行研讨会，听取石油公司代表就伊拉克提供给他们的招标内容发表评论。研讨会讨论结果，伊拉克被迫做出了重大让步，将伊拉克在合资企业中的股份从51%降至25%，将国家合伙人的角色从"共同经营者"下调为单纯的"财务合伙

---

① Greg Muttitt, *Fuel on the Fire—Oil and Politics in Occupied Iraq*, The Bodley Head, London, 2010, p. 304.

人"。这意味着外国石油公司将牢牢掌控伊拉克油田。此外，伊拉克还把勘探新的未被发现油田的专有权交给外国石油公司，给后者提供了相当大的"潜在好处"。①

2009年6月30日，伊拉克石油工业史上第一次油气招标会在巴格达绿区戒备森严的拉希德酒店的舞厅如期举行，会期两天。会议由石油部部长沙赫里斯塔尼主持。伊拉克电视台实况转播了招标会全过程。

这次招标引起许多外国石油公司的兴趣，包括埃克森美孚、BP、壳牌和道达尔四巨头在内的32家公司参加了招标会。伊拉克政府是以服务合同而不是以产量分成合同方式招标的。招标计划含8个油气田（6个油田，2个气田），招标的油田产量为430亿桶，占当时伊拉克石油总产量的80%。出乎伊拉克方面的意料，它批准参加投标的8个油气田中，只有一个油田中标，7个油气田流标。中标的是以BP为首的财团（A BP-led consortium），击败埃克森美孚，竞投伊拉克南部鲁迈拉大油田成功，财团中包括中国石油天然气集团公司（China National Petroleum Corporation，CNPC）。

埃克森美孚与伊拉克在每桶"超产石油"的报酬，即"桶油报酬"（per-barrel fee）上出现分歧是流标的主要原因。所谓"超产石油"是指在伊拉克政府规定的"产量基线"（established baseline）以外增产的石油。"以埃克森美孚为首的石油巨头财团（The Exxon Mobil-led Consortium）和马来西亚国家石油公司，每桶最低要价4.8美元；BP要求每桶给3.99美元。但伊拉克石油部坚持每桶只付2美元……BP虽然不满意，但同意接受石油部给出的报酬，因此赢得开发伊拉克南部鲁迈拉大油田的合同……埃克森美孚拒绝修改其投标价。"②

鲁迈拉是BP梦寐以求的大油田。它地处伊拉克南部伊拉克人口中的多数——什叶派聚集之地，安全形势相对比较稳定。1953年四巨头财团组成的伊拉克石油公司发现了这个伊拉克最大的油田，估计储量为170亿桶，约占伊拉克石油总储量的12%。1961年，卡塞姆政府根据"第80号公共

---

① Greg Muttitt, *Fuel on the Fire—Oil and Politics in Occupied Iraq*, The Bodley Head, London, 2010, p. 310.

② "Iraq's First Oil Auctions Sputters", CBSNews, The Associated Press, June 30, 2009.

法"将鲁迈拉大油田收归国有。油田距离科威特只有 32 公里，伊科双方对开采主权发生争执是导致 1990 年海湾战争的重要原因之一。

第一次招标会结束后，伊拉克议会少数议员批评与 BP 的交易非法，说此事应经过议会而不是石油部，但石油部部长沙赫里斯塔尼在记者招待会上发表讲话，高调评价 BP 财团中标是个"里程碑"，同时批评埃克森美孚等西方石油巨头，说："这些石油公司想尽可能多赚钱，所以它们提交的标书很低。但是，我向它们传递了一个信息：很多伊拉克人在保护着伊拉克的财富。""伊拉克石油论坛"网站（Iraq Oil Forum Web site）主编鲁巴·胡萨利发表评论认为："悬而未决的问题是，伊拉克如何在不屈服于石油公司的欲望的情况下使石油工业现代化。这些石油公司更喜欢拥有它们自己的油泵生产的石油份额，也就是被人们称作的产量分成协议。但到目前为止，伊拉克拒绝作这样的安排。"①

可见，在本次招标中伊拉克政府与美国石油巨头在执行"桶油报酬"还是"产量分成"这个核心问题上产生了严重分歧。表面上看，招标不成功的主要原因在于伊拉克锁定的每桶 2 美元的"桶油报酬"远低于竞标者提出的最低"桶油报酬"。带头反对伊拉克"桶油报酬"的是世界头号石油巨头埃克森美孚。它们难以启齿的目标是逼迫伊拉克同意将服务合同改成长期合同，将"桶油合同"改成"产量分成"。其实这一分歧反映的实质问题是，"桶油报酬"该谁说了算。"桶油报酬"伊拉克说了算；"产量分成"巨头说了算。以埃克森美孚为首的西方石油巨头企图以拒绝伊拉克的"桶油报酬"逼伊拉克接受"产量分成"。石油公司更想要石油而不是货币。这是因为"产量分成"远比伊拉克的 2 美元"桶油报酬"实惠得多，收益更丰。因此这一分歧的本质涉及伊拉克国家利益和主权。

在伊拉克石油争夺战中，埃克森美孚始终扮演着老大和先锋的角色。其实这家公司在伊拉克战争爆发前就瞄准伊拉克南部丰富的石油资源。在冷眼对待 2009 年 6 月的第一次招标会后，埃克森美孚不遗余力，继续与伊拉克进行了漫长的谈判，并获得了硕果。当年 11 月 5 日，这家公司的子公

---

① Timothy Williams, "Few Bidders to Develop Iraqi Oil and Gas Fields", www.safediner.com, June 30, 2009.

司联合壳牌石油公司与伊拉克达成协议，恢复和重建伊拉克南部的西库尔纳—1号特大油田（supergiant West Qurna 1 field）。在伊拉克的坚持下，协议性质仍然是服务合同，而不是产量分成。

当天英国《卫报》发表消息，透露了这个协议的部分内容。消息说：

> 美国能源巨头埃克森美孚今天赢得开发世界最珍贵的未被开发石油储量的权力。500亿美元的交易使这家公司巩固了它在战后伊拉克的最大玩家之一的地位。
>
> 西库尔纳—1号油田被称作8个被拍卖油气田中的一颗明珠。储量150亿桶。经过勘探后发现更丰富储量的机会很大。
>
> 世界最大的上市石油公司埃克森美孚同意7年内将这个油田的石油产量从目前的27万桶提高到225万桶，之后伊拉克政府将向埃克森美孚每桶支付1.9美元许可费（a licence fee）。[①]

这个协议的签字仪式于2010年1月25日在巴格达举行。伊拉克石油部部长沙赫里斯塔尼和埃克森美孚上游企业总裁董事长罗布·富兰克林（Rob Franklin）出席了签字仪式。

为开发西库尔纳—1号油田，埃克森美孚组织了一个承包商财团。

财团股份分配如下：

> 埃克森美孚60%；
> 伊拉克石油开发公司25%；
> 皇家荷兰壳牌集团15%。[②]

埃克森美孚对这笔交易持谨慎态度，只在其网站发表了下面一条简短

---

① Martin Chulov, "ExxonMobil Wins ＄50bn Contract to Develop West Qurna Oil Field", *The Guardian*, November 5, 2009.

② "Exxon Mobil to Redevelop, Expand Iraq's West Qurna 1 Field", *Oil & Gas Journal Magazine*, January 25, 2010.

消息："2010 年 1 月，埃克森美孚公司的子公司——埃克森美孚伊拉克有限公司（Exxon Mobil Iraq Limited，EMIL）与伊拉克石油部的南方石油公司（South Oil Company）签署协议，恢复和重建伊拉克南部的西库尔纳—1 号油田。"①

这笔交易达成后，埃克森美孚伊拉克有限公司与美国哈里伯顿公司签订合同，请后者向西库尔纳—1 号油田的 15 口油井给予服务。哈里伯顿表示，"它将提供全套钻井施工设施，启动 3 台钻机安全地交付油井"。哈里伯顿东半球业务总裁乔·雷尼（Joe Rainey）对获得这笔生意乐不可支，说："授予我们这个合同是我们的东半球增长战略不断获得成功的标志。"②

2009 年 12 月 11 日，伊拉克第二次油气招标会在石油部举行。会期两天。12 日会议结束当天美联社记者从现场发表一篇比较详细的消息，题目是："伊拉克欢呼拍卖，石油巨头避开拍卖"。

消息说，"伊拉克欢呼拍卖"，是因为有几个世界级大油田拍卖成功。首先是俄罗斯卢克石油公司联合挪威国家石油公司（Statoil ASA）组成的财团战胜 BP（英国石油公司）和道达尔在竞标中胜出，获得"拍卖会的皇冠明珠"，即伊拉克南部已探明石油储量高达 128.8 亿桶的库尔纳—2 号油田的开发权。卢克石油公司代表安德烈·库加耶夫（Andrey Kuzyaev）乐不可支，说："今天我们异常兴奋。"由壳牌领导、联合马来西亚国家石油公司组成的财团击败道达尔，竞得伊拉克南部已探明石油储量达 125 亿桶的迈季嫩大油田开发权。伊拉克石油部部长沙赫里斯塔尼对这些大油田招标成功非常满意。他对记者说："这是伊拉克的重大胜利。以目前的价格赢得这些合同是伊拉克的巨大成就。"他认为，在 2009 年 6 月和 12 月举行的两场招标会签署的石油合同在 6 年之内能把伊拉克石油日产量从当前的约 250 万桶增加到 1200 万桶；按当前世界石油价格计算，两轮招标会上签署的合同每年能带来 2000 亿美元收入。美联社对此判断则不以为然，说：

---

① ExxonMobil Iraqcountry Website，www.exxonmobiliraq.com.

② ExxonMobil Awards Drilling Contract to Halliburton for West Qurna（Phase I）Oil Field in Southern Iraq，HOUSTON & DUBAI，United Arab Emirates（Business Wire），www.halliburton.com，April 11，2011.

"这可能是沙赫里斯塔尼的一厢情愿。当前，伊拉克的石油产量甚至不及 2003 年之前的水平，日产量在 250 万桶左右徘徊。日出口 180 万—200 万桶。日产量甚至低于欧佩克要求成员必须执行的产量限额。此外，伊拉克政府预算的 90% 靠石油出口收入。如果油价像去年那样崩溃，伊拉克将处于岌岌可危的境地。"

消息说，"石油巨头避开拍卖"，是因为埃克森美孚为首的美国石油巨头对这次招标冷漠以待。在拍卖会上"世界石油玩家都不谈论别的事，而是专讲伊拉克的石油储备最廉价、最安全，是中东地区最后一个主要石油财富"。"在周六结束的为期两天的招标会上，伊拉克提供的 15 个油田合同只有 7 个中标……在戒备森严的石油部拍卖会笼罩着一片乌云。12 月 8 日，即召开拍卖会的前几天，在巴格达周围发生了爆炸，死伤 127 人。这是一个明显的提示：在美军即将撤军时巴格达政府面临挑战……像埃克森美孚或谢夫隆等美国超级石油巨头都没有投标。只有美国西方石油公司 (Occidental Petroleum Corporation, OPC) 在招标会首日竞标一处油田，但失败了……埃克森美孚上游风险投资（西部）有限公司（Upstream Ventures 'West' Ltd.）总裁理查德·C. 维尔布肯（Richard C. Vierbuchen）对美联社说：'我们决定不投标。'但他没有详细解释原因。"

消息说："在这次拍卖会上伊拉克向石油公司提供了最大部分石油储量，差不多占伊拉克 1150 亿桶石油总储量的 1/3……伊拉克接受了今年 6 月招标会的经验教训，提供的条款比上次似乎更灵活一些，给外国公司更多的油田管理权。但是伊拉克关注的焦点仍然是向公司支付的'桶油报酬'价格……伊拉克要求石油公司必须接受为期 20 年的服务合同和每桶石油服务支付的固定报酬，而不是产量分成合同。这种合同更有利可图。"①

3. 埃克森美孚闯进库尔德地区

出乎伊拉克当局的意料，埃克森美孚得寸进尺，竟然瞒着伊拉克政府于 2011 年 10 月 18 日在伦敦秘密与库尔德当局签订了开发库尔德地区 6 个区块

---

① Sinan Salaheddin, "Iraq Hails Oil Auction; Major Firms Steer Clear", The Associated Press, December 12, 2009.

的石油产量分成合同，其中 3 个区块在库尔德自治区以南有争议的地区。

法新社透露，"当法新社记者问及有关协议的情况时，埃克森美孚不予置评。英国《金融时报》刊登了有关这次交易的文章，库尔德地区政府把它在自己的网站上转发……库尔德地区政府顾问、英国政客和石油人迈克尔·霍华德（Michael Howard）说：在过去几个月里，库尔德地区政府一直与一些主要石油公司进行讨论。讨论结果导致最近与埃克森美孚签订 6 个区块的合同。《伊拉克石油论坛》主编对法新社说，这是一个突破性的协议"。①

埃克森美孚对其突破伊拉克政府的红线一直保持沉默。

2011 年 11 月 13 日在库尔德地区首府埃尔比勒市举行的石油和天然气会议上，库尔德官员宣布了这笔交易。库尔德电视台实况转播了会议过程。当天，美联社发自库尔德地区苏莱曼尼亚市的消息说，库尔德官员已经与小型能源公司签订了一些合同，但他们与埃克森美孚达成的交易更具有重要意义，因为它是库尔德与国际石油巨头签订的第一个合同……巴格达政府希望控制在伊拉克签署的所有能源合同。随着上述交易的达成，埃克森美孚便成为无视中央政府的意愿与库尔德地区做生意的第一家石油巨头，从而把库尔德政府与伊拉克中央政府置于尖锐冲突的地步。

果然一场口水战在库尔德和中央政府之间迅即展开。库尔德地区政府自然资源部部长豪拉米在 11 月 13 日的会议上强调，这些合同是合法的，不涉及法律问题。他发誓库尔德政府继续执行这些合同……

2011 年秋石油部部长沙赫里斯塔尼晋升为主管石油的副总理。他在当年 11 月 13 日发表的声明中抨击这一协议，说："伊拉克政府将用它曾处理过类似公司的同样方式，处理那些破坏法律的任何公司。"②

静观一阵后，埃克森美孚终于在 2012 年发表的 2011 年年度报告中打破沉默，披露了它与库尔德地区政府签订的石油开发合同。主要内容如下：

---

① "Iraq Demands Exxon Choose on Kurdistan Oil Contract", Baghdad AFP, November 12, 2011.

② Yahya Barzanji, "Kurds Sign Oil Deal with Exxon Mobil", The Associated Press, November 13, 2011; Missy Ryan and Steven Mufson, "How Exxon, Under Rex Tillerson, Won Iraqi Oil Fields and Nearly Lost Iraq the Washington Post", January 9, 2017.

在伊拉克库尔德地区的勘探和开发行动，按照 2011 年与库尔德政府谈判的产量分成合同的形式管理。

勘探期限 5 年，也可能延长两年。开发时间为 20 年，有权延长 5 年。①

埃克森美孚终于如愿以偿，在库尔德获得了在伊拉克其他地区得不到的产量分成协议和长达 25 年的长期石油开发合同。

伊拉克政府曾在协议签署之前向埃克森美孚发出 3 封信，强调这些协议违法，说凡是与库尔德签署油气合同的外国公司都无权在伊拉克中部或南部工作。但埃克森美孚把这个警告当作耳旁风。伊拉克政府在盛怒之下警告埃克森美孚：如果它不取消与库尔德地区政府达成的石油合同，伊拉克政府将取消埃克森美孚开发西库尔纳—1 号油田的合同。②

迫于伊拉克政府的压力，埃克森美孚采取了金蝉脱壳的策略。2012 年 3 月 16 日的《华尔街日报》发表消息透露，埃克森美孚向伊拉克中央政府提交了冻结与库尔德石油交易的一封信。以下是这则消息的主要内容：

> 伊拉克政府高级官员说："我们收到了埃克森美孚冻结与库尔德石油合同的一封信。"另一位来自石油部的官员说："冻结该合同是个进步，但我们更希望埃克森美孚取消这笔交易。"消息说："伊拉克政府要求这家美国石油巨头在以下两者之间做出选择：库尔德石油合同或它与伊拉克中央政府达成的日产 37 万桶石油的西库尔纳—1 号合同。"③

库尔德与中央政府之间的领土和石油政策分歧由来已久且极其尖锐，

---

① Peg Mackey, "Exxon Mobil Corporation Exxon Breaks Silence Over Kurdistan Oil Talks", *4-Traders*, February 27, 2012.

② Hassan Hafidh and James Herron, "Exxon Mobil May Lose Other Iraq Oil Contract On Kurdish Deal", *Dow Jones Newswires*, November 11, 2011.

③ Hassan Hafidh, "Iraq Says Exxon Freezes Kurdistan Oil Deal", *The Wall Street Journal*, March 16, 2012.

它关系到伊拉克国泰民安和国家主权，是共和国成立后历届政府格外关注的核心问题，是不能触及的红线。

伊拉克对埃克森美孚的怠慢态度忍无可忍。2012 年 4 月伊拉克石油部"许可证与石油合同局"副局长萨巴赫·赛义迪（Sabah al-Saidi）宣布，拒绝埃克森美孚参加当年 5 月举行的第 4 轮石油投标。赛义迪说："由于埃克森美孚拒绝按石油部的要求放弃与库尔德地区的交易，我们已经把它从合格企业的名单中删除。"① 埃克森美孚在西库尔纳—1 号油田已经工作了两年，伊拉克政府以拒绝向它交付 5000 万美元服务费作为惩罚。

埃克森美孚敢于跨越伊拉克中央政府的红线与库尔德政府进行石油交易，是该巨头时任首席执行官雷克斯·蒂勒森积极策划的结果。

2011 年春天，库尔德地区政府自然资源部部长豪拉米在一批埃克森美孚高管面前展开库尔德地区未开发石油地区图。"这些高管们看到了可能性和利润。"所谓"可能性"自然是指开发库尔德地区的石油资源。

之后，蒂勒森和其他高级管理人员在得克萨斯州达拉斯市的埃克森美孚总部就进军库尔德匆忙讨论了好几个月。无疑这是"一场豪赌"，他们认为如果能在伊拉克北部发现数十亿桶石油，新协议将给公司带来不菲的收入。由蒂勒森监管的这笔交易把埃克森美孚的金融利益放在美国对伊拉克的政策之上，即创建一个稳定、团结的伊拉克。美国外交官们一直要求埃克森美孚和其他美国石油公司要耐心等待。他们担心上述交易会破坏美国公司的诚信，影响美国官员与伊拉克当局打交道，况且伊拉克民族矛盾恶化已经把该国推到内战的边缘。埃克森美孚与库尔德达成协议的消息传到华盛顿后，国务院发言人维多利亚·纽兰（Victoria Nuland）指责这家公司说："当埃克森美孚征求我们的建议时，我们曾要求他们等待（伊拉克）国家立法。我们告诉他们我们认为这是最好的做法。"② 蒂勒森对国务院的批评很不服气，事后打电话向国务院高级官员解释说："我必须为我的股

① Pierre Bertrand, "Exxon Mobil Excluded From Iraq Oil Auction", *International Business Times*, April 19, 2012.

② Missy Ryan, "Steven Mufson：How Exxon, Under Rex Tillerson, Won Iraqi Oil Fields and Nearly Lost Iraq", *The Washington Post*, January 9, 2017.

东做最好的事情。"①

国务院批评蒂勒森不无道理。2011 年，国务院正在解决伊拉克一些民族分裂省份的石油收入分配问题。它希望通过公平的石油收入分配把掌权的什叶派与逊尼派和库尔德族在经济上联系起来。此时蒂勒森直接与库尔德政府达成协议，不仅无视华盛顿的意图，还给羽毛未丰的伊拉克政府制造了麻烦。

埃克森美孚与库尔德的交易曝光后，伊拉克局势陡然紧张起来。联邦军队和库尔德军队巩固了各自的阵地，埃克森美孚计划在库尔德地区钻探的敏感地区更是戒备森严。在相邻地区双方还发生了几次交火。2012 年 11 月 16 日在附近小镇的交火中，导致几个士兵受伤和 1 名旁观者死亡。之后中央和地区政府分别向有争议的相邻地带增派几千名部队，坦克和大炮也严阵以待，彼此的武器都在射程之内，相持时间长达几个月之久。其间，总理马利基严正指出："如果埃克森美孚在北部土地上开钻，伊拉克将视为战争行为。"美国进行了一些调解后，紧张局势得以缓和，双方从相邻地带撤出了军队。形势侥幸脱险。②

这是四巨头在战后伊拉克上演的一场石油争夺战。打头阵的是埃克森美孚，其他美国石油公司紧跟其后，与它站在一条战线上。埃克森美孚以为伊拉克是被占领国，好欺负。不论秘密的"非招标协议"谈判、公开的石油招标，还是与库尔德的秘密石油谈判，埃克森美孚都有恃无恐，试图压服伊拉克当局沿着它指定的方向走。它究竟想要什么!? 完全回到昔日萨达姆石油国有化之前的岁月已是白日做梦。此刻它想要的，是伊拉克石油资源的开发权，是油气开发许可证，是长期合同，是产量分成……它不但要正在开发的，还想要尚待开发的大油田。被拒绝后就在伊拉克中央政府的软肋上下功夫，试图把库尔德作为它要挟伊拉克政府的一枚棋子，单独与库尔德联手逼伊拉克政府屈服。美国政府利用库尔德打击萨达姆由来

---

① Jeremy Ashkenas, "Rex Tillerson's Maverick Oil Diplomacy", *The New York Times*, January 11, 2017.

② Stephen Snyder, "How A Rex Tillerson Oil Deal Nearly Sparked An Iraqi-Kurdish War", wvxu. org/post/how-rex. , January 6, 2017.

已久。萨达姆已被绞死，小布什政府也有此盘算，只是埃克森美孚的行为过分暴露，在一定程度上影响了小布什政府当时的对伊拉克政策。

全球政策论坛援引《纽约时报》的消息透露："小布什政府一直在幕后工作，确保西方进入伊拉克石油的道路畅通。美国政府顾问和私人顾问向伊拉克政府和 5 个西方石油巨头提供了合同范本，并对那些备受争议的合同提供了详细的起草建议。""当美军准备撤离伊拉克的时候，美国前官员争先恐后与伊拉克盛产石油的库尔德地区建立强有力的政治和商业关系。在不断增加的名单里有美国驻联合国前大使和美国驻伊拉克前大使扎尔梅·哈利勒扎德。他担任伊拉克库尔德斯坦投资委员会顾问。许多前官员还表示支持库尔德的建国权力。"①

2008 年 4 家西方石油巨头埃克森、BP、壳牌和道达尔如愿以偿重返伊拉克。2009 年的两场招标以后，埃克森美孚不仅获得东南部大油田西库尔纳—1 号，还非法闯入北部库尔德地区；BP 占据着南部鲁迈拉大油田；壳牌除得到南部迈季嫩油田的开发合同外，还与日本三菱公司签订 25 年合同，合伙收集伊拉克南部几个大油田的伴生气；美国第二大石油巨头谢夫隆、法国的道达尔、意大利的埃尼等石油巨头也纷纷紧随埃克森美孚的脚步先后进入库尔德地区。

英国的 BP 历史上是四巨头中老大。经过几十年较量，它的地位已被埃克森美孚取代。BP 在第一次招标会上对伊拉克南部鲁迈拉大油田竞标成功后基本守法。在埃克森美孚因和库尔德签署油气合同与巴格达闹翻后，BP 发言人声明："BP 没有与库尔德地区政府谈论类似的交易。我们对我们在伊拉克得到的一切，即我们承诺开发世界第四大油田——鲁迈拉感到非常高兴。"②

1975 年蒂勒森从得克萨斯大学毕业获土木工程学士学位后即进入埃克森美孚。在长达 41 年的时间里他的足迹遍布全球，经常能通过各种手段在一些政治动荡的国家签署石油协议，可谓无往不胜。或许由于蒂勒森背后

① James A. Paul, "Oil in Iraq", Global Policy Forum, December, 2002, www.globalpolicy.org/p.
② Hassan Hafidh and James Herron, "Exxon Mobil May Lose Other Iraq Oil Contract On Kurdish Deal", *Dow Jones Newswires*, November 11, 2011.

有埃克森美孚这个强大的石油巨头做靠山和超强的商业头脑和巧妙的实践能力，他获得美国第 45 任总统特朗普的赏识而出任国务卿。尽管蒂勒森在战后动荡的伊拉克得到了比其他石油巨头更多的好处，但未能顺风顺水，这是因为伊拉克已今非昔比。自 1966 年卡塞姆政权开始执行石油国有化政策，1972 年萨达姆政权赶走四巨头成立伊拉克国家石油公司以来，伊拉克靠石油工业逐步从贫穷落后走向繁荣富强，变成中东强国，所取得的成就深得人心。伊拉克普通百姓、代表民意的政府官员、有识之士和 200 万石油工人誓死捍卫这一来之不易的成果，阻止了四巨头等西方石油公司重新垄断伊拉克石油的图谋。

八　石油工人重登历史舞台

（一）重建工会

伊拉克工人运动历史悠久、经历坎坷。20 世纪 20 年代，从英国开始在伊拉克开采石油的时候起，伊拉克石油工人为保卫祖国石油权益和提高自身生活待遇，曾秘密进行过艰苦的斗争。在英国扶持的费萨尔王朝统治时期，工会积极分子因组织工人运动而被禁止活动或被投入监狱，但斗争并未停止。20 世纪 30 年代，由英国控制的电力、港口和石油等行业在内的国有企业职工纷纷组织工会，举行罢工或变相罢工，争取法律认可、提高工资和伊拉克独立。这些劳工运动最终成为伊拉克工人阶级反英斗争的基地。比较强大的石油工人队伍是伊拉克劳工运动的骨干力量。1948 年，约 3000 名伊拉克石油工人走上巴格达街头，手持标语高呼："我们石油工人要求归还被侵犯的权利！"[①] 1987 年，在两伊战争正酣时，萨达姆为巩固自己的统治颁发 150 号令，禁止一切工会活动，一些工人领袖转入地下、流亡或被杀，但工会组织仍在秘密活动。

2003 年 7 月，美国驻伊拉克最高行政长官布雷默废除了萨达姆政权的所有法律法规，唯独拒绝废除 150 号令。但各行各业工会组织如雨后春笋般出现。

---

① David Bacon, "Iraq's Workers Strike to Keep Their Oil", *Truthout Columnist*, June 9, 2007; Shawna Bader-Blau, "Iraqi Unions vs. Big Oil", *Middle East Report* (*MER*) 243.

2005 年 10 月成立的"伊拉克石油工会联合会"（Federation of Oil U-nions of Iraq），这是伊拉克石油工人的组织，影响最大；其次是"伊拉克工人委员会和工会联合会"（the Federation of Worker Councils and Unions in Iraq，FWCUI），这是伊拉克失业工人的组织，与伊拉克共产党关系密切，在反对美国入侵伊拉克的斗争中，它与"伊拉克石油工会联合会"携手共进。

"伊拉克石油工会联合会"的成立过程比较漫长。巴格达陷落后，两位"与伊拉克共产党有联系"的工会工作者阿卜杜拉·贾巴尔·马利基（Abdullah Jabbar al-Maliki）和法利赫·哈里德·沙伊德（Faleh Khaled Chayyid）立志将伊拉克南部的石油工人组织起来。他们遍访伊拉克国家石油公司的支柱——南方石油公司在 4 个省的各个油田，与油田管理人员协商后在各基层单位成立了"工会委员会"。[1] 2003 年 4 月 20 日，200 名来自各油田"工会委员会"的石油工人代表秘密集会，酝酿组建伊拉克南部以巴士拉为中心的"石油职工总工会"（the General Union of Oil Employees，GUOE）。2004 年 6 月"石油职工总工会"正式成立。南方石油公司工程车间主任哈桑·朱马·阿瓦德·阿萨迪（Hassan Juma'a Awad al-Assa-di）当选主席。2005 年 5 月"石油职工总工会"在巴士拉举行秘密会议，反对伊拉克石油私有化。当年 7 月和 8 月先后两次组织小规模石油工人罢工。10 月，"石油职工总工会"改称"伊拉克石油工会联合会"。它不仅吸收当地石油工人，还吸收共产党人、民主人士、伊斯兰教主义者和其他人士参加，先决条件是：工会进行活动时，政党和宗教活动必须停止。[2] "伊拉克石油工会联合会"是伊拉克反对石油私有化的中坚力量，是为几百万伊拉克工人获得应有权利而呐喊的少数组织之一。[3]

"伊拉克石油工会联合会"是以巴士拉为中心的伊拉克南部石油工人的地区性组织。这个地区是伊拉克重要的石油生产基地，在 20 世纪 70 年

[1] Greg Muttitt, *Fuel on the Fire—Oil and Politics in Occupied Iraq*, The Bodley Head, London, 2010, p. 75.

[2] Ibid. ; Wikipedia: Federation of Oil Unions in Iraq.

[3] "Oil in Iraq", Global Policy Forum, www. globalpolicy. org/p.

代，石油最高日产量达 276 万桶，占当时伊拉克石油总产量的绝大部分。①
2006 年 7 月日产量增加到近 300 万桶。"伊拉克石油工会联合会"在全国
的影响力不言而喻。

（二）工会主席哈桑

哈桑 1974 年进入南方石油公司当工人，30 年后当选为"伊拉克石油
工会联合会"主席。他是反对萨达姆政权的"主要活动家"，1991 年海湾
战争期间他因参加南部什叶派反对萨达姆政权的行动而锒铛入狱 3 个月，
之后在公司总部所在地巴士拉因勇敢战斗而声名远扬。作为工会主席，他
有 3 项主要任务：恢复石油生产、保护石油工人利益和防止外国人控制伊
拉克石油。伊拉克战争爆发后，哈桑密切关注美英军队火速占领油田的情
景。他亲眼看到哈里伯顿公司子公司——凯洛格·布朗·鲁特公司紧随美
英军队进入油田的场面。哈桑说："我们担心（美军）占领的目的是控制
伊拉克石油工业。我们自己不组织起来就不可能保护我们几代人一直呵护
的石油工业。作为石油工人，我们的责任就是保护石油设施，因为它们是
伊拉克人民的财富。"②

2005 年 2 月，格雷戈·穆迪特到伊拉克南部城市巴士拉采访了哈桑。
他的采访记录说：

> 这位具有 32 年工龄的矮胖老石油工人 50 多岁，月薪约 200 美
> 元，勉强维持 6 口之家。根据伊拉克计划部的统计，伊拉克有半数
> 以上的人失业。2006 年 2 月，伊拉克劳动部的研究报告称，1/5
> 的伊拉克人，即 200 万个家庭生活在贫困线以下，一天收入不到 1
> 美元。
>
> 哈桑说："伊拉克是一个很富裕的国家，但伊拉克人民却很贫
> 穷。"哈桑说话的语气平静并带有权威性，让你很想听下去。他说，
> 正是由于富裕，伊拉克便成为西方的瞄准目标。但是，伊拉克石油工

---

① Wikipedia：South Oil Company.

② Greg Muttitt, *Fuel on the Fire—Oil and Politics in Occupied Iraq*, The Bodley Head, London, 2010, pp. 73, 75, 76；Wikipedia：Federation of Oil Unions in Iraq.

人将成为西方接管和吞并伊拉克石油这一图谋的主要障碍之一。

　　哈桑领导的工会代表着伊拉克南部一半以上的石油工人。现在"石油职工总工会"正站在保卫伊拉克石油资源、反对掠夺成性的跨国公司的最前线。哈桑相信，维护石油资源的主权对伊拉克的未来发展极其重要，说："必须把石油掌握在伊拉克人的手中，因为石油是我们拥有的唯一自然资源，它有巨大的价值，我们的经济依靠它。"①

　　2005 年 5 月，哈桑邀请全国 150 名石油工人前往巴士拉讨论石油私有化问题。这是战后伊拉克石油工人第一次聚会。会议地点在南方石油公司文化中心。会场主席台上方悬挂着横幅标语："重振公共部门，建立一个没有私有化的伊拉克。"与会代表强烈要求当局公布石油法草案，"让公众进行详细审查……伊拉克人民拒绝闭门决定他们的石油命运"。会后发表的联合声明强调："伊拉克公共企业是 1958 年 7 月 14 日革命以来伊拉克人民取得的成就的象征之一。它是全体伊拉克人民创建的，是他们的共同财富……与会者相信，石油和工业部门私有化或者这些部门的任何部分的私有化，都会给伊拉克人民和他们的经济带来巨大伤害……伊拉克民众坚决反对把伊拉克石油的控制权交给外国石油公司。这些公司的目的是以牺牲伊拉克人民的利益为代价、通过不公平的长期石油合同掠夺伊拉克国家财富，这会损害国家主权和伊拉克人民的尊严。"声明呼吁伊拉克议会议员阻止将公共公司私有化的任何企图和行为。② 哈桑说："当权者声称私有化有利于发展我们的石油部门。但我们根本不认为只有私有化才能发展。我们认为将石油部门私有化的任何计划都是大灾难。"③

　　2006 年 7 月 17 日，伊拉克南部巴士拉的石油工人举行大罢工，要求

①　Steven Hiatt（ed.），*A Game As Old As Empire*，Berrett-Koehler Publishers, Inc, 2007, pp. 135, 136.

②　Greg Muttitt, *Fuel on the Fire—Oil and Politics in Occupied Iraq*, The Bodley Head, London, 2010, pp. 151, 153; Shawna Bader-Blau, "Iraqi Unions vs. Big Oil", *Middle East Report*（MER）243.

③　Greg Muttitt, *Fuel on the Fire—Oil and Politics in Occupied Iraq*, The Bodley Head, London, 2010, p. 148.

增加工资。输往巴格达的一条成品油管道被关闭。当年 8 月，巴士拉地区石油工人工资提高，成品油管道重新开通。

12 月 10 日，伊拉克全国 5 个石油工会组织的 18 名领导人参加在约旦首都阿曼举行的"专题讨论会"，研讨伊拉克石油形势。其中两个工会组织是在萨达姆时期转入地下、2005 年重整旗鼓的伊拉克共产党领导下成立的，会员总数达 80 万人。与会者中有逊尼派、什叶派、库尔德人和其他阿拉伯人。哈桑与 3 名伙伴代表"伊拉克石油工会联合会"参加了会议。会后发表声明强调："我们强烈反对把我们的石油财富私有化，我们也强烈反对产量分成协议。对此没有讨论的余地。这是伊拉克老百姓的要求，私有化是不能跨越的红线。"①

"伊拉克石油工会联合会"发展迅速，成立两年后，成员增加到 23000 人。

（三）反对石油法

2007 年，伊拉克石油工人的斗争重点转入反对石油法草案。

2007 年 2 月 20 日，"伊拉克工会委员会联合会"（the Iraqi Federation of Union Councils）主席苏布希·巴德里（Subhi al-Badri）对一家电视台发表讲话说："如果伊拉克议会通过这部石油法草案，我们就举行暴动。"他说："石油法草案是个可能杀死我们每个人的一颗炸弹。伊拉克石油不属于任何一方，它世世代代属于伊拉克。"②

2007 年 2 月伊拉克内阁批准美国版石油法草案后，"伊拉克石油工会联合会"便开始了反石油法运动。2007 年 5 月 13 日，哈桑致信美国国会，要求撤销石油法、美军撤离伊拉克。信中说："尽人皆知，伊拉克石油法草案不是为伊拉克人民服务。它是牺牲伊拉克人民利益、为布什和他的支持者以及外国公司服务的。美国声称它是作为解放者来到伊拉克，而不是来控制我们的资源。"信件要求美军结束对伊拉克的占领，"但不能以伊拉克的石油作为代价"。信件说，伊拉克工会已被禁止参加石油法的秘密讨

---

① Greg Muttitt, *Fuel on the Fire—Oil and Politics in Occupied Iraq*, The Bodley Head, London, 2010, pp. 230, 231.

② "Iraq Unions Vow 'Mutiny' Over Oil Law", Baghdad (UPI), July 20, 2007.

论，如果石油法获得通过和实施，工会将上街抗议。①

2007年5月16日，哈桑要求总理马利基改善石油工人的生活条件，允许工会参与讨论石油法起草工作。马利基未予理睬。6月4日清晨，巴士拉管道公司约600名管道工开始罢工，关闭了输往巴格达炼油厂的一条输气管道。清晨6点半，"伊拉克石油工会联合会"所属"伊拉克管道工会"（Iraqi Pipeline Union）举行大规模罢工和游行，关闭了巴士拉地区油田14条原油管道支线。罢工工人对马利基喊话：如果他拒绝满足工人们的要求，就关闭直通巴格达的第48号原油管道干线。马利基发火了，立即派军队赶往巴士拉包围了罢工队伍，并对罢工的组织者发布逮捕令。美国战斗机在罢工队伍上空轰隆隆盘旋进行威胁。罢工进行到第二天，马利基宣称他正派代表团到巴士拉与"伊拉克石油工会联合会"代表进行谈判。罢工暂时停止。作为条件，"伊拉克石油工会联合会"表示将罢工推迟5天继续举行。"石油工人没有被吓倒。'伊拉克石油工会联合会'现在仍然是伊拉克石油工业最热心的守护者。"② 2007年7月17日，伊拉克南部数千名石油工人举行为期一天的罢工，要求政府提高工资水平。南方石油公司发言人贾西姆说："今天的罢工是和平的，如果巴格达中央政府不满足石油工人的要求，石油生产将被终止，南部的石油专家也将停止工作。"③

最终，马利基政府同意吸收全国各石油工会代表参与讨论石油法起草工作。但事实证明这只不过是为了拖延时间欺骗石油工人的空话。

当年9月，"伊拉克石油工会联合会"表示，如果议会通过石油法草案，它将关闭伊拉克南部全部输油管道。④ 这一行动的后果非常严重，不但导致主要炼油厂关闭，巴士拉港口的石油出口也将瘫痪。巴士拉市是2003年3月美英军队入侵伊拉克的第一站。伊拉克唯一能出海的石油中转

---

① David Bacon, "Iraq's Workers Strike to Keep Their Oil", *Truthout Columnist*, June 9, 2007.

② "Iraqi Workers Strike Against Oil Law", Published on Global Nonviolent Action, nvdatabase. swarthmore, June 11, 2007; David Bacon, "Iraq's Workers Strike to Keep Their Oil", *Truthout Columnist*, June 9, 2007.

③ 《伊拉克南部数千石油工人罢工 要求提高工资》，新华社巴格达2007年7月17日电。

④ Christopher M. Blanchard, "Iraq: Oil and Gas Legislation, Revenue Sharing, and U. S. Policy, Prepared for Members and Committees of Congress", *Congressional Research Service*, April 2, 2008.

站"巴士拉石油中转站"（Al Basrah Oil Terminal）就建在离波斯湾 55 公里处，伊拉克大部分石油从这里出口。它也是实力雄厚的南方石油公司总部所在地。从 2003 年到 2009 年年初，"巴士拉石油中转站"由美英军队重兵把守，2009 年 4 月 30 日改由伊拉克海军驻守。美国电影《肮脏的战争》（Dirty Wars）的导演里克·罗利（Rick Rowley）2007 年到巴士拉，对当地政治、经济、社会情况进行了广泛深入的调查研究。他的结论是："巴士拉就是伊拉克经济。伊拉克 80% 已探明石油储量在巴士拉。2006 年巴士拉出口总值 310 亿美元，占联邦预算的 93%……没有巴士拉，巴格达中央政府就得崩溃。"①

（四）与美国两巨头较量

时任美国副总统切尼曾掌管的哈里伯顿公司是随美军进入伊拉克的第一家美国能源公司。它随身携带被占领当局给予的非招标"私下合同"迅速进入伊拉克南部产油区，控制了油井和钻机，扣压了重建援助基金，试图以此手段强迫石油工人投降，但遭到强烈抵抗。2003 年 8 月，当地石油工人连续 3 天停止石油出口，切断了政府收入。这家公司被迫离开了。②

小布什政府授予哈里伯顿在伊拉克执行两项任务：一是为 13 余万驻伊美军提供后勤服务；二是维修伊拉克油田。2003 年 3 月伊拉克战争爆发前夕，五角大楼与哈里伯顿公司秘密签署《恢复伊拉克非招标石油合同》（no-bid Restore Iraqi Oil contract，RIO），承包费 24.1 亿美元。2004 年 3 月，根据"恢复伊拉克石油"（Restore Iraqi Oil）计划，小布什政府与两家美国公司达成秘密协议：一是由哈里伯顿负责维修伊拉克南部油田；二是由帕森斯公司（Parsons Corporation）负责维修伊拉克北部油田和一些民生工程，承包费 2.43 亿美元。这家公司是美国最大的工程技术公司之一，总部设在加利福尼亚州的帕萨迪纳（Pasadena）。

由于战争爆发后油价飞涨，哈里伯顿的董事会成员个个眉飞色舞，仅仅 3 年，公司股票价格就增长 4 倍，哈里伯顿管理层人员也赚得盆满钵满，他们在公司的股票市值总计至少增加 1.04 亿美元。这家公司在伊拉克赚的

---

① Rick Rowley, "The Battle for Basra & Iraq's Oil", *Democracy Now*, December 6, 2007.

② David Bacon, "Iraq's Workers Strike to Keep Their Oil", *Truthout Columnist*, June 9, 2007.

巨额利润是"在血汗工厂雇用亚洲劳工和拒付工伤赔偿换来的"。①

哈里伯顿想在伊拉克发财的计划并非坦途。

哈里伯顿企图用自己雇用的亚洲劳工取代伊拉克石油工人的计划受阻。为了降低成本,这家公司从巴基斯坦、印度、菲律宾等28个国家招募了3万工人进入伊拉克。他们的工资很低,只相当于美国工人的1/10。负责维修巴士拉南部石油设施的哈里伯顿子公司——凯洛格·布朗·鲁特公司试图用这些"进口劳工"取代伊拉克石油工人。"伊拉克石油工会联合会"组织罢工坚决抵制,计划未能得逞。②

哈里伯顿最担心在伊拉克的美国员工的人身安全得不到保障。自2003年3月伊拉克战争爆发到2005年1月,共有68名哈里伯顿职工在伊拉克和科威特被打死。公司许多员工没有完成一年雇用期合同就提前返回美国。路边炸弹、迫击炮、火箭弹、子弹和不断的绑架威胁让他们恐惧不已。甚至那些提前回国、未受伤害的员工也被战争的噩梦久久纠缠,挥之不去。③"伊拉克石油工人被哈里伯顿的行为所激怒,他们的合同被解除,他们不能做分内工作,结果导致哈里伯顿员工的安全受到了威胁。……是该让哈里伯顿回家、结束支持对伊拉克占领的时候了。"④

这家公司的主要专业在能源领域,但在伊拉克,它还要建设军事基地,为驻伊拉克美军后勤服务,包括吃喝拉撒、洗衣、理发等。2005年9月20日,哈里伯顿车队从巴格达以北80公里处巴拉德市(Balad)附近的美国空军基地——阿纳康达营(Camp Anaconda)出发执行后勤任务。这里不仅是美国在伊拉克的最大军事基地之一,也是美军补给车队的主要转运站。车队从基地出发后中途遭遇伏击,3名美国卡车司机当场被击毙,1名守卫油田的伊拉克石油工人死亡。车队司机紧急呼吁美军前往救援,但遭拒绝。侥幸生还的司机回国后上诉无果。"卡车司机们死了,但过失致

---

① "Alternative Annul Report On Halliburton", www. halliburtonwatch. o, May 2006.

② "Halliburton Employs the World's Poor to Make A Killing in Iraq", www. halliburtonwatch. org, July 1, 2004; Shawna Bader-Blau, "Iraqi Unions vs. Big Oil", *Middle East Report*(MER)243.

③ "Want A Job in Iraq with Halliburton? Think Again", Halliburton www. watch. org, January 18, 2005.

④ "Alternative Annul Report On Halliburton", www. halliburtonwatch. o, May 2006.

人死亡的诉讼却被驳回。"此事在美国引起轰动。①

2004 年 6 月 2 日，美国国会总审计室批评国防部在 2003 年 3 月未经公开竞标便与哈里伯顿签订 70 亿美元伊拉克油田合同，说国防部的这一行为"违反了联邦采购原则"。合同主要内容是恢复伊拉克的石油基础设施。②

哈里伯顿进入伊拉克 1 年后的 2004 年 10 月，联邦调查局开始对"五角大楼向切尼当家的前公司哈里伯顿授予伊拉克合同是否违法展开调查"。③ 总部在加利福尼亚州旧金山的研究团队"企业调查"（Corp Watch）以"哈里伯顿之后的伊拉克"为题发表专题文章，批评哈里伯顿"有无数不适当和腐败的案例，它不仅骗走了未经许可的数以亿计美元支出，还提出高要价。这些情况引起军事审计师的怀疑。尽管如此，五角大楼还是支付了"。哈里伯顿除了为驻伊拉克军队提供后勤服务外，还为美军建设了 5 个大军事基地。5 年来，国防部向哈里伯顿支付金额高达 200 亿美元。

文章说，国防部以管理不善、收费过高和对军事调查人员态度怠慢为由，撤销了国防部在非招标中给予哈里伯顿的"军事后勤合同"，将这些合同公开招标。

合众国际社感叹："现在哈里伯顿走了。我们如何向伊拉克人交代呢？哈里伯顿曾向伊拉克人承诺：它要恢复他们的油田，这样他们就可以谋生。军方的统计认为，哈里伯顿做得很糟糕，由此造成的混乱局面使伊拉克每年石油产量损失 80 亿美元。哈里伯顿在伊拉克北部'恢复伊拉克石油工程'（Restore Iraqi Oil Project）项目中所扮演的角色也被取消了，但这只是在伊拉克人民为这一拙劣的工作付出数十亿美元之后。哈里伯顿另一项任务也没有完成：在伊拉克南部港口安装计量系统，以确保原油不再被走私到国外。"④

美国舆论称："伊拉克石油工人是石油工业的脊梁，石油工业创造了他们国家的主要财富。自从美国入侵、萨达姆倒台以来，他们组织了自

---

① "Goodbye, Houston", An Alternative Annual Report on Haliburton, May 2007.

② Michael Howard, "FBI Investigates How Iraq Contracts Were Given to Halliburton", *The Guardian*, October 29, 2004.

③ Pratat Chatterjee, "Iraq After Halliburton", *Special to Corp Watch*, July 12, 2006.

④ "Halliburton Iraq Oil Contract Under Fire", UPI, June 2, 2004.

己最强大、最直言不讳的工会。在美国占领期间他们拒绝石油生产，成功地挑战了哈里伯顿，迫使它离开了伊拉克。之后，为了制止伊拉克政府签署不利合同，把伊拉克石油实际上交给外国跨国公司，他们关闭了石油管道。"①

美国最大的建筑与工程巨头贝克特尔公司也遭到与哈里伯顿公司同样的命运。伊拉克战争爆发前几周，"布什政府挑选少数老朋友和最亲密的盟友，研究自马歇尔计划以来最大规模的伊拉克重建投标事宜。名单上处于首位的是加利福尼亚的贝克特尔公司。舒尔茨过去很长时间是，现在仍然是这家公司的雇员"。之前，美国国际开发署向小布什政府提交了一份详细的"征询方案"，秘密精选了一些与"国内最具政治人脉的公司"承担伊拉克重建任务。2003年4月17日，贝克特尔获得第一份合同，金额高达6.8亿美元。前文中提到，1983年拉姆斯菲尔德奉里根总统之命前往巴格达会见萨达姆总统的重要目的之一是说服萨达姆接受舒尔茨效劳的贝克特尔公司的建议，在伊拉克修建一条输油管道，但遭到萨达姆拒绝。现在萨达姆死了，贝克特尔兴高采烈地跟随美军来了。这家美国建筑业巨头这次不是为修建管道而来，因为这个任务小布什政府已经交给了哈里伯顿。这次是来修复市政供水、污水处理和供电系统，维修或重建机场设施、公路、铁路、政府大楼、学校、医院，还有伊拉克南部唯一一通向波斯湾的出海口——乌姆盖斯尔港（Umm Qasr seaport）。合同总投资6.8亿美元，不需要美国出钱，先由美国垫付，然后用伊拉克石油出口收入偿还。这一内部招标消息刚刚泄露，一片谴责声便传遍美国大街小巷、国会甚至国外，说这是"政治任人唯亲"，"裙带资本主义"。② 可见，这笔交易与哈里伯顿获得合同一样，也是暗箱操作，是在幕后交易中达成的，没有公开和透明的竞标程序，内容也是保密的。前里根政府国务卿乔治·舒尔茨是贝克特尔公司的高级顾问和董事，也是2002年成立的"解放伊拉克委

① David Bacon, "Iraq's Oil Workers Walk Off Drilling Rigs and Take to the Streets", *Truthout*, www.truth-out.org/news, December 19, 2013.

② A Collaborative Report by Public Citizen Global Exchange Corp Watch, "Why the Corporate Invasion of Iraq Must be Stopped", www.globalexchange.org, June 2003.

员会"顾问委员会主席。"这笔交易仅仅是有关战争暴利和政治裙带关系的整个故事的冰山一角。"①

2003 年 4 月 18 日新华社驻华盛顿记者谭卫兵以"伊拉克重建首个大项目：美公司中标内有乾坤"为题发表消息说："贝克特尔集团之所以能够在竞争激烈的美国国内和国际建筑市场立于不败之地，关键是善于对各种'人才'进行长线投资，特别是对政治'人才'的投资。……伊拉克重建被许多人看作一块诱人的蛋糕，而切蛋糕的刀自然是由美国政府牢牢握着。如何切，以及切给谁，全由操刀人说了算。"一针见血！

在中东地区，伊拉克的水资源最丰富，漫长的底格里斯河和幼发拉底河是西南亚最大的河流体系。但从 20 世纪 70 年代以来，两条河的流量逐步减少，加上两场战争和全面禁运，两条河上的水利、发电、污水处理等基础设施基本瘫痪。伊拉克百姓守着大河却遭受断水断电之苦。

哈桑家住在巴格达以南驱车约一小时的小村庄里。由于污水处理系统瘫痪，严重污染水源，民间出现了霍乱、腹泻和肾结石等疾病。贝克特尔前去伊拉克南部修复水资源工程的消息传来，哈桑很高兴，但不久就失望了。他说："我们欢迎公司来我们这里，我们也能为它们工作。可是，公司在哪里？它们并没有给我们带来任何帮助。……贝克特尔没有采取行动。"哈桑的小村庄既没有自来水，也缺电，一天也许只供电 2—4 小时，供居民发动自家泵抽出饮用水。哈桑说："这就像萨达姆时代，实际上，情况更糟。现在我们拥有的水量比以前更少了。我们村里的人都患有胃病和肾结石。我们的庄稼正在枯死。"1991 年以前巴格达人均日供水量 450立升，其他地区平均 200—250 升。现在巴格达人均供水量下降至不足 10升，其他地区的百姓只能望梅止渴。②

为了争取利润最大化，贝克特尔层层转包，导致偷工减料、烂尾工程和严重浪费。除了恢复水电，修复与新建学校和医院也是贝克特尔的重点任务

① Bechtel, "Profiting from Destruction, Why the Corporate Invasion of Iraq Must be Stopped", *Corp Watch*, June 5, 2003.

② "Bechtel's Dry Run—Iraqis Suffer Water Crisis", A Special Report by Public Citizen's Water for All Campaign, with Dahr Jamail, www. citizen. org/docume, April 2004.

之一，总投资 5000 万美元。"布什总统和其他美国官员把重建和修复伊拉克学校看作美国主导的复兴的标志，是新一代伊拉克人希望的象征。……但看来贝克特尔对学校修复很马虎，还浪费。"美国少校琳达·沙夫视察她所管辖的 20 处贝克特尔修复的学校后发现，操场上有成堆危险的瓦砾、校内有草率的油漆工作和损坏的厕所。她感叹道："工作做得很糟糕。"伊拉克重建项目特别监察长斯图尔特·鲍恩（Stuart Bowen）2008 年 4 月 27 日发表的审计报告指出，许多重建工程合同没有按时完成，而有一些明明失败了的项目也被小布什政府说成是完成了。许多没有完成或只有部分完成的项目，也被美国政府宣称为完成了。报告以在巴士拉修建的儿童医院为例，称该工程仅完成 35% 就被认定完成，并且停工了。

贝克特尔的行为遭到了"伊拉克石油工会联合会"和广大人民群众的抵制、抗议甚至诉诸暴力。到 2006 年为止的 3 年间，贝克特尔公司员工死伤 101 人，其中死亡 52 名。2006 年 11 月，贝克特尔公司发布公告宣布："现在贝克特尔正从伊拉克撤走员工……由于伊拉克不断升级的暴力事件，许多项目被推迟了，还夺走了数以百计承包商的生命。"[①]

据美国驻伊拉克最高行政长官布雷默估计，3 年内伊拉克基础设施重建需要约 1000 亿美元，其中恢复电力系统需要 130 亿美元，修复供水系统需要 160 亿美元。这两项工程关系民生，是伊拉克市政工程重建的重中之重。

小布什政府对参加伊拉克重建计划的国家采取了排他性政策，它表面欢迎盟国参与重建，但基本上美国优先。对参加伊拉克重建计划的美国企业也是排他性的，基本上由那些与小布什政府有联系的巨头垄断。哈里伯顿和贝克特尔就是典型的例子。它们的掌门人或是白宫挚友，或是白宫周围的掌权人。

军事侵略之后接踵而来的必然是经济侵略。伊拉克战争为美国商业巨贾打开了经济入侵的大门。所谓伊拉克"重建"其实就是"经济侵略"的

① Larry Kaplow, US: Bechtel Criticized Over School Project in Iraq. Palm Beach-Cox News Service; Mil Arcega, Bechtel Corporation Pulling Out of Iraq, www.51voa.com/VOA_ StanWashington, DC, November 3, 2006.

代名词。美英石油巨头重返伊拉克，借助政商不分、裙带关系，哈里伯顿和贝克特尔等美国大企业以"重建"为名纷纷进驻伊拉克。它们的目的，不是为伊拉克人民造福而是赚大钱。这一点就连小布什政府也不得不承认。

（五）获美英反战工会支持

2005 年 5 月，伊拉克"石油职工总工会"在巴士拉召开的秘密会议结束后两周，哈桑和"伊拉克石油工会联合会"秘书长法利赫·阿布德·乌马拉（Faleh Abood Umara）以及其他两家工会组织的两位代表一起前往华盛顿游说。"美国劳工反战组织"（US Laber Against the War, USLAW）负责接待。2003 年 1 月，即伊拉克战争爆发前两个月，这个反战组织在芝加哥宣告成立，并迅速发展到全国，成为美国人民反战运动的重要组成部分。当时，它的附属单位已有 200 个，并不断发展壮大。[①]

在美国期间，以哈桑为首的代表团在华盛顿待了 5 天，会见了国会议员、反战分子和美国劳工联合会—产业工会联合会（The American Federation of Labor and Congress of Industrial Organizations, AFL-CIO, 劳联—产联）负责人。在随后的 10 天，代表团还分别访问了美国东、西海岸和中西部的 26 座城市，开展了 70 多次活动，宣传伊拉克石油工人的愿望。此次活动的组织者、"美国劳工反战组织"创办人之一、全国协调员迈克尔·艾森谢尔（Michael Eisenscher）对伊拉克石油工人的活动发表感叹说，"他们给人们留下了深刻的印象。在这之前，很多美国人对伊拉克工会或者说对伊拉克工人阶级的看法是抽象的。…… 经过这次与伊拉克工人交往，让人们相信，他们很像人类中一些真正的人"。艾森谢尔陪伴伊拉克工会代表在美国西海岸游说。他评论说，这些伊拉克石油工人代表"性格极其强悍，都是顶天立地的人。同时，他们一点儿都不自负。他们都唱主角……他们对自己的处境都做了很好的分析"。[②]

离开美国之前，代表团与"美国劳工反战组织"发表联合声明，反对

---

① Greg Muttitt, *Fuel on the Fire—Oil and Politics in Occupied Iraq*, The Bodley Head, London, 2010, p. 153.

② Ibid. , pp. 153, 154.

外国军队占领伊拉克、拒绝私有化、废黜 1987 年禁止工会令等。声明最后说："我们保证加强我们两国劳动人民之间的团结和友谊。"代表团离开美国后，"美国劳工反战组织"迅速开展了声援伊拉克工人的斗争。艾森谢尔和他的同事们呼吁美国工人以更强大的力量支持伊拉克工人兄弟，争取早日结束伊拉克战争。4 个月后，"美国劳工反战组织"向劳联—产联年会提交 16 项决议，呼吁小布什政府尽快结束对伊拉克的占领。经过"美国劳工反战组织"积极分子的艰苦努力，劳联—产联领导层终于妥协，同意接受这 16 项决议。这是"美国劳工反战组织"与伊拉克工会代表团交流的成果，也是美国公众反对伊拉克战争的转折点。艾森谢尔回忆道："在它 50 年的历史中，劳联—产联从未公开反对过美国任何种类的军事行动。在劳工运动中，许多人以为我们疯了，认为劳联—产联不会通过我们的决议。"①

2005 年 5 月，哈桑曾在一位英国反战人士的陪同下前往伦敦与英国反战人士和工会组织建立了联系，表达了他反对外国军队占领伊拉克的立场和组织抵抗力量的愿望。2007 年 6 月，哈桑再次前往伦敦，先后会见了英国反战工会领袖，访问了正在伦敦中心举行反战罢工的邮政工人纠察线。7 月 18 日，他应邀在"伦敦好友聚会厅"（Friends Meeting House in London）发表演讲，向 200 名与会者介绍了"伊拉克石油工会联合会"成立以来的斗争史，呼吁英国公众警惕美国瓜分伊拉克石油的企图。他说："美国要插手伊拉克石油财富，正向伊拉克政府施压，要它通过一项法律来抵押伊拉克的未来。"②

九　小布什政府的尴尬

小布什政府没有在伊拉克发现大规模杀伤性武器引起美国朝野不小的风波。人们对小布什发动伊拉克战争的目的产生怀疑，部分内阁成员悔不当初，分道扬镳；某些政府高官认罪并被判刑；有些国际知名人士也站出来谴责小布什政府。以下举几个典型的例子。

---

① Greg Muttitt, *Fuel on the Fire—Oil and Politics in Occupied Iraq*, The Bodley Head, London, 2010, pp. 154, 155.

② Simon Assaf, "Resisting the Plans to Control Iraq's Oil", *socialistworker. co. uk*, July 20, 2007.

（一）鲍威尔悔恨不已

在小布什政府中首先站出来谴责伊拉克战争的高官是国务卿鲍威尔。

鲍威尔是牙买加黑人后裔，他的先祖还有苏格兰血统。1937 年 4 月 5 日，鲍威尔出生于纽约市曼哈顿区。1958 年，他毕业于纽约市立大学，获地质学学士学位，1971 年获乔治·华盛顿大学经济管理学硕士学位。在大学学习期间，他参加后备役军官训练团（the Reserve Officers' Training Corps，ROTC），1958 年毕业后获少尉军衔；1962—1963 年，作为上尉军官参加越南战争；1968 年，已经升至少校的鲍威尔再度奔赴越南参战。1989 年 4 月 4 日升至将军。1972—1973 年，鲍威尔进入尼克松总统的白宫团队。1987—1989 年任里根总统的国家安全顾问；1989 年 10 月 1 日到 1993 年 9 月 30 日被老布什总统提拔为参谋长联席会议主席，军衔为四星级上将，指挥了 1991 年美国发动的第一次海湾战争。2001 年，小布什请他出山，任国务卿。

鲍威尔是美国历史上担任国务卿的第一位美国黑人。被美国政界和舆论界称作温和派的鲍威尔与小布什、切尼、拉姆斯菲尔德、沃尔福威茨等鹰派人物在如何解决伊拉克问题上分歧尖锐，私下或公开与他们唱对台戏，很不受欢迎，终于被迫提前辞职。《华盛顿邮报》说，小布什总统的白宫总管安德鲁·卡德出面要求鲍威尔辞职，因为"白宫不想要他"。①

早已对鲍威尔心怀不满的小布什在 2004 年总统大选中成功连选连任后，立即对鲍威尔下了逐客令。当年 11 月 12 日，鲍威尔向小布什提交了辞呈。2005 年 1 月 20 日离职。2004 年 11 月 17 日，《纽约时报》以"布什的革命"为题发表文章说：

> 科林·鲍威尔或许已经"辞职了"，但是您不要欺骗自己，是白宫不想要他。鲍威尔先生发表个人声明说，他和布什先生"达成了共同协议：我现在离开（国务院）是合适的"。
>
> 在这场外交政策格斗中真正的赢家是迪克·切尼。他从前的助手

---

① Wikipedia：Colin Powell.

之一斯蒂芬·哈德利将成为国家安全顾问。切尼在其（副总统）第一任期内多次考验过康朵莉扎·赖斯，她在国务院会很听话。

在同英国外交大臣杰克·斯特劳（Jack Straw）的一次谈话中鲍威尔先生沮丧地说，切尼、唐·拉姆斯菲尔德和保罗·沃尔福威茨这些先生们都是疯子。①

伊拉克战争进入 2004 年，国务卿鲍威尔带头抨击小布什，说他发动这场战争毫无根据。

本章"（十三）鲍威尔在安理会发言"一节中说过，2003 年 2 月，为了给美国发动伊拉克战争造势，鲍威尔在联合国发表了关于伊拉克问题的发言，指责萨达姆政权发展大规模杀伤性武器并与国际恐怖主义相勾结。

不久，鲍威尔发现他在联合国安理会的发言严重失实，后悔不迭。2004 年 1 月 8 日，在国务院举行的新闻发布会上鲍威尔承认，他在联合国安理会的发言指责伊拉克与恐怖组织有联系"没有确凿的证据"。他说："我没有发现罪证，没有发现双方有联系的具体证据。"②

2004 年 5 月 16 日，在美国全国广播公司"媒体见面"（meet the press）电视节目中，鲍威尔无奈地谈到他在联合国安理会的上述发言。他说，关于指控伊拉克拥有大规模杀伤性武器，"事实证明，情报来源是不准确和错误的，有些情报是有意欺骗的。我对此感到失望，我很抱歉。"

鲍威尔是小布什手中的一枚棋子，也是小布什为挽回面子、掩盖丑行的一只替罪羊。路透社就鲍威尔下台发表评论说："面对多疑的世界，国务卿鲍威尔是布什政府的一张慈眉善目的脸。……他是布什国家安全团队高级成员中唯一没有被邀请在 2005 年 1 月 20 日开始的总统第二任期留任的人。尽管鲍威尔有异议，在华盛顿的许多人坚信，他实际上是被解雇了。共和党强硬派认为鲍威尔经常削弱布什的传统观念。"③

---

① Nicholas D. Kristof, "The Bush Revolution", *The New York Times*, November 17, 2004.

② Christopher Marquis, "Powell Admits No Hard Proof in Linking Iraq to Al Qaeda", *The New York Times*, January 9, 2004.

③ Carol Giacomo, "Last Mission for Powell", Bush Team's Benign Face, Washington, Reuters, December 29, 2004.

2005 年 9 月 8 日（9 月 9 日播放），鲍威尔下台后首次接受美国广播公司著名节目女主持人芭芭拉·沃尔特斯（Barbara Walters）的电视采访。鲍威尔承认他在联合国安理会指责伊拉克拥有大规模杀伤性武器没有根据。在回答他在发言中提供的有关伊拉克拥有大规模杀伤性武器的情报时，他说，想起自己在那篇"臭名昭著"的发言中断言萨达姆拥有大规模杀伤性武器就感到"糟透了"。他说，事后证明，他的发言是错误的。当被问到他是否感觉这篇发言损坏了他的声誉时，鲍威尔说："当然是这样的。这是个污点。我是代表美国向全世界发言的，这个污点将永远是我履历中的一部分。我很痛苦。现在还很痛苦。"在回答他为何被错误情报误导时，鲍威尔说他事后才了解，中央情报局一些官员明知他发言所依据的情报不可靠，却没有明说。他对此感到十分震惊，说："这让我伤心欲绝。"鲍威尔还表示，他认为布什政府关于萨达姆政权与国际恐怖主义相互勾结的说法十分可疑。他从来就没有发现萨达姆与"9·11"事件有任何直接联系。不过，尽管他当时十分犹豫，但最终还是选择了支持发动战争。①

2005 年 12 月 18 日，鲍威尔接受英国广播公司采访时，批评副总统切尼和国防部部长拉姆斯菲尔德，说他们在美国 2003 年入侵伊拉克以前把他排除在关键性决策之外。他详细描述了伊拉克的所谓武器计划，说这都是子虚乌有，他在联合国的讲话给他个人带来"痛苦"，是他一生永远抹不掉的"污点"。②

2006 年 12 月 17 日，鲍威尔接受美国哥伦比亚广播公司"面向全国"（Face The Nation）栏目独家采访。他说，美国正在输掉伊拉克战争，向巴格达派遣再多的兵力也无法扭转这一趋势。他表示支持由李·汉密尔顿和詹姆斯·贝克领衔的"伊拉克研究小组"的估计，即伊拉克的形势是"严重的，而且日益恶化"。他还表示同意新任国防部部长罗伯特·盖茨的观

① "Colin Powell on Iraq, Race, and Hurricane Relief", ABCnews, September 8, 2005; Steven R. Weisman, "Powell Calls His U. N. Speech a Lasting Blot on His Record", *The New York Times*, September 9, 2005；杨晴川：《美前国务卿鲍威尔承认在伊战前发表不实言论》，新华网，华盛顿 2005 年 9 月 8 日电。

② The Australian, "White House 'Never Told' of WMD Doubts", *From Correspondents in London*, December 18, 2005.

点，认为美国没有赢得这场战争。[①]

2012 年 5 月 22 日，下台 7 年半的科林·鲍威尔出版新著《我赢定了——鲍威尔生活和领导的艺术》。在第四章，鲍威尔写道："2003 年，在联合国讨论伊拉克大规模杀伤性武器的会议上，我的演讲让我出尽了洋相，因为它缺乏事实依据，尽管当时我认为是建立在事实基础上的。"

在第六章的小标题"2003 年 2 月 5 日，我在联合国的讲演"中，鲍威尔写道：

虽然我向联合国和全世界发表的那篇著名的或者说臭名昭著的演讲，那篇关于伊拉克大规模杀伤性武器的演讲，已是多年以前的事了，但时至今日，我仍几乎每天都被问及或是读到关于它的内容。2003 年 2 月 5 日，我发表演讲的日期犹如我的生日一样烙进我的记忆中。这件事将会成为我讣告中的重要内容。

芭芭拉·沃尔特斯在我离开国务院后接受的第一次大型采访中问我："它是您从政史上的一个污点吗？"

我答："是的。而且我无力改变事实。"

大多数公众人物都有过一失足成千古恨的经历，他们更愿意忘记，希望自己变得健忘，但是做不到。

2003 年 1 月，伊拉克战争即将打响，布什总统认为需要将我们与伊拉克敌对的情况告知公众和国际社会。当时，布什总统认为战争已不可避免。他已经下定决心，尽管国家安全委员会还没有也始终没有开会集体讨论过这一问题。2003 年 1 月 30 日，在白宫椭圆形办公室，布什总统告诉我，是时候向联合国报告我们将与伊拉克开战了。

他选定的报告日期是 2 月 5 日，就在几天之后。

报告内容会涵盖多方面，从萨达姆政权糟糕的人权记录到它对联合国决议的违背，再到它对恐怖分子的支持。但是演讲的主要关注点是伊拉克的大规模杀伤性武器……

---

① Colin Powell, "We Are Losing In Iraq", CBS, December 17, 2006.

尽管我们的情报机构在伊拉克大规模杀伤性武器的具体内容上存在分歧，但在伊拉克人拥有这样一个计划上毫无争议。他们确信萨达姆持有并且正在制造大规模杀伤性武器。但联合国武器核查人员对此一直有所怀疑。

后来我才得知是副总统切尼的办公室主任斯科特·利比编写了那些毫无根据的结论，而非国家安全委员会的成员所为。几年后我才从赖斯博士那里获悉让利比来撰写报告是副总统的主意，她说副总统让律师出身的利比将"报告"当作律师诉状来写，而非情报评估报告。

情报评估报告提交的是由确凿证据得出的结论，而律师诉状的目的是要证明有罪无罪。……所以这份报告根本没有什么价值。

我的手下进入中情局与特尼特局长和他的助手约翰·麦克劳克林（John McLaughlin）以及他们的分析人员协同工作。他们连续干了四天四夜。每天夜里，我和赖斯博士以及其他白宫工作人员都加入进去，与他们一起干。会议室都被塞满了。我们花数小时回顾每一个细节，努力想出确凿的证据，去掉明显夸大了的事实或是证据不充分的说法。一些被去除的说法竟出自副总统切尼，他让我们将新报告向斯科特·利比的报告靠近，要我们重拾几个月前就已经摒弃的推断，如认为伊拉克应对"9·11"事件及其他恐怖活动负责，但我们情报机构的情报并不支持这些推断。

报告在我即将在联合国安理会做演讲的前一夜完成了，当时我们已经到达纽约。我的手下为报告忙活到深夜，特尼特和麦克劳克林也审阅了报告中的每一个字。

次日，在联合国安理会，我发表了长达一个半小时的演讲。演讲向全世界直播。布什总统坐在我的后面。……英国和西班牙外交部部长对我们接下来要采取的行动给予了支持，但法国外长表示反对。总体来说，我们似乎完成了一次有力的指证。

6个星期之后，战争打响了，巴格达4月9日被攻陷。最初的几个星期里没有发现大规模杀伤性武器。接下来的几个星期，数百名检查官进入伊拉克搜查。他们发现了分散的大规模杀伤性武器残骸，但未找到可以使用的大规模杀伤性武器。正如全世界所知道的那样，直到最后也没有发现大规模杀伤性武器，什么证据也没有。

尽管萨达姆·侯赛因有能力制造大规模杀伤性武器，但他手里确实没有储备这种武器。有阴谋论者猜想，萨达姆·侯赛因已经把大规模杀伤性武器掩埋了或是运往叙利亚了，但这些猜测也是没有根据的。

每个人都记得我在联合国的演讲。它对美国和世界都造成了巨大影响。它曾经让许多人相信我们选择了一条正确的道路。……我的演讲成了攻打伊拉克的假想的理由，除此之外，它还会留给人们其他的印象吗？

如果我们早知道伊拉克不存在大规模杀伤性武器，那么也就不会有那场战争了。

后来，我读到前中情局官员写的书和文章。他们在其中声称，得知我在联合国的演讲中使用了那些没有事实依据的推断时，他们感到非常震惊。

没错，我被惹恼了，而且我现在仍然很恼怒。……没错，当有博客指责我撒谎，指责我事先明明知道是不真实的信息还要采用的时候，我极其恼火。因为在这件事上我没撒过谎。没错，这是一个污点，这是一次失败，我将始终把它与我在联合国的这次演讲联系在一起。

但是我知道我必须把我的恼怒、痛苦和失望放在一边。我知道我必须带着这个污点继续生活下去。

这绝不是我第一次失败，但却是我最重大的失误，它造成的影响太大了。①

（二）布莱尔认错

时任英国首相的布莱尔多次为支持小布什推翻萨达姆政权进行自相矛

---

① ［美］科林·鲍威尔：《我赢定了——鲍威尔生活和领导的艺术》，张强译，湖南大学出版社 2013 年版，第 102、182—189 页。

盾的狡辩。与小布什就发动伊拉克战争达成秘密协议后，布莱尔说："伊拉克政权更迭将是一件很奇妙的事。"又说他支持小布什发动伊拉克战争只是为了消灭伊拉克的大规模杀伤性武器，而不是推翻萨达姆政权。在开战前后他多次与小布什唱一个调子：联军的使命是"解除伊拉克的大规模杀伤性武器，结束萨达姆·侯赛因支持恐怖主义，解放伊拉克人民"。①

2015 年 10 月 25 日，卸任 8 年后的布莱尔接受美国有线新闻网著名时政主持人法里德·扎卡利亚（Fareed Zakaria）的独家采访，为他在追随小布什发动伊拉克战争中犯下的一些错误道歉。扎卡利亚直截了当地问布莱尔："伊拉克战争是一个错误吗？"布莱尔答："我可以说，我们当时收到的情报是错误的，我为此道歉。虽然萨达姆对自己的人民和其他人使用过化学武器，但是我们所想的那种化学武器并不存在。"除了对伊拉克的情报有误抱歉以外，布莱尔还对以下情况表示道歉："在策划过程中发生了一些错误，当然还有我们错误地理解了推翻萨达姆政权后可能出现的变化。……我发现很难为推翻萨达姆道歉。我觉得，甚至 2015 年的今天回头看，萨达姆不在台上比在台上更好。"布莱尔承认，"有证据可以证明这一观点，即 2003 年入侵伊拉克是伊斯兰国（Islamic State of Iraq and al Shams，ISIS）崛起的主要原因。当然，你不能说，我们这些在 2003 年推翻萨达姆的人对 2015 年的形势没有责任。"他说："同样重要的是，首先要承认始于 2011 年的阿拉伯之春对今日伊拉克的影响；其次，事实上伊斯兰国兴起于叙利亚基地而不是伊拉克。"扎卡利亚问布莱尔，由于他决定出兵伊拉克而被称作"战争罪犯"有何感想时，布莱尔回答说他做了当时认为正确的事情。他说："现在，不管它是否正确，每个人对此都有他们自己的判断。"②

前面说过，布莱尔是小布什发动伊拉克战争的坚定支持者和参与者。自 2007 年 6 月 27 日他卸任首相职务后，追究他参与伊拉克战争的责任的说法如影随形，是多年来英国政坛争论的焦点。2009 年英国时任首相

---

① Wikipedia：2003 Invasion of Iraq.

② Jethro Mullen，"Tony Blair Says He's Sorry for Iraq War 'Mistakes', But Not for Ousting Saddam"，CNN，October 26，2015.

布朗（Gordon Brown）组建以约翰·奇尔科特（John Chilcot）爵士为首的调查委员会，对布莱尔决定出兵伊拉克是否正确进行调查。2016 年 7 月 6 日，奇尔科特宣布调查结果，认为布莱尔对发动伊拉克战争负有不可推卸的责任。

以下是新华社记者张建华当天以"英国公布伊拉克战争调查报告"为题从伦敦发回的报道：

英国 6 日公布的伊拉克战争调查报告说，英国伊拉克战争决策是基于"有瑕疵"的情报和评估，在发动战争之前，解决伊拉克问题的和平手段并未穷尽。

英国官方组建的伊拉克战争调查委员会主席约翰·奇尔科特当天公布了这份调查报告的概要。奇尔科特说，英国入侵伊拉克之前，以和平方式解决伊拉克问题的手段并未穷尽，军事行动并非当时万不得已的手段。

奇尔科特说，英国当时对伊拉克大规模杀伤性武器威胁严重性的判断并不成立，相关情报并不能确定无疑地证明时任伊拉克总统萨达姆·侯赛因在继续生产生化武器。

奇尔科特说，英国对伊拉克的政策是基于"有瑕疵"的情报和评估，上述情报评估却没有受到挑战。英国当时据以认定军事入侵伊拉克法律基础的情形"远不能令人满意"。

报告认为，英国低估了入侵伊拉克的后果，英国时任首相布莱尔当时已被明确警告在伊拉克采取军事行动将增大"基地"组织对英国的威胁，但战争带来的风险当时并未得到适当确认。

奇尔科特说，在 2003 年 3 月伊拉克战争爆发之时，萨达姆并未造成迫在眉睫的威胁，英国在伊拉克战争中的军事行动最后步入歧途，最终结果离"成功"相去甚远。

奇尔科特说，布莱尔高估了自己影响美国对伊拉克相关决策的能力，英国政府没有实现最初宣称的目标，却有超过 200 名英国人因这场战争死亡，伊拉克人民因战争承受了巨大痛苦。

奇尔科特指出，英国与美国的关系并不需要给对方"无条件"支持，未来任何干预行动的所有方面都应受到"严格的考量、辩论和挑战质疑"。

布莱尔当天召开记者会对该报告予以回应。他承认，发动伊拉克战争时所依据的情报评估是"错误"的，最终后果也比想象中更加"血腥和旷日持久"。

布莱尔说，决定参与美国领导的伊拉克战争推翻萨达姆政权，是其10年首相生涯中"最艰难、最重大、最痛苦"的决定，他对这一决定"承担完全责任，不会有例外和借口"。

布莱尔同时为发动伊拉克战争的决定辩解称，推翻萨达姆政权符合英国利益。

（三）美国核查失败

小布什政府一贯把布利克斯领导的联合国监核会和以巴拉迪为首的国际原子能机构看作影响它发动伊拉克战争的绊脚石，同时它也从不相信和承认这两个机构对伊拉克大规模杀伤性武器的核查结果。战争爆发后，小布什决定由美国组团重新核查伊拉克的大规模杀伤性武器。承担这一任务的是美国国防部和中央情报局合伙成立的"伊拉克调查团"（Iraq Survey Group，ISG），成员1400人，主要来自美国军队的4个兵种和联邦政府官员，还有英国和澳大利亚军事人员和政府官员。调查结果直接向美国国防部部长拉姆斯菲尔德汇报。

小布什指定美国武器核查专家戴维·凯（David Kay）为调查团团长。

1991年海湾战争结束后，从1991年到1992年凯曾作为联合国首席武器核查官员率团到伊拉克搜查并销毁大规模杀伤性武器。从2003年5月到2004年1月，凯率领他的团队在中央情报局和美国部队的密切配合下，对伊拉克进行8个月的拉网式调查。2003年"伊拉克调查团"的核查预算高达4亿美元，2004年又追加6000万美元。调查团在伊拉克全境拉网式搜查，挖掘了几百个怀疑有大规模杀伤性武器之处，但一无所获。凯大失所望，情绪低沉，2004年1月23日宣布辞职。他断定在伊拉克找不到大规模杀伤性武器储备，说："我不相信伊拉克有这种武器。"① 他反驳美国政界关于伊拉克在海湾战争后发展大规模杀伤性武器的观点，不认为在 20 世纪 90 年代伊拉克有发展大规模杀伤性武器的计划。2004 年 1 月 28 日，凯在联邦参议院军事委员会做证时说："我首先说，我们几乎都错了，当然也包括我自己。……按我的判断，我们都错了，这是最令人不安的。"②

当年 6 月 2 日，《纽约时报》以"政府的混乱"为题发表社论，生动地描述了小布什政府的窘境："凯的结论让小布什和他的高级国家安全顾问们寝食难安，日益绝望。他们花了一周时间，试图保护自己免遭凯做出的有害结论伤害，最后找到了对策。小布什昨天承认，'我们至今没有在伊拉克找到我们认为储存的大规模杀伤性武器，但美国在伊拉克的所作所为是正确的'。这是因为萨达姆先生过去用过大规模杀伤性武器，而且他还打算制造更多的大规模杀伤性武器。'我们不能坐等全世界面对这个威胁。我们必须通过打击这个敌人来保护和捍卫我们的国家。'"③

凯辞职后，小布什不甘心，亲自指定美国情报高官查尔斯·迪尔费尔（Charles Duelfer）接替凯继续去伊拉克搜索大规模杀伤性武器。

几个月来小布什一直在淡化凯的调查报告，呼吁美国人民等待凯的继任者——查尔斯·迪尔费尔的调查报告。

迪尔费尔是伊拉克武器核查老手。1993—2000 年，他是联合国监核会前身——"联合国伊拉克特别委员会"（UN Special Commission on Iraq, UNSCOM）执行副主席，从 2003 年到 2005 年 1 月 23 日，任联合国监核会副主席。迪尔费尔走马上任后，组成"伊拉克调查团"，成员有军人、情报人员和后勤人员共 1500 人。上任伊始迪尔费尔便断定，在伊拉克找到大规模杀伤性武器库存的机会"几乎等于零"。④ 经过 9 个多月的地毯式搜索，9 月 30 日调查报告出笼，10 月 6 日，迪尔费尔向国会提交了调查报告，取名"迪尔费尔报告"（Duelfer Report）。

---

① Wikipedia：Iraq Survey Group.

② Transcript，"David Kay at Senate Hearing"，www.cnn.com，January 29，2004.

③ "The Administration's Scramble"，*The New York Times*，February 6，2004.

④ Wikipedia：Iraq Survey Group.

迪尔费尔的结论与凯的结论一脉相承。10 月 7 日的《华盛顿邮报》透露，10 月 6 日，迪尔费尔在联邦参议院军事委员会举行的秘密听证会上做证时称，在美国发动战争前伊拉克没有生化武器和核武器，"在伊拉克问题上，我们几乎都错了"。小布什、切尼和政府其他高级官员在美国入侵伊拉克之前断言，伊拉克不但重新制订了核武器计划，还拥有化学和生物武器，并与基地组织的分支机构有联系，伊拉克可能向这些机构提供武器反对美国。但是，与萨达姆和他的副手们广泛交谈后，迪尔费尔认为萨达姆并非想用违禁武器攻击美国，而是试图以宣扬自己拥有大规模杀伤性武器，提高伊拉克在中东的形象，遏制伊朗。①

"迪尔费尔报告"长 900 多页，共分三卷：卷一，"萨达姆政权的战略意图"（Regime Stratategic Intent）；卷二，"运载系统"（Delivery Systems）；卷三，"伊拉克的化学战计划"（Iraqi's Chemical Warfare Program）。报告得出结论："伊拉克调查团没有发现萨达姆·侯赛因在 2003 年拥有大规模杀伤性武器库存。"

"迪尔费尔报告"得出的这一结论对小布什无疑是一记响亮的耳光，它彻底推翻了小布什指责伊拉克拥有大规模杀伤性武器以及其与基地组织有染的谎言，撕碎了小布什以此为借口发动伊拉克战争的遮羞布。

在"迪尔费尔报告"出笼后小布什连续发表讲话，竭力为发动伊拉克战争进行辩解，并给伊拉克扣上了新的罪名。

2004 年是美国总统选举年，民主党推出资深参议员、参议院外交委员会主席约翰·克里（John Kerry）与共和党在任总统小布什展开较量。竞争十分激烈。双方辩论的焦点之一是伊拉克战争。当年下半年，小布什与克里的竞争进入了决战时刻，正赶上"迪尔费尔报告"曝光之时。美国政界和舆论界批评小布什以莫须有罪名发动伊拉克战争的呼声此起彼伏，国内民众反战情绪日益高涨。"迪尔费尔报告"在这个关键时刻出笼为决意竞选连任的小布什的政治前途蒙上了阴影，于是他玩起了新花招儿，企图扭转被动。

2004 年 10 月 6 日，"迪尔费尔报告"公布前几个小时，小布什在宾夕法

① Dana Priest and Walter Pincus, "U. S. 'Almost All Wrong' on Weapons—Report on Iraq Contradicts Bush Administration Claims", *The Washington Post*, October 7, 2004.

尼亚州的维尔克斯—巴里（Wilkes-Barre）与克里展开竞选辩论时承认，美国的情报机构存在失误，他对迪尔费尔调查团没有在伊拉克找到大规模杀伤性武器深表失望。但他坚持为发动伊拉克战争进行辩解，说："自'9·11'事件以来美国不得不用新的观点来评估每一个潜在威胁……我们国家已经醒悟到，它面临着更加重大的危险前景，那些用劫持到的飞机屠杀几千人的恐怖分子将用灭绝人性的杀伤性武器来杀害更多的人。……我们必须严厉盘查恐怖分子可能获得这些武器的各个角落。最引人注目的一个政权就是萨达姆·侯赛因独裁统治。"《纽约时报》发表社论说，小布什的这番讲话"是企图降低调查报告中核心结论的政治影响"。①

2004年10月7日，小布什在前往威斯康星州进行竞选前，在白宫举行记者会，就"迪尔费尔报告"宣读"意外声明"。主要内容如下：

> 首席武器检察官查尔斯·迪尔费尔现在已经公布的综合报告证实戴维·凯早些时候得出的结论，即伊拉克没有大规模杀伤性武器；而我们的情报曾相信伊拉克有大规模杀伤性武器。
>
> 迪尔费尔报告还提供了有关萨达姆·侯赛因挑战世界和发展大规模杀伤性武器的意图和能力的新情报。
>
> 迪尔费尔报告说明，萨达姆正为实现其生产大规模杀伤性武器而进行着系统的博弈。
>
> 萨达姆这样做的目的是，一旦世界的目光从他身上转移后他就重新发展大规模杀伤性武器。
>
> 基于我们掌握的全部情报，我相信我们采取的行动是正确的，由于萨达姆·侯赛因被捕入狱，美国今天更安全了。他有生产大规模杀伤性武器的知识、材料、手段和意图，而且他可能将这些知识传给我们的恐怖主义敌人。
>
> 萨达姆·侯赛因是我们国家唯一的威胁和不共戴天的敌人，是在世界上最动荡地区支持恐怖主义的国家。

---

① Douglas Jehl, "U. S. Report Finds Iraq Was Minimal Weapons Threat in 03", *The New York Times*, October 6, 2004.

在"9·11"之后的世界里，萨达姆是我们必须面对的敌人。美国和世界由于我们的行动而更加安全了。

迪尔费尔报告清楚地说明，12年来我们和我们的盟国所搜集的大部分情报都是错误的。我们必须找出原因并改正这些错误。

在世界上存在许多威胁的时代，总统和国会议员赖以做出决定的情报必须更好，它一定会更好。

小布什一反常态，拒绝回答记者的提问。[①]

同一天，正在佛罗里达州迈阿密参加竞选的副总统切尼与小布什一唱一和，声称"迪尔费尔报告"虽然断定萨达姆政权的违禁武器在12年前的海湾战争后"已经被彻底摧毁"，但报告明确指出，"耽搁、推迟、等待不是一种选择"。切尼坚称小布什政府发动伊拉克战争是正确的，说一旦联合国取消对伊拉克的制裁，萨达姆就会全力以赴重操旧业，发展非法武器，因此他认为，美国没有理由推迟对伊拉克的武装侵略，也没有理由给联合国核查小组以机会去完成它的核查任务。[②]

也是在同一天，2004年10月7日，《纽约时报》以"判决了"为题发表社论说："凡是站在客观立场上的观察家现在已经领悟到，伊拉克对任何人都没有形成紧急威胁，更不要说对美国了。但令人不安的是，布什总统和迪克·切尼副总统本周继续企图为入侵伊拉克辩解。他们的理由是2001年9月11日以后，伊拉克明显地成了向恐怖分子提供非法武器最合适的场所。"社论说："几个月来，政府官员们企图扭转批评者对他们的指责，批评他们根据伪造的借口入侵伊拉克；政府官员们要求批评者等待迪尔费尔先生对伊拉克武器调查的裁决。现在，迪尔费尔的'伊拉克调查团'权威性调查结果，把政府发动伊拉克战争的基本理由批驳得体无完肤。"[③]

---

① Transcript，"Bush Responds to WMD Report"，*The Washington Post*，October 7，2004.

② William Branigin，"Bush, Cheney Say WMD Report Bolsters War Decision"，*The Washington Post*，October 7，2004.

③ "The Verdict Is In"，*The New York Times*，October 7，2004.

　　其实，小布什早在 2002 年就从中情局获取的情报中得悉萨达姆没有大规模杀伤性武器。据美国著名政治家悉尼·布鲁门撒尔（Sidney Blumenthal）披露，2002 年 9 月，时任伊拉克外交部部长萨布里在联合国参加有关伊拉克问题的辩论，中情局派遣负责收集萨达姆大规模杀伤性武器计划的特工携带保险装置前往纽约会见萨布里，代表中情局盘问了他。然后这位特工带着保险装置返回华盛顿向中情局副局长约翰·麦克劳克林汇报他询问萨布里的成果。这位副局长听了特工的报告后"很兴奋"。正是在这次与中情局的会见中，萨布里透露了萨达姆没有大规模杀伤性武器的准确情报。萨布里是中情局的有偿线人。他的行为是伊拉克的悲哀，萨达姆的悲哀。堂堂外交部部长居然成为美国中情局有偿线人！为了从他那里获得有关萨达姆发展大规模杀伤性武器计划的文件，中情局至少赏给他 20 万美元。美国通缉的伊拉克前政权官员 55 人黑名单中没有萨布里。这说明他是受美国保护的人。第二天，即 9 月 18 日，中情局局长特尼特在白宫椭圆形办公室向小布什报告"绝密情报"：根据两名中情局高官从伊拉克外交部部长纳吉·萨布里那里获悉：萨达姆没有大规模杀伤性武器。但小布什说这个情报"没有价值"，是"老调重弹"，甚至说这无非是萨达姆希望他也这么想。特尼特说："总统对这个情报没有兴趣。"小布什把这个绝密情报和特尼特造访白宫的信息严密封锁起来。特尼特也未重提过。4 年后这个绝密情报终于曝光。2006 年 4 月 23 日，前中情局欧洲秘密行动负责人泰勒·德鲁赫勒（Tyler Drumheller）接受美国哥伦比亚广播公司采访时透露，中情局关于萨达姆没有大规模杀伤性武器的绝密情报是萨达姆的亲信、外交部部长萨布里提供的。泰勒说，此时小布什的"政策已定，伊拉克战争正在逼近，寻找适合这一政策的情报工作正在进行中"。①

　　"迪尔费尔报告"与凯的调查报告证明：

　　1. 伊拉克发展大规模杀伤性武器只是一个梦。

　　2. 伊拉克把伊朗视作海湾地区的主要敌人，宣传发展大规模杀伤性武器的动机主要是威慑伊朗。

---

① Sidney Blumenthal, "Bush Knew Saddam Had No Weapons of Mass Destruction", www.salon.com, September 6, 2007.

3. 萨达姆没有把美国当作自己的"自然对手"。他希望重新改善与美国的关系。

4. 从 1991 年以来,萨达姆重新组织生产核武器的能力"逐渐衰弱"。调查团没有发现从那时以来伊拉克重新恢复可裂变物质或核武器研究、开发活动。

5. 伊拉克早在 1991 年就销毁了它储存的化学武器。

6. 伊拉克战争爆发前萨达姆政权与"基地"组织没有联系。

醉翁之意不在酒。小布什的终极目标不在于萨达姆有没有大规模杀伤性武器,而在于彻底推翻萨达姆政权。为发动一场战争寻找借口,他必须利用萨达姆拥有大规模杀伤性武器的假情报。

(四)批判小布什"16 个字"

2003 年 1 月 28 日,即伊拉克战争爆发前夕,小布什在国情咨文中说:"英国政府获悉萨达姆·侯赛因最近从非洲获得了大量铀。"这句话的英文共 16 个字。原话援引自 2002 年 9 月英国白皮书的一则关于萨达姆从尼日尔购买铀的假情报。从此小布什的这句话被简称为"16 个字"(The Sixteen Words),围绕它的争论被称为"16 个字的争议"("Sixteen Words" controversy)。① 美国舆论甚至认为这 16 个字改变了世界。

1. 美国大使痛批"16 个字"

美国外交家约瑟夫·威尔逊(Joseph Wilson)是美国资深职业外交家,非洲问题专家。1976 年到 1988 年他先后在 5 个非洲国家出任外交官或大使。他第一个赴任的非洲国家是尼日尔。1988 年到 1991 年任美国派驻伊拉克临时代办,是时任美国驻巴格达女大使阿普里尔·格拉斯皮(April Glaspie)的副手。1992 年到 1995 年,老布什执政时期,威尔逊先后任美国驻加蓬、圣多美和普林西比大使。1995 年到 1997 年任美国驻欧洲武装部队总司令的政治顾问。1998 年退休后被聘请担任克林顿总统的非洲政策特别助理和国家安全委员会非洲事务局首席主任。②

---

① News Letter:Weapons of Mass Destruction(WMD)—Iraq Survey Group Final Report,September 30,2004;Wikipedia:Iraq and Weapons of Mass Destruction;Wikipedia:Iraq Survey Group.

② Wikipedia:Joseph C. Wilson.

　　早在小布什发表国情咨文之前威尔逊曾奉命前往尼日尔调查英国指责伊拉克从非洲国家购买铀的情报，并向小布什政府汇报说这个情报子虚乌有。小布什不顾事实真相，在国情咨文中仍然利用这一假情报指责萨达姆拥有大规模杀伤性武器，这让威尔逊深感惊讶和愤怒。

　　2003 年 7 月 6 日，伊拉克战争爆发不久，威尔逊以"我在非洲没有找到"为题在《纽约时报》社论版发表文章批判小布什根据虚假情报对伊拉克开战。从此"16 个字"便成为美国政界和舆论界争论的焦点，一发不可收拾。威尔逊文章的主要内容如下：

　　　　布什政府是否操纵了萨达姆·侯赛因武器计划的情报，以证明对伊拉克的入侵是正当的？根据我在战争爆发前几个月与政府打交道的经验，我别无选择，只能得出这样的结论：关于伊拉克核武器计划的情报被歪曲了，它夸大了伊拉克的威胁。

　　　　2002 年 2 月一些官员在中央情报局通知我，说副总统切尼办公室对一则"特殊的情报报告"有疑问。我从未见过这个报告。官员们告诉我，它就是伊拉克在 1990 年年末从尼日尔购买轻加工矿石——黄饼铀的一份备忘录。中情局官员问我是否愿意前往尼日尔核实这个报告，以便答复副总统办公室。

　　　　经过与国务院非洲事务局并通过它与美国驻尼日尔大使巴布罗·欧文斯-柯克帕特里克（Barbro Owens-Kirkpatrick）商量后，我同意前往尼日尔。我承担的任务是严肃的，但绝不是秘密的。中情局支付我的费用。……我向每一位我遇到的人非常清楚地说明，我的尼日尔之行是代表美国政府的。

　　　　2002 年 2 月下旬我抵达尼日尔首都尼亚美（Niamey）……在随后的 8 天我会见了几十名现任政府官员、前任政府官员和该国与铀生意有关联的人士，与他们边饮香甜的薄荷茶边了解情况。不久我便得出结论：这场交易是否发生过，非常值得怀疑。

　　　　尼日尔铀矿由国际财团经营，因此从尼日尔往伊拉克运送铀极为困难。尼日尔国内的两个铀矿由法国、西班牙、日本、德国和尼日尔的企业共同经营。如果（尼日尔）政府想从一个铀矿运出铀，它必须通知财团，而财团又处于国际原子能机构的严密监视之下。此外，由于这两个铀矿受到严密监管，非政府实体出售铀还必须经尼日尔矿业部部长、总理而且可能还需要总统的批准。总之，对这个规模很小的行业，销售其产品的监督部门着实太多。

2002年3月初我返回华盛顿，立即向中情局详细汇报了调查结果。后来还向国务院汇报了。

我认为尼日尔的问题已经解决了，便回家过我的家庭生活。没想到2002年9月，尼日尔问题再次出现。英国政府发表白皮书声称，萨达姆·侯赛因和他的非常规武器构成紧迫威胁。作为证据，白皮书说伊拉克企图从一个非洲国家购买铀。

于是在2003年1月，布什总统援引这个英国档案，指控伊拉克试图从非洲购买铀。

副总统办公室就此提出了一个严肃的问题要求我给出回答。我回答了，而且我坚信我的答案在我们政府内的相关官员中已经广为传达了。现在的问题是我们的领导层是接受还是不接受我的答案。如果认为我的信息不准确，或者因为不符合关于伊拉克的某些成见而被忽略，那就可以得出合理的结论：我们是靠欺诈走向战争的。[1]

威尔逊在《纽约时报》撰文抨击小布什的16个字后，还在美国多家报纸发表文章以及接受电视、电台访谈，详述自己在尼日尔的调查结果。小布什政府恼火了，决定利用媒体重拳回击。[2] 2003年7月14日，著名专栏作家罗伯特·诺瓦克（Robert Novak）在《华盛顿邮报》上发表文章率先暴露威尔逊夫人瓦莱丽·普莱姆（Valerie Plame）的特工身份。文章说："威尔逊从未在中央情报局工作过，瓦莱丽·普莱姆则是中央情报局大规模杀伤性武器特工人员。两位政府高官告诉我，是威尔逊的妻子建议派他去尼日尔调查的。"文章还透露：威尔逊去调查伊拉克与尼日尔铀交易的

[1] Joseph C. Wilson, "What I Didn't Find in Africa", *The New York Times*, July 6, 2003.
[2] Wikipedia：Niger Uranium Forgeries.

背景之一，是与意大利提供的情报有关。2002 年年初，小布什政府获得的意大利情报部门的文件说，伊拉克企图从尼日尔购买铀……于是白宫、国务院、五角大楼、切尼等，都要求中央情报局对此进行调查。① 一场反击威尔逊的较量从此拉开序幕。

2003 年 10 月 13 日（提前出版）《新闻周刊》以"秘密和泄密"为题发表文章说："威尔逊的公开批评令政府官员们心烦意乱。他们匆匆忙忙地开始诋毁威尔逊的信誉"，谎称"威尔逊的任务没有得到中央情报局局长乔治·特尼特的授权……派遣威尔逊前往尼日尔的主意是他的妻子瓦莱丽·普莱姆提出来的。她是'大规模杀伤性武器方面的中情局特工'。事实上，普莱姆是以能源顾问身份出国活动的潜伏特工。暴露她的身份可不是一件小事，它结束了普莱姆作为一名特工的职业生涯，撕掉了她所在的能源公司的伪装，并导致所有与她打过交道的外国人陷入险境。泄露秘密特工的身份是一项违反联邦法律的罪行"。②

美国《时代》周刊说，威尔逊的文章"是在一个敏感的时候发表的。当时越来越多的人认识到，布什对伊拉克开战的理由——伊拉克拥有大规模杀伤性武器——是骗人的鬼话。处于恐慌状态的白宫企图以暴露瓦莱丽·普莱姆的特工身份来诋毁威尔逊，挽救小布什的声誉。白宫的这一做法具有犯重罪的潜在危险"。③

威尔逊及其夫人先后著书立说，对攻击和诬陷进行反击。2004 年威尔逊出版回忆录《真理的政治》（*The Politics of Truth*），第一章标题为"16 个字"，是该书的重点。主要内容如下：

> 作为具有多年非洲工作经验的前外交官，我曾被中央情报局要求去尼日尔调查尼日尔与伊拉克之间可能达成铀交易的有关报道是否可信。我没有发现支持这些谣言的任何事实。但是，当 2002 年 9 月第一次出现在英国白皮书的一则未经证实的消息不知为什么出现在 2003 年

① Robert Novak, "Mission To Niger", *The Washington Post*, July 14, 2003.
② 《美国〈新闻周刊〉介绍白宫泄密案的来龙去脉》，新华网，2003 年 10 月 8 日。
③ Joe Klein, "Karl Rove's Memoir: Act of Vengeance", *The Times*, March 11, 2010.

1月28日总统的国情咨文中时，我和两位来自美国官员的报告显然被蔑视了。面对国会、国家和世界，布什总统满怀自信地宣布：英国政府获悉萨达姆·侯赛因最近从非洲获得了大量铀。……然而，布什的自信是错误的。①

早在17个月以前，2002年2月初一个寒冷而晴朗的早晨，我被请上一辆轿车，从我在华盛顿特区的家经过波托马克河（Potomac River）行驶10分钟就到了中央情报局总部所在地——弗吉尼亚州的兰利（Langley），参加讨论尼日尔的铀工业。这次会议对我来说并非寻常。在23年的外交生涯中，我经常与中央情报局成员分享我对我工作过的国家的了解。②

20世纪70年代中期，我作为年轻的外交官在尼日尔工作过。很巧，当时正值尼日尔的铀生意蓬勃发展。我们在位于尼日尔首都尼亚美的美国使馆密切追踪这个问题。从1992年到1995年，当我任驻加蓬大使时，我和我的馆员也是这么做的。加蓬也是一个产铀国。两年后，在克林顿政府国家安全委员会工作时，我的责任范围之一是关注非洲铀工业。在我与非洲产铀国人士交谈中，都涉及铀工业。尼日尔是我几年来经常访问的国家，我对它总是有特殊兴趣。

总之，我熟悉尼日尔，熟悉它的铀工业，也了解它的领导人——私下关系是亲密的。因此毫无疑问，中央情报局认为我对尼日尔的观察力和意见值得重视。

我被护送到地下室的会议室里。……与会者来自情报界的非洲和铀专家，还有中央情报局和国务院的工作人员。

我的东道主宣布开会，简要介绍了邀请我与大家见面的理由。我被告知，一份声称尼日尔向伊拉克出售铀的备忘录的报告引起副总统迪克·切尼的兴趣。切尼办公室给中央情报局下达任务，要它去核实这一报告的真实性。……据估计，涉及的铀产品重量高达500吨，也可能是50吨。这是把铀矿石略微加工后形成的被称作黄饼的

---

① Joseph C. Wilson, *The Politics of Truth*, Carroll & Graf Publishers, New York, 2005, p. 2.
② Ibid., pp. 7, 8.

产品。①

由于我最后一次访问尼日尔是在两年前，所以我能提供的背景就与当前形势无关。尼日尔矿业部前部长是我的朋友，传说尼日尔向伊拉克出售铀产品的时候，他正好主管铀工业。我最后一次去尼日尔会见过他，并同他讨论了尼日尔经济中铀矿业部门的情况。我们没有具体讨论向国际财团成员国公司之外的国家出售铀产品的问题。这些公司来自法国、德国、西班牙和日本。尼日尔和这四国是这个财团的拥有者。财团和尼日尔矿产的所有者从未改变他们1/4个世纪以来的经营模式。自20世纪80年代中期加拿大一个主要矿山开始以更加低廉的成本生产铀以来，铀市场就崩溃了，这期间尼日尔实际上没有出售过铀。尼日尔的铀矿位于撒哈拉沙漠中部，远离港口，甚至远离用户。②

我回答了关于黄饼的安全和运输路线等主题。会议结束时问我是否愿意去尼日尔核实伊拉克从尼日尔购买铀产品的报告。如果报告可信，那就非常麻烦。在伊拉克军队被赶出科威特之前，我是最后一个会见萨达姆·侯赛因的美国外交官。我明白，对萨达姆保持控制态势至关重要……如果萨达姆突然冲破对他的控制，那确实是个非常严重的事情。

我想帮助我的政府了解这件事，但是在回答他们的提问前，我不得不明确指出：我不是间谍；在我的职业生涯中，我是搞外交的，不是做隐秘工作的。我一生从未在手提箱中装大量现金去购买情报……我明确说明，在我前往尼日尔之前，我需要国务院和驻尼日尔大使的批准。我还强调，我必须和我的联系人保持交往，不隐瞒我是代表美国政府。……我的尼日尔之行结束后，我将向中央情报局做口头报告。两个小时的会议结束时，东道主表示，待他们做出决定后马上通知我……

几天后，我被要求前往尼亚美。接到通知几小时我就去国务

---

① Joseph C. Wilson, *The Politics of Truth*, Carroll & Graf Publishers, New York, 2005, pp. 8, 12 – 14.

② Ibid. , p. 15.

院会见主管非洲事务的助理国务卿沃尔特·坎斯特纳（Walter H. Kansteiner）……他支持我这次非洲之行，他还联系了驻尼日尔大使巴布罗·欧文斯-柯克帕特里克，这位大使也同意我前往。①

我抵达尼亚美后第一个正式活动，是去会见欧文斯-柯克帕特里克大使。她在尼日尔已经两年了，是一位职业外交官……她向我简明扼要地介绍了两年前我最后一次尼日尔之行与她见面以来尼日尔政府的工作进展。

我向她说明我此次任务的目的。她告诉我她已经同坦贾（Tandjia）总统讨论过这一指控（指伊拉克从尼日尔购买铀产品——笔者注），坦贾总统否认了这一指控，还解释了这笔铀产品交易不可能发生的原因。大使说，她对坦贾总统的否认和解释感到满意。她说，她曾陪同美国驻欧洲军队副总司令、负责美国与非洲国家军事关系的海军上将卡尔顿·富尔福德（Carleton Fulford）会见过坦贾总统和他的政府中的其他官员。大使对我说，富尔福德将军也同样被说服了，认为尼日尔向伊拉克出售铀产品的传闻不真实。大使和富尔福德将军分别发给国务院的报告已经在美国情报界广为传播。大使得悉我的使命之后很吃惊，因为她相信她和富尔福德将军坚定地否认了黄饼谣言的可信度。②

尼日尔的铀从两个矿山提取。它们都位于撒哈拉沙漠中的尼日尔中部。矿山属于包括外国公司在内的财团所有，尼日尔政府通过国营公司参与其中。矿山日常管理工作由法国矿业公司（French Mining Company，COGEMA）负责。虽然德国、西班牙和日本是财团的股东，但是，从矿石采集到运抵目的地的全过程，只有法国矿业公司有实际控制权。③

国际财团成员国每年召开一次会议制订铀的年度生产计划，并安排当前的需求。每两个月检查一次计划，评估在这期间需求量的可能性变

---

① Joseph C. Wilson, *The Politics of Truth*, Carroll & Graf Publishers, New York, 2005, pp. 15, 16, 17.

② Ibid., pp. 20, 21.

③ Ibid., p. 23.

化。所谓向伊拉克出售重达 500 吨黄饼铀等于增加近40%产量。毫无疑问，对具有历史意义的生产计划做出如此重大改变，绝对不可能瞒过财团中其他合伙人的眼球，更瞒不过全权合伙人——法国矿业公司。

批准向伊拉克出售 500 吨铀的政府决定，必须经过几个审批过程，每个过程都应有充分的文档。这是因为，尼日尔是通过它的国有企业参加国际铀财团的。在做出售铀的决定前，应通报主管铀生产的政府部门——矿业部，并征得它的同意。这笔所谓的铀交易发生在两个主权国家之间。鉴于国际法很严密，在伊拉克遭受国际制裁的时候做这笔交易必须得到外交部的同意。同时还必须经过代表政府整体利益的部长委员会做出决定。总之，所有销售铀的文件至少有总理、外交部部长和矿业部部长的签字。没有他们的有效签字，这些文件都不可信。

离开尼日尔之前，我会见了欧文斯-柯克帕特里克大使，与她共享了我所了解到的一切。她再次表示，我的结论反映了她本人和富尔福德将军的观点。

2002 年 3 月初，我返抵华盛顿后一小时，中央情报局一位新闻官应我的邀请来到我家。用过中餐外卖，我向他详细介绍了此次尼日尔之行和得出的结论，也就是我离开尼亚美之前已经提供给欧文斯-柯克帕特里克的结论。①

冷战后多数专家认为 21 世纪我们面临的最严重威胁是无赖国家或国际恐怖分子掌握大规模杀伤性武器。如果像伊拉克这样的无赖国家确实拥有这样的武器，它当然应当成为美国国家安全优先处理的问题。……在伊拉克问题上，人们都知道对伊拉克的指控是错误的。然而，在布什总统带头欺骗全国和世界之后，美国还是走向了战争。也许有人把"16 个字"塞在他的演讲中，但总统把它说了出来。②

瓦莱丽·普莱姆在 2007 年出版的《公平游戏——中央情报局高级特工是如何被她自己的政府出卖的》一书中，首页注明"献给约瑟夫"（To

① Joseph C. Wilson, *The Politics of Truth*, Carroll & Graf Publishers, New York, 2005, pp. 28, 29.
② Ibid., p. 331.

Joe）。可以说，这是威尔逊《真理的政治》一书的续篇。这本 412 页的著作经过情报当局严格审查，多个单词、短语、句子、段落和标题甚至整页被审查部门抹黑。尽管如此，仍可看出普莱姆写这本书的主要目的是抨击小布什的"16 个字"，为她自己和丈夫辩护、申冤，揭露切尼等人泄露她特工身份的过程。普莱姆坚称："实际情况是，我既没有建议也没有推荐约瑟夫去非洲。不存在不可告人的动机。即便我想让约瑟夫去尼日尔和任何其他地方，我也无权这么做。"

2. "特工门"事件发酵

上面提过，《华盛顿邮报》著名专栏作家罗伯特·诺瓦克是泄露威尔逊夫人瓦莱丽·普莱姆特工身份的第一人。2003 年 7 月 14 日，他以"出使尼日尔"（Mission To Niger）为题在《华盛顿邮报》发表文章称，中央情报局判定，2002 年年初意大利情报机构泄露的伊拉克企图从尼日尔购买铀的情报报告是个骗局，但白宫、国务院、五角大楼和切尼都要求中情局对此进行调查。文章说："威尔逊不是中情局工作人员，但瓦莱丽·普莱姆是中情局杀伤性武器侦探。两位政府高官告诉我，是威尔逊的妻子建议他去尼日尔调查意大利情报。中情局说，它的防扩散官员们选择了威尔逊。"①

威尔逊反对当局转移视线。他阅读此文后当面告诉诺瓦克："我的故事不是关乎我夫人甚至我自己，而是关乎国情咨文中的那 16 个字。"②

1985—1986 年瓦莱丽·普莱姆参加中央情报局官员培训班，从此开始了中央情报局特工生涯，头衔为"中央情报局行动官员"。1994 年，中央情报局创建布鲁斯特—詹宁斯公司（Brewster Jennings & Associates）。这是中央情报局的"挂名商号"，是为普莱姆的特工身份提供掩护的皮包公司。她以这家公司派出人员的公开身份，在雅典、布鲁塞尔等地作为非官方卧底，并以此身份做掩护，秘密为美国搜集大规模杀伤性武器情报，是这家公司中最著名的特工。③

白宫暴露普莱姆特工身份的目的是试图证明，威尔逊尼日尔之行不是

---

① Robert D. Novak, "Mission To Niger", *The Washington Post*, July 14, 2003.
② Joseph C. Wilson, *The Politics of Truth*, Carroll & Graf Publishers, New York, 2005, p. 344.
③ Wikipedia：Valerie Plame.

由中央情报局派遣的，而是他的妻子指使的，从而推卸政府责任，为小布什武装侵略伊拉克扫清障碍。

诺瓦克在文章中提到的"两位政府高官"，一是指小布什的高级顾问和白宫副总管卡尔·罗夫，二是指副总统切尼办公室主任和国家安全事务顾问斯科特·利比。

普莱姆特工身份暴露被美国媒体简称为"特工门"事件。根据美国1982年颁布的《情报人员保护法》（the Intelligence Identities Protection Act），泄露中情局秘密特工身份是叛国性质重罪，最高可判处10年监禁。政府官员一旦被起诉，立即停职。

诺瓦克泄露普莱姆特工身份，断送了普莱姆的中情局生涯，一场报复威尔逊夫妇、保卫小布什政府的斗争从此进入旷日持久的司法程序。

2003年9月16日，中情局致信联邦政府司法部，要求对罗夫和利比进行"刑事调查"。9月29日，司法部把它请联邦调查局进行调查通知了中情局。9月30日，小布什发表声明表示，如果他的政府内有人透露普莱姆的特工身份，"我要知道他是谁，如果此人触犯了法律，这个人会被关照的"。白宫和切尼都矢口否认罗夫和利比与此事有关。①

美国著名记者罗伯特·帕里（Robert Parry）认为小布什的上述讲话很虚伪。他说："在惩罚前威尔逊大使及其夫人中情局官员瓦莱丽·普莱姆问题上，布什事实上已经弄脏了自己的手。……就在他表达他的好奇心并呼吁掌握有关信息的人站出来的时候，他却隐瞒了一个事实：他自己已授权揭秘有关尼日尔铀问题的一些机密，并指示切尼把这些机密提供给记者。"②

2003年12月30日，美国司法部特别顾问办公室特别顾问帕特里克·菲茨杰拉德（Patrick Fitzgerald）被任命为负责调查"特工门"的特别检察官。

小布什政府诋毁威尔逊尼日尔之行，不惜泄露普莱姆的特工身份被美

① Wikipedia：Valerie Plame.

② Robert Parry, Dixie Chicks, "Valerie Plame & Bush", Consortium News, www. truth-out. org/arch, May 16, 2006.

国舆论称作政界一大政治丑闻。有的学者甚至认为，这一丑闻比 20 世纪 70 年代轰动美国的尼克松"水门事件"有过之而无不及。

3. 卡尔·罗夫丢官

卡尔·罗夫是小布什的同乡和亲信。1994 年、1998 年小布什两次当选得克萨斯州州长和 2000 年、2004 年两次竞选总统成功，罗夫都立下了汗马功劳。2001 年 1 月小布什入主白宫，任命罗夫为总统高级顾问。2004 年小布什竞选连任成功，任命罗夫为白宫办公室副主任。罗夫被称为小布什的心腹和"大脑"。2004 年 11 月小布什竞选连任成功后发表讲话，感谢罗夫为他出谋划策，称赞他是位"筑梦师"。①

罗夫是向诺瓦克泄露普莱姆身份的政府高官之一，也是作为刑事犯被调查的高官之一。2003 年 7 月 17 日，美国《时代》周刊刊登记者马修·库珀（Matthew Cooper）的独家新闻，揭露罗夫是向他透露普莱姆特工身份的第一人。库珀后来被大陪审团传讯时交代：他曾于 2003 年 7 月 11 日打电话给罗夫。"关于威尔逊的妻子，我确信罗夫从来没有提及她的名字。一周后，要么从罗伯特·诺瓦克的专栏里看到她，要么从谷歌里搜索到她，我不记得了。在这之前我的确不知道她的名字。但是罗夫确实清楚地表明，她在那个'机构'里工作。我对大陪审团说，我判断他显然是指中情局而不是环境保护署。罗夫补充道，她致力于大规模杀伤性武器，她负责派遣威尔逊（去非洲）。这是我第一次听说有关威尔逊夫人的事。"

两年后库珀回忆说，"我对罗夫的谈话记忆犹新。谈话结束时罗夫说：'我已经说得太多了。'这可能意味着他担心自己不慎重……两年来他这句结束语一直在我的记忆中"。②

国会参议院司法委员会曾就"特工门"事件多次传讯罗夫，但白宫以总统"行政权"为由予以驳回。2006 年特别检察官菲茨杰拉德宣布不起诉罗夫。在小布什的呵护下，罗夫逃避了刑事责任，躲过了法律制裁。2007 年 8 月 13 日罗夫宣布辞职，31 日离开了白宫。他说："我想此刻该离开了。"③

① Wikipedia：Karl Rove.

② Matt Cooper, "What I Told the Grand Jury"（Cooper's testimony）, *Time*, July 17, 2005.

③ Wikipedia：Karl Rove.

4. 利比被判刑

著名鹰派官员斯科特·利比是切尼的忠实工具，位高权重。从 2001 年到 2005 年，因对切尼忠心耿耿，利比获绰号"迪克·切尼的迪克·切尼"（Dick Cheney's Dick Cheney）。利比也是小布什的得力助手。

利比是攻击威尔逊、泄露普莱姆特工身份的关键人物之一。2005 年 10 月 28 日，利比被起诉。2007 年 1 月 16 日大陪审团开始为期 10 天的辩论。菲茨杰拉德指责利比围绕普莱姆特工身份的一系列问题上做伪证。2007 年 6 月 5 日，华盛顿联邦地区法院高级法官雷吉·沃尔顿（Reggie Walton）以在"特工门"事件中做"虚假陈述"和"妨碍司法"等 4 项罪名判处利比 30 个月监禁、服刑期满后两年监外查看（包括 400 小时的社区服务）、罚款 25 万美元。他是小布什政府被定罪的级别最高的官员。利比的囚犯编号已经确定。6 月 14 日，沃尔顿命令利比到监狱报到，利比拒不服从。7 月 2 日，利比向联邦上诉法院上诉失败。5 个小时后，小布什发表声明，要"饶恕"利比。他说："我尊重陪审团的判决。但是我断定给利比的服刑期是过分的，因此我要给利比先生减刑，取消要求他在监狱里服刑 30 个月的判决。"小布什保留了判决中的 25 万美元罚款和两年察看期。当天切尼发表声明，支持小布什给利比减刑的主张。也是在当天，威尔逊对美国有线电视新闻网记者发表谈话说："我不欠现政府。他们应当为背叛我的妻子向她和我的家庭道歉。利比是个叛徒。"他说，小布什的行为表明"白宫已经腐败透顶"。①

2006 年 7 月 13 日，威尔逊夫妇向华盛顿联邦地方法院提起民事诉讼，指控切尼、利比、罗夫等人泄露普莱姆的特工身份，恶意报复。2007 年 7 月 19 日，这个诉讼被驳回。②

5. 替罪羊麦克莱伦

普莱姆特工身份被泄露后，白宫首席新闻发言人斯科特·麦克莱伦因

---

① "Bush Commutes Libby's Prison Sentence", CNN, www. edition. cnn. com/2007/P, July 2, 2007.

② Valerie Plame Wilson, *Fair Game—How a Top CIA Agent Was Betrayed by Her Own Government*, Simon & Schuster Paperbacs, 2007, pp. 168, 305.

不满小布什的处理手段，2006年被提前卸任了。

麦克莱伦长期追随小布什。1968年2月14日他从得克萨斯大学毕业后便进入位于奥斯汀的得克萨斯州政府。1999年小布什连选连任得克萨斯州州长期间，麦克莱伦在州长办公室做联络工作。他是小布什的崇拜者、追随者和忠实幕僚。在2000年总统大选年期间，他以新闻发言人身份随小布什到全国竞选，竭力为小布什拉选票。2001年，小布什入主白宫后，麦克莱伦是白宫副新闻发言人，2003年7月15日升至白宫首席新闻发言人。他因在"特工门"案事件中遵照小布什的嘱咐为罗夫和利比辩护而遭到抨击。但当真相暴露后，他良心发现，开始自责，对小布什的所作所为心怀不满。

2003年伊拉克战争爆发后的第4个月，仍然没有在伊拉克发现大规模杀伤性武器。美国和世界舆论批评小布什政府以莫须有罪名入侵伊拉克的声音一浪高过一浪。2004年总统选举年，小布什决定竞选连任。如何顺利战胜威尔逊对他的批评指责，是摆在他面前的紧迫任务。麦克莱伦认为小布什为保自身和拉选票玩弄了一系列伪善手段。

麦克莱伦在2008年出版的《白宫内幕——一个白宫变节者的自白》一书中说：

在我努力为乔治·沃克·布什总统的政府利益做事的同时，我感到，他与我期望中的那种公仆角色相去甚远。……本书的写作源于一则泄露国家安全机密信息的丑闻——所谓的普莱姆事件。此事始于一场围绕秘密情报展开的争论，布什政府利用这一情报，将萨达姆领导下的伊拉克政权渲染为"严重且日渐加剧的危害"，认为有必要予以消灭。随后在党派纷争期间，一名中情局秘密特工的身份被泄露，令这场争端演变成华盛顿新的丑闻，我也被卷入后来的谎言当中。这是我为总统效力的关键时刻，也是我人生最痛苦的经历之一。原本是我信以为真的话，后来却被揭发为谎言，当时我限于职责和对总统效忠的义务，不能发表意见。……我曾对布什的领导能力和一心为国的目标深信不疑，对他的真诚、正值和判断能力信心十足。但时至今日，他的表现让我在他执政之初对他所寄予的厚望已经淡去。……历史坦然地确认了今日大多数美国人所持的看法：对伊拉克进行武力干预的决定是一次严重的战略失误。①

麦克莱伦在书中写道：

我当上新闻发言人的第二天，总统顾问、白宫新闻事务的总负责人——丹·巴特利特（Dan Bartlett）召集手下的相关人员开了一场重要的计划制订会议。……会上，"16个字"争议在不断纠缠着我们。此时我们已经承认，铀情报也许是虚假的，正处于自辩不能的境地——这一处境对总统和白宫团队颇为不利。……"16个字"的争议挥之不去。如此显而易见的错误说法（铀出自非洲）是如何混入国情咨文的？如果错在特尼特的中情局，特尼特不应当承担责任吗？如果他不应当承担责任，应当由谁来承担呢？这类问题在每次媒体吹风会和简报会上都会冒出来。时间越久，形势越明晰：这些问题必须做个了断——越早越好。……"16个字"争议的中心问题是：决策者们如何运用情报资料，使伊拉克成为"极其严重且步步紧逼"的威胁，进而为这起先发制人的战争提供充分辩护？但具有讽刺意味的是，虽然我从始至终都一直相信，这个问题将是布什面临的最难堪、最具攻击性的问题。但是，白宫却能成功避免公众详细审查这个问题，不可不谓是奇迹。②

提到威尔逊的妻子，用意显然在于断然消除人们的这一想法：是副总统切尼安排威尔逊去尼日尔执行任务的。威尔逊的妻子参与此事，多少带有裙带关系色彩，令人感到这项任务的分派多少有点不太合适——似乎是威尔逊的妻子安排他去做"公费旅游"……

我认为，切尼在幕后导演了一场更大规模的舆论战，目的是公开驳倒威尔逊的诚信形象，进而打击他谴责政府的效果。在这场舆论战中，

---

① ［美］斯科特·麦克莱伦：《白宫内幕——一个白宫变节者的自白·序》，江唐、丁康吉译，中国青年出版社2008年版。

② 同上书，第141、142、191页。

普莱姆的身份只是话题之一。布什只是大体了解这场舆论战，并授权切尼使用《国家情报评估》报告中的部分内容来支持这场舆论战。随着切尼和他的首席国家安全顾问利比不断深入地暗查，普莱姆的身份信息开始在中情局、国务院以及副总统办公室之间流传开来……

当我被要求公开捍卫罗夫和利比同泄密案毫无牵连时，他们还曾亲口对我保证绝无瓜葛。但现在我可以大胆地总结说，他们完全是在心照不宣地误导我……

我们私下通过利比的律师向外阐明，布什仅仅授权切尼"解密这些信息，力争使他自己免受进一步质疑。布什并没有告诉切尼怎么解密信息"，或者使用何种手段来解密信息。一言以蔽之，布什并没有明确地要求泄露信息。我们采取的这个辩护策略十分惊险，就像是在走钢丝，稍有不慎就可能粉身碎骨。……我认为布什总统不可能故意误导我和赖斯等高级顾问。但是，他的幕后行为表明，他确实有意无意地欺骗了我们。这个事实对我打击很大，使我相当痛心，但没想到，之后的是非更甚。……布什动用总统特权减轻了利比的刑期，使他免受任何牢狱之灾。这使我非常失望。这种特殊手法破坏了我们的司法制度。……我信仰法治理念。我认为身为总统及其身边工作人员尤其应该依法办事，唯法是从。①

2006 年民调显示小布什支持率陡降，白宫官员中出现了辞职风。当年 3 月 28 日白宫大管家安迪·卡德辞职曾轰动全国。麦克莱伦写道："我曾在卡德的办公室与他一起讨论过辞职一事。卡德对我说：想想看吧，白宫内部有 4—5 个人非常关键，如果他们中有一个人辞职，公众或许能改变对布什政府的不良印象。……同卡德这次谈话，使我更加坚信，绝对有必要对我自己的白宫职业生涯做个了断。早在 2005 年 7 月，事实已经表明，罗夫和利比同普莱姆身份泄密案件有牵连，鉴于我曾为他们做过无罪辩解，我当时就已经开始考虑辞职。"麦克莱伦认为他"辞职的最佳时刻"是任

---

① ［美］斯科特·麦克莱伦：《白宫内幕——一个白宫变节者的自白》，江唐、丁康吉译，中国青年出版社 2008 年版，第 240、248—251 页。

满 3 年的 2006 年 7 月 15 日。麦克莱伦把他这个愿望告诉了白宫新总管乔舒亚·博尔顿（Joshua B. Bolten）。不料博尔顿对他说："白宫正处在苟延残喘的非常时期，需要调整。我认为需要调整的岗位之一，就是你目前所坐的位子。……我认为你可以在明天就宣布辞职。"麦克莱伦说他当时很气愤，对博尔顿说："我长期追随布什，对他忠心耿耿，在瓦莱丽·普莱姆泄密案爆发期间，我完全把自己置于舆论的风口浪尖——为了布什政府，我不惜牺牲自己的名誉。但现在，他竟然将我抛弃，任由舆论的血雨腥风扑打折腾。"[①]

2006 年 4 月 19 日，麦克莱伦在小布什陪同下在白宫南草坪宣布辞职决定。他首先发言："各位，早上好！我站在这里向大家宣布，我将辞去白宫首席新闻发言人一职。总统先生（我说到这里，声音已经哽咽，必须清清喉咙）……虽然我担任首席新闻发言人的时间只有 2 年零 9 个月，但是，7 年多来我一直为您（指小布什——笔者注）鞍前马后地工作，我感到非常荣幸，也受惠颇多。白宫将陆陆续续地进行调整；调整非常有效，在目前阶段，对我的位子进行调整非常有必要，有利于调整全局。我已经准备好离任了。"……然后，轮到小布什发言："首先，我要感谢斯科特，感谢他为我们国家所做的贡献。我不清楚白宫记者们是否意识到这一点，他每天都要跟你们接触，向你们发布新闻，这活不好干啊！我认为，他把工作做得很有艺术、正派完整。……替换斯科特、找一个比他称职的人非常困难。尽管如此，他仍然做出辞职决定。我也只能表示同意。总有一天，我们将会重聚得州，坐着轮椅共话当年，讨论他担任新闻发言人的美好时光。我向你们保证，我相信我那时的体会将和现在一样，我那时还会对斯科特说，你干得很不错！"5 月 10 日离开白宫时麦克莱伦深感悲哀。他回忆道："只有一个人看着我走出白宫。他就是联邦特工处的驻点安保伍迪。……上车之后，我深吸了一口气。我戴上墨镜，眼睛里还含着泪花。……这一刻令我格外伤感。……我在白宫核心高层待了 5 年多，曾经意气风发、肩负许多承诺，而现在却黯然出局，这使我迷惑不解。我仍然在思考白宫内部

----

① ［美］斯科特·麦克莱伦：《白宫内幕——一个白宫变节者的自白》，江唐、丁康吉译，中国青年出版社 2008 年版，第 241、242、243 页。

的真相到底如何。"①

在与威尔逊夫妇的较量中，麦克莱伦是小布什和切尼的传声筒，被他们推到前线当枪使而不自觉。在斗争的"风口浪尖"他还坚定地维护罗夫和利比，损害了小布什政府在公众中的形象，因此必须提前解雇。所谓白宫人事"调整"只不过是小布什玩弄的"弃车保帅"策略，麦克莱伦只是被小布什提前赶出白宫的一只替罪羊。

（五）中情局分析师觉醒

萨达姆被捕后，中情局立即派遣以高级分析师约翰·尼克松（John Nixon）为首的团队前往抓捕现场调查、审讯。萨达姆被关押在当地机场附近的美军监狱。尼克松等人此行目的之一是证实萨达姆是否是替身。2016年12月27日萨达姆被绞死10周年之际，尼克松出版了《提审总统：审讯萨达姆·侯赛因》一书，介绍他审讯萨达姆的八周经历和感受。尼克松在首页说，他按规定将此著作预先交中情局出版物审查委员会（publication review board）审查。但多处重要段落、句子和单词被委员会抹黑。他对此表示遗憾。

在著作中尼克松自我介绍说，他在中情局专门研究伊拉克和伊朗有5年之久。他写道："从2003年12月至2004年1月，我是萨达姆被美军抓捕后长时间审讯他的第一位美国人。……在审讯开始时，我以为自己已了解萨达姆，但是在随后的几周我了解到，美国对萨达姆及其作用有很大的误解，萨达姆是席卷伊斯兰世界极端潮流的坚定反对者。这个潮流中包括逊尼派极端主义。"②

尼克松在审讯中要求萨达姆说说他最喜欢的世界领袖人物是谁。"萨达姆想了很久。他的回答令人吃惊。他说，他崇拜戴高乐（de Gaulle）、列宁（Lenin）、毛泽东和乔治·华盛顿（George Washington）。他们都是政治制度的奠基人。""我们又回到伟大领袖的主题。……萨达姆补充道，还

---

① ［美］斯科特·麦克莱伦：《白宫内幕——一个白宫变节者的自白》，江唐、丁康吉译，中国青年出版社2008年版，第245—248页。

② Join Nixon, *Debriefing the President: the Interrogation of Saddam Hussein*, Blue Rider Press, 2016, p. 2.

有铁托（Tito）和尼赫鲁（Nehru）。"①

尼克松说，萨达姆很健谈，特别喜欢谈自己和伊拉克历史；他确实有幽默感，思路敏捷，他也不怕死，但谈及女儿时流过泪，涉及伊拉克苦难的话题时，他愤怒异常。他说伊拉克没有大规模杀伤性武器、与基地组织和"9·11"事件无关。萨达姆甚至觉得，"9·11"事件发生后，伊拉克和美国联手反击伊斯兰激进组织的可能性增加了。作为中情局高级分析师，尼克松不赞成小布什除掉萨达姆，因为 2003 年萨达姆忙于写小说，已经不再管理政务了。尼克松写道，在审讯过程中"萨达姆坚持认为自己仍然是国家元首，并将自己称作总统"。②

在谈到与布什父子的关系时，萨达姆驳斥 1993 年老布什访问科威特时伊拉克曾企图暗杀他的一个谣言，当时老布什已经下台。尼克松写道："萨达姆说自己不把他视作敌手。萨达姆从未明白，这个传说中的阴谋是乔治·沃克·布什想把他赶下台的主要原因之一。"③

尼克松问萨达姆为什么坚持六年后终于在 1995 年接受石油换食品计划时，"萨达姆怒火中烧，说：'我们是一个有军队、有小学、有大学和有学院的国家。我们知道，伊拉克大部分石油都去了美国，大多数美国炼油厂是为炼制伊拉克石油而设计的。美国获得了我们的石油，却提出了石油换食品计划。……如果美国人关心伊拉克人民，他们就应该取消制裁。'"④

2008 年 2 月 4 日，尼克松前往白宫向小布什汇报他调查、审讯萨达姆的成果。他和他的团队走进白宫总统办公室，小布什、切尼等都坐在靠背椅等候，在座的还有中情局分析师和其他有关人士。尼克松落座后小布什发话："随便聊聊。把你们得到的告诉我。"……布什盯着尼克松问："你们当中哪一个是首先审讯萨达姆的？"尼克松按事先准备的书面报告开始汇报。尼克松写道："布什想了解萨达姆为何拒绝 2003 年 3 月 17 日我们提出让他离开伊拉克的建议。"对此，尼克松回答："萨达姆认为只有待在伊

---

① Join Nixon, *Debriefing the President*: *the Interrogation of Saddam Hussein*, Blue Rider Press, 2016, pp. 77, 143.

② Ibid., pp. 86, 88.

③ Ibid., p. 135.

④ Ibid., p. 140.

拉克他才安全。"小布什又问:"萨达姆是否知道他将被处决?"尼克松说:
"萨达姆的表述之一是,他知道被关押就会导致对他的处决。他对此表现
得很平静。"布什接着说:"萨达姆下辈子还要回答许多问题。"尼克松写
道,汇报会结束后,"当我要离开时,他(小布什——笔者注)微笑着对
我说:'你保证萨达姆没有说他把炭疽杆菌放在什么地方?'他这一提问
引起人们大笑。我回答说,萨达姆没有炭疽杆菌,况且,如果有,总统
会第一个知道。"①

尼克松与萨达姆告别时,双方依依不舍。尼克松写道:"我起身向萨
达姆伸出手。接下来发生的事让我大吃一惊。萨达姆伸出手,抓住我的手
不让我走。然后他说了临别的话:'我想让你知道,我也很享受我们在一
起的时光。你和我有分歧是由于你在那里,我在这里(萨达姆示意他的监
狱环境)。我不是为了说话而说话的政客。我想让你听我说,你回到华盛
顿后去完成你非常重要的工作。我想让你记住正义和公平。这些都是人类
所拥有的最高贵的品质。'……他坚持自己的看法:伊拉克是他的国家,
我们只是客人,而且不是应邀来这里的客人。"②

尼克松写道:"自从我离开中情局,我经常想起萨达姆。几乎每一天
他都在我的脑海中闪过……当我第一次返回美国时,人们问我对萨达姆有
多了解。我说我已经离他很近了。但多年后我认识到,我的同事和我根本
不了解他。"③

(六) 布利克斯的愤怒

伊拉克战争爆发后的 2003 年 7 月 1 日,是 75 岁高龄的联合国监核会
主席、瑞典外交家汉斯·布利克斯告别联合国的日子。离开前夕,他在联
合国总部 31 层的办公室接受英国《卫报》独家采访时,一改外交家的绅
士风度,痛批小布什政府对他的监督和骚扰。他说:"在华盛顿有一些诽
谤我的人。他们是坏家伙。这些人四处给我造谣,在媒体上散播给我捏造

---

① Join Nixon, *Debriefing the President: the Interrogation of Saddam Hussein*, Blue Rider Press, 2016, pp. 166, 168.

② Ibid., pp. 155, 156.

③ Ibid., p. 229.

的肮脏故事，不过我不在乎……这就像晚上被蚊子叮了一口，第二天早上仍然痒痒一样。……华盛顿把联合国看作'异类势力'，他们希望联合国沉入东河（East River）（联合国总部位于纽约市曼哈顿岛东河西岸——笔者注）。"2002 年 11 月布利克斯代表联合国率团前往伊拉克恢复中断了 4 年的武器核查工作。在他飞往伊拉克之前，美国国防部高级官员们严厉地谴责说，指定一个七旬老人担任这个职务"是最糟糕的选择"。布利克斯认为，小布什政府对联合国核查团队在 2003 年 3 月伊拉克战争爆发前没有在伊拉克发现更多集束炸弹和无人机尤为恼火。他说，没有得到联合国支持美国打伊拉克的证据，正是华盛顿"怀疑核查人员的原因"。①

2003 年布利克斯即将卸任联合国"监核会"主席职务前接受瑞典外交大臣安娜·林德（Anna Lindh，2003 年 9 月 10 日她在瑞典首都斯德哥尔摩被暗杀身亡——笔者注）的建议，于 2003 年 12 月 16 日，在斯德哥尔摩创建独立于联合国的"大规模杀伤性武器委员会"（The Weapons of Mass Destruction Commission），并被瑞典政府任命为委员会主席。安娜·林德生前强烈批评小布什政府发动伊拉克战争。她说："一场没有联合国宪章支持而进行的战争是一个重大失败。"② 委员会成立当天布利克斯举行记者会宣布，成立这个委员会的目的是"开创在国际新形势下走入困境的军控和裁军工作新局面"。

2004 年年初，布利克斯出版新著《解除伊拉克武装——调查大规模杀伤性武器》（*Disarming Iraq：The Search for Weapons of Mass Destruction*）。在书中布利克斯回顾了他对伊拉克大规模杀伤性武器进行核查的过程，抨击小布什政府只以可疑情报作为证据，根本不理睬反对者提供的任何证据，在没有确切证据的情况下发动了伊拉克战争。新著出版后不久，美国《纽约时报》以"我需要证据"为题发表文章，称赞布利克斯对历史事件所持的直率和诚实态度，称赞这本著作是联合国最后一次在伊拉克进行核查工作的详尽外交史。文章说，就任监核会主席前，布利克斯也曾怀疑伊拉克拥有大规模杀伤性武器，但他强调"我需要证据"。经过核查，他很快获

---

① Helena Smith, "Blix：I Was Smeared by the Pentagon, Guardian", Co. UK, June 11, 2003.

② Wikipedia：Anna Lindh.

得了证据，坚信伊拉克没有大规模杀伤性武器。布利克斯的著作"从始至终充满了对小布什政府的沮丧情绪，因为这个政府坚信伊拉克有大规模杀伤性武器，并且对证据全然没有兴趣"。小布什政府"高度怀疑"布利克斯的核查工作。[①] 布利克斯还揭露美国副总统切尼蔑视监核会的工作，甚至在 2002 年 11 月 27 日监核会对伊拉克进行第一次核查之前，切尼就对布利克斯说，美国决定用入侵伊拉克的办法让联合国核查工作"信誉扫地"。小布什政府还企图暗中破坏他和巴拉迪的工作，说："美国曾试图获取我们的传真密码。"布利克斯强调，联合国在伊拉克的武器核查工作是成功的。[②]

2004 年 3 月 31 日，《环球时报》驻瑞典特派记者刘仲华前往斯德哥尔摩市中心布利克斯的公寓，对他进行了独家采访。布利克斯讲述了他撰写上述新著的背景。主要内容如下：

> 我现在退休了，想把整个事件还以本来面目，把事实和真相告诉大家，把我在 3 年核查工作中的所见所闻、所思所想写下来。
>
> 这本书在短短时间内就引起了整个世界的注意，并被翻译成法语、德语等十多种语言出版。
>
> 伊拉克战争一周年了，但伊拉克问题至今没解决，给世界带来了持续的痛苦与折磨。我是少数伊拉克战争前就对美国和英国提出的证据表示怀疑的人之一，现在事实证明我是对的。美英入侵伊拉克的理由是不存在的。可以说，布什和布莱尔对相关情报没有仔细分析，就轻率地下了结论。在核查过程中，美国人提供了许多证据，如伊拉克生产了大量芥子毒气弹，但这些都被我们的核查否定了。
>
> 我最大的遗憾就是对伊拉克核查结束太早。如果有充足时间完成核查，我们就会把美英情报指出的每一个可疑地方都查一遍，然后告诉他们，你们的情报是假的，这里根本没有违禁武器。
>
> 对于未来类似的核查，都要审慎。对伊核查的经验表明，国际核

---

① Fareed Zakaria, "I Needed Evidence", *The New York Times*, April 11, 2004.

② James Buchan, "Crumpets, Sir, Or Yellow-cake?", *The Guardian*, March 20, 2004.

查机构人员对真相的了解远胜于各国情报机构。①

2006 年 6 月 1 日布利克斯以 "大规模杀伤性武器委员会" 主席的名义向联合国秘书长安南递交了一份题为 "恐怖的武器——使世界免于核武器和生化武器的威胁" 的报告，敦促作为拥有核武器数量最多的美国带头削减大规模杀伤性武器。当天安南对报告表示欢迎，称它将对当前裁军和防核扩散问题的讨论产生重要影响。报告认为，在全面禁核和裂变材料谈判这两个方面，美国都具有决定性的作用，因此美国应该采取主动，带头削减大规模杀伤性武器。

（七）美国士兵的《最后一封信》

托马斯·扬（Tomas Young）1979 年 11 月 30 日出生于密苏里州堪萨斯市，是在伊拉克战争中因瘫痪而退役的美国士兵。2004 年 4 月 4 日，托马斯被派到伊拉克战场后的第五天，在巴格达附近的萨德尔市（即扔鞋者扎伊迪的家乡——笔者注）巡逻时遭遇伊拉克狙击手突袭，一颗子弹射进他的脊柱导致从胸部以下瘫痪。2013 年，34 岁的托马斯曾想自杀。他拒绝治疗，放弃饮食，在安宁疗护（hospice care，即临终关怀——笔者注）中等待死亡。后来改变主意，决心活下去，由妻子克劳迪娅·库勒尔（Claudia Cuellar）陪伴走完人生。

随后，托马斯应邀参加美国纪录片《战争之躯》（Body of War，2007）的拍摄。此片以托马斯为主角，记录了这位反对伊拉克战争的美国退伍军人与伤痛进行顽强斗争和政治觉醒的过程。托马斯 2014 年 11 月 10 日去世，时年 35 岁。

托马斯在弥留之际致信小布什和切尼，谴责他们发动伊拉克战争。

这封信于 2013 年 3 月 21 日发表在 "挖掘真相新闻评论网"（Truthdig.com）。

全文如下：

---

① 驻瑞典特派记者刘仲华：《与布利克斯谈核查》，《环球时报》2004 年 4 月 7 日第 8 版。

　　我代表我的伊拉克战争退伍军人同胞在伊拉克战争10周年纪念日的时候写这封信。

　　我写这封信，代表死在伊拉克的4488名士兵和海军陆战队员。我写这封信，代表数十万受伤的退伍军人，代表那些身体和心理上备受创伤、生活被无情摧毁的一群人。我是一个严重受伤的人，我因2004年萨德尔城一次叛乱分子的伏击而瘫痪。我的生命就要结束了。我现在在安宁疗护过程中。

　　我写这封信，代表失去了配偶的丈夫和妻子，代表成千上万失去了父母的孩子，代表失去了儿女的父母，代表那些照顾着成千上万脑损伤退伍军人的人。我写这封信，代表在伊拉克被满目疮痍的惨景摧残而自我厌恶的那些走上自杀这条路的现役士兵和海军陆战队员，他们中平均每天就有一个人自杀。这封信是我代表约100万死去的伊拉克人，代表无数伤残的伊拉克人而写的。这封信是代表我们所有人写的——是那些在你们的战争中变成人类残渣，并且要在无尽的痛苦和悲伤中度过余生的人们。

　　我写这封信，我的最后一封信，是给你们的，布什先生和切尼先生。

　　我写这封信不是因为我觉得你们担当起了因你们的谎言、操纵、渴望财富和权力的可怕人性所造成的道德后果。我写这封信，是因为我想在我自己临死前明确说明，我和几十万退伍老兵，数以百万计我的同胞，还有超过千百万的伊拉克和中东人民都充分了解你们到底是谁，你们都干了些什么。你们可能逃避法律制裁，但在我们眼中，你们每个人都犯了令人震惊的战争罪、掠夺罪，最后是谋杀罪，包括谋杀数以千计的美国年轻人——他们是我的退伍军人同胞，他们的未来都被你们盗走了。

　　你们的权威地位、你们不计其数的个人财富、你们的公共关系顾问、你们的特权和你们的权力都不能掩盖你们的角色的空虚。

　　你们派我们到伊拉克战场去送死，而你，切尼先生，却在越战时逃避军役；你，布什先生，却在国民警卫队擅离职守。你们的懦弱和自私，几十年前就养成了。你们自己不愿意为我们的国家冒险，但你们却送几十万年轻男女为一个毫无意义的战争卖命，就像随意把垃圾扔出去一样。

我是在"9·11"恐怖袭击两天后参军的。我参军，因为我们的国家遭到了袭击。我想反击那些杀害了约3000名同胞的人。我参军不是为了去伊拉克，去一个与2001年9月恐怖袭击无关，并没有对邻国构成威胁、更谈不上对美国造成威胁的国家。我参军不是为了去"解放"伊拉克人，或关闭虚构的大规模杀伤性武器设施，或在巴格达和中东植入你们所谓的"民主"。我参军不是为了去重建伊拉克，当时你们告诉我们，伊拉克的石油收入可以支付重建的费用。相反，这场战争美国已经花费了超过3万亿美元了。我参军更不是为了进行先发制人的战争。先发制人是违反国际法的。我现在才知道，作为在伊拉克的一名战士，我在帮助你们干蠢事，帮助你们犯罪。伊拉克战争是美国历史上最大的战略失误。它打破了中东地区的权力平衡。它在巴格达扶持一个腐败和残酷的亲伊朗政府，通过使用酷刑、敢死队和恐怖行动而巩固权力。它已经让伊朗成为该地区的主导力量。在任何一个方面——道德、战略、军事、经济——美国对伊拉克都是失败的。正是你们——布什先生和切尼先生，是你们发动了这场战争，是你们应当承担后果。

如果我在阿富汗战役中受伤，我不会写这封信，因为我们打击的是那些"9·11"恐怖袭击力量。如果我在那里受伤了，尽管我仍然会饱受病痛折磨，仍然要面临恶化的病情和即将到来的死亡，但我至少可以感到慰藉的是，我知道我是由于自己决定去保卫我所热爱的国家而受伤。我不必躺在床上，我浑身上下都是止痛药，生命在慢慢消失。事实是，包括孩子们和我自己在内的成千上万人，仅仅为了你们贪婪的石油公司而牺牲，为你们与沙特阿拉伯石油酋长的联盟而牺牲，为你们疯狂的帝国理想而牺牲。与许多其他饱受折磨的伤残军人一样，我感受到了退伍军人管理局提供的服务有限，他们往往护理得也不称职。我，像其他许多伤残军人一样，终于体会到你们并不关心我们的精神和身体上的创伤，也许任何政客对此都不感兴趣。我们被利用了，我们被出卖了，我们被遗弃了。而你，布什先生，常以一名基督徒为自豪。但撒谎不是恶吗？杀人不是恶吗？盗窃和自私的野心不是恶吗？我不是一个基督徒，但我相信基督教的教义理想。我相信，你们对自己最悲惨的兄弟所干的事，你们因此得到的最终结果必将是善有善报，恶有恶报。

对我的清算日就要到了，对你们的清算日也会到来。我希望你们受审判。但是，为你们着想，我更希望你们鼓起勇气去面对你们所做的一切——对我和很多很多本应正常生活的人。我希望你们在行将就木之前——就像我现在所处的状态，你们能鼓起勇气，站在美国公众和世界面前，尤其是伊拉克人民面前，乞求原谅。①

十 伊拉克战争为了什么

(一) 为了石油

1. 英美垄断

伊拉克地下蕴藏的丰富石油资源本应给人民带来福祉，但事实却未如人愿。前面说过，19 世纪末欧洲人就认为属于奥斯曼帝国的两河流域可能蕴藏丰富的石油资源。直到 1912 年，活跃在奥斯曼帝国的一家英国公司成立了土耳其石油公司，试图获得奥斯曼帝国允许它开发两河流域——美索不达米亚地区的石油资源。第一次世界大战结束，奥斯曼帝国瓦解，伊拉克获得新生，但仍是英国殖民地。1925 年，土耳其石油公司争得了开发伊拉克石油的权力，合同期长达 75 年。1927 年 10 月 14 日伊拉克北部的基尔库克一口油井井喷，宣告伊拉克第一口油井诞生。美国对伊拉克石油垂涎欲滴，要求英国实行"门户开放"政策。美国与英国争夺伊拉克石油的斗争从此加剧。经过长达 8 年的较量，美国终于在 1928 年获得了在土耳其石油公司与英国同等

① 加拿大《七天》电子周报评论版主编刘伯松：《美国伊战士兵托马斯·扬致布什与切尼的〈最后一信〉》，观察者网；Wikipedia：Tomas Young；Tomas Young's "Last Letter"：A Message to George W. Bush and Dick Cheney From a Dying Veteran，March 20，2013。

的股权①。1929 年土耳其石油公司改称伊拉克石油公司，总部在英国伦敦。新瓶装旧酒，公司所有权仍在英美石油巨头手中，其他两个成员是法国和荷兰。从 1925 年到 1961 年，该公司垄断了伊拉克石油的上下游，即从石油勘探、生产到销售的整个链条。

第二次世界大战以后，美英石油巨头垄断世界石油现代史充满血腥味。这一特点在石油资源占全球 60%（另说 65%）的中东表现得最为明显。它们在伊朗和伊拉克的斗争最残酷。1953 年，伊朗摩萨台政府要赶走美英石油巨头实行石油国有化，美国向伊朗政变军队提供武器，中情局暗中支持，推翻了伊朗合法政府。

美国学者拉里·埃弗里斯特（Larry Everest）在评论伊拉克战争的文章中指出："自从第二次世界大战以来，统治中东就成为美国帝国主义运作其权力的决定性因素。中东地区既是连接欧洲、亚洲和非洲的地缘政治纽带，也是占世界 60% 的石油和天然气产地。石油是较量的工具，控制了石油就意味着对那些依靠石油的国家和整个世界经济发挥杠杆作用。手中没有充足的石油供应，就不可能确立世界军事大国的地位。"②

伊拉克人民与西方石油巨头斗争的历史更是充满腥风血雨。他们见证了中东产油国斗争最曲折、最复杂、最残酷的历史。说伊拉克的石油史是一部血泪史一点不为过。

上文说过，1963 年中情局幕后支持伊拉克反对派发动政变，处死了伊拉克共和国首任总理兼国防部部长、武装部队总司令卡塞姆。1972 年 6 月1 日伊拉克国家石油公司接管了美英控股的伊拉克石油公司。美国学者斯蒂芬·佩尔蒂埃（Stephen Pelletiere）认为，伊拉克将美英控制的伊拉克石油公司的油田收归国有是一场"政变"，它成为后来伊拉克与美国对抗的导火索。③

---

① 参见江红《为石油而战——美国石油霸权的历史透视》，东方出版社 2002 年版，第 72—81 页。

② Larry Everest, The High Stakes in Iraq—For Them. And For Us—Part One：The Crossroads in Iraq：Why the U. S. Went to Warrevcom. us/a/070/crossiraq-en. html，November 26，2006.

③ Stephen Pelletiere，*Iraq and the International Oil System—Why America Went to War in the Gulf*，Maisonneuve Press Washington，D. C. 2004，p. 145.

2. 美国独霸

"二战"结束后，美国历届政府都把中东作为美国全球战略重点关注的地区，把独霸中东石油资源作为对外政策的基石。中东不仅是世界石油宝库，还是欧洲、亚洲和非洲的枢纽，具有重要的战略地位，而伊拉克正是处于这个枢纽的中心一环。1944年9月9日，苏联与伊拉克建立了外交关系，首次在美国领地插入一个楔子，从此美国把苏联作为头号竞争对手，发誓把伊拉克作为反苏基地，把苏联挤出中东。1979年伊朗巴列维政权被什叶派领袖霍梅尼推翻后，美国失去了对伊朗石油的控制权，在中东特别是海湾地区的政治和经济影响力随之被削弱。20世纪80年代里根政府为对付伊朗，力图将伊拉克拉到美国一边。这就是为什么在8年两伊战争中美国支持伊拉克的重要原因。萨达姆认为这是伊拉克与美国关系最好的时期。1989年老布什入主白宫，1991年苏联解体，美国对海湾的政策除了重点力保其在以沙特为首的海湾阿拉伯国家的石油权益之外，开始把打击的目标转向桀骜不驯的萨达姆，逐步将伊拉克变成美国在海湾地区的头号敌国。

战后的中东历史证明，美国争夺石油资源主要靠4个手段：军火、美元、中情局和石油巨头。四者互相联系、相辅相成，石油巨头冲锋在前，中情局幕后支持，必要时配以武力威胁，或公开动用飞机坦克大炮。石油一旦到手便坚持世界石油贸易都以美元计价。明目张胆地发动战争夺取中东石油资源，是老布什开了先河，小布什继承父业，并且有过之而无不及。

1991年1月老布什以保卫沙特和科威特的名义，向入侵科威特的伊拉克军队发起大规模反击战。对伊拉克开战前老布什曾公开表白，他将应沙特政府邀请派兵去保卫沙特油田，他说："如果世界最大石油储备全部落入一个男人——萨达姆·侯赛因的手中，那么我们自己的自由和我们在全世界的友好国家的自由将遭受损害。"①

2003年3月，小布什继承父业发动的伊拉克战争推翻了萨达姆政权，

---

① Michelle Mairesse, "What Was Behind Bush's War with Iraq?", www.hermes-press.com/w. a.

绞死了萨达姆，布什父子政府与伊拉克长达 12 年的敌对状态宣告结束，美国终于把中东石油大国伊拉克制伏。

2003 年 6 月 8 日《纽约时报》以"美国对伊拉克石油意欲何为？"为题发表文章说：

由于伊拉克的探明石油储量在世界上居第二位，特别是据估计伊拉克的石油资源大约有 2/3 尚未开发，因此布什政府控制伊拉克石油收入的影响远远超越伊拉克国界……

伊拉克的石油数字让人感到自愧不如。伊拉克已探明石油储量为 1125 亿桶，排在储量为 2620 亿桶的沙特阿拉伯之后，居世界第二位。美国、墨西哥和加拿大的石油储量加在一起只有 640 亿桶，产量减少。委内瑞拉（780 亿桶）、整个非洲（770 亿桶）、俄罗斯（650 亿桶，包括里海）、整个亚太地区（440 亿桶）也相形见绌。

中东地区的其他石油大国，比如伊朗、科威特和阿拉伯联合酋长国的石油储量加起来也只有 900 亿—980 亿桶。但是那些油田比伊拉克油田开采得厉害，因为伊拉克的石油开发方式过时，设备陈旧。

一旦伊拉克的石油生产恢复正常，未开发的油田得到勘探，它可能在石油输出国组织和世界石油市场上成为一支更大的力量。正如美国副总统迪克·切尼在提醒人们警惕萨达姆·侯赛因的石油野心时所言，谁控制了中东石油市场，谁就卡住了全球经济的脖子。①

美国"全球论坛"创始人詹姆斯·保罗认为，"石油是危机的核心，它导致美国发动伊拉克战争。一百多年来，列强力图控制伊拉克这个巨大财富来源和具有战略意义的强国。总部在美国和英国的国际石油巨头们渴望重新夺回对伊拉克石油的控制权，这个控制权 1972 年因石油国有化而失去。在这个行业之外，很少有人能理解伊拉克的风险到底有多大，也很少

① Timothy L. O'Brien, "Just What Does America Want to Do with Iraq's Oil?", *The New York Times*, 2003 年 6 月 8 日；［美］蒂莫西·奥布赖恩：《美国对伊拉克石油意欲何为？》，刘宗亚译，《参考资料》2003 年 6 月 24 日。

有人能理解世界石油工业史是一部夺取权力的历史，是国家之间的竞争和军事力量较量的历史"。①

3. 共和党高官承认为了石油

美国共和党一些当权人物承认，伊拉克战争确实是为了石油。2013年，美国舆论透露："许多普通共和党人认为只有自由主义者声称伊拉克战争是为了石油。实际上，共和党高层领导人同样也说是为了石油。"

承认小布什发动伊拉克战争是为了石油的共和党人名单如下：

曾任12年国会共和党参议员的美国国防部部长查克·哈格尔（Chuck Hagel）2007年谈到伊拉克战争时说："人们说我们不是为石油而战。我们当然是为石油而战。……我们不是到那里看无花果。"

前中央司令部司令、四星将军约翰·阿比扎伊德说："伊拉克战争当然与石油有关，它与石油非常有关，我们真的不能否认这一点。"

前美联储主席、资深共和党人士艾伦·格林斯潘2007年在回忆录中说："伊拉克战争在很大程度上与石油有关。但是承认众所周知的这个事实在政治上却不大方便，这让我感到悲伤。"

联邦国会资深参议员约翰·麦凯恩在2008年美国总统竞选演说中说："我的朋友们，我会有一个能源政策，我们将讨论这个政策。这个政策将消除我们对中东石油的依赖，并阻止我们——阻止我们派遣我们的男女青年再去参加在中东的战斗。"

2008年共和党副总统候选人、阿拉斯加州前州长萨拉·佩林（Sarah Palin）说："我们是一个处于战争状态的国家，战争的原因是为了争夺能源。"

伊拉克战争的主要策划者之一、小布什政府主管军控事务的副国务卿约翰·博尔顿（John Bolton）说："我们在至关重要的石油和天然气产区打了很多场战争。这是为了保护我们的经济不会因失去这个地区的石油和天然气资源而遭到不利影响，或者只能在高价位才能获得这些资源。"②

2007年9月15日，艾伦·格林斯潘接受《华盛顿邮报》记者鲍勃·

① Paul James, "Oil in Iraq: The Heart of the Crisis", *Global Policy Forum*, February 27, 2009.
② Antonia Juhasz, "Why the War in Iraq Was Fought for Big Oil", Special to CNN, April 15, 2013; "Top Republican Leaders Say Iraq War Was Really about Oil", Washingtons Blog, March 19, 2013.

伍德沃德（Bob Woodward）采访时，进一步明确了他对伊拉克战争的观点。他承认，和小布什一样，他支持伊拉克战争是因为萨达姆拥有大规模杀伤性武器。但是当他发现萨达姆的确没有一颗原子弹后，他主要从经济角度支持这场战争。他说："如果萨达姆·侯赛因一直是伊拉克总统，并且在伊拉克沙漠底下没有石油，我们对他的回应就不会像第一次海湾战争那样强烈。第二次海湾战争是第一次海湾战争的延续。观察萨达姆30年的历史，我认为它提供了非常清楚的证据证明，萨达姆正向控制霍尔木兹海峡的方向走去。每天有1700万桶、1800万桶和1900万桶石油通过这个海峡。哪怕石油供应每天中断300万—400万桶，就会导致油价飙升至每桶120美元。"格林斯潘说，战争不是为了去伊拉克"掠夺石油"，推翻萨达姆的目的是"确保现存石油市场系统有效运行，坦言之，就是把这个系统一直保持到我们发现其他石油储量为止。我们最终一定会实现这一目标"。他承认他个人对推翻萨达姆对全球经济的重要意义的观点已经向布什、切尼等白宫所有人士说明了。①

被称为美国洛克菲勒家族智囊的基辛格在2007年9月16日的《华盛顿邮报》社论版发表文章提出了新观点。他说，控制伊拉克石油"是美国确定是否对伊朗采取军事行动的关键"。②

小布什也拐弯抹角地承认战争与石油有关。2005年他说："让伊拉克石油远离坏人是发动伊拉克战争的主要动机。"他说："如果扎卡维（本·拉丹副手）和本·拉丹控制了伊拉克，他们就会为未来的恐怖袭击创造新的训练基地。他们会夺取油田为实现他们的野心提供资金。"从2006年10月30日至11月3日，小布什在科罗拉多州为一名共和党众议员助选。他多次在公众集会上发表演讲，主要内容涉及伊拉克石油。他警告称，如果美国过早从伊拉克撤军，把伊拉克交给叛乱分子，那就等于美国把伊拉克的丰富石油资源有效地交给恐怖分子作为武器对付其他国家……布什威胁说，极端分子控制了伊拉克石油"就会把能源作为'经济讹诈'手段，试

① Bob Woodward, "Greenspan: Ouster of Hussein Crucial for Oil Security", *The Washington Post*, September 17, 2007.

② Robert Weissman, "Greenspan, Kissinger: Oil Drives US in Iraq, Iran", September 18, 2007.

图迫使美国放弃与以色列结盟。这些极端分子还能从市场抽掉几百万桶石油，使每桶油价飙升至 300—400 美元"。[1]

2007 年前后，伊拉克反美力量一度攻占了伊拉克西部安巴尔省及其首府拉马迪（Ramadi）。2008 年 9 月 13 日小布什对全国发表讲话说："如果我们被赶出伊拉克，各类极端分子就会胆大包天。……他们会控制全球能源供应的关键地区。"[2]

早在伊拉克战争爆发之前，副总统切尼就明确承认这场战争是为了石油。2002 年 8 月他在美国"海外作战退伍军人协会"（Veterans of Foreign Wars）会议上说："如果萨达姆的大规模杀伤性武器等所有抱负都实现了，对中东和美国将产生巨大影响。拥有大规模杀伤性恐怖武器并拥有世界石油储量 10% 的萨达姆·侯赛因会寻求对整个中东地区的统治，控制世界大部分能源供应，从而直接威胁美国在整个中东地区的朋友，美国或其他国家将受到核讹诈。"[3]

美国学者拉里·埃弗里斯特在他的新著《石油、权力和帝国——伊拉克和美国的全球议程》中一针见血地点出了小布什和切尼宣扬的"能源独立"的本质。他说："当美国官员公开讨论能源问题时，他们讲的是国内消费或'能源独立'，布什在他的 2003 年国情咨文中就是这么说的。但是美国战略的指导思想不是简单地去填满国内越来越多越野车大队的油箱，而是以统治全球和实现帝国的需求作为导向的。为了控制他国并在全球经济竞争中取胜，就必须掌握世界的能源龙头。这些能源政治方面的因素很少被提及，但它却是美国盘算的中心。迪克·切尼副总统曾经说，控制中东石油国家能对全球经济发挥致命的'卡脖'作用。"[4]

---

① "Top Republican Leaders Say Iraq War Was Really about Oil", Washingtonblog, March 19, 2013; Peter Baker, "Bush Says U. S. Pullout Would Let Iraq Radicals Use Oil as a Weapon", www. washingtonpost. com, November 5, 2006.

② "President Bush's Speech on Iraq, National Public Radio", www. npr. org/templates/, September 13, 2007.

③ Michael T. Klar, *Blood and Oil—the Dangers and Consequences of America's Growing Dependency on Imported Petroleum*, Metropolitan Books Henry Holt and Company, 2004, p. 99.

④ Larry Everest, *Oil, Power & Empire—Iraq and the U. S. Global Agenda*, Common Courage Press, 2004, p. 256.

　　自古以来，人类生存就离不开能源。石油不是普通商品，它是战略资源，不可再生。只要替代石油的新能源尚未问世并且未进入商业开采，人类生活就离不开石油，现代战争更离不开石油。随着石油资源的日渐枯竭，围绕石油资源的争夺不会停止。今后美国继续诉诸武力夺取外国石油资源的可能性仍然存在。

　　（二）为了保美元

　　1. "英镑石油"与"美元石油"

　　自从 1859 年 8 月 27 日美国第一口现代油井诞生至第二次世界大战爆发，石油分别以美元和英镑计价，通称"美元石油"（Dollar Oil）和"英镑石油"（Sterling Oil）。所谓"美元石油"，除了指以美元作为计价基础的美国石油巨头生产的石油以外，还包括其币值与美元挂钩的国家所产的石油，例如委内瑞拉。"英镑石油"是指由英镑集团的国家生产的石油，例如伊拉克和伊朗。第二次世界大战后美国几乎是油田开发设备的唯一供应商，因此英国石油公司不得不用美元购买其所需大部分油田设备。这影响了"英镑石油"的美元利息，也就是说一部分用英镑计价生产的石油必须用美元计算成本。在另一些国家，例如科威特，那里的每一家美英合资公司生产的石油都以美元和英镑的混合价计算。[①]

　　在第一次世界大战爆发前的大半个世纪，美国政府不允许美国石油公司，尤其是洛克菲勒石油帝国的美孚石油公司到海外开发石油资源。1914 年第一次世界大战爆发。美国学者总结这场战争经验时得出结论说，由于石油短缺，这场战争在 1917—1918 年侥幸熄火，否则战争可能推迟至 1919 年或 1920 年才能结束。这个教训使美国认识到，石油在现代战争中的军事重要性。[②]

　　第一次世界大战结束以后，从 20 世纪 20 年代开始，美国石油巨头打着"门户开放"的旗号，迅速展开国外石油开发，逐步从拉美最大产油国委内瑞拉转移至世界主要石油产地——中东。20 世纪 30 年代美国石油巨

---

　　① Harvey O'Connor, *The Empire of Oil*, Join Calder LTD, London, 1956, pp. 305, 306.

　　② Harold F. Williamson, Ralph L. Andreano, Arnold R. Daum, Gilbert C. Klose, *The American Petroleum Industry*, *The Age of Energy 1899—1959*, Northwestern University Press, 1963, p. 517.

头在沙特发现大油田后，实力大增，严重威胁历史上曾称霸全球的大英帝国在中东产油国的霸主地位。

1944 年，参加筹建联合国的 44 个国家在美国东北部新罕布什尔州的"布雷顿森林"（Bretton Woods）开会，决定建立世界银行和国际货币基金组织，并通过了相应的协定。协定之一是《国际货币基金协定》，通称"布雷顿森林体系"（Bretton Woods system），即关于战后国际货币关系的协定。其特点，"第一是让美元与黄金挂钩，即美元按黄金定价，在美元与黄金之间规定一个固定的价格。……第二是让其他各国的货币与美元挂钩，即这些国家的货币按美元定价。……'布雷顿森林体系'建立之前，英镑曾经享有过与美元平起平坐的地位。由于英国国力一落千丈，'二战'后不久，英镑即失去了这种地位，不得不向美元俯首帖耳，让美元独自称霸。这是一个美元独享特权的、不平等的国际货币体系"。① 随着英镑的地位继续下跌，"英镑石油"也就逐渐销声匿迹。

2. 美元与黄金

"美元石油"的发展过程并非坦途。"二战"爆发初期，由于担心德国和日本会赢，澳大利亚、法国、英国和中国以及一些个人把金条送到远离战场、被认为最安全的美国，以保证"二战"结束后万无一失。美国控制了世界 80% 的黄金，成了黄金大国。此时，以美元为中心的国际货币体系已经建立，美元与黄金挂钩、国际货币基金组织成员的货币与美元保持固定汇率，实行金本位制。

"二战"后很长时间美国是世界最大产油国和最大石油消费国，加上世界石油市场基本被美国石油巨头垄断，因此世界石油市场交易都用美元结算，"美元石油"称霸世界石油市场的历史超过大半个世纪。

"二战"后，英国、法国、德国等国要求按每盎司 35 美元（$35/ounce）的固定价格买回它们储存在美国的黄金。于是黄金需求量剧增。

"二战"后不久美国先后发动朝鲜战争和越南战争，战争和福利支出庞大，加上不断对外扩张，美元自由浮动和日益增加的贸易赤字以及巨额

---

① 张海涛：《亲历与求索》，中国社会科学出版社 2014 年版，第 157、158 页。

债务等因素，导致美联储加大美元供应量，美元贬值，各国被迫用美元按官价抢购黄金，以致美国黄金储备急剧减少，1971 年美国黄金储备从"二战"末期的两万吨下降到 8100 吨。美国黄金储备告急。这就是 20 世纪 70 年代不断出现的美元贬值和"美元危机"的背景。美国黄金储备即将耗尽，威胁美元地位，尼克松政府必须当机立断解决这一困局。1971 年 8 月 15 日，尼克松单方面宣布震惊全球的决定：美元与黄金脱钩，并改为浮动汇率。这意味着"布雷顿森林体系"瓦解。这一背信弃义之举也意味着美国可以不受黄金的羁绊随意加印美元。尼克松选择抛弃金本位后，一些国家预期货币市场会出现波动，便增加美元储备，导致美元和其他世界货币紧缩。美国加印大量美元反过来导致美元贬值。"因石油以美元计价，产油国的实际收入下降。"①

美国既是石油生产国也是石油进口国，政府为了加强本国石油资源保护，石油进口逐年增加。当时美国关注的重点仍然是稳定美元在世界金融领域的霸主地位，力争石油贸易以美元计价。

进入 20 世纪 70 年代，中东产油国展开了从美英石油巨头手中收回本国石油资源的运动。伊朗和伊拉克走在前头，沙特阿拉伯和欧佩克其他成员紧跟其后。斗争最激烈的莫过于沙特政府与 1933 年由加利福尼亚美孚石油公司创办、美国石油巨头垄断的阿拉伯美国石油公司（Arabian American Oil Co.，Aramco，阿美石油公司）之间的较量。这对尼克松政府稳定美元的计划形成了巨大压力。

密切关注这一局势的基辛格说，1972 年 3 月，以沙特阿拉伯石油大臣亚马尼（Ahmed Zaki Ymani）为首的欧佩克谈判小组就参股问题与美英等国石油巨头进行谈判，"谈判小组起初要求有 20% 的股权，各公司在沙特阿拉伯重压下同意了这个要求，沙特阿拉伯人接受 20% 作为起点，但是（和激进国家一样，或许还是在这些国家的推动下）要求在一定时间以后使股权达到 51%。如此迅速的国有化将使各大石油公司降为销售和管理机构，在这种情况下，石油价格将由产油国政府决定而不再需要谈判。股权

① Nick Giambruno, "Ron Paul Says Watch the Petrodollar System", *Casey Research*, November 5, 2014.

谈判很快就走上了价格谈判的老路。……从市场情况看，产油国似乎可以无止境地进行勒索"①。

3. 美元与石油挂钩

中东局势危急，1972 年尼克松向沙特国王费萨尔·本·阿卜杜勒·阿齐兹·沙特（Faisal bin Abdulaziz Al Saud）伸出橄榄枝，表示美国愿意保护沙特油田不受任何入侵者侵犯。作为回报，他要求沙特出售石油坚持只用美元结算，还要求所有欧佩克成员都把它们出售的石油用美元结算，并用石油收入购买美国国债和债券。

失去黄金支撑的美元颓势也引起西方全球秘密智库"比尔德伯格俱乐部"（The Bilderberg Group）的关注。这个俱乐部 1954 年成立于荷兰，每年召开一次秘密会议。与会者为北美和欧洲的金融大鳄、军火商、石油巨头、服务于权贵的学术精英。1973 年 5 月，俱乐部在瑞士沃伦伯格（Wallenberg）银行家族的萨尔斯庄巴丹（Saltsjobaden）海岛度假胜地举行年会，探讨对策。84 名与会者中有著名金融家、政客、美国埃克森、荷兰皇家壳牌、英国 BP、法国道达尔和意大利埃尼集团的首席执行官，此外还有时任国务卿基辛格和洛克菲勒石油帝国后代——大通曼哈顿银行首席执行官戴维·洛克菲勒（David Rockefeller）等。会上，美国银行家沃尔特·利维（Walter Levy）预测欧佩克的石油收入将立即增加 400%。"但这次秘密会议的目的不是阻止期待中的油价冲击，而是如何管理即将泛滥的'石油美元'（petrodollar）。"这就是后来基辛格所概括的"石油美元再循环"。② 美国学者威廉·恩道尔（F. William Engdahl）在他的《一个世纪的战争：英美石油政治和世界新秩序》一书中说："比尔德伯格会议的目的是使权力重新向有利于美英金融利益和美元的方向发展。为了达到这一目的，与会者决定利用他们最珍视的武器——对全球石油供应的控制权。比尔德伯格俱乐部的政策就是引发全球石油禁运，迫使

---

① ［美］亨利·基辛格：《动乱年代——基辛格回忆录》第三册，吴继淦、张维、梁于华、刘觉俦、张志、尤飚译，世界知识出版社 1983 年版，第 17 页。

② Willian R. Clark, *Petrodollar Warfare—Oil, Iraq and the Future of the Dollar*, New Society Publishers, 2005, p. 21.

全球油价暴涨。由于二战后美国石油公司垄断世界石油市场，1945 年以来石油以美元计价，因此世界石油价格突然上涨，意味着世界对美元的需求将大幅度增加，以购买所需的石油。”①

尼克松预感到一场政治风暴正在中东产油国酝酿中，他说：“阿拉伯国家可能对石油实行禁运的不祥之兆 1973 年春天初见端倪，到了仲夏，沙特阿拉伯国王费萨尔警告说，我们如不改变对以色列的政策，便将缩减运给我们的石油。”② 尼克松认为，如果不立即采取措施缓解欧佩克与西方对立的局面，美元的国际地位继续下降的趋势难以避免。尼克松决定从沙特阿拉伯那里获得支持。

1948 年以前，美国一直是石油纯出口国。20 世纪 50 年代和 60 年代国产石油供求平衡，1970 年国产石油供应量开始下降，1972 年出现供不应求，1973 年，美国石油成品油日进口量达到 620 万桶，约占全部石油需求量的 35%。2002—2003 年，美国从欧佩克进口石油量占总需求量的 60%，主要从沙特阿拉伯进口。沙特在欧佩克中占主导地位，是欧佩克中石油储量最多、石油产量最大，也是唯一不受欧佩克产量配额限制的成员。沙特担负着“机动生产国”的任务，也就是通过减产或增产保证世界石油市场基本供求平衡，从而在一定程度上控制世界油价。正是由于沙特具有这些优势和特点，尼克松决定争取沙特只用美元进行石油交易以保护美元的强势和美国的霸权。

20 世纪 70 年代初，欧佩克成员从西方石油巨头手中收回石油定价权，油价暴涨，其成员石油美元收入陡增。美国和英国的银行精英们为维持美元的霸权地位，在石油领域推行“双管齐下的策略”：一是要求欧佩克不仅在石油交易，而且在所有交易中都以美元定价；二是把欧佩克剩余“石油美元”作为工具，通过高油价急剧扭转美元国际价值的跌势。“这是发达国家与发展中国家在美元范围内团结起来的效果，已不再与黄金挂钩的

---

① F. William Engdahl, *A Century of War—Anglo-American Oil Politics and the New World Order*, Progressive Press, 2012, p. 163.

② ［美］尼克松：《尼克松回忆录》下册，马兖生、翟一我、杨德译，董乐山、郑文华、黄雨石校，商务印书馆 1979 年版，第 291 页。

美元，现在与黑色黄金挂钩了。"① 这里所说的"工具"就是基辛格发明的"石油美元再循环"。把石油作为美元的后盾，全球石油贸易都与美元挂钩，加上"石油美元再循环"，不仅能提高美元的国际地位，也能给美国带来不菲的收益。

1973年9月尼克松派遣国务院主管能源的詹姆斯·埃金斯（James E. Akins）为驻沙特大使，试图改善并加强与沙特皇室的关系。由于基辛格敦促尼克松继续向以色列提供武器，10月6日，埃及和叙利亚军队同时行动，突然进攻"六·五战争"中被以色列占领的西奈半岛和戈兰高地。第四次中东战争爆发。接踵而来的便是第一次石油危机。12月23日，油价一飞冲天，欧佩克将油价上调至每桶11.651美元，与10月16日第一次提价前的每桶3.011美元相比，涨幅近4倍。②

1973年10月19日，尼克松根据基辛格的提议要求联邦国会批准向以色列提供22亿美元紧急军事援助。尼克松此举引起沙特愤怒。10月20日，沙特国王费萨尔下令对美国实行石油禁运。一场禁运与反禁运的争夺在中东产油国和美国之间迅速展开。

欧佩克自1960年成立以来便存在两派，即以沙特为首的鸽派和以伊拉克为首的鹰派。1973年10月21日，伊拉克政府发表声明说："区分敌对国家和友好国家至关重要。对敌对国家必须实行禁运，而对友好国家则必须保证正常的石油供应。"声明主张禁止对美国石油出口并呼吁阿拉伯国家实行石油国有化，撤回存放在美国的阿拉伯基金，与华盛顿彻底断绝外交关系。③ 禁运期间伊拉克还解决了1972年石油国有化的遗留问题，没收了美国和荷兰在伊拉克南部巴士拉石油公司持有的剩余股份。④ 油价飞涨和石油禁运严重冲击了长期依赖廉价石油的美国等发达国家的经济。

以美国为首的西方国家从未把欧佩克放在眼里。第一次石油危机后，

---

① Willian R. Clark, *Petrodollar Warfare—Oil, Iraq and the Future of the Dollar*, New Society Publishers, 2005, p. 30.

② 参见江红《为石油而战——美国石油霸权的历史透视》，东方出版社2002年版，第365页。

③ David Holden & Richard Johns, *The House of Saud, The Rise and Rule of the Most Powerful Dynasty in the Arab World*, Holt, Rinehart and Winston, New York, 1982, p. 343.

④ Ian Seymour, *Opec, Instrument of Change*, The Macmillan Press Ltd. , 1980, p. 119.

一位美国学者说，欧佩克这个"沉睡的巨人已经苏醒了"。[1] 欧佩克的力量让西方列强感到惊讶和恐惧。尼克松发现中东产油国和欧佩克的觉醒对"美元石油"形成严重威胁。第四次中东战争和石油禁运前，石油贸易继续被美元主导着，但在一些产油国中也出现了用其他货币结算的苗头。在中东出现的"这种紧张局面和欧佩克的新力量导致人们担心美元将在石油贸易中变得无足轻重"。[2]

眼看美元地位一天比一天衰弱，尼克松政府意识到必须认真对付这个无法无天的欧佩克，尽快把美元与石油挂钩。这一政策的首倡者是尼克松，推行者是国务卿基辛格和财政部部长威廉·西蒙（William Simon）。

正被"水门事件"搞得焦头烂额的尼克松焦急万分，1973—1974年多次派遣财政部部长威廉·西蒙前往沙特，与沙特政府举行秘密会谈，要求沙特接受美国建议，把全部石油交易用美元结算。

已经掌握中东外交大权的基辛格也展开了著名的"穿梭外交"，与主要谈判对手、被誉为欧佩克和中东产油国发言人的沙特石油大臣亚马尼进行了旷日持久的谈判。在双方处于僵持状态的时候，基辛格于1974年2月11日召集西方石油消费国举行"华盛顿能源峰会"[3]，试图迫使沙特屈服。亚马尼抨击基辛格召开此峰会的目的是有意加剧沙特与西方石油消费国的矛盾，孤立产油国。美国国防部部长詹姆斯·施莱辛格甚至向沙特发出"可能军事干预沙特油田"的威胁。主要依靠中东石油的法国与美国分道扬镳，拒绝与产油国对抗。沙特虽然是全球石油大国，但不是军事强国，在强大的美国面前它是弱者。1974年3月，沙特宣布停止对美国的石油禁运。"基辛格掀起的1973年石油危机对世界工业增长造成了'灾难性影响'，但纽约和伦敦的主要银行和美英石油跨国公司'七姐妹'等某些既得利益集团获得了巨大利益。"[4]

---

① Stephen Pelletiere, *Iraq and the International Oil System-Why America Went to War in the Gulf*, Maisonneuve Press, Washington, D. C. 2004, p. 42.

② Wikipedia：Petrodollar.

③ 参见江红《为石油而战——美国石油霸权的历史透视》，东方出版社2002年版，第389—392页。

④ Willian R. Clark, *Petrodollar Warfare—Oil, Iraq and the Future of the Dollar*, New Society Publishers, 2005, p. 31.

1974 年 6 月 8 日基辛格与沙特王储、副首相哈立德·本·阿卜杜勒·
阿齐兹·沙特（Khalid bin Abdulaziz Al Saud）发表联合声明宣布，美国与
沙特成立"经济合作共同委员会"（Joint Commission on Economic Coopera-
tion），除了加强两国在各领域合作外，委员会还规定美国财政部和美联储
"允许"沙特中央银行用石油美元购买美国债券。[1]"有人说，这是一个秘
密的合作文件，它以沙特只用美元出售石油来换取美国对它的保护。"[2]

说服沙特政府接受"石油美元"是尼克松和基辛格具有战略性意义的
成果，本应大书特书，但人们很难从他们的著作中找到有关的内容。可
见，这在当时是美国政府的核心机密。但这个秘密被美国政治家罗恩·保
罗（Ron Paul）博士 2006 年发表的一篇题为"美元霸权的终结"（The End
of Dollar Hegemony）的著名演讲披露了。美国舆论说，这篇演讲虽然流传
全球，但在美国却鲜为人知。演讲中有关尼克松与基辛格和沙特政府就
"石油美元"体系达成共识的主要内容如下：

> 从 1972 年到 1974 年，经过漫长的谈判过程，美国与沙特政府终
> 于就"石油美元"体系达成一致，美国承诺向沙特提供政治和军事支
> 持以保卫沙特王室的生存。作为回报，沙特阿拉伯同意：
> 1. 利用沙特在欧佩克占主导地位的影响来保证全球石油交易只用
> 美元结算。
> 2. 把大量石油美元收入用来购买美国国债，并用这些国债的利息
> 支付美国石油公司对沙特基础设施现代化工程的投资。
> 3. 保证把油价限制在美国能接受的范围之内，并防止欧佩克其他
> 成员发动另一场石油禁运。

保罗博士说："美国只是交易中的一个收银员，与产品和服务无关。

---

[1] Jerry Robinson, "Preparing for the Collapse of the Petrodollar System", Published on Financial, www. financialsense. com, February 15, 2012.；John Little, "Orders from Riyadh-Part 1-the Birth of the Petrodollar System", www. omegashock. com, June 24, 2014.

[2] Sohan Sharma, Sue Tracy & Surinder Kumar, "The Invasion of Iraq: Dollar vs Euro—Re-de-nominating Iraqi Oil in U. S. Dollars, Instead of the Euro", *Z Magazine*, February 2004.

这意味着美国购买力增强，一个更深、对美元和美国国债流动性更高的市场。除此之外，美国可以利用独一无二的特权，任意印刷本国货币支付包括石油在内的进口物资。'石油美元'体系给美国带来的好处不可能被夸大。"①

美国学者杰里·罗宾逊（Jerry Robinson）在题为"准备石油美元体系的崩溃"（Preparing for the Collapse of the Petrodollar System）一文中解释说："什么是'石油美元'？就是欧佩克把出售石油得到的美元存入西方银行。这个石油美元体系（petrodollar system），或更简单地称为'美元石油'体系（oil for dollars system），立即人为地在全球营造了对美元的需求高潮，世界石油需求量增加，自然对美元的需求也增加……'石油美元'体系的内涵就是把美元与石油挂钩，从沙特购买的每一桶石油都用美元计价。根据这项新的安排，任何一个想购买沙特阿拉伯石油的国家都必须首先把本国货币兑换成美元。1975 年，欧佩克所有成员同意出口石油都用美元计价，以换取美国对它们的军事保护……"罗宾逊认为，美国企图通过石油美元体系维护全球霸权。但是他说："我相信，石油美元体系的崩溃将会在这 10 年的某个时候发生，在当今世界，石油是任何国家赖以生存的主要能源。如果石油以美元计价，那么发展中国家和贫油或无油国家首先要通过出口货物换取美元；如果它们仍然缺美元，就得向世界银行和国际货币基金组织贷款美元，还贷利息也必须是美元。因此美国以外对美元的需求量大大增加，美元作为国际货币的国际地位也因此得到加强。但是现在世界形势大变，越来越多的国家已经或将要摆脱石油交易只用美元结算的传统制度。"② 作为经济学家的罗宾逊以敏锐的眼光捕捉了这一变化，因此他对美元前途的预测或许有一定道理。

4. "石油美元再循环"

基辛格博士发明的"石油美元再循环"让美国既得利益集团赚得盆满

---

① Nick Giambruno, "Ron Paul Says Watch the Petrodollar System", *Casey Research*, November 5, 2014.

② Jerry Robinson, "Preparing for the Collapse of the Petrodollar System", *Financial*, www. finan-cialsense. com, February 15, 2012.

钵满。美国学者威廉·恩道尔透露："1974 年年初，尼克松把一位白宫高级官员派到财政部，想要研究如何让欧佩克降低油价。但这个官员吃了闭门羹，他在备忘录中写道：不愿让石油降价的是银行界的大亨，他们极力主张利用高油价带来的'石油美元再循环'牟利……石油价格上涨为纽约的银行业换来了真金白银，尤其是戴维·洛克菲勒的大通曼哈顿银行。伊朗巴列维国王把伊朗国家石油公司的收入全部存在那里，按 1974 年欧佩克油价上涨后的价格，每年约为 140 亿美元……"1975 年，美国财政部部长助理、曾任埃克森美孚董事的杰克·贝内特（Jack Bennett）被派往沙特首都利雅得，"与沙特政府货币局签订一项秘密协定规定，为保证获得美国的军事装备，沙特货币局将用大部分石油收益购买美国债券。之后，财政部还委派一位华尔街银行投资专家担任沙特货币局首席'投资顾问'，指导沙特把石油美元投到正确的银行——伦敦和纽约的银行，这毫无悬念……'石油美元再循环'计划按部就班进行。这将是历史上前所未有的财富大转移，华尔街和洛克菲勒集团则严密掌控着其中的每一个环节"。①

"石油换美元"制度名义上双赢，实际上更有利于美国。欧佩克成员均属第三世界，20 世纪 70 年代初它们的石油工业基本上掌握在美英石油巨头的手里，工农业落后，国家要发展，就得从美国等西方发达国家进口粮食、日用消费品、建设器材和军事装备等。第三世界非产油国处境也很困难，要买石油，必须从世界银行或国际货币基金组织等金融机构和外汇市场借贷或购买美元。于是，"石油美元再循环"让美国大宗商品和军火出口迅猛增加，大量美元滚雪球般回流到美国。美元供不应求，美联储就开足马力印钞，导致美元贬值。

1974 年 6 月，尼克松访问沙特，与费萨尔国王举行会谈。他是美国历史上第一位访问沙特的美国总统。当年 8 月 9 日因"水门事件"尼克松被迫辞职，离开白宫。

1972 年 2 月尼克松访华，毛泽东主席和周恩来总理热情接见。双方发表《中美上海联合公报》，宣布中美两国关系走向正常化。这一历史性重

---

① ［美］威廉·恩道尔：《石油大棋局》，戴建、李峰、顾秀琳译，吕德宏校，中国民主法制出版社 2011 年版，第 58、59 页。

大事件给尼克松增添了不少竞选资本，在 1972 年 11 月举行的美国总统大选中他以压倒优势战胜民主党候选人乔治·麦戈文（George McGovern），连选连任成功。不久，一个匿名"深喉"的人向《华盛顿邮报》记者秘密透露有关"水门事件"情报，于是舆论界谴责尼克松的消息铺天盖地，指责他 1972 年 6 月 17 日派人去位于华盛顿的水门大厦民主党总部窃取密件。在国会即将弹劾的紧要关头，尼克松于 1974 年 8 月 8 日晚上向全国发表电视讲话，宣布辞去总统职务。当时作为新华社联合国分社工作人员，笔者目睹了"水门事件"发酵全过程，也从电视上观看了 8 月 9 日尼克松夫妇乘直升机挥手告别白宫属下离开华盛顿返回家乡的情景，深感美国统治集团各派斗争激烈而残酷。尼克松是美国历史上第一位执政中途被迫提前下台的总统。1994 年 4 月 22 日，他突患中风去世，享年 81 岁。"水门事件"曝光后，美国国内要求追查泄密者的呼声不断。尼克松离开白宫 31 年后的 2005 年 5 月 31 日，已经 91 岁的前联邦调查局副局长马克·费尔特（Mark Felt）承认："我就是人们常说的深喉。"（Im the guy they used to call Deep Throat）美国《名利场杂志》（Vanity Fair magazine）率先透露这一爆炸性新闻，全国哗然。有媒体揭露说费尔特利用"水门事件"是因为尼克松拒绝提拔他担任联邦调查局局长，而他正是埃德加·胡佛（J. Edgar Hoove）1972 年 5 月 2 日去世前的理想接班人；尼克松怀疑费尔特，曾对白宫总管亚历山大·黑格（Alexander M. Haig）说："你瞧，他是个坏人。"（He's a bad guy, you see）费尔特怀恨在心，决定报复，于是就化名"深喉"打击尼克松。按美国舆论的说法，"水门事件原本是一个简单的犯罪调查"。美国共和、民主两党互相窃取对方秘密并不鲜见，借"水门事件"搞掉尼克松，非费尔特单打独斗能成。其背后指使者、支持者究竟是谁，仍是悬案。不过众所周知的事实是，美国东部的洛克菲勒财团不欢迎来自美国西部的尼克松，其政治掌门人纳尔逊·洛克菲勒（Nelson Rockefeller）意欲取而代之。尼克松离开白宫，副总统福特接任总统职务后，纳尔逊·洛克菲勒当选副总统。尼克松至死也不知道是谁出卖了他。纳尔逊·洛克菲勒一生梦想当总统，但他最终离总统梦咫尺天涯。

1975 年 3 月 25 日，费萨尔国王在利雅得的一次宫廷觐见仪式上被他的侄子费萨尔·本·穆萨耶德（Faisal bin Musaid）王子用左轮手枪击毙。这位王子留学美国，因此"在沙特阿拉伯和广泛的阿拉伯世界普遍持有的看法是，刺客刚刚从美国回来，石油禁运是西方阴谋集团杀害费萨尔国王的真正原因"。① 费萨尔的悲剧下场从一个侧面反映出石油领域斗争的残酷无情。

从1975年到2000年，欧佩克成员都遵守以美元作为石油交易的唯一货币的承诺。"由于美元继续失去购买力，一些石油生产国开始质疑，为他们的石油供应接受越来越不值钱的纸币是否明智。"②

5. 萨达姆改用"石油欧元"

2000年9月25日，萨达姆主持一次政府工作会议后公开宣布，伊拉克不久将用1999年1月诞生的欧元替换美元结算石油交易。当年9月26日，新华社记者李学军以"伊拉克决定在对外贸易中取消用美元结算"为题发表了有关消息，全文如下：

> 伊拉克财政部部长希克马特·易卜拉欣（Himat Mizaban Ibrahim）26日宣布，伊拉克将在对外贸易中停止一切使用美元结算的交易行为，而改用欧元或其他货币。
>
> 希克马特·易卜拉欣在声明中说，伊拉克决定放弃美元，是因为"美元已经成了美国赖以主宰地区和国际政治和经济事务的一个支柱"。声明呼吁世界其他国家也采取这一做法，以抗击美国在国际政治和经济中的霸权地位。但是，声明没有透露伊拉克何时正式实施这一决定。
>
> 在本月14日举行的内阁会议上，伊拉克总统萨达姆决定由一批经济学家成立一个专门委员会，来研究放弃美元、改用欧元或其他货币进行对外贸易和结算的可能性。该委员会于近日向政府递交了可行性报告，萨达姆总统25日晚召开内阁会议，正式通过了这一决定。

① Wikipedia：Faisal of Saudi Arabia.
② Jerry Robinson，"Preparing for the Collaps of the Petrodollar System"，Published on Financial，www.financialsense.com，February 15，2012.

这一决定标志着伊拉克金融政策的一大转变。自 1979 年萨达姆任总统以来，伊拉克的外汇储备和对外贸易一直使用美元结算。

美国学者威廉·克拉克（Willian R. Clark）在他的著作《石油美元的战争》（*Petrodollar Warfare*）中透露，在 25 日内阁会议后萨达姆宣布，伊拉克不久就把出口石油用美元改为欧元计价。他说美元是 "敌对国家的货币"。在上述讲话后不久伊拉克在法国第一大银行——法国巴黎银行（BNP Paribas）开了一个欧元账户，把总额 100 亿美元的石油换食品计划的收入从联合国特别账户转入法国巴黎银行。伦敦和欧洲非金融圈消息灵通人士私下都确认伊拉克不受瞩目的 "石油美元换成石油欧元" 行动的重要意义，认为 "伊拉克此举是对美元宣战"。① 很多欧佩克成员也纷纷效仿伊拉克，向欧盟出售石油时不用美元而用欧元结算，进一步动摇了美元的国际货币地位。

其实，在欧佩克成员中首先试图改变石油贸易现状的是产油大国伊朗。1999 年欧元刚诞生时，伊朗表示对放弃美元改用欧元进行石油交易有兴趣，但是由于 2000 年欧元币值暂时下跌，只好放弃。萨达姆·侯赛因不改初心，"他是欧佩克中第一个在石油交易中用欧元取代美元进行结算的人……有迹象表明，伊拉克战争是向欧佩克和其他产油国传递信息的有力方式，即不要从 '石油美元' 制度过渡到 '石油欧元' 制度。……当本届政府欺骗美国人民去攻打伊拉克的时候，它向欧佩克其他产油国发出讯息——你们要么支持我们，要么反对我们……" 如果欧佩克其他成员执意把石油支付改用欧元，"它们可能要接受政权更迭。萨达姆政权被推翻后，布什政府迅速把伊拉克的石油交易货币重新改用美元"。② 伊拉克临时政府发布的第一号政令是：立即恢复以美元作为伊拉克石油交易的唯一结算货币。

加利福尼亚州立大学教授索汉·夏尔马（Sohan Sharma）联合两位美

---

① Willian R. Clark, *Petrodollar Warfare—Oil, Iraq and the Future of the Dollar*, New Society Publishers, 2005, p. 32.

② Ibid., pp. 116, 119, 121.

国专家以"入侵伊拉克：美元对欧元"为题，在 2004 年 2 月一期的《Z 杂志》上发表文章，对伊拉克战争与美元的关系进行了分析。

文章写道：究竟为什么美国对一个被制裁了 12 年（1991—2003）、正努力获取洁净饮用水和基本药品的伊拉克发动攻击？因为美元霸权开始遇到欧元挑战，发动伊拉克战争是想维护"美元帝国主义"。

文章认为，小布什政府对伊拉克发动无端的震慑攻击有以下几个经济目的：

1. 使世界重新用美元而不是用欧元进行石油交易，从而保证美国成为在经济和军事方面继续占主导地位的"世界强国"。

2. 向其他产油国传出明确信息：如果它们放弃美元改用欧元将会发生怎样的后果。

3. 把世界第二大石油储备国伊拉克直接控制在美国手中。

4. 创建一个附属国，并在那里保持强大的军事力量以便控制中东及其石油。

5. 重创欧盟和欧元，它们是有能力通过贸易反对美国全球主导地位的唯一贸易集团和货币。

6. 腾出美国兵力以便美国可以对那些试图脱离美元帝国主义的国家开始采取行动，例如委内瑞拉。美国一直企图推翻委内瑞拉民主政府，支持建立一个对美国的商业和石油利益集团更友好的军政府。①

这篇文章是对小布什政府发动伊拉克战争的目的的全面解读。

萨达姆改用欧元进行石油交易的正常行为踩到了美国的红线，触动了美国的神经，激怒了美国当局。面对这场经济纠纷，小布什拒绝谈判，假借反恐之名以寻找大规模杀伤性武器为由重创伊拉克，并借萨达姆同胞之手处死萨达姆，其终极目的显而易见是保护其"美元帝国主义"的国际地位。

---

① Sohan Sharma, Sue Tracy & Surinder Kumar, "The Invasion of Iraq: Dollar vs Euro—Re-de-nominating Iraqi Oil in U. S. Dollars, Instead of the Euro", *Z Magazine*, February 2004.

美国近代史充分证明，它称霸世界的主要手段是军火、石油和美元。为了保护美元，反对能与之抗衡的欧元，手头必须掌握石油这一战略资源。要维护美元的霸权地位，必须有石油做后盾。可见，只有以武力推翻企图用欧元替代美元的萨达姆政权，把伊拉克石油牢牢控制在美国手里，才能消除隐患，保护日益衰退的美元地位。

十一　"我是战争总统"

从 2001 年 1 月至 2009 年 1 月，小布什在执政 8 年期间发动了两场战争：阿富汗战争和伊拉克战争。虽然美国公众对这两场战争褒贬不一，但对他发动伊拉克战争则基本持否定态度。

（一）离职面试

在总统任期届满、即将离开白宫的 2008 年 12 月 1 日晚，小布什在戴维营接受美国广播公司"世界新闻"（World News）节目主持人查利·吉布森（Charlie Gibson）的独家采访。这是小布什卸任前以总统身份面向全国公众接受媒体采访的最后一次机会。美国媒体把此次访谈称作"离职面试"。小布什回顾了 8 年白宫岁月的得与失。谈及内容涉及经济危机、股市崩溃、卡特里娜飓风、"9·11"事件、阿富汗战争、伊拉克战争、2008 年大选和退休生活等。同时接受采访的还有第一夫人劳拉·布什。

在访谈中小布什终于承认："在他整个总统任期内的最大遗憾莫过于伊拉克的情报失误。"

访谈中与伊拉克战争有关的主要内容如下：

吉布森："让我们谈一谈作为总统的八年。美国人不知道当总统有什么与众不同之处？什么事让他们最惊讶？"

布什："这是个有趣的问题。我认为他们至少对我的政府、也就是对我们团队的紧密合作感到惊讶。……有些日子我们不快乐，有些日子我们快乐；每天都很快乐，但当你怀有人生目标时，不管你预测前景如何，我们都是一群充满激情的人，很荣幸能为大家服务……"

吉布森："你最没有预料到的事情是什么？"

　　布什：“嗯，我没有想打仗。换句话说，我不可能在选举中说：
'请为我投票吧，我能够处理一场袭击。'换句话说，我没有预料会有
战争。总统——与现代总统有关的事情之一就是发生意外。”

　　吉布森：“这次选举（指2008年总统大选——笔者注）在某种程
度上是对布什政府的否定吗？”

　　布什：“我认为这是对共和党人的一种否定。我相信有些人是因
为我才投票给贝拉克·奥巴马的。我想大多数人都投票支持贝拉克
·奥巴马，是因为他们决定让他在未来4年在他们的客厅里解释政策。
换句话说，他们有意识地选择让他当总统。”

　　吉布森：“鉴于你确实要把改革作为你的竞选内容，你说你要改
变华盛顿的运作方式，你觉得做到了吗？或许'9·11'真的阻止了
你的变革运动吗？”

　　布什：“没有。你知道——事实上，'9·11'把国家团结在一起
了，那是华盛顿决定一起工作的时刻。我认为总统任期内最大的失望
之一是华盛顿的气氛变得更糟，而不是更好。”

　　吉布森：“我想和你谈一谈8年中的高潮和低谷。但你不能一个
人谈，我们应该请布什夫人来谈谈这件事。”

　　布什夫人立即应邀进入交谈室。

　　吉布森：“当你们即将离开白宫的时候，你们认为这个国家对乔
治·沃克·布什会有怎样的感觉？”

　　布什：“我不知道。我希望他们觉得这个人来了，他没有为政治
出卖灵魂，他坚持原则，做了一些艰难的决定。”

　　布什夫人：“我觉得人们认为他是一位8年来维护他们安全的人。
并且我想……我常常听到人们感谢我，要我转告对他的谢意。”

　　布什：“我坦率地告诉你，我不会花很多时间真的担心我的短期
历史，我想我也不会担心我的长远历史，我不会去阅读这些历史。
（笑）但是，看起来，在总统这份工作中你只能尽其所能。对我来说，
最重要的是回到家，照照镜子，并对自己说，我没有违背自己的原
则。我确实没有。我做了一些强硬决定……”

吉布森："你有没有想过，如果我这么做，会违背我的原则……"

布什："想过。"

吉布森："是什么问题？"

布什："是从伊拉克撤军。把孩子们置于危险的境地，是违背我的原则的，但是你去打仗就是要赢的。这是个艰难的抉择。特别是，很多人劝我从伊拉克出来，或者说从伊拉克撤军，或者——与其听……我的意思是，我听到很多意见，但是我最终听进去的意见是：我不能让你们的儿子白白送死，我相信我们能赢，我将尽全力在伊拉克取胜。"

吉布森："你总是说作为总统没有重新再做一遍的可能。你是否有过一次可能？"

布什："我不知道——在我总统任期内最大的遗憾莫过于伊拉克的情报失误。很多人赌上自己的声誉冒风险，说大规模杀伤性武器是推翻萨达姆·侯赛因的理由。这个情报资源不仅我的政府中的人使用，在我到达华盛顿哥伦比亚特区之前（即当总统之前——笔者注）在辩论伊拉克问题时很多国会议员也使用。世界上许多国家的领导人也使用同样的情报资源。而且，你知道，这不能重新再来一遍，但是我希望情报是不同的，我想。"

吉布森："如果情报是正确的，伊拉克战争会发生吗？"

布什："会的，因为萨达姆·侯赛因不愿意让视察员进入伊拉克，以确定联合国决议是否得到支持。换句话说，如果他曾经有大规模杀伤性武器，会不会发生战争呢？绝对会的。"

吉布森："不。如果你知道他没有大规模杀伤性武器呢？"

布什："哦，我理解你的意思。你知道，这是个有趣的问题。这是重新再来一遍的事情，那是我不能做的。我很难猜测。"

吉布森："你最大的成就是什么？你做的最值得骄傲的一件事是什么？"

布什："我始终认为我们在与意识形态的暴徒进行战争，保卫美国的安全。"

吉布森："你作为第一夫人的最大成就是什么？"

布什夫人："嗯，关于他，我最欣赏的是，他的最大成就是解放阿富汗。事实上，在阿富汗女孩上学了，妇女无须男人陪伴可以上街了……"

布什："请问我是否可以谈谈她的成就？"

吉布森："当然，当然可以。"

布什："我认为她最大的成就是，她能够鼓舞许多人的精神，无论是缅甸的活动家、阿富汗的妇女、美国的老师，她都抓住了时机。她是完美的第一夫人……"

吉布森："你最大的失望是什么？"

布什："哦，我已经提到了一个，就是在伊拉克没有发现大规模杀伤性武器。还有一个让我极为失望的事情，就是没完成移民改革任务。"

吉布森："1 月 20 日之后，你如何调整自己的精神生活？"

布什回答说他想写本书，还想在达拉斯南卫理公会大学（Southern Methodist University）创办一个研究所（institute），说它是一个公共政策论坛（a public policy forum），还要建图书馆和档案馆（library and archives）。

布什主动告诉吉布森："……我想……我告诉你我不想做的事，我不想引人注目。我受够了那些……"

吉布森："你想远离聚光灯吗？"

布什："我想是的，是的。我愿意过一段没有聚光灯的生活……"

吉布森："你最怀念的一件事情是什么？"

布什："我怀念当最高统帅的时候。我越来越感激我们的军队。很难相信有那么多的孩子，还有一些并不是孩子，他们都自愿参战……"

吉布森："最后一个问题，请完成这个句子：我将以怎样的感觉离开总统岗位？"

布什："我将昂首挺胸离开总统岗位。"①

---

① "Charlie Gibson Interviews President Bush", By ABC News, December 1, 2008.

"美国媒体网站"（Media Matters for America，MMfA）发表文章说，在吉布森的采访播出后，多家媒体的报道称赞小布什在这次访谈中说伊拉克情报错误是他总统任期内的"最大遗憾"。它们认为小布什这句话证明他"坦率"或"直言不讳"。"然而，这些报道中没有一个说，有大量证据证明布什早已决定入侵伊拉克，而不考虑现有情报如何……"①

（二）著书立说

卸任两年后，小布什于2011年出版自传《抉择时刻》（Decision Points）。关于伊拉克战争，他是这样说的：

> 不过，我明白未能找到大规模杀伤性武器将改变公众对于战争的看法。没有萨达姆的世界固然更加安全，但是我将美军送上战场所依据的情报很大一部分是虚假的。这是对我们的信誉——我的信誉——的巨大打击，几乎会动摇美国人民的信心。……我们没有找到那些武器时，没人比我更震怒了。每次想到这件事，我就有一种恶心的感觉，直到现在还是这样。

> 当我在美军出兵伊拉克7年之后写下这些回忆的时候，我坚定地相信把萨达姆赶下政治舞台是一个正确的决策。虽然这个决策引发许多棘手的问题，但是少了一个凶残的、研制大规模杀伤性武器并在中东的心脏地区支持恐怖主义的独裁者，美国变得更加安全。这一地区更有发展前途，其稚嫩的民主制度也是其他国家可以效仿的典范。用一个服务于人民的政府来取代一个折磨和屠杀人民的政府，也对伊拉克人民有益。

> ……想象一下吧，如果萨达姆·侯赛因还在统治伊拉克，今天的世界会是什么样。他将继续威胁邻国，支持恐怖主义，向万人坑里填埋尸体……

> 相反，因为我们在伊拉克的行动，美国最固执和危险的敌人之一永远停止了对我们的威胁。世界上最动荡的地区失去了其最主要的暴

---

① Raphael Schweber-koren & Lily Yan，"Media Tout Bush's Purported Candor in ABC Interview, Ignoring Substantial Evidence to the Contrary，Media Matters for America"，www. mediamatters. org/items，December 6，2008.

力、混乱的来源之一。①

不论从小布什对美国广播公司主持人吉布森的谈话中，还是从小布什的回忆录中，都难觅他对发动伊拉克战争进行认真、深刻的自我反省。相反，他找出 3 条理由证明他的决策正确。

一是入侵伊拉克依据的虚假情报是情报部门的责任，与他不相干，不是他的错。

二是尽管没有在伊拉克找到大规模杀伤性武器，这场战争也非打不可。

三是除掉萨达姆·侯赛因不但保卫了美国的和平，也保卫了中东地区乃至世界的和平。

英国《卫报》评论说，小布什在回忆录中承认，在这场战争中他犯了 4 个主要错误，一个是表达上的错误，其余 3 个是策略上的错误。表达上的错误是，他过早地在"亚伯拉罕·林肯号"航母上宣布在伊拉克的"使命已经完成"，误导人们以为伊拉克战争已经胜利结束，其实战争远远没有结束。3 个策略错误是：首先，没有经过讨论就按美国驻伊拉克最高行政长官保罗·布雷默的决定解散了伊拉克军队，并且开除了几乎所有与萨达姆的社会复兴党有牵连的官员，其结果导致了伊拉克逊尼派造反；其次，美国没有及时采取有力措施镇压逊尼派；最后一个错误是没有在伊拉克找到大规模杀伤性武器。小布什在承认这 4 个主要错误后强调，"我们在伊拉克犯了一些错误，但这个事业（指伊拉克战争——笔者注）永远是正确的"。②

小布什承认的这 4 个错误中最严重的错误莫过于他没有在伊拉克发现大规模杀伤性武器。而他正是以此为借口对伊拉克发动了不义之战。

（三）中东不满

小布什说伊拉克战争不但给伊拉克带来民主，也使得"中东地区更有发展前途，其稚嫩的民主制度也是其他国家可以效仿的典范"。事实究竟

---

① ［美］乔治·沃克·布什：《抉择时刻》，东西网译，中信出版社 2011 年版，第 242、246、248、249 页。

② Ewen MacAskill, "Bush Memoir: 'We Got Things Wrong in Iraq, But the Cause Is Eternally Right'", guardian. co. uk, November 8, 2010.

如何？詹姆斯·左格比（James Zogby）于 2007 年 2 月 26 日至 3 月 10 日对
中东埃及、沙特、约旦、阿联酋和黎巴嫩五国的 3400 人进行的调查报告给
出了颇具预见性的答案。詹姆斯·左格比是总部设在美国首都华盛顿的
"阿拉伯美国研究所"（Arab American Institute，AAI）所长，该所创建于
1985 年。

报告主要内容如下：

美国领导的伊拉克战争进行 4 年后，阿拉伯世界对这场冲突的后
果忧心忡忡。特别值得关注的是，这场战争对邻国伊朗的鼓舞程度。
作为一个国家，伊拉克可能在一场内战中分崩离析，内战可能蔓延到
更广泛的地区。

调查内容紧紧围绕伊拉克战争展开，共分为 4 个部分：（1）美国和伊
朗在伊拉克的角色比较；（2）谁最受益；（3）最大的担忧；（4）美国应
该怎么做？

报告提供的两份表格说明，5 个国家中被调查者认为美国在伊拉克起
消极作用的百分比分别为：埃及 83%、沙特阿拉伯 68%、约旦 96%、阿
拉伯联合酋长国 70%、黎巴嫩 76%；认为伊朗在伊拉克起消极作用的百分
比分别为：埃及 66%、沙特阿拉伯 78%、约旦 73%、阿拉伯联合酋长国
71%、黎巴嫩 69%。

当被问到如何评价美国和伊朗在伊拉克扮演的角色时，5 个国家
普遍认为这两个国家扮演的角色都不是积极作用。美国的角色令埃及
和约旦最为不安；而伊朗的角色是沙特阿拉伯最为担心的。黎巴嫩和
阿联酋对美国和伊朗都给予负面评价。

当被问到哪个国家从伊拉克战争中获益最多时，超过一半的沙特
和黎巴嫩人说是伊朗。埃及和约旦人认为战争的最大获利者是美国。
阿联酋则认为伊朗和美国都是战争获利者。

当被问到他们最恐惧的事情是什么，5 个国家中超过一半的接受

调查者认为是伊拉克内战带来的危险，担心内战从伊拉克蔓延到更广泛的区域和（或者）伊拉克分裂成 3 个部分。相当一部分埃及人和约旦人最担心美国永久占领伊拉克。

当被问到美国下一步应该做什么，5 个国家的大多数人表示，美国应该立即撤出伊拉克。

只有埃及和约旦 70% 以上的绝对多数受访者要求美军立即撤军；沙特阿拉伯和阿联酋最关心伊朗的作用，只有 2/5 的受访者赞成美军立即撤出；黎巴嫩也是如此，这再次反映了该国的内部分歧。

作者最后评论：

伊拉克战争已经进行了 4 年，阿拉伯世界被这场冲突及其后果深深地撕裂了。值得关注的是，被调查的 5 个国家的政府都是美国的亲密盟友。每个国家都以不同方式长期关注伊朗伊斯兰共和国的政治野心。显而易见，所有这些国家都发现自己处于进退两难的境地。

这场在阿拉伯公众中不得人心的战争依然在激烈进行。胆大妄为的伊朗和伊拉克内战所造成的危险也在急剧形成中。它们可能由于美国提早撤军而加速进程。

布什政府面临的困境是由它自己发动的这场冲突造成的。在没有明确理解战争带来的后果便开打，为自己创造了同样的窘境。布什政府甚至有更令人不安的选择，这让大多数阿拉伯人深感不安。①

说来也巧，在詹姆斯·左格比的调查结束后不久，即 2007 年 3 月 28 日，沙特国王阿卜杜拉在阿拉伯联盟会议（Arab League）的开幕式上公开批评美国占领伊拉克。当年 3 月 29 日，《纽约时报》以"沙特国王认为美国在伊拉克扮演的角色非法"为题发表的文章披露了阿卜杜拉国王讲话的部分内容，摘要如下：

---

① Dr. James Zogby, "AAI President, Four Years Later: Arab Opinion Troubled by Consequences of Iraq War", archive. org/201501, September 27, 2007.

沙特阿拉伯国王3月28日对阿拉伯国家领导人说，美国占领伊拉克是非法的，并警告说除非阿拉伯国家政府解决他们之间的分歧，否则像美国这样的外国势力将继续主宰本地区的政治……

阿卜杜拉对阿拉伯国家领导人说："在非法的外国占领和可恶的宗派主义统治下，流血事件仍在心爱的伊拉克继续。"……

他补充道："责任应该落在我们身上。阿拉伯国家领导人之间的分歧和我们拒绝走团结之路，使国民失去了对我们的信任。"……

阿卜杜拉国王说，群众失去对阿拉伯领导人的信任，导致美国和其他势力在中东地区拥有举足轻重的影响力。他说："兄弟们，如果信心恢复了，伴随而来的便是信誉。信誉恢复了，希望之风就会吹起来。我们绝不允许外部势力决定我们的未来，也绝不允许它们在阿拉伯土地上升起它们的旗帜……"

《纽约时报》的文章对阿卜杜拉国王的讲话进行了如下评论：

在美国的敦促下沙特阿拉伯正在中东地区发挥更大领导作用之际，国王在利雅得举行的阿拉伯联盟会议开幕式上的讲话凸显沙特阿拉伯和布什政府之间的分歧越来越大……

阿卜杜拉的讲话似乎在强调，他不会受制于其长期盟友的政策。

阿卜杜拉国王此前没有对美国领导的对伊拉克的军事干预公开发表过如此严厉的讲话。他的言论表明，他与华盛顿的结盟可能不如布什政府官员们所希望的那样和谐……①

（四）小布什的泪

2013年4月25日，建在达拉斯市的小布什总统图书馆举行落成典礼。图书馆设在其夫人劳拉曾经就读的该市南卫理公会大学校园内。时任总统奥巴马和前任总统卡特、老布什、克林顿以及一些外国元首、外交使节等

---

① Hassan M. Fattah, "U. S. Iraq Role is Called Illegal by Saudi King", *The New York Times*, www.nytimes.com, March 29, 2007.

前往祝贺。

美国为卸任总统建图书馆始于第 31 任总统赫伯特·胡佛。图书馆都建在总统家乡，属国家档案和记录管理局（the National Archives and Records Administration，NARA）管理。图书馆保存总统文件、记录、收藏品和其他有历史意义的物品，如证件、手工艺品和外国政要赠送的礼品等。除了图书馆，每位卸任总统还建一座博物馆（实际上是档案馆），主要展出与总统的政治和职业生涯有关的资料。①

据《华盛顿邮报》当天发自现场的文章介绍："在图书馆落成典礼上，情绪激动的乔治·沃克·布什宣称，他的总统任期是他'一生的荣耀'。"

坐在轮椅上的老布什发表简短讲话，对到场的各位来宾表示感谢，然后在其夫人芭芭拉和小布什的搀扶下勉强站起来，微笑着向他的朋友、亲戚、支持者和老部下挥手致意。他是在场 5 位总统中唯一一位始终坚持支持小布什发动伊拉克战争的总统。

时任民主党籍总统奥巴马领头致贺词。他说小布什是个"好人"，称赞他在总统任期内面对国家遭受"9·11"恐怖袭击后表现出坚强的领导能力、积极抗击非洲艾滋病、执着推动移民改革法等。

奥巴马还当着国会众议院议长约翰·A. 博纳（John A. Boehner）的面呼吁国会通过移民改革法，说："如果这个法案通过了，很大程度上要归功于乔治·沃克·布什总统的辛勤工作。"

前任民主党籍总统克林顿很羡慕小布什图书馆的豪华与现代风格，调侃说，在这个总统图书馆系统中使用的最新设备，是前任总统们改写历史最新、最伟大的例子。

前任民主党籍总统卡特在讲话中感谢小布什帮助结束了苏丹内战，并代表"世界上最需要帮助的人"，称赞他在非洲的工作。

《华盛顿邮报》当天发自现场的文章说，各位总统在讲话中赞扬小布什"是一位有勇气、有决心和有同情心的领袖"。

但这 3 位民主党籍总统对小布什在 8 年总统任期内发动阿富汗和伊拉

---

① Wikipedia：Presidential library.

克战争都不予置评。而小布什认为这才是他总统任期内的得意之作。

文章说："按照惯例，当总统们聚在一起互相表示敬意时，都强调积极面。这天大家都没有直接提及颇具争议的布什执政8年的动荡岁月，包括他做出入侵伊拉克的决定……"

轮到小布什发言时，他开口说："哦，今天太令人高兴了。"接着他开起了玩笑，说在他有生之年曾经有一段时间不去图书馆，也不知道图书馆在哪儿。然后他严肃地说："当我们的自由受到攻击时，我们做出了艰难的决定，以保证人们的安全。"他说，图书馆将会证明，在他担任总统期间，他始终坚持自己的原则和价值观。

小布什承认，他的总统任期经常充满争议。他辩解说，自由人遵循的一个原则是，市民们有权反对对方和他们领袖的观点。"我创造了足够的机会让他们去行使这一权利。"

讲完话他激动得声音哽咽，说不出话来。回到图书馆门外广场上的座位时他擦干了泪水。

博物馆中陈列着小布什总统任期内经历过的内外大事件的部分文档和视频。"前国务卿康朵莉扎·赖斯在一个短短的视频中讲述小布什政府入侵伊拉克的决定，并承认在伊拉克没有发现大规模杀伤性武器。"

文章说：自四年前卸任以来，布什一直保持低调，拒绝参加公共活动和政治辩论，也不愿对奥巴马的政策或他本人所在的共和党的状况发表任何评论。

这次庆祝活动又使布什及其总统任期重新成为公众关注的焦点。在图书馆落成仪式之前，布什接受了一系列采访，他反复说他对自己做出的决定充满信心，愿意最终由历史来评判他。

谈到"9·11"事件，布什说正当他给佛罗里达州的小学生朗诵美国童话书《宠物山羊》时被告知这一消息，当时他就成了"战时总统"。他说："这不是我想做的事。"但从那天以后，"我的工作变得清晰了……就是保卫家园"。①

① Dan Balz, "Obama, Ex-presidents Gather to Dedicate George W. Bush Library", *The Washington Post*, April 25, 2013.

（五）胞弟总统梦破碎

在图书馆落成典礼前，小布什向媒体公开举荐胞弟杰布·布什参加2016年总统大选。在接受福克斯新闻主播布雷特·贝尔（Bret Baier）的采访时小布什表示，他希望前佛罗里达州州长、胞弟杰布·布什参加2016年总统大选。布什对共和党现状很是不满，说："我们现在没有领袖，共和党群龙无首，这不是第一次，也不会是最后一次。我们的党在为生存而挣扎。"他说："很快我们的党就会团结在一个领袖的周围。我希望他的名字是杰布。"

小布什母亲芭芭拉·布什在接受全国广播公司主持人马特·卢拉（Matt Lauerr）的采访时提出了相反的观点。她认为还有一些人很有资格，说："我们已经有足够的布什总统了。"①

杰布·布什是老布什的次子，1998年和2002年先后两次当选佛罗里达州州长。2012年美国大选后就传出杰布·布什有意参加2016年大选的信息。2014年12月16日，他公开声称，经过与家人商量，考虑到美国需要有一个强有力的领导，他将"积极探索"竞选总统。他成立了"超级政治行动委员会"（Super PAC），为竞选总统募款，半年内筹集到的竞选资金高达1亿美元，因此被广泛认为是共和党"权势集团"的候选人。"然而，杰布·布什面临的最大问题之一是他哥哥乔治·沃克·布什总统的形象不受欢迎，也有许多人说他们不希望看到第三位布什总统。"②

2015年6月15日，时年61岁的杰布·布什正式宣布参加2016年总统大选。由于出身名门、政治世家，加上长达8年的州长执政经历，共和党主流派认为2016年总统大选的胜利者非他莫属。

然而竞选形势对他很不利。这次大选的主要特点是，候选人的辩论无一例外离不开伊拉克战争。2015年5月8日美联社以"白宫候选人的共同观点：伊拉克战争是个错误"为题发表文章说："十几年后美国政界就伊拉克战争大致达成共识：这场战争是错误的。……当然，多年来许多人一

---

① Dan Balz, "Obama, Ex-presidents Gather to Dedicate George W. Bush Library", *The Washington Post*, April 25, 2013.

② Wikipedia：Jeb Bush Presidential Campaign, 2016.

直在这么说。民意调查显示，到目前为止，大多数公众认为这场战争现在已经失败。"①

这种局面对反对伊拉克战争的特朗普有利，对杰布·布什来说则是沉重的包袱。他想与小布什划清界限，又难以自圆其说。在"9·11"事件和伊拉克战争这两个问题上，在前期的几场辩论和媒体访谈中，杰布·布什坚持保护小布什。2015年10月18日，在接受福克斯新闻（Fox News）采访时，特朗普继续攻击杰布·布什。关于"9·11"事件，他说："我不是指责乔治·布什。但我不想让杰布·布什说：'我哥哥保护了我们的安全。'因为'9·11'是美国历史上最黑暗的日子之一。"随后，特朗普又在推特上发文批判杰布·布什。他问："杰布，没有大规模杀伤性武器你哥哥为什么要进攻伊拉克，破坏中东稳定？是因为情报不准确？"他说："杰布·布什应当停止对他哥哥的辩护，集中精力关注自己的缺点和怎样改正自己的缺点。"同一天，杰布·布什立即反驳特朗普。他在美国有线电视新闻网的访谈节目中说："我哥哥对危机给予了回应。正如你希望总统应该做的那样，他做到了。他把全国团结起来，他维护了我们的安全，这是不可否认的。绝大多数美国人相信这一点。""我不明白特朗普为什么一再提起这个事。作为未来军队总司令和外交政策制定者，这不能说明他是个严肃的人。"②

2015年10月19日，路透社以"特朗普对杰布的攻击可能会给州长带来厄运"为题发表文章，分析了上述特朗普—杰布对决可能给杰布·布什造成严重后果。文章认为，特朗普提出的问题是"杰布·布什在政治上难以回答的危险任务：在捍卫小布什入侵伊拉克决定的同时，他还要提醒选民，他仍然与近代史上最不得人心的总统关系密切"。特朗普对他的攻击"还引出了入侵伊拉克是否正确的话题。这是共和党不想讨论的话题。……伊拉克战争是套在杰布·布什脖子上的沉重枷锁……很明显，杰布·布什发现越来越难

---

① Connie Cass, "White House Hopefuls Agree: Iraq War A Mistake", The Associated Press, May 18, 2015.

② Nicole Rojas, "Donald Trump Claims He Could Have Prevented 9/11 Causing Jeb Bush to Lash Back", *International Business Times*, October 18, 2015.

以忽视特朗普的攻击"。①

从 2015 年总统候选人辩论到 2016 年年初开始的党内预选，最后到与希拉里·克林顿的角逐中，特朗普一路走来从未放弃机会称赞萨达姆，令美国政界和媒体愕然。2015 年 10 月，他接受全国广播公司"与媒体见面"栏目主持人查克·托德（Chuck Todd）的独家采访时语出惊人，称赞道，如果利比亚的卡扎菲（Moammar Gadhafi）和伊拉克的萨达姆仍在掌权，中东形势会比今天更好。随后他在田纳西州富兰克林市竞选时对选民说，尽管萨达姆在伊拉克进行"邪恶"统治，但在他统治时期"伊拉克没有恐怖分子"。当年 12 月，特朗普在南卡罗来纳州希尔顿黑德市对选民发表竞选演说，对萨达姆使用化学武器持一种漫不经心的态度。他说："萨达姆扔了点汽油，每个人都疯了，说'萨达姆在用毒气'。"2016 年 7 月 5 日晚，特朗普在北卡罗来纳州的罗利市发表竞选演讲时说："萨达姆是一个坏蛋，的确是个坏蛋，但你知道他做了什么很不错的事吗？他杀了恐怖分子，他做得非常好。"他说："现在伊拉克是恐怖主义的哈佛，你想成为恐怖分子，你就去伊拉克。"②

从正式宣布竞选到 2016 年 2 月 1 日在艾奥瓦州的预选开始，杰布·布什的名字在共和党内如雷贯耳，竞选准备工作也颇具规模，筹款数额非常可观。但随着预选大幕逐渐展开，他从早期的领先者快速走下坡路，在艾奥瓦州和新罕布什尔州的竞选结果中都没有进入共和党总统候选人前 3 名。他决心在第三个州南卡罗来纳转败为胜，不料他在该州的 4 名共和党候选人中支持率最低，只有 8.3%，名列最末；特朗普遥遥领先，支持率为 33.7%，名列第一。

南卡罗来纳州在历史上曾坚决支持布什父子竞选总统，因此家族成员坚信杰布·布什在该州战胜以特朗普为首的众多共和党总统候选人十拿九稳，不料事与愿违。当地时间 2 月 13 日晚，美国哥伦比亚广播公司在南卡

---

① Scott Greer, "Deputy Editor: Trump's Trolling of Jeb Could Spell Doom for the Governor", October 19, 2015.

② Ali Vitali, "Donald Trump Praises Saddam Hussein's Aproach to Terrorism—Again", NBC News, July 6, 2016; Christina Coleburn, "Donald Trump's History of Praising Dictators", NBC News, July 6, 2016.

罗来纳州格林威尔市（Greenville）举行的总统辩论会导致形势大逆转。商人特朗普经商有道，也不乏政治智慧和手段，紧紧抓住伊拉克问题不放，不断攻击小布什入侵伊拉克，逼得杰布·布什难以招架。辩论一开始特朗普便对听众说："你们还记得杰布·布什宣布参加总统选举时，他花了5天时间纠结于伊拉克战争到底是个错误，或不是个错误。最后还是他身边的人告诉他应该说些什么。"特朗普接着批评小布什："很明显伊拉克战争是一个巨大的错误，对吧？"他说："乔治·布什犯了个错误，我们都会犯错误。但他犯的那个错误够严重的。""我们本不应该待在伊拉克，我们已经破坏了中东的稳定。"特朗普补充道："他们撒了谎。他们说（伊拉克——笔者注）有大规模杀伤性武器——一个也没有，而且他们原本就知道没有。"

杰布·布什反驳："我早就厌烦了奥巴马对我哥哥在一系列问题上的指责，我也不在乎唐纳德·特朗普对我的诸多羞辱。对他来说这是一场血腥运动……我厌恶他追缉我的家人。我爸爸是我心目中最伟大的人。当唐纳德·特朗普正在打造一个真人秀节目时，我哥哥正在建立一个安全机构来保护我们的安全，我为他的所作所为感到骄傲……"①

这场辩论给杰布·布什亮起了红灯。布什家族见势不妙，小布什率领家族成员纷纷出动，齐声攻击特朗普，竭力防止败局。就连当初不赞成杰布·布什参选的芭芭拉·布什也开骂特朗普，呼吁南卡罗来纳州选民支持她儿子。但这些努力都无济于事，特朗普支持率为33.7%，居首位，杰布·布什的支持率为8.7%，居末位。特朗普以反伊拉克战争为主要斗争武器，轻而易举地击败了杰布·布什。曾经共和党内的不二人选从此风光不再。

当地时间2016年2月20日晚，杰布·布什含泪宣布退选。他对支持者发表简短讲话说："艾奥瓦、新罕布什尔和南卡罗来纳的人民已经表态了，我尊重他们的决定……今晚我暂停竞选活动……在这次竞选中我始终

① Reena Flores, "Donald Tramp, Jeb Bush Spar over Bush Family Legacy", CBS News, February 13, 2016.

坚持自己的立场。我拒绝屈从于政治上的突发奇想。"①

特朗普一路谴责小布什发动伊拉克战争，紧逼共和党内主要竞争对手杰布·布什对此表态。杰布·布什处境被动，竭力为小布什辩解，不敢正面反驳。在南卡罗来纳州的失败对杰布·布什无疑是毁灭性打击。他的败选是赫赫有名的布什家族开始败落的重要标志。

美国舆论认为，杰布·布什不是败在自己无能，而是败在他哥哥发动的伊拉克战争这个事实上。老布什也难辞其咎，他支持小布什入侵伊拉克的坚定立场从未动摇。

杰布·布什的高级竞选顾问和资金筹集人阿尔·卡德纳斯（Al Carde-nas）律师早在2015年夏天曾对杰布·布什的竞选前景表示担忧。他说："由于媒体的注意力过于关注布什家族的历史，而不是他作为佛罗里达州州长的履历，杰布·布什的优势已经减弱。"他的结论是："这与布什有关，与杰布无关。"②

《洛杉矶时报》认为，杰布·布什退选使他成为"这场难以控制的总统竞选中最突出的牺牲品，同时也标志着公众对一个家庭惊人的公开抛弃。这个家族两次轮流入主白宫被界定为几十年来共和党成功的标志"。"他没有预料到人们对他及其家族和对他们拥护的更绅士的共和党的仇恨程度。"③

2016年大选基本上类似2008年大选。奥巴马之所以能在2008年大选中击败共和党籍资深参议员约翰·麦凯恩，主要原因在于主战派麦凯恩坚定支持小布什发动伊拉克战争。在前面的"离职面谈"中小布什说："我认为这是对共和党人的一种否定。我相信有些人是因为我才投票给贝拉克·奥巴马的。"8年后杰布·布什的总统梦破碎，只是步麦凯恩的后尘而已。特朗普战胜共和党十多名总统候选人，最后击败杰布·布什，成为共和党总统候选人，并在大选中战胜支持伊拉克战争的民主党总统候选人希拉

---

① "Jeb Bush Drops Out of Presidential Race", *TIME*, February 20, 2016.

② Ed O'Keefe, "Jeb Bush Drops Out of 2016 Presidential Campaign", *The Washington Post*, February 20, 2016.

③ Cathleen Decker and Seema Mehta, "Jeb Bush, An Early Front-runner Who Couldn't Keep Pace with His Party or Outrun His Family History", *Los Angeles Times*, February 20, 2016.

里·克林顿，原因很多，但主要在于他准确掌握了大多数美国人民反对伊拉克战争这一主流民意、始终抓住反对伊拉克战争的旗号不放手。这是杰布·布什及其家族始料不及的。

（六）国内舆论谴责

小布什对自己发动的两场战争得意忘形，但是在他下台前后美国媒体和学术界对他的批评和谴责却不绝于耳。仅举几例：

德国《时代》周报 2007 年 1 月 18 日刊登对美国前国家安全顾问兹必格涅夫·布热津斯基（Zbigniew Brzezinski）的访谈录。他说，伊拉克战争本身就是错误和短视的，这一失败政策基于对美国应当在那里扮演何种角色做出的错误判断。他的主要观点如下：

> 美国无意中陷入了不得不扮演一个迟到的殖民列强角色的泥潭之中。中东这一地区刚刚摆脱殖民主义，反殖民主义情绪十分强烈，再加上宗教狂热，更加难以对付。即使没有人有这样的打算，美国自身已经接过英国昔日的角色……
>
> 现在伊拉克战争已经给美国在全球行动的合法性提出了质疑，削弱了美国的可信度，并且将美国卷入一场无法看见尽头的冲突之中，而且这一冲突也面临扩大到伊朗的危险。
>
> 几周后，我将发表一部新著，我在其中对自从美国跃升为唯一的超级大国以来的外交政策进行了系统研究。我的结论是，美国的观念是不能令人满意的。它错失自己的机会，做出了一个自我毁灭的决定，无缘无故地去打一场战争。我担心，我们今天还没有完全认识到这一决策蓄积的后果……
>
> 在过去 15 年间，有着更多根本的错误判断。伊拉克战争是最大的错误。人们也不可以忘却 2001 年 9 月恐怖袭击的心理后果。这些后果被利用来在美国造成一种恐惧和不安的气氛。只有在这种气氛中，公众和议会才有可能支持开战……
>
> 美国的军事力量跟以往一样如此强大，超过了所有国家，甚至所有联盟。但是，美国却为自身的合法性和可信度以及获得必要的支持

和团结一致付出了巨大的代价。此外美国国内存在着这种不安与恐惧的奇怪感受。我非常担心，尤其是再发生一次恐怖袭击之后，人们脆弱的心理不堪承受煽动者的蛊惑……

美国必须意识到历史前提，必须重新真正定义它作为世界强国的角色。它应当使用另一种语言。它不可以如此咄咄逼人，将复杂的问题简单地归纳为对与错或好与坏……①

2008 年 1 月 20 日，美国《洛杉矶时报》以"布什当政的最后一年"为题刊登文章说："一年后的今天，下一届美国总统将宣誓就任。假如历史有任何指导作用的话，在接下来的 365 天，现任总统布什很可能成为历史上最蹩脚的总统之一。他不得人心，陷入伊拉克战争达 5 年之久，将经济导向衰退；他一直想约束被民主党控制的国会，但他将得不到国会的宽恕。"②

美国学者斯蒂芬·伦德曼（Stephen Lendman）是 2007 年 10 月在美国出版的《伊拉克泥潭：帝国傲慢的代价》（*The Iraq Quagmire：The Price of Imperial Arrogance*）一书的作者之一。2013 年 3 月 20 日他以"美国的种族灭绝的伊拉克战争"为题发表文章说：

3 月 19 日是伊拉克战争 10 周年纪念日。永久占领是政策。杀戮、破坏、有毒污染和人类苦难依然有增无减。2003 年以前的伊拉克已经不存在了。

美国对伊拉克的战争是历史上最大的罪行之一。它发生在海湾战争大破坏和惩罚性制裁之后。

其结果导致约 150 万伊拉克人死亡，平均每月死亡 7000 人以上，大多是儿童。

伊拉克原本是该地区最发达的国家。文明的摇篮已不复存在，它变成了充满丑恶与苦难之地。伊拉克已被巴尔干化。

① 《布热津斯基说伊拉克战争给美国在全球行动合法性提出质疑》，德国《时代》周报 2007 年 1 月 8 日，《参考资料》2007 年 2 月 2 日。
② 《参考资料》2008 年 1 月 31 日。

华盛顿对伊拉克发动了无法无天的侵略。这是美国被遗忘的战争。人们仍然一如既往地漠视它。

文章透露，曾经在伊拉克工作的前联合国人道主义协调员（United Nations Humanitarian Coordinator）、爱尔兰人丹尼斯·哈利迪（Dennis Halliday）为抗议美国在伊拉克的"种族灭绝"，毅然结束 30 年联合国职业生涯，于 1998 年宣布辞职，以表示对老布什发动海湾战争的强烈不满。①

2015 年 10 月 26 日，美国战略与国际问题研究中心网站发表文章说："布什总统被视为'暴君'。在他的领导下，美国侵略了阿富汗，并且发动了一场反恐战争，不但没有带来秩序，反而造成了程度严重的新动荡。美国侵略伊拉克要么没有任何理由，要么就是一场阴谋。它让中东失去了与伊朗抗衡的砝码，让伊拉克陷入内战，增强了恐怖分子和极端分子以及伊朗的力量，使逊尼派和什叶派之间产生了更暴力的分裂，并给美国的许多地区盟友制造了新威胁。"②

（七）自称"战争总统"

2004 年 2 月 7 日，小布什在白宫椭圆形办公室接受全国广播公司"与媒体见面"节目主持人蒂姆·拉瑟特（Tim Russert）的采访。

2004 年是总统选举年，小布什决心争取连任。因为没有在伊拉克发现大规模杀伤性武器，他的民调支持率从开战后的 80% 以上降到了 47%。在这次访谈中，小布什自称"战争总统"，并修改了他发动伊拉克战争一贯坚持的理由，即把"萨达姆拥有大规模杀伤性武器"改为"萨达姆有能力发展核武器"。这一重大修改为他入侵伊拉克披上了合法外衣，也有利于他争取选票。

主要内容如下：

拉瑟特："周五（即 2004 年 2 月 6 日——笔者注），你宣布成立

---

① Stephen Lendman, "America's Genocidal Iraq War", www. thepeoplesvoice. or, March 20, 2013.
② 安东尼·科德斯曼：《从"暴君"到"不作为的君主"：美国在海外传递的负面信息》，美国战略与国际问题研究中心网站，2015 年 10 月 26 日，《参考消息》2015 年 10 月 30 日第 10 版。

一个委员会调查伊拉克战争的情报失败和我们的整个情报界。你不愿意做这项工作已经有一段时间了。为什么?"

小布什:"情报是战斗和赢得反恐战争的重要部分。……因此,很明显我们需要有一个良好的情报系统。我们真的需要非常好的情报系统。我成立的委员会是为了分析伊拉克情报有哪些是对的,有哪些是错的。这是教训。"

在回答美国人民是否可以在大选日(即 2004 年 11 月 2 日——笔者注)之前就能看到调查委员会的报告时,小布什回答:"我们给委员会充公时间,是因为我们不想让它过于匆忙。这是一种战略眼光,是从大局着眼来观察美国的情报搜集能力……"

小布什:"我是战争总统。我在椭圆形办公室制定外交政策时,我脑子里得想着战争。再说,我并不希望这是真的,然而这的确是真的。美国人民有必要了解的是,他们得到的是一个能以自己的方式观察世界的总统。我观察到客观存在的威胁。处理这些威胁对我们来说很重要……"

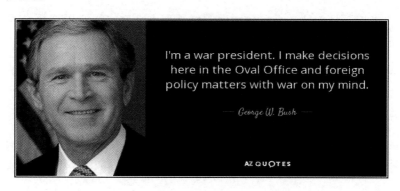

I'm a war president. I make decisions here in the Oval Office and foreign policy matters with war on my mind.

— *George W. Bush* —

2004 年 2 月 7 日小布什宣称:"我是战争总统"

小布什:"当我们进入伊拉克的时候,萨达姆和他的心腹可能已经摧毁了大规模杀伤性武器。他们可以把这些武器隐藏起来,也可以转移到另外一个国家。我们会找到答案……"

小布什:"拥有这种武器的萨达姆·侯赛因很危险。有能力制造大规模杀伤性武器的萨达姆·侯赛因很危险。他是在世界危险的地方的一个危险的人……"

拉瑟特："3月17日，你把国家带入战争之夜时你曾说：'美国政府和其他国家政府收集到的情报清晰地表明，伊拉克政权继续拥有世界上最具杀伤力的武器，并隐瞒了一部分这样的武器。'"

小布什回答："没错。"

拉瑟特："情况显然不是这样。"

小布什："是这样的。"

拉瑟特："对那些批评你用虚假的借口把国家带入战争的人，你如何回应？"

小布什："因为他有能力拥有大规模杀伤性武器，我们认为他有这种武器。国际社会也认为他有。他有能力生产这种武器，然后让这种武器落入隐蔽的恐怖分子网络的手中……况且，美国总统的庄严责任是保证本国安全。这个人是个威胁，我们解决了他。我们解决他是因为我们不能对他抱最好的希望。我们不能说：'我们不要解决萨达姆·侯赛因。但愿他改变他的本性，或者让我们相信萨达姆·侯赛因的善意。让我们试试去遏制他。'遏制不适用于他，他是一个疯子。"

拉瑟特："没有铁证如山、确凿无疑的情报你能发动一场先发制人的战争吗？"

小布什："让我回顾一下。在独裁政权统治下没有绝对确凿的证据。我得到的证据证明他有大规模杀伤性武器的最好证据。"

拉瑟特："但这可能是错误的。"

小布什："但没错的是，他有能力制造武器。那是不正确的。"

拉瑟特："你说他有生物化学武器和无人机，这一点很重要。"

小布什："萨达姆有过这些武器。"

拉瑟特："并且它们会来攻击美国，于是你对美国人民说我们现在必须解决一个拥有这些武器的人。"

小布什："我就是这么说的。"

拉瑟特："在当今世界上，在将来，你是否会说：'我们必须进入朝鲜或许说我们必须进入伊朗，因为它们都有核能力……"

小布什："嗯，蒂姆，我和我的团队获得了我们能够得到的情报并进行了分析，得出的明确结论是，萨达姆·侯赛因对美国构成威胁。……他使用过大规模杀伤性武器，他生产过这一武器，他资助自杀炸弹袭击者进入以色列。他与恐怖主义有联系。换句话说，所有这些材料都告诉我：这是威胁。"

小布什接着说："最根本的问题是，一旦你看到威胁，你会处理吗？在反恐斗争中，你如何解决威胁？我的解决办法是把这个案例告诉全世界并说：'让我们共同来解决这个威胁。我们必须现在就行动起来。'我向你重申，我坚信在伊拉克的不作为将会使萨达姆·侯赛因壮胆，随着时间的推移，他会发展核武器。我不是说马上，而是随着时间的推移。届时我们将处于什么样的境地？我们将一直处于被讹诈的境地。"

小布什："换句话说，你不能依靠一个疯子，萨达姆是个疯子。当涉及战争与和平时，你不能依靠他做出理性的决定。依我看，当一个与恐怖分子有联系的疯子有能力采取行动的时候，那就太晚了……"

拉瑟特："现在回头看，只是为了除掉萨达姆·侯赛因，即使没有大规模杀伤性武器而失去530名美国人的生命和3000名美国人受伤，你认为这值得吗？"

小布什："每一个生命都是宝贵的。每一个愿意为这个国家牺牲的人都值得我们称赞。是的……"

拉瑟特："你认为……"

布什："让我把话说完。"

拉瑟特："请。"

小布什："我必须向那些丧生者的父母做出正确的解释。萨达姆·侯赛因很危险。他是一个危险的人。我不会让他掌权，我不相信一个疯子。他是一个危险的人。最起码他有能力生产大规模杀伤性武器。"

拉瑟特："在没有发现大规模杀伤性武器的情况下，你认为在伊拉克的战争是一场可打可不打的战争还是非打不可的战争？"

小布什：“我认为这是个有趣的问题。请详细解释一下。可打可不打的战争或非打不可的战争？这是一场非打不可的战争……”

拉瑟特：“在布什—切尼执政的头 3 年，失业率上升至 33%，有 220 万人失去了工作。我们已经从 2810 亿美元的盈余变成了 5210 亿美元的赤字。债务已经从 5.7 万亿美元上升到 7 万亿美元，增长了 23%。基于这一记录，美国人民为什么要重新雇你当他们的首席执行官？”

小布什：“……我对伊拉克的决定，行军打仗影响经济，但是这种情况我们经历过很多。”①

上面提过，从 2001 年“9·11”事件爆发那天起，小布什就自称“战时总统”。2004 年总统选举年，小布什把这个身份改称“战争总统”。美国传统基金会（The Heritage Foundation）专家迈克·弗兰克（Mike Frank）评论称，“布什总统将自己定义为战争总统。他以往的言行都很常见，但这次的语气最明确。……布什先生的竞选战略是，不管伊拉克有没有大规模杀伤性武器，萨达姆·侯赛因是个必须处理的威胁。”民主党战略家彼得·芬恩（Peter Fenn）则认为：“布什总统的主要战略是，他想让人们把他看作战争总统，他想成为富兰克林·罗斯福，很明显，他希望人们认为他正在推动经济再次复苏。”②

在美国现代史中，被公认的王朝只有两个：肯尼迪王朝和布什王朝。两个王朝都在美国政坛出现了多名显赫人物，但两者相比，肯尼迪王朝远不如权倾朝野的布什王朝对美国的统治时间更长久、影响更深远。《布什大厦倒塌》（The Fall of the House of Bush）的作者、美国著名记者和作家克雷格·昂格尔（Craig Unger）甚至认为，布什王朝与沙特王朝是“世界上两个最强大的王朝”。③

美国著名传记女作家基蒂·凯利（Kitty Kelley）在小布什自称“战争

①　Guest, "President George W. Bush", NBC meet the press, Transcript for Feb. 8th, NBC News, February 13, 2004.

②　Joel Roberts, "Bush Strategy: A War President", CBS, February 12, 2004.

③　Craig Unger, *House of Bush House of Saud—The Secret Relationship Between the World's Two Most Powerful Dynasties*, Scribner, 2004.

总统"的 2004 年，出版新著《家族——布什王朝的真实故事》。她对布什王朝是这样描述的："他们拥有巨大的金融实力，半个多世纪以来他们主宰着世界政治。他们被委任有权势的职位，而且还被选为州长、众议员、参议员和总统。他们塑造了我们的过去。随着他们的长子领导我们国家进入战争，他们正在以前所未有的影响力、在更深的层次上塑造着我们的未来。"①

在长达 8 年的总统生涯中，小布什把主要精力基本上放在两场战争特别是伊拉克战争上。国内发生的一系列重大事件，他都默然以对或难以招架。"9·11"事件调查因他而不能彻底揭开内幕，本·拉丹难觅踪影，经济危机日渐严重。2005 年美国遭遇历史上破坏性最严重的特大飓风——卡特里娜飓风，造成 1836 人死亡，100 万人流离失所，损失 1000 亿美元。小布什政府对这场自然灾害应急行动缓慢，广受诟病。2007 年美国房利美（Fannie）和房地美（Freddie）两家联邦住房抵押贷款公司（Federal Home Loan Mortgage Corp.）引发次贷危机，小布什更是束手无策；接踵而来席卷全球的 2008 年国际金融危机，他未拿出针对性强、可信度高、令人赞叹的有效对策。

一切事情都有两面。这两场战争给美国带来巨大利益：除掉了萨达姆，消灭了美国在中东地区的最大隐患；在阿富汗和伊拉克建立了军事基地，填补了美国在全球军事基地网络的空白；开展了两场大规模地区性战争大练兵，锻炼了现代信息化战争的本领，促进了美国军火工业大发展；加强了美国在中东的军事控制力，遏制了沙特等传统同盟国的离心倾向；制止了欧佩克试图用欧元代替美元进行石油贸易的计划，维护了美元的全球霸主地位；控制了伊拉克丰富的石油资源，保证了美国对霍尔木兹海峡石油通道的垄断，等等。

但这两场战争也带来了不可忽视的严重后果。2014 年伊斯兰国的突然崛起，是其中之一。

英国前首相布莱尔 2015 年 10 月 25 日接受美国有线电视新闻网记者法里德·扎卡里亚的专访时承认："2003 年美国领导的伊拉克战争对中东出

① Kitty Kelley, *The Family—The Real Story of the Bush Dynasty*, H. B. Productions, Inc., 2004.

现的伊斯兰国负有部分责任。"他说，关于入侵伊拉克是伊斯兰国崛起的主要原因的说法"有真理的成分"。"当然，你不能说我们这些在 2003 年推翻萨达姆的人们对 2015 年的形势毫无责任。……但重要的是还要认识到：（1）2011 年开始的阿拉伯之春（Arab Spring）对今日伊拉克也有影响；（2）伊斯兰国事实上是从叙利亚而非伊拉克的一个基地发展壮大起来的。"他还说，伊拉克什叶派领导的政府执行的"宗派政策"也是伊拉克动荡的一个因素。①

2014 年 9 月 5 日，美国记者、作家拉里·埃弗里斯特接受《世界不能等待》（World Can't Wait）指导委员会成员丹尼斯·卢（Dennis Loo）的采访。在回答伊斯兰国为何如此迅猛崛起的问题时，埃弗里斯特答：

> 其根源在于资本主义—帝国主义（capitalism-imperialism）、它统治中东的历史和美国统治者认为必须采取行动来维持这种统治。
>
> 1945 年第二次世界大战结束后，美国成为在中东占统治地位的帝国霸主，破坏这一秩序是不可容忍的。因此，随着 2001 年"9·11"袭击的发生，帝国主义者认为有必要重组中东，于是他们开展了"全球反恐战争"。实际上它是为大帝国而战。它始于 2001 年 10 月的阿富汗战争，但 2003 年迅速转移到入侵伊拉克。
>
> 美国统治者粉碎了两个国家，激起了巨大的愤怒。这些因素助长了伊斯兰主义者和其他反对派的势力。美国扶持的什叶派政府犯下的罪行使逊尼派怒火冲天，这是伊斯兰国诞生的根源。美国很快发现自己陷入泥潭了，但应对措施迟缓。②

伊朗在中东的影响迅速扩大，是这场战争给美国带来的另一个严重后果。1979 年巴列维王朝被推翻、霍梅尼领导伊朗伊斯兰革命成功后高举反

---

① Jill Lawless, "Britain's Tony Blair: Iraq War Contributed to Rise of IS", The Associated Press, October 25, 2015; Jethro Mullen, "Tony Blair Says He's Sorry for Iraq War 'Mistakes,' But Not for Ousting Saddam", CNN, October 26, 2015.

② Dennis Loo, "Interview with Larry Everest on Iraq, ISIS, the US Empire and the Anti-War Movement, World Can't Wait", September 5, 2014.

美旗号，鼓励学生占领美国驻德黑兰大使馆，并于欧元诞生后在欧佩克率先提倡石油交易用欧元替代美元结算。伊朗从此成为美国历届政府的心腹大患。两伊战争中美国支持伊拉克反对伊朗；伊朗受挫后，美国又以反对伊朗成为拥核国家为名，剥夺伊朗和平利用核能的权利，甚至以武力相威胁。萨达姆当权时期的伊拉克是对付伊朗崛起的主干力量，因此得到里根政府的支持。但布什父子先后对伊拉克发动的两场战争，帮助自己的宿敌伊朗击败了曾经的朋友伊拉克，打破了中东的力量平衡，让伊朗成为最大赢家。其结果不但客观上大大加强了伊朗在中东的影响力，在一定程度上也削弱了美国在中东的战略地位。世界三大宗教之一的伊斯兰教分成两派：逊尼派和什叶派。小布什发动伊拉克战争之前，包括沙特和伊拉克在内的中东大多数国家由逊尼派掌权，由什叶派执政的国家主要是伊朗和叙利亚。伊拉克战后成立的什叶派政府迅速与伊朗结成联盟，加强了伊朗在中东的地位，引起了沙特等美国盟友的担忧。

2016年共和党总统候选人、参议员兰德·波尔（Rand Paul）在竞选演说中曾说，即使萨达姆把大规模杀伤性武器隐藏起来，对伊拉克发动战争也是错误的。萨达姆不但是对付伊朗的抗衡力量，而且推翻萨达姆还震动了中东，导致当地出现许多骚乱。①

小布什自喻"战争总统"，名副其实。他发动的两场战争，尤其以虚假情报作为借口发动的伊拉克战争让他付出了沉重代价。2003年伊拉克战争爆发前后，小布什竭尽全力试图向美国舆论证明伊拉克战争非打不可。但无论他怎样辩解，也未能挽回美国人民对他及其家族的信任。得道多助，失道寡助。多年来，美国国内和国际上对他的质疑和批评如影随形。他的好战行径不但遭到一切爱好和平的国家强烈抨击，进一步降低了美国在全世界的名声，也严重损害了小布什自己的形象，断送了主宰美国政局达半个世纪的布什王朝的政治前途。

归根结底，小布什发动战争要维护的是美国的根本利益，也是布什家族及其利益集团的利益。不论美国士兵托马斯·扬在致小布什和切尼的信中谴

---

① Connie Cass, "White House Hopefuls Agree: Iraq War a Mistake", The Associated Press, May 18, 2015.

责他们的"帝国幻想",还是美国学者抨击小布什为实现"美元帝国主义""帝国霸主"和"为大帝国而战",都从本质上揭露了这两场战争的性质。

纵观"二战"以来的美国现代史不难发现,美国为维护世界霸权主要采用两手:战争与和平演变,但以战争手段为主。其中,杜鲁门发动的朝鲜战争、约翰逊发动的越南战争、老布什发动的海湾战争以及小布什发动的阿富汗战争和伊拉克战争规模最大、影响最深。这有力地验证了英国前首相温斯顿·丘吉尔(Winston Churchill)的一句名言:"没有永恒的朋友,没有永恒的敌人,只有永恒的利益。"(原文据说是:"Neither friends nor rivals are everlasting, but only profits."——笔者注)这是大英帝国的治国之本。"二战"后美国取代英国成世界一霸。列宁说:"在 20 世纪这个'猖狂的帝国主义'世纪的历史中,充满了殖民地战争。"[①] 阿富汗战争和伊拉克战争是这个"猖狂的帝国主义"世纪的历史在人类进入 21 世纪的延续。尽管世界形势已今非昔比,但只要帝国主义存在,这个历史将不断延续。

---

① 《列宁论战争、和平的三篇文章》,人民出版社 1971 年版,第 42 页。